Für C. Poritz
in Dankbarkeit
u. mit den besten Wünschen
P. Burkhart

Catalogus codicum manuscriptorum Bibliothecae
Universitatis Lipsiensis

Abteilung V, Band 2,1

Katalog der Handschriften der Universitäts-Bibliothek Leipzig

Abteilung V
Die lateinischen und deutschen Handschriften

Band 2
Teil 1 (Ms 501–625)

1999

Harrassowitz Verlag · Wiesbaden

Die lateinischen und deutschen Handschriften der Universitäts-Bibliothek Leipzig

Band 2

Die theologischen Handschriften

Teil 1 (Ms 501–625)

Beschrieben von Peter Burkhart

1999

Harrassowitz Verlag · Wiesbaden

Gedruckt mit Unterstützung der Deutschen Forschungsgemeinschaft.

Die Deutsche Bibliothek – CIP-Einheitsaufnahme
Ein Titeldatensatz für diese Publikation ist bei Der Deutschen Bibliothek erhältlich

Die Deutsche Bibliothek - CIP Cataloguing-in-Publication-Data
A catalogue record for this publication is available from Die Deutsche Bibliothek

e-mail: hammer@dbf.ddb.de

Otto Harrassowitz, Wiesbaden 1999

Gedruckt auf alterungsbeständigem Papier.
Datenkonvertierung, Druck und Verarbeitung: MZ-Verlagsdruckerei GmbH, Memmingen
Printed in Germany

ISBN 3-447-03813-6

Vorwort

Der vorliegende Katalog wurde im wesentlichen in den Jahren 1992–1996 bearbeitet, und zwar im Katalogisierungszentrum der Stadt- und Universitätsbibliothek Frankfurt am Main. Die ersten Planungen für das Projekt begannen mit Unterstützung von Herrn Prof. Dr. Tilo Brandis, dem Leiter der Handschriftenabteilung der Staatsbibliothek zu Berlin, im Winter 1990/91 im Rahmen der Fördermaßnahmen, die die Deutsche Forschungsgemeinschaft bald nach der Wende von 1989 für die Bibliotheken in den neuen Bundesländern eingeleitet hatte. Ein Antrag der Universitätsbibliothek Leipzig, der die Wiederaufnahme der Katalogisierung zum Ziel hatte, wurde im September 1991 genehmigt. Allerdings waren zu dieser Zeit die räumlichen, personellen und einige der fachlichen Voraussetzungen, die für eine Bearbeitung am Ort notwendig sind, noch nicht gegeben. Im Einvernehmen mit dem Unterausschuß für Handschriftenkatalogisierung der Deutschen Forschungsgemeinschaft erklärte sich in dieser Situation die Stadt- und Universitätsbibliothek Frankfurt am Main bereit, in ihrem seit 1977 bestehenden Handschriftenzentrum, das 1991 bereits die Bearbeitung der Handschriften der Thüringer Universitäts- und Landesbibliothek Jena übernommen hatte, den Leipziger Katalogband zu betreuen. Als Katalogautor konnte Dr. Peter Burkhart gewonnen werden.

Für die Bereitwilligkeit, den Neuanfang des Leipziger Katalogisierungsprojekts in dieser Weise wirksam zu unterstützen, ist dem Direktor der Stadt- und Universitätsbibliothek Frankfurt am Main, Herrn Ltd. Bibliotheksdirektor Berndt Dugall, sehr zu danken. Die im einzelnen notwendigen Vorgespräche führten seinerzeit Dr. Dietmar Debes, kommissarischer Direktor der Universitätsbibliothek Leipzig und langjähriger Leiter der Handschriftenabteilung, sowie Dr. Gerhardt Powitz als Leiter des Frankfurter Handschriftenzentrums, der bis zu seinem Ausscheiden aus dem Dienst das Projekt fachlich betreute. Beiden gilt großer Dank für den Erfolg des Unternehmens. Später sicherten Bibliotheksdirektor Gerhard Karpp, seit 1993 Leiter der Sondersammlungen der Universitätsbibliothek Leipzig, und Dr. Bernhard Tönnies, seit 1995 Leiter des Frankfurter Handschriftenzentrums, den konti-

nuierlichen Fortgang und Abschluß der Arbeiten. Nach der Fertigstellung des vorliegenden Bandes erfolgt nun seit 1997 die Katalogisierung der Leipziger Handschriften wieder in der Handschriftenabteilung der Universitätsbibliothek Leipzig.
Es ist zunächst beabsichtigt, die seit langem bestehende Katalogisierungslücke (Ms 501–869) zwischen den beiden von Rudolf Helssig erarbeiteten Leipziger Katalogen der theologischen Handschriften von 1926–1935 (Abt. IV, Bd. 1,1; Repr. 1995) und der juristischen von 1905 (Abt. VI, Bd. 3; Repr. 1996) in zwei weiteren Katalogbänden, die bereits begonnen sind, vollständig zu schließen.

Ekkehard Henschke
Gerhard Karpp

Inhaltsverzeichnis

Vorwort V
Einleitung IX
Verzeichnis der abgekürzt zitierten Literatur XVII
Beschreibung der Handschriften 1
Initienverzeichnis 315
Verfasser-, Namen- und Sachregister 367
Index der Walther-Nummern 422
Index der AH-Nummern 423

Einleitung

Die 1409 nach dem Auszug von Professoren und Studenten aus Prag gegründete Leipziger Universität verfügte nicht von Anfang an über eine zentrale Bibliothek. Die Universitätsangehörigen konnten jedoch die Bibliotheken der in der Stadt ansässigen Klöster benutzen, deren größte die der Dominikaner war mit dem Schwerpunkt Theologie, während das Augustiner-Chorherrenstift St.Thomas auch einen sehr großen Bestand an juristischer Literatur besaß; in seinen Räumen wurden auch Vorlesungen abgehalten. Kleinere Sammlungen hatten auch die beiden von den Fürsten gestifteten Kollegien und die philosophische Fakultät aufzuweisen. Hier kann nur in groben Zügen die Entstehung und weitere Entwicklung der Universitätsbibliothek dargestellt werden. Die folgenden Ausführungen stützen sich im wesentlichen auf die Einleitung Helssigs zum Katalog der juristischen Handschriften der UB Leipzig und auf die erste, von Loh vorgelegte, breitere Abhandlung zu deren Geschichte.[1]

Geschichte

Die Anfänge der Universitätsbibliothek liegen in den Jahren 1541–43, als mit dem Sieg der Reformation in Sachsen und im Zuge der damit verbundenen Auflösung der Klöster deren Besitz säkularisiert wurde.[2] Kern und Standort war die Bibliothek der Dominikaner, das sogenannte Paulinum; Kaspar Borner (ca. 1492–1547), der dreimal Rektor war, leistete die Hauptarbeit beim Aufbau. Im Verzeichnis der Sequestration von 1541 sind die Bücher aus dem Dominikanerkonvent (gegr. 1229/31) mit 1154 Nummern aufgeführt.[3] Der

1 Helssig, Juristische Handschriften, S. XI–XXIV. G. Loh, Geschichte der Universität Leipzig. Zentralblatt für Bibliothekswesen, Beiheft 96/1987; leider befaßt sich Loh nicht mehr mit der Entwicklung der Handschriftensammlung im 19. Jh.

2 Ch. Alschner, Die Säkularisation der Klosterbibliotheken im albertinischen Sachsen, Diss. Leipzig 1969.

3 Dieses Verzeichnis liegt in maschinenschriftlicher Transkription nach: Staatsarchiv Dresden,

größte Zuwachs kam aus dem Zisterzienserkloster Altzelle, das mit etwa 1000 Bänden, nach dem Katalog von 1514 (die Sequestrationsliste für Altzelle ist verloren)[4], den zweiten Platz unter den Klosterbibliotheken Sachsens einnahm; das Tochterkloster Neuzelle hatte hingegen nur wenige Stücke zu bieten. Bemerkenswert ist eine ansehnliche medizinische Abteilung von über 100 Bänden in Altzelle. Weitere wichtige Provenienzen, deren Bestände ganz oder teilweise ins Paulinum gelangten, sind in Leipzig das bereits erwähnte Augustiner-Chorherren-Stift (gegr. 1213)[5] mit 375 Bänden und der Franziskanerkonvent (gegr. vor Mitte des 13. Jh.) mit 298 Bänden. Ferner sind zu nennen das 1096 gegründete Benediktinerkloster St.Jakob in Pegau (ca. 300 Bände, die nicht alle nach Leipzig kamen), das Benediktinerkloster von 1136 in Chemnitz (nur eine kleine Auswahl) und der um 1300 entstandene Dominikanerkonvent in Pirna (ebenfalls nur eine Auswahl). Aus den zuletzt genannten Klöstern gingen viele Bücher an die örtlichen Pfarreien oder wurden entwendet, bevor sie abtransportiert werden konnten. Aus dem 1124 gegründeten, von Herzog Heinrich mit dem Kurfürsten Johann Friedrich 1538 geteilten Kloster der regulierten Augustiner-Chorherren auf dem Petersberg bei Halle gelangten nur Einzelbände nach Leipzig. Bei allen Bestandsangaben ist zu berücksichtigen, daß in den Verzeichnissen Handschriften und Drucke nicht unterschieden wurden; auch Borner trennte sie bei der Aufstellung nicht. Er ließ im Paulinum Pulte aufstellen, auf denen die Bücher durch Ketten gesichert auslagen. Handschriften mit Einbänden aus der Zeit vor der Sequestration, die davon keine Spuren aufweisen, sind also mit Sicherheit später hinzugekommen, der Umkehrschluß gilt natürlich nicht. Wahrscheinlich von ihm oder seinen Helfern wurden die Titelschilder aus Papier, welche die meisten Codices auf dem Vorderdeckel tragen, aufgeklebt, in folgender Grundform: In Capitalis quadrata die ersten Buchstaben eines Autorennamens oder eines Titels, soviel die Papierbreite zuläßt, darunter Fortsetzung in Kursive; oben und unten in der Mitte die jeweils gleiche Zahl; rechts unten ein Doppelbuchstabe (Aa, Bb etc.).

Spuren eines weiteren Ordnungsversuchs sind die Signaturen oben auf dem Rücken (manchmal zusätzlich auf dem beschriebenen Titelschild), die leider

Loc. 8942, Haußhaltungs-Sachen des Pauliner-Closters zu Leipzig 1541, f. 10–37a, in der UB Leipzig vor.

4 Schmidt, Altzelle, S. 35–80.

5 E. Debes, Das Sequestrationsverzeichnis der Bibliothek des Thomasklosters zu Leipzig in: FS Hans Lülfing, Leipzig 1966, S. 83–95 (83. Beiheft zum Zentralblatt für Bibliothekswesen).

häufig nicht mehr zuverlässig lesbar sind. Unter Johann Friedrich (1563–1629), Rektor und Bibliotheksdirektor, wurden wahrscheinlich im Jahr 1601 alle Bücher nach den vier Fakultäten geordnet und mit Signaturen versehen.[6]

Abgesehen von Professorenvermächtnissen erfolgten bedeutende Vermehrungen in den Jahren 1682 und 1683, als die Bibliotheken des großen und kleinen Fürstenkollegiums (95 u. 63 Bde) und 1683 die der philosophischen Fakultät (143 Bde)[7] eingegliedert wurden. Damals war Joachim Feller Direktor. Er hatte seit 1675 die Bibliothek völlig neu organisiert, indem er die Ketten und fast alle Beschläge abnehmen ließ, die Pulte abschaffte, Handschriften und Drucke trennte und den neu geordneten Bestand in verschließbare Kabinette einstellte; wie ein Herkules im Augiasstall habe er gearbeitet, schreibt er in der Dedicatio seines 1686 erschienenen ersten gedruckten Katalogs der Leipziger Handschriften, worin er von der Reform berichtet.[8] Anders als in den Sequestrationslisten, die gewöhnlich nur den Titel des ersten Stücks jeder Handschrift verzeichnen, gibt er fast immer eine vollständige Aufzählung aller Titel; dadurch ist es möglich, gerade umfangreiche Sammelhandschriften zu identifizieren. Ein weiterer Vorzug des Feller'schen Katalogs liegt darin, daß er die oben genannten Neuzugänge in eigenen Abteilungen aufführt, so wie er sie in eigenen Kabinetten aufgestellt hatte. Daher können wir wenigstens bei diesen 18 Handschriften die Provenienz leicht feststellen (Phil. Fak.: Ms 516, 534, 563, 568, 581, 591, 593, 594, 609; Coll. maius: Ms 526, 541, 574, 596, 601, 607, 610; Coll. minus: Ms 509, 595); darunter sind drei wiederum Schenkungen von Leipziger Professoren: Ms 574, 591 und 601. Dietrich von Bocksdorf (ca. 1405–1466), Bischof von Naumburg (seit 1463) und ehemals Leipziger Professor, erscheint hier nur einmal als Vorbesitzer (der zusammengehörenden Ms 550 u. 551), während in 18 juristischen Handschriften sein Eintrag gefunden wird.[9]

Die heutige Aufstellung erfolgte in der ersten Hälfte des 19. Jh. unter Hermann Leyser. Schon um 1600 hatte man eine Systematik nach Fächern eingeführt. Leyser versuchte, zumindest innerhalb der Theologie, auch eine ge-

6 G. Loh, wie Anm. 1, S. 31. Erst vor kurzem wurde in Leipzig das Verzeichnis der juristischen Bücher wiedergefunden, die anderen Verzeichnisse bleiben vorerst verschollen. Diese Information verdanke ich Herrn Thomas Döring von der UB Leipzig.

7 vgl. Döring.

8 Feller.

9 Helssig, Juristische Handschriften, S. XX. Zu Dietrich von Bocksdorf vgl. NDB 3, S. 683.

wisse chronologische Ordnung nach Autoren einzuführen. Ihm verdanken wir auch Kurzbeschreibungen der Handschriften; darin finden sich gelegentlich Hinweise auf heute verlorene Blätter wie in Ms 591 u. 596.
Durch die häufigen Umorganisationen ist es heute schwierig, außer bei den Zugängen von 1682/83, die Provenienzen der einzelnen Handschriften zu klären. Ein Sonderfall sind die Stücke aus dem Zisterzienserkloster Altzelle (Ms 504, 505, 506, 507, 508, 510, 514, 518, 524, 535, 536, 537, 552, 553, 562, 571, 572, 576 (?), 580, 587, 588, 589, 590, 598, 605, 621, 623). In ihnen findet man fast immer in großer Schrift auf mehreren Fußstegen Besitzeinträge in der Form: "Liber celle sancte Marie" oder "Liber veteris celle sancte Marie". Hilfreich ist dabei, daß der Katalog von 1514[10] außer detaillierten Inhaltsangaben auch die Signaturen bringt, die immer aus einem Maiuskelbuchstaben in Rot (Theologie, Artes), Schwarz (Jurisprudenz) oder Grün (Medizin) plus einer römischen Zahl bestehen. Diese Signaturen sind teilweise auf den Deckeln noch erhalten, so daß auch die (seltenen) Altzeller Codices ohne Besitzeintrag manchmal noch identifiziert werden können.
So günstig sieht es bei der Bibliothek des Dominikanerkonvents, die höchstwahrscheinlich den größten Anteil am Grundbestand der Universitätsbibliothek hat, nicht aus. Selten finden wir Besitzeinträge, und die Sequestrationslisten allein erlauben die Identifikation nicht, weil ihre Angaben zu knapp und ungenau sind. Einen Anhaltspunkt gibt die Gestaltung der Einbände, die aber auch nicht sehr spezifisch ist: Metallbeschläge in den Ecken in Form eines geometrischen Drachens, auf Buchdeckelmitte einer Raute, ein weit verbreitetes Muster. Auf Grund der Einbände können wir für vier Handschriften (Ms 522, 529, 567, 603) die Herkunft aus dem Dominikanerkonvent vermuten; die typische Form der Beschläge und zusätzlich ein passender Eintrag in den Sequestrationslisten sind gegeben bei Ms 501, 513, 542, 578, 583, 584, 602, 624; fünf Bände (Ms 511, 550, 551, 573, 579) können durch Besitzeinträge mit Sicherheit zugewiesen werden; für gleiche Provenienz von Ms 625 spricht die Person des Autors. Insgesamt wären dies 18 Codices, die mit unterschiedlicher Gewißheit aus dem Dominikanerkonvent stammen.
Für die übrigen Provenienzen sind wir ausschließlich auf Besitzeinträge angewiesen. Aus dem Franziskanerkonvent stammen Ms 521 u. 557, die Augustiner-Chorherren von St. Thomas steuerten Ms 569 bei. Außerhalb von Leipzig sind zu nennen die Benediktinerklöster Pegau und Chemnitz mit Ms

10 Wie Anm. 4.

554 und Ms 570, das Chorherrenstift auf dem Petersberg bei Halle mit Ms 517; schließlich kommen aus den Zisterzienserklöstern Neuzelle und Buch Ms 537 (über Altzelle) und Ms 600 (wegen der Person des Autors, kein Besitzeintrag).

Ein beachtlicher Teil der Handschriften (52) trägt Datierungsvermerke, die meisten – wie zu erwarten – aus dem 15., nur drei aus dem 13. u. 14. Jh. In etwas geringerer Zahl finden wir auch die Namen der Schreiber, darunter den des Altzeller Mönchs Nicolaus von Torgau, von dessen Hand Ms 587, 589 und 590 sind. Auch von den anderen namentlich bekannten Schreibern kommt die Mehrzahl aus Leipzig und dem sächsischen Umfeld oder gehört der Universität an. Bei den lokalisierbaren Stücken überwiegt diese Region bei weitem mit 22, davon 11 sicher bezeugten, Zuweisungen (alle 15. Jh.). Obwohl nur zwei Handschriften sicher nach Böhmen (Ms 526 und 537) lokalisiert werden können, dürften dieses und das andere Nachbarland Polen – nach Deutschland – die Schriftheimat eines nicht unbedeutenden Teils der anderen Codices des späten 14. und des 15. Jahrhunderts sein. Aus Frankreich kommen mindestens vier Bände, Ms 523, 538, 577 und – eine Rarität – Ms 573, ein sogenanntes Exemplar; die französische Herkunft von Ms 503 u. 508 ist ungewiß. Schließlich stammen aus Italien Ms 535, 536, 542, 578 und 598.

Autoren und Texte

Die hier behandelte Signaturengruppe beginnt wegen der (groben) chronologischen Aufstellung mit Texten aus der 2. Hälfte des 13. Jahrhunderts[11]; dabei versteht es sich, daß in den zahlreichen Sammelhandschriften auch Stücke älterer Autoren vorkommen. Aus Altzelle kamen vor allem exegetische und aszetische Schriften sowie Predigtsammlungen, und zwar in Codices vom 13. bis zum 15. Jahrhundert. Die Handschriften, die sicher oder nur vermutlich aus dem Dominikanerkonvent stammen, enthalten vorzugsweise scholastische Texte, meist Sentenzenkommentare und Streitschriften gegen Ketzer, besonders die Hussiten. Fast ausnahmslos dem 15. Jahrhundert[12] gehören die

11 Einzige Ausnahme ist Ms 511 vom Anfang des 13. Jahrhunderts mit Texten von Petrus Lombardus und Rupert v. Deutz.

12 Außer Ms 609, Mitte des 14. Jh.

1682/83 aus den Fürstenkollegien und der Philosophischen Fakultät in das Paulinum übergeführten Bände an, in denen uns neben den etwas älteren Jordanus von Jüterbog und Marsilius von Ingen die bekanntesten Theologen der Zeit begegnen wie Nicolaus von Dinkelsbühl, Heinrich von Langenstein, Heinrich Totting, Jacobus de Paradiso und der berühmteste von allen, Johannes Gerson aus Paris – er auch mit den meisten Titeln, dazu Leipziger Autoren wie Henning Boltenhagen und Johannes von Regensburg.
Auch in den Handschriften unbekannter Provenienz nehmen die genannten großen Namen breiten Raum ein. Ihre Texte decken das ganze theologische Feld ab, es muß aber wenigstens erwähnt werden, daß sehr viele sich auf die Themen beziehen, die von den Konzilien in Konstanz und Basel vorwiegend behandelt wurden: Die Probleme mit den Hussiten, die Stellung des Papstes gegenüber dem Konzil, Konflikte zwischen den Mendikantenorden und der Weltgeistlichkeit. An Leipziger Autoren sind noch zu nennen Nicolaus Stoer, Johannes Hoffmann, Petrus Wichmann, Johannes Grundmann und Andreas Rüdiger von Görlitz. Von den älteren Autoren sind mit umfangreichen Predigtreihen vertreten Jacobus de Voragine, Franciscus de Maironis und Henricus de Frimaria – dieser auch mit exegetischen Schriften, sowie vor allem englische Scholastiker des 13. u. 14. Jahrhunderts wie Wilhelm von Alnwick oder Wilhelm von Heytesbury mit Quaestionen und logischen Traktaten. Selbstverständlich finden sich, sogar mehrfach, Standardwerke wie das 'Rationale divinorum officiorum' des Guilelmus Durantis und das 'Compendium theologicae veritatis' des Hugo Ripelin von Straßburg.

Einbände und Buchschmuck

Die meisten Einbände sind sehr einfacher Art, mit Streicheisenlinien, Buckeln und Schließen (von Feller entfernt); daneben gibt es die oben beschriebenen, etwas besser ausgestatteten Dominikanereinbände. Seit der Mitte des 15. Jahrhunderts hatte sich aber in Leipzig eine Reihe von Buchbinderwerkstätten etabliert, die bei einer ansehnlichen Zahl der hier beschriebenen Handschriften nachgewiesen werden konnte[13]; der bekannteste Name ist wohl Wetterhahn. Wie bei dem Charakter des Bestandes nicht anders zu erwarten, sind prachtvolle Buchmalereien nicht zu vermelden. Immerhin ent-

13 Loh, Buchbinder.

halten 3 Codices – 548, 549 u. 562 – szenische Miniaturen, in den beiden erstgenannten von guter Qualität. Leider haben einige davon unrechtmäßige Liebhaber gefunden, so daß wir nur noch die Lücken registrieren können. Nennenswert sind dazu noch einige Zierinitialen, vor allem diejenigen aus einer Leipziger Werkstatt, die auch die eben genannten Ms 548 u. 549 ausgestattet hat.

Anlage der Beschreibungen

Die Beschreibungen wurden nach den DFG-Richtlinien Handschriftenkatalogisierung, 5.Aufl. 1992, erstellt. Wasserzeichen wurden nur angeführt, wenn sie sicher bestimmbar waren. Ms 622 wurde als mehrteilig beschrieben, obwohl einige der Teile identische, aber nicht bestimmbare Wasserzeichen tragen; die Teilung wurde hier aus äußeren Gründen vorgenommen, denn man hat hier offensichtlich einzelne Hefte aus einer oder mehreren Lagen jeweils für sich als, auch thematische, Einheit geschrieben und nachher zusammengebunden; hinsichtlich der Seitenorganisation (Schriftraum und Zeilenzahlen) weichen die Teile stark voneinander ab. Die Beschreibung des Buchschmucks geriet in einigen Fällen, besonders bei den wenigen Miniaturen, ausführlicher als in den Richtlinien vorgesehen; dies hat seinen Grund darin, daß in Leipzig auf absehbare Zeit kein Katalog der illuminierten Handschriften geplant ist, und dafür in Absprache mit der DFG hier ein kleiner Ersatz geschaffen werden sollte. In das Initienregister wurden nur die Initien aufgenommen, die in den Beschreibungen auch zitiert sind.

Die Entstehung dieses Katalogs ist wie jede größere Arbeit nicht ausschließlich das Werk eines einzelnen. Den Anstoß zur Katalogisierung hat schon bald nach der Wiedervereinigung der damalige Leiter der UB Leipzig und gleichzeitig der Handschriftenabteilung, Dr. Dietmar Debes, gegeben. Die DFG vertraute diese Aufgabe der Obhut von Dr. Gerhardt Powitz an, dem bis März 1995 amtierenden Leiter des Handschriftenzentrums an der StUB Frankfurt. Ihm ist hier an erster Stelle zu danken, denn mit seiner überragenden Kenntnis und Erfahrung stand er stets, auch noch nach seiner Pensionierung, zur Verfügung und konnte wertvollen Rat geben. Die beiden Kollegen, Dr. Gerhard List und Dr. Bernhard Tönnies (inzwischen Nachfolger von Dr. Powitz), waren ständig ansprechbar und hilfsbereit; in vielen Gesprächen und Diskussionen konnte so manches Problem leichter gelöst werden. Der

Nutzen der Zentrumsbildung hat sich hier täglich bestätigt, nicht zuletzt durch die freundschaftliche Atmosphäre. Der Leiter der Handschriftenabteilung der UB Leipzig, Gerhard Karpp, sowie die Mitarbeiter Thomas Döring und Steffen Hoffmann haben mich mit Materialien und den speziellen Kenntnissen, die man nur vor Ort erwerben kann, nach Kräften unterstützt. Nützlich waren auch stets die Hinweise der Mitglieder des DFG-Unterausschusses. Dr. Bettina Klein-Ilbeck habe ich zu danken für die sorgfältige Überprüfung der lateinischen Texte. Nicht zuletzt sei dem Direktor der StUB Frankfurt, Bernd Dugall, gedankt, der mit großem Verständnis und Interesse für die Arbeit des Handschriftenzentrums auch in Zeiten knapper Mittel den Zugang zu einschlägigen elektronischen Datenbanken ermöglicht hat, Voraussetzung für eine effektivere und leichtere Arbeitsweise.

Verzeichnis der abgekürzt zitierten Literatur

ADB	Allgemeine Deutsche Biographie, Bd. 1–56, 1875–1912.
AFH	Archivum Franciscanum Historicum, 1908 ff.
AFP	Archivum Fratrum Praedicatorum, 1931 ff.
AH	Analecta hymnica medii aevi. Hrsg. von G. M. Dreves, C. Blume u. H. M. Bannister, 55 Bde, Leipzig 1886–1922 (Nachdr. 1961), 2 Reg.-Bde., Bern u. München 1978.
ALKG	Archiv für Literatur- und Kirchengeschichte des Mittelalters. Hrsg. von H. Denifle und F. Ehrle, 7 Bde, Berlin-Freiburg 1885–1900.
BGPhM	Beiträge zur Geschichte der Philosophie und Theologie des Mittelalters, 1891 ff.
BHL	Bibliotheca hagiographica Latina antiquae et mediae aetatis, ed. Socii Bollandiani, 2 Bde, Brüssel 1898–1901 (Nachdr. 1949). (Subsidia hagiographica 6 u. 12).
BHL Nov. Suppl.	Bibliotheca hagiographica Latina. Novum supplementum, ed. H. Fros, 1986 (Subsidia hagiographica 70).
Bibliotheca Conventus	C. Cenci, Bibliotheca manuscripta ad Sacrum Conventum Assisiensem. 2 Bde, Assisi 1981.
BLOOMFIELD	Bloomfield, M. W., Guyot, B.-G., Howard, D.R., Kabealo, Th. B., Incipits of Latin works on the virtues and vices, 1100–1500 A. D. Including a section of incipits of works on the Paternoster, Cambridge (Mass.) 1979 (The Medieval Academy of America. Publication 88).
BONAVENTURA, Opera omnia	Bonaventura, opera omnia, 10 Bde, Quaracchi 1882–1902.
BORGNET	Borgnet, E., Beati Alberti Magni opera omnia cura

	ac labore Augusti et Aemilii Borgnet, 38 Bde, Paris 1890–1899.
BPhM	Bulletin de philosophie médiévale, 1959 ff.
Briquet	Briquet, C. M., Les filigranes. Dictionnaire historique des marques du papier dès leur apparition vers 1282 jusqu'en 1600. A facsimile of the 1907 edition with supplementary material, ed. by A. Stevenson, 4 Bde, Amsterdam 1968.
Caplan	Caplan, H., Mediaeval Artes praedicandi. A handlist, N. Y.-London 1934 (Cornell Studies in Classical Philology 24).
CC	Corpus Christianorum. Series Latina, Turnhout 1953 ff.
CC Cont.Med.	Corpus Christianorum. Continuatio mediaevalis, Turnhout 1966 ff.
Charland	Charland, Th.-M., Artes praedicandi. Contribution à l'histoire de la rhétorique au moyen âge, Paris-Ottawa 1936 (Publications de l'Institut d'études médiévales d'Ottawa 7).
Chevalier	Chevalier, U., Repertorium hymnologicum, 6 Bde, Löwen 1892–1921.
Colophons	Bénédictins de Bouveret, Colophons de manuscrits occidentaux des origines au XVIe siècle, 6 Bde, Fribourg 1965–82 (Spicilegia Friburgensis subsidia 2–7).
CPG	Clavis Patrum Graecorum, ed. M. Geerard, 5 Bde, Turnhout 1974–87 (Corpus Christianorum).
CPL	Clavis Patrum Latinorum, ed. E. Dekkers, Steenbrugge ^{2}1961 (Sacris Erudiri 3).
CPPs	Clavis patristica pseudoepigraphorum medii aevi, ed. J. Machielsen, Bd. IA u. B, IIA u. B, Turnhout 1990–94.
DA	Deutsches Archiv für Erforschung des Mittelalters, 1936 ff.
DACL	Dictionnaire d'archéologie chrétienne et de liturgie, Bd. 1,1–15,2, Paris 1924–53.

Debes, Leipziger Zimelien	Debes, D., Leipziger Zimelien. Bücherschätze der Universitätsbibliothek, Leipzig 1989.
Destrez/Fink-Errera	Destrez, J./Fink-Errera, G., Des Manuscrits apparement datés in: Scriptorium 12/1958, S. 78–83.
Diaz y Diaz	Diaz y Diaz, M. C., Index scriptorum Latinorum medii aevi Hispanorum, Madrid 1959.
Dictionnaire de Spiritualité	Dictionnaire de Spiritualité ascétique et mystique, 17 Bde, Paris 1937–95.
Distelbrink	Distelbrink, B., Bonaventurae scripta authentica, dubia vel spuria critice recensita, Rom 1975 (Subsidia scientifica Franciscalia 5).
Döring	Döring, D., Die Bestandsentwicklung der Bibliothek der philosophischen Fakultät der Universität zu Leipzig von ihren Anfängen bis zur Mitte des 16. Jahrhunderts. Ein Beitrag zur Wissenschaftsgeschichte der Leipziger Universität in ihrer vorreformatorischen Zeit (Zentralblatt für Bibliothekswesen, Beiheft 99/1990).
Dondaine	Dondaine, A., Guillaume Peyraut. Sa vie et œuvres in: AFP 18/1948, S. 162–236.
Doucet, Supplement Stegmüller	Doucet, V., Commentaires sur les sentences. Supplement au répertoire de M. Frédéric Stegmüller, in: AFP 47/1954, S. 88–170; 400–427.
Du Pin	Johannis Gerson opera omnia, ed. L. E. Du Pin, 5 Bde, Antwerpen 1706.
Erler	Erler, G., Matrikel der Universität Leipzig, 2 Bde, Leipzig 1895–97.
Erler, Die jüngeren Matrikel	Erler, G., Die jüngeren Matrikel der Universität Leipzig 1559–1809, Leipzig 1909.
Eubel	Eubel, C. (Hrsg.), Hierarchia catholica medii aevi sive summorum pontificum, S. R. E. cardinalium ecclesiarum antistitum series, 4 Bde, Münster ^{2}1913–35.
Fabricius	Fabricius, J. A., Bibliotheca Latina mediae et infimae aetatis cum supplemento ..., 6 Bde, Florenz 1858–59.
Fauser, Albertus Magnus	Fauser, W., Die Werke des Albertus Magnus in ihrer handschriftlichen Überlieferung. Teil I: Die echten

	Werke, Münster 1982 (Alberti Magni opera omnia, Tomus subsid. 1).
FELLER	Feller, L. Joachim, Catalogus codicum manuscriptorum bibliothecae Paulinae in academia Lipsiensi, Leipzig 1686.
FRANZ, Messe	Franz, A., Die Messe im deutschen Mittelalter, Freiburg i. Br. 1902 (Nachdr. Darmstadt 1963).
Franz. Studien	Franziskanische Studien, Werl (Münster) 1–75/1914–1993.
FRIEDBERG	Friedberg, E., Corpus iuris canonici, 2 Bde, Leipzig 1879–81.
FRIES, Mariologische Schriften	Fries, A., Die unter dem Namen des Albertus Magnus überlieferten mariologischen Schriften, Münster 1954.
GLORIEUX, La faculté des arts	Glorieux, P. J., La faculté des arts et ses maîtres au XIIIe siècle, Paris 1971 (Études de philosophie médiévale 59).
GLORIEUX, Quodl.	Glorieux, P. J., La littérature quodlibétique de 1260 à 1320, 2 Bde, Kain-Paris 1925–35.
GLORIEUX, Pour revaloriser	Glorieux, P. J., Pour revaloriser Migne. Tables rectificatives (Mélanges de science religieuse 11/1952, Cahier supplémentaire).
GLORIEUX, Répertoire	Glorieux, P. J., Répertoire des maîtres en théologie de Paris au XIIIe siècle, 2 Bde, Paris 1933/34. (Études de philosophie médiévale 17 u. 18).
GRAESSE	Graesse, Th., Jacobi a Voragine Legenda aurea vulgo Historia Lombardica dicta, Breslau ^{3}1890.
GW	Gesamtkatalog der Wiegendrucke, Leipzig 1925 ff.
HAIN	Hain, L., Repertorium bibliographicum, 2 Bde, Stuttgart 1826–1838 (Nachdr. 1948).
HAIN-COPINGER	Copinger, W. A., Supplement to Hain's Repertorium bibliographicum, 2 Bde, London 1895–1902.
HARTWIG	Hartwig, O., Henricus de Langenstein dictus de Hassia, Marburg 1857.
HAURÉAU, Notices et extraits	Hauréau, B., Notices et extraits de quelques manuscrits latins de la Bibliothèque Nationale, 6 Bde, Paris 1890–93 (Nachdruck 1967).

Hefele-Leclercq	Hefele, C. J. v., Histoires des conciles après les documents originaux, traduits par H. Leclercq, 9 Bde, Paris 1907–30.
Helssig, Juristische Handschriften	Helssig, R., Katalog der Handschriften der Universität Leipzig IV. Die lateinischen und deutschen Handschriften, 3.Band: Die juristischen Handschriften, Leipzig 1905 (Nachdr. Wiesbaden 1996).
Helssig, Theolgische Handschriften	Helssig, R., Katalog der Handschriften der Universität Leipzig IV. Die lateinischen und deutschen Handschriften, 1.Band: Die theologischen Handschriften, Leipzig 1926.
Hohmann	Hohmann, Th., Initienregister der Werke Heinrichs von Langenstein, in: Traditio 32/1976, S. 399–426.
Janauschek	Janauschek, L., Bibliographia Bernhardina, Wien 1891 (Nachdr. Hildesheim 1959).
Jean Gerson	Jean Gerson, Œuvres complètes, ed. P. Glorieux, 10 Bde, Paris 1960–73.
Kaeppeli	Kaeppeli, Th., Scriptores Ordinis Praedicatorum medii aevi, 4 Bde, Rom 1970–93.
Kristeller III	Kristeller, P. O., Iter Italicum. A finding list of uncatalogued or incompletely catalogued humanistic manuscripts of the Renaissance in Italian and other libraries. Bd. 3 (Alia itineraria 1): Australia to Germany, London u. Leiden 1983.
Lambert, Bibliographia Hieronymiana	Lambert, D. C., Bibliographia Hieronymiana. La tradition manuscrite des œuvres de Saint Jérôme, 4 Bde, Steenbrugge 1969–72 (Instrumenta patristica 4).
Lang	Lang, A., Heinrich Totting von Oyta: Ein Beitrag zur Entstehungsgeschichte der ersten deutschen Universitäten und zur Problemgeschichte der Spätscholastik (BGPhM 33, 4/5), 1937.
Leclercq-Rochais	Sancti Bernardi opera, Rom 1957 ff.
Ledoux, Guilelmus Alaunovicanus	Ledoux, A. (Hrsg.), Guilelmus Alaunovicanus, Quaracchi 1937 (Bibliotheca Franciscana Scholastica Medii Aevi 10).

LÖHR, Dominikaner	Löhr, G. M., Die Dominikaner an der Leipziger Universität (Quellen und Forschungen zur Geschichte des Dominikanerordens in Deutschland 30), Vechta 1934.
LOH, Buchbinder	Loh, G., Die Leipziger Buchbinder im 15. Jahrhundert, Diss. Berlin 1990.
LThK^{2}	Lexikon für Theologie und Kirche, 2. Aufl., Freiburg 1957–67.
MADRE	Madre, A., Nikolaus von Dinkelsbühl. Leben und Schriften, Münster 1965 (BGPhM 40,4).
MANSI	Mansi, J. D., Sacrorum conciliorum nova et amplissima collectio. 53 Bde, Paris, Arnheim, Leipzig 1901–27 (Nachdr. Graz 1960–61).
MBK	Mittelalterliche Bibliothekskataloge Deutschlands und der Schweiz, Bd. 1 ff., München 1918 ff.
MEERSSEMAN, Antonio Azaro	Meersseman, G., Le Opere di fra Antonio Azaro Parmense OP nella Biblioteca nazionale di Monaco di Baviera, in: AFP 10/1940, S. 20–47.
MEIER	Meier, L., Die Werke des Erfurter Kartäusers Jakob von Jüterbog in ihrer handschriftlichen Überlieferung, Münster 1955 (BGPhM 37, Heft 5).
MEIER, Die Barfüsserschule	Meier, L., Die Barfüsserschule zu Erfurt, Münster 1958 (BGPhM 38, Heft 2).
MERTENS	Mertens, D., Iacobus Carthusiensis. Untersuchungen zur Rezeption der Werke des Kartäusers Jakob von Paradies (1381–1465), Göttingen 1976 (Veröffentlichungen des Max-Planck-Instituts für Geschichte 50. Studien zur Germania Sacra 13).
MICHAUD-QUANTIN, Sommes de casuistique	Michaud-Quantin, P., Sommes de casuistique et manuels de confession au moyen-âge (XII–XVI siècles), Löwen 1962 (Analecta mediaevalia Namurcensia 13).
MINISTERI	Ministeri, P. B., De Augustini de Ancona, O. E. S. A. (+1328) vita et operibus, in: Analecta Augustiniana 22/1951/52, S. 7–56, 148–262.
MOHAN	Mohan, G. E., Initia operum Franciscalium, St. Bonaventure, N. Y. 1975 ff. (Franciscan Studies 35 ff.).

Mohan, Incipits of logical writings	Mohan, G. E., Incipits of logical writings, in: Franciscan Studies 12/1952, S. 350–489.
NA	Neues Archiv der Gesellschaft für ältere deutsche Geschichtskunde, 1876 ff.
NDB	Neue deutsche Biographie, 1953 ff.
Opera Anselmi	Schmitt, F. S. (Hrsg.), S. Anselmi Cantuarensis archiepiscopi opera omnia, 6 Bde, Edinburgh 1946.
PG	Migne, J.-P., Patrologiae cursus completus, series Graeca, Bd. 1–161, Paris 1857–66.
Piccard	Piccard, G., Die Wasserzeichenkartei Piccard im Hauptstaatsarchiv Stuttgart, Findbuch 1961 ff.
PL	Migne, J.-P., Patrologiae cursus completus, series Latina, Bd. 1–221, Paris 1841–64.
Porębski	Porębski, S. A., Jakub z Paradyża. Wydał, wstępem i notami krytycznymi opatrzył, Warschau 1978 (Textus et studia historiam theologiae in Polonia exultae spectantia, Vol.5).
Quétif-Echard	Quétif, J.-Echard, J., Scriptores ordinis Praedicatorum, 2 Bde, Paris 1719–21 (Nachdr. Turin 1961).
RAM	Revue d'ascétique et de mystique, 1920 ff.
RB	Revue Bénédictine, 1884 ff.
Reichling	Reichling, D., Das Doctrinale des Alexander de Villa-Dei, Berlin 1893, Neudruck Leipzig ca. 1938, Monumenta Germaniae Paedagogica 12.
Repertorium Fontium	Istituto storico italiano per il medio evo, Repertorium fontium historiae medii aevi primum ab Augusto Potthast digestum, nunc cura collegii historicorum e pluribus nationibus emendatum et auctum, Rom 1962 ff.
Repertorium Germanicum	Repertorium Germanicum. Verzeichnis der in den päpstlichen Registern und Kameralakten vorkommenden Personen, Kirchen und Orte des Deutschen Reiches, seiner Diözesen und Territorien vom Beginn des Schismas bis zur Reformation, Berlin 1916 ff.
RISM	Répertoire international des sources musicales, Bd. III,2: The theory of music from the carolingian

	era up to 1400. Italy, ed. P. Fischer, München-Duisburg 1968.
Röm. Quartalsschrift	Römische Quartalsschrift für christliche Altertumskunde und für Kirchengeschichte, 1887 ff.
Roth, Franz von Mayronis	Roth, B., Franz von Mayronis. Sein Leben, seine Werke, seine Lehre, Werl 1936.
RTAM	Recherches de théologie ancienne et médiévale, 1929 ff.
Sbaralea	Sbaralea, I. H., Supplementum et Castigatio ad Scriptores Trium Ordinum S. Francisci a Waddingo aliisve descriptos. Cum adnotationibus ad Syllabum martyrorum eiorumdem ordinum. Opus posthumum Fr. Jo. Hyacinthi Sbaraleae Minorum conventualium sacrae theologiae magistri. Editio nova variis additamentis et indice scriptorum chronologico completa, 3 Bde, Rom 1921 (Nachdruck 1978).
Schmidt, Altzelle	Schmidt, L., Beiträge zur Geschichte der wissenschaftlichen Studien in sächsischen Klöstern. I: Altzelle, in: Neues Archiv für sächsische Geschichte und Altertumskunde 18/1897, S. 1–93. (Seitenzahl gilt nur für Sonderdruck).
Schmidt, Beiträge	Schmidt, L., Beiträge zur Geschichte der wissenschaftlichen Studien in sächsischen Klöstern. II: Grünhain, Buch, Pegau, Chemnitz, Thomaskloster in Leipzig, in: Neues Archiv für sächsische Geschichte und Altertumskunde 20/1899, S. 1–32 (Seitenzahl gilt nur für Sonderdruck).
Schmitz, Bussbücher	Schmitz, H. J., Die Bussbücher und das kanonische Bussverfahren. Nach handschriftlichen Quellen dargestellt, 2 Bde Düsseldorf 1898 (Nachdr. Graz 1958).
Schmitz, Clément VI	Schmitz, D. Ph., Les sermons et discours de Clément VI, O. S. B., in: RB 41/1929, S. 15–34.
Schneyer	Schneyer, J. B., Repertorium der lateinischen Sermones des Mittelalters für die Zeit von 1150–1350, Münster ^{2}1973–1990 (BGPhM 43,1–11).
Schneyer, Nachlaß	5 Computer-Disketten, die die Aufzeichnungen J. B. Schneyers zu den Predigten nach 1350 enthalten,

	von der Universität Bochum freundlicherweise zur Verfügung gestellt. Aufbau wie Repertorium.
Schneyer, Wegweiser	Schneyer, J. B., Wegweiser zu lateinischen Predigtreihen des Mittelalters, München 1965 (Bayerische Akademie der Wissenschaften, Veröffentlichungen der Kommission für die Herausgabe ungedruckter Texte aus der mittelalterlichen Geisteswelt, Bd. 1).
Schulte, GQ	Schulte, J. F. v., Die Geschichte der Quellen und Literatur des canonischen Rechts von Gratian bis auf die Gegenwart, 3 Bde, Stuttgart 1875–1880 (Nachdr. Graz 1956).
Schunke	Schunke, I., Die Schwenke-Sammlung gotischer Stempel- und Einbanddurchreibungen. I: Einzelstempel, Berlin 1979 (Beiträge zur Inkunabelkunde 3,7).
Shooner	Shooner, H. V., Codices manuscripti operum Thomae de Aquino, Bd. 2, Rom 1973.
Siebmacher	Johann Siebmachers Wappenbuch, Nürnberg 1701/05–1772 (Nachdr. München 1975).
Spunar	Spunar, P., Repertorium auctorum Bohemorum provectum idearum post Universitatem Pragensem conditam illustrans, Bd. 1, Breslau 1985 (Studia Copernicana 25).
Stegmüller RB	Stegmüller, F., Repertorium biblicum medii aevi, 11 Bde, Madrid 1950–1980.
Stegmüller RS	Stegmüller, F., Repertorium commentariorum in sententias Petri Lombardi, 2 Bde, Würzburg 1947.
S.Thomae Aquinatis Opera omnia	Sancti Thomae Aquinatis opera omnia, 25 Bde, Parma 1852–73 (Nachdr. N. Y. 1948–50).
Theol. Quartalschrift	Theologische Quartalschrift, 1819 ff.
Thomas a Kempis, Opera omnia	Thomae Hemerken a Kempis opera omnia, 7 Bde, Freiburg 1902–22.
Thomas de Aquino, Opera omnia	Sancti Thomae de Aquino opera omnia, iussu Leonis XIII. edita cura et studio Fratrum Praedicatorum, Rom 1882 ff.
Thorndike-Kibre	Thorndike, L.-Kibre, P., A catalogue of incipits of medieval scientific writings in Latin. Rev. and augm. edition, London 1963.

Tříška	Tříška, J., Repertorium biographicum Universitatis Pragensis praehussiticae 1348–1409, Prag 1981.
Vatasso-Cavalieri	Vatasso, M.-De'Cavalieri, P. Franchi, Codices Vaticani Latini I, Città del Vaticano 1902.
Vivès, Opus Oxoniense	L. Vivès (Hrsg.), Joannis Duns Scoti doctoris subtilis, Ordinis Minorum, opera omnia. Editio nova, Paris 1893/94.
VL^2	Die deutsche Literatur des Mittelalters. Verfasserlexikon, Hrsg. K. Ruh, 2. Aufl., Berlin 1978 ff.
Walther	Walther, H., Initia carminum ac versuum medii aevi posterioris Latina. Alphabetisches Verzeichnis der Versanfänge mittelateinischer Dichtungen, Göttingen ^{2}1969 (Carmina Medii Aevi Posterioris Latina I,1).
Walther, Proverbia	Walther, H., Proverbia sententiaeque Latinitatis medii aevi, Göttingen 1963–86 (Carmina medii aevi posterioris Latina II, 1–9).
Wattenbach, Schriftwesen	Wattenbach, W., Das Schriftwesen im Mittelalter, Leipzig ^{3}1896 (Nachdr. Graz 1958).
Weijers	Weijers, O., Le travail intellectuel à la faculté des arts de Paris: Textes et maîtres (ca. 1200–1500), Bd. 1, Turnhout 1994 (Studia Artistarum. Études sur la faculté des arts dans les universités médiévales).
Welter	Welter, J. Th., L'exemplum dans la littérature religieuse et didactique au moyen âge, Toulouse 1927 (Nachdr. Genf 1973).
Wilmart	Wilmart, A., Codices Reginenses Latini I, Città del Vaticano 1937.
Zarncke, Die urkundlichen Quellen	Zarncke, F., Die urkundlichen Quellen zur Geschichte der Universität Leipzig in den ersten 150 Jahren ihres Bestehens, in: Abhandlungen der k. sächsischen Gesellschaft der Wissenschaften, Phil.-Hist. Kl.2, Leipzig 1857, 718 ff.
ZKG	Zeitschrift für Kirchengeschichte, Stuttgart 1877 ff.
Zumkeller	Zumkeller, A., Manuskripte von Werken der Autoren des Augustiner-Eremitenordens in mitteleuropäischen Bibliotheken, Würzburg 1966.

Sonstige Abkürzungen

Dist.	Distinctio
Qu.	Quaestio
r.	recte
sc.	scilicet
SS	Sommersemester
WS	Wintersemester
WZ	Wasserzeichen
z.T	zum Teil

Ms 501

Albertus Magnus

Pergament 187 Bll. 34×24 14.Jh. 1. Hälfte

(VI–1)^{11} + 14 VI^{179} + (VI–4)^{187}; Kustoden; Foliierung des 14./15.Jh. (*I,II,3–186*). Schriftraum 25×17; zweispaltig; 45–49 Zeilen.

Textualis, eine Hand; Verbesserungen vom Schreiber; wenige Ankreuzungen und Randbemerkungen von anderer Hand, z.T. mit Bleistift. Kapitelzählung über den Interkolumnien mit Bleistift. Abwechselnd rote und blaue 3-zeilige Lombarden; Kapitelzahlen rot-blau geteilt; f. 1ra: Fleuronné-Initiale, rot-blau ornamental gespalten, Knospen als Füllung und Besatz, Sägeblätter und Korkenzieherfäden auf den Randstäben.

Spätmittelalterlicher Ledereinband mit Streicheisenlinien; Reste von Schließen; Beschläge nach Art des Leipziger Predigerkonvents (Abdruck) und Buckel entfernt; 2 Löcher von der Kettenbefestigung am Rückdeckel oben. Spiegel: Pergamentblätter mit Liniierung, ohne Text.

Nach den Einbandbeschlägen vermutlich aus dem Leipziger Predigerkloster (Eintrag im Sequestrationsverzeichnis unter Pulp.B., Lat. 2, Nr. 13). Auf dem Vorderdeckel Titelschild, 14.Jh.: *Albertus super Lucam ab XI° capitulo usque ad finem.* Darunter: *16* (Signatur?). Auf dem Rücken Signatur: *99*; Bibliothekszettel, 17./18.Jh.: *Albertus in Lucam.* FELLER, S. 74, Nr. 22.

1ra–186rb: ALBERTUS MAGNUS: SUPER LUCAM, cap. XI–XXIV (unvollständig). *Et factum est …* (Lc 11,1) *Habito de doctrina et revelatione facta … – … in quibus componit difficultatem ut* ‖ Text bricht ab bei Lc 24,28. – BORGNET 23, S. 95–760. Stegmüller RB 2, Nr. 998, Hs. genannt; FAUSER, Albertus Magnus, S. 232, Hs. genannt; VL^{2} 1, Sp. 128f. – 186^{v}–187^{v} leer.

Ms 502

Mariale

Papier 315 Bll. 31×21 15.Jh. 3. Viertel

WZ Ochsenkopf PICCARD XIII 181 (1456) und Ochsenkopf PICCARD XII 646 (1467). 11 VI^{132} + $I(\text{eingeklebt})^{134}$ + 15 VI^{312} + $\text{Nachsatzblatt (Pergament)}^{313}$; beschnitten, daher die meisten Reklamanten verloren; moderne Foliierung, 156 und 203 doppelt gezählt. Schriftraum 22,5–24,5×14–15,5; zweispaltig; 47–56 Zeilen.

Buchminuskel, eine Hand: 14ra–14va, 197va–202vb, 206va–208rb, 229ra–253va, 278ra–288vb, 305va–312va; im übrigen Buchkursiven und Bastarda, zahlreiche Schreiber; Rubriken, nur wenige Randbemerkungen. Einfache rote Lombarden. 1ra: Deckfarben–Initiale *Q* im rechteckigen, grünen Feld; Initialkörper blau mit weißer Rankenzeichnung; Binnenfeld metallisch grau. Auf dem Bund- und Kopfsteg blau-grüne Spiralranken mit kurzen grünen Blättchen, am Ende Dreiblätter; im Interkolumnium violette Sechspaßblüte.

Spätmittelalterlicher Schweinsledereinband; Reste von Schließen auf dem Rückdeckel erhalten; Buckel entfernt. Im Rückdeckel oben Metallstift (Rest der Kettenbefestigung).

Auf dem Vorderdeckel oben rote Signatur, 15.Jh.: *E*. Im Vorderdeckel, Kursive 16.Jh.: Inhaltsverzeichnis mit 13 Titeln. Titelschild auf dem Vorderdeckel, 16.Jh.: *MARIA*. Auf dem Rücken Signatur: *691* und: *Mariale* (17./18.Jh.). FELLER, S. 190, Nr. 8.

1ra–108vb PS.-ALBERTUS MAGNUS: SUPER 'MISSUS EST'

›*Incipit feliciter Albertus super missus.*‹ *Qui edunt me ...* (Sir 24,29) *Huius largiflue sponsionis subnixus ...* (1vb) *in statu vie capax fuit. Luce I* (dieser Prolog selten, s. FRIES, wie unten). ›*Tituli articulorum sunt hii.*‹ *An necesse fuerit ...* (2ra) *Si ad solam. Primo queritur an necesse fuerit hanc missionem esse ... – ... excitatur devotis miraculis* (r. excitata devotio, mirabilius) *fiat et miraculum de miraculo. Amen.* ›*Finit summula Alberti super capitulum* 2^m *Luce.*‹ Gleicher Text wie Ms 503, 1ra–158rb, Z.4. – BORGNET 37, S. 1–321. STEGMÜLLER RB 2, Nr. 1061, Hs. genannt; FRIES, Mariologische Schriften, S. 1–80, 130–132, Hs. erwähnt S. 6, Anm. 3; VL^2 1, Sp. 133.

109ra–122va TRACTATUS DE VIRGINIS MARIAE LAUDIBUS

Quod verbum domini quadrupliciter factum est ad Mariam ... – ... die cottidie prosperum iter faciet nobis Deus salu (sic) *nostrorum.* – STEGMÜLLER RB 6, Nr. 9578, nur diese Hs. genannt.

122va–131rb HONORIUS AUGUSTODUNENSIS: SIGILLUM BEATAE MARIAE
PL 172, Sp. 495–518. VL^2 4, Sp. 127.

131va–132vb SERMO IN ANNUNTIATIONE BMV
Ave gratia plena ... (Lc 1,28) *Luce primo sunt scripta et in missali officio lecta etc. Quia ut ait beatus Ieronimus: Nulli dubium est ...* – *... hec dies quam fecit dominus etc. et gloria tibi domine, cuius glorie nos participes faciat idem dominus ... Amen.*

133ra–134rb BEDA VENERABILIS: HOMILIA SUPER 'MISSUS EST'
PL 94, Sp. 9–14; CC 122, S. 14–20. STEGMÜLLER RB 6, Nr. 9579 (Anonyma). Auch in Ms 544, 376rb.

134rb–134va SERMO SUPER 'MISSUS EST'
Missus est ... (Lc 1,26) *In quibus verbis duo notantur. In hoc quod dicitur: Missus est angelus Gabriel a Deo, notatur dominice misericordie largitas ...* – *... quomodo sustinere possum perdicionem populi mei.* – STEGMÜLLER RB 6, Nr. 9579, nur diese Hs. genannt. – 134vb leer.

135ra–156(1)^{vb} FRANCISCUS DE MAIRONIS: SERMO SUPER 'MISSUS EST'
›*Franciscus de Maronis super Missus*‹ *In mense autem sexto* ... (Lc 1,26) *Quia vero instante sanctissimo tempore adventus domini ...* – *... animam reficit et quietat etc.* – HAIN 10532. STEGMÜLLER RB 2, Nr. 2313, nur diese Hs. genannt; unter dem Namen Franciscus de Maironis auch in Bologna, Bibl. dell'Archiginnasio, A 95 f. VII, f. 41. Vgl. ROTH, Franz von Mayronis, S. 255, Nr. 10.

156(2)^{ra}–159va FRANCISCUS DE MAIRONIS: SUPER 'PATER NOSTER'
Voluntas Dei ... (I Th 4,3) *Ad huius auctoritatis aliqualem noticiam. Sciendum quod non potest bene serviri persone ...* – *... interpretacio est fideliter quod nos possumus vere dicere etc.* – HAIN 10532, mit starken Abweichungen. STEGMÜLLER RB 6, Nr. 9580, nur diese Hs. genannt; BLOOMFIELD, Nr. 9260; ROTH, Franz von Mayronis, S. 254.

159va–163ra SERMO SUPER CT 4,7
Tota pulchra es ... (Ct 4,7) *Reverendi domini, ut verba thematis solerter declarabo, cum modo enthymematis tractatum hoc formabo ...* – *... Cuius virginis amatores nos eius filius efficiat. Qui cum patre ... Amen.*

163ra–165ra SERMO DE ASSUMPTIONE BMV
Que est ista ... (Ct 6,9) *Verba ista licet exponantur de ecclesia, possunt tamen*

adaptari beate Marie Magdalene ... – ... qui omni tempore laudandus det vobis ita etc.

165ra–167rb SERMO IN DOMINICA TERTIA IN ADVENTU
Ecce ego mitto ... (Mt 11,10) *et in ewangelio currentis dominice. Reverendi patres et fratres licet nostri et intellectualium differencia ... – ... cum signo victorie laureati regna etherea conscendeamus* (sic). *Ipso prestante qui in trinitate perfecta ... Amen.*

167va–170va SERMO DE CIVITATE CAELESTI
Fundamenta muri civitatis ... (Apc 21,19) *Structura civitatis civium supernorum construitur in celis ... – ... ad ipsum intrabunt intimius*(?) *est id*(?). *Quam nos* ‖ bricht ab.

170va–172vb FRANCISCUS DE MAIRONIS (?): SERMO DE VIRTUTIBUS
›*Sermo Francisci Maronis*‹ *Ceci vident ...* (Mt 11,5) *Scola virtutum, magisterium vite, sanctitatis forma ... – ... ad superiora saltat scilicet ad vitam beatam. Quam nobis concedat etc.* – Nicht bei Schneyer, Bloomfield und Roth (wie oben) aufgeführt.

172vb–174vb SERMO DE SANCTO VINCENTIO
Qui vicerit faciam illum ... (Apc 3,12) *Quamvis in templo Dei hoc est in ecclesia militante ... – ... Ideo pervenirent ad gloriam ad quam nos perducat, qui cum patre ... Amen.*

175ra–178va PS.-LEO PAPA, I.: SERMO DE SPIRITU SANCTO
PL 54, Sp. 477–487; am Ende ein Zitat aus dem REGISTRUM GREGORII, fast identisch in Vat.Reg.lat.139, f. 160^{r}, 12. Jh. (WILMART, Reg.I, S. 335 f.) u. Vat. lat.551, f. 1^{r}, 12. Jh. (VATASSO–CAVALIERI, S. 413). Auch in Ms 233, 147^{v}.

178va–181vb PS.-BERNARDUS CLARAEVALLENSIS: SERMO DE EXCELLENTIA SS. SACRAMENTI ET DIGNITATE SACERDOTUM
Pater sanctissime Petre, audi quid loquatur dominus in pauperculo servo suo (Incipit abweichend) ... (180vb, Mitte) *sponsus cum sponsa sancta anima cum Christo* (Kapitel 10,4. Satz des Drucks) – Einschub: *Audi mihi pater Petre ...* (180vb, vorletzte Zeile) *iocundissima contemplatione. – Ceterum anima sponsi id est boni episcopi ... – ... dum miracula per vos operantur* (Kapitel 16, 3. Satz des Drucks). *Qui vivit ... Amen.* – PL 184, Sp. 981–990 mit größeren Abweichungen. JANAUSCHEK, S. V, Nr. 14. u. S. VII, Nr. 35.; auch in Ms 543, 274va und 246va.

182ra–187ra Sermo de assumptione BMV
Exaltata sum ... (Sir 24,17) *Verba hec in presenciarum* (sic) *effata sunt quidem Ecclesiasti XXIIII capitulo origenaliter* (sic) *scripta et in presentis precelse solemnitatis graciosissime virginis Marie* ... – ... *et exultacio omnibus electis, ipsi gloria, virtus, potestas, etternitas* (sic) *et nunc et semper. Amen.*

187ra–189vb Sermo in dominica tertia in adventu
Nos existimet homo ... (I Cor 4,1) *Ita scribitur primo Cor 4 origenaliter* (sic) *et in currentis dominice sacrosancte misse officio transsumptive et epistulariter. Celeberrimi mei patres* ... (187rb) *Beatus Gregorius omelia sexta super Ezechielem tractando simul et comparando* ... – ... *candidus et rubicundus ex milibus angelorum. Electus Jesus Christus dominus noster in omnia secula* ... *Amen.*

189vb–193rb Sermo de beato Bernardo
[B]*alsamum non mixtum* ... (Sir 24,21) *Venerandi patres et domini, sacro intonante canone distinctione 43: Sit rector. Summe expedit, ut cum predicator ad loquendum se preparat* ... – ... *de fonte vera cum ipso possumus exanclare. Quod nobis prestare* ... *Amen.*

193rb–197rb Sermo de beato Bernardo
›*De* [...] *benedicto*‹ [A]*d fundamentum altaris* ... (Sir 50,17) *Reverendi patres et domini in Cristo celeberrimi. Theusaurum* (sic) *celestium diviciarum* ... – ... *in celesti urantice* (sic) *curie gloria sine fine mensura, quod nobis prestare* ... *Amen.*

197va–203(1)^{vb} Paschasius Radbertus (Ps.-Hieronymus): Epistola de assumptione virginis
›*Sermo beati Ieronimi* ... *ad Paulam et Eustochium*‹ PL 30, Sp. 122–142; CC Cont.Med. 56 C, S. 109–162 (geringfügige Abweichungen). CPPs II A, Nr. 858; A. Ripberger (ed.) in: Spicilegium Friburgense 9/1962, S. 57–113. Lambert, Bibliographia Hieronymiana, Bd. III A, Nr. 309, S. 28–44, Hs. genannt.

203(2)^{ra}–204vb Sermo de conceptione BMV
›*Sermo de concepcione virginis gloriose*‹ *Candor est lucis* ... (Sap 7,26) *Sapiencia VII est originaliter et assimilatur ad laudem concepcionis intemerate virginis Marie* ... – ... *precibus eiusdem virginis et matris conferre dignetur Jesus* ... *Amen. – Albertus in buch* (sic). *Hoc sermone pluribus racionibus concluditur virginem sine* [peccato] *originali conceptam.*

205ra–206vb Sermo de conceptione BMV
Setzt ein ‖*eius fuit unita carni eius corporali* ... (206va) *recepit eam in regnum celorum, ubi regnat cum omni iubilo etc.* Andere Hand: *Habitacio fuit virgo Maria* ... (Is 62,5) *habitavit in* ... *In habitacione sancta* ... (Sir 24,14) *Ista autem habitacio sancta potest intelligi vel de seipsa* ... – ... *Ideoque alibi dicitur parvoque lacte pastus est 2°.*

207ra–228rb Jacobus de Voragine: Sermones Mariales
Schneyer 3, S. 283, Nr. 827–829; S. 280, Nr. 785–786 (Schluß etwas abweichend); S. 279f., Nr. 772–784; S. 280f., Nr. 787–802 (797 mit abweichendem Schluß), 802 bricht ab: *Noli tamen cessare quia inde tibi*‖ – Hain-Copinger 6525. VL^{2} 4, Sp. 451. – 228^{va-vb} leer.

229ra–240va Tractatus de cognominibus Mariae
Setzt ein ‖*ipsa tota in amorem erat conversa* ... (229rb) *Ancilla Dei est virgo* ... (230vb) *Arbor celestis est virgo* ... – ... *per virginitatem et dyabolicam et superbiam per*‖ bricht ab. – 240vb leer.

241ra–277vb Ps.-Albertus magnus: Biblia Mariana
›*Incipit biblia beate virginis Marie. Et primo notantur tituli libri Genesis.*‹ *Maria celum* ... *Maria mater benediccionis. In principio creavit* ... (Gn 1,1) *Celum sive empireum* ... – ... *Imperatrix creaturarum universarum hunc libellum ad honorem tuum qualitercumque*‖ Abbruch kurz vor Textende. – Borgnet 37, S. 365–443. Fries, Mariologische Schriften, S. 81–84.

278ra–278^{rc} Verzeichnis der biblischen Bücher: *Genesis* ... *Apocalipsis*, danach alphabetisches Verzeichnis der Beinamen Mariae: *Adiutrix* ... – ... *fons paternus*. – 4. Spalte leer.

278va–286rb Bernardus Claraevallensis: Homiliae quattuor in laudibus virginis matris.
PL 183, Sp. 55–88; Leclercq-Rochais 4, S. 13–58. Schneyer 1, S. 442, Nr. 8–12. Auch in Ms 544, 359ra.

286va–288vb Bernardus Claraevallensis: Sermones tres in annuntiatione.
Leclercq-Rochais 5, S. 16–29 (Beginn mit dem 6. Kapitel); PL 183, Sp. 385–390; Leclercq-Rochais 5, S. 260f.; PL 183, Sp. 669f. ... (287vb, Z. 20) *vocabitur filius Dei*, dann abweichend: *Ave inquit angelus ad eam* ... (288rb) *una in deitate summa in qua unus cum eis* ... *Amen*; Leclercq-Ro-

CHAIS 5, S. 30–34; PL 183, Sp. 390–392. – SCHNEYER 1, S. 447, Nr. 97; S. 452, Nr. 177; S. 447, Nr. 98; STEGMÜLLER RB 2, Nr. 1726.

289ra–305rb FRANCISCUS (FRATER OP ?): LUMEN ANIMAE MINUS
›*Lumen anime minus dictum de virgine beata*‹ [P]*hilaretus in tractatu de naturis morborum* ... – ... *uno oculo clauso limpidius speculatur. Explicit lumen anime circa hoc dulcissimum nomenque* (sic) *Marie. Editum quidem per fratrem fratrum predicatorum nomine vocabuloque Francisco. Rogo igitur, ut ob amorem domini hi, qui legerint, memores sint Francisci. Lex enim de periculo mortis ipsa me eripuit ut patuit toti mundo etc. Amen.* – M.A.ROUSE-R.H.ROUSE, The texts called Lumen anime in: AFP 41/1971, S. 5–113, S. 6 die Hs. genannt.

305va–306rb PS.-AUGUSTINUS (AMBROSIUS AUTPERTUS ?): SERMO IN ANNUNTIATIONE BMV
PL 39, Sp. 2107–2110, mit größeren Lücken. CPL, Nr. 368; CPPs I A, Nr. 980.

306rb SERMO IN DORMITIONE BMV
[F]*estivitas Dei genitricis Marie dormicionis toto orbi venerabilis et angelorum et hominum communis sollemnitas est* ... – ... *in medio confusione admissa vel divisione* ‖ bricht ab. – Möglicherweise gleicher Sermo in Basel UB, B X 42, 53^{r} (Basel, Kat. 2, Literaturhinweise s. dort). – 306va–307rb leer.

307va–308va SERMO DE CONCEPTIONE BMV
[F]*ons ascendebat a terra* ... (Gn 2,6) *Pro introduccione assumitur illud beati Thome parte prima questione LXXI ar I tractans illud Genesis 1: Terra autem erat inanis et vacua* ... – ... *ecclesie triumphantis et militantis ecclesie suffragium.*

308va–310rb IORDANUS DE QUEDLINBURGO: SERMO DE NATIVITATE BMV
HAIN 9439–41, Nr. CLVII. SCHNEYER 3, S. 854, Nr. 477; ZUMKELLER, Nr. 641; VL^{2} 4, Sp. 859.

310rb–311rb SERMO DE NATIVITATE BMV
[S]*apiencia edificavit* ... (Prv 9,1) *Ista verba ad primum possunt coaptari de beata virgine Maria* ... – ... *nos dignare eius partibus servari nunc et in eternum. Amen.*

311rb–312va SERMO PRO DESIDERIO ADVENTUS CHRISTI
Propter iniquitatem ... (Ps 38,12) *et quasi a sublimi in profundum dimersit eum, quia facta erat inimicicia inter Deum et hominem* ... – ... *et descendat in*

ortum suum, ut liberentur dilecti tui. Quod nobis prestare ... Amen. – 312vb–313^{v} leer.

Ms 503

Ps.-Albertus Magnus

Pergament I + 160 Bll. 15×11 Frankreich (?) 13. Jh. Ende

Vorsatzblatt + I^{2} + II^{6} + 7 IV^{62} + (III–1)^{67} + 10 IV^{147} + (II–2)^{149} + IV^{157} + (II–1)^{160}; Reklamanten; Foliierung modern. Schriftraum 10,5×7; zweispaltig; 30–31 Zeilen. An den Rändern beschnitten; 4 letzte Bll. stärker beschnitten, aber ohne Textverlust. 33va–34rb Zählung der Tituli des zweiten Buchs in arabischen Ziffern des 15./16. Jh.

Gotische Minuskel, 3 Schreiber, a: 1ra–2vb; b: 3ra–149vb; c: 150ra–159va; Rubriken; wenige Randbemerkungen von Händen des 13. u. 15. Jh. Initialen in Lombardenform, 2-zeilig, abwechselnd rot-blau (nicht regelmäßig), viele mit Fleuronné in der Gegenfarbe, meist aus Parallelstäben und Halbpalmetten bestehend; 3ra 6-zeilige Initiale *P*, mit Fleuronné-Stäben bis zum Fuß der Kolumne; ebenso 143ra 4-zeilige Initiale *S*.

Rotgefärbter spätmittelalterlicher Kalbsledereinband; Langschließen verloren; zwei Löcher von der Kettenbefestigung im Rückdeckel oben. Spiegel im Vorderdeckel, Textualis 14. Jh.: *B*[ernhardus] *in tractatu de* [...] *item in tractatu de fructibus* [...] *cardinalium* [...] *F*[.] *de corporali assumptione*.

Im Rückdeckel Spiegelschrift (15. Jh.): *Scrutinium Conventus Vriebergensis*; schmaler Streifen in Spiegelschrift (15. Jh.), nicht lesbar. Vorsatzblatt, rote Bastarda (15. Jh.): *Ave Maria gratia plena*. Titelschild aus Papier auf dem Vorderdeckel (16. Jh.): *ANNOtationes Alberti Magni super* [...] *Gabriel · 47 · Ff*. Auf dem Rücken Signatur: *206*. Vorsatzblatt (18. Jh.): *annotationes Alberti Magni super missus est Gabrielem* (!). 160^{v}: *36F* u. Federprobe *propter quod* (15. Jh.). FELLER, S. 97, Nr. 25.

1ra–159va: PS.-ALBERTUS MAGNUS: SUPER 'MISSUS EST'
Qui edunt me ...(Sir 24,29) *Huius largiflue sponsionis subnixus ...* (2ra) *Item quid ei nullum bonum defuit, cuius pura creatura in statu vie capax fuit. Luce I* (dieser Prolog selten, s. FRIES, wie unten, S. 6, Anm. 3). *Tituli articulorum sunt hii ... – ...* (2vb) *Si ad solam.* (3ra) *›An necesse sit missio.‹ Primo queritur an necesse fuerit ...* (33va) *Tituli secundi libri ...* (142vb) *Tituli tercii libri ...* (158rb, Z. 3f.) *excitatur devotio. Mirabilius fiat miraculum de miraculo.* –

(158rb, Z. 5) Zusatz: *Vide autem ne hec tam magnifica, que ab angelo audis prenuntiata ... – ... qui in sua domo non nisi contemptiores esse po‖* bricht ab. – Text entspricht bis 158rb, 4. Zeile, mit einigen sprachlichen Abweichungen Ms 502,1^{r}–108vb und Borgnet 37, S. 1–321. Stegmüller RB 2, Nr. 1061, Hs. genannt; Fries, Mariologische Schriften, S. 1–80, 130–132; VL^{2} 1, Sp. 133.

Ms 504–507

Innocentius Papa, V.

Pergament 13. Jh. Ende

Rubriken. Abwechselnd rot-blaue Lombarden mit Filigran in der jeweiligen Gegenfarbe; Distinctionen-Zählung rot-blau.

Aus dem Zisterzienserkloster Altzelle. Auf dem Rückdeckel von Ms 504 Papierschild mit roter Signatur: *K XXV.* Katalog von Altzelle 1514: *K 25–28. Frater Petrus de Tarentasia ord. Cisterc. super primum-quartum sentenciarum* (Schmidt, Altzelle, S. 54 u. 83). Feller, S. 182, Nr. 15–18.

T. Turco – G.B. De Marinis, Innocentii V. in quattuor libros Sententiarum commentaria, 4 Bde, Toulouse 1649–1652. Stegmüller RS, Nr. 690, Hss. genannt; Kaeppeli 3, Nr. 3340; Glorieux, Répertoire 1, Nr. 17a, S. 107f.

Ms 504

111 Bll. 36×24

9 VI^{108} + (II–1)^{111}; erste Lage fehlt; teilweise Kustoden; Reklamanten. Schriftraum 25×16,5; zweispaltig; 46–55 Zeilen. Textualis, zwei Schreiber: 1^{r}–60^{v}; 61^{r}–111^{r}.

Neuer Halbledereinband unter Verwendung der alten Bünde; Langschließen.

Titelstreifen, Pergament 15. Jh.: *Frater Petrus de Tarentasia ordinis Cysterciensium super primum Sententiarum.* Auf dem Vorderdeckel Titelschild (16. Jh.): *PETRUS de Th[..] in primum · 30 · Gg.*

1ra-111rb INNOCENTIUS PAPA, V.: IN PRIMUM LIBRUM SENTENTIARUM
Setzt ein in Dist.III, Qu.5, Art.2, Responsio ad ultimum, S. 37 der Edition (Kopfsteg: *III · responsio*): ‖ *alii simpliciter concedunt sunt accidentia essentialia anime* ... – ... *per quod genus humanum redemptum est prestante eodem redemptore qui est benedictus in secula. Amen. Explicit liber primus sententiarum.* – 111^{v} leer.

Ms 505

128 Bll. 31,5×21,5

10 VI^{120} + 2 II^{128}; Reklamanten; arabische Foliierung ab f. 5, 15. Jh. Nach 120 falsche Reihenfolge: *123–126, 121, 122, 127, 128*. Schriftraum 22×14,5; zweispaltig; 50 Zeilen.

Textualis; auf den Randspalten Ergänzungen durch den Schreiber selbst, weitere Ergänzungen und Bemerkungen hauptsächlich durch zwei Hände des 15. Jh; 127rb–128rb gotische Kursive. 1ra große Fleuronné-Initiale Q, rot-blau ornamental gespalten, Binnenfeld mit Spiralen und Knospen gefüllt; Ausläufer mit Sägeblättern und Korkenzieherfäden besetzt.

Halbledereinband, neu außer Vorderdeckel; zwei Schließen verloren. Rückenbezug noch vorhanden, liegt dem Kodex bei.

Auf dem Vorderdeckel Titelschild (16. Jh.): *PETRUS de Tharantasia super secundum · 31 · Gg.*

1ra–127ra INNOCENTIUS PAPA, V.: IN SECUNDUM LIBRUM SENTENTIARUM
Qui vivit in eternum ... (Sir 18,1) *In hiis verbis opus creacionis* ... – ... *quia mandatorum eius observancia perducit ad vitam quam nobis prestare* ... *Explicit liber secundus sentenciarum.*

127rb–128rb ›*Tituli super secundum fratris Petri de Tarentasia*‹

128va Notat astronomischen Inhalts.

Ms 506

II + 97 Bll. 33×23 (Doppelblatt am Anfang: 30×23)

I + 8 VI^{106} + 1^{107}; Reklamanten; Foliierung 15.Jh. (ohne das erste Doppelblatt): *1–105*, 90–99 ausgelassen; modern nur 1, 3 (=1), 106. Schriftraum 23,5×15,5; zweispaltig, 106^{ra-vc} dreispaltig; 53–54 Zeilen.

Textualis; I^{ra}–II^{vb} u. 106^{ra-vc} gotische Kursive, gleiche Hand wie Ms 507, IV^{rb-rc} u. 130^{ra-rc} ; auf den Randspalten Gliederungsvermerke, Anmerkungen und Textnachträge von verschiedenen Händen, 14.–16.Jh. 3ra 7-zeilige Fleuronné-Initiale *U*, rotblau ornamental gespalten, Binnenfeld mit Spiralen und Knospen gefüllt; Ausläufer mit Sägeblättern und Korkenzieherfäden besetzt.

Halbledereinband, Vorderdeckel gebrochen; Schließen verloren; im Rückdeckel oben Loch von der Kettenbefestigung. Dort auch ein Pergamentstreifen 2,5×14, frühgotische Minuskel um 1200, 3 Zeilen, evtl. aus einer Ordenschronik; Pergamentstreifen 28,5×2, Textualis Ende 14.Jh. Lose beiliegend ein Blatt, Papier, 21,5×14,7, Kursive: *Anno etc. XI* (1511) *In die Ieronimi*(?), Liste von Meßstiftungen (Pitanzen). Rest eines Titelstreifens, Pergament, 3×8, Quadrangelschrift 15.Jh.: [sente]*nciarum*.

Auf dem Rückdeckel kleiner Pergamentstreifen, 15.Jh.: *super III* [...]. Auf dem Vorderdeckel Titelschild, 16.Jh.: *PETRUS de Tharentasia super tertium · 32 · Gg*. Auf dem Rücken Signatur: *651*.

I^{ra}–II^{vb} Verzeichnis der Quaestionen

1ra–106ra Innocentius Papa, V.: In tertium librum Sententiarum
Stegmüller RS, Nr.390. Abweichend Beginn mit Dist.I, Divisio textus: *Ubi venit plenitudo temporis* (Gal 4,4) *Liber sentenciarum sicut quidam fluvius ... invenit et eam sua maiestate implevit, qui est benedictus in secula. Amen. Explicit liber tercius sentenciarum.* Prolog ab 105va: *Cum venit ...* (Gal 4,4) *In hiis verbis opus reparationis ... – ... per que omnia habetur adopcio celestis prestante eodem domino nostro Iesu Christo etc. Amen.*

106^{ra-vc} De septem donis spiritus sancti
Sufficit vel VII donorum spiritus sancti habes supra folio 72 (r. 73) *in margine... – ... prout atque est ductiva ad finem. Sic habet fidem.*

107^{ra-vb} leer; 107^{vc} unlesbares Schema.

Ms 507

134 Bll. 32–33×24

II + 10 VI^{120} + V^{130}; Reklamanten; die ersten 4 Blätter sind unfoliiert; moderne Foliierung 1–130; Foliierung 14./15. Jh.: *XIX–CXLIX* (1–128). Schriftraum 21,5×16; zweispaltig, I^{va}–IV^{rc} u. 130^{ra-rc} dreispaltig; 52 Zeilen. Textualis; I^{va}–IV^{ra} gotische Minuskel; IV^{rb-rc} u. 130^{ra-rc} gotische Kursive, gleiche Hand wie Ms 506, 106^{ra-vc}.

Wenige Gliederungsvermerke, Ergänzungen oder Randbemerkungen, z.T. von den gleichen Händen wie in Ms 506.

Halbledereinband, neu außer Rückdeckel, unter Verwendung der alten Bünde; Langschließen.

Auf dem Rückdeckel Titelschild, 16. Jh.: *PETRUS de Tharentasia super quartum sententiarum · 33 · Gg.*

I^r leer. I^{va}–IV^{ra} Verzeichnis der Tituli des 4. Buches.

IV^{rb-rc} De sacramentis

Sacramenta ab initio constituta sunt ... – ... et discit iminente passione dando. – IV^v leer.

1ra–129vb Innocentius Papa, V.: In quartum librum Sententiarum

Stegmüller RS, Nr. 390. Setzt ein wenige Sätze vor dem Ende von Dist. III ‖*verborum exprimere vel totum hoc intelligere ... ad quam vitam ... Amen. Explicit quartus liber super sentencias fratris Petri de Tharentasia.* Prolog wie in Ms 506 erst am Ende (129va): *Haurietis aquas in gaudio ... – ... prestante ipso samaritano redemptore humani generis, qui est benedictus ... Amen.*

130^{ra-rc} ›*De aureola in generali*‹ Nachtrag zu Dist. 49, Qu. 4, Art. 4. – 130^v leer.

Ms 508

Nicolaus de Hanapis. Arnoldus Leodiensis. Guilelmus de Lancea

Pergament 227 Bll. 27×19 Frankreich/Westdeutschland 14. Jh. 2./3. Viertel

$(VI-2)^{10}$ + 7 V^{80} + VI^{92} + 13 V^{222} + $(II+1)^{227}$; Reklamanten. Alte Foliierung *I–LXXIX* (2–80) + *I–LXXXVII* (81–167), dann von moderner Hand fortgesetzt: *88–147*; parallel moderne Foliierung *1–227*. Schriftraum 18,5×13; zweispaltig; 42–45 Zeilen.

Textualis: 1ra–226va; Buchkursive 15. Jh.: 226va–227vb; Verbesserungen auf den Randspalten meist vom Schreiber selbst, wenige von anderer Hand; Rubriken. Rote Lombarden, 81^{r}–168^{v} abwechselnd rot-metallgrau, teils mit vegetabilen Ausläufern, häufig Profilblätter. Farbige Initialen an den Textanfängen 1ra, 1vb, 81ra, 169rb im rechteckigen o. quadratischen Feld; Buchstabenkörper u. Feld abwechselnd rot-blau; Binnenfeld Blattgold, eingeschlossen Dornblätter. Dornblattranken zweigeteilt blau-gold als Bordüren, obere Ausläufer 1vb, 81ra mit Drachenköpfen.

Ledereinband 15./16. Jh. mit Eisenbuckeln u. Langschließen (Schließbänder verloren), im Vorderdeckel oben Rest der Kettenbefestigung. Beide Spiegel: Fragmente der INSTITUTIONES (2,19.20 u. 2,6.7), Textualis Ende 13. Jh., zweispaltig.

Aus dem Zisterzienserkloster Altzelle. 2^{v}–3^{r} auf dem Fußsteg in Lombarden, abwechselnd rot-schwarz: *LIBER CELLE SANCTE MARIE.* 131^{v}–132^{r} u. 224^{v}–225^{r} in schwarzer Schrift des 15. Jh.: *LIBER VETERISCELLE SANCTE MARIE VIRGINIS* (zu den Unterschieden in den Besitzeinträgen s. SCHMIDT, Altzelle, S. 11). Katalog von Altzelle 1514: *H 32. Dieta salutis cum rhegistro* (SCHMIDT, Altzelle, S. 50). Titelschild auf dem Rückdeckel, 16. Jh.: *11 · 15 · DIETA · Nicol. de Hanapis · 15.* FELLER, S. 185, Nr. 41.

1ra–80vb: NICOLAUS DE HANAPIS: LIBER DE EXEMPLIS SACRAE SCRIPTURAE
›*Incipit liber de exemplis sacre scripture compositus a fratre scilicet de Hanapis ordinis predicatorum patriarcha Jerosolomitano.*‹ *De miraculis divina potestate factis I* ... (1va) *De preciosa morte iustorum XXXIIII* ›*Capitulum primum de miraculis divina potestate factis*‹ (1vb) *Creacio rerum fuit ita mirabilis* ... (80vb) *instrumentum fieret per quod transiretur in vitam* ... – ... *per interminabilia secula. Amen.* – HAIN 3501–3503; 6280–6281; 6764–6765. STEGMÜLLER RB 4, Nr. 5815; KAEPPELI 3, Nr. 3094, Hs. genannt; WELTER,

S. 230–233; DESTREZ/FINK-ERRERA, S. 78–83; BLOOMFIELD, Nr. 1006; DISTELBRINK, S.96f.

81ra–169rb: ARNOLDUS LEODIENSIS: ALPHABETUM EXEMPLORUM
›*Incipit alphabetum auctoritatum.*‹ (Kopfsteg: 2x *narracionum*). *Antiquorum patrum exemplo didici nonnullos ad virtutes fuisse inductos* ... – ... (167vb) *Zelotipa est mulier de marito habita modica occasione. Supra de uxore II.* (168ra) Alphabetisches Verzeichnis der Stichworte in 4 Spalten: *Abbas, Abbatissa* ... (169rb) *zelotipus, zelotipa. Finis huic venit et ecce nunc venit huius alphabeti finis* ... – ... *ut horum compilator, cuius nomen in prologo contineatur, eorum ordinibus adiutus finem legatum consequi mereatur. Quod ipse prestare dignetur* ... *Amen. Anno domini M°CCCVIII.* – WELTER, S. 304–319; STEGMÜLLER RB 2, Nr. 1444,1; KAEPPELI 1, Nr. 335, Hs. genannt; BLOOMFIELD, Nr. 448; DESTREZ/FINK-ERRERA, S. 83–86; GLORIEUX, Répertoire 1, Nr. 61; VL^2 1, Sp. 478f.; J. LE GOFF in: La lexicographie du latin médiéval, Paris 1981, S. 321–331; C. BREMOND, J. LE GOFF, J.-C. SCHMITT, L'"exemplum", Turnhout 1982 (Typologie des sources du Moyen Age occidental 40), S. 61f.

169va–226va: GUILELMUS DE LANCEA: DIAETA SALUTIS
›*Incipit liber, qui dicitur dieta salutis.*‹ *Hec est via* ... (Is 30,21) *Magnam misericordiam facit, qui erranti viam ostendit* ... (215vb) *honor, imperium et maiestas per infinita secula seculorum. Amen. Explicit via vel dieta salutis. Incipiunt themata dominicalia.* ›*Dominica prima adventus.*‹ SCHNEYER 2, S. 472, Nr. 1–11; (216vb) Nr. 13, 12, 14–48; (219va) *In omni opere bono fructificantes* ... (Col 1,10; Hs. fälschlich: *Gal 2*) *Arbor novena facit* ... *de accidia per contrarium.* – SCHNEYER, Nr. 49 ... – ... (221ra, Nr. 63) *quere in materia de castitate et luxuria per contrarium. Explicit iste liber qui dicitur dieta salutis.* – 221ra–226va: 2 Verzeichnisse nach *capitula* und *membra* (Parva tabula, magna tabula). Derselbe Text auch in Ms 365,1^r^. – GW 4720–4735; S. BONAVENTURA, Opera omnia, ed. A.C.Peltier, Bd. 8, Paris 1866, S. 248–358. BLOOMFIELD, Nr. 2301; MOHAN, S. 169; SCHNEYER 2, S. 472–475, Hs. genannt; DISTELBRINK, S. 132f.

226va–227vb: DE COMPARATIONIBUS BMV
[B]*eata virgo comparatur celo* ... – ... *Est clarum. Ipsa fuit clara per honestam conversationem.* – Stimmt abgesehen von einigen Lücken überein mit Ms 555, 21va. – STEGMÜLLER RB 6, Nr.8879, S. 155.

Ms 509

Guilelmus Durantis. Henricus de Frimaria. Ps.-Isidorus Hispalensis

Papier 431 Bll. 32×22 15.Jh. Mitte; 1445

17 VI^{204} + $(VI–1)^{215}$ + 18 VI^{431}; Reklamanten, 109^{r}–384^{r} Kustoden; Doppelblattzählung; moderne Foliierung; dazu Foliierung 15.Jh.: *I* (13) – *CCIIII* (216); *205* (217) – *383* (395); Blattweiser. Schriftraum 23,5×15; zweispaltig; 45–52 Zeilen. Zwischen 213 u. 214: Blatt herausgeschnitten ohne Textverlust; zwischen 311 u. 312: 311c (22,5×8), 3 Zeilen Textnachtrag; zwischen 323 u. 324: 323c (22×22) größerer Nachtrag. Ränder leicht beschnitten.

Buchkursiven, 3 Hände, a: 1ra–395rb; b: 396ra–428rb; c: 428va–431rb; Rubriken. Randvermerke jeweils vom Schreiber und zusätzlich einer anderen, gleichzeitigen Hand; meist Verweise auf juristische Texte oder Hervorhebung von Stichworten zur Textgliederung. Rote Lombarden, 3- bis 5-zeilig; 13ra 7-zeilige Fleuronné-Initiale *Q*, mit kurzen grünen Fadenausläufern, Binnenfeld gefüllt mit roten u. grünen Knospen.

Dunkler Ledereinband des Spätmittelalters mit Streicheisenlinien; Teile der Schließen erhalten; Buckel entfernt; Bünde gebrochen.

Letztes Stück 1445 geschriebem, s. 431rb. Im Vorderdeckel, Kursive 15.Jh.: *primo Racionale · 2° De X preceptis magistri Hinrici de Vrimaria · 3° Tractatus beati Ysidori de norma et modo bene et christiane vivendi.* Auf dem Rücken Signaturschildchen: *34 · 1347*. Feller, S.415, Nr.34; aus dem Collegium Principum minus.

1ra–395rb Guilelmus Durantis: Rationale divinorum officiorum
›*Rationale divinorum distingwitur in octo partes* ...‹ (Verzeichnis nach Büchern und Tituli mit Folio-Angabe und alphabetisches Verzeichnis der Tituli). (13ra) Textbeginn: *Quecumque in ecclesiasticis officiis* ... – GW 9101–9144; CC Cont.Med. 140 (L.I–IV). Franz, Messe, S.476–482; Schulte, GQ II, S.155; VL^2 2, Sp.245f. – 395^{va-b} leer.

396ra–428rb Henricus de Frimaria: De decem praeceptis
›*Tractatus de X preceptis domini*‹ *Audi Israhel* ... (Dt 6,3) *In hiis verbis spiritus sanctus circa divina precepta* ... – ... *nobis meritis gloriose virginis Marie prestare dignetur eius filius benedictus, qui cum patre* ... *Amen.* – Hain 10400–10407; Hs. verglichen mit 10406. Stegmüller RB 3, Nr.3172, S.28; Bloomfield, Nr.526; Zumkeller, Nr.325; VL^2 3, S.733.

428va–431rb Ps.-Isidorus Hispalensis: De modo et norma vivendi
Age fili ut oportet, age ut decet ... – ... Et sic est finis istius operis de norma vivendi Ysidori, pro quo omnipotens sit in secula seculorum benedictus Amen. Anno M°CCCC°XLV. – PL 83, Sp. 1247–1252. CPPs II B, Nr. 3434; Bloomfield, Nr. 340.

Ms 510

Guilelmus Durantis

Pergament I + 231 Bll. 35×23 1355

Vorsatzblatt + 4 VI^{48} + $(VI–1)^{59}$ + 13 VI^{215} + 2 IV^{231}; Reklamanten; römische Zählung der ersten 5 Blätter einer Lage auf der Recto- oder Versoseite; fehlerhafte alte Foliierung, römisch-arabisch gemischt: *99* u. *C* auf einem Blatt; endet *CXXII* (222), dann *I-IX* (231); parallel moderne Foliierung *1–231*. Zwischen 57 u. 58 ein Blatt herausgeschnitten, Blattrest vor letztem Quaternio, ohne Textverlust. Blattweiser am Beginn jedes Buches, außer 223ra. Schriftraum 24,5×16,3; zweispaltig; 48 Zeilen.

Textualis, eine Hand. Auf den Rändern zahlreiche Verweise, Glossen o. Gliederungsvermerke, meist von der Hand des Schreibers. 128^{v}–129^{r} auf dem Fußsteg: nachgetragener, oben vergessener Text. Rubriken. Kapitel–Initialen abwechselnd rot-blaue Lombarden, 4-zeilig, I–Initialen immer neben der Kolumne, sehr lang ausgezogen bis über 20 Zeilen. Buch–Initialen 5- bis 8-zeilig: 1va, 21va, 30vb, 48vb, 100ra, 119ra, 202rb rot-blaue Fleuronné-Initialen (223ra rot-braun), ornamental gespaltenes Binnenfeld, mit Knospengarben gefüllt, Stäbe mit Knospen, Korkenzieherfäden, gelegentlich Profilblätter.

Schweinsledereinband des Spätmittelalters; Buckel entfernt; Langschließen, Schließbänder abgeschnitten; Loch von der Kettenbefestigung im Rückdeckel oben. Im Rückdeckel innen Fragment eines kanonistischen Textes mit Randglosse, Pergament 6×5, Textualis 13.Jh..

Geschrieben 1355 von Johannes aus Leipzig (s. 231rb). Aus dem Zisterzienserkloster Altzelle: 2^{v}–3^{r}, 104^{v}–105^{r} u. 229^{v}–230^{r} (15.Jh.): *Liber Veteris Celle Sancte Marie.* Auf dem Vorderdeckel Papierschild mit alter Signatur (15.Jh.) in Rot: *H VII*. Katalog von Altzelle 1514: *H VII. Rhacionale divinorum officiorum* (Schmidt, Altzelle, S. 49). Kleineres Schild (15.Jh.): [...]*orum officiorum*. Auf dem Rücken Signatur: *666*. Feller, S. 184, Nr. 32.

1^r liniiert, ohne Text.

1va–231rb: GUILELMUS DURANTIS: RATIONALE DIVINORUM OFFICIORUM
›*Explicit rationale divinorum officiorum. Anno domini M°CCC°LV° sabbato et in vigilia Prisce virginis beate per manus Johannis de Lipzk.*‹ Anschließend Intervalltafel (15.Jh.). – GW 9101–9144; CC Cont.Med. 140 (L. I–IV). FRANZ, Messe, S. 476–482; SCHULTE, GQ II, S. 155. – 231va–b liniiert, ohne Text.

Ms 511

Petrus Lombardus. Rupertus Tuitensis

Pergament 137 Bll. 18,5×12,5 13.Jh. Anfang

16 IV^{128} + $(IV+1)^{137}$; moderne Foliierung. Schriftraum 15×9,5; 21–26 Zeilen.

Frühgotische Minuskel, eine Hand; Rubriken; auf den Rändern wenige Nachträge vom Schreiber selbst und vereinzelt Bemerkungen. Einfache rote Lombarden.

Halbledereinband, ursprünglich zwei schmale Schließen, später eine breite Schließe in der Mitte, alle verloren. Im Vorderdeckel Leimabdruck, 13.Jh., vom ehemaligen Vorsatzblatt, jetzt das Fragment Ms 1614 Bl. 1: Deutsche Predigten (s. PENSEL-STAHL, Deutsche Handschriften; Hinweis von G.Karpp). Im Rückdeckel oben Loch von der Kettenbefestigung.

Aus dem Leipziger Predigerkloster. 2^r unten, 15.Jh.: *Liber Fratrum Predicatorum in Lipzk.* Auf dem Vorderdeckel Titelschild, Papier, 16.Jh.: *RATI Divinorum · 8 · 43 · 43 · II · Bb.* Auf dem Rücken: *63.* FELLER, S. 94, Nr. 12.

1^r–12^r: PETRUS LOMBARDUS: SENTENTIAE (EXZERPTE)
Ne posset homo accedere in paradysum … – … acolitos procedente tempore ecclesia sibi constituit. Aus L.II,29,5; III,39,2-IV,24,9. – PETRUS LOMBARDUS, Sententiae in IV libris distinctae, 2 Bde, Grottaferrata 1971/1981.

12^v–87^r RUPERTUS TUITENSIS: DE DIVINIS OFFICIIS (EXZERPTE)
In habitu sacerdotali … – … pascam vos et parvulos vestros. Aus L. I–V u. XII. – CC Cont.Med.7, 1967.

87^{r}–89^{r} SERMO IN CONSECRATIONE OLEI
Ait prophetarum eximius rex David: Ego autem sicut oliva fructifera ... – ... possit divine misericordie reconciliari.

89^{r}–133^{v} RUPERTUS TUITENSIS: DE DIVINIS OFFICIIS (EXZERPTE)
Horas diei non licet a quoquam ... – ... distribuit dona sancti spiritus. Aus L. I–III,V,VI. – CC Cont.Med.7, 1967.

133^{v}–137^{r} PETRUS LOMBARDUS: SENTENTIAE (EXZERPTE)
Cum alia sacramenta ... – ... debet ei iniungi. Aus L.IV. – PETRUS LOMBARDUS, Sententiae ..., wie oben.

137^{r}, Z.21 DE BAPTISMO PARVULORUM
sieben Zeilen aus einem Sentenzenkommentar. – 137^{v} leer.

Ms 512

Theodoricus de Vriberg. Alexander de Villa Dei

Pergament 86 Bll. 20×14,5 14.Jh.; 13.Jh. 1. Hälfte

Moderne Foliierung. Bll. 80 u. 81 an den Rändern stark beschnitten, ohne Textverlust. Wenige Gliederungsvermerke auf den Rändern.

Vier Teile:

I: 1–44. 2 IV^{16} + V^{26} + (V–1)^{35} + (V–1)^{44}; Kustoden bei der 2., 3. und 5. Lage. Schriftraum 15–16×10,5–11; 39–49 Zeilen. Buchkursive des 14.Jh.; 2 Schreiber a: 1^{r}–20^{r}, b: 20^{v}–43^{r}.

II: 45–46. (IX–16)^{46}. Schriftraum 15×10; 34–35 Zeilen. Verse in Textura des 14.Jh., Erläuterungen in Buchkursive.

III: 47–72. V^{56} + (II–2)^{58} + III^{64} + IV^{72}. Schriftraum 16×10,5–12; 47^{r}–64^{v} zweispaltig; 43–49 Zeilen. Buchkursive des 14.Jh., 2 Schreiber a: 47ra–55rb, 57ra–64vb, 66^{v}–72^{v}; b: 55va–56vb, 65^{r}–66^{v}. Zeichnungen zur Optik f. 48^{ra-rb}, 48vb, 49ra, 50rb, 50^{va-vb}, 51ra, 55vb, 56ra, 58vb, 59vb, 61^{ra-rb}, 65^{v}–66^{r}, 66^{v}, 67^{r}, 67^{v}, 68^{r}, 69^{r}, 71^{v}.

IV: 73–86. (VI–2)^{82} + II^{86}; Rubriken. Schriftraum 16×6,5 (73^{r}: 16×10); 31–32 Zeilen. Frühgotische Minuskel (13.Jh. 1. Hälfte), mehrere Schreiber auf jeder Seite; 83^{r-v} Verse auf dem Fußsteg in karolingisch-gotischer Übergangsschrift um 1200. Rote Lombarden.

Spätmittelalterlicher roter Schafsledereinband, Rücken 19. Jh.; auf dem Vorderdeckel Rest einer Langschließe, oben ein Loch von der Kettenbefestigung. Im Spiegel des Vorderdeckels philosophischer Text, Kursive Anfang des 14. Jh., zweispaltig.

Auf dem Rückdeckel Titelschild aus Papier, 16. Jh.: *68 · 29 · TRA Theoderici · 29.* FELLER, S. 331, Nr. 41. Zu Teil I vgl. allgemein L. STURLESE, Dokumente und Forschungen zu Leben und Werk Dietrichs von Freiberg, 1984, S. 101–104; VL[2] 2, Sp. 127–134, Hs. genannt.

1r–6v THEODORICUS DE VRIBERG: DE MENSURIS
›*Tractatus magistri Theodorici de mensuris, de animacione celi,* [de] *visione beatifica.*‹ [C]*irca considerationem de mensuris durationis entium* ... – ... *extra animam existens. Explicit tractatus de mensuris entium a magistro Theodorico editus ordinis predicatorum.* – Opera omnia 3/1983, ed. R. REHN, S. 205–239 (diese Hs. als bester Textzeuge der Edition zugrundegelegt). KAEPPELI 4, Nr. 3701, Hs. genannt; THORNDIKE-KIBRE, Sp. 205.

6v–14r THEODORICUS DE VRIBERG: DE ANIMATIONE CAELI
[D]*e tribus articulis de numero difficilium questionum* ... – ... *inducta sunt ut patet intuenti. Explicit.* – Opera omnia 3/1983, ed. L. STURLESE, S. 1–46 (auch hier ist die Hs. Grundlage der Edition). KAEPPELI 4, Nr. 3688, Hs. genannt; THORNDIKE-KIBRE, Sp. 393.

14r–43r THEODORICUS DE VRIBERG: DE VISIONE BEATIFICA
[S]*icut habemus a divino Dyonisio* ... – ... *in una operatione visionis et per essentiam benedictus in secula. Amen.* ›*Explicit tractatus Theodorici teutonici ordinis predicatorum de beatifica visione Dei per essentiam.*‹ Mit vielen grossen Lücken (s. Einleitung zur Edition S. 4 u. 6). – Opera omnia 1/1977, ed. B. MOJSISCH, S. 1–124. KAEPPELI 4, Nr. 3689, Hs. genannt. THORNDIKE-KIBRE, Sp. 1491. – 43v–45v leer.

45r–46v COMPUTUS MANUALIS
[N]*otandum quod duplex est cyclus unus solaris alius lunaris* ... – ... *mensis representabit et sic a* || bricht ab. THORNDIKE-KIBRE, Sp. 950; derselbe Text in Basel UB, A.VI.37, 110r. Auf dem Fußsteg von 45r Memorialverse (mit beigegebener Erklärung) zur Folge der Sonntagsbuchstaben: *Fert ea dux cor amat gens factor enim coluit bis / ars gens est de corde bono gignit ferus ensis / aqua gens fons dat cunctis bonus actor* (WALTHER 6439; vgl. auch Ms 522,1ra). – R. STEELE (Hrsg.), Opera hactenus inedita Rogeri Baconis, Bd. VI, Oxford

1926, S. 230. Vgl. dazu auch B. Bischoff, Ostertagtexte und Intervalltafeln. Mittelalterliche Studien II, S. 194, Anm. 10.

47ra–72^{v} Theodoricus de Vriberg: De iride
›*Tractatus magistri Theodorici de Vriberch de yride*‹ *Reverendo in Christo patri fratri Aymerico magistro ordinis predicatorum frater Theodoricus eiusdem ordinis* ... (64vb; II,27,2) *spherule et super circumferentiam* – (65^{r}; II,38,4) *habet iam dicte latitudini* ... (66^{r}; II,39,6) *plana superficie per 2^{am} et 5 XI* – (66^{v}; II,40,1) [E]*st autem iam dictus circulus* ... – ... *quandam circumrotationem circa centrum* ‖ bricht ab in III,14,12; die Zeichnungen entsprechen den Figuren 1–12, 23, 25–31 der Edition. – Opera omnia 4/1985, ed. M.R. Pagnoni-Sturlese und L. Sturlese, S. 95–240, Z. 157. Kaeppeli 4, Nr. 3711, Hs. genannt; Thorndike-Kibre, Sp. 1358; D.C. Lindberg, A Catalogue of medieval and renaissance optical manuscripts, Toronto 1975, Nr. 102, S. 75 f.

73^{r}–82^{v} Alexander de Villa Dei: Massa computi
Licet modo in fine temporum plures haberi constat codices (Prol.) ... (73^{v}) ›*Primo dicendum est a quo mense incipiat annus. Secundo quo modo formetur aureus numerus.*‹ *Aureus in Jano numerus clavesque novantur* ... – ... *Qua mediante post quod queris semper haberi.* Zahlreiche Marginal- und Interlinearglossen. 82^{v} Kopfsteg, frühgotische Schrift, 13. Jh., Verse: *Lucens in galea Kartaginis horrea gliscit. Karulus hospitio fac inquid habere kalendas.* – R. Steele, w.o. unter 45^{r}, S. 268–289. Thorndike-Kibre, Sp. 827; L. Thorndike in: Speculum 29/1954, S. 223; Weijers, S. 58.

83^{r}–85^{v} Kalendarium, 13. Jh.
Zwei Hände; von der zweiten nachgetragen bis Juni Heilige aus dem Cisiojanus (Fußsteg 83^{r}–84^{r}, von Januar bis Juni); 83^{r-v} auf dem Fußsteg Memorialverse (Sonntagsbuchstaben und Ostertermin), die der Massa computi eng verwandt sind. Die auffallendsten Heiligen im Kalendar sind Heribert (16. März, Nachtrag) und Eadmund (20. Nov., erste Hand), sonst ist es nicht sehr spezifisch und beschränkt sich auf die höheren Feste.

86^{r-v} und Spiegel im Rückdeckel: Intervalltafeln, 13. Jh.; 86^{v} Circulus solaris für die Jahre 988–1492.

Ms 513

Augustinus Triumphus

Pergament 322 Bll. 30×21 Luckau 1430

(VII–1)^{13} + 4 VI^{61} + 17 V^{231} + VI^{243} + IV^{251} + 5 VI^{311} + (VII–2)^{322}; Reklamanten; Blattweiser; moderne Foliierung; 1^{r}–199^{r} auf dem Kopfsteg Lektionen- und Kapitelzählung. Schriftraum 20–22 x 14–16; zweispaltig außer 231^{r}–249^{v}; 33–52 Zeilen.

Buchkursiven, 3 Schreiber, a: 1ra–61vb u. 252ra–322va (Stephan von Chemnitz); b: 62ra–230vb; c: 231^{r}–249^{v}; Rubriken; wenige Randvermerke vom jeweiligen Schreiber. Rote Initialen, Auszeichnungsschrift (bis 56rb) Textualis.

Schweinsledereinband des Spätmittelalters mit Streicheisenlinien und Einzelstempeln, Motive: Greif, Granatapfel; Werkstatt: Halberstadt Greif (SCHUNKE, S. 119, Nr. 88 u. S. 125, Nr. 36a); 2 Schließen, Metallteile mit blüten- und blätterbesetzten Rollranken; übrige Beschläge entfernt; im Rückdeckel Loch von der Kettenbefestigung. Spiegel des Vorder- und Rückdeckels je ein Doppelblatt aus Papier mit einem glossierten philosophischen Text, Kursive, 15. Jh.

1430 von dem Lektor des Luckauer Dominikanerkonvents Stephan von Chemnitz geschrieben (s. 322va. Zum Schreiber s. F. BÜNGER, Zur Mystik und Geschichte der märkischen Dominikaner, Berlin 1926, S. 142, Anm. 4). Vermutlich aus dem Leipziger Dominikanerkonvent (Eintrag im Sequestrationsverzeichnis unter Pulp. D., Lat. 1, Nr. 9). Auf dem Vorderdeckel Titelschild (Papier) des 16. Jh.: *70 · AUGUStinus de Ankona super Matheum · 70 · 26 · Ii.* Auf dem Rücken Bibliotheksschildchen des 17. Jh.: *98 · Augustini de Ancona commentarius in Matthaeum. Eiusdem lectio aurea super missus est et magnificat.* FELLER, S. 73, Nr. 21.

1ra–249^{v} AUGUSTINUS TRIUMPHUS: LECTURA SUPER MATTHAEUM (lect. 1–42) *Cum quietum silencium* ... (Sap 18,14–16) *Incarnatio nostri salvatoris* ... (2vb) *Liber generacionis* ... (Mt 1,1) *Secundum Chrysostomum ewangelio beati Mathei evidenter declaratur* ... – ... (230vb) *participes nos faciat ipsemet Christus Jesus filius Dei, qui cum patre* ... *Amen.* Es folgt eine Tabula (231^{r}): *Abrahe et David filius* ... – ... *Utrum bonus distinguebitur* (sic) *a malo per scripture signa 55 ad 3.* ›*Explicit tabula super lecturam Mathei Ewangeliste.*‹ – ZUMKELLER, Nr. 133; STEGMÜLLER RB 2, Nr. 1512; MINISTERI, S. 184–187; Hs. jeweils genannt; GLORIEUX, Répertoire 2, S. 322. – 250^{r}–251^{v} leer.

252ra–294rb AUGUSTINUS TRIUMPHUS: TRACTATUS SUPER 'MISSUS EST' ›*Lectura aurea super Missus est et super Magnificat.*‹ *Quatuor mihi timorem incuciunt* (Prol.) ... (252va) *Missus est Gabriel* ... (Lc 1,26) *In qualibet namque salutacione* ... – ... (292vb) *nobis acquirat propicium salvatorem Jesum Christum. Amen.* Es folgt eine Tabula: *Advocata est Maria* ... – ... *virtutum regula fuit Maria quattuor temporibus.* – GW 3049. Zumkeller, Nr. 136; Stegmüller RB 2, Nr. 1547; Ministeri, S. 200–203; Hs. jeweils genannt; Glorieux, Répertoire 2, S. 322.

294va–322va Augustinus triumphus: Tractatus super 'Magnificat'
Deus canticum novum ... (Ps 143,9) *Beatus Augustinus dicit, quod virginis gloriose canticum quattuor reddunt* ((Prol.) ... (295ra) *Magnificat anima mea* ... (Lc 1,46) *Tria principaliter intenduntur in subsequentibus versibus. Primo Dei et proximi dileccio* ... – ... *et per ipsum ad vitam eternam perducat. Amen.* ›*Finitum per fratrem Stephanum de Kempnicz ordinis predicatorum. Anno domini M°CCCCXXX°*‹ – Zumkeller, Nr. 131; Stegmüller RB 2, Nr. 1548; Ministeri, S. 203–205; Hs. jeweils genannt; Glorieux, Répertoire 2, S. 322.

Ms 514

Augustinus Triumphus

Pergament 83 Bll. 38×28 15. Jh. 2./3. Viertel

5 V^{50} + VI^{62} + V^{72} + $(VI–1)^{83}$; Reklamanten; moderne Foliierung. Schriftraum 29,5×21; zweispaltig; 48–52 Zeilen.

Bastarda, eine Hand; Rubriken. Einige Randbemerkungen von drei verschiedenen Händen des 15. Jh. Initialen nicht ausgeführt.

Schweinsledereinband des Spätmittelalters; Beschläge und Buckel entfernt bis auf den Rest einer Schließe; im Rückdeckel oben 2 Löcher von der Kettenbefestigung. Spiegel im Vorder- und Rückdeckel Papier mit WZ (Dreiberg, Briquet 11787 o. 11798) von 1447 o. 1457.

Aus dem Zisterzienserkloster Altzelle. 1^{v}–2^{r}, auf dem Fußsteg in Bastarda des 15. Jh.: *Liber Veteriscelle Sancte Marie*; (Schmidt, Altzelle, Nr. C 17, S. 38, 81). Auf dem Vorderdeckel Titelschild, Papier, 16. Jh.: *R · 71 · AUGUStini de Ancona super Epistolas canonicas · Ii · 71*; auf dem Rücken teils überklebt: *118*. Feller, S. 75, Nr. 33.

1ra–82rb AUGUSTINUS TRIUMPHUS: LECTURA IN EPISTOLAS CANONICAS
[H]*onesto ac reverendo viro domino Girardo* (Prol. II) ... – ... *in futuro de ipsi eternitate. Amen ... magnificus in operibus tam volentibus quam nolentibus et potens nichil resistit imputetis.* ›*Expliciunt postille epistolarum canonicarum magistri Augustini de Ancona.*‹ – ZUMKELLER, Nr. 124; STEGMÜLLER RB 2, Nr. 1528–1534; MINISTERI, S. 193–196; Hs. jeweils genannt. – 82va–83^{v} leer.

Ms 515

Augustinus Triumphus

Papier I+338 Bll. 31,5×21 Naumburg/Leipzig 1460

Vorsatzblatt + 20 VI^{240} + V^{250} + $(V–1)^{259}$ + 6 VI^{331} + $(VII–7)^{338}$; Reklamanten (12^{v}–84^{v} u. 271^{v}-Ende); Blattweiser; moderne Foliierung. Schriftraum 23×14; zweispaltig; 47–52 Zeilen.

Buchkursiven, 2 Schreiber, a: 1ra–93rb, 260ra–336ra; b: 93va–259rb; Rubriken; Gliederungsvermerke von Schreiber b, wenige Randbemerkungen von einer Hand des 15. Jh. Rote Initialen, nur zu Beginn durchgehend ausgeführt, 49va u. 55rb blaue Initialen mit rotem Kontur und vegetabilen Ausläufern; 1ra 12-zeilige Initiale *P* mit rotem Buchstabenkörper, Binnenfeld gefüllt mit zwei schwarzen Fächerblättern.

Schweinsledereinband des Spätmittelalters; Beschläge und bis auf kleine Reste die Schließen entfernt; im Rückdeckel oben Loch von der Kettenbefestigung. Beide Spiegel verloren.

1460 in Leipzig und Naumburg geschrieben, s. 336ra: *Scripta et completa Lipczig feria 3^{a} post festum sancti Bartholomei apostoli. Anno domini millesimo quadringentesimo sexagesimo*; 259rb: *Anno domini 1460 VI die Octobris in Neymburgis*; 120ra: *Anno domini 1460 in die sancti Luce in Neymburg*; 154vb: *Hic est finis anno 1460 XV die mensis novembris Deo laus*; 180va: *Scripta anno domini 1460 4 die Decembris;* 204ra: *Anno 1460 in vigilia nativitatis Christi*; Titelschild auf dem Vorderdeckel, Papier, 16. Jh.: *26 · LECTU*[ra] · *Augustini de Ancona in epist*[olas] *ad Hebreos Pauli · 26*; auf dem Rükken Signatur: *111*. FELLER, S. 75, Nr. 34.

1ra–336ra AUGUSTINUS TRIUMPHUS: LECTURA IN EPISTOLAS PAULI
›*Lectura super epistolam ad Romanos magistri Augustini de Anckona.*‹ *Po-*

nam visitacionem ... (Is 60,17) ›*Augustinus super psalmos sermone*‹ *Fac iusticiam et habebis pacem* ... (227va) abweichender Schluß von Lect. in II Th: *quia gracia et veritas per Jesum Christum facta est. Amen. Confirmacio est peticionis et tocius epistole. Et sic est finis ad Theß II. Sequitur ad Thymotheum prima epistola: Inveni manum fortem et populum* ... – ... *Gracia que est purgacio peccatorum sit cum omnibus nobis. Amen. Affirmacio omnium premissorum*. Es fehlen: I u. II Cor, Gal, Tim. – STEGMÜLLER RB 2, Nr. 1514, 1518–1524, 1526–1527; ZUMKELLER, Nr. 140; MINISTERI, S. 196–200; Hs. jeweils genannt. – 120^{rb-vb}, 155ra–156vb, 204^{rb-vb}, 227vb–228vb, 259^{va-vb}, 336rb–337vb leer.

Ms 516

Theodoricus de Rudenicz. Jacobus de Voragine. Eberhardus Undensdorffensis (?)

Papier 358 Bll. 30×21 Wittenberg 1446

28 VI^{334} + V^{344} + VI^{356}, erstes Blatt der ersten Lage und zwischen f. 49 und 50 ein Blatt ungezählt; moderne Foliierung. Schriftraum 23–24×13–14; zweispaltig außer 1–14; 35–50 Zeilen.

Buchkursiven, 2 Schreiber, a: 1^{r}–261vb, 345ra–354rb; b: 263ra–344vb; Rubriken; wenige Randvermerke von den Schreibern selbst und einer anderen Hand des 15. Jh., zahlreiche Rand- und Interlinearglossen in ostmitteldeutscher Schreibsprache. Rote Lombarden, ab 333^{v} nicht mehr ausgeführt; 24ra 8-zeilige Fleuronné-Initiale *P*, rote Federzeichnung, besetzt und im Binnenfeld gefüllt mit Knospengarben; 1^{r} Initiale *A*, ähnlich gestaltet, aber kleiner.

Schafsledereinband des Spätmittelalters mit Streicheisenlinien. Eckbeschläge erhalten; Reste zweier Langschließen; Buckel entfernt; im Rückdeckel oben Stift, unten Loch von der Kettenbefestigung. Auf dem Spiegel des Vorderdeckels in Kursive des 15. Jh.: *Centum cados olei* (Lc 16,6) *hundert phyfen oleß* · *Centum choros tritici* (Lc 16,7) *hundert myßpel wyße*; von der gleichen Hand auf dem Spiegel des Rückdeckels: *furchte · dorti · furchtigti · wyslich · prudenter · riga quod est* [...] *etc. sane · fastidiosus · vordrossin vel vulhoffart · astute · lystlich · sagaciter · kluglich · betrigelich.* In Kursive des 15. Jh. ein kurzer lateinischer Text über die Erschaffung des Menschen (nach Gn

1 u. 2) und die Stoffe, aus denen er zusammengesetzt ist, sowie eine Auslegung von Is 2,22. Als Lesezeichen beiliegend kleiner Papierstreifen mit deutschen Textbruchstükken, Bastarda 15. Jh., und ein weiteres Papierfragment, lateinisch beschrieben, auf einer Seite mit einer großen Blattform in Ausspartechnik verziert, 15. Jh.

1446 von dem Kaplan Marcilinus in Wittenberg geschrieben (s. 261vb). Auf dem Vorderdeckel Titelstreifen in Bastarda des 15. Jh.: *Amicus seu anime custos*; Schrift des 16. Jh.: [Iaco]*bi de Voragine sermo*[nes] *de tempore*. Auf dem Rücken Titelschild des 17. Jh.: *74 · Jacobi de Voragine sermones de Tempore per Evangelia dominicalia anni. Amicus seu custos animae · 1095*. Aus der Bibliothek der Philosophischen Fakultät Leipzig. Kat. 1560, Nr. 401, s. DÖRING, S. 77 u. 105. FELLER, S. 341, Nr. 16,1.

1^{r}–14^{v} THEODORICUS DE RUDENICZ: TABULA ALPHABETICA IN SERMONES JACOBI DE VORAGINE
Tabula infrascripta a fratre Theoderico de Rudenicz ... Abiciamus vestes sordidas peccatorum ... – ... Zizania nascitur ex tribus. Ibidem domine nonne B Amen. – I u. 15^{r}–23^{v} leer.

24ra–261vb JACOBUS DE VORAGINE: SERMONES DE TEMPORE
Bestand nach SCHNEYER 3, S. 221–233, Hs. genannt, Nr. 2–160 mit geringen Abweichungen; (78rb) Nr. 41: *Ductus est Iesus ...* (Mt 4,1) setzt etwas später ein: *Sciebat dyabolus per scripturas ... – ... ›Explicit liber Iacobi de Voragine per triplicem sermonem de tempore per ewangelia dominicalia per circulum anni. Completus per manus Marcilini Cappellani in Wittenberg. Scribtum* (sic) *sub anno domini M°CCCC°XLVI die ante festum conceptionis virginis gloriose etc.‹* – HAIN-COPINGER 6523–6545. KAEPPELI 2, Nr. 2156; VL^{2} 4, Sp. 450. – 262 leer.

263ra–273ra THEMATA DE TEMPORE ET DE SANCTIS
Hora est ... (Rm 13,11) *In verbis istis circa conversionem peccatoris ...* (270rb) *est appellatus ibi nomen quinto: Cum sublevasset oculos Iesus.* – Incipit und Explicit entsprechen Wien Schottenkloster, cod. 282, 126^{v}. – *Magna est gloria ...* (Sir 23,38) *Hic duo auctor innuit videlicet gloriam et sequelam ...* (272vb) *quod Dei filius diligendus est tripliciter ibi diligere I.* – Bis hierhin Übereinstimmung mit dem genannten Codex, f. 132^{v}–134^{v}. – *›In dedicatione‹ ... – ... mors hominum quadruplex est ibi mortuus.*

273ra–354ra EBERHARDUS UNDENSDORFFENSIS (?): AMICUS ANIMAE
Amicus. Nota quod homo triplicem habet amicum ... – ... multi sunt vocati pauci vero electi. Rogemus dominum. ›Explicit amicus dictus quasi animi (sic)

custos etc. est finis.‹ – Auch dieser Text in Wien Schottenkloster, cod. 282, 56^{v}; auch Leipzig UB, Ms 399, 113^{r}, vgl. die Angaben im Katalog von Helssig. GW 1616. Zur Verfasserfrage s. H. KNAUS in: Beiträge zur Inkunabelkunde, 3. Folge 3/1967, S. 184–186; H. SPILLING, Die Handschriften der Staats- und Stadtbibliothek Augsburg, Bd. II: 2° Cod 1–100, Wiesbaden 1978, 2° Cod 31, S. 55 f.

354ra–354rb NOTATUM DE PRAEDICATORIBUS
Item legitur, quod quidam gentiles impleverant statuam cum argento vivo ... – ... omnia ad honorem Dei sive bibimus sive comedamus etc. – 354va–356vb leer.

Ms 517

Sensatus. Jacobus de Voragine

Papier 374 Bll. 30×21,5 1434; 15. Jh. Mitte

Rubriken. Wenige Randbemerkungen von einer Hand des 15. Jh.

2 Teile:

I: 1–108. 9 VI^{108}; Reklamanten, Kustoden; Foliierung des 15. Jh. *II–CI* (6–105); moderne Foliierung. Schriftraum 20,5×14,5; zweispaltig, außer 42^{v} u. 43^{r}; 38 Zeilen. Zwischen 41^{r} u. 72^{r} viele eigenwillig-verspielte Formen des Interkolumniums, z. B. schräg, mit Halbkreisbögen, als Winkelhaken etc., 69^{v} u. 70^{r} in Kreuzform, so daß je vier Felder entstehen, wobei in den Feldern links oben und rechts unten der Text quer geschrieben ist. Bastarda im Haupttext (2ra–106vb), Buchkursive in den Perikopenverzeichnissen (1^{ra-va} u. 106vb–108vb). Rote Lombarden; 6rb rote Initiale *S* in Form eines ungefüllten Kreises, Querleiste mit Sternblüten besetzt, einfache Ausläufer, die in Kugeln enden. 91rb: *studiosus flissik vel sorgkfeldick.*

II: 109–373. WZ Ochsenkopf PICCARD XI 91 (1442–46). 21 VI^{360} + VII^{374}; moderne Foliierung. Schriftraum 24×15,5; zweispaltig; 52 Zeilen. Buchkursive, eine Hand. Lombarden zunächst in unregelmäßiger Folge rot, grün und blau, dann nur noch rot, später bis auf ein kurzes Stück nicht mehr ausgeführt; 165ra rote Initiale *S* ähnlich 6rb; einige Initialen mit Fleuronné und/oder knospengefülltem Binnenfeld, 119rb: blau-rot-grün, links am Buchstabenkörper ein Gesicht im Profil; ähnlich 281vb, nur rot-grün.

Spätmittelalterlicher roter Kalbsledereinband; Langschließen bis auf geringe Reste verloren; Buckel entfernt; Loch von der Kettenbefestigung im Rückdeckel oben. Spiegel im Rückdeckel mit WZ Ochsenkopf PICCARD XIII 495 (1442–50).

Teil I 1434 von Heinrich Doleator (s. Repertorium Germanicum 4.1, Sp. 1066) geschrieben, s. 106vb. Aus dem Augustiner-Chorherrenstift auf dem Petersberg bei Halle: 2^{r}, Kopfsteg, 15. Jh.: *FVII · Sensatus de tempore Iacobus de Voragine de sanctis libri montis sereni.* Titelschild des 16. Jh. auf dem Vorderdeckel: *SERMO*[nes ....] *Jacobi de Voragine.* Auf dem Rücken, Signatur: *456.* FELLER, S. 152, Nr. 7; DEBES, Leipziger Zimelien, S. 116, 118, Abb. 68, S. 127.

1ra–1va Verzeichnis der Perikopen vom 2. Sonntag nach Epiphanie bis Quinquagesima, dann der Heiligenfeste Andreas bis De virginibus. – 1vb leer.

2ra–6ra REGISTRUM AD SENSATUM
›*Dominica prima in adventu domini*‹ *Christus est nobis prope* ... (5ra) *sequitur de pace.* ›*Explicit registrum etcetera.*‹ *Nota si alicui plus placet predicare de ewangelio* ... – ... *Videbunt signum distinctione 45.* ›*Explicit registrum super dominicas*‹.

6ra–106vb "SENSATUS": SERMONES DE TEMPORE
›*Incipit se Sensatus et primo de adventu domini divisus per suas distincciones ut patet intuenti.*‹ Bestand nach SCHNEYER 5, S. 358–362 (Hs. S. 371 genannt), Nr. 1–35, 37; (64rb) *Translati sumus* ... (I Io 3,14) *Nos videmus ad sensum cum aliqui evaserunt mortem* ...; SCHNEYER Nr. 38–49, 51–53, 55, 54, 56–60 ... – ... ›*Explicit Sensatus scriptus per manus domini Heinrici Doleatoris. Anno domini M°CCCC°XXXIIII°. Finitus in vigilia nativitatis beate Marie virginis gloriose hora prima.*‹ – HAIN-COPINGER 5376.

106vb–108vb Verzeichnis der Perikopen von Aschermittwoch bis zum Ende des Kirchenjahres; Fußsteg: ›*aliud require in primo folio signo* [...].‹

109ra–373va JACOBUS DE VORAGINE: SERMONES DE SANCTIS
Auf dem Fußsteg; ›*Jacobus de Voragine de sanctis*‹ Bestand nach SCHNEYER 3, S. 246–265 (Hs. S. 266 genannt), Nr. 295–312, 314–370, 372–386, 388–427 (191vb–192vb leer); (214vb) *Cibavit illum panem* (Sir 15,3) ... *In verbis istis de sancto Marco* ...; SCHNEYER Nr. 428–430; (217vb) *Iuda te laudabint* (sic) ... (Gn 49,8) *Iudas qui confidens interpretatur* ...; (218va) *Certa bonum certamen* ... (I Tim 6,11) *Verba ista convenire possunt beato Petro* ...; SCHNEYER Nr. 431–440; (226va) *Orate pro invicem* ... (Iac 5,16) *Volens ecclesia fideles inducere* ...; SCHNEYER Nr. 441–462; (244rb) *Miserunt Barnabam* ... (Act 11,22)

In hiis verbis V preconia ...; (244vb) *Segregate mihi Barnabam* ... (Act 13,2) *Duo sunt necessaria predicatori* ...; SCHNEYER Nr. 463; (246ra) *Mirabilis Deus in sanctis* ... (Ps 67,36) *Felices illi sancti* ...; (246va) *Iustorum anime* ... (Sap 3,1) *Magna consolatio est sanctis verbis* ...; SCHNEYER Nr. 464–470; (253ra) *Dico vobis amicis* ... (Lc 12,4) *Dominus noster in hiis verbis* ...; SCHNEYER Nr. 471–536, 537–569, 572, 570, 571, 573, 582–593; geringe Abweichungen; vgl. Paris BN, lat.3286 und 3287, dort alle bei Schneyer nicht nachgewiesenen Sermones. – HAIN-COPINGER 6523–6553. KAEPPELI 2, Nr. 2155; VL^2 4, Sp. 450.

Ms 518

Jacobus de Voragine. Guilelmus Peraldus

Pergament 171 Bll. 20,5×14 14. Jh. 1. Hälfte

3 V^{29} + IV^{37} + 12 V^{157} + III^{163} + $(V-2)^{171}$, erstes Blatt der ersten und letztes Blatt der letzten Lage als Spiegel verwendet; Kustoden; moderne Foliierung. Schriftraum 15,5×10,5; zweispaltig; 30 Zeilen.

Textualis, eine Hand, außer 159ra–163vb; Rubriken; etliche Randbemerkungen von einer anderen Hand des 14. Jh. Initialen abwechselnd rot-blau, 1ra: rote Initiale *F* mit Fleuronné-Ausläufern, das Binnenfeld mit den gleichen Mustern gefüllt.

Spätmittelalterlicher, rot gefärbter Kalbsledereinband; Langschließen entfernt, ebenso die Buckel auf dem Rückdeckel (Vorderdeckel ohne Buckel); auf dem Spiegel des Rückdeckels in Textualis des 14. Jh.: *Salve decus angelorum* [or]*phanorum Maria*; Löcher von der Kettenbefestigung im Rückdeckel oben und unten.

Aus dem Zisterzienserkloster Altzelle: auf dem Fußsteg von 1^v und 2^r in kalligraphischer Schrift des 14. Jh.: *Liber Celle Sancte Marie*; auf dem Vorderdeckel Titelschild, Papier, 16. Jh.: *31 · SERM*[ones] *Iacobi de Voragine · Kk*. Auf dem Rücken Signatur: *563*. Katalog von Altzelle, 1514: *N 20. Sermones Jacobi de sanctis* (SCHMIDT, Altzelle, S. 60 u. 84); FELLER, S. 172, Nr. 13.

Spiegel des Vorderdeckels: ›*Incipit Iacobinus* (sic) *de Voragine per Quadragesima. Sermo primus in die Cinerum.*‹

1ra–163vb JACOBUS DE VORAGINE: SERMONES QUADRAGESIMALES

Bestand nach SCHNEYER 3, S. 238–245, Hs. genannt, Nr. 196–289; Nr. 218 (38va) mit variiertem Thema: *Ecce mulier Chananea* ... (Mt 15,22); Nr. 246 (88va) setzt gegenüber Schneyer etwas später ein: *Ista dominica vocatur dominica de rosa* ... die gleichen geringen Abweichungen wie in Ms 522. – HAIN-COPINGER 6523–6539, 6554, 6555. KAEPPELI 2, Nr. 2157; VL^2 4, Sp. 450f.

164ra–171vb GUILELMUS PERALDUS: SERMO IN DOMINICA ULTIMA POST TRINITATIS

HAIN 8323. SCHNEYER 2, S. 550, Nr. 232; KAEPPELI 2, Nr. 1623; DONDAINE, S. 209.

Ms 519

Antonius Azaro

Pergament 117 Bll. 19×14 14. Jh. 1. Hälfte

7 IV^{56} + 2 V^{76} + IV^{84} + 3 V^{114} + II^{117}, letztes Blatt der letzten Lage als Spiegel im Rückdeckel verwendet, in der vorletzten Lage sind die beiden inneren Doppelblätter vertauscht, worauf durch eine Rubrik und Zeichen hingewiesen ist; Reklamanten, Doppelblattzählung; moderne Foliierung. Schriftraum 14×10,5; zweispaltig; 29 Zeilen.

Textualis, eine Hand; Rubriken, wenige Randbemerkungen von einer anderen Hand des 14. Jh. Einfache rote Lombarden.

Schweinsledereinband des Spätmittelalters; Rest einer Schließe; Löcher von der Kettenbefestigung im Rückdeckel oben und unten. Spiegel des Vorderdeckels: Reimofficium für eine Martyrin (Ursula?), Textualis 14. Jh., mit Hufnagelnoten im Fünfliniensystem: [...] *Desiderans speciem eius* ... – ... *non ita Cristus preordinaverat. Cum tyrannus* [...]; in Kursive des 15. Jh.: *Ebrietas est blandus demon / dulce venenum suave peccatum / quem quis facit non facit peccatum / sed totus est peccatum / dictum Gregorii* (PETRUS CHRYSOLOGUS: SERMO 26, PL 52, Sp. 273, nicht ganz wörtlich); derselbe Text 117^r, fast gänzlich verwischt.

Auf dem Vorderdeckel oben in Textualis des 14. Jh.: *Iacobus de Varragine*. Auf dem Spiegel des Rückdeckels wohl ein Besitzeintrag, 15. Jh.: *Liber iste* [...]. Auf dem Vorderdeckel Titelschild des 16. Jh., Papier: *30 · IACO*[bus] *de Voragine quatuor · 30 · Ii.* Auf dem Rücken Signatur: *3746*(?). FELLER, S. 168, Nr. 29

1ra–107va ANTONIUS AZARO: SERMONES QUADRAGESIMALES
Bestand nach SCHNEYER 1, S. 307–312, Nr. 229–233, 236, 239–255, 259–266; (65ra; Nr. 276) *Ibat Iesus in civitatem* ... (Lc 7,11) *Dicit ewangelium: Quot cum dominus diu predicasset* ... (auf dem Fußsteg: ›*Istud ewangelium legitur in V^a^ feria post Letare*‹) ... 272–275; (75rb; Nr. 276) nur Incipit mit dem Hinweis auf dem Fußsteg: ›*Istud ewangelium invenies ante dominica Letare immediate*‹ s.o. 65ra; SCHNEYER Nr. 277–279, 284–291, 294–297, 300, 301; Nr. 230 (3va) mit variiertem Thema: *Cum intrasset Iesus* ... (Mt 8,5). Vor allem bei den Explicits einige Abweichungen gegenüber Schneyer. – KAEPPELI 1, Nr. 264; MEERSSEMAN, Antonio Azaro, S. 22–26.

108ra-116va SERMO IN PARASCEUE CUM PLANCTU MARIAE
Egressus Jesus ... (Io 18,1) *Item passio a quatuor ewangelistis est scripta* ... – ... *Hic cadit exemplum de Iudeo iacente in templo etc.* – Derselbe Text in Graz UB, Ms. 246, f. 163^{r} und Windsheim RB, cod. 37, f. 76ra; GW 2248.

Ms 520

Jacobus de Voragine

Pergament I + 168 Bll. 25×18,5 15. Jh. 1. Hälfte

Vorsatzblatt + 16 V^{160} + IV^{168}, Reklamanten; die ersten 10 Lagen jeweils auf dem ersten Blatt rechts oben arabisch, 15. Jh., gezählt: *21–30*, dann die nächsten fünf Lagen in der gleichen Weise: *1–5*. Schriftraum 18,5×13,5; zweispaltig außer 159^{r}–167^{v}; 30 Zeilen.

Bastarda, eine Hand; fast keine Randvermerke; Rubriken. 2-zeilige, einfache rote Lombarden.

Spätmittelalterlicher Schweinsledereinband; Schließen, Beschläge des Vorderdeckels und Buckel des Rückdeckels entfernt; vier Eckbeschläge des Rückdeckels erhalten; Loch von der Kettenbefestigung im Rückdeckel oben. Auf der Innenseite des Vorderdeckels nur in Bruchstücken lesbarer Leimabdruck eines einspaltig in karolingischer Minuskel des 12. Jh. beschriebenen Doppelblatts; Falz zwischen 160 und 161, frühgotische Minuskel, 12. Jh.: Fußteil eines Doppelblattes mit grammatischem Traktat (3 Zeilen).

Auf dem Vorderdeckel Titelschild des 16.Jh.: *26 · SERM*[ones] *· 26*; über dem Titelschild, Schrift des 17.Jh.: *Iacobi de Voragine Sermones.* Auf dem Rücken Signatur: *52*[8?]. FELLER, S. 168, Nr. 30.

1ra–158va JACOBUS DE VORAGINE: SERMONES DE TEMPORE. PARS II
Bestand nach SCHNEYER 3, S. 227–233 (S. 234 die Hs. genannt), Nr. 89–160 (leicht abweichender Schluß bei 102) ... – ... ›*Expliciunt sermones venerabilis fratris Jacobi de Voragine. Deo gracias*‹ – HAIN-COPINGER 6523–6546. KAEPPELI 2, Nr. 2156; VL^2 4, Sp. 450.

159^{r}–167^{v} REGISTRUM AD SERMONES
Abstinendum est ab uxore ... – ... Ypocrisis sit multipliciter. XXIIII. Abeuntes pharisei. 1°. – 168^{r-v} leer.

Ms 521

Franciscus Bartholi de Assisio. Jacobus de Voragine

Pergament   198 Bll.   25×19,5   14.Jh. 1. Hälfte; 1432

IV^{7} + 8 V^{87} + 2 IV^{103} + 9 V^{193} + $(III–1)^{198}$, erstes Blatt nicht gezählt, vierter und fünfter Quinio vertauscht; Kustoden, Lagenzählung beginnt 113^{v} wieder mit *I*; moderne Foliierung. Schriftraum 19–19,5×14,5; zweispaltig; 38–39 Zeilen.

1ra–5ra u. 8ra–197va Textualis, eine Hand; Rubriken; durchgehend Gliederungszeichen auf den Randspalten, dazu einige Ergänzungen, alles vom Schreiber oder Rubrikator selbst; nur wenige Einträge von einer Hand des 15.Jh. 5ra–7vb u. 197va–198vb Buchkursive, eine Hand. 102rb auf dem Fußsteg ostmitteldeutscher Text, Kursive 14.Jh.: *Wi der son si in deme vatere daz is gar worborgen und ist swer da won zu reden auch daz uns gar swer si imme suchene und sorlich imme irrene wi gar selic imme vindene*; von der selben Hand 94rb: *smerze pine*; weitere deutsche Glossen in einer Kursive des 15.Jh., z.B. 8rb, interlinear: *brodem* oder 90^{r}: *ane vormessenheyt · myt andechtikeyt.* Initialen, 3-zeilig, abwechselnd rot-blau mit Fleuronné in der jeweiligen Gegenfarbe; 8ra 5-zeilige Initiale *H*; 1rb 10-zeilige Initiale *P*, rot-blau ornamental gespalten, Fleuronné rot und blau; 104ra 5-zeilige Initiale *H*, gleiche Ausstattung.

Spätmittelalterlicher Schafsledereinband; Beschläge der beiden Schließen erhalten, Buckel auf dem Rückdeckel entfernt, Vorderdeckel ohne Buckel; zwei Löcher von der Kettenbefestigung im Rückdeckel oben. Falz bei der letzten Lage, Textualis, frühes 13.Jh., theologischer Text. Spiegel im Rückdeckel Papier mit WZ Ochsenkopf mit Kreuz und Blume, PICCARD XI, 317, Mitte 15.Jh. (1452–1456)

Aus dem Leipziger Franziskanerkloster. I^{rb}, Textualis Anfang 15.Jh.: *Iste liber est fratrum minorum in Lipczk*; gleichzeitige Kursive: *Jacobus de Voragine etc.*; 198^{v} auf dem Kopfsteg, Textualis, etwa gleichzeitig: *Iste liber est fratrum minorum in Lipczk*. Der Traktat des Franciscus Bartholi (5ra–7vb und 197va–198vb) wurde 1432 nachträglich eingefügt, s. 198vb. Auf dem Vorderdeckel in Kursive des 15.Jh.: *Sermones Jacobi de Voragine de tempore*; darunter Titelschild, 16.Jh.: *IACObus de Voragine sermones de tempore · 28*; auf dem Rücken Signatur: *52*[.]. FELLER, S.168, Nr.31.

1ra–5ra TABULA THEMATUM IN SERMONIBUS DE TEMPORE

›*Dominica prima in adventu domini*‹ *In nocte tria sunt, que dormire faciunt* ... – ... *Difficultas in scripturis tribus modis evenire solet.*

5ra–7vb und 197va–198vb: FRANCISCUS BARTHOLI DE ASSISIO: TRACTATUS DE INDULGENTIA

Incipit quomodo beatus Franciscus petivit a Christo indulgenciam pro ecclesia sancte Marie de angelis ... (7vb) *tenent pedes super capita* (Fußsteg: *residuum huius require in fine huius libri circa hoc signum FF*) – (197va) *ipsorum Christianorum falsorum et omnia stercora et omnes immundicie* ... – ... *cum omni fetore penitus effugarunt. Ad laudem domini nostri Jesu Christi. Amen.* ›*Finivi sub anno domini M°CCCC°XXXII in die sancti Petri ad vincula. Orate Deum pro eo etc.*‹ – FRANCISCUS BARTHOLI DE ASSISIO, Tractatus de Indulgentia, ed. P.Sabatier, Paris 1900, cap.5–11, S.13–26, cap.37 (mit Lücken), S.70–79. BHL Nov. Suppl. Nr.3136 o-p.

8ra–197va JACOBUS DE VORAGINE: SERMONES DE TEMPORE

›*Incipit prologus in sermones fratris Iacobi de Voragine*‹ Bestand nach SCHNEYER, S.221–234 (Hs. genannt), Nr.1–10, 12, 11, 13–19, 21, 22, 20, 23 (mit falschem Lemma), 24–32 ... (37vb, Textanschluß 48ra) 33–41 (abweichender Anfang, derselbe Text wie Ms 516, f.78rb) ... (57vb, Textanschluß 38ra) 42–49 ... (47vb, Textanschluß 58ra), 50–160. – HAIN-COPINGER 6523–6545. KAEPPELI 2, Nr.2156; VL^{2} 4, Sp.450.

Ms 522
Jacobus de Voragine

Pergament 146 Bll. 24,5×17,5 1329; 14./15.Jh.

(IV–2)^{6} + 14 V^{146}, Reklamanten, moderne Foliierung. Schriftraum 19–20×13–14; zweispaltig; 36–41 Zeilen.

Textualis, dazu 6ra–7ra Buchkursive des 15.Jh. und 146^{ra-rb} des 14./15.Jh.; Rubriken; einige Randbemerkungen von einer Hand des 15.Jh. Einfache rote 2-zeilige Lombarden, 1ra–1vb abwechselnd blaue und rote Versalien, 7va 6-zeilige rot-blau ornamental geteilte Fleuronné-Initiale *A*, Binnenfelder mit roten Knospenmotiven gefüllt, fadenförmige Ausläufer mit wenigen Knospen, entlang der linken Kolumne abwechselnd rote und blaue Sägeblätter, zwei blaue und ein rotes Vögelchen über dem Initialkörper.

Spätmittelalterlicher Schweinsledereinband; Streicheisenlinien auf dem Vorderdeckel; Reste von den Schließen, Beschläge des Vorderdeckels und Buckel des Rückdeckels entfernt; vier Eckbeschläge des Rückdeckels erhalten; Loch von der Kettenbefestigung im Rückdeckel oben. Im Vorderdeckel Leimabdruck, vermutlich vom verlorenen ersten Blatt der ersten Lage, Textualis 14.Jh.: zweispaltiges Verzeichnis von Lemmata aus den SERMONES QUADRAGESIMALES des JACOBUS DE VORAGINE, vgl. SCHNEYER 3, S.238–244. Spiegel im Rückdeckel Doppelblatt, Papier, Bastarda 15.Jh.: ALEXANDER DE VILLA DEI: DOCTRINALE, Vers 2386–2394 und 2194–2202, REICHLING, S.158f., 148, mit lateinischen Interlinearglossen; aus der gleichen Handschrift wie die Fragmente in Ms 578.

Nach der Form der verlorenen Beschläge aus dem Dominikanerkonvent in Leipzig. 1329 geschrieben von einem Heinricus, s. 146ra. 146rb: *Anno domini M°CCC°29* (Fälschung vom Schreiber des letzten Textes); Titelschild, Papier, 16.Jh., auf dem Vorderdeckel: *IACO*[bus de] *Voragine quadr*[..] · *27* · *Kk*; in Kursive des 17./18.Jh.: *Jacobi de Voragine Sermones.* Auf dem Rücken Signatur: *52*[4]. FELLER, S.168, Nr.32.

1ra–1vb LEMMATA SERMONUM JACOBI DE VORAGINE
Filia populi mei ... – ... Tu solus peregrinus es. Darunter in Kursive des 14.Jh.: *Servus undecim novemdecim octo sedecim quinque tredecim* (Zahlen ohne erkennbare Ordnung) ... *Semper post aurum littera sit domini.* Memorialverse zu den Sonntagsbuchstaben: *Fert ea dux cor amat gens fertilis ense cadit bos. Ars genus est de corde bono gignit ferus ensis. Dum beat ars grato far dat corium bonis ancro.* (vgl. Ms 512, 45^{r}). Andere Hand: *Hic scripsit.*

2ra–5vb REGISTRUM IN SERMONES IGNOTOS
Accepte sunt Deo IIII^{or} virtutes ... – ... Christus in quantum filius hominis tria in se habuit ibidem b. Deo gracias. Gracias Deo reddamus.

6ra–7ra Lemmata einer unbekannten Predigtreihe De tempore
›*Dominica prima in adventu*‹ *Inclinavit se Iesus* (Io 8,6) ... – ... *laverunt stolas suas* (Apc 7,14). *In cena domini sermone secundo etc.*

7va–146ra JACOBUS DE VORAGINE: SERMONES QUADRAGESIMALES
Bestand nach SCHNEYER 3, S. 238–245 (Hs. genannt), Nr. 196–217, 218 mit anderem Lemma, 219–246 (etwas späterer Anfang), 247–289 (etwas früherer Schluß); im übrigen gleiche Abweichungen wie in Ms 518. – Schreibervers: *Anno domini M°CCC°29. Qui me finivit portecas rodere scivit · Heinricus.* – HAIN-COPINGER 6523–6539, 6554, 6555. KAEPPELI 2, Nr. 2157; VL^2 4, Sp. 450f.

146^{ra-rb} DE MENSURA MONOCHORDI
Musarum voces sunt novem, quarum prima facit De ... – ... tunc eveniunt alii quatuor trina ut primi quatuor – Von anderer Hand: *Quarta dicitur: Peregimus quantum ad perita.* – THORNDIKE-KIBRE, Sp. 895; gleiches Incipit in Vat. Pal.lat. 1346, f. 5^v, s. RISM, Bd. III^2, S. 109. – 146^v leer.

Ms 523

Guido Ebroicensis

Pergament 376 Bll. 26,5×18 Frankreich um 1300

18 VI^{216} + II^{220} + 6 VI^{292} + III^{298} + V^{308} + VII^{322} + V^{332} + 3 VI^{368} + IV^{376}, Reklamanten, moderne Foliierung, 226–299 römische Foliierung *I–LXXXIII*. Schriftraum 20×12,5; zweispaltig; 45–46 Zeilen.

Textualis, ein Schreiber; Rubriken; Gliederungsvermerke und einige Textnachträge auf den Rändern. F. 1–220 römische Zählung der Sermones mit einem Stichwort aus dem jeweiligen Lemma auf dem Kopfsteg. 2-zeilige Lombarden abwechselnd rotblau mit Spiralfüllung und Fleuronné-Ausläufern in der jeweiligen Gegenfarbe; 226ra, 323ra, 325vb etwas größere, blau-rot ornamental geteilte Initialen, sonst gleiche Gestaltung; 1ra 4-zeilige Initiale *N*: violetter Buchstabenkörper im blauen Feld, Binnenfeld gefüllt mit blauer Spiralranke und violettem Dreiblatt, Grund: Rot und Blattgold; dornenbesetzter blau-roter Bordürenstab im Stil der Zeit, gefüllt mit vegetabiler Ranke.

Spätmittelalterlicher Schweinsledereinband mit Streicheisenlinien und stark abgenutzten Einzelstempeln auf dem Vorderdeckel: Lilie in Raute, Motiv der größeren Raute nicht mehr feststellbar; Buckel auf Vorder- und Rückdeckel entfernt, Schließen und ein Eckbeschlag erhalten; zwei Metallstifte der Kettenbefestigung im Rückdeckel oben. Im Vorder- und Rückdeckel als Spiegel Fragmente je eines Doppelblatts aus einer Papierhandschrift in Kursive des 15. Jh., aus einer Rede an den Kaiser, vermutlich Sigismund, mit der Aufforderung, gegen die Hussiten vorzugehen, der Name Gaufredus kommt vor und Petrus I. von Schaumberg, Bischof von Augsburg 1424–1469.

Titelschild, Papier, 16. Jh., auf dem Vorderdeckel: *GUIDO Sermones.* Auf dem Rükken Signatur: *526 et 527.* FELLER, S. 168, Nr. 33.

1ra–220va GUIDO EBROICENSIS: SERMONES DE TEMPORE
›*Incipiunt sermones dominicales fratris Guidonis de ordine fratrum predicatorum, quos compilavit in conventu Ebroicensi.*‹ Bestand nach SCHNEYER 2, S. 319–326, (S. 364 Hs. genannt), Nr. 1–33 (114ra abweichender Schluß), 34–68. – KAEPPELI 2, Nr. 1400, Hs. genannt. – 220vb Alphabetisches Register der Lemmata, zweispaltig.

221ra–225vb GUIDO EBROICENSIS: TABULAE THEMATUM CHRONOLOGICAE ET ALPHABETICAE IN SERMONIBUS DE SANCTIS
›*In festo sancti Andree apostoli*‹ *Sub umbra illius ... – ... vocate ad me Bersabee.* ›*Explicit tabula ista. Themata que sequuntur sunt de festis sanctorum tocius anni, quorum festa in kalendario ordinis fratrum predicatorum continentur. etc.*

226ra–299rb GUIDO EBROICENSIS: THEMATA SERMONUM DE SANCTIS
Valde notandum quod themata que sequuntur (zum Gebrauch der vorausgehenden Tabulae) ... Bestand nach SCHNEYER 2, S. 343–363, Nr. 342–526. – (279vb, Nr. 527) abweichendes Lemma: *Videritis omni ...* Nr. 528–604; (297ra) *Et filii lucis ...* (Eph 5,8) *Fiat sermo de filiis vel de ambulare*; Nr. 605–613, 615–629. – KAEPPELI 2, Nr. 1400, Hs. genannt. – 629^{v} leer.

300ra–322vb GUIDO EBROICENSIS: SERMONES SINGULI
SCHNEYER 2, S. 363 f., Nr. 630–637.

323ra–325vb GUIDO EBROICENSIS: TABULA THEMATUM SERMONUM DOMINICALIUM
Notandum quod ista tabula que sequitur, est de sermonibus dominicalibus tocius anni eciam de aliquibus festis, que sunt de personis divinis que aliquando non sunt in dominica .... ›Dominica I in adventu domini‹ Nunc enim proprior ... – ... [Benedictio ecclesiae] *Christus dilexit ecclesiam et se ipsum tradidit pro ea ut illam mundare Eph 5 de mundare.*

325vb–373rb GUIDO EBROICENSIS: THEMATA SERMONUM DOMINICALIUM
Notandum est, quod themata que secuntur sunt de sermonibus dominicalibus tocius anni et etiam de aliquibus festis, que sunt de personis divinis, que aliquando non sunt in dominica .... (326ra) SCHNEYER 2, S. 327–341, Nr. 94–200, 202, 201, 203–213, 215–234, 236, 235, 237–308; einige Nummern sind bei Schneyer in die je vorhergehende einbezogen ohne eigene Rubrik, der Schluß der Nummer 265 (364rb): *In novitate vite ambulemus. Sermo fiat de ambulare* als eigene Rubrik.

373rb–376rb GUIDO EBROICENSIS: SERMONES IN DEDICATIONE ECCLESIAE
SCHNEYER, S. 341 f., Nr. 309–313 ... – ... *Explicit totum opus consummatum anno domini M^{o}CC^{o} nonagesimo tertio* (Keine Datierung der Hs.). – 376^{v} leer.

Ms 524

Petrus de Trabibus (?).

Pergament 210 Bll. 34–35,5×23–24,5 13. Jh. Ende

17 VI^{204} + III^{210}; Reklamanten; Foliierung 15./16. Jh. *1–208*, parallel moderne Foliierung *4–210*. Schriftraum 23,5×15,5; zweispaltig, dazu eine schmalere Kommentarspalte, f. 209 u. 210 dreispaltig; 48–55 Zeilen.

Textualis, 2 Hände: 1ra–12vb; 13ra–209ra; Notula 209ra–210^{rc}; Rubriken und einfache rote 2-zeilige Lombarden nur 1–5 und 28^{v}–29^{r}, die restlichen Initialen sind nicht ausgeführt. Zahlreiche Notate von verschiedenen Händen des 13. u. 14. Jh.; besonders umfangreich 72–74, von der Hand, die auch sonst die meisten Glossen beiträgt.

Einband neu unter Verwendung von Resten eines roten Kalbsledereinbandes, der mit Buckeln besetzt war und möglicherweise Langschließen besaß, wahrscheinlich auch ein Catenatus war. Verstärkung im Rückdeckel oben durch das Fragment, 5×5, eines philosophischen oder theologischen Textes mit Rahmenglosse in Minuskel des 13.Jh. wie in Ms 587, 588, 589 u. 590. Spiegel im Vorder-und Rückdeckel je ein Pergamentblatt, 29,5×22, zweispaltig in Textura des 14.Jh. beschrieben, aus einem LEGENDAR, das der LEGENDA AUREA nahesteht, hier Petrus und Paulus, Margareta, Alexius (die Recto-Seite im Vorderdeckel schließt unmittelbar an die Verso-Seite im Rückdeckel an); dazu je ein Streifen, 21–22×6–6,5, eines zweispaltig in Buchkursive des 15.Jh. beschriebenen Pergamentblattes, vermutlich aus einem SERMO DE CONFESSIONE.

Auf dem Vorderdeckel Titelstreifen, Pergament 14.Jh.: *Richardus super quartum Sententiarum*, dazu spätere Signatur *6*; darüber Pergamentschild, 14./15.Jh., mit roter Signatur *L XVIIII* (Altzelle); 2^{v}–3^{r} auf dem Fußsteg in kalligraphischer Schrift des 15.Jh., rot-blau mit jedem Wort wechselnd: *LIBER VETERIS CELLE SANCTE CELLE* (sic); 103^{v}–104^{r} und 207^{v}–208^{r} in gleicher Weise: *LIBER VETERIS CELLE SANCTE MARIE*; aus dem Zisterzienserkloster Altzelle. Katalog von Altzelle 1514: *L 19. Richardus super quartum Sententiarum* (SCHMIDT, Altzelle, S. 55 u. 78). FELLER, S. 182, Nr. 14.

1ra–209ra PETRUS DE TRABIBUS (?): COMMENTARIUS IN QUARTUM SENTENTIARUM

Samaritanus etc. In ista parte versatur inquisicio de sacramentis in generali ... – ... non habebit compassionem aliquam ad dampnatos. – STEGMÜLLER RS, Nr. 713; DOUCET, Supplement Stegmüller, S. 157, Nr. 696, Hs. genannt; SBARALEA 2, S. 370f., mit anderem Incipit.

209ra–210^{rc} REGISTRUM QUAESTIONUM

Utrum sacramentum esse sit per se notum Ic – darüber von einer Hand des 14.Jh.: *Utrum sacramentum sit Ia ... – ... Utrum beati compaciantur dampnatorum miseriis* (im Nachtrag auf dem Fußsteg); unten Mitte Schreibervers: *Sit scriptor sanus et sibi bona manus.* – 210^{v} leer.

Ms 525

Jacobus de Cessolis. Ps.-Augustinus et Ps.-Cyrillus. Henricus de Frimaria. Hermannus de Saxonia. Burchardus de Monte Sion.

Pergament 128 Bll. 25,5×17 1353/54

I^{1} + 7 IV^{57} + V^{67} + 7 IV^{123} + II^{127}; Kustoden; Foliierung modern (erstes Blatt ausgelassen); Foliierung des 14. Jh. *primum–XXXII* (2–33) auf den Verso-, *XXXIII–C* (34–101) auf den Recto-Seiten; Foliierung 15./16. Jh. *1–19* (2–20), weiter mit Lücken und fehlerhafter Zählung bis *37* (39); Foliierung des 19. Jh. *140* (I–29), danach mit großen Lücken bis *128*; 58vb–74rb arabische Kolumnenzählung 14. Jh. Schriftraum 20×13,5; zweispaltig (58^{r-v} dreispaltig); 47 Zeilen.

Gotische Minuskel, eine Hand; Rubriken; Gliederungszeichen und sehr wenige Randvermerke meist vom Schreiber selbst. Rote Initialen. 74rb Verse: *Oriens. Est Euro Volturnus subsolanusque sodales / Meridies. Affricus atque nathus* (sic) *austro sunt collaterales / Occidens. Et zephirus chorus favonius atque secuntur / Septemtrio. Circinus ac aquilo boream stirpare feruntur.* (mit Anklang an ISIDOR V. SEVILLA, ETYMOLOGIAE 13,11); interlinear die Namen der Winde in Deutsch: *ostar wint, Norden, West, Suden.* (Norden und Süden vertauscht, auf dem Rand Korrektur von einer Hand des 15. Jh.).

Einband Halbleder 19. Jh.

1353/54 von dem Priester Johannes Laurentius von Uthenhusen geschrieben, s. 74rb u. 127rb. I^{r} Signatur 17./18. Jh.: *35* (zweimal), Inhaltsverzeichnis 17./18. Jh.: *Jacobus de Thessalonia De moribus … Scripsit hae* (sic) *omnia Johannes Laurentius sacerdos de Utenhusen Anno domini 1354.* (Uttenhausen in Thüringen, Kr. Weissensee? oder Odenhausen in Hessen, Kr. Grünberg?). FELLER, S. 84, Nr. 42.

1^{ra-rb} INDEX LIBRORUM HUIUS VOLUMINIS
In hoc volumine continentur duodecim distinctiones librorum …. ›Liber primus de moribus hominum‹ … ·I· De forma regis … – … ›Liber duodecimus de quatuor virtutibus cardinalibus‹ XCI· Sciendum quod virtus ›Expliciunt capitula.‹ – I^{va-vb} u. 1^{va-vb} leer.

2ra–15va JACOBUS DE CESSOLIS: DE MORIBUS HOMINUM, TRACT. I–III
›Incipit liber de diversis moribus hominum, qui intitulatur liber de ludo schotorum (sic).*‹ Ego frater Iacobus de Tessalonia … ›Capitulum primum sub quo rege inventus est hic ludus.‹* (2rb) *Inter omnia mala signa in homine unum est*

[precipuum] *quando aliquis non timet Deum ... – ... stultus viator est, qui per amena prata perspiciens obliviscitur, quo tendebat. Et sic finitur ista pars.* Tractatus IV fehlt. – GW 6523–26; E. Köpke, Mitteilungen aus den Handschriften der Ritter-Akademie Brandenburg a. d. H., II. Jacobus de Cessolis, 1879 Programm No. 59. Kaeppeli 2, Nr. 2066, Hs. genannt, abweichender Schluß; Ders. in: AFP 30/1960, S. 149–162; Kristeller III, S. 415; Bloomfield, Nr. 1888 und 3134; Welter, S. 351–354.

15va–19va Ps.-Augustinus et Ps.-Cyrillus: De obitu Hieronymi
›*Epystola sancti Augustini ad Cirillum Ierosolimitanum episcopum de laude et apparicione beatissimi Jeronimi prespiteri.*‹ – Stimmt bis 19rb, drittletzte Zeile, überein mit PL 33, Sp. 1120–1131. CPL Nr. 367; CPPs II A, Nr. 145 (18).

19va–23vb Henricus de Frimaria: Explanatio passionis dominicae
›*Incipit explanacio passionis dominice compendiose et lucide concepta per magistrum Henricum de Vrimaria ...*‹ *Quia nichil est utilius nichil salubrius quam circa passionem dominicam occupari ... – ... per graciam sepeliri et iugiter conservari. Quod nobis prestare ... Amen ... Et in hoc terminatur explanacio passionis dominice iuxta narracionem quatuor ewangelistarum secundum duplicem sensum litteralem videlicet et mysticam.* – Hain 7123. Zumkeller, Nr. 318; Stegmüller RB 3, Nr. 3170.

24ra–28va Expositio super 'Canticum canticorum'
Kanticorum libri figure sic debent intelligi. Nam in prima figura ostenditur quam ferventi desiderio sponsus appetat ... – ... Talem ergo suavitatem quadam fruicione nobis in hac vita degustare concedat, qui est benedictus in secula seculorum. Amen.

28vb–34vb Henricus de Frimaria: De quattuor instinctibus
Semen cecidit ... (Lc 8,8) *Licet verbum propositum exponatur per Christum ... – ... grandiose et victorialiter triumphando. Quam coronam nobis in presenti per suam graciam mereri concedat, qui cum patre.* – Diese Hs. ist der älteste Textzeuge; derselbe Text in Ms 595, 131^{r}. Hain-Copinger 5125; R.G. Warnock-A. Zumkeller, Der Traktat Heinrichs von Friemar über die Unterscheidung der Geister. Würzburg 1977, S. 152–234, S. 5 u. 13 Hs. genannt, die frühe Entstehungszeit wurde übersehen. Zumkeller, Nr. 307; Bloomfield, Nr. 5400.

34vb–38va Henricus de Frimaria: Expositio orationis dominicae
Sciendum quod hec oracio dominica super omnes oraciones factas … – … oracionis Christi ore prolata et nobis pro speculo et forma imitacionis tradita. Cui est honor et gloria in secula seculorum. Amen. – Zumkeller, Nr. 321; Stegmüller RB 3, Nr. 3167; Bloomfield, Nr. 9071, Hs. genannt.

38va–41ra Henricus de Frimaria: Expositio salutationis angelicae
›*Incipit exposicio salutacionis angelice secundum duplicem sensum videlicet litteralem et mysticum.*‹ *Quia oracioni dominice communiter secundum ritum ecclesie et devocionem fidelium salutacio angelica consuevit annecti … – … et eam sibi indissolubili vinculo eternaliter desponsant. Quam desponsacionem nobis patrare dignetur … Et in hoc terminatur exposicio salutacionis angelice ad honorem Dei et gloriose matris eius virginis Marie compilate anno domini M°CCC°LIII° in die Agnetis virginis.* – Zumkeller, Nr. 291; Stegmüller RB 3, Nr. 3169.

41ra–44ra Hermannus de Saxonia: Confessorium
›*Incipit summula per fratrem Hermannum Tapilsteyn de mandato reverendi patris fratris Gerlardi* (sic) *generalis ministri compilata in generali capitulo aput Carurensem* (r. Cadurcum) *anno domini M°CCC°XXXVII° celebrato. Et vocatur confessorium*‹ *Terminum posuisti …* (Ps 103,9) *Una illa immaculata columba alma mater ecclesia … – … Quarto quando non servatur naturalis contribendi* (sic) *modus quam ad instrumentum vel quam ad alios monstruosos modos.* – Chronica fratris Nicolai Glassberger (Analecta Franciscana II), Quaracchi 1887, S. 167f.; Mohan, S. 433; gleiches Incipit in Assisi Bibl.com., cod. 447, 121^{v} u. cod. 379, 74^{r}; Bezeichnung *Summula* auch in Rom Bibl.Naz., cod. 16, 33^{r}.

44rb–57vb De aliquibus sanctis et festis
›*Tecle virginis*‹ *Tempore illo ascendente Paulo Yconium post Antiochie fugam facti sunt ei comites tres …* (BHL Nov. Suppl. 8020e; Stegmüller RB 1, Nr. 229,3, Hs. genannt); die weiteren Feste: Stanislaus, Eulalia, Damasus, Valerian, Oktav v. Epiphanie, Katharina v. Alexandrien (Anfang ähnlich BHL 2969), (49ra) ›*Fides. Spes. Caritas*‹ (= Sophia), Joh. Chrysostomus, Maria Magdalena, Clara, Cunigunde (Anfang ähnlich BHL Nov. Suppl. 2004d), Hedwig, Genesius, Trinitatis, Divisio apostolorum, Thomas Ap., Wilhelm v. Aquitanien, Serapia, Victor, Fides, Translatio Severi, Cerbonius, Borchardus, Columban, Agricola und Vitalis, Thimoteus und Apollinaris, Julia, Prosper –

... *Medardus fuit episcopus Noviomensis, huius frater erat sanctus Gildardus Rotomagensis episcopus, qui fuerunt una die nati et una et eadem die episcopi ordinati similiter quoque una die ab hac luce subtracti scilicet VI° ydus Junii.*

58ra–74rb Burchardus de Monte Sion: Liber de terra sancta
Registrum: *Abesina 24* ... (58vb) *Zeph. 57* ›*Incipit liber de terra sancta.*‹ *Cum in veteribus hystoriis, sicut dicit beatus Jeronimus, quosdam lustrasse provincias maria transfretasse* ... (73rb) *Vellestes. De Ebron II leucis contra aquilonem fere, sed declinat parum contra occidentem, est vellestes botri. Explicit de terra sancta* (bricht ab bei IX,27; setzt wieder ein mit XII,1) *Terra sancta prout scribitur et legitur, erat in veritate egregia inter omnes terras* ... (73vb) *Grossa insuper est et pingwis multum, que sunt oneri arieti ad portandum* (XIII,7, einige Abweichungen). ›*Montes*‹ *Bethel sunt in Iudea vicini Ierusalem, ubi domus domini fuit sub Salomone edificata* ... – ... *De hoc monte dominus ad celos ascendit et ibidem in iudicio apparebit. In hoc monte edificavit Salomon delubra excelsa ut patet regum secundo. Explicit* (Der letzte Abschnitt ist nicht identifizierbar.) ›*Explicit anno domini M°CCC°LIII° feria quinta post dominicam Misericordia domini.*‹ – J.C.M. Laurent, Peregrinationes medii aevi quattuor, ^{2}1873, S. 19–82, 86–90. Kaeppeli 1, Nr. 707, Hs. genannt.

74va–90va Henricus de Frimaria: Expositio decretalis 'Cum Marthae'
›*Incipit exposicio in decretalem 'Cum Marthe' fratris Henrici de Vrimaria.*‹ *Reverendo in Christo patri et domino suo speciali domino Mathie, sancte Maguntine sedis archiepiscopo* ... *Cupiens vestre sanctitatis mentem* ... *Cum Marthe* (X,III,41,6) *Quia ius constitucionis maxime sacrorum canonum a lege divina sumpsit originem* ... (90ra) *transferamur ad celeste convivium beatorum. Quod nobis* ... *Amen.* Es folgt ein Verzeichnis der Quaestionen: ›*Questiones prime leccionis*‹ *Queritur utrum hec verba: Hoc est corpus meum* ... – ... *Que sint proprietates ipsum actum celebracionis specificantes, si digne debeat exerceri. Explicit.* – Auch in Ms 584, 268^r. Zumkeller, Nr. 312, Hs. genannt; auch R. Helssig, Juristische Handschriften, S. 331 und 333; Zumkeller in: Dictionnaire de Spiritualité 7, Sp. 193; Franz, Messe, S. 496 f.; VL^2 3, Sp. 730–735 führt das Stück nicht an.

90va–127rb Tractatus virtutum
›*Capitula de tractatu virtutum*‹ *1 De commendacione virtutis* ... (91va) *175*

De vicio detraccionis. ›*Liber virtutum*‹ *Sciendum quod virtus primo commendabilis est a dignitate dantis ... – ... Quinta est manifesta bona minuere. Sexta est bona in mala convertere. Explicit.* ›*Anno domini M°CCC°LIIII° in vigilia apostolorum Phillippi et Iacobi finitus est iste liber per manus Johannis Laurencii sacerdotis de Uthenhusen ... Hoc opus expletum comitari flagito letum Amen, quod flamen sacrum mihi conferat. Amen.*‹ – 127^{va-vb} leer.

Ms 526

Aegidius Romanus. Haimo Altissiodorensis

Papier 324 Bll. 31×21 Prag/Böhmen 15.Jh. Anfang (vor 1409)

27 VI, Reklamanten und Kustoden; Foliierung modern *1–294*, ohne Foliierung: I–XII, CCXCV–CCCXXIV. Schriftraum 21–21,5×14; zweispaltig; 37–40 Zeilen.

Buchkursive, eine Hand; Rubriken, wenige Gliederungszeichen auf den Rändern, durchgehend Kapitelzählung auf dem Kopfsteg. Kunstlose rote 3- bis 5-zeilige Lombarden; 125ra 8-zeilige Initiale *A*, rot-schwarz ornamental geteilt, in der jeweiligen Gegenfarbe gepünktelt, im Binnenfeld ein rotes Gittermuster mit schwarzen Punkten gefüllt, Kontur fast vollständig mit roten Häkchen besetzt.

Ursprünglicher Schweinsledereinband; Buckel und Langschließen entfernt; zwei Löcher von der Kettenbefestigung im Rückdeckel oben, ein Loch unten.

1409 von dem Kanonikus Stephan von Stankow in Prag gekauft, s. den Eintrag im Vorderdeckel, Kursive: *Istud est volumen magistri Stephani de Stankow canonici Pragensis et Wratislavensis, comparatum anno domini millesimo CCCCIX in Praga*; zu Stephan von Stankow, erstmals genannt 1381, gestorben 1431, s. Tříška, S. 492f. Titelschild auf dem Vorderdeckel, Pergament, Textualis Anfang 15.Jh.: *Egidius super Ecclesiasten Haymo super Apokalipsim.* Im Vorderdeckel, Notariatskursive: *Anno domini millesimo quadringentesimo XI° die XVIII^{va} mensis Januarii sero circa hora XXIIII^{or} vel quasi illustris Princeps, dominus Jodocus Marchio Brandenburgensis et Moravie, eodem anno electus in Regem Romanum diem suum clausit extremum in Brunna etc. Facte quidem sunt eidem Marchioni exequie in ecclesia Pragense de mense eodem die XXVIII^{va}*; darunter Kursive, 15.Jh.: *Detur magistro* [Andr]*ee de F*[..]*ala Libri* [.....]; auf dem Vorderdeckel Signaturen (?), 15.Jh.: *65 · 249 · 32us*; auf dem Rükken Signaturschildchen: *66 · 1246*; darüber Titelschild, 18.Jh.: [E]*gidius super Ecclesia*[sten]. Aus dem Collegium Principum maius; Feller, S. 377, Nr. 661.

1ra–2vb Registrum alphabeticum in Aegidii super Ecclesiasten
›*Incipit Registrum in librum Ecclesiasten* ...‹ *De apostolis missis in mundum* ... – ... *de Christo capitulo IX° pars XIX° et XVIII°*. – I–XII leer.

2vb–124rb Aegidius Romanus (?): Super Ecclesiasten
Nolite diligere mundum etc. (I Io 2,15) *In hac auctoritate que infra plenius explicatur, tangitur finis, materia et forma* ... – ... *ut recipiat bonus quisque propria corporis prout gessit sive bonum fuerit sive malum etc.* – Stegmüller RB 2, Nr. 912; Zumkeller, Nr. 19; G. Bruni, Le Opere di Egidio Romano, Florenz 1936, Nr. 125, S. 172–174, hält die Zuschreibung für zweifelhaft.

125va–294vb Haimo Altissiodorensis: Expositio in Apocalypsin
PL 117, Sp. 937–1220. Stegmüller RB 3, Nr. 3122; C. Spicq, Esquisse d'une histoire de l'éxegèse latine au moyen âge, Paris 1944, S. 50f. – Anschließend Verse: *O quam mira facis princeps fortissime pacis. Clausa diu veterum reserans enigmata rerum. Explicit obscuras pulchre liber iste figuras. Que per te Christe patuerunt apokaliste*. – CCXCV–CCCXXIV leer.

Ms 527

Guilelmus de Wara

Pergament 189 Bll. 30,5×22,5 14. Jh. 1. Drittel

$(III-1)^{5} + 5\ VI^{65} + V^{75} + 9\ VI^{183} + III^{189}$; Reklamanten, Kustoden (erster Ternio nicht mitgezählt); moderne Foliierung; ein Blattweiser noch verhanden. Schriftraum 23,5×16–17; zweispaltig; 55–60 Zeilen.

Gotische Kursiven, 2 Hände: a: 1ra–5vb, b: 6ra–189va; Rubriken; Unterteilung der Quaestionen: *a, b, c* ... rot auf der Randspalte; zahlreiche Randbemerkungen von verschiedenen Händen des 14. Jh. Einfache 2-zeilige Lombarden, abwechselnd rot-blau; jeweils am Anfang der Bücher (6ra, 75rb, 130ra, 161va) eine größere (die erste 8-zeilig, die anderen 6-zeilig) Fleuronné-Initiale, rot-blau ornamental gespalten, Binnenfeld mit roten bzw. blauen Knospenformationen gefüllt, Stäbe mit Knospen und Korkenzieherfäden besetzt.

Spätmittelalterlicher Schweinsledereinband; keine Buckel auf dem Vorderdeckel, auf dem Rückdeckel entfernt; Beschläge der Schließen noch erhalten; 2 Löcher von der Kettenbefestigung im Rückdeckel oben.

Titelschild, Papier, 16.Jh., auf dem Vorderdeckel: *15 · WARRO · 15*. FELLER, S.182, Nr.19.

1ra–5vb REGISTRUM ALPHABETICUM IN QUAESTIONES GUILELMI DE WARA
Appetitus duplex naturalis et dispositus libro I° questione VI^a I ... – ... Xristus recepit omnem gratiam, quam potuit recipere secundum capacitatem potentie naturalis et obedientialis quod negatur in aliis ibidem. Y und Z ohne Eintrag.

6ra–188va GUILELMUS DE WARA: QUAESTIONES IN QUATTUOR LIBROS SENTENTIARUM
Quoniam testante beato Augustino 8° De civitate Dei c. 8° Finis. Ideo finis dictus est quia propter hunc cetera volumus ipsum autem non [nisi] *propter ipsum* ... (75ra, Explicit L.I, nach Dist.36) *et si sic ordinatur tunc prius cognoscit ydeam* .... (161va, Explicit L.III, abweichend) *sed beatitudo supernaturalis sit equalis posito habitu supernaturali equali. Explicit Anglicanus super tertium sententiarum ... – ... tamen patitur a qualitatibus tangibilibus. Explicit summa magistri Warronis de Anglia de ordine minorum*. – STEGMÜLLER RS, Nr.307, Hs. genannt; MOHAN, S.371; GLORIEUX, Quodl. 2, S.144; J.LECHNER in: Franz. Studien 2/1932, S.99–127, Hs. genannt.

188va–189va REGISTRUM IN QUAESTIONES GUILELMI DE WARA SECUNDUM ORDINEM
›Registrum super primum sententiarum Varronis‹ Utrum finis proprius theologie sit cognitio ... – ... Utrum spiritus secularis possit pati ab igne naturali. Hic est numerus questionum super totum librum. Libro finito sit laus et gloria Christo. Amen. – 189vb leer.

Ms 528

Johannes Duns Scotus

Pergament 133 Bll. 30×22,5 14.Jh. 2./3. Viertel

3 IV^{24} + 5 VI^{84} + IV^{92} + $(VI–2)^{101}$ + V^{111} + VI^{123} + V^{133}, wenige Reklamanten und Kustoden; moderne Foliierung. Schriftraum 22,5–23×15–15,5; zweispaltig; 53 Zeilen.

Gotische Kursiven, 4 Hände a: 1ra–84vb; b: 85ra–99vb; c: 102ra–111vb; d: 112ra–133vb; Rubriken; wenige Gliederungsvermerke auf den Rändern von den Schreibern selbst. Rote 2- bis 3-zeilige Lombarden, manchmal auch abwechselnd rot-blau.

Spätmittelalterlicher Schweinsledereinband, Rückdeckel nur noch zur Hälfte erhalten; Beschläge und Schließen entfernt. Spiegel im Vorder- und Rückdeckel je ein Doppelblatt, Papier, 21,5×15, dreispaltig in einer Kursive des 15. Jh. beschrieben: Teile einer BIBLIA PAUPERUM, Platz für Bilder ausgespart; weitere zugehörige Fragmente in Ms 530 u. 533.

Auf dem Vorderdeckel Rest eines ursprünglichen Titelstreifens, rote Lombarde *S*[cotus(?)]; Titelschild, Papier, 16. Jh.: *39* (durchgestrichen) · *34* · *SCOTUS Super quattuor sententiarum manuscripta* · *34* · *Hh.*; auf dem Rücken oben Signatur: *546*. FELLER, S. 182, Nr. 12.

1ra–133vb JOHANNES DUNS SCOTUS: IN QUARTUM SENTENTIARUM
Samaritanus ille piissimus spoliatum videns hominem ... (7ra beginnt I,5, 20ra IV,7 ohne Initiale) ... (23va, Bd. 16, S. 561 der Ed.) *in nomine patris ubi discipulos in tertia persona* ‖ – (23vb leer, es fehlt der größte Teil von VI,4 und der Anfang von VI,5) ... (24ra, Bd. 16, S. 565 der Ed.) *principalis agentis cause et per formam suam propriam* ... (84vb) *esse iusta a lege* ‖ (Abbruch in XV,2, Bd. 18, S. 270 der Ed.; setzt 85ra wieder ein mit XVIII,1, Bd. 18, S. 599 der Ed.) *Hic queri solet: In distincione ista magister de potestate clavium* ... (99rb) *ex ore infancium et lactancium perfecit laudem, cui sit laus in secula. Amen* ... (99va, beginnt mit XLIII,1, bricht in derselben Spalte im ersten Scholium ab, Bd. 20, S. 6 der Ed.) [P]*ostremo de condicione resurrectionis* ... *hominem eundem redire. Non sic de aliis corrumptis* (sic). *Contra haec auctoritas Augustini* ‖ – 99vb leer. – (102ra) *Postremo de condicione resurrectionis.* (s.o.) ... (111vb, bricht ab in XLIV,2, Scholium 3, Bd. 20, S. 231 der Ed.) *Contra utrumque simul eque posset affligi in lapide* ‖ – (112ra, setzt wieder ein mit XLIV,3, Bd. 20, S. 249 der Ed.) *Secundo quero utrum dampnati post iudicium cruciabuntur illo igne infernali* ... (122vb XLVI,4 kommt erst nach XLVIII,2) ... (124va beginnt XLIX,2 ohne Initiale) ... (128vb, fünfte Zeile von unten beginnt XLIX, Quaestio ex latere ohne Initiale) ... (132va endet XLIX,6, Fortsetzung mit XLIX,13) ... – ... *ita prius fuit possibilis ad eandem licet minus manifesta* (Bd. 21, S. 473 der Ed.). Kleinere Lücken (z.B. 25vb, 48vb, 50va, 67rb) zeigen fehlenden Text an; alle Commentarii sind weggelassen. – VIVÈS (Hrsg.), Opus Oxoniense, Pars IV, tom. 16–21. STEGMÜLLER RS, Nr. 421.

Ms 529

Quaestiones theologicales et philosophicae

Pergament 185 Bll. 30–31×21,5–22 14. Jh. 2. Viertel (nach 1334)

VI^{12} + 3 V^{42} + 6 IV^{90} + $(VI+2)^{104}$ + VI^{116} + V^{126} + VI^{138} + $(VI+1)^{151}$ + VI^{163} + $(III-1)^{168}$ + VI^{180} + $(III-1)^{185}$; Reklamanten nicht regelmäßig. Schriftraum stark schwankend 21–25,5×14–18; zweispaltig; 52–62 Zeilen. Blatt 92 stark beschnitten, anscheinend ohne Textverlust.

Gotische Minuskel, 6 Hände: 1ra–42va, 43ra–74va, 75ra–90va, 91ra–92rb, 93ra–126vb, 127ra–151vb; Gotische Kursiven, 2 Hände: 152ra–168va, 169ra–180vb; Notula: 181ra–185rb; Rubriken. Abwechselnd rote und blaue Lombarden, außer 43ra–74va mit Fleuronné besetzt. 1ra 25-zeilige Initiale *I*, rot-blau ornamental gespalten, von Fleuronné-Häkchen gesäumt; 43ra 5-zeilige Initiale *Q*, rot-blau ornamental gespalten, mit Fleuronné gefüllt und gesäumt, in der Randspalte blaue Spiralranke, die in spitzen blauen und runden roten Dreiblättern endet; nach unten schließen sich rote Fleuronnéfäden an; 75ra blaue 3-zeilige Initiale *Q* mit im Buchstabenkörper ausgespartem Blattornament; 94va 23-zeilige Initiale *I*, rot-blau ornamental gespalten, ähnlich 127ra, aber von minderer Qualität; 127ra 15-zeilige Initiale *I*, rot-blau ornamental gespalten, mit Fleuronné-Knospen gesäumt, Stab auf der Randspalte als Folge von abwechselnd roten und blauen I-Kompartimenten; 152ra 5-zeilige Initiale *R*, rot-blau ornamental gespalten, mit Fleuronné-Knospen gefüllt und gesäumt, Stab auf der Randspalte wie 127ra.

Spätmittelalterlicher heller Kalbsledereinband; Beschläge des Vorderdeckels nach Art des Leipziger Dominikanerkonvents, Buckel des Rückdeckels und Langschließen entfernt; Stift von der Kettenbefestigung im Rückdeckel oben. Im Rückdeckel Fragment eines Doppelblattes, Pergament, in einer Buchkursive des 14. Jh., zweispaltig mit philosophischem Text De motu rerum; im Vorderdeckel Fragment eines Doppelblattes, Papier, Kursive des 15. Jh., aus einer Ars dictaminis. Falz bei der ersten Lage, 2×30,5, Kursive 14. Jh., 2 Zeilen einer Papst-Urkunde aus Avignon für einen Dominikanerkonvent: ... – ... [D]*atum Avinyonis VI° kalendas maij pontificatus nostri* [... – ...] *predicti ordinis P*[red]*icatorum*; Rückseite unbeschriftet.

Nach 1334 geschrieben (vgl. Textdatierung 185vb). Vermutlich aus der Leipziger Dominikanerbibliothek. 92vb, Kursive 14./15. Jh.: *Iste liber est fratris Henrici de Pr*[...] Auf dem Vorderdeckel Titelschild aus Pergament, Textualis 14. Jh.: *T*[...]*is magistri B*[...]*mquo persi*[...]*nulli am*[...]*ctatus hey*[...] *igitur quem da*[...]*aliquam*. Titelschild, Papier 16.: *13 · QUODlibet · 13 · Ff*. Auf dem Rücken Signatur: *656*. Feller, S. 183, Nr. 22.

1ra–42va Bernardus Lombardi: Quodlibet I, qu.1–4
In nostro quolibet quedam querebantur de Deo quantum ad intrinsecam eius racionem – Es folgen die Tituli der 12 Quaestionen, die Glorieux (s.u.) nach dieser Hs. wiedergibt – ... (Qu.1) *Utrum ponens, quod omnis actus in divinis productivus ad intra sit elicitus a potentia, salvet omnipotentiam in personis productis ...* – ... *Ad argumenta facta in oppositum patet per ea, que dicta sunt in principio questionis. Explicit.* – Glorieux, Quodl. 2, S. 64f.; Kaeppeli 1, Nr. 641, Hs. genannt.

43ra–74ra Aegidius Romanus: Quaestiones de cognitione angelorum
Questio est utrum angelus intelligat seipsum per essenciam suam ... – ... *Et hec de cognicione angelorum ad presens dicta sufficiant. Expliciunt questiones disputate de cognicione angelorum. Laus summo Deo.* – Hain 121. G.Bruni, Le Opere di Egidio Romano, Florenz 1936, Nr. 46, S. 124, 234; Zumkeller, Nr. 4, Hs. genannt. Vgl. Quaestionenverzeichnis 92vb.

74ra–74va Quaestiones quattuor
Queritur utrum motus celi sive corpora superiora habeant aliquam causalitatem sive animam racionalem et super actus librii (sic) *arbitrii* ... (74rb) *Queritur utrum hec sit vera: Nichil est nichil* ... *Queritur utrum creature verius esse habeant in Deo quam in proprio genere* ... (74va) *Queritur utrum inter duas species immensas possit fieri media* ... – ... *quod inter tales est distancia bone latitudinis ideo inter tales potest fieri species media.* – 74vb leer.

75ra–90va Aegidius Romanus: Quaestiones de mensura angelorum
Questio est de mensura angelorum et primo queritur, utrum evum sive eternitas participata sit angelorum mensura ... – ... *nec est illud quod per se movetur nec est per se subiectum motus. Dicemus ergo quod duo consideranda sunt*‖ bricht ab in Qu. 6 von 10. – Hain 121. G.Bruni, Le Opere di Egidio Romano, Florenz 1936, Nr. 45, S. 123f., 233f.; Zumkeller, Nr. 6, Hs. genannt. Vgl. Quaestionenverzeichnis 92vb. – 90vb leer.

91ra–92ra Thomas de Aquino: De veritate
setzt ein am Ende von Qu. 1, Art. 9 ‖*non tamen completur eius redicio* ... [D]*ecimo queritur, utrum aliqua res sit falsa* ... – ... *si recte fiat resolucio in prima principia et per hec patet responsio ad obiecta.* – Thomas de Aquino, Opera omnia, Bd. 22,1, Rom 1975, S. 29, Z. 59 – S. 36.

92ra–92rb THOMAS DE AQUINO: DE SCIENTIA DEI
Questio est de sciencia Dei et primo queritur utrum in Deo sit sciencia ... – ... respondens ei quod nos concipimus de ipso presumentius || bricht ab in Qu. 1. – THOMAS DE AQUINO, Opera omnia, Bd. 22,1, Rom 1975, S. 37–38, Z. 59, nach *concipimus* etwas abweichender Text. – 92va leer. – 92vb in Kursive des 14./15. Jh.: Verzeichnis der Quaestionen des Aegidius Romanus aus 43ra–74ra und 76ra–90va und der ersten beiden aus 91ra–92rb: *Isti sunt tituli questionum istarum. 1. Utrum angelus intelligat se per essentiam suam ... – ... Utrum falsitas sit in spiritu.*

93ra–94rb RAIMUNDUS BEGUINI: QUAESTIO DE VISIONE BEATIFICA
setzt ein || *determinate representat secundum istum doctorem ... – ... etiamsi intelligencia* (?) *cognoscat arcanum. ›Explicit quolibet Reimundi Begyenis.‹* – GLORIEUX, Quodl. 2, S. 238; KAEPPELI 3, Nr. 3388; F. PELSTER in: Franciscan Studies 15/1955, S. 32; Hs. jeweils genannt.

94va–122rb JACOBUS DE APPAMIIS: QUODLIBET
›Incipit quodlibet fratris Jacobi de Appamis ordinis fratrum Heremitarum.‹ ›Inveni in quodam alio libro quodlibet fratris Augustini ordinis Heremitarum.‹ In nostra disputacione de quolibet quedam questiones fuerunt circa passiones transcendentes sive passiones entis quedam circa entia specialia ... – ... sed vis spirativa dicit perfectionem simpliciter, quia non est minoris perfectionis – von etwas späterer Hand: *quam alia attributa que dicunt perfectionem simpliciter. Generis.* Die letzte Qu. nicht vollständig. – ZUMKELLER, Nr. 417; GLORIEUX, Quodl. 2, S. 142 f.; F. PELSTER in: Franciscan Studies 15/1955, S. 40–45; Hs. jeweils genannt.

122vb–126vb PETRUS DE PALUDE: QUODLIBET I
In nostra disputacione de quolibet recepte fuerint 15 questiones, que determinabuntur hoc ordine. Prima questio est de Deo per comparacionem ad intra ... – ... secundum bene sequitur si similitudo, quam includit imago non || bricht ab in Qu. 1. – GLORIEUX, Quodl. 2, S. 220, Hs. unter der falschen Signatur *94* genannt; KAEPPELI 3, Nr. 3287, Hs. genannt.

127ra–130rb GUALTERUS BURLAEUS: QUODLIBET DE SPECIEBUS
In prima questione quarti sentenciarum dixit quedam, que aliquibus falsa aliquibus dubia aliquibus sophismata videbantur ... – ... eundem effectum secundum speciem et hoc quia non sunt sub eodem gradu. – MOHAN, Incipits of

logical writings, S. 407; Thorndike-Kibre, Sp. 704; R. Wood in: BPhM 30/1988, S. 245, Hs. genannt.

130rb–130vb Quaestio de generatione formarum
Quidam doctores faciunt difficultatem de generacione mixti ex elementis, quid scilicet inducat formam substancialem mixti ... – ... non pro primo instanti quam pro quacumque instanti posteriori.

130vb–131ra Quaestio de caloribus Plinii
Queritur utrum illi tres calores, quos Plinius distinguit secundo De generacione animalium, scilicet calor celestis, elementaris et animalis sint eiusdem speciei ... – ... Dicendum quod, si calor igneus posset sic regulari et in gradu convenienti salvari, se calor celestis gervasset (sic) *animal sicut calor celestis, hoc esset valde difficile et forte inpossibile.*

131ra–132rb Gualterus Burlaeus: Quaestio de formis contrariis
Queritur utrum forme contrarie videlicet albedo et nigredo sint eiusdem speciei specialissime ... – ... que conpetit omni contento sub specie et soli speciei et semper quod non est in proposito. Explicit tractatus de quatuor conclusionibus magistri Guigiliolini (sic) *Burlay. Amen.* – Glorieux, Quodl. 1, S. 69; R. Wood in: BPhM 30/1988, S. 245.

132rb–134va Gualterus Burlaeus: Quaestio de oppositis contradictionis
Querit magister Gualtherus Burlai utrum contradiccio sit maxima opposicio ... – ... que in nullo conveniunt, sunt magis opposita quam illa, que in aliquo conveniunt. Et hoc de ista questione sufficiant (sic). *›Explicit questio de oppositis contradiccionis scilicet utrum sit maior opposicio contradictoria quacumque alia opposicione disputata secundum magistrum Gualterum Burlay Anglicum.‹* – Glorieux, Quodl. 2, S. 69; R. Wood in: BPhM 30/1988, S. 245.

134va–151vb Gualterus Burlaeus: De intentione et remissione formarum
In hoc tractatu secundo intendo perscrutari de causa intrinseca suscepcionis magis et minus formarum ... – ... que contradicit veritati fidei Christiane et Romane ecclesie. ›Explicit tractatus secundus magistri Gualterii Burlai de formis accidentalibus in quo perscrutatur de causa intensionis et remissionis forme. Amen.‹ – GW 5780. Thorndike-Kibre, Sp. 681; R. Wood in: BPhM 30/1988, S. 246.

152ra–154ra GUILELMUS HENTISBERUS: SOPHISMATA
Regulas solvendi sophismata non eadem que apparenti consideracione vallavit inventorum subtilitas atque latere solvent ... – ... unusquisque vali[d]*orum studio attencius insistendo.* – HAIN 8436, 8439–8441. MOHAN, Incipits of logical writings, S. 457; zum Autor vgl. A.EMDEN, A Biographical Register of the University of Oxford to A.D. 1500, Bd. 2, Oxford 1958, S. 927f.

154ra–157va GUILELMUS HENTISBERUS: REGULA DE SCIRE ET DUBITARE
Sciris (sic) *multis modis capitur, sed sive communiter sumitur sive proprie nihil scitur ... – ... Scribitur quoque tercium quod inter residua est breviter transeundum.* – HAIN 8436, 8437. MOHAN, Incipits of logical writings, S. 460; THORNDIKE-KIBRE, Sp. 1406.

157va–158vb GUILELMUS HENTISBERUS: SOPHISMATA
In ceteris regulis sophismata multa currunt ad que solvenda diversi diversa ... – ... quales sunt talia syncathegoreumata; in aliis enim accidit talis varietas ideo sufficit hoc pro illis. – HAIN 8436, 8439–8441.

158vb–161va GUILELMUS HENTISBERUS: REGULA DE INCIPIT ET DESINIT
Incipere dupliciter solet exponi videlicet per posicionem de presenti et remocionem de preterito ... – ... pro maiori parte responsiones sufficientes elicies ex iam visis. – HAIN 8436, 8437. MOHAN, Incipits of logical writings, S. 408; THORNDIKE-KIBRE, Sp. 722.

161va–164rb GUILELMUS HENTISBERUS: REGULA DE MAXIMO ET MINIMO
Circa finem seu terminum tam active potencie quam passive coherens fieri solent multiplicaciones que differentes ... – ... quantitativa habito enim intellectu sufficienti superius positorum. Videbitur quod ipsa generaliter sufficient in hac parte. – HAIN 8436, 8437. MOHAN, Incipits of logical writings, S. 362; THORNDIKE-KIBRE, Sp. 206.

164rb–168va GUILELMUS HENTISBERUS: TRACTATUS TRIUM PRAEDICAMENTORUM (DE MOTU LOCALI)
Tria sunt predicamenta vel genera in quorum quolibet contingit proprie motum et movetur ... – ... manuscriptorem ingerat nimia narracionis prolixitas. Ecce finis. Amen. ›Explicit quidam tractatus subtilis Esberti.‹ – MOHAN, Incipits of logical writings, S. 474; THORNDIKE-KIBRE, Sp. 1587. – 168vb leer.

169ra–176va NICOLAUS DE LYRA: PROBATIO ADVENTUS CHRISTI (Red. II)
Queritur utrum per scripturas a Iudeis receptas possit probari ministerium

(sic) *Christi in lege et prophetis promissi esse iam completum ... – ... et plures iam batizati* (sic) *ad vomitum revertuntur. ›Explicit questio de probacione per scripturas a Iudeis ... declarata a fratre Nicholao de Lyra de ordine fratrum minorum.‹* – HAIN–COPINGER 3725–6. STEGMÜLLER RB 4, Nr. 5982; GLORIEUX, Répertoire 2, Nr. 345 h, S. 222f.

176vb–185vb NICOLAUS DE LYRA: RESPONSIO AD QUENDAM IUDAEUM
›Incipit responsio fratris Nicholai de Lyra ad quendam Iudaeum de verbis ewangelii secundum Matheum contra Christum nequiter arguentem.‹ Potens sit exhortari in doctrina sana et eos qui contradicunt arguere ... (180vb) *ipsi adherebis et in nomine illius iurabis et sic patet quod Iesus destruit* ‖ bricht hier ab und setzt wieder ein (181ra, andere Hand) ‖ *segem* (sic) *a Deo datam etiam in moralibus quod negant Christiani ... – ... quod obiectiones suas in parato mendacio terminavit. ›Explicit renunciacio fratris Nicholai de Lyra ad quendam Iudeum ... Completum est autem hoc opusculum anno domini M°CCC°XXXIIII* (Datierung des Textes, nicht der Hs.) *in vigilia beati Johannis Baptiste.‹* – STEGMÜLLER RB 4, Nr. 5980; MOHAN, S. 115. – 186^{v} leer.

Ms 530

Hervaeus Natalis

Pergament 126 Bll. 26×18 14. Jh. 1. Viertel

2 VI^{24} + 12 IV^{120} + $(IV–2)^{126}$; Reklamanten. Quaestionen in den ersten beiden Quodlibeta auf dem Kopfsteg mitgezählt. Schriftraum 19×14; zweispaltig; 47–48 Zeilen.

Gotische Minuskel, eine Hand; Rubriken. 2-zeilige Initialen abwechselnd rot-blau mit kurzen gegenfarbigen Fleuronéestäben in triglyphenartiger Anordnung. 1ra 13-zeilige Fleuronné-Initiale *I*, rot-blau ornamental geteilt, gesäumt mit Stab- und Knospenbordüren; durchgehender Stab auf der Randspalte abwechselnd mit roten Sägeblättchen und blauen Kamelhöckern besetzt. Die Initialen zu den übrigen Büchern (33ra, 74ra, 97ra) ähnlich, aber kleiner und weniger aufwendig, kein Stab auf der Randspalte.

Spätmittelalterlicher Schweinsledereinband; Beschläge auf Vorderdeckel und Buckel auf Rückdeckel entfernt, ebenso die Langschließen bis auf geringe Reste; zwei Metallstifte von der Kettenbefestigung im Rückdeckel oben. Spiegel im Vorder- und Rückdeckel Fragmente der gleichen BIBLIA PAUPERUM wie in Ms 528 (s. d.) u. 533.

Titelschild, Papier, 16. Jh., auf dem Vorderdeckel: *12 · HENRIci Hervei · 12.* FELLER, S. 183, Nr. 23.

1ra–124rb HERVAEUS NATALIS: QUODLIBETA MAGNA
›Incipit primum quodlibet venerabilis patris magistri Hervei ordinis fratrum predicatorum. Questio prima.‹ In nostro quolibet querebitur unum commune Deo et creaturis intellectualibus ... – ... beate virginis quantum ad intensionem gratie non quantum ad carentiam culpe cuiuscumque. ›Explicit quartum quodlibet magistri Hervei.‹ – HAIN 8530. GLORIEUX, Quodl. 1, S. 200–204; Bd. 2, S. 138; GLORIEUX, Répertoire 1, Nr. 64f, h, l, r, S. 199–203; KAEPPELI 2, Nr. 1895, Hs. genannt. – 124va–126vb TABULA QUAESTIONUM.

Ms 531

Franciscus de Maironis. Johannes Ricardi. Petrus Aureoli. Thomas Palmeranus. Henricus de Frimaria. Clemens Papa, VI. Sermones

Papier 425 + I Bll. 31,5×21,5 15. Jh. 2. Hälfte

$(VI+1)^{12}$ + 4 VI^{60} + V^{70} + 12 VI^{214} + VII^{228} + 15 VI^{408} + $(VII+2)^{424}$ + Nachsatzblatt (Perg.), erstes Blatt nicht mitgezählt; Reklamanten; moderne Foliierung. Schriftraum 24×14,5; zweispaltig; 50 Zeilen.

Bastarda, eine Hand; Rubriken. Rote 4-zeilige Lombarden, gelegentlich mit ornamentaler Verzierung; 256rb Initiale *S* nur im Kontur, der Buchstabenkörper schlingt sich um zwei senkrecht nebeneinanderstehende Balken. 1ra 7-zeilige Initiale *V*, Initialkörper rot mit ausgespartem Ornament, im Binnenfeld Fischblasenzeichnung schwarz und rot, vegetabile Ausläufer an den oberen Enden, Saum von Fleuronné-Motiven; 229ra 6-zeilige Initiale *D*, Binnenfeld gefüllt mit zwei gegenläufigen Profilblättern in Fischblasenform, schwarze Zeichnung, Saum ähnlich 1ra.

Schweinsledereinband des Spätmittelalters mit Streicheisenlinien und Einzelstempeln, Motive: Huhn, Blattwerk, offene Vierblattblüte, spitzblättrige Vierblattblüte im Rhombus, Lilie im Rhombus; Werkstatt: Nordhausen Huhn; s. SCHUNKE, S. 128, Nr. 30 u. S. 43, Nr. 239 (nur zwei Motive nachweisbar). Kantenbeschläge erhalten, ebenso die Schließenbeschläge des Vorderdeckels, Buckel entfernt; zwei Löcher von der Kettenbefestigung im Rückdeckel oben. Im Vorderdeckel oben in Kursive des 15. Jh.: *Registrum invenies in fine libri. Et primo de humilitate.*

Titelschild, Papier, 16. Jh., auf dem Vorderdeckel: *SERMO*[nes de] *Tempore* [... Fran] *cisci Maironis · 30 · Ll.*; auf dem Rücken Signatur: *453*. FELLER, S. 152, Nr. 4.

Die Texte des Franciscus de Maironis entsprechen nicht immer den in den Inkunabeln HAIN 10529–10532 gedruckten.

1ra–5ra FRANCISCUS DE MAIRONIS: SERMONES IN ADVENTU DOMINI
Videbunt filium hominis ... (Lc 21,27) *Quia secundum doctrinam beati Gregorii ea que secundum sensum historicum de aliquibus intelligimus* ... SCHNEYER, Wegweiser, S. 527; MOHAN, S. 488; ROTH, Franz von Mayronis, S. 260, Nr. 35, S. 265. – (3rb) *Videbunt filium hominis* ... (Lc 21,27) *Quia secundum doctrinam beati Augustini super Genesin sacra scriptura habet quadruplicem sensum* ... – ... *Ad quam renovacionem nos perducat etc.* – SCHNEYER, Wegweiser, S. 527, dort Bertrandus de Turre zugewiesen; entspricht dem ersten Sermo bei ROTH, Franz von Mayronis, S. 260, Nr. 35; auch in Lüneburg RB, Theol.fol.55, 111ra.

5ra–11va SERMONES IN NATIVITATE DOMINI
Quecumque scripta sunt ... (Rm 15,4) *Verba sunt apostoli nos ad spiritualem intelligenciam exhortantis* ... (8ra) *Gaudete in domino* ... (Phil 4,4) *Verba sunt apostoli ad spiritualem leticiam isto tempore exhortantis* ... (8vb) *Vox clamantis* ... (Lc 3,4) *Domine exaudi oracionem* ... (Ps 101,2) *Quia secundum beatum Gregorium non assit interius qui doceat in vanum* ... (gleicher Sermo 286ra).

11va–14rb PETRUS AUREOLI: SERMO IN NATIVITATE DOMINI
SCHNEYER 4, S. 584, Nr. 27.

14rb–16vb SERMO IN NATIVITATE DOMINI
Lux orta est ... (Ps 96,11) *Verbum istud scribitur quia vero Dei virtus et sapiencia Christus* ... – ... *anima devota rutilat splendoribus spiritualibus absque nubibus viciorum. Amen.*

16vb–28ra FRANCISCUS DE MAIRONIS: QUAESTIONES DE NATIVITATE DOMINI
Utrum nativitas Christi fuerit naturalis ... *quia scribitur Mt primo quod mater domini pariendo Christum* ... ROTH, Franz von Mayronis, S. 269, 274. – (23va) *Utrum Christi ortus origine luce* (sic) *fuit proprie conparatus* ... *quia*

pro eius origine dicitur Ps 84: Deitas de terra ... (25vb) *Utrum fides incarnationis Christi assimiletur visioni sensitive ... quia apostolus ad Hebr 11 dicit, quod fides est* ... – ... *artifex dedit michi omnia que sunt, quia omnia dirigit fides.* – Gleiche Folge in Lüneburg RB, Theol.lat.fol. 55, 146va.

28ra–30vb Franciscus de Maironis: Sermo in nativitate domini
Schneyer 2, Nr. 98, S. 72; Roth, Franz von Mayronis, S. 256.

30vb–46rb Sermones in nativitate domini
Christi generacio ... (Mt 1,18) *In hodierno ewangelio processus in generacione carnali de virgine sic fuit* ... (30vb) *Christi generacio* ... (Mt 1,18) *Ieronimus in quodam sermone: Sanctitas illibata sanctitas amabilis hominibus* ... (32rb) *Verbum caro factum* ... (Io 1,14) *In festo nativitatis ecclesia triplicem ortum Christi retulit* ... (32vb) *Ipse tamquam sponsus* ... (Ps 18,6) *Ad predicatorem ewangelicum tria requiruntur. Primum zelus animarum* ... (33ra) *Ipse tamquam sponsus* ... (Ps 18,6) *Hodie dilectissimi rex celorum de virgine nasci dignatus est* ... (35ra) *In ventre matris* ... (Sap 7,1) *Multivarie* (sic) *multisque* ... (Hbr 1,1) *Posse ergo Dei filius per quem nobis locutus est Deus* ... (36vb) *Puer natus est* ... (Is 9,6) *Vide quod aliquando unus ramusculus arboris inseritur* ... (38ra) *Videamus hoc verbum* ... (Lc 2,15) *Quoniam secundum Augustinum De doctrina christiana omnis operacio et intencio predicatoris ad tria tendere debet* ... (40rb) *Osculetur me* ... (Ct 1,1) *In nupciis magnatorum seu nobilium* ... (gleicher Sermo 303rb mit geringen Abweichungen) ... (42ra) *In sole posuit tabernaculum* ... (Ps 18,6) *Cum due sint Christi nativitates una eterna et alia temporalis* ... (44rb) *Misericordia et veritas* ... (Ps 84,11) *Veritas de terra orta est et iusticia de celo* ... – ... *nos ipse participes efficiat qui vivit* ... *Amen.*

46rb–50va Franciscus de Maironis: Sermones in nativitate domini
Schneyer 2, S. 72, Nr. 97 u. 94; Roth, Franz von Mayronis, S. 256.

50va–51ra Sermo de sancto Stephano
Ecce video celos ... (Act 7,55) *Nota hic breviter quod duplex est visio* ... – ... *malis autem supersunt clausi et erunt etc.*

51ra–53vb Franciscus de Maironis: Sermones de sancto Stephano
Schneyer 2, S. 73, Nr. 104, 103; Roth, Franz von Mayronis, S. 256.

53vb–55ra Sermones de sancto Stephano
Video gloriam Dei ... (Act 7,55) *In isto sacro tempore sol iusticie filius Dei po-*

situs est in rota ... (53vb) *Vidi gloriam Dei* ... (Act 7,55) *Dicunt sancti quod Deus non deficit in neccessariis* ... – ... *Lapidabant Stephanum invocantem et dicentem: Domine Iesu Christe, accipe spiritum meum. Qui nobis etc.*

55ra–56ra Franciscus de Maironis: Sermo de sancto Stephano
Ecce ego mitto ... (Mt 23,34) *Quod verbum ad laudem beati Stephani potest assumi* ... – ... *credendum est quod fuerunt virgines.* – Gleicher Sermo in Würzburg UB, M.ch.q.127, 31^{r}. Roth, Franz von Mayronis, S. 256.

56ra–63vb Franciscus de Maironis: Sermones de sancto Iohanne evangelista
Schneyer 2, S. 73, Nr. 105. – (61rb) *Gracia et veritas* ... (Io 1,17) *Quia vero Iohannes interpretatur: In quo est gracia* ... – Gleicher Sermo in Lüneburg RB Theol.fol. 55, 185vb. Roth, Franz von Mayronis, S. 251, 255. – (63vb) *Mulier ecce filius* ... (Io 19,26) *Quanto aliquis est propinquior regi* ... – ... *et decencius se coronant coronis aureis.* – Gleicher Sermo in Lüneburg RB, Theol. lat.fol. 55, 236vb.

63vb–67vb Sermones de sancto Iohanne evangelista
Mulier ecce filius ... (Io 19,26) *Preciosa virgo duos filios habuit* ... *Et ponitur in libro qui intitulatur Flores modernorum. Huius igitur meritis et operacionibus perducamur etc. Amen.* – (66ra) *Veniat dilectus meus* ... (Ct 5,1) *Surge aquilo* ... (Ct 4,16) *Verbum ultimo propositum pro gracia impetranda* ... – ... *sed sunt ibi mala punica propter sanitatem et confortacionem. Amen.*

67vb–68vb Johannes Ricardi: Sermo de sancto Iohanne apostolo
Schneyer 3, S. 676, Nr. 1.

68vb–85ra Franciscus de Maironis: Sermones de tempore et de sanctis
Schneyer 2, S. 77, Nr. 162; Roth, Franz von Mayronis, S. 251, 270. – (77va) Schneyer 2, S. 73, Nr. 109. – (79va) Schneyer 2, S. 73, Nr. 110; Roth, Franz von Mayronis, S. 252, 269. – (82ra) Schneyer 2, S. 73, Nr. 112. – (84ra) *Nupcie facte sunt* ... (Io 2,1) *In quo verbo sacramentum matrimonii dicitur commendari* ... – ... *Octavo ne Iudei Christum tamquam illegittimum* (sic) *iuste prosequi viderentur etc.* – Roth, Franz von Mayronis, S. 260, 265.

85ra–86vb Sermo in dominica secunda Epiphaniae
Dicit mater Iesu ... (Io 2,3) *Secundum quod dicit Ieronimus in sermone de assumpcione virginis: Si diligenter attendamus* ... – ... (86va) *novit eligere que*

tibi sunt meliora. Ad illam nos (86vb) *perducat Iesus Christus. Amen.* – Gleiches Incipit in Mainz StB, Hs I 121, 191^{r}.

86vb–88rb Franciscus de Maironis: Sermo in dominica Septuaginta
Homo cum in honore ... (Ps 48,21) *Quia est dominica Septuaginta ideo dimittitur Alleluia ... – ... primus homo de terra terrenus est, secundus de celo celestis. Ad quam gloriam celestem nos perducat etc. Amen.* – Gleicher Sermo in Lüneburg RB, Theol.lat.fol.55, 206va. Roth, Franz von Mayronis, S. 265; Schneyer 4, S. 584, Nr. 26 (Petrus Aureoli).

88va–92va Sermones in Quinquagesima
Ecce ascendimus ... (Lc 18,31) *Verba sunt Luce passionem salvatoris nostri discipulis intimantis ...* (89vb) *Penitenciam agite ...* (Mt 4,17) *Scribitur verbum istud, quia vero secundum verba beati Dyonisii (Di no 3): Sicut iste magnus sol ... – ... ad montem, ubi videmus Deum facie ad faciem secundum promissionem apostoli I ad Chorinthios 13. Ad quam nos perducat ... Amen.* – Assisi Bibl.com., cod. 558, f. 144^{r} (Bibliotheca conventus, Nr. 1967m, S. 549).

92vb–95vb Collectio de remediis peccatorum
Cum ergo pauci sunt qui aliquando non incidant in aliquod istorum ideo sicut expedit ista cognoscere ... – ... opusculum non nimis obscurum nec nimis prolixum compilare decernit.

95vb-99va Sermones quadragesimales
Ductus est Iesus ... (Mt 4,1) *Dic introitum ut habes in alio sermone de themate assumpto. In quibus verbis beatus Iohannes ewangelista describit Christum ut regimen perfeccionis ...* (98vb) *Faciamus hic tria tabernacula ...* (Mt 17,4) *Apostolus Petrus futurus pastor ecclesie in montem novi luminis ... – ... venite ergo, ascendamus ad montem et ad domum Dei Jacob.*

99va–103rb Franciscus de Maironis: Sermo in Quadragesima
Penitenciam agite ... (Mt 4,17) *Quia beatus Iohannes convocans populum ad baptismum ... – ... iteratam ad primam revocacionem inpossibilem, apostolus ad Hebreos VII°.* – Roth, Franz von Mayronis, S. 265. Assisi Bibl.com., cod. 500, f. 104^{v} (Bibliotheca conventus, S. 332, Anm. 163: *Tractatus de penitentia*).

103rb–106rb Sermones quadragesimales
Que nunc est Ierusalem ... (Gal 4,25) *Quia sancta mater ecclesia in precedentibus dominicis congaudet reformacioni ipsius ...* (105rb) *Sequebatur eum*

multitudo ... (Io 6,2) *Scribit verbum istud, ubi primo ostenditur Christus ut imitabilis* ... – ... *nemo potest intrare paradisum donec ista 7 mala ab omnibus per sacramentum penitencie consumentur. Quam penitenciam nobis concedat Iesus* ... *Amen.* (gleicher Sermo 232ra).

106rb–108rb FRANCISCUS DE MAIRONIS: SERMONES IN DOMINICA DE PASSIONE ET IN DOMINICA DE PALMIS
Sanguis Christi ... (Hbr 9,14) *Scribitur verbum istud, quia vero dominica de passione* ... – ... *regnant cum Deo et agnus Dei cum illis. Ad quod nos perducat* ... *Amen.* – Gleicher Sermo in Lüneburg RB, Theol.lat.fol. 55, 218ra. ROTH, Franz von Mayronis, S. 261, 265. – (107rb) *Osanna filio David* ... (Mt 21,9) *Quia illi qui in veteri testamento Christum preibant* ... – ... *quibus virtutibus et meritis nos introducat, qui in perpetuum vivit et regnat. Amen.* – Gleicher Sermo in Lüneburg RB, Theol.lat.fol. 55, 224ra. SCHNEYER 4, S. 584, Nr. 15 (Petrus Aureoli).

108rb–116vb SERMONES DUO IN DOMINICA DE PALMIS ET SERMO IN ANNUNTIATIONE BMV
Cum appropinquasset ... (Mt 21,1) *Sancta mater ecclesia hodie facit commemoracionem de duabus processionibus* ... (109vb) *Plurima turba* ... (Mt 21,8) *Cum honor sit premium virtutis* ... SCHNEYER 9, S. 390, Nr. 45 (Prag Metrop.-Kap., F. 2). – (111va) *Quasi flos egreditur* ... (Iob 14,2) *Ecclesiastici XI* (Sir 11,3) *scribitur: Brevis in volatilibus apis et inicium dulcoris habet* ... – ... *in loco honesto reconditus per eius tumulacionem in sepulchro.*

116vb–118va SERMONES IN PARASCEUE
Expedit vobis ... (Io 11,50) *Quia adversariorum testimonia sunt locupletoria* ... *fuit expulsus, quia iniuste potens voluit Christum possidere.* – Gleicher Sermo in Lüneburg RB, Theol.fol. 55, 221ra. – (118rb) *Multi sunt gemitus* ... (Lam 1,22) *Si consideremus condicionem domini Dei nostri* ... – ... *ergo suis compaciendo doloribus gementes et flentes humiliter eam salutemus.*

118va–122ra FRANCISCUS DE MAIRONIS: SERMO IN PARASCEUE
Multi sunt gemitus ... (Lam 1,22) *Videmus corporaliter aliquando, quod quando aliquis nobilis vel princeps* ... – ... *Filius tuus vivit et ipse dominatur in tota terra Egipti.* – ROTH, Franz von Mayronis, S. 265.

122ra–125ra SERMONES IN PARASCEUE
Exivit ergo Iesus ... (Io 19,5) *Exempla vera solent sequi scriptores et mundosa specula* ... (123ra) *Hodie fecit dominus* ... (I Sm 11,13) *Dicitur convenienter*

quod bonum negocium in fine discernitur ... – ... Ad quam vitam eternam ipse Dei filius nos perducat ... Amen.

125ra–135va Franciscus de Maironis: Sermones in sabbato sancto et in resurrectione domini
Domine probasti ... (Ps 138,1) *Quia fruitur misterium dominice passionis fuitque quoddam preambulum ...* Gleicher Sermo in München UB, 2°cod.ms.137, 80va. Roth, Franz von Mayronis, S. 262, 265, 268, 274. – (131vb) *Ad predam fili ...* (Gn 49,9) *Gen ultimo scribitur verbum istud. Quod quidem verbum est prophicia clara, quam patriarcha Jacob ... – ... cuius iocunditatis nos participes efficiat crucifixus, qui cum patre ... Amen.* – Gleicher Sermo in Frankfurt StUB, Ms. Praed. 93, 112ra; Roth, Franz von Mayronis, S. 262.

135va–137va Sermo in resurrectione domini
Reversa est anima ... (III Reg 17,22) *Videmus naturaliter quod anima recedente de corpore corpus arescit ... – ... intueri eius dulcedine sine fastidio saciari. Ad quam nos ... Amen.*

137va–138ra Franciscus de Maironis: Sermo in dominica resurrectionis
Hec est dies ... (Ps 117,24) *Quia in die mandavit Deus ...* (Ps 41,9) *Idcirco misterium dominice resurrectionis ... – ... omnes istas questiones et plurima alia require supra in sermone: Domine probasti me* (s. 125ra). – Gleicher Sermo in Frankfurt StUB, Ms. Praed. 93, 104vb. Roth, Franz von Mayronis, S. 262, 265.

138ra–139ra Petrus Aureoli: Sermo in dominica resurrectionis
Schneyer 4, S. 591, Nr. 115.

139ra–141ra Franciscus de Maironis (?): Sermo in tempore paschali
Tu solus peregrinus ... (Lc 24,18) *Quia karissimi Christus postridie suam resurrectionem discipulis euntibus ... – ... Cuius visionem nos per sue crucis misterium largiatur Iesus Christus. Amen.* – Roth, Franz von Mayronis, S. 266; Schneyer 4, S. 585, Nr. 31 (Petrus Aureoli).

141ra–146rb Sermones in tempore paschali
Videte manus meas ... (Lc 24,39) *Iudei signa petunt, Greci sapienciam querunt ...* (144vb) *Hec est victoria ...* (I Io 5,4) *Quia secundum doctrinam beati Dionisii de di*[vinis] *no*[minibus] *3 in principio divinorum eloquiorum ...*

SCHNEYER 9, S. 511, Nr. 18 (Siena, Bibl.com.F.IX.22). – (145rb) *Christus passus est ...* (I Pt 2,21) *Carissimi nos videmus quod qualitates sensibiles ... – ... non ambulat in tenebris, sed habebit lumen vite.*

146rb–155ra THOMAS PALMERANUS: LIBER DE TRIBUS PUNCTIS CHRISTIANAE RELIGIONIS
Relligio (sic) *munda ...* (Iac 1,27) *Dicens volens religionem aliquam intrare ... – ... opusculum non nimis obscurum nec nimis prolixum compilare decrevit.* – HAIN 13854. BLOOMFIELD, Nr. 5134; andere Hss.: Lüneburg RB, Theol. lat.qu. 61, f. 222^v^; Theol.lat.fol. 77, f. 94^v^.

155ra–159rb FRANCISCUS DE MAIRONIS: SERMONES IN ASCENSIONE DOMINI
Ascendam super altitudinem ... (Is 14,14) *In sensibili mundi machina est invenire quadruplicem motum ...* Vier verschiedene Belege: SCHNEYER 4, S. 594, Nr. 154 (Petrus Aureoli); SCHNEYER 2, S. 55, Nr. 3 (Magister Franciscus); SCHNEYER 3, S. 588, Nr. 123 (Johannes Militius); ROTH, Franz von Mayronis, S. 268. – (158ra) *Exultavit ut gigas ...* (Ps 18,6) *Quia sunt duo inter Christi misteria ... – ... fecit quatuor mirabiles operaciones. Require totum illud et plus in sermone hic superius facto. De isto festo sequitur.* – ROTH, Franz von Mayronis, S. 266; DISTELBRINK, S. 71, Anm. 1, Nr. 1.

159rb–162vb SERMO IN ASCENSIONE DOMINI
Ascendit super omnes ... (Eph 4,10) *secundum quod habetur et sacra scriptura, Deus in principio mundi fecit tria loca ... – ... ad duodecimum scilicet ad celum divinitatis etc. Ad quod nos.*

162vb–165vb FRANCISCUS DE MAIRONIS: SERMO IN PENTECOSTE
Spiritus domini ferebatur ... (Gn 1,2) *Quia vero secundum doctrinam beati Augustini De trinitate due sunt processiones ... – ... Solus spiritus sanctus ita sufficit ad beatitudinem nostram in prima sicut pater et filius. Ad quam beatitudinem etc. Amen.* – ROTH, Franz von Mayronis, S.276; SCHNEYER 4, S. 585, Nr. 34 (Petrus Aureoli).

165vb–170va SERMONES IN PENTECOSTE
[F]*luvius igneus ...* (Dn 7,10) *Scitis karissimi quod civitas bene sita requirit vinum ...* (168ra) SCHNEYER 8, S. 815, Nr. 52 (Neapel Bibl.Naz., VIII.Aa 17) – (169rb) *Et quia bonus homo ...* (Mt 12,35) *ideo sequitur tamquam ignis, in quo caritas cordis fervida designatur ... – ... et caritate fervidi ad celestia suspirantes. Quo nos perducat ... Amen.*

170va–201ra FRANCISCUS DE MAIRONIS: EXPOSITIO IN 'FIRMITER CREDIMUS'
Fidelis sermo ... (I Tim 1,15) *Scribitur verbum istud, quia titulus, cui tam firmiter credimus* ... – ... *ecclesie militantis, que tipum tenet triumphantis ecclesie, cuius nos concives efficiat, qui cum patre* ... *Amen.* – ROTH, Franz von Mayronis, S. 72, 74–83.

201ra–209ra HENRICUS DE FRIMARIA: TRACTATUS DE CORPORE CHRISTI
ZUMKELLER, Nr. 298; SCHNEYER 3, S. 130, Nr. 927 (Jacobus de Losanna) u. SCHNEYER 4, S. 584, Nr. 23 (Petrus Aureoli).

209ra–210va FRANCISCUS DE MAIRONIS: SERMO DE CORPORE CHRISTI
Homo quidam fecit cenam ... (Lc 14,16) *Cum secundum evangelistas eucaristia fuit in cena instituta* ... – ... *ad cenam nupciarum agni perducat ipse Dei filius, qui est benedictus* ... *Amen.* – ROTH, Franz von Mayronis, S. 266.

210va–213ra PETRUS AUREOLI: SERMO DE CORPORE CHRISTI
SCHNEYER 4, S. 585, Nr. 38.

213ra–215va FRANCISCUS DE MAIRONIS: SERMO DE SACERDOTE NOVO
SCHNEYER 2, S. 79, Nr. 181.

215va–217va SERMONES DE SACERDOTE NOVO ET IN DOMINICA TERTIA POST PENTECOSTEN
Suscitabo mihi sacerdotem ... (I Sm 2,35) *Quia vero de Samuele de sacerdote novo mox litteraliter intelligitur* ... (216vb) *Humiliamini sub potenti* ... (I Pt 5,6) *In evangelio dominicali premittatur antecedens universale, ex quo sequitur* ... – ... *sed talis amor optime conservatur in humilibus sicut ignis in cineribus.*

217va–219va FRANCISCUS DE MAIRONIS: DUODECIM ARTICULI DE MISERICORDIA DEI
Miserior (sic) *super turbam* ... (Mc 8,2) *Quia secundum doctrinam beati Dionisii De di*[vinis] *no*[minibus]*: Sicut sol circumquaque emittit radios suos ad omnia* ... – ... *Si ergo misericordes non dampnantur, possident patriam celestem, ad quam nos perducat.* – ROTH, Franz von Mayronis, S. 266; SCHNEYER 4, S. 594, Nr. 149 (Petrus Aureoli).

219va–221va FRANCISCUS DE MAIRONIS: DECEM ARTICULI DE VOLUNTATE DEI
Qui facit voluntatem ... (Mt 7,21) *Sicut in natura post* (r. partus) *difficultas procedit* (r. precedit) *prolis iocunditatem* ... – ... *Ideo dicit Iohannes quod*

mandata eius non sunt gravia. – Derselbe Text in Frankfurt StUB, Ms. Praed. 93, 141ra. ROTH, Franz von Mayronis, S. 266.

221va–224vb SERMONES IN DOMINICAS VIII ET XV POST PENTECOSTEN
Accepistis spiritum ... (Rm 8,15) *Aliter accipiuntur cibi communes aliter spirituales* ... (223ra) *Considerate lilia* ... (Mt 6,28) *Quam satis racionabile est et utile* ... – ... *ad cuius consorcium precibus et meritis nos perducat ... Amen.*

224vb–228va FRANCISCUS DE MAIRONIS (?): SERMO IN DOMINICA XXIV POST PENTECOSTEN
Cum videritis abhominacionem ... (Mt 24,15) *Christus volens ostendere finem mundi* ... – ... *si homo Dei sum, descendat ignis de celo etc. Et sequitur Et factum est ita.* – DISTELBRINK, S. 71, Anm.1, Nr. 5; SCHNEYER 1, S. 783, Nr. 446 (Conradus Holtnicker); derselbe Text in Frankfurt StUB, Ms. Leonh. 12, 45^v^. – 228va–vb^ Erstes Stück des folgenden Sermo, abgebrochen.

229ra–232ra FRANCISCUS DE MAIRONIS: SERMO DE HUMILITATE
SCHNEYER 2, S. 79, Nr. 183; MOHAN, S. 113; ROTH, Franz von Mayronis, S. 233, 254, 265.

232ra–233ra SERMO DE IMITATIONE CHRISTI wie 105rb

233ra–234vb FRANCISCUS DE MAIRONIS: SERMO DE SANCTO ANDREA
SCHNEYER 2, S. 77, Nr. 155.

234vb–239ra SERMONES DE SANCTO ANDREA
Unus ex duobus ... (Io 1,40) *Johanne primo scribitur verbum istud, sed diccionibus transpositis* ... (236ra) *Vir fidelis multum* ... (Prov 18,9) *Antiqui probati milites ut animentur ad victoriam* ... (237va) *Ascendam in palmam* ... (Ct 7,8) *Arbor silvestris transplantata in terram bonam* ... – ... *se eternam coronam inponi, quam nobis ... Amen.*

239ra–242rb CLEMENS PAPA, VI.: SERMO IN NATIVITATE SANCTI ANDREAE
SCHNEYER 4, S. 765, Nr. 71; SCHMITZ, Clément VI, S. 29, Nr. 60.

242rb–244ra SERMO IN NATIVITATE SANCTI NICOLAI
Cum adhuc esset ... (II Par 34,3) *Secundum philosophum primo ethicorum et secundo phisicorum, sicut principia in speculabilibus sic finis in practicis* ... – ... *sine fine quiescamus in pascuis uberrimis in requie opulenta. Ad quam requiem nos ... Amen.*

244ra–248ra Clemens Papa, VI.: Sermo in nativitate sancti Nicolai
Schneyer 4, S. 767, Nr. 88; Schmitz, Clément VI, S. 32, Nr. 75.

248ra–251rb Franciscus de Maironis: Sermo in conceptione BMV
Schneyer 2, S. 77, Nr. 159.

251rb-259vb Sermo in conceptione BMV
Iesus inclinans se … (Io 8,6) *Verba proposita allegorice intellecta convenienter possunt exponi de misterio incarnacionis* … – … *ut pro te omnes penas non solum fortiter, sed eciam gaudenter sustineam. Quod nobis prestare* … *Amen.*

259vb–262ra Franciscus de Maironis: Sermo de sancta Agnete
Schneyer 2, S. 73, Nr. 114.

262ra–266ra Sermones de diversis sanctis
Qui habet sponsam … (Io 3,29) *Carissimi sicut scitis dictante natura et teste scriptura* … (263va) *Virgo cogitat* … (I Cor 7,34) *Agnes beatissima advertens ad vite contemplative excellenciam* … (264ra) *Surge ingredere civitatem* … (Act 9,7) *Bohetius de Consolacione*: *Rep*[e]*tunt proprios etc* … (264va) *In solem diemque conversus* … (Est 10,6) *Quia de conversione preclara beati Pauli, per quam universalis ecclesia fuit singulariter illustrata* … – … *In quibus ostenditur vita eius donec pervenitur ad duodecimum. In quo cum Christo* … *Amen.*

266ra–271vb Franciscus de Maironis: Sermo in commemoratione sancti Pauli
Schneyer 2, S. 74, Nr. 127.

271vb–275vb Sermo in purificatione BMV
Impleti sunt dies … (Lc 2,22) *Quia misterium purificacionis fuit sacramentum quoddam in lege Moysi* … – … *Auferam cor lapideum de carne vestra et dabo vobis cor carneum etc* (Ez 11,19). *Rogemus ergo dominum.*

275vb–280va Petrus Aureoli: Sermones in purificatione BMV
Schneyer 4, S. 592, Nr. 129; S. 589, Nr. 91.

280va–283ra Sermo in purificatione BMV
Impleti sunt dies … (Lc 2,22) *Videmus sensibiliter, quod dies illi, in quibus iste illustres domine et maxime regine* … – … *non recedat a corde, ad ipsam enim confugiendo omne periculum declinatur. Quod nobis concedat* … *Amen.*

283ra–286ra Petrus Aureoli: Sermo in purificatione BMV
Schneyer 4, S. 588, Nr. 72.

286ra–288vb Sermo in nativitate Thomae apostoli wie 8vb

288vb–295vb Franciscus de Maironis: Sermo de cathedra sancti Petri
Schneyer 2, S. 75, Nr. 131.

295vb–296vb Sermo de statu et dignitate clericorum
Eligite meliorem … (IV Rg 10,3) *Totius familie domini status et ordo … – … virum sic probatum ut superius expressum est concedat isti colleccio.*

296vb–301rb Clemens Papa, VI.: Sermo in nativitate sancti Dominici
Schneyer 4, S. 758, Nr. 10; Schmitz, Clément VI, S. 20, Nr 8.

301rb–303rb Franciscus de Maironis: Sermo in annuntiatione BMV
Schneyer 2, S. 74, Nr. 121.

303rb–305ra Sermo in annuntiatione BMV
Osculetur me … (Ct 1,1) *In nupciis magnatorum seu notabilium personarum solent ioculaciones mundani … – … osculata est summitatem virge eius. Septimum donum est donum fortitudinis etc.* (gleicher Sermo 40rb mit geringen Abweichungen).

305ra–308vb Franciscus de Maironis: Sermo in annuntiatione BMV
Schneyer 2, S. 74, Nr. 120.

308vb–317rb Sermones in annuntiatione BMV
Quamquam descenderet … (Nm 11,9) *Sicut lux meridiana …* (Is 18,4) *Dilectissimi dies messis dies est sancte predicacionis …* (312rb) *Ave gracia plena …* (Lc 1,28) *In quo verbo tangitur promissio angelica …* (314ra) *Tu autem vade …* (Lc 9,60) *Verbum propositum, si pro themate pertractetur, potest esse verbum Dei …* (314vb) *Angelus domini apparuit …* (Mt 2,13) *Verba ista possunt nobis servire et pro sermonis ingressu … – … portabit signa passionis in iudicio crucem et alia et dimicabit contra Antichristum in iudicio secundum Danielem.*

317rb–319vb Franciscus de Maironis: Sermo de translatione sancti Francisci
Tu signaculum … (Ez 28,12) *Sicut primus angelus per superbiam a celsitudinis sue arche cecidit … – … quas habuit secundum novem ordines lapidum predictorum. Ad quorum felicitatem nos perducat etc.* – Assisi Bibl.com., cod. 490, 99^{rv} u. cod. 565, 22^{r}.

319vb–326va Sermones de sancto Iohanne baptista
Iohannes est nomen ... (Lc 1,63) *In isto oraculo celitus revelato, humanitus conscripto, beato Johanni Baptiste sanctitas commendatur* ... (321va) *Quis est homo* ... (Iob 15,14) *Secundum Ambrosio* (sic) *super Lucam de eo sive sancto Johanne. Nichil legimus nisi* ... – ... *et restituere omnia spoliato inferno et restituto sanctis patribus paradiso. Ad quem nos perducat. Amen.*

326va–328vb Franciscus de Maironis: Sermo de sancto Iohanne baptista
Inter natos mulierum ... (Mt 11,11) *Quia inter cetera laudis preconia, quibus salvator noster extulit* ... – ... *ad beatum Iohannem benedicat ille, cuius precursor ipse fuit. Amen.* – Assisi Bibl.com., cod. 586, 171^{r}.

328vb–332rb Sermo de sancto Iohanne baptista
Ecce ego mitto ... (Mt 11,10) *In quolibet predicatore evangelico tria requiruntur, que in verbis premissis* ... – ... *viam domini preparare, ut possumus cum ipso in celesti patria conregnare. Quod nobis* ... *Amen.*

332rb–333va Franciscus de Maironis: Sermo de Sanctis Petro et Paulo
Schneyer 2, S. 74, Nr. 126.

333va–337va Sermones de sancta Maria Magdalena
Rogabat Ihesum ... (Lc 7,36) *In isto autem processu remonet evangelista ab ista sancta muliere quatuor impedita* ... (334vb) *Fides tua te salvam* ... (Mt 9,22) *Ubi duo insignia denotantur secundum filii meritum* ... (335vb) *Percussit petra*[m] ... (Ps 77,20) *Breviter videmus, quod quando arbor securi percutitur* ... – ... *Unde subditur et in se habuit oblectamenta tot in se invenit holocausta.* – Vgl. Schneyer 9, S. 389, Nr. 19 (Prag, Metrop.Kap., F. 2).

337vb–347ra Franciscus de Maironis: Sermones de sancta Maria Magdalena
Schneyer 2, S. 75, Nr. 130, 129.

347ra–351rb Sermo de sancto Jacobo
Homo sanctus ... (Sir 27,12) *Quia Jacobus secundum doctrinam beati Ieronimi interpretatur supplantans* ... – ... *Non erit luctus neque clamor sed requies perpetua. Quam nobis crucifixus tribuat, qui eam suo sanguine conquisivit. Amen.*

351rb–352rb Franciscus de Maironis: Sermo de sancta Clara
Schneyer 2, S. 78, Nr. 170.

352rb–354rb SERMO DE SANCTA CLARA
Ego feci in celis ... (Sir 24,6) *Sicut in prima mundi creatione etc. In quibus ad laudem beate Clare ... – ... eripuisti animam meam de morte etc. Usque undecimum. Ad quod lumen nos perducat ... Amen.*

354rb–356vb FRANCISCUS DE MAIRONIS: SERMO DE ASSUMPTIONE BMV
SCHNEYER 2, S. 75, Nr. 133; SCHNEYER 3, S. 132, Nr. 950 (Jacobus de Losanna).

356vb–359rb PETRUS AUREOLI: SERMO DE ASSUMPTIONE BMV
SCHNEYER 4, S. 592, Nr. 133.

359rb–361ra FRANCISCUS DE MAIRONIS: SERMO DE ASSUMPTIONE BMV
SCHNEYER 2, S. 75, Nr. 132.

361ra–368rb SERMONES DE ASSUMPTIONE BMV
Mulier amicta ... (Apc 12,1) *Ubi beatus Johannes volens describere virginis benedictionem ...* (Jacobus de Voragine?, vgl. Paris BN, lat. 3286, f. 211^{v}). – (363ra) *Puella non est mortua ...* (Lc 8,52) *et dicit ad litteram de quadam puella, quam salvator resuscitavit ...* (365vb) *Erat Rebecca puella ...* (Gn 24,61) *Figuratur: Per Rebeccam intelligimus Mariam virginem ...* (366rb) *Maria optimam ...* (Lc 10,42) *Sicut auctoritas theologica et racio philosophica docent universa hominis bonitas ... – ... et misericordiam pro nobis peccatoribus inplorando. Quod nobis concedat etc. Amen.*

368rb–371ra FRANCISCUS DE MAIRONIS (?): SERMO DE ASSUMPTIONE BMV
Maria optimam ... (Lc 10,42) *Hic describitur vita contemplativa, ad quam virgo gloriosa hodierna assumpta ... – ... in corpore et in anima nec apud suum filium pro nobis etc. Amen.* – Assisi Bibl.com., cod. 513, 145^{r}. SCHNEYER 4, S. 587, Nr. 56 (Petrus Aureoli).

371ra–373ra PETRUS AUREOLI: SERMO DE ASSUMPTIONE BMV
SCHNEYER 4, S. 592, Nr. 130.

373ra–374va SERMO DE ASSUMPTIONE BMV
Videamus si floruit ... (Ct 7,14) *Ad hoc quod vinea fructificet naturaliter oportet, quod humorem primo attrahat ... – ... et benedictus fructus ventris tui. Amen.*

374va–377ra PETRUS AUREOLI: SERMO DE ASSUMPTIONE BMV
SCHNEYER 4, S. 592, Nr. 133.

377ra–382va FRANCISCUS DE MAIRONIS: SERMONES DE LUDOVICO REGE ET DE SANCTO AMBROSIO
SCHNEYER 2, S. 78, Nr. 171; S. 77, Nr. 156.

382va–384rb SERMO IN NATIVITATE BMV
Egredietur virga ... (Is 11,1) *Et vigore radicis arboris oritur sapor, fructus et pulchritudo* ... – ... *quod nobis det gustare et sentire eternaliter Iesus Christus. Amen.* – SCHNEYER 9, S. 390, Nr. 47 (Prag, Metrop.Kap., F. 2).

384rb–385va FRANCISCUS DE MAIRONIS: SERMO IN NATIVITATE BMV
SCHNEYER 2, S. 75, Nr. 139.

385va–388rb SERMONES IN NATIVITATE BMV
SCHNEYER 9, S. 388, Nr. 1 (Prag, Metrop.Kap., F. 2); (386rb) *Liber generacionis* ... (Mt 1,1) *Beatus Ieronimus in sermone de veritate beate virginis* ... – ... *coram patre meo et coram angelis eius. Hanc victoriam nobis p*[a]*rare dignetur, qui cum patre etc.*

388rb–390ra PETRUS AUREOLI: SERMO IN NATIVITATE BMV
SCHNEYER 4, S. 592, Nr. 132.

390rb–392rb SERMO IN NATIVITATE BMV
Quasi arcus refulgens .... (Sir 50,8) *Nativitatem beate virginis Marie visus sapiens contemplari* ... – ... *ad pietatis scillicidia* (sic), *quibus virgo inclinatur convenienter dicat: Ibunt emissiones* (Sap 5,22). *Rogemus etc.*

392rb–396va SERMONES IN EXALTATIONE CRUCIS
Exaltabo lignum (r. signum) ... (Is 49,22) *Antequam hostis ponitur in crucis curru debellaretur* ... (394ra) *Exaltavi lignum* ... (Ez 17,24) *Ligva* (sic) *placabilis* ... (Prv 15,4) *In verbo secundo proposito ostenditur beata virgo mater verbi* ... – ... *pauperum consolacio, arbor resurreccionis, lignum vite eterne. Rogemus. Amen.*

396va-398va FRANCISCUS DE MAIRONIS (?): SERMO DE SANCTO FRANCISCO
SCHNEYER 2, S. 76, Nr. 144; sehr ähnlich auch SCHNEYER 4, S. 587, Nr. 59 (Petrus Aureoli).

398va–403ra SERMONES DE SANCTO FRANCISCO
SCHNEYER 6, S. 228, Nr. 16 (Wien ÖNB, 1433); – (401rb) *Testimonium Christi confirmatum* ... (I Cor 1,6) *Ista verba sunt apostoli directa ad Corinthios, que*

possunt dirigi ad nos ... – ... Franciscus quantum ad eminenciam conversacionis sicut sanctitatis eminentissimus emulator cum dicitur Christi etc. Amen.

403ra–405rb Franciscus de Maironis: Sermo de sancto Luca
Schneyer 2, S. 76, Nr. 145.

405rb–412vb Sermones in festo omnium sanctorum
Flores mei fructus ... (Sir 24,23) *Sicut dicitur Prv 10: Filius sapiens letificat patrem, filius autem stultus mesticia est matris sue ...* (406vb) Schneyer 7, S. 20, Nr. 71 (Assisi Bibl.com., cod. 542); – (409va) *Videns Iesus turbas ...* (Mt 5,1) *Ad hoc quod officium predicatoris utilior fiat ... – ... et in patria in terra vivencium implet per eternam gloriam. Ad quam nos ... Amen.*

412vb–417va Petrus Aureoli: Sermo de omnibus sanctis
Schneyer 4, S. 594, Nr. 148.

417va–421vb Sermones de sancto Martino
Vir si nudum ... (Ez 18,16–17) *Hic ostenditur quanti meriti fuerunt aput Deum, qui fecerunt opera pietatis ...* (419ra) *Separatus est Aaron ...* (I Par 23,13) *Quatuor status carissimi videntur esse in toto mundo ... – ... huius glorie participes nos faciat Iesus Christus, filius virginis illibate Marie. Qui cum patre ... Amen.*

422^{ra-va} Registrum ad sermones de diversis
Item de humilitate. Discite a me I ... – ... Item separatus est Aaron ut LXXXIII. – 422vb–424vb leer.

Ms 532

Franciscus de Marchia

Pergament 226 Bll. 29,5×20 14. Jh. Mitte

(I–1)^{1} + 11 VI^{133} + IV^{141} + 7 VI^{225} + (I–1)^{226}; Reklamanten; Foliierung modern; Blattweiser am Beginn von Liber II. Schriftraum 21–21,5×14; zweispaltig; 56 Zeilen.

Gotische Minuskel, eine Hand; Rubriken; auf den Rändern Textergänzungen vom Schreiber selbst und verschiedenen Händen des 14. Jh., dazu meist kurze Randbemerkungen und Gliederungsvermerke. Abwechselnd rote und blaue 3-zeilige Lombarden mit Fleuronné-Füllung und Ausläufern in der jeweiligen Gegenfarbe. 2ra 6-zeilige Initiale *U*, rot-blau ornamental gespalten, mit roten Spiralranken und Knospen gefüllt, äußerer Fleuronné-Besatz rote und blaue Knospen und Fadenausläufer; 142ra ähnlich gestaltete Initiale *C*. Bis 141rb auf dem Kopfsteg verso jeweils *L I*, recto die Distinctionenzählung, ab 142ra nur noch *L II*, in abwechselnd roten und blauen Zeichen. 226^{v} unten Bleistiftzeichnung: *k* unter einer in Untersicht gegebenen Krone mit fünf hohen Zacken in Palmettenform, nicht vor dem 16.Jh.

Spätmittelalterlicher Schweinsledereinband mit Streicheisenlinien; Buckel entfernt, Reste einer Langschließe; Spuren der Kettenbefestigung im Rückdeckel oben.

Auf dem Vorderdeckel oben in Textualis des 15.Jh.: *Francisci* [...]; darunter Titelschild, Papier, Kursive 16./17.Jh.: *Francisci de Marchia · 9*; auf dem Rücken oben Signatur: *659*. FELLER, S. 184, Nr. 25.

1ra–1rb COMMENTARIUS IN PRAEDICAMENTA ARISTOTELIS: DE SECTIONE SCIENTIARUM (Fragment)
[S]*icut dicit philosophus 3° de anima: Secantur sciencie quemadmodum et res de quibus sunt. Secundum ergo* [...] *rerum scibilium est sectio ... – ... Hoc nomine ens dicitur de primis intellectibus.* – 1^{v} leer.

2ra–225vb FRANCISCUS DE MARCHIA: COMMENTARIUS IN PRIMUM ET SECUNDUM SENTENTIARUM
Utrum ens simpliciter simplex possit esse subiectum alicuius sciencie in intellectu viatoris ... (141rb) *sed electi ultra habuerunt, quod venirent per coexistenciam ad operandum bonum* (abweichender Schluß von Liber I). – (141rb–141vb) Register der Quaestionen in Liber I. – (142ra) *Circa principium secundi libri. Quero primo utrum creacio sit demonstrabilis de Deo ... – ... ut coagat sibi effective ad suum actum.* ›*Explicit secundus sentenciarum magistri Francisci de Marchia ordinis fratrum minorum. Finitus Parisius. Anno domini M°CCC°XXIX. In vigilia Philippi et Jacobi apostolorum.*‹ – Vier kleine Textlücken: 102rb (L. I, Dist. 22); 105va (L.I, Dist. 23, Qu. 1); 107ra (L. I, Dist. 23, Qu. 2); 147ra (L.II, Qu.1). – 226ra–226rb Register der Quaestionen in Liber II, von anderer Hand des 14.Jh. – STEGMÜLLER RB 1, Nr. 237, Hs. genannt; MOHAN, S. 456. – 226^{v} leer.

Ms 533

Franciscus de Maironis. Guilelmus Alaunovicanus. Jacobus de Asculo

Pergament 123 Bll. 34×23,5–24 14.Jh. 1. Hälfte

5 VI^{60} + $(IV-1)^{67}$ + 3 VI^{103} + $(IV-3)^{108}$ + IV^{116} + $(IV-1)^{123}$; Reklamanten; Foliierung modern; Blattweiser. Schriftraum 24–26×17–19; zweispaltig; 62–72 Zeilen.

Textualis, 2 Schreiber, a: 1ra–103vb, b: 109ra–122ra; gotische Minuskel: 104ra–107vb. Rubriken; Randnotizen und Gliederungsvermerke teils von den Schreibern selbst, teils von anderen Händen des 14.Jh. Erst ab 109ra 2-zeilige rote Lombarden, davor Initialen nicht ausgeführt.

Spätmittelalterlicher Schafsledereinband; Buckel und Beschläge von beiden Deckeln entfernt, ebenso beide Langschließen bis auf einen kleinen Rest; Kantenbeschläge des Vorderdeckels erhalten; Spuren einer Zweitverwendung. Spiegel im Rückdeckel: erhebliche Teile zweier Doppelblätter der gleichen Biblia Pauperum wie in Ms 528 (s.d.) und 530; Spiegel im Vorderdeckel Pergamentblatt, 34×24, in Kursive des 14.Jh. zwei Zeilen: *y eius utilitatem per terminum completivum · z modum processivum in petro ambulante*; Rückseite zweispaltig in Textualis beschrieben, nicht lesbar.

Auf dem Rückdeckel spiegelbildlicher Abdruck eines Titelschilds, 14./15.Jh., Quadrangelschrift: *Franciscus Mar*[o]*nis super prim*[um]; darüber Reste eines Titelschilds, 15.Jh., Textualis: *F*[ranciscus de Maronis su]*per p*[rimum sententiarum] · *T d*[....]*mpti*. Titelschild des 16.Jh., Papier, auf dem Vorderdeckel: *8 · FRAN · 8 · Gg*.; dazu in Kursive des 18./19.Jh.: *Franciscus Maironis*. Auf dem Rücken Signatur: *655*. Feller, S. 182f., Nr. 21.

1ra–66va Franciscus de Maironis: Conflatus

›*Franciscus minorum*‹ [U]*trum cum summa simplicitate subiecti theologie possit stare aliqua non ydemptitas* (Qu. 1 des Prologs) ... (8vb, Explicit, Qu. 9 des Prologs) *pro omni sciencia, que de se non est executiva*. Es folgen die Quaestionen zu den 48 Distinctiones, aber nicht in der bei Roth (s.u.) angegebenen Reihenfolge: [C]*irca primam distinctionem quero 4 questiones. Prima est utrum frui et uti sint actus realiter differentes* ... (66ra, Qu. ultima der letzten Distinctio) [Q]*uarto queritur utrum universalia habeant esse in anima vel in rerum natura* ... – ... *alioquin omnis probacio est ad placitum prologus*. In kalligraphischer Textualis: *Explicit expliceat bibere scriptor eat*. –

HAIN 10534/5. ROTH, Franz von Mayronis, S. 112–114, 115–124; STEGMÜLLER RS, Nr. 219,I; GLORIEUX, La faculté des arts, Nr. 100c; MOHAN, S. 452; zum Schreibervers vgl. Colophons 6, Nr. 20937. – 66va–67ra TABULA QUAESTIONUM. – 67ra–67vb leer.

68ra–72vb GUILELMUS ALAUNOVICANUS: DETERMINATIO UNDECIMA
[U]*trum Deus de necessitate produxit mundum quod sic arguitur. Causa est ad cuius esse sequitur aliud* ... – ... *aliquando transit super bonum tantum et aliquando non etc.* – LEDOUX, Guilelmus Alaunovicanus, S. XXXII f.

72vb–78ra GUILELMUS ALAUNOVICANUS: DETERMINATIO SECUNDA
[U]*trum in maiori quantitate continui sint plures partes in potentia quam in minori* ... – ... *numerum determinatum aut illum sint future. ›Explicit hec questio.‹* – LEDOUX, Guilelmus Alaunovicanus, S. XXIV; THORNDIKE-KIBRE, Sp. 1651.

78ra–82va GUILELMUS ALAUNOVICANUS: DETERMINATIO OCTAVA
[U]*trum possibile fuerit encia succesiva ut motum et tempus fuisse ab eterno* ... – ... *non tempus nec instans precessit primum instans temporis.* – LEDOUX, Guilelmus Alaunovicanus, S. XXIX f.

82va–87ra GUILELMUS ALAUNOVICANUS: DETERMINATIO NONA
[U]*trum possibile fu*[er]*it encia permanencia alia a Deo fuisse ab eterno* ... – ... *licet non creatuminas* (r. wohl: creatum) *possit intelligi* [ante]*quam fiat*.- LEDOUX, Guilelmus Alaunovicanus, S. XVII; AFH 29/1936, S. 416; MOHAN, S. 466.

87ra–90vb GUILELMUS ALAUNOVICANUS: DETERMINATIO DECIMA
[U]*trum assertione* (sic) *mundum fuisse ab eterno fuerit de intencione Aristotelis* ... – ... *ideo quandoque fuit quandoque non tamen dictum sit de ista questione.* – LEDOUX, Guilelmus Alaunovicanus, S. XXXI.

90vb–95va GUILELMUS ALAUNOVICANUS: DETERMINATIO QUINTA
[U]*trum racione naturali possit evidenter ostendi, quod anima intellectualis sit forma corporis humani* ... – ... *quod intellectus separatus est substancialiter, cum dat esse corpori ut patent predicta.* – LEDOUX, Guilelmus Alaunovicanus, S. XXVI f.

95va–99vb GUILELMUS ALAUNOVICANUS: DETERMINATIO SEXTA
[I]*n preposito ex priori questione, quod anima racionalis sit forma corporis humani, queritur utrum racione naturali possit evidenter ostendi ipsam immor-*

talem ... – ... est actu corporis corruptibilis forma et sic ad illud patet sufficienter. – Ledoux, Guilelmus Alaunovicanus, S. XXVII f.

99vb–102vb Guilelmus Alaunovicanus: Determinatio septima
[I]*n preposito ex duabus quasi precedentibus, quod anima intellectiva sit forma corporis humani et quod sit naturaliter immortalis, consequenter queritur utrum racione naturali possit evidenter ostendi, quod multiplicaretur ad multitudinem corporum humanorum ... – ... potest una pars moveri sine alia.* – Ledoux, Guilelmus Alaunovicanus, S. XXVIII f.

102vb–103vb Quaestio de omniscientia Dei
[U]*trum Deus habeat certam cognitionem de futuris contingentibus ... – ... cum non poterat Deum scire alia a se. Item non* ‖ bricht ab, Reklamant: *potest melius.*

104ra–107ra Guilelmus Alaunovicanus: Determinatio septima decima
[U]*trum tempus sit quantitas discreta aut continua, quod discreta videtur ... – ... per accidens ad motum alterius ut dictum est.* – Ledoux, Guilelmus Alaunovicanus, S. XXXVIII f.; Mohan, S. 472.

107ra–107vb Guilelmus Alaunovicanus: Quodlibet, qu. 1
[U]*trum ad aliqua non esse formaliter eadem sequitur ista esse formaliter distincta ... – ... nec eciam sunt idem actualiter vel distincti actualiter etc.* – Ledoux, Guilelmus Alaunovicanus, S. 179–200; Assisi Bibl.com., cod. 166, 20rb. Mohan, S. 447; Glorieux, Quodl. 2, S. 114, Nr. 1. – 108^{r-v} leer.

109ra-120va: Jacobus de Asculo: Tabula super dicta Johannis Scoti
›*Abstraccio.*‹ *Quomodo a forma absoluta et incommunicabili potest abstrahi conceptus indifferencior ut superpositum indifferenciis ad absolutum ... – ... Utrum Xristus ut homo potest potestatem eminenciam commisariam, sed non principalem. Ibidem in secunda questione cum dicitur: Ad primum ortum principale etc.*[... – ...]. ›*Explicit tabula super dicta magistri Johannis Scoti de ordine fratrum minorum. Amen etc. lator etc.*‹ – P. Glorieux, in: AFH 27/1934, S. 562; Doucet, Supplement Stegmüller S. 130 f., Nr. 385a; Mohan, S. 8. Assisi Bibl.com., cod. 136, 137ra.

120va–122ra Tabula super Quodlibet Johannis Scoti
›*Incipit tabula super quodlibet Scoti.*‹ *Prima questio utrum essencialia. In cuius solucione sic procedit ... – ... Ubi docet an sit, quomodo sit et propter*

quam causam sit. ›*Expliciunt pulchre divisiones quodlibet Scoti de ordine fratrum minorum etc.*‹ – 122rb–123^{v} leer.

Ms 534

Theologische Sammelhandschrift

Papier 358 Bll. 31×21 1417–19; 15.Jh. 1. Viertel

4 VI^{48} + $(VI–1)^{59}$ + 12 VI^{203} + V^{213} + 12 VI^{358} + $(I–1)^{359}$; Reklamanten, teilweise durch Beschneiden verloren; Foliierung aus dem 15.Jh. über dem Interkolumnium, 354 ausgelassen. Schriftraum 21–22,5×14,5–15; zweispaltig (f.76 rechte Spalte abgeschnitten, ohne Textverlust); 35–44 Zeilen; bei fast allen Texten durchlaufend rechts oben ein Kurztitel.

Buchkursiven, 3 Hände a: 1ra–36ra; b: 250ra–341rb; c: 343va–345vb; Bastarda: 37ra–249vb u. 346ra–359va; Rubriken; wenige Randnotizen. Rote 3-zeilige Initialen; 313^{r} auf dem rechten Rand zwei Kreuzdarstellungen in schwarzer Tinte mit rotem Kontur, die den danebenstehenden Text illustrieren.

Schweinsledereinband des Spätmittelalters (Vorderdeckel modern) mit Streicheisenlinien; Buckel entfernt; Reste von zwei Schließen; Loch von der Kettenbefestigung im Rückdeckel oben. Spiegel im Rückdeckel: Fragmente einer zweispaltig in einer frühgotischen Minuskel des 12./13.Jh. geschriebenen Summa Decreti Gratiani, hier zu Pars 2, c.2.1.17 – c.2.3.8; die Casus sind auf der Randspalte von einer Hand des 15.Jh. durchnumeriert. Falze mit Textualis des 13.Jh., vermutlich juristischer Text.

250ra–341rb geschrieben 1417/19 von Johannes Planck aus Klosterneuburg (nicht identifizierbar), vgl. 288vb u. 327va. Auf dem Rücken ein Papierschild mit Inhaltsverzeichnis in Schrift des 16./17.Jh., darüber gleichzeitige Signatur *68*. Aus der Philosophischen Fakultät Leipzig. Kat. 1560, Nr.395; s. Döring, S.77 u. 104f. Feller, S.342f., Nr.19.

1ra–3vb Sermo ad visitatores pro defensione monasterii
Veni domine ... (Io 11,34) *Reverendi etc. Si mentis oculo aliqualiter sursum relevato* ... – ... *salutacione angelica dicentes humiliter: Ave Maria.*

3vb–35rb Henricus Totting: Tractatus de contractibus
Diligite iustitiam ... (Sap 1,1) *Audite hoc omnes gentes auribus, percipite omnes* ... – ... *datum sit et ratum habuit; pignus valebit domini. Deo sit laus per*

infinita secula seculorum. ›Explicit tractatus de contractibus editus per venerabilem ac reverendum magistrum ac doctorem theologie Henricum de Otha in studio Wyennensi.‹ – HAIN 7621 (Johannis Gersonis Opera omnia) IV, 224rb–253va. Hs. in R. HELSSIG, Juristische Handschriften, S. 331 genannt; derselbe Text in Ms 861, S. 340 ebd. und Ms 894, S. 20 ebd.; LANG, S. 99–103, S. 102 Hs. genannt.

35rb–36ra EXCERPTA E SUMMA CONFESSORUM JOHANNIS DE FRIBURGO
Johannes in summa confessorum querit: Quid de illis qui a communitatibus civitatum vel a monasteriis emunt certos animos ... – ... predicta scribit Johannes in summa confessorum sub tytulo De usuris libro secundo in questione XXIX et questione XXXI. De qua materia vide plenius supra 14 et 15 et sic de aliis usque ad 19 folium. (Johannes de Friburgo, Summa confessorum, q. 29; nach Frankfurt StUB, Ms. Barth.48, f. 55va). – HAIN 7365–66, HAIN–COPINGER 2583. KAEPPELI 2, Nr. 2344; MICHAUD-QUANTIN, Sommes de casuistique, S. 43–48; SCHULTE, GQ II, S. 421 f.; BLOOMFIELD, Nr. 5256 (4938); VL^2 4, Sp. 606f.; STINTZING, Geschichte der populären Literatur des römisch-kanonischen Rechts in Deutschland am Ende des fünfzehnten und im Anfang des sechzehnten Jahrhunderts, Leipzig 1867 (Nachdruck Aalen 1959), S. 506–513. – 36rb–36vb leer.

37ra–48rb NICOLAUS DE LYRA: COMMENTARIUS IN EPISTOLAM AD ROMANOS
Ecce descripsi ... (Prv 22,20) *Quod verbum dicitur sapiencie descripcione ... – ... gracia regnat per iusticiam potencialiter nos inducendo in vitam eternam per Iesum Christum id est mediatorem Dei et hominum* (Abbruch im 5. Kapitel). – HAIN 10363–70, 10395–56; HAIN–COPINGER 3710; Hs. verglichen mit HAIN 10368. STEGMÜLLER RB 4, Nr. 5902.

48rb–90vb BERTRANDUS DE TURRE: POSTILLAE EPISTOLARUM DOMINICALIUM
Karissimi nolite mirari ... (I Io 3,13) *In ista epistola ostendit circumstancias fructus dileccionis ... – ... Quia actus dileccionis proximi ordinatur in Deum, ergo in diligendo proximi ordinans illum actum in Deum etc. Qui vivit ... Amen. ›Expliciunt postille epistolarum dominicalium venerabilis doctoris atque cardinalis Bertrandi.‹* – Alle Lemmata, außer dem vorletzten, stimmen mit SCHNEYER 1, S. 505–534, Nr. 1–396 überein.

91ra–120va EXCERPTA E RATIONALI DIVINORUM OFFICIORUM GUILELMI DURANTIS
›De officio misse‹ Et primo notandum quod Christus illud officium instituit

(aus Liber IV) ... (97vb, Z. 25) *Quia non omnibus XII horis diei possumus vacare circa divina ministeria* (aus Liber V) ... (101rb) *Sequitur VI liber de officiis divinorum* (aus Liber VI) ... (119rb) *Septima pars prius de officiis Dei in specie nunc de sanctis* (aus Liber VII) ... – ... *qui servare volunt dicant: Elegit eas dominus et dilexit eam etc.* – GW 9101–9144; CC Cont.Med. 140 (L. I–IV). – 120$^{va–vb}$ Die Rubriken im Prooemium des Rationale divinorum officiorum. – *Incipit liber primus Innocencii pape De miseria humane condicionis.*

121ra–135vb INNOCENTIUS PAPA, III.: DE MISERIA HUMANAE CONDITIONIS
PL 217, Sp. 701–746; M. MACCARRONE (ed.), Lotharii cardinalis (Innocentii III), De miseria humane conditionis, Lugano 1955 (Thesaurus mundi 6). Text entspricht weitgehend dieser Edition, in Liber II fehlt cap. 13, die letzten drei Kapitel entsprechen cap. 1–3 von Liber III, letztes cap. unvollständig, in Liber III fehlen cap. 9 u. 12, 7 u. 8 sind vertauscht. – Derselbe Text in Ms 439,1^{r}. BLOOMFIELD, Nr. 1753; VL^{2} 4, Sp. 388–391.

135vb–136vb PS.-BERNARDUS CLARAEVALLENSIS: DE FORMULA VITAE ET HONESTATIS
PL 184, Sp. 1167–1170 (ohne die beiden dort am Ende abgedruckten Monita). Derselbe Text in Ms 439, 119^{v}. GLORIEUX, Pour revaloriser, S. 73; BLOOMFIELD, Nr. 3897; JANAUSCHEK, S. VI, Nr. 30.

136vb–142ra DAVID DE AUGUSTA: FORMULA NOVITIORUM
Primo semper debes considerare ad quid veneris ... (140rb, Z. 15) *sollicitus pro animarum salute, quarum eciam amore mori dignatus est* (entspricht bis hierher auch PL 184, Sp. 1189–1198, cap. 23 fehlt) ... – ... *Compaciens sis afflictis, castus in omnibus. Et sic est finis tractatus sancti Bernhardi de formula vite honestatis. Explicit tractatus sancti Bernhardi de formula vite et honestatis. ›Incipit speculum ecclesie de sacramentis.‹* – De exterioris et interioris hominis compositione, Liber I, Pars 1, Ad Claras Aquas 1899, S. 3–36. Derselbe Text in Ms 346, 15^{r} und Ms 439, 112^{r}. GLORIEUX, Pour revaloriser, S. 74; BLOOMFIELD, Nr. 4155,; MOHAN, S. 298; E. LEMPP in: ZKG 19/1899, S. 15–22; VL^{2} 2, Sp. 47–56.

142rb–147ra HERMANNUS DE SCHILDIS: SPECULUM MANUALE SACERDOTUM
›De Baptismo‹ Materia baptismi debet esse aqua pura ... – ... et si alias vere penitet, potest eam absolvere. Que hic deficiunt, in summa et lectura Hosti et in repertorio aureo Gwillelmi capitulo de penitencia et remedio plenius

continentur. Amen. Et sic est finis huius opusculi. Deo gracias ›Explicit speculum sacerdotum.‹ – Derselbe Text in Ms 584, 310^{r}. Hain 14516–23. Zumkeller, Nr. 391, (ohne eine der dort aufgeführten Dedikationen), Zumkellers Angaben (S. 190) zu Leipziger Hss. nicht zutreffend; A. Zumkeller, Schrifttum und Lehre des Hermann von Schildesche, Würzburg 1959, S. 40–58; VL^{2} 3, Sp. 1111; Repertorium Fontium 5, S. 465; Bloomfield, Nr. 3028.

147rb–153va Henricus de Langenstein: Tractatus de communicantibus
›Incipit tractatus Magistri Heinrici de Hassia de communicantibus.‹ In sudore vultus ... (Gn 3,19) *In labore gravi et assiduo sudores erumpere ... – ... volo legere pro defunctis, ut consolentur, vel pro vivis vel pro gloria Dei seu de beatissima virgine Maria et sic de aliis. Et sic est finis. Explicit tractatus magistri Heinrici de Hassia de communicantibus. ›Et sequitur Biblia pauperum.‹* – Stegmüller RB 3, Nr. 3196, abweichender Schluß; Hohmann führt diesen Text nicht auf.

153vb–184ra Alexander de Villa Dei: Summarium biblicum cum commentario
›Sex prohibet peccant Abel Enoch archa fit intrant ...‹ Sex, id est capitulum libri Genesis, dicit de operibus sex dierum ... – ... Eciam venio cito. Amen. Veni domine Iesu. Gracia domini nostri Iesu Christi cum omnibus nobis. Amen. ›Explicit Biblia pauperum et incipiunt Gesta Romanorum.‹ – Stegmüller RB 2, Nr. 1177; Reichling, S. XLII f.; Weijers, S. 58.

184rb–220va Gesta Romanorum
Pompeius regnavit dives (Nr. 1, S. 273 der Edition) ... (184va) *Titus regnavit qui statuit* (Nr. 2, S. 275) ... (185ra) *Cesar regnavit qui statuit* (Nr. 4, S. 277) ... (219vb) *Erat quidam miles* (Nr. 191, S. 597) ... (220ra) *Refert Valerius libro 3°* *quod puer nobilis Alexander* (Nr. 184, S. 598) ... (220rb) *Legitur in cronicis quod populus Romanus* (Nr. 97, S. 423) ... – ... *Studeamus ergo ista tria signa servare si velimus ad vitam eternam pervenire. Ad quam nos perducat qui ... Amen.* – H. Oesterley, Gesta Romanorum, Berlin 1872 (Nachdr. Hildesheim) S. 273 ff. 81 Stücke, Beginn wie in der Edition mit Kap. 1 u. 2, danach völlig andere Reihenfolge. Gleiches Incipit in Nürnberg StB, Cent. IV,17, 263ra. Bloomfield, Nr. 3944; Welter, S. 369–375; VL^{2} 3, Sp. 25–29. – 220vb leer.

221ra–233rb NICOLAUS DE LYRA: PROBATIO ADVENTUS CHRISTI (Red.II)
Queritur utrum per scripturas a Judeis receptas possit probari misterium Christi in lege et prophetis promissum iam conpletum ... – ... et plures iam baptizati ad vomitum revertuntur. Et sic est finis sit laus et gloria etc. Amen. ›Sequitur nunc disputacio pulchra Lyre contra quendam Iudeum Parysius collecta.‹ – HAIN–COPINGER 3725–6. STEGMÜLLER RB 4, Nr. 5982; GLORIEUX, Répertoire 2, Nr. 345 h, S. 222f.

233va–244vb NICOLAUS DE LYRA: RESPONSIO AD QUENDAM IUDAEUM
Potens sit exhortari ... (Tit 1,9) *Licet autem verbum propositum episcopalis condicionis sit expressivum ... – ... Iudei falsitas per hoc quod obiecciones suas in aperto terminavit etc. ›Explicit disputacio magistri Nicolay de Lira.‹ Et sic est finis huius operis Deo gracias. ›Contra quendam librum cuiusdam Iudei fidem katholicam false impugnantem.‹* – STEGMÜLLER RB 4, Nr. 5980; MOHAN, S. 290.

245ra–249vb IORDANUS DE QUEDLINBURGO: SERMONES DE NATIVITATE DOMINI
Exiit edictum ... (Lc 2,1) *Secundum leges et canones in factis arduis ... – ... qui fideli solacione prescivit presunt. Nota quod* || bricht ab kurz nach Beginn des vierten Sermo, der fünfte fehlt; Reklamant: *pastores vigilabant.* – HAIN 9438, unfoliiert, Nr. LVII–LX, der Text wurde mit der Inkunabel verglichen. SCHNEYER 3, S. 806, Nr. 18; ZUMKELLER, Nr. 648, die Hs. nur nach dem Katalog von Feller genannt; VL^2 4, Sp. 853–861.

250ra–327va HISTORIA VETERIS ET NOVI TESTAMENTI
Auf dem Kopfsteg: *De hac materia vide postea 289 notabiliter scriptum. ›Genesis De peccato Ade et eius pena.‹ Adam unico facto suo multa scilicet superbie, inobediencie, ingratitudinis, gule, mendacii* (eigentliches Incipit 289ra, s.d.) ... (288vb) *et sic in eum restitutum est eciam regnum Iudee, quod iam cessaverat a tempore captivitatis annis CCCCLXXV*; durchgestrichen: *Anno domini M°CCCC°X finitum vigilia sancti Michael*; dann: *Anno ab incarnacionis* (sic) *domini M°CCCC°XVIIII° finitum in die Pollicarpii martiris.* (289ra) Nachgetragenes eigentliches Incipit (s.o. 250ra): *Sicut Moyse primo omnium prophetarum insinuante et maximo Iohanne ewangelistarum ...* (290rb) *illa liwa* (sic) *ebraica vocatur, a qua confusione locus ille dictus est Babel. ›Incipit secundum ewangelium, cui supponitur quoddam apocrifum de ortu beate Marie virginis, quot sequitur.‹* (291va) *Anna et Hysmaria sorores*

fuerunt, Hysmaria autem filiam habuit nomine Elizabeth ... – ... sub eodem principe crucifixus. Ense necat Paulum par dux lux urbs cruce Petrum. ›Expliciunt hystorie scolastice scripte a Johanni Planck de Newburga claustrali etc. Anno domini M°CCCC17°.‹ – Gleiches Incipit in Wolffenbüttel HAB, cod.Guelf. 110 Extr., 10^{r}, unter der fälschlichen Angabe des Schreibers Johannes Kraus iunior als Verfasser. STEGMÜLLER RB 6, Nr. 8835 u. RB 7, Nr. 10891. Johannes Planck aus Klosterneuburg konnte nicht identifiziert werden.

327va–341rb FRANCISCUS DE MAIRONIS: FLORES EX LIBRIS CONFESSIONUM AUGUSTINI
›Secuntur Flores beati Augustini.‹ Flores beati Augustini libro confessionum sic colligitur (sic). *Primum dictum notabile est istud: Fecisti nos domine ad te* (Conf. 1,1) ... – ... *quod est natum obediencie racioni sicut appetitus sensitivus* (Conf. 13,32). *Explicit hoc opus.* – Derselbe Text in Madrid Bibl.Nac., cod. 533 (A. 107), 99^{r} und in Vat.Urb.lat. 88, 304^{v}, Schluß leicht abweichend. STEGMÜLLER RB 2, Nr. 2320.4; GLORIEUX, La faculté des arts, Nr. 100e; MOHAN, S. 154. – 341va–343rb leer.

343va–348vb HENRICUS DE LANGENSTEIN: SUPER 'PATER NOSTER'
Reverendo in Christo patri ac domino domino Erhardo episcopo Wormacensi Henricus de Hassia suum ut sequitur dicendum Pater noster ... (345vb) *ad cuius gloriam et universi bonum et decorem plus facit etc. Hic non est defectus.* – Rest der Spalte unbeschrieben, der Text wird von der zweiten Hand wieder aufgenommen und fortgeführt (346ra): *decorem plus facit peccatum quodcumque puniri ... – ... subveniente ipso ammoneamus, qui in* [e]*ternitate Deus regnat. Amen. ›Explicit Pater noster magistri Henrici Langenstein dicti de Hassia domo etc. Et sequitur exposicio simboli conposita per eundem.‹* – HAIN 8389–8393. HOHMANN, Nr. 200; STEGMÜLLER RB 3, Nr. 3203; BLOOMFIELD, Nr. 8180 u. 9022; VL^{2} 3, Sp. 767; SHOONER, S. 186, Hs. genannt.

349ra–359va HENRICUS DE LANGENSTEIN: SUPER 'CREDO'
Primum quod neccessarium est cuilibet Christiano, est fides ... – ... et differencie materie et forme, quod est et quo est. Et sic est finis (abweichender Schluß). – HOHMANN, Nr. 156; STEGMÜLLER RB 3, Nr. 3210; HARTWIG, S. 44, Hs. genannt; VL^{2} 3, Sp. 767; SHOONER, S. 186 erwähnt die Hs. mit diesem Stück.

359va–359vb Inhaltsverzeichnis
›*Registrum huius libri*‹ *Tractatus de contractibus 3 … – … Et super simbolum apostolorum 343.*

Ms 535

Bertrandus de Turre

Pergament 241 Bll. 24×18 Italien 14.Jh. 1. Drittel

23 V^{230} + $(VI–1)^{241}$; Reklamanten; nur jedes zehnte Blatt (modern) foliiert. Schriftraum 16,5–17,5×12; zweispaltig; 34–36 Zeilen.

Gotische Minuskel, eine Hand; Rubriken. Wenige Ergänzungen und Randbemerkungen von anderen Händen des 14.Jh. Rote, meist 2-zeilige Lombarden.

Spätmittelalterlicher Kalbsledereinband (Rücken modern) mit Streicheisenlinien; Buckel entfernt; Spuren der Kettenbefestigung im Rückdeckel oben.

Aus dem Zisterzienserkloster Altzelle; auf dem Fußsteg von 1^v und 2^r in abwechselnd roten und schwarzen Lombarden (14.Jh.): *LIBER CELLE SANCTE MARIE*; Katalog von 1514: *N 21. 22. Sermones Bertrandi de tempore, de sanctis* (Schmidt, Altzelle, S.61 u. 84). Titelschild des 16.Jh. aus Papier auf dem Vorderdeckel: *57 · BETRANdi de Tempore Sermones · 57 · Mm* (vgl. Ms 536). Feller, S.168, Nr.36.

1ra–241rb Bertrandus de Turre: Sermones de tempore
Bestand nach Schneyer 1, S.546ff., Nr.554–565, 567, 570, 573, 576, 579, 582, 588. – (39vb) *Postquam consummati sunt …* (Lc 2,22) *Verbum istud sumptum de brevi ewangelio secundum Lucam, quod in kalendis Ianuarii anno quolibet intra missarum sollempnia legit ecclesia …* – S.535ff., Nr.407, 410, 413, 416, 419, 425, 428, 431, 433, 436, 439, 444–496, 498, 499, 504–506. – 241^v leer.

Ms 536

Bertrandus de Turre

Pergament I+179 Bll. 23–23,5×17–17,5 Italien 14.Jh. 1. Drittel

Vorsatzblatt + 17 V^{170} + $(V-1)^{179}$. Reklamanten außer auf der 1., 2. und vorletzten Lage; Foliierung modern, ab f. 21 nur jedes zehnte Blatt foliiert (vgl. Ms 535). Schriftraum 16,5–17,5×12; zweispaltig; 35–36 Zeilen.

Textualis: 1ra–20vb; gotische Minuskel: 21ra–179va (gleiche Hand wie Ms 535); Rubriken; wenige Ergänzungen und Randbemerkungen von anderen Händen des 14.Jh. Rote Initialen, von 13va–20va in den ersten Zeilen stark über den Schriftspiegel hinausragende Zierbuchstaben in Tinte und Rot mit verschiedenen ausgesparten Ornamenten.

Spätmittelalterlicher Kalbsledereinband mit Streicheisenlinien; einige Buckel erhalten, ebenso die Befestigung des Schließbandes; Loch von der Kettenbefestigung im Rückdeckel oben. Textualis, ca. 2,5 cm hoch, auf dem Vorderdeckel: [.....] *mai nos* [.....] *laude* [.....]*mbus*; Rückdeckel: [.....]*a* [.....]*ave et aliorum.*

Zu Provenienz, Besitzeintrag und altem Katalog s. Ms 535. Titelschild, Papier, 16.Jh., auf dem Vorderdeckel: *58 · BETRANdi sermones de Sanctis · 58 · Mm* (vgl. Ms 535). Auf dem Rücken oben Signatur: *530*. Feller, S. 169, Nr. 37.

1ra–140va Bertrandus de Turre: Sermones de tempore
Bestand nach Schneyer 1, S. 542ff., Nr. 507, 509, 511, 512, 514–538, 540, 542, 545, 546, 548–550. – 140vb leer.

141ra–179va Bertrandus de Turre: Sermones de sanctis
Bestand nach Schneyer 1, S. 554ff., Nr. 660, 661, 664, 680. – (156va) *Exodi XV° ubi dicitur sic: Ostendit illi lignum* ... (Ex 15,25) *Refert historia exodi loco preallegato* ... – Nr. 686. – (161va) *Inventa una preciosa* ... (Mt 13,46) *Hiis premissis ad exposicionem verbi propositi scilicet: Inventa una preciosa etc* ... – Nr. 698. – (168ra) *Vos dixi amicos* ... (Io 15,15) *Hiis premissis ad exposicionem verbi propositi accedamus faciento* (sic) *de ipso sermonem ad honorem apostolorum* ... (170va) *Estote prudentes* ... (Mt 10,16) *In quo quidem verbo Christi ipsemet dominus dixit beatis apostolis, Bartholomeo scilicet et ceteris* ... (173vb) *Liber generacionis* ... (Mt 1,1) *In quo verbo satis evidenter ostenditur, quod ipsa fuit instrumentum exprimens divinam ordinacionem* ... (176va) *Si quis venit* ... (Lc 14,26) *ubi sciendum quod inter cetera, que sunt neccessaria*

ad a[c]*quirendum vite sanctitatem, sunt quatuor* ... – ... *Quod nobis dominus Iesus Christus in omnem viam iniquitatis odio habentis concedat, ut veniamus ad ipsum, qui omne malum odio habet. Amen.* – 179vb leer.

Ms 537

Theologische Sammelhandschrift

Papier 384 Bll. 32×21 Lubnik 1461–62; 15.Jh. 3. Viertel

WZ Ochsenkopf Piccard XI, 229, 1459–61 (f. 384). 32 VI; Reklamanten; Foliierung modern; Blattweiser. Schriftraum 22,5–23,5×14–15; zweispaltig; 42–48 u. 61–67 (215ra–216vb u. 377ra–383va) Zeilen.

Buchkursiven, drei Schreiber, a (Frater Alexius in Lubnicz): 1ra–216vb; 367va–383va; b: 217ra–240vb; c: 241ra–366vb; Rubriken. Auf den Rändern teilweise Gliederungszeichen, wenige Randbemerkungen von einer Hand des 15.Jh. Rote 3- bis 6-zeilige Lombarden, häufig mit Schaftverdoppelung. 217ra 12-zeilige Initiale *R*, eine Spalte breit, Binnenfeld grün, mit Blattranke, Initialstamm weiß, mit Lambrequin gefüllt; großer Lambrequin-Ausläufer auf dem Kopfsteg; auf dem Bundsteg Blattrankenausläufer, besetzt mit Knospenreihen; Farben Grün, Gelb, Rot und ausgesparte Flächen. 241ra rote 11-zeilige Initiale *V*, ornamental gespalten, Binnenfeld gefüllt mit Knospenstäben, Besatz durch Knospenreihen, Fadenausläufer in Form von Strahlenbündeln, auf dem Bundsteg Lambrequin-Ausläufer bis zum Ende der Spalte; außer im Initialkörper fast keine Farbe. 241va, 242va, 256ra, 281va, 298va, 313ra, 335va, 352rb Initialen mit ähnlichen Motiven, alle nur als Zeichnung ausgeführt.

Spätmittelalterlicher Kalbsledereinband mit Streicheisenlinien, Motive der Einzelstempel im gerauteten Feld nicht mehr eindeutig identifizierbar; Buckel entfernt; Beschläge der Schließen teilweise erhalten, mit der Prägung *MARIA*; Loch von der Kettenbefestigung im Rückdeckel oben.

Teile der Hs. von Frater Alexius, Magister Curiae (wohl ein Grangien–Vorsteher) 1461/62 in Lubnik geschrieben, s. 106rb, 125ra, 200ra, 376vb, 381vb. Über Alexius ist nichts bekannt, Lubnik liegt im Bezirk Hohenstadt oder Senftenberg, Böhmen. Aus dem Zisterzienserkloster Neuzelle; auf dem Fußsteg von 2^{r}–4^{r}: *Liber · nove · Celle · Sancte · Marie.* Später im Mutterkloster Altzelle; Katalog von 1514: *E 22* (Schmidt, Altzelle, S. 41 f. u. 82). Titelschild, Papier, 16.Jh., auf dem Vorderdeckel: *IERONImianus · 51*; Signatur 17./18.Jh.: *692*. Feller, S. 191, Nr. 9.

1ra Inhaltsverzeichnis
›*In isto volumine continentur hii tractatus: Primo Jeronimianus* ... – ... *de communione plebis sub utraque specie.*‹ Nachtrag von anderer Hand: *Item tractatus doctoris egreii* (sic) *de perfida et dampnosa eleccione infidelissimi heresiarche regis Bohemie ac de faccione omagii ac prescripcione Georgii de Podobrat occupacionis regni Bohemie.* – 1^{rb-vb} leer.

2ra–106rb Johannes Andreae: Hieronymianus
Ieronimianum hoc opus per Johannem Andree urgente devocione compositum in partes rite dividitur ... (97vb) *Tempus est, ut iudicium a domo Dei incipiat.* – 98^{ra-rb} leer, ohne Textverlust. – (98va) *et alibi dicitur a sanctis meis incipite* ... – ... Verse: *Accippe Jeronimum non ex doctoribus ymum / Nec miris minimum sed ligwe* (sic) *munere primum. Et hic est finis huius operis scriptum per me fratrem A*[lexium] *magistrum curie in Lubnicz anno domini M°CCCCLXI° quarta feria ante Valentini.* – GW 1727. Kristeller III, S. 415.

106va–111rb Anselmus Cantuariensis: Meditationes et orationes
›*Incipiunt meditaciones beati Anshelmi.*‹ Meditationes 1–2, Opera Anselmi 3, S. 76–83; PL 158, Sp. 722–729 ... (109ra) Oratio 2, Opera Anselmi 3, S. 6–9; PL 158, Sp. 902–905 ... (110ra) Proslogion cap. 1–3, Opera Anselmi 1, S. 97–103; PL 158, Sp. 225–228 (sehr verdorbener Text).

111va–112vb Vita sancti Materni
›*Sequitur vita sancti Materni.*‹ *Sanctus Maternus fuit unicus filius matris et a geneloya* (sic) *Christi* ... – ... *et prodigia fecit Deus per eum, que non sunt hic scripta causa brevitatis prestante domino nostro* ... *Amen.* – BHL 5680. – ›*Sequitur tractatus contra Roccicanum de communione laycorum sub utraque specie.*‹

113ra–125ra Franciscus de Toledo: De communione laicorum sub utraque specie
Franciscus de Tholeto Iohanni de Lobiczana (r. Rokiczana) *salutem. In ipso articulo recessus ab ista civitate nostri quandoquidem ad Wratislaviam ire debuimus* ... – ... *istam esse primam nostre disputacionis partem, illam vero secundam, de prima ergo satis dicta sint tanta etcetera. Sic est finis.* ›*Explicit Franciscus de Tholeto contra Rokiczanum Iohannem de communione plebis sub utraque specie. Finitus in Lubnicz per me fratrem Al*[exium] *sabbato ante Letare hora XI^a anno domini M°CCCC°LXI°.*‹ – Derselbe Text in Ms 612, 1^{r}.

F.G. Heymann, George of Bohemia, King of Heretics, Princeton 1965, S. 232f.; Kristeller III, S. 415. – ›*Sequuntur sermones XII de duodecim signis.*‹

125rb–146ra Michael Horbrant: Sermones de duodecim signis
Erunt signa ... (Lc 21, 25) *Quia sumus adventum domini expectantes* ... – ... *ut per eam pacienciam in hoc mundo mereri valeamus vitam eternam.* – Zumkeller, Nr. 687; Schneyer, Wegweiser, S. 258.

146rb–200ra Jacobus de Paradiso (?): De confessione audienda
Conatus sum et utinam non frustra, frater mihi in Cristo karissime, desiderio vestro utcumque satisfacere ... – ... *ut alia vice se melius ad hoc venerabile sacramentum possit preparare. Hoc ipse prestare dignetur, qui cum patre etc. Iste liber comparatus et scriptus est per me fratrem Allexium magistrum curie in Lubenicz.* – Derselbe Text in Ms 581, 184vb. Das Stück bei R. Helssig, Juristische Handschriften, S. 331 beschrieben. Meier, S. 20, Nr. 12; Mertens, S. 277, Nr. 12 u. S. 42f., Anm. 156, danach ist die Autorschaft zweifelhaft; Porębski, S. 53, Nr. 32, ohne Nennung der Hs.; Bloomfield, Nr. 872.

200rb–214va Ps.-Hieronymus: Regula monachorum
PL 30, Sp. 391–426. CPPs II B, Nr. 3663; Lambert, Bibliographia Hieronymiana, Bd. III B, Nr. 560, S. 465. – 214$^{va–vb}$ Registrum capitulorum.

215ra–216rb Epistola Iesu de die dominica (Himmelsbrief)
›*Epistula domini nostri Iesu Cristi de celebracione Sabbati et festis sanctorum.*‹ *Epistula domini nostri Iesu Cristi descendens de celo super altare sancti Petri in Iherusalem, scripta in tabulis marmoreis* ... – ... *si feceritis, que ego precipio vobis, benediccio mea veniet super vos hic et in futuro. Amen. Explicit epistula domini nostri Iesu Cristi. Et nomen eius sit benedictum in secula.* – Gleiches Explicit in Klosterneuburg, cod. 79, 57ra; VL^{2} 4, 31f., 11 Hss. genannt, die diese Fassung enthalten, diese Hs. nicht darunter; vgl. DACL 3, Sp. 1534–1541; Delehaye, Bulletin de la classe des lettres de l'Académie de Belgique 1899, S. 171–213, bes. 173.

216rb–216vb Expositio missae brevissima
Sequitur exposicio misse et canonis brevissima. Nota quod missa celebratur propter causam triplicem. Prima est honor sanctorum ... – ... *benediccio signat ultimam benediccionem, quam dedit ascendendo ad patrem. Et sic est finis. Amen.*

217ra–240vb Andreas de Kokorzyna: Speculum sacerdotum (Pars I)
Reverendo in Cristo patri ac domino domino sub igneo (r. Sbigneo) *Dei et appostolice* (sic) *sedis providendo* (sic) *episcopo Craconiensi* (sic) *domino scilicet gracioso Andreas de Cocorsc̶h̶ino sacre theoloye professor archidiaconus Craconee* (sic) *debitam obedienciam et honorem ... – ... et tamen de vero principali huius speculi superficiei. Deo gracias. Finis.* – C.v. Miaskowski in: Jahrbuch für Philosophie und spekulative Theologie 13/1899, S. 495f.; C. Morawski, Histoire de l'Université de Cracovie, Bd. 1, Paris 1900, S. 297–299; Bibliografia Literatury Polskiej – Nowy Korbut, Bd. 2/1964, S. 380–381; Zumkeller, S. 190, Hs. genannt unter dem 'Manuale sacerdotum' des Hermannus de Schildis.

241ra–364vb Hugo Argentinensis: Compendium theologicae veritatis
›*De sublimitate*‹ *Veritas* (sic) *theoloyce sublimitas, cum superni sit ... – ... que tamen felici fine quisque beatus secundum merita recipiet sine fine.* ›*Explicit compendium theologice veritatis venerabilis doctoris Hugonis de Argentina.*‹ – 365ra–366vb Registrum titulorum. – Borgnet 34, S. 1–261, abweichender Schluß. Kaeppeli 2, Nr. 1982, Hs. genannt S. 264; Stegmüller RS, Nr. 368; G. Steer, Hugo Ripelin von Straßburg, Tübingen 1981, S. 90, Hs. genannt unter Nr. 186; VL^2 4, Sp. 252–258; Bloomfield, Nr. 6399.

367^{ra-rb} Ps.-Bonaventura: Tabula ad praemeditanda de sacerdote ante missam
Hanc tabulam compilavit frater Bonaventura, cardinalis sancte Romane ecclesie; hec sunt a quolibet sacerdote ante missam premeditanda atque memoriter retinenda. Intencionis discussio ... – ... Excellentissime divinitatis. – Derselbe Text in Ms 584, 319^r. Distelbrink, Nr. 225; Franz, Messe, S. 475.

367va–376vb Pius Papa, II.: Epistola de sacramento eucharistiae
Reverendissimo in Christo et colendissimo patri domino Johanni de Cervaiali (r. Carvaiali) *... – ... Quando Deus et fata volent, veniemus ad te. Ex Nova Civitate XII kalendis Septembris anno domini 1451. Et est scriptus per me fratrem Al*[exium] *magistrum curie in Lubnicz anno domini M°CCCC°LXI sabbato post festum sancti Martini ac divi pontificis. Explicit dyalogus Enee episcopi Senensis contra Georgium gubernatorem Bohemie regni et contra Thaboritas de communione utriusque speciei.* – R. Wolkan (Hrsg.), Der Briefwechsel des Eneas Silvius Piccolomini, 3. Abt., 1. Bd., Wien 1918, S. 22–57. Kristeller III, S. 415. – *Sequitur tractatus de eleccione perfidi heretici*

Girsick in regem Bohemie. Ordo nature et racionis ... ‖ bricht nach wenigen Zeilen ab.

377ra–381vb Nicolaus Tempelfeld de Brega: Tractatus contra Georgium de Podiebrad (setzt neu ein)
Ordo nature et racionis exigit quod, ubi magna eminent pericula, cautele adhibende sunt habundaciones ... – ... *pugnantibus martirii palmam et glorie coronam prestabit. Quam omnibus et singulis Christi fidelibus concedere dignetur pater* ... *Amen. Acta sunt hec et composita Wratislavie anno domini M°CCCC°LX primo et scriptum im Lubnicz anno domini M°CCCC°LXII feria quarta post conversionem sancti Pauli apostoli hora nona ante meridiem.* – Derselbe Text in Krakau Bibl. Jag., cod. 423, 226^{r}. J. Loserth in: Archiv für österreichische Geschichte 61/1880, S. 119–132; F.G. Heymann, George of Bohemia, King of Heretics, Princeton 1965, S. 79, 185.

382ra–383va Tractatus contra Wyclefitas
›*De oracione et affeccionibus · Nota cum · Et dyalogus*‹ *Incipit tractatus contra Wiclefitas. Et primo queritur utrum sit mortale peccatum ecclesie non obedire* ... – ... (Insgesamt 5 Quaestionen) *Qui vero contra hec statuta facere presumpserit, gradus sui sacerdocii periculo subiacebit.* – 383vb–384vb leer.

Ms 538

Henricus de Frimaria

Pergament 116 Bll. 34×23 Frankreich 14. Jh. 2. Drittel

$(V-2)^{8}$ + 3 V^{38} + IV^{46} + 7 V^{116}; am Anfang ist ein Ternio abgeschnitten, Textverlust; Reklamanten; Foliierung modern. Auf dem Fußsteg aller Recto-Seiten durchlaufende Zählung der Sermones, auf dem Kopfsteg ist das jeweilige Fest angegeben, beides als Rubriken. Schriftraum 24,5×16,5; zweispaltig; 44 Zeilen.

Textualis; Rubriken; auf den Rändern einige Ergänzungen vom Schreiber selbst, wenige Randbemerkungen von einer Hand des 14. und einer des 15. Jh. Abwechselnd rote und blaue 2- bis 3-zeilige Initialen, lange Schäfte wie bei *P* oder *I* neben der Spalte lang ausgezogen. 27vb und 79rb Initiale *S* mit Fleuronné-Ausläufer, der sich auf dem Fußsteg nach oben biegt und zum Tropfen formt. 85vb und 92vb Initiale *S* mit ausgesparter Sternblüte im Mittelteil.

Spätmittelalterlicher Schweinsledereinband; Buckel und Beschläge entfernt, ebenso zwei Langschließen; Löcher von der Kettenbefestigung im Rückdeckel oben. In Vorder- und Rückdeckel als Verstärkung eingeklebt insgesamt 5 Pergamentstückchen, ca. 2×2 cm, mit Wortbruchstücken in einer Kursive des 14. Jh. Als Lesezeichen liegt bei ein Streifen 1×8 cm aus einer Inkunabel (lesbar: [sanc]*ti Seba*[stiani]), auf der Rückseite in Kursive des 15. Jh. beschrieben.

Reste eines Titelstreifens, Papier, 15. Jh., auf dem Vorderdeckel. Darunter Titelschild, Papier, 16. Jh.: *HENRI*[cus] *de Vrimaria · 43*. Auf dem Rücken Signatur: *431*. FELLER, S. 149, Nr. 26.

1ra–110va HENRICUS DE FRIMARIA: SERMONES DE SANCTIS

›Sermo tercius de nativitate Cristi‹ setzt ein ‖ *sibi, que et eius regiam maiestatem deceant et sue proprie saluti proficiant* (SCHNEYER 2, S. 659, Nr. 277) ... Weiterer Bestand nach SCHNEYER 2, S. 658–671: Nr. 278, 283–289, 297–299, 309–314, 318–320, 329–330, 333–341, 344–349, 354–355, 370–372, 387–389, 392–393, 400–402, 416–417, 430–433, 418–420, 263–264, 269–271, 279–282, 302–308, 323–328, 357–359, 367–369, 377–384, 394–396, 405–410, 413–415, 421–422, 427–429; die ersten beiden – verlorenen – Sermones entsprechen den Nummern 272 und 274 bei Schneyer; ZUMKELLER, Nr. 333, u. Nachtrag S. 589, Hs. genannt; bei Schneyer durch Druckfehler Ms 528 genannt; VL^2 3, Sp. 730f.

110va–116rb TABULA MATERIARUM SECUNDUM ORDINEM ALPHABETI

Ut materie in hoc opere contente legenti promcius occurrant ... Adopcio ... – ... Quod diverse mansiones designant varios gradus meritorum seu numerum novem ordinum angelorum. Ibidem. etc. – 116rb–116vb *›Ordo sermonum huius operis‹ ›De nativitate domini‹ Parvulus natus est ... – ... ›Katharine‹ Signum magnum ›hic triplex‹.*

Ms 539

Henricus de Frimaria

Pergament 306 Bll. 23,5×17,5 14.Jh. 1. Drittel

14 VI^{168} + $(VI–1)^{179}$ + 10 VI^{299} + $(VI–5)^{306}$; Reklamanten (z.T. abgeschnitten); Foliierung modern. Schriftraum 17×12; zweispaltig; 37 Zeilen.

Gotische Minuskel, eine Hand; Rubriken; Gliederungsvermerke auf den Rändern vom Schreiber. Abwechselnd rote und blaue 2-zeilige Initialen. 1ra 4-zeilige Fleuronné-Initiale *A*, rot-blau ornamental gespalten, Binnenfeld mit Spiralranken gefüllt; an der Kolumne entlang und über dem Schriftspiegel jeweils ein langer Fleuronné-Stab mit intermittierender Palmettenranke, Knospenreihen und Korkenzieherfäden.

Spätmittelalterlicher dunkler Kalbsledereinband; Buckel entfernt; ein Beschlag der beiden Langschließen erhalten; ein Eisenstift als Rest der Kettenbefestigung im Rückdeckel oben.

Geschrieben von einem Conradus (s. 292ra). Titelschild, Papier, 16.Jh., auf dem Vorderdeckel: *HENRricus de Frimaria Sermones · 35*; auf dem Rücken Signatur: *528*. FELLER, S.168, Nr.35.

1ra–292ra HENRICUS DE FRIMARIA: SERMONES DE SANCTIS
›*Incipiunt sermones de sanctis compilati per magistrum Heinricum de Vrimaria, sacre theologie professorem, fratrem Heremitarum sancti Augustini.*‹ Bestand nach SCHNEYER 2, S.658–671, Nr.263, 264, 275, 276, 265–267, 277, 268–274, 278–343. – (101rb) *Inveni David* ... (I Sm 16,18) *In verbis propositis beatus Anthonius benedicatur principaliter a duobus* ... (102rb) *Secundo beatus Anthonius commendatur ab acceptacione graciosa* ... (103ra) *Secundo beatus Anthonius commendatur a contemplacione graciosa* ... – SCHNEYER, Nr.344–352, 354–393. – (169rb) ›*De sancto Matheo sermo primus*‹ *Fecit Levi* ... (Lc 5,29) *Quia secundum Tullium in libro De officiis: Boni animi est non esse immemorem percepti beneficii* ... (170va) ›*De eodem sermo secundus*‹ *Secundo videndum est in quo loco anime devote* ... (172ra) ›*De eodem sermo tercius*‹ *Sequere me* ... (Mc 9,9) *Sciendum quod in serie presentis ewangelii VI documenta nostre instructioni congrua nobiliter inplicantur* ... – SCHNEYER, Nr.394–399. – (182ra) ›*De eodem* [sc. Mauricio] *sermo quartus*‹ *Iusti autem* ... (Sap 5,16) *In verbis propositis vita beata, quam isti gloriosi martires per triumphum sue passionis assecuti noscuntur* ... (183va) ›*De eodem sermo quin-*

tus‹ Desiderium iustorum ... (Prv 11,23) *Quia secundum Boecium 3° De consolacione: Omnis natura mortalium licet diverso calle procedat* ... (185ra) ›*De angelis sermo primus‹ Nunquid nosti* ... (Iob 38,33) *Licet ordo et disposicio divine sapiencie in omnibus creaturis reluceat* ... (186va) ›*De eodem sermo secundus‹ Viso que sint proprietates trium ordinum prime ierarchie* ... – Schneyer, Nr. 400–402. – (192ra) *Michahel unus* ... (Dn 10,13) *Licet sancta mater ecclesia hodie convenienter celebret festum omnium angelorum* ... – Schneyer, Nr. 403–404. – (195va) *Vidi alterum angelum* ... (Apc 7,2) *Verba proposita convenienter assumuntur in laudem et preconium beati Francisci* ... – Schneyer, Nr. 405–406. – (200ra) ›*De eodem* [sc. Dionysio] *sermo tercius‹ Homo cum in honore* ... (Ps 48,13) *In verbis propositis propheta nobis describit duplicem statum ipsius hominis* ... (201rb) ›*De eodem sermo quartus‹ Viso quomodo prima bestia sit prosternenda ex consideracione proprie vilitatis* ... (202vb) *Ecce odor filii* ... (Gn 27,27) *Verba proposita spiritualiter intellecta convenienter attollunt translacionem beati Augustini* ... (204va) *De eodem* [sc. translacione Augustini] *sermo secundus‹ Sequitur secundum principale cum subditur: Sicut odor agri pleni* ... (206ra) ›*De eodem sermo tercius‹ Viso de fraglancia sui odoris et de habundancia sue virtuose plenitudinis* ... – Schneyer, Nr. 407–408. – (210va) *Tu signaculum similitudinis* ... (Ez 28,12) *In verbis propositis gloriosus pater noster Augustinus a duobus eximie commendatur* ... (211va) [De translacione Augustini sermo septimus] *Secundo signaculum et conformitas verbi eterni in ipso apparuit* ... – Schneyer, Nr. 409–410. – (215va) ›*De eodem* [sc. Luca] *sermo tercius‹ Similitudo hominis* ... (Ez 1,5) *Licet verba proposita ad litteram scribantur de sanctorum ewangelistarum perfeccione* ... (217rb) *Secundo perfeccionis ewangelice sectatores describuntur hic quantum ad ymaginis racionalis supernaturalem perfeccionem* ... (218vb) *Tercio perfeccionis ewangelice sectatores describuntur hic quantum ad eterne beatitudinis crebram et fervidam affeccionem* ... (220ra) ›*De XI milibus virginum sermo primus‹ Filie Syon* ... (Ioel 2,23) *Verba proposita convenienter assumuntur in laudem et preconium istarum sanctarum virginum* ... (221va) *Secundo commendatur a premiorum subtilitate, que colligitur ex earum deliciosa fruicione* ... – Schneyer, Nr. 411–415. – (230vb) ›*De eodem* [sc. Simeone et Iuda] *sermo quartus‹ Duo ubera* ... (Ct 7,3–4) *Verba proposita spiritualiter intellecta possent esse ipsius Christi sponsam suam ecclesiam* ... (232rb) ›*De eodem sermo quintus‹ In illa die* ... (Ioel 3,18) *In verbis propositis Johel propheta divinitus afflatus istos beatos apostolos describit* ... (233va) *Sternam per ordinem* ... (Is 54,11) *In verbis propositis propheta structuram edificii celestis*

Ierusalem ... – SCHNEYER Nr. 416–417. – (237ra) *›De eodem sermo quartus‹ Domine dilexi* ... (Ps 25,8) *Propheta in spiritu previdens beatorum gloriam* ... – SCHNEYER, Nr. 418–420. – (242ra) *Scribe: Beati mortui* ... (Apc 14,13) *Verba proposita hic dicta beato Johanni per revelacionem ipsius angeli* ... (243vb) *›De eodem sermo quintus‹ O mors quam amara* ... (Sir 41,1) *Quia mors est finis terribilium* ... (245ra) *›De sancto Martino sermo primus‹ Servus meus David* ... (Ez 34,24) *Verba proposita spiritualiter intellecta sunt ipsius spiritus sancti* ... (246ra) *Secundo commendatur quantum ad ocium contemplacionis, quod habuit in statu monachali* ... – SCHNEYER, Nr. 421–422. – (250rb) *Manum suam aperuit* ... (Pvb 31,20) *Verba proposita spiritualiter intellecta convenienter intelliguntur de beata Elyzabeth* ... – SCHNEYER Nr. 423. – (253ra) *Mulier timens Deum* ... (Pvb 31,30) *Verba proposita convenienter assumuntur ad laudem et preconium beate Elyzabeth* ... – SCHNEYER, Nr. 424. – (255vb) *Brevis in volatilibus* ... (Sir 11,3) *Quia beata Cecilia propter dulcorem sue devocionis api melliflue comparatur* ... (256vb) *Circa secundum est sciendum, quod sue mercedis eterna retribucio convenienter notatur* ... – SCHNEYER, Nr. 425–426. – (259vb) *Non est talis mulier* ... (Idt 11,19) *In verbis propositis mistice intellectis inclita virgo Katherina quadrupliciter attollitur* ... (261rb) *Secundo beata Katherina commendatur ab intellectuali claritate* ... (263ra) *Secundo commendatur beata Katherina ab eius mentali pulchritudine* ... – SCHNEYER, Nr. 427–429. – (268vb) *Vide archum* ... (Sir 43,12) *Verba proposita convenienter assumuntur in laudem et preconium inclite virginis Katherinae* ... (270rb) *Secundo beata Katherina nobis proponitur in exemplum virtuose perfeccionis* ... (271rb) *Tercio beata Katherina nobis proponitur in solacium nostre peregrinacionis* ... (272va) *Exaltabo ad populum* ... (Is 49,22) *Verba proposita convenienter possunt esse prolata a beatissima trinitate in laudem et preconium inclite virginis Katherine* ... (273vb) *Secundo beata Katherina confortatur filio in lumine perfecte sapiencie* ... (275ra) *Secundo beata Katherina commendatur a privilegiate dignitatis singulari excellencia* ... (276va) *Secundo beata Katherina fuit pre ceteris virginibus sublimata* ... (277rb) *Tercio beata Katherina commendatur a sue pietatis maternali affluencia* ... (278rb) *Adamavit eam rex* ... (Est 2,17) *In verbis propositis singularis perfeccio beate Katherine luculenter attollitur* ... (279va) *›De dedicacione ecclesie sermo primus‹ Elegi domum* ... (II Par 7,12) *Licet verba proposita ad litteram scribantur de templo materiali militantis ecclesie* ... (280va) *Secundo domus ista spiritualis describitur ab eius incomparabili sanctitate* ... (282ra) *›De eodem sermo tercius‹ Domum tuam* ... (Ps 92,5) *Verba proposita pro nostra edi-*

ficacione possent dupliciter exponi … (283ra) *›De eodem sermo quartus‹ Secundo eadem verba possent exponi de sanctitate templi spiritualis* … – Schneyer, Nr. 430. – (285va) *›De eodem sermo sextus‹ Agnus qui in medio* … (Apc 7,17) *Verbum propositum conveniet cum epistola hodierna* … (287ra) *Secundo in verbis premissis ostenditur, qualiter verbum eternum mentes devotas per suam presenciam dulciter reficit* … – Schneyer, Nr. 431–433 … – … *›Qui me scribebat Conradus nomen habebat.‹ Finito libro sit laus et gloria Christo. ›Non videat Christum qui librum subtrahat istum.‹* – Zumkeller, Nr. 333 u. Nachtrag S. 589, Hs. jeweils genannt; VL^2 3, Sp. 730f.

292rb–301ra Registrum in sermones propositas
Adopcio. Quod quis adoptatur … – … *Quod diverse mansiones designant varios gradus meritorum seu numerum IX ordinum angelorum ibidem. ›Non videat Christum qui librum subtrahat istum. Explicit registrum directivum ad omnia puncta notabilia in hoc opere contenta, consumatum divino munere in vigilia assumpcionis virginis gloriose Deo gracias. Amen‹.*

301ra–306vb Henricus de Frimaria: Tractatus de adventu domini
Veniat dilectus … (Ct 5,1) *Verba proposita congruenter exponuntur anime amorose sponsi sui presencia* … (303va) *Viso de anime congrua preparacione* … (305vb) *Viso de congrua seminis suscepcione* … – … *ita beati verbum eternum, omnia alia in ipso et per ipsum cognoscunt.* – Zumkeller, Nr. 288; VL^2 3, Sp. 730f.

Ms 540

Petrus Dominici. Alvarus Pelagius. Orationes in concilio Basiliensi. Jacobus de Paradiso. Nicolaus de Lyra

Papier 355 Bll. 32×22 u. 31×21,5 Leipzig 1460; 15. Jh. 3. Viertel

WZ: Piccard Ochsenkopf XI, 229, 1455 (f. 2) u. Piccard Turm II, 326ff. nach 1459 bzw. 1460 (f. 348). V^{10} + 13 VI^{166} + VII^{180} + 13 VI^{335} + (VI–7)^{340} + (VI–4)^{348} + (V–4)^{354}, zwischen 306 u. 307 ein unfoliiertes Blatt; Reklamanten; Foliierung modern; Blattweiser. Schriftraum 22–24,5×14,5–16; 1ra–10vb u. 167ra–354rb zweispaltig; 46–53

(1ra–10vb u. 349ra–354rb 37–41) Zeilen. 11^{r}–166^{v} fortlaufend Kapitelzählung auf dem Kopfsteg.

Buchkursiven, 6 Schreiber: a: 1ra–10vb u. 349ra–354rb; b: 11^{r}–120^{r}, 143^{r}–166^{v}, 341ra–348ra; c: 120^{v}–142^{v}; d: 167va–300vb u. 331va–339ra; e: 301ra–323vb; f: 324ra–331rb; Rubriken; Gliederungszeichen und -vermerke auf den Rändern nur von den Schreibern selbst; 72^{v}, 75^{r}, 76^{r-v} Notate von anderer Hand des 15.Jh. auf den Fußstegen. Rote 2- bis 3-zeilige Lombarden, 324ra eine blaue. 11^{r} blaue 4-zeilige Initiale *O*, Ausläufer und Füllung rote Blattwerkzeichnung, ähnlich 301ra 5-zeilige Initiale *R*.

Schweinsledereinband der Zeit mit Einzelstempeln Leipzig Schriftstempel-Meister (SCHUNKE, S.13, Nr.319, S.46, Nr.320; LOH, Buchbinder, S.62–64 u. Anl.3, Bl.2); Buckel entfernt, Schließen und Kantenbeschläge erhalten; Löcher von der Kettenbefestigung im Rückdeckel oben. Spiegel des Vorderdeckels Papier mit WZ Waage (PICCARD II 326ff., nach 1459).

Teile der Hs. 1460 in Leipzig geschrieben, s. 166^{v} und 300vb. Titelschild, Papier, 16.Jh., auf dem Vorderdeckel: *31 · ALVArus de planctu ecclesiae De communione* [eucharistiae] *· 31 · Dd.* FELLER, S.189, Nr.4.

1ra–10vb u. 349ra–354rb PETRUS DOMINICI DE APPANIIS: REGISTRUM ALPHABETICUM AD LIBRUM DE PLANCTU ECCLESIAE

›*Tabula sive registrum tocius summe de planctu ecclesie.*‹ *Abbas. Notantur multa de auctoritate* ... (10vb) *Pilatus quomodo iudicavit Christum per I articulum LXVIII g* ›*Residuum huius tabule sive registri quere in fine huius voluminis.*‹ (349ra) *possidere nichil potest* ... – ... *Zysania quomodo est eradicanda per II articula LXXII f. Deo gracias.* – HAIN 891–892. ZUMKELLER, Nr.754.

11^{r}–166^{v} ALVARUS PELAGIUS: DE PLANCTU ECCLESIAE I

›*Summe planctus ecclesie pars prima.*‹ *Optimis moribus et virtutibus adornato* ... (69^{v}–70^{v}) Articulus 51: in den Abschnitten a, b, c, d Fehlstellen, die ab 72^{v} beim angegebenen Zeichen T bis 74^{r} beim Absatz nachgetragen sind. – (71^{r}–72^{v}) Einschub eines Traktats, 1458–1460, zum päpstlichen Primat: *In principio istius operis. In nomine domini nostri Iesu Christi in quo vivimus movemur* ... *dominum Pium papam secundum* ... *cum auctoritas, dignitas et infallibilitas vicaris* (sic) *beati Petri et vicarii Iesu Christi sit originaliter ab ipso salvatore. Primo aliquid breviter est tractandum de potencia Christi regis et consequenter de potencia sui vicarii et pastoris ecclesie militantis* ... (Ende des Einschubs) ... – ... *in iudicium magni Dei vinculis eternis, sed sub caligine reservati. Iude primo capitulo.* ›*Explicit prima pars sub anno domini 1460 prima die aprilis.‹* – HAIN 891–892. BLOOMFIELD, Nr. 3699; MOHAN S. 269; DIAZ Y DIAZ, Nr. 2108. – 167^{r} und mehr als die Hälfte von 167va leer.

167va–224vb JOHANNES DE RAGUSA: ORATIO DE COMMUNIONE EUCHARISTIAE SUB UTRAQUE SPECIE
›Tractatus de communione eucharistie sub utraque specie.‹ Reverendissimi reverendique patres, illustrissime princeps regum et principum universitatum … Cuius exhortacionis verba utinam tali fide, tali devocione talique caritatis affectu … – … argumentacionum rivulos facile poterit desiccare. Ad laudem Dei omnipotentis et exaltacionem fidei catholice etc. – Derselbe Text in Ms 178, 79^{r}. MANSI 29, Sp. 699–868; P. DE VOOGHT in: RTAM 37/1970, S. 97–137, 254–291. Diese und die folgenden drei Thesen gegen die Hussiten wurden vom 31. Januar bis 28. Februar 1433 auf dem Konzil zu Basel vorgetragen, die Replik Kalteisens in der Karwoche, vgl. J. GILL, Konstanz und Basel (Geschichte der ökumenischen Konzilien Bd. 9), Mainz 1967, S. 203–208.

225ra–260va AEGIDIUS CARLERII: DE PUNITIONE PECCATORUM PUBLICORUM
Audistis reverendissimi patres, illustrissime princeps … oratores famosi regni Bohemie profundam precelsam et veram posicionem de communione … (225vb) *›De punicione peccatorum publicorum articulus‹ Ad declaracionem veritatis materie secundi articuli … – … tamquam scintille in arundineto discurrent, quod nobis prestat in communi, in cuius nomine congregati sumus dominus noster … Amen.* – Derselbe Text in Ms 178, 183^{r}. MANSI 29, Sp. 868–972. Vgl. die Angaben zu 167va.

260va–276vb JOHANNES DE PALOMAR: DE POSSESSIONIBUS PRAELATORUM
›Sequitur de possessionibus prelatorum ecclesie et ecclesiasticarum personarum.‹ Deus in adiutorium … (Ps 69,2) *Excelsus ille propheta, de quo scriptum est Deum dixisse … – … quam nobis omnipotens concedere et amplecti concedat, qui est via et veritas dominus noster … Amen.* – Derselbe Text in Ms 178, 389^{r}. MANSI 29, Sp. 1105–1153. Vgl. die Angaben zu 167va.

277ra–300vb HENRICUS KALTEISEN: DE PRAEDICATIONE VERBI DEI
›De predicacione verbi Dei articulus‹ Patres et domini, reverendissimi doctores … In medio tam magnatorum tamque auditorum doctissimorum locuturus … – … me subieci alme universitatis matris mee Coloniensis determinacioni et decisioni etc. Anno domini 1460 in die decollacionis Johannis hora quasi meridiei in Lipczk. Deo laus. – Derselbe Text in Ms 178, 300^{r}. MANSI,

Bd. 29, Sp. 971–1044. Kaeppeli 2, Nr. 1783, Hs. genannt; VL^2 4, Sp. 972f.; vgl. die Angaben zu 167va.

301ra–323vb Henricus Kalteisen: Responsio ad Ulricum Hussitam
›*De verbo Dei*‹ *Reverendissimi patres, domini prestantissimi, domini cardinales ... Etsi iuxta sacri canonis veritatem omnia suis debent convenire temporibus ... – ... recitata anno domini millesimo quadringentesimo tricesimo tercio in ebdomada penosa celerrime et obrupte collecta propter nimiam festinanciam Bohemorum ad recedendum. Ideo propicium requirit lectorem etc. Laus Deo.* – Derselbe Text in Ms 178, 348^{v}. Mansi, Bd. 29, Sp. 1045–1104. Kaeppeli 2, Nr. 1783, Hs. genannt; VL^2 4, Sp. 972f.; vgl. die Angaben zu 167va.

324ra–331rb Jacobus de Paradiso: Tractatus de cognitione causarum morborum
›*Tractatus de cognicione causarum morborum plurimorum et precipue intollerancie iniuriarum simulque de remediis eorum*‹ *Cum effrenatam numerositatem humanarum passionum ... – ... contumentes exitum consumacionis mutemur pacienciam.* ›*Epilogus sive conclusio predictorum*‹ *Hec que premisi de cognicione causarum morborum ... – ... ad supremum omnium salvatorem recto itinere pergamus, Iesum Christum per secula benedictum. Amen.* – Es folgen die Verse: ›*In iracundis sis mitis, mollia fando / lenia responsa mitigant iras benefando.*‹ – Meier, Nr. 17, S. 22f., diese Hs. unter der Feller'schen Bezeichnung genannt; Mertens, S. 40; Porębski, S. 48f., Nr. 23, Leipziger Hs. ohne Signatur genannt; VL^2 4, Sp. 483; Bloomfield, Nr. 1089.

331va–339ra Jacobus de Paradiso: De causis deviationis religiosorum
›*De causis deviacionis religiosorum et de remediis eius et de qualitate suscipiendorum ad religionem.*‹ *Novit ille, quem secreta cordis non latent ... – .... intelligere det et facere et proficere Ihesus Christus per secula benedictus. Amen.* – Meier, Nr. 50, S. 46, ohne Nennung der Hs.; Mertens, S. 37; Porębski, S. 48, Nr. 22, ohne Nennung der Hs.; VL^2 4, Sp. 482; Bloomfield, Nr. 3463. Auch in Ms 621, 310rb. – 339rb–340vb leer.

341ra–348ra Nicolaus de Lyra: Postilla super librum Threnorum
›*Postilla fratris Nicolai de Lyra super librum Trenorum*‹ *Quomodo sedet* (Lam 1,1) *In precedentibus huius libri Ieremias prophetavit destruccionem Ierusalem ... – ... quia filii proprium est misereri et parcere, qui vivis ... Amen.* – Hain 10363–10370. Stegmüller RB 4, Nr. 5875; Mohan, S. 356.

348ra NICOLAUS DE LYRA: MORALIA SUPER LIBRUM THRENORUM
Incipiunt moralitates Lire super trenorum (sic). *Quomodo sedet...* (Lam 1,1) *Hic incipit lamentacio casus Ierusalem ... – ... declinat multum in perfeccione prima in prelatis et clericis et ceteris* || bricht nach 17 Zeilen ab. – HAIN 10372–10375. STEGMÜLLER RB 4, Nr. 5952; MOHAN, S. 356. – 348rb–348vb und 354$^{va–vb}$ leer. – 349ra–354rb s. 1ra.

Ms 541

Alvarus Pelagius. Petrus Dominici

Papier 449 Bll. 40–40,5×29 Nürnberg 1448

WZ PICCARD IX,2,319 (ca.1440) u. XII,2,652–661 (1429–1451). 21 VI^{252} + V^{262} + 8 VI^{358} + V^{368} + 6 VI^{440} + (VI–2)^{449}; Reklamanten; moderne Foliierung; 1 Blattweiser (abgefallen). Schriftraum 27,5–28,5×18–18,5; zweispaltig; 56–64 Zeilen.

Bastarda, ein Schreiber; Kolumnentitel. Rote 4-zeilige Lombarden. 1ra, 8ra und 138va Platz für 13-, 17- u. 15-zeilige, nicht ausgeführte Initialen *P*, *O* u. *I*.

Kalbsledereinband des 15. Jh. mit Streicheisenlinien; Beschläge und zwei Langschliessen entfernt; Löcher von der Kettenbefestigung im Rückdeckel oben.

1448 in Nürnberg geschrieben von Michael Gartner aus Perchingen (Berching, Oberpfalz ?), Nürnberger Bürger (449va); vgl. Colophons, Nr. 13730, Bd. 4, S. 208. Auf dem Vorderdeckel Titelstreifen, Papier, 15. Jh. in Quadrangelschrift: *Alpharus de planctu ecclesie*. Auf dem Kopfschnitt in gestreckter Quadrangelschrift des 15. Jh. dieselbe Zeile; auf dem Fußschnitt *Alpharus* in einer Schrift des 15. o. 16. Jh. Zettel auf dem Rücken mit Signatur: *1279*(?). FELLER, S. 374, Nr. 210; aus dem Collegium Principum maius.

1ra–442rb ALVARUS PELAGIUS: DE PLANCTU ECCLESIAE
[P]*rincipium operis continet prohemium libri...* (7vb) *Explicit tabula Deo gracias*. – (8ra) *Omnibus moribus et virtutibus adornato ... – ... indignus in penitenciarie officio regnante domino meo Iesu Christo cum patre ... Subscripcio compilantis. Opus prescriptum manu propria una vice correxi et apostillavi anno domini M°CCC°XXXV in Algarbie Portugalie, ubi sum presul in villa Ramra* (?). *Secundo correxi et apostillavi in sancto Jacobo de Compostella*

anno domini M°CCC°XL. In prima parte istius operis sunt LXX articuli. In secunda parte sunt articuli XCIII. – Lit. wie Ms 540, 11^{r}–166^{v}.

442rb–449va Petrus Dominici de Appaniis: Registrum ad librum de planctu ecclesiae
Sanctissimo ac beatissimo patri et domino domino Gregorio ... (442vb) *Abbas. Notantur multa de auctoritate abbatum* ... – ... *Zelus quid est et quod* (sic) *modis dicitur parte II articulo LXXI. Explicit tabula plactus* (sic) *ecclesie per alphabetum compilata per fratrem Petrum Dominici de Appaniis sacre pagine professorem humilem ordinis fratrum heremitarum sancti Augustini. Laus Deo, pax vivis, requies eterna defunctis. Scriptus et finitus per Michaelem Gartner de Perchingen, civis Nurmbergus* (sic). *Sub anno domini millesimo quadringentesimo quadragesimo octavo in vigilia sancti Viti martiris. Sit laus Deo.* – Derselbe Text in Ms 540,1^{ra}–10vb u. 349ra–354rb und Ms 565,1^{va}–7vb. Hain 891–892. Zumkeller, Nr. 754. – 449vb leer.

Ms 542

Bernardus Lombardi. Johannes de Regina

Pergament 189 Bll. 32×23 Italien 14. Jh. 1. Hälfte

6 VI^{72} + $(VI\text{–}1)^{83}$ + 2 VI^{107} + $(VI\text{–}1)^{118}$ + 1^{119} + VI^{131} + $(III\text{–}2)^{134}$ + 4 VI^{182} + $(IV\text{–}1)^{189}$, Blatt 119 (31×22) nachträglich eingefügt; Reklamanten nicht durchgehend, häufig mit einem gezeichneten Rahmen in Form eines Fisches; f. 17–71 teilweise, sehr fehlerhafte arabische Foliierung aus dem 14./15. Jh., etwa jedes fünfte Blatt modern foliiert. Schriftraum 23,5–24,5×15–16,5; zweispaltig; 59–63 Zeilen.

Rotunda: 1ra–134va, darin der Einschub auf 111rb in gotischer Kursive des 14. Jh; Notula: 135ra–189rb. Einträge auf den Rändern teils von den Schreibern selbst, teils von einer anderen Hand des 14. Jh; 116va–118vb größere Nachträge auf den Fußstegen. Auf den Randspalten teilweise Distinktionenzählung in abwechselnd roten und blauen römischen Zahlzeichen. Über den Interkolumnien in rot bzw. blau-rot die abgekürzte Bezeichnung des jeweiligen Buchs (*I SE, II SE ... II Q*). 1ra–134va abwechselnd rote und blaue 3-zeilige Lombarden, an den Außenseiten und in der Mitte jeweils ein senkrechtes Strichpaar in der Gegenfarbe; 135ra–189rb mit Spiralen gefüllte und Stabbündel aussendende Lombarden. 84ra, 120ra, 135ra, 161va 4- bis 5-zeilige Initialen, rot-blau ornamental gespalten, gefüllt und besetzt mit Knospenfleuronné. 1ra

blaue 5-zeilige Deckfarbeninitiale *C* auf rechteckigem rosa Grund; im Binnenfeld auf einem rosa gerahmten Goldgrund wohl als Autorenbild die Büste eines Mönchs mit brauner Kutte in Dreiviertelansicht; links geht von den Ecken jeweils ein gebogener Ast aus, der im Kopf eines Fabeltiers bzw. in drei Zweigen mit dreiteiligen Blättern und Goldpollen endet; Farben: Grau, Rosa, Blau, Rotbraun.

Spätmittelalterlicher Schweinsledereinband; Beschläge nach Art der Leipziger Dominikaner, Buckel und Schließen entfernt; zwei Löcher von der Kettenbefestigung im Rückdeckel oben. Spiegel im Vorderdeckel, Papier 30×20, Buchkursive 14./15.Jh., zweispaltig, 61 Zeilen: QUAESTIO SUPER PECCATUM MORTALE; Spiegel im Rückdeckel aus dem gleichen Codex, andere Hand, 68 Zeilen: Aus einer QUAESTIO DE PROPORTIONE VELOCITATUM IN MOTIBUS (vgl. THORNDIKE-KIBRE, Sp. 1615, 1651, 1659, 1665).

Gehörte wie Ms 482 (s. d. 174^{r} u.236^{v}) im 14.Jh. dem Dominikaner Thomas (Theodorus?) Karaz aus Leipzig; s. den Eintrag auf 119vb: *Liber fratris Thome Karaz de Lipzk ordinis predicatorum*; vgl. LÖHR, Dominikaner, S. 18. Die Form der verlorenen Einbandbeschläge weist ebenfalls auf das Leipziger Predigerkloster (Eintrag im Sequestrationsverzeichnis unter Pulp. L, Lat. 1, Nr. 12). Auf dem Vorderdeckel Reste eines Titelschilds aus Papier, 15.Jh.: *36 · BERN*[... – ....] · *36*. Auf dem Rücken Signatur: *659*. FELLER, S. 182, Nr. 20.

1ra–134va BERNARDUS LOMBARDI: SUPER I–III SENTENTIARUM
›*Incipit scriptum super primum sentenciarum magistri Bernardi Lombardi ordinis predicatorum.*‹ *Cupientes aliquid de penuria etc. Huic operi magister premittit prohemium, in quo principaliter tria facta* ... – 83^{va-vb} leer. – (84ra) Incipit L.II: *Est Deus in celo revelans misteria etc. Sicut dictum fuit, a principio nomine celi designatur* ... (111rb) *sed illud obmittatur, quia est preter propositum*‖ Abbruch in Dist. 33. – Eingeschoben Beginn von Dist. 18: *Explicit questio supra pretermissa*: [I]*n eodem quoque paradiso. Superius magister denarravit de produccione viri ... eciam hic de distinccione 18 scribitur preclarius*‖ – 111^{va-vb} leer. – (112ra) Setzt an späterer Stelle von Dist. 33 wieder ein: *de aggravacione et unitate et multitudine* ... – 119^{ra-rb} leer. – (119va) *Tituli trium librorum in sententias* ... – (120ra) Incipit L. III: *Circa primam leccionem 3ii sentenciarum proponabantur 4 questiones* ... – ... *quod probabiliter sustinebatur misterium incarnacionis vero ponendo aliam differenciam ex natura rei*‖ bricht ab in Lectio 18; in L.II fehlen die Dist. 14–18, 20, 21, 27 u. 28. – STEGMÜLLER RS, Nr. 103; KAEPPELI 1, Nr. 640; R. EGENTER in: Aus der Geisteswelt des Mittelalters (FS Grabmann), Münster 1935, S. 1025f., Hs. jeweils genannt. – 134vb leer.

135ra–189ra JOHANNES DE REGINA: QUODLIBETA VI ET VII
›*Incipit primum quolibet magistri Johannis de Neapoli ordinis predicatorum.*‹ *Prima questio est, utrum sciencia theologie possit communicari puro viatori ...* (Quaestio 14 fehlt) ... (161va) ›*Incipit secundum quolibet eiusdem.*‹ *Prima questio est, utrum relacio divina originis sit formaliter infinita ... – ... Deo gracias. Explicit quolibet bonum et utile. Quolibet scripto reddatm* (sic) *gracia Christo.* – Repertorium Fontium 6, S. 400f., dort auch Editionen einzelner Quaestionen angegeben; GLORIEUX, Quodl. 2, S. 164–166, Hs. genannt; KAEPPELI 2, Nr. 2528, Hs. genannt; ebd. Bd. 4, S. 163f.; M. GRABMANN, Mittelalterliches Geistesleben I, S. 379–384 u. 553, II, S. 475, Anm. 68 (Zählung als Quodl. 1 u. 2), mit ausführlichen Zitaten aus der Hs. – 189rb Tituli quaestionum. – 189^{va-vb} leer.

Ms 543

Theologisch-kanonistische Sammelhandschrift

Papier 289 Bll. 29,5×20,5–21 15. Jh. 1. Hälfte

Moderne Foliierung; Blattweiser.

7 Teile:

I: 2–63. 15. Jh. 2. Viertel. 5 VI^{61} (freigestellter Spiegel mitgezählt) + (III–4)^{63}; Reklamanten. Schriftraum 23–23,5×13,5–14; zweispaltig; 36–49 Zeilen. Bastarda, eine Hand; Buchkursive (nur 2^{r}); Rubriken. Initialen nicht ausgeführt.

II: 64–73. 15. Jh. 2. Viertel. V^{73}. Schriftraum 20–20,5×14–14,5; 42–44 Zeilen. Bastarda, eine Hand; rubriziert. 64^{r} Initiale *C* in Form einer nach oben und unten lang ausgezogenen schwarz-roten Cadelle, sonst keine Initialen ausgeführt. Auf den Rändern Gliederungsvermerke.

III: 74–109. 15. Jh. Anfang. 3 VI^{109}. Schriftraum 22×14,5; zweispaltig; 46–48 Zeilen. Buchkursive, eine Hand; rubriziert. Rote 2- bis 3-zeilige Lombarden, 75ra 5-zeilige Initiale *C*.

IV: 110–194. 15. Jh. 2. Viertel. VI^{121} + VII^{135} + VI^{147} + (VII–1)^{160} + 2 VI^{184} + (VI–2)^{194}. Schriftraum 21,5–22×14,5–15; zweispaltig; 39–43 Zeilen; auf dem Fußsteg, Mitte, Blattzählung des 15. Jh.: *fo 1*(111) – *fo 84*(193); rechts unten Lagenzählung: *A1-A10, B1 ... – ... G10*, korrekt erst ab *E1* (161vb). Buchkursive, eine Hand; der größte

Teil der Einträge von anderen Händen des 15.Jh. erweitert. Auf den Randstegen die Rubriken für jedes Buch arabisch durchgezählt und alphabetisch für jedes einzelne Blatt, immer beginnend mit *A*. Zu Beginn von Buch 1, 2, 3 und 4 je eine rote 3- bis 5-zeilige Lombarde *I*.

V: 195–216. 15.Jh. 2.Viertel. 2 V^{216}. Schriftraum 19×14; zweispaltig; 44–46 Zeilen. Gotische Minuskel, eine Hand; Rubriken. Rote 5- bis 7-zeilige Lombarden, verziert durch knollig verdickte Ausläufer, gelegentlich Sägeblattbesatz, einige ornamental gespalten und/oder mit ausgespartem lappigem Binnenornament; Eingangsinitiale *E*, 9-zeilig; 212rb Initiale *I* als schwarz-rote Cadelle.

VI: 217–232. 15.Jh. 1.Hälfte. V^{226} + III^{232}. Schriftraum 22–23×15; zweispaltig; 41–43 Zeilen. Buchkursive, eine Hand; Initialen nicht ausgeführt.

VII: 233–289. 15.Jh. Anfang. $(VII–1)^{245}$ + $(VI–2)^{255}$ + $(VII–1)^{268}$ + VI^{280} + $(V–1)^{289}$. Schriftraum 22×14,5; zweispaltig; 39–49 Zeilen. Ab 285va Schriftraum 23–27×17–18; zweispaltig; 50–51 Zeilen. Bastarda, eine Hand; Rubriken; Initialen nicht ausgeführt.

Spätmittelalterlicher Kalbsledereinband stark abgenutzt, Rücken Schweinsleder in Zweitverwertung (nicht mehr identifizierbare Einzelstempel und Spuren von Beschlägen); Buckel, Beschläge und 2 Langschließen entfernt; Kettenbefestigung im Rückdeckel oben ausgebrochen. Diese Stelle ist von innen überklebt mit einem Papierfragment (ca. 5×5), aus einem Inhalts- oder Bücherverzeichnis in Kursive des 16.Jh., lesbar: *Chrysostomi, Augustini, Capistrani*. Spiegel im Vorder- und Rückdeckel je ein Doppelblatt einer Pergamenthandschrift (17×15, 37–40 Zeilen), Textualis 1.Hälfte 14.Jh., aus einem GRAMMATIKKOMMENTAR, auch die Falze aus der gleichen Hs.; Spiegel im Vorderdeckel freigestellt, jetzt als f. 1 bezeichnet.

Aus dem Besitz des Magisters Nicolaus Melzer von Glogau (1^r, Kursive 15.Jh.: *Liber Magistri Nicolai Melczer de Glogovia*), wohl zum Preis von 5 Gulden gekauft (Spiegel des Rückdeckels, Kursive 15.Jh., andere Hand: *pro V floris*). Nicolaus Melzer wurde im SS 1421 in Leipzig immatrikuliert (ERLER I, S. 67), im WS 1427 Magister (ERLER II, S. 107) und war im WS 1456 Rektor (ERLER I, S. 202). Titelschild, Papier, 16.Jh., auf dem Vorderdeckel: *42 · IURAIMperii Romanorum · 42*; auf dem Rücken Signatur: *809*. FELLER, S. 231 f., Nr. 44.

2^r: INHALTSVERZEICHNIS

In isto libro continentur: Primo tractatus de iuribus imperatoris Romanorum ... – ... 8 Richardus super canonem pulchrius in capitulis de penitencia confessione etc. et de defectibus prelatorum, episcoporum, sacerdotum suorum statuum.

2^v: SCHEMA REGNORUM CHRISTIANITATIS

Regna Cristianitatis ... – ... ›Regnum‹ Bohemie.

3ra–23vb Lupoldus de Bebenburg: Libellus de zelo Christianae religionis

›*Epistola libella* (sic) *de zelo cristiane religionis in nomine Iesu Christi incipit.*‹ *Illustri et magnifico principi domino suo domino Rudolfo duci Saxonie Lupoldus de Bebenburg ... – ... mereamini premio coronari eo prestante, qui est benedictus in secula seculorum. Amen.* ›[C]*onpleta est hec presens compilacio in civitate Herbipolensi sub anno domini millesimo CCCXLII°.*‹ – Hain 2725. Das Stück bei Helssig, Juristische Handschriften, S. 331 beschrieben. H. Meyer, Lupold von Bebenburg. Studien zu seinen Schriften (Studien und Darstellungen aus dem Gebiete der Geschichte Bd. 7, H. 1 u. 2), Freiburg 1909, S. 99–111; VL^2 5, Sp. 1076. Derselbe Text in Ms 363, 289^r, ebenfalls bei Helssig, Juristische Handschriften, S. 329, und bei Helssig, Theologische Handschriften, S. 539 f., beschrieben.

23vb–62va Lupoldus de Bebenburg: Tractatus de iuribus regni et imperii

[R]*everendissimo in Christo patri ac domino suo Baldewino sancte Treverensis ecclesie archiepiscopo ...* (62rb) *ut patet XXXVII distinccione scilicet. Sed contra. Cui Deo sit gloria ... – ... Amen.* [C]*ompletus est hic tractatus in civitate Herbipolensi sub anno domini M°CCC°XL in crastino purificacionis beatissime virginis Marie per dominum Lupoldum de Babenburg* (sic) *officialem curie Herbipolensis et cetera.* – Das Stück bei Helssig, Juristische Handschriften, S. 331 beschrieben. H. Meyer, Lupold von Bebenburg, S. 69–76; VL^2 5, Sp. 1074 f. Derselbe Text in Ms 363, 325^r, ebenfalls bei Helssig, Juristische Handschriften, S. 329, und bei Helssig, Theologische Handschriften, S. 540, beschrieben. – 62va–63va ›[R]*ubrice sive tytuli tractatus de juribus Imperii et cetera.*‹ *... – ... Capitulum Reverendissime pater et domine.* – 63vb leer.

64^r–71^r Decem quaestiones de repressaliis

Circa repressalias, an sint licite in foro consciencie ... – ... De hereditate ab intestato sive si vero cum ascendentibus etc. (Nov. 118,2). – 71^v–73^v leer.

74ra–104vb Petrus Lombardus: Liber tertius Sententiarum

PL 192, Sp. 757–840; Petrus Lombardus, Sententiae in IV libris distinctae, Bd. 2, Grottaferrata 1981, S. 1–229. – 105ra–110vb leer.

111ra–193va Ps.-Antonius Patavinus: Concordantiae Bibliae

›*Incipit registrum in concordanciis Biblie.*‹ *De affectus purgacione capitulum*

XXXVII quarte partis ... (116ra) *Contra virum stultum 53 quarte partis. Explicit registrum in concordanciis biblie* (Register nur zum ersten Buch). ›*Incipit* (sic) *concordancie biblie distincte per quinque libros. Primus agit de hiis que pertinent ad prevaricacionem primi hominis* ... ›*Contra peccatum simpliciter*‹ *Job 26* (Zahl von anderer Hand durchgestrichen) *e* (verbessert in *d*) *obstetricante manu*, korrigierte Angabe: *16 d* ... – ... *Hebre 12 a proposito sibi gaudio*, von späterer Hand ergänzt: *sustinet crucem*. Der Text besteht aus thematisch gegliederten kurzen Bibelzitaten, die häufig von einer anderen Hand des 15. Jh. weitergeführt sind. – Stegmüller RB 2, Nr. 1382; Mohan, S. 67; A. Kleinhans in: Antonianum 6/1931, S. 297f. – 193vb–195vb leer außer Federproben des 15. Jh. in grüner und brauner Tinte auf 194va.

196ra–211va Astesanus de Ast: Tabula vocabulorum utriusque iuris
Exposicio vocabulorum iuris tam canonici quam civilis etc. (Auf dem Kopfsteg) – *Consequenter quia in aliquibus premissis capitulis* ... *Abigeus dicitur proprie, qui pecora a pascuis et armentis subducit* ... – ... *Yconomus supra in curator. Explicit tabula de exposicione seu declaracione vocabulorum et terminorum cum suis notabilibus in corpore iuris tam canonici quam civilis contractorum, quam edidit frater Asaxanus de civitate Ascensi de ordine fratrum minorum.* – Das Stück bei Helssig, Juristische Handschriften, S. 332 beschrieben. Schulte, GQ 2, S. 427; E. Seckel, Beiträge zur Geschichte beider Rechte im Mittelalter I, Tübingen 1898 (Nachdruck Hildesheim 1967), S. 281–287, die Hs. S. 283 genannt; Mohan, S. 65.

211va–212rb Bonifatius Papa, VIII.: Regulae iuris 'Libri sexti'
Incipiunt regule iuris per ordinem alphabeti. Accessorium naturam sequi congruit principalis actus ... (212rb) *Utile non debet per inutile variari* (sic). – Friedberg, Bd. 2, Sp. 1122–1124 (nicht alphabetisch). Schulte, GQ 2, S. 44.

212rb–212vb Inhibitiones eucharistiae
Inhibiciones eukaristie etcetera. Primo inhibetur omnibus symoniacis et Jhesitis ... – ... *Item vulnerantes parentes sive percucientes. Explicit expliciunt dic infitet inquiunt.* – 213ra–216vb leer.

217ra–232vb Nicolaus de Lyra: De adventu Christi (Quodlibet I, quaestio 2)
[U]*trum ex scripturis receptis a Iudeis possit efficaciter probari salvatorem nostrum fuisse Deum et hominem* ... – ... *cum et alii sancti miracula fecerunt*

miraculum ‖ bricht ab. – Glorieux, Répertoire 2, S. 216; Glorieux, Quodl. 2, S. 201; Mohan, S. 456. – 233^{ra-vb} leer.

234ra–246va Ps.-Amalarius Metensis: Regula Canonicorum
›*Isidori in libro officiorum capitulum primum*‹ ... – ... *qua possit sub se viventes instruere videamus iam* ‖ bricht ab in der vierten Zeile von unten, cap. 26; es fehlen: Schluß von cap. 8, erster Absatz von cap. 9, cap. 11, Schluß von cap. 14, cap. 15–17. – PL 105, Sp. 821–859.

246va–249rb Ps.-Bernardus Claraevallensis: Sermo de corpore et sanguine Christi
setzt ein im vorletzten Satz des 4. cap. (s. u. 275va) ohne Trennung vom abgebrochenen vorigen Text ‖ *torrentis fuderunt extrinsecus* ... – ... *dum mirabilia per vos operatur. Qui vivit ... Amen.* ‖ bricht ab mit cap. 16, dritter Satz, und fügt eine Schlußformel an; einige Lücken im Text. – PL 184, Sp. 984–990. Janauschek, S. V, Nr. 14 u. S. VII, Nr. 35.

249rb–255rb Richardus de Wedinghausen: Expositio canonis missae
›*Incipit tractatus magistri Richardi super canone.*‹ Kapitel 1–9. – PL 177, Sp. 455–469. Glorieux, Pour revaloriser, S. 70.

255rb–261ra Odo de Ceritona: Summa de paenitentia
›*Incipit tractatus de penitencia magistri Odonis.*‹ *Penitenciam agite* ... (Mt 4,17) *Aqua frigida anime sitienti* ... – ... *igneis vestibus in inferno induuntur et domibus domenum* (sic) *includuntur. Legitur in libro dyalogorum* ‖ ohne Prolog, bricht ab in der 15. Zeile von unten; Fortsetzung 275va.

261ra–274va Ps.-Amalarius Metensis: Regula canonicorum
setzt ein in der 15. Zeile von unten mit direktem Anschluß zum abgebrochenen cap. 26 (246va) ‖ *quid divinus sermo contineat* ... – ... *ineffabiliter remunerari mereantur* (cap. 116; es fehlen: cap. 39–97, der größte Teil von 112, 114, 115; von 113 ist nur das Explicit aufgenommen). – PL 105, Sp. 859–915.

274va–275va Ps.-Bernardus Claraevallensis: Sermo de excellentia ss. sacramenti et dignitate sacerdotum
›*Sermo beati Bernhardi de corpore et sanguine domini nostri Iesu Cristi.*‹ *Pater sanctissime Petre* ... – ... *cum lancea militari forcius exprimentes ad modum* ‖ bricht ab in der 22. Zeile von unten, Fortsetzung 246va (s. o.). – PL 184, Sp. 981–984 (Incipit abweichend). Dieser Text mit dem gleichen Incipit auch in Ms 502, 178va.

275va–285rb ODO DE CERITONA: SUMMA DE PAENITENTIA
Wahrscheinlich direkter Anschluß nach 261ra ‖ *quod quidam rem habuit cum sua, quam de fonte baptismi levavit* ...(276rb) ›*Confessio debet esse frequens.*‹ [C]*onfessio debet esse frequens unde in Johanne: Eamus iterum in Judeam* ... – ... *Ubi cum Christo et sanctis eius perpetuo regnabunt. Quod nobis prestare* ... *Amen.* – 18 Kapitel, letzte Rubrik: *Quid sit symonia* (281ra); Schluß gegenüber den Angaben bei Friend abweichend. – Das Stück bei HELSSIG, Juristische Handschriften, S. 332 beschrieben; derselbe Text in Ms 77, 142^{r} u. 149^{v}; auch Paris BN, lat.2459, 2^{r} u. 2593, 1^{r}. A.C. FRIEND in: Speculum 23/1948, S. 656f.; SCHULTE, GQ 2, S. 531; BLOOMFIELD, Nr. 3871.

285va–288vb REGISTRUM PER ORDINEM ALPHABETICUM
[A]*ccessus Christi ad mortuum* (sic) *et tactus C XXIX* ... – ... *Christus qualiter debet sepeliri spiritualiter 229 C. Et sic per Dei adiutorium finem habet hoc registrum.* – 289^{ra-vb} leer.

Ms 544

Sermones. Tractatus theologici

Papier I + 441 Bll. 30–30,5×21 15. Jh. Mitte

WZ Kreuz PICCARD II, 311–313 (1450/51). 35 VI^{418} + (VI–2)^{428} + VI^{440}; Reklamanten; Foliierung des 15. Jh. *1–422* (erstes Blatt und zwischen *236* u. *237* ein Blatt unfoliiert), Rest modern foliiert; Blattweiser. Schriftraum 21–22×14–15; zweispaltig; 313ra–314va dreispaltig; 38–46 Zeilen.

Bastarda 1ra–312va und Buchkursiven, 4 Schreiber, a: 313ra–314va, b: 323ra–334va, c: 335ra–422ra, d: 422rb–440vb; Rubriken. Gliederungsvermerke auf den Rändern vom jeweiligen Schreiber, einige Randvermerke von mehreren Händen des 15. Jh. Rote 2- bis 4-zeilige Lombarden, viele nicht ausgeführt; 1ra rote 4-zeilige Lombarde *D*, Binnenfeld mit Knospengarben gefüllt.

Schweinsledereinband des Spätmittelalters mit Streicheisenlinien; Buckel und zwei Langschließen entfernt; zwei Löcher der Kettenbefestigung im Rückdeckel oben. Spiegel mit gleichem WZ wie Hs. Auf dem Spiegel im Vorderdeckel Incipitverzeichnis zu den Sermones Clemens' VI.

Titelschild, Papier, 16. Jh., auf dem Vorderdeckel: *25 · SERMOnes Clementis* (*VI.* später eingefügt) *Papae et quaedam alia scripta · 25 · Ll.* Auf dem Rücken Signatur: *450.* FELLER, S. 151 f., Nr. 1, erster Eintrag: *Rythmi latini in laudem Dei genetricis.* Dazu die Beobachtung von Helliger vom 14. Mai 1925 auf Blatt I, daß das Vorsatzblatt herausgeschnitten sei, mit der Wiedergabe von Leysers Eintrag im Zettelkatalog: *Leguntur in fol. praeposito "Ad laudem dei genitricis. In hoc anni circulo vita datur saeculo nato nobis parvulo de virgine Maria." Sunt XVIII strophae, sed inter se diversae.* Man kennt mehrere Hymnen mit diesem Incipit; vgl. WALTHER 8930; CHEVALIER 8614–8616; MONE, Lateinische Hymnen I, S. 65, Nr. 50; II, S. 80, Nr. 387.

I leer. 1ra–312va CLEMENS PAPA, VI.: SERMONES DE DIVERSIS
Bestand nach SCHNEYER 4, S. 758–768 (Hs. genannt): Nr. 25, 94, 32, 56, 81, 41, 49, (57ra) 7 nach wenigen Zeilen abgebrochen, 74, 70, 91, 101, 18, 86, 10, 96, 23, 84, 72, 66, 85, 90, 59, 92, 71, 100, 28, 24, 29, 55, 34, 76. – 229va–238vb leer. – 68, 97, 83, 75, 53, 95, 50, 89, 42, 35. – 312vb leer. – 313ra–314va alphabetisches Register zu den Sermones Clemens' VI. – SCHMITZ, Clément VI, S. 15–34, Hs. genannt. – 314vb–322vb leer.

323ra–330rb HENRICUS DE LANGENSTEIN: SERMO DE SUMMA TRINITATE
›*Sermo de Sancta trinitate II*‹ *Non est similis* … (Ps 85,8) *Patres et domini reverendi. Si plebs fidelis alias festive comemorat Deum* … – … *est racionali creature amabilius atque venerabilius.* – HOHMANN, Nr. 130; VL^2 3, Sp. 766.

330va–330vb PS.-AUGUSTINUS (PELAGIUS?): DE VITA CHRISTIANA
Nur das Prooemium – PL 40, Sp. 1031–1033 u. PL 50, Sp. 383 f.; CPL Nr. 730; CPPs II A, Nr. 157.

330vb–331va PS.-AUGUSTINUS: AD FRATRES IN EREMO SERMO 56
›*Incipit Augustinus de divina leccione.*‹ – PL 40, Sp. 1339–1341; CC 103, S. 37–40. CPPs I A, Nr. 1183; J.-P. BONNES in: RB 56/1945–46, S. 175–179.

331va–334vb SERMO DE COMMENDATIONE SACRAE SCRIPTURAE
Baptizabit vos … (Mc 1,8) *Doctor mellifluus ac in sciencia divine sapiencie prefulgidus pater Bernhardus vole*[n]*s ostendere* … – … *que sunt verba leccionis Apock I et tantum de isto etc.*

335ra–346rb JACOBUS DE PARADISO: IGNICULUS DEVOTIONIS
›*Igniculus devocionis*‹ [D]*ormitavit anima* … (Ps 118,28) *Intranti michi ortulum sacrarium religionum* … – … *exultacione curritur via mandatorum Dei ipso spiritu sancto conducente et Christo adiuvante, quia est via* … *Amen.* – Ed. PORĘBSKI, S. 437–475, s. a. S. 88 f., Nr. 112, Leipziger Hs. ohne Signatur

genannt. MEIER, S. 29f., Nr. 28, Hs. durch Verweis auf Feller genannt; MERTENS, S. 38; VL^2 4, Sp. 482.

346va–357rb JACOBUS DE PARADISO: DE STATU, FINE ATQUE EXCELLENTIA CARTHUSIENSIUM
›*Tractatus ad Carthusienses de eorum statu, fine atque excellentia etc.*‹ [U]*t verbis propheticis te pudicissimam turturem* ... – ... *ipse qui est gaudium et consolacio nostra, Iesus Christus per secula benedictus. Amen.* ›*Explicit corona ordinis Carthusiensis.*‹ – MEIER, S. 72, Nr. 88; MERTENS, S. 37; VL^2 4, Sp. 482; BLOOMFIELD, Nr. 6229; nicht bei Porębski. – 357va–358vb leer.

359ra–376rb BERNARDUS CLARAEVALLENSIS: HOMILIAE QUATTUOR IN LAUDIBUS VIRGINIS MATRIS
›*Incipit prologus beati Bernhardi abbatis super omelia Missus est Gabriell* (sic) *etc.*‹ – PL 183, Sp. 55–88; LECLERCQ-ROCHAIS 4, S. 13–58. Derselbe Text in Ms 502, 278va. SCHNEYER 1, S. 442, Nr. 8–12; JANAUSCHEK, S. II, Nr. 1.

376rb–379rb BEDA VENERABILIS: HOMILIA SUPER 'MISSUS EST'
›*Incipit omelia venerabilis Bede etc.*‹ – PL 94, Sp. 9–14; CC 122, S. 14–20. Derselbe Text in Ms 502, 133ra. STEGMÜLLER RB 6, Nr. 9579 (Anonyma).

379rb–388ra BERNARDUS TOLETANUS: SERMONES QUATTUOR SUPER 'SALVE REGINA'
›*Sermo primus beati Bernhardi in purificacione beate virginis gloriose.*‹ – PL 184, Sp. 1059–1078. SCHNEYER 1, S. 461, Nr. 1–4; JANAUSCHEK, S. IX, Nr. 92; GLORIEUX, Pour revaloriser, S. 72.

388rb–396vb PS.-BERNARDUS CLARAEVALLENSIS: TRACTATUS DE STATU VIRTUTUM
›*Bernhardus de humilitate*‹ *Quia humilitas est genitrix virtutum* ... – ... *et quod incrementum et que perfeccio. Tu autem* ‖ – PL 184, Sp. 792–808, setzt ein mit der 5. Zeile der Edition von unten, bricht ab nach Teil 3, Kap. 33. GLORIEUX, Pour revaloriser, S. 72; BLOOMFIELD, Nr. 4689; vgl. Würzburg UB, M.ch.q.78, 120^r.

396vb–399rb GARNERIUS LINGONENSIS: SERMO DE OBITU SANCTI BERNARDI
PL 205, Sp. 755–759. SCHNEYER 2, S. 122, Nr. 29.

399rb–400va PS.-BERNARDUS CLARAEVALLENSIS: SERMO IN PENTECOSTE
›*Sequitur sermo beati Bernhardi abbatis in die Penthecostes quod spiritus sanctus in ligwis* (sic) *igneis datus est orantibus et unanimiter conversantibus*

et non discordantibus.‹ [C]*ongregati estis fratres karissimi ad audiendum verbum Dei* … – … *non perfecte potest haberi in hoc seculo, sed in futuro ibi tamen, ubi Deus erit omnia in omnibus.* – Auch Nürnberg StB, Cent.I.69, 82ra. J. LECLERQ in: RB 63/1953, S. 301 f.

400va–412vb ACHARDUS DE SANCTO VICTORE: SERMO IN DEDICATIONE ECCLESIAE
›*Sermo beati Bernhardi abbatis in dedicatione ecclesie*‹ – SCHNEYER 1, S. 41, Nr. 16.

412vb–415vb SERMO IN DEDICATIONE ECCLESIAE
›*Item in dedicatione ecclesie sermo alius*‹ *In die illa sanctificavit rex* … (III Reg 8,63) *In dedicacione typici templi quid typicus Salomon fecit* … – … *hostie, que acceptabiles Deo sint per Iesum Christum dominum nostrum.*

415vb–416va BERNARDUS CLARAEVALLENSIS: SERMO VI IN DEDICATIONE ECCLESIAE
›*In dedicatione ecclesiae Bernhardus*‹ – PL 183, Sp. 535 f.; LECLERCQ-ROCHAIS 5, S. 396–398. Schneyer 1, S. 449, Nr. 131.

416va–419ra BERNARDUS CLARAEVALLENSIS: SERMO I IN CONVERSIONE SANCTI PAULI
›*Sermo beati Bernhardi abbatis in conversione sancti Pauli de eo, quod persecucio Christi et Christianorum non desit ulla racione*‹ (418ra) zusätzliche Rubrik: ›*In conversione sancti Pauli de eo, quod Paulus ignoranter peccans consecutus sit misericordiam a domino etc.*‹ – PL 183, Sp. 359–365; LECLERCQ-ROCHAIS 4, S. 327–334. SCHNEYER 1, S. 447, Nr. 89.

419ra–422ra SERMO IN PURIFICATIONE BMV
SCHNEYER 8, S. 496, Nr. 8, Schluß abweichend: … – … *de fonte plenitudinis sue conferre dignetur, qui cum patre* … *Amen.* Gleicher Sermo in Nürnberg StB, Cent. I.69, 124va. Vgl. A. CORDOLIANI in: Mélanges Saint Bernard, 1953, S. 401 f.

422rb–424ra TRACTATUS DE SEPTEM VITIIS PRINCIPALIBUS ET DE 'PATER NOSTER'
Septem sunt principalia vicia superbia videlicet invidia, ira, tristicia, avaricia, gula, luxuria … – Derselbe Text in Ms 376, 110ra, und Ms 378, 182^{v}. Ähnliche Incipits bei BLOOMFIELD, Nr. 5449–5473.

424ra–424rb BERNARDUS CLARAEVALLENSIS: SERMO DE RECTO USU DONORUM DEI
PL 183, Sp. 706 f.

424^{rb-vb}: PS.-BERNARDUS CLARAEVALLENSIS: DE SEPTEM DONIS SPIRITUS SANCTI
PL 184, Sp. 1113–1118. – 425ra–428vb leer.

429ra–440vb BERNARDUS CLARAEVALLENSIS: SERMONES I–X IN PSALMUM XC
PL 183, Sp. 185–224; LECLERCQ-ROCHAIS 4, S. 383–447. SCHNEYER 1, S. 444 f., Nr. 43–53. – 440vb ›*Registrum ad eundem*‹ *De labore et consolacione laboris I ... – ... Quomodo se excusat beatus Bernardus XXXIII.*

Ms 545

Petrus Boherius. Guilelmus Peraldus. Ps.-Bernardus Claraevallensis. Ps.-Augustinus. Golias. Gualterus Burlaeus. Cicero

Papier/Pergament I + 191 Bll. 29×20,5 15. Jh. 1. Hälfte

Moderne Foliierung. Beiliegend ein Pergamenträdchen, 15. Jh., mit den Zahlen *1–4* (Lesezeichen); vgl. P. LEHMANN, Erforschung des Mittelalters III, S. 55; J. DESTREZ in: Aus der Geisteswelt des Mittelalters 1 (FS Grabmann), Münster 1935, S. 19–34; ein ähnliches Instrument bei Ms 587 und 590.

2 Teile:

I: 1–123, 148–191. Blatt 3 u. 190 WZ A (BRIQUET 7950, a. 1407 ff.). Vorsatzblatt + X^{20} + 6 VI^{92} + VIII^{108} + $(VIII-1)^{123}$ + VI^{159} + 2 VIII^{191}; äußere und innere Doppelblätter Pergament; Reklamanten; 93–119 mit Foliierung des 15. Jh.: *91–117*. Schriftraum 20,5–21,5×13,5–14; 28–30 u. 36–38 Zeilen. Bastarda, 2 Hände, a: 1^{r}–92^{r}; b: 92^{va-b}; Buchkursive, eine Hand: 93^{r}–123^{v} u. 148^{r}–188^{v}; Rubriken, teilweise entlang den Außenkanten in Querrichtung vorgeschrieben; kurze Randverweise von einer anderen Hand des 15. Jh. Rote 2- bis 3-zeilige Lombarden. 93^{r} 6-zeilige Initiale *T*, deren breiter roter Schaft und schwarzer Querbalken geschlitzt sind und sich wechselseitig durchdringen. 148^{r} 4-zeilige Initiale *T*, die nach dem gleichen Prinzip wie 93^{r} konstruiert ist, aber zusätzlich an den Enden des Querbalkens von 2 weiteren roten Streifen senkrecht und am Schaftfuß von einem schwarzen Querbalken durchdrungen wird; 174v rote 3-zeilige Initiale Q, im Binnenfeld und in der Cauda ausgesparte Knospenmuster.

II: 124–147. 2 VI147; Reklamanten. Schriftraum 21×14,5; zweispaltig; 36–40 Zeilen. Buchkursive, eine Hand; Rubriken. Rote 1- bis 2-zeilige Lombarden.

Bibliothekseinband des 19.Jh. FELLER, S.198, Nr.18; Ir Fußsteg, Signatur(?) 19./20.Jh.: *349a*; 1r: *349b*.

Ir Gründungsdaten der Mönchsorden von den Benediktinern bis zu den Augustinern. Von anderer Hand ein Inhaltsverzeichnis. – Iv leer.

1r–83r PETRUS BOHERIUS: IN BULLAM 'SUMMI MAGISTRI' APPARATUS
In Christo Iesu patri reverendo domino Johanni Johannis Abbati Juncellensi, sancti Benedicti ordinis professori eximio decretorum frater Petrus Boerii, abbas immeritus sancti Aniani (St. Chinian, Dép. Hérault) *ordinis eiusdem …* – *… Pontificatus. Iste annus incipit computari a die consecracionis sive coronacionis, non a die eleccionis, ut plurime notat Johannes Andreae in data libro VI. Explicit apparatus fratris Petri Boerii abbatis sancti Aniani super constitucionibus ordinis sancti Benedicti. Deo gracias.* Es folgen Verse: *Si quis defectus est hic vel labor ineptus / non infles pectus, tolle novanda profectus.* – Petri Boherii in Regulam sancti Benedicti Commentarium nunc primum ed. cura … L. ALLODI, Subiaco 1908, S.XIX, Nr.5. SCHULTE, GQ 2, S.256; U. PŘEROVSKÝ in: Studia Gratiana 21/1978, S.184–188; KRISTELLER III, S.415.

83r–85v PETRUS BOHERIUS: COMMENTARIUS IN BENEDICTI XII. BULLAM 'DUDUM PRO BONO'
Benedictus episcopus dudum scilicet pontificatus sui anno secundo … – *… que dixi scilicet commentario in constitucionibus capitulo ultimo in fine Petrus Boerii, abbas sancti Aniani, decretorum doctor. Deo gracias. Amen.* – U. PŘEROVSKÝ in: Studia Gratiana 21/1978, S.190f. Derselbe Text in Melk, Ms. 149 (C.27), 114v–117v.

86r–92r PETRUS BOHERIUS: COMMENTARIUS IN BENEDICTI XII. BULLAM 'PASTOR BONUS'
›Extravagans‹ Pastor bonus talis namque fuit claviger ethereus … – *… Datum Avinionii. Vide circa huiusmodi datam, quod notat Johannes Andreae in fine sexti libri. Petrus Boerii decretorum doctor.* – SCHULTE, GQ 2, S.256; U. PŘEROVSKÝ in: Studia Gratiana 21/1978, S.190f. Derselbe Text in Melk,

Ms. 149 (C. 27), 120^{v}–122^{v}. – (92va, zweispaltig, andere Hand) *Sequitur registrum sive directorium in sequentem tractatum de professione monachorum. Abbatis boni exempli defectus periculum ·111·117· ...* (92vb) *Temporalium dispensatorum multiplicacio periculum ·117·.*

93^{r}–119^{v} Guilelmus Peraldus (?): De professione monachorum
Tractatus iste, qui de professione monachorum est, habet tres partes ... – ... Qui autem requirunt dominum, animadvertunt omnia etc. – Hain 12394; B. Pez in: Thesaurus anecdotorum novissimus, T. I, Augsburg 1721, P. 2, S. 565–650. Kaeppeli 2, Nr. 1624, Hs. genannt; Dondaine, S. 210–215, Hs. genannt, Zuschreibung an Guilelmus Peraldus; Fabricius 1, S. 232, weist den Text Petrus Boherius zu, unter Berufung auf diese Hs.; Schulte, GQ 2, S. 256, führt eine Schrift des Petrus Boherius unter diesem Titel an. Derselbe Text in Ms 346, 141^{v}; s. Helssig, Theologische Handschriften, S. 509f., dort auch diese Hs. genannt, Zuweisung an Johannes Gersen (Gerson) nach Fabricius 4, S. 366.

120^{r}–121^{r} Ps.-Bernardus Claraevallensis: Epistola ad Raymundum militem
PL 182, Sp. 647–651. Glorieux, Pour revaloriser, S. 70.

121^{r-v} Ps.-Augustinus: De dignitate sacerdotum
O veneranda sacerdotum dignitas, in quorum manibus Dei filius velut in utero virginis incarnatur ... – ... intinguntur sanguini Christi, polluantur sangwine peccati etc. – GW 2947, 2948.

121^{v}–122^{v} Golias: Versus de dignitate sacerdotum
Walther 20578; Chevalier 21923; A. G. Rigg in: Studi Medievali (Ser. 3) 18/1977, S. 91. – 123^{r-v} leer.

124ra–147va Liber unguentorum (Receptarium)
›Incipit pars ungentorum prima.‹ In nomine entis, a quo est quidquid est, et virginis gloriose Marie. Incipit pars, que dicitur ungentorum ... – ... et fiat exemplum et usui reservetur pro magno secreto etc.

148^{r}–174^{r} Gualterus Burlaeus: De vita et moribus philosophorum (Exzerpte)
Tales philosophus Asianus, ut ait Laercius Athenis, inde temporibus claruit ... – ... periculosum est inhabitare, crudele et impium deserere etc. ›Explicit liber de moribus et vita philosophorum.‹ – Aus den Kapiteln 1–7, 10, 12, 14, 15,

17–19, 21–25, 27, 30–37, 41, 44–46, 48, 50–53, 57–59, 61, 62, 64, 67, 68, 90, 94, 96, 105, 107, 108, 119, 120, ein Kapitel über Titus, das in der Ausgabe nicht vorkommt, 110, 111, 115, 117, 118, 122, 125, 126, 129, 131. 173ʳ u. erstes Drittel von 173ᵛ leer: Platz für noch fehlenden Text im Kapitel 122. – HAIN 4112–4124; H. KNUST, Gualteri Burlaei Liber de Vita et Moribus Philosophorum, Tübingen 1886 (Nachdr. Frankfurt 1964); J.O.H. STIGALL, The De vita et moribus philosophorum of Walter Burley: An Edition with Introduction, Diss. Boulder (Col.) 1956. R. WOOD in: BPhM 30/1988, S. 247f.; J. PRELOG in: Codices manuscripti 9/1983, S. 1–18, ohne Nennung der Hs.; KRISTELLER III, S. 415.

174ᵛ–187ʳ CICERO: DE AMICITIA
ed. K. Simbeck, Leipzig 1976, S. 46–86.

187ʳ VERSUS CONTRA AMOREM MULIERUM
Mos est femineus dum male vexat amor ... – ... letificat proprium femina casta virum (11 Verse).

187ᵛ–188ᵛ PROPOSITIONES ET AUCTORITATES SUPER DIVERSIS
In Christi nomine Amen. Incipiunt quedam propositiones et auctoritates pulcherrime et nobiles valde. Et primo ad confortandum ad gloriam ... – ... Non timebo multitudinem populi circumdantis me, exurge domine salvum me fac. Psalmus III etc. – 189ʳ–190ʳ leer.

190ᵛ unten VERSUS DE SEPTEM MODIS DELENTIBUS PECCATUM
Septem sunt delere modi qui crimina possunt / fons elemosina, martirium, compassio fratrum / in se peccanti dimittere, flere reatum / sangwis et carnis Christi suscepcio digna. – Anschließend: DE VITA MONASTICA. *Sit tibi potus aqua ... – ... Quam te perpetua addicat iudiciis ira.* – HAURÉAU, Notices et extraits I, S. 374; WALTHER 18341; WALTHER, Proverbia 29869; CHEVALIER 40961; BLOOMFIELD, Nr. 5770; I. HUEMER in: Wiener Studien 9/1887, S. 60; Übereinstimmung mit Paris BN, lat.3238, 87ᵛ. – 191ʳ unten ein Rezept: *Ad faciendam policionem pro lapidibus ...*

Ms 546–547

Bartholomaeus de Urbino

Papier Breslau 1465

Bastarda, je eine Hand; Rubriken. Rote Lombarden, 2- (Ms 546) und 3-zeilig (Ms 547), in Ms 546 mit charakteristischen sackartigen Verdickungen an verschiedenen Teilen des Buchstabenkörpers. Zu Beginn jedes neuen Abschnittes im Alphabet rote 5- bis 13-zeilige Lombarden, einige nicht ausgeführt; Ms 546, 254vb Initiale *D* zusätzlich ornamental gespalten.

Kalbsledereinbände des Spätmittelalters mit Streicheisenlinien und Einzelstempeln, u.a.: Pelikan, Adler, Schriftband mit Buchbindernamen Wetherhan, (SCHUNKE, S. 296, Nr. 443; S. 210, Nr. 2; S. 7, Nr. 162; LOH, Buchbinder, S. 65–67, Anl. 3, Bl. 2), alle Leipzig Wetterhahn. Buckel entfernt, Kantenbeschläge und Schließen weitgehend erhalten; Spuren der Kettenbefestigung jeweils im Rückdeckel oben.

Geschrieben in Breslau 1465 (s. Kolophon in Ms 547, 470va).

Druck Lyon 1556. ZUMKELLER, Nr. 172, Hs. genannt; Dizionario Biografico degli Italiani, Bd. 6, S. 779f.; KRISTELLER III, S. 415.

Ms 546

442 Bll. 40×28

10 VI^{120} + $(VI–1)^{131}$ + 25 VI^{431} + $(VI–1)^{442}$; Reklamanten; nur das erste Blatt jeder Lage – modern – foliiert. Schriftraum 29–30×18–19; zweispaltig, 1^r–2^r vierspaltig; 50–57 Zeilen. Auf dem Fußschnitt in Textura: *Prima pars operis Ambrosiani.*

Titelschild, Papier, 16. Jh., auf dem Vorderdeckel: *SECUNda pars Ambrosiani* (durchgestrichen) · 2. Darüber in Kursive des 17./18. Jh.: *Prima pars Milleloquii Ambrosiani* und Signatur: *381*; gleiche Signatur oben auf dem Rücken. FELLER, S. 137, Nr. 6.

1ra–2rb CAPITULA MILLELOQUII AMBROSII
Incipiunt capittula (sic) *Ambrosiani hec est compilacionis doctorum beati Ambrosii, que edita est a fratre Bartholomeo de Urbino … Aaron … – … Futurum.* – 2^{rc}–2vb leer.

3ra–440rb BARTHOLOMAEUS DE URBINO: MILLELOQUIUM SANCTI AMBROSII, PARS I
›*Incipit Ambrosianum compilatum ad honorem et ex mandato sanctissimi patris et domini domini Clementis pape sexti etc.*‹ [S]*anctissimo patri et domino domino Clementi ... frater Bartholomeus de Urbino ordinis fratrum heremitarum sancti Augustini ...* (3va, Prolog) *Doctoris optimi sancti Ambrosii doctrinam descripturus ...* (6va, cap. 1) *Aaron ideo sacerdotem ipse Deus elegit ... – ... sicut scriptum est quoniam fecit que ventura sunt etc. Sequitur capitulum aliud.* – 440va–442vb leer.

Ms 547

472 Bll. 40×28–29

$(IV–2)^{6}$ + $(IV–1)^{13}$ + $(VI–1)^{24}$ + 8 VI^{120} + VIII^{136} + V^{146} + VI^{158} + V^{168} + 25 VI^{468} + IV^{472}; Reklamanten; Foliierung modern, ab f. 25 nur noch das erste Blatt jeder Lage foliiert; teilweise römische Lagenzählung im Interkolumnium unten am Lagenbeginn. Schriftraum 29–30×18–19; zweispaltig, 1^{r}–2^{v} vierspaltig; 57–59 Zeilen. Auf dem Fußschnitt in Textura: *Secunda pars operis Ambrosiani.*

Titelschild, Papier, 16. Jh., auf dem Vorderdeckel: *PRIMA pars Ambrosiani* (durchgestrichen) · *1*. Darüber in Kursive des 17./18. Jh.: *Secunda pars Milleloquii Ambrosiani* und Signatur: *382*; gleiche Signatur oben auf dem Rücken. FELLER, S. 138, Nr. 7.

1ra–2vb CAPITULA MILLELOQUII AMBROSII
›*Incipiunt capittula* (sic) *secunde partis Ambrosiani ...* ‹ *Gallus ... – ... Zona.* – 2^{vc}–2^{vd} leer.

3ra–470va BARTHOLOMAEUS DE URBINO: MILLELOQUIUM SANCTI AMBROSII, PARS II
›*Incipit secunda pars Ambrosiani compilata a fratre Bartholomeo ...* [G]*allus*‹ *De galli cantu proprietates describit utiles atque pulcras libro* V^{to} *Exameron capitulo ultimo ... – ... et ad omne attingamur obsequium celestium preceptoris devocione mentis intenti atque preparatu* (sic) *cordis expediti.* ›*Scriptum et finitum Wratis*[lavie] *sub anno domini millesimo quadringentesimo sexagesimo quinto in vigilia sancti Thome apostoli.*‹ – 470vb–472vb leer.

Ms 548–549

Bartholomaeus de Urbino

Papier u. Pergament Leipzig 1455

Bastarda, je eine Hand, Rubriken; 108^{r-v} in Ms 549 und fast alle, zum Teil umfangreichen Textnachträge auf den Rändern und auf den Schaltblättern vom Schreiber von Ms 548, wenige Randvermerke von einer anderen Hand des 15. Jh. Abwechselnd (nicht konsequent) rote und blaue 3- bis 4-zeilige Lombarden. Initialstil (Blattranken) eng verwandt Ms 1 (s. Helssig, Theologische Handschriften, S. 1–3; Abb. bei Debes, Leipziger Zimelien, S. 123) und Ms 581.

Fertiggestellt 1455, s. Ms 548, 369rb.

Zumkeller, Nr. 173, Hs. genannt; Ministeri, S. 223 f.; Dizionario Biografico degli Italiani, Bd. 6, S. 779 f.; B.M. Peebles in: Traditio 10/1954, S. 555–566; Kristeller III, S. 415.

Ms 548

I + 370 Bll. 40×28,5

Vorsatzblatt[1] + VI^{13} + $(VII–1)^{27}$ + $(VI–1)^{41}$ + $(VII–1)^{60}$ + $8(VII–1)^{152}$ + $(VIII–1)^{168}$ + $8(VII–1)^{275}$ + $(VIII–1)^{291}$ + VI^{304} + $2(VII–1)^{330}$ + VII^{344} + $(VII–1)^{357}$ + $(VII–2)^{370}$; Papier, äußere und innere Doppelblätter aus Pergament; Foliierung der Zeit (*1-374* + I, dabei durch doppeltes Zählen oder Auslassungen insgesamt 5 Blätter zuviel gezählt) und moderne Foliierung, in der auch die schmaleren Schaltblätter mitgezählt sind; zwischen 34 u. 35 Textverlust durch ein herausgerissenes Blatt, zwischen 298 u. 299 Textverlust durch fehlendes Doppelblatt (Pergament), zwischen 123 u. 124 ein Blatt nicht mitgezählt. Schriftraum 28,5–29,5×18,5–19; zweispaltig, Schaltblätter einspaltig, 369va–370^{vc} fünfspaltig; 45–52 Zeilen. Auf dem Fußschnitt in Textura: *Prima pars Milleloquii beati Augustini.*

1^r im Interkolumnium Bordürenstab in grüner Deckfarbe; von den Blattmasken an beiden Enden breiten sich Bordürenranken mit Blüten und akanthusartigen Blättern auf Kopf- und Fußsteg aus; Farben: Blau, Rot, Grün in mehrfachen Abstufungen durch Weißbeimischung, dazu auch Gold; Pollen in Gold und den drei genannten Farben. 1ra 8-zeilige Deckfarbeninitiale *K*, Buchstabenkörper mit roten Akanthusranken gefüllt; durch einen rechts angesetzten doppelten grünen Rahmen zum Rechteck ergänzt, Rahmenfeld mit Blattgold belegt, in das Rosetten und Linien eingeprägt sind. Im Binnenfeld der Initiale, vor einem blauen Hintergrund, sitzt Augustinus mit Mitra und grüner Kasel; in der rechten Hand hält er den Bischofsstab, in der linken ein von einem Pfeil durchbohrtes Herz, das Bild ist erklärt in einer beigegebenen Rubrik: *Caritas Christi vulneraverat cor sancti Augustini*; es geht zurück auf Aug., Conf. IX 2,3 (vgl. J. u. P. Courcelle, Iconographie de Saint Augustin. Les cycles du XIVe siècle, Paris 1965, S. 46, Nr. 7; S. 51, Nr. 5; S. 96f., Nr. 19; Tf. XLV, XLVI-E u. Tf. XCVI). Rankenausläufer auf dem Bundsteg entsprechen in Motiven und Farben den beschriebenen Bordürenranken. 1va, 105ra, 123ra, 138ra, 210va, 214rb, 317ra, 360rb, 367va, 368va, jeweils bei Beginn eines neuen Buchstabens weitere gerahmte 9- bis 12-zeilige Initialen, gleiche Ausstattung wie 1ra, Binnenfelder meistens damasziert oder mit Netzmustern gefüllt; Farben auch Braun und Grau. Die Blätter mit den, vermutlich historisierten, Initialen M und S wurden entwendet (s. u. die Textverluste).

Dunkler Kalbsledereinband des Spätmittelalters mit Streicheisenlinien und Einzelstempeln (Vierblattblüte, rhombisch, umrandet: ähnlich Schunke, S. 73, Nr. 79; Rosette, offen, Durchmesser 0,5 cm, nicht identifiziert; nach Loh, Buchbinder, S. 55 u. Anl. 3, Bl. 1 von Johannes Cruse in Leipzig gebunden); Buckel entfernt, Kanten- und Schließenbeschläge erhalten, Schließbänder abgeschnitten; Löcher von der Kettenbefestigung im Rückdeckel oben.

Titelschild, Papier, 16. Jh., auf dem Vorderdeckel: *AUGUStini Milleloquium prima pars. Usque ad* [...] · *II* · *Ll*; oben: *386* (?). Feller, S. 138, Nr. 9.

1ra–369rb Bartholomaeus de Urbino (zuerst Augustinus triumphus): Milleloquium sancti Augustini, Pars II
Kalende de kalendis ianuarii in sermone primo de ipsa die in principio ... (34vb, bricht ab im Artikel Lux) *lux angelorum a nemine conspici in hac vita possit* ‖ – Textverlust – (35ra, setzt wieder ein im Artikel Luxuria) ‖ *hac primo fudit lacrimas cordis et lavit domini pedes ...* (298va, bricht ab im Artikel Superbia) *celestia concludit in quibus sermonibus sermone primo* ‖ – Textverlust – (299ra, setzt wieder ein im Artikel Tenebre) ‖ *corporis desunt utique illo modo, quo in silencio ...* – ... (369ra) *Laus quoque sancto spiritui sit per evum. Amen. – Finitum anno domini millesimo CCCCLV sequenti die Margarete modico ante secundam horam.* – Enthält weder den Index librorum Augustini noch die bei Peebles zitierten Verse am Schluß des Werks wie einige der älteren Handschriften und die Editio princeps (Lyon 1555).

369va–370^{vc} Registrum articulorum Milleloquii sancti Augustini
›*Incipit registrum in presentem librum.*‹ *Iter ...* – ... *Zyzania.* – $370^{vd–ve}$ leer.

Ms 549

389 Bll. 40×29

(VI–2)^{10} + 5(VII–1)^{74} + (VII–2)^{86} + 7(VII–1)^{182} + (VI–1)^{193} + 2(VII–1)^{220} + VII^{234} + 2 VI^{258} + (VII–2)^{270} + 3(VII–1)^{309} + (VIII–1)^{324} + 4(VII–1)^{376} + VIII^{392}; Lagenzählung jeweils links unten auf der ersten Seite (einige abgeschnitten). Alte Foliierung *2-395* auf den Verso-Seiten (ohne die zwei Blätter des Registers und das letzte Blatt), 130, 176 zweimal gezählt, 151, 159, 187, 189, 237, 239, 269, 289, 333, 369 ausgelassen; moderne Foliierung zwischen 55 u. 81, 208 u. 234, 248 u. 270, 346 u. 375 nicht durchgehend, ein Blatt zwischen 57 u. 58 nicht gezählt. Schriftraum 26,5–29×18–19; zweispaltig, 1ra–2^{vd} vierspaltig, 108^{r-v} einspaltig; 49–57 Zeilen. Fehlende Blätter mit Textverlust zwischen f. 2 u. 3, 5 u. 6, 85 u. 86. Auf dem Fußschnitt in Textura: *Prima pars Milleloquii beati Augustini.*

Gerahmte Deckfarben–Initialen wie in Ms 548: 228ra, 262vb, 294rb, 306vb, 324va. Gleiche Gestaltung bei der 11-zeiligen Initiale *B*, 69va, im blauen Binnenfeld Darstellung des Turmbaus zu Babel: An dem noch unfertigen Turm mit angebautem Torhaus arbeitet oben ein Mann weiter. Sehr feine Zeichnung, besonders des Gesichtes, mit Weiß und Bleistift auf blauem Grund. Ebenso in der Initiale *D*, 166rb, in deren Binnenfeld hinter einer Brüstung die Halbfigur des Propheten Daniel zu sehen ist, daneben ein Löwenkopf; der Grund ist rot, Zeichnung in Gelb, mit Blei- und Silberstift. 1ra auf grünem Grund, in rotem Rahmen 6-zeilige Initiale *A*, Buchstabenkörper aus Blattgold, blaue und grüne Akanthus-Ausläufer. 3rb auf Goldgrund, in grünem Rahmen 10-zeilige Initiale *B*, Buchstabenkörper rot, gefüllt mit Akanthusranke, Lambrequin-Ausläufer in Rot, Grün, Blau und Gold. Initialen *S*, zwischen f. 2 u. 3, vielleicht ein Dedikationsbild, *A*, zwischen f. 5 u. 6, vermutlich mit Darstellung des Brudermords, und *C*, zwischen f. 85 u. 86, mit unbekanntem Motiv, wurden wohl von einem Dieb herausgeschnitten bzw. herausgerissen wegen der Miniaturen.

Einband wie Ms 548, andere Einzelstempel, wegen des fortgeschrittenen Zerfalls der Einbandoberfläche nicht mehr identifizierbar; ein Teil des Vorderdeckels abgebrochen (Loh, Buchbinder, S. 67 f., Anl. 3, Bl. 3, schreibt diesen Einband nach Schunke einem Wetterhahn-Schüler II zu).

Titelschild, Papier, 16. Jh., auf dem Vorderdeckel (stark zerstört): *AUGUStini Milleloquium · 3 · 8.* Feller, S. 138, Nr. 8.

1ra–2^{vd} Registrum in Milleloquium sancti Augustini
Abel ... – ... Sepultura.

3ra–392rb Bartholomaeus de Urbino (zuerst Augustinus triumphus): Milleloquium sancti Augustini, Pars I

Setzt ein in der Dedicatio ‖ *epistolarum et omeliarum et sermonum, quare vidi nomina continencia principia* ... (3rb, Prolog) Vorangestellte Verse: Walther 14821; vgl. B.M. Peebles in: Traditio 10/1954, S. 555–566. *Beati Aurelii Augustini doctoris eximii intelligenciam admirabilem* ... (5vb, bricht ab im Prolog) *Hoc solum in eo cumulacius reddidi quia libens feci. Quia* ‖ -Textverlust – (6ra, setzt wieder ein im Artikel Abel) ‖ *minore natu a populo Iudeorum, mayore natu ille in campo* ... (85vb, bricht ab im Artikel Bonus) *iusticia eius manet in seculum seculi inde* ‖ – Textverlust – (86ra, setzt wieder ein im Artikel Calciamentum) ‖ *consensu ewangelistarum et 3° precepit dominus discipulis* ... – ... *a iuventute vestra eligite doctrinam et usque ad canos invenietis sapienciam.* – 392^{va-vb} leer.

Ms 550–551

Bartholomaeus de Urbino

Papier 39,5×28,5–29

Buchkursive, eine Hand, außer den Rubriken in Ms 550; die wenigen Nachträge auf den Rändern vom Schreiber selbst.

Dunkle Kalbsledereinbände des Spätmittelalters mit Streicheisenlinien und Einzelstempeln, u.a. Schriftband Wetherhan (s. Ms 546/47); Buckel, Beschläge und Schliessen entfernt, Kantenbeschläge teilweise erhalten. Nach der Form der entfernten Beschläge vermutlich aus dem Leipziger Dominikanerkonvent (Eintrag im Sequestrationsverzeichnis unter Pulp.G., Lat. 1., Nr. 2)

Kristeller III, S. 415. Feller, S. 138, Nr. 10–11.

Ms 550

382 Bll. 1454

V + 31 VI^{372}. Foliierung des 15. Jh. *1–372*, beginnend mit dem ersten Blatt der zweiten Lage; moderne Foliierung nur *1–11* (erste, wohl nachträglich eingefügte, Lage und erstes Blatt der zweiten Lage). Schriftraum 29–29,5×20–20,5; zweispaltig; 49–56 Zeilen.

Rote 3- bis 4-zeilige Lombarden, gelegentlich mit Fleuronné-Motiven verziert. 17vb, 18va, 51va, 112vb, 129vb, 145vb, 220vb, 224va, 253ra, 300vb, 319ra, 365vb, 370ra und 371va jeweils zu Beginn eines neuen Abschnitts im Alphabet eine rote, rechteckig gerahmte 7- bis 11-zeilige Initiale, ornamental gespalten (51va blau-rot), mit einfachen Fleuronné-Ausläufern, ins Binnenfeld eingezeichnet Strahlen, Knospen, Rosen- und Storchschnabelblüten, 370ra und 371va zusätzlich gelb laviert.

Geschrieben 1454; vermutlich im gleichen Jahr von Dietrich von Bocksdorf gekauft (s. f. 372ra), von diesem 1476 an den Dominikanerkonvent vererbt (zu Dietrich von Bocksdorf vgl. Einleitung, S. XI). In Kursive des 15. Jh. auf dem Spiegel des Vorderdeckels: *2^a^ pars Milleloquii domini Numburgensis.* Auf dem Vorderdeckel Titelschild aus Papier, 15. Jh., unter einer Hornplatte in einem Metallrahmen: *Secunda pars milleloquii beati Augustini ab I usque ad finem cum registro reverendi in Cristo patris ac domini domini Theoderici episcopi Numburgensis.* Darüber Signaturschild aus Papier, 15./16. Jh.: *13*, dazu zweimal von späterer Hand: *2*. Auf dem Rücken Signatur: *384*.

1ra–2vb leer. – 3ra–7rb Registrum in Milleloquium Augustini, Pars II
Iter ... – ... Zizania. – Von der Hand Dietrichs von Bocksdorf: *Anno domini 1454 feria 3^{a}, que erat dies Lamperti. Ad laudem Dei. Amen.* – 7ra–10vb leer.

11ra–372ra Bartholomaeus de Urbino (zuerst Augustinus triumphus): Milleloquium sancti Augustini, Pars II
Setzt ein am Ende des Artikels Israel ‖ *tunc quando vidit Deum qui est in videndo, Deum pro modo suo ut sit. Iter. Scribitur psalmus 5: Itur ad Deum non locis corporum, sed affectibus animarum ... – ... ad credendum preparans voluntatem, per quam possint tam Dei patris quam sanctique spiritus cunctam peragere voluntatem. Explicit milleloquium sancti Augustini. Finitum sub anno domini M^{o}CCCC LIIII° in vigilia exaltacionis sancte crucis.* Eigenhändiger Eintrag Dietrichs von Bocksdorf: *Ego Theodericus de Buckinstorff utriusque iuris doctor ac ordinarius facultatis iuridice alme universitatis Liptczensis comparavi librum istum de laboribus meis. Ad laudem Dei. Amen.* ›*Deo laus in secula.*‹ – Literatur s. Ms 548–549. – 372rb–372vb leer.

Ms 551

404 Bll. 1453

IV[8] + 33 VI[404]; Reklamanten zum größten Teil beim Beschneiden weggefallen; erster Quaternio (nachträglich eingefügt) und dann jede zehnte Seite modern foliiert, Foliierung des 15.Jh. ab f. 9: *1–397* (288 ausgelassen). Schriftraum 28–28,5×20–20,5; zweispaltig (3ra–4rd vierspaltig); 47–50 (3ra–4rd: 46–50) Zeilen.

Anfangs überwiegend rote, gelegentlich blaugrüne 3-zeilige Lombarden, später konsequent abwechselnd, bei *A* sehr häufig der linke Schaft keulenförmig bis zu 7 Zeilen vor der Spalte heruntergezogen, gespalten und mit ausgesparter Sternblüte; dazu oben und unten Fadenausläufer, die in Knospen enden. 1ra, 1va, 5rb, 90ra, 109vb, 188ra, 255va, 292va, 325rb, 337vb, 356rb jeweils zu Beginn eines neuen Abschnitts im Alphabet eine rote 6- bis 13-zeilige Initiale mit Fleuronné-Ausläufern, von blaugrünem Begleitstrich gerahmt, Binnenfelder mit verstrebungsartigen Leisten (bis 188ra) und Knospengarben gefüllt; Kontur meist von Knospenreihen besetzt.

1453 von Dietrich von Bocksdorf gekauft, vermutlich auch im gleichen Jahr geschrieben (s. 4rd u. 404rb); von Dietrich 1476 an den Dominikanerkonvent vererbt (zu Dietrich von Bocksdorf vgl. Einleitung, S. XI). In Kursive des 15.Jh. auf dem Spiegel des Vorderdeckels: *Prima pars Milleloquii domini Numburgensis.* Auf dem Vorderdeckel Titelschild aus Papier, 15.Jh. (Hornplatte und Metallrahmen verloren): *Prima pars Milleloquii beati Augustini ab A usque ad I Reverendi in Cristo patris ac domini domini Theoderici episcopi Numburgensis.* Feller, S. 138, Nr. 10.

1[ra]–2[vb] leer. – 3[ra]–4rd Registrum in Milleloquium Augustini, Pars I
Abel 5 ... – ... Israhel 391. – Von der Hand Dietrichs von Bocksdorf: *Istas dicciones invenies in quotis suis · quoad istam partem primam milleloquii. Ad laudem Dei. Amen. Anno domini 1453 feria 3ª post omnium sanctorum ego Theodericus de Buckinstorff utriusque iuris doctor ac ordinarius facultatis iuridice alme universitatis studii Liptczensis comparavi librum istum de laboribus meis. Ad laudem Dei. Amen.* ›*Deo laus in secula.*‹ – 4[va]–8[vb] leer.

9[ra]–404[rb] Bartholomaeus de Urbino (zuerst Augustinus triumphus): Milleloquium sancti Augustini, Pars I
Sanctissimo patri patrum et domino, domino Clementi, divina providencia sacrosancte romane ac universalis ecclesie summo pontifici frater Bartholomeus de Urbino ... – ... tunc quando vidit Deum qui est in videndo, Deum pro modo suo ut sit. Sequitur capitulum Iter. ›*Comparatus est liber iste per Theodericum de Buckinstorff ordinarium facultatis iuridice alme universitatis*

studii Liptczensis anno domini 1453 feria 3ª post omnium sanctorum. Ad laudem Dei. Amen.‹ – Literatur s. Ms 548–549. – 404^{va-vb} leer.

Ms 552

Bartholomaeus de Urbino

Papier/Pergament   270 Bll.   40–41×29   15. Jh. 2. Viertel

15 IX^{270}, letzte Lage aus der Heftung gerissen, mindestens eine weitere Lage fehlt; innere und äußere Doppelblätter Pergament; Reklamanten. Moderne Foliierung 1–28, danach nur noch die Pergamentblätter (nicht alle) foliiert. Schriftraum 29–30×19–20; zweispaltig, Register 1ra–3vb vierspaltig; 51–60 Zeilen.

Buchkursive, eine Hand, Rubriken; wenige Randvermerke vom Schreiber selbst. Rote 2-zeilige Lombarden nur in den Abschnitten *A* u. *B* (9ra–100ra), die übrigen nicht ausgeführt. Zu Beginn jedes Abschnitts (83va, 100ra, 173va, 240ra) eine 11- bis 13-zeilige Initiale, rot-grün ornamental gespalten, außer 173va mit rechteckigem Rahmen, Binnenfelder mit Rankenwerk gefüllt. Ähnlich die ungerahmten Initialen *A* des Registers (1ra), *S* der Dedikation (3vb) und *B* des Prologs (4va). 9ra rote 10-zeilige Initiale *A*, links stehend Kain in grünem Untergewand und einem weißen, rotgesäumten, ärmellosen Überzieher, erschlägt mit einem Holzrechen den schon blutend am Boden liegenden gelblich gekleideten Abel; lavierte Zeichnung mit Feder (rot) und Stift (schwarz). Die Figuren sind im wesentlichen in den beiden Schäften des *A* eingeschlossen.

Dunkler Kalbsledereinband des Spätmittelalters; Löcher von der Kettenbefestigung im Rückdeckel oben. Ein Titelstreifen auf dem Vorderdeckel nur noch in spärlichen Resten erhalten, Text nicht mehr erkennbar.

Aus dem Zisterzienserkloster Altzelle; vgl. auf dem Fußsteg von 3va–4rb in roter Textualis, 15. Jh.: *Liber veteris Celle Sancte Marie*; gleicher Eintrag, aber die Wörter abwechselnd in roten und blauen Lombarden, auf dem Fußsteg von 117va–118rb, ebenso 269va–270rb. Auf dem Vorderdeckel oben Signaturschild, Pergament, des 15. Jh. aus Altzelle: *P VII*, spätere Signatur: *387* und in Kursive des 17. Jh.: *Milleloquium August*[ini] *pars I*; vgl. Schmidt, Altzelle, S. 64, *P 7.8*: *Prima – secunda pars Milleloquiorum Augustini* u. S. 84. Feller, S. 138, Nr. 12. Kristeller III, S. 415.

1ra–3vb Registra articulorum et nominum Milleloquii sancti Augustini

Abel … – … Volusianus ›*Incipit prologus in librum subsequentem etc.*‹

3^{vc}–270vb BARTHOLOMAEUS DE URBINO (ZUERST AUGUSTINUS TRIUMPHUS): MILLELOQUIUM SANCTI AUGUSTINI, PARS I
Sanctissimo patri patrum et domino domino Clementi, divina providencia sacrosancte romane ac universalis ecclesie summo pontifici frater Bartholomeus de Urbino ...-... et dicente nisi ederitis carnem filii hominis‖ bricht ab im Artikel *Eukaristia*. – Reklamant: *non habebitis vitam in vobis*. – Lit. wie Ms 548–549.

Ms 553

Hugo Argentinensis. Conradus de Saxonia

Pergament 94 Bll. 33×22 14.Jh. Anfang

2 IV^{16} + II^{20} + 3 IV^{44} + III^{50} + 4 IV^{82} + 2 III^{94}; Kustoden; moderne Foliierung; Blattweiser (Streifen aus einer Handschrift des 15.Jh.: Bruchstück eines Bücherverzeichnisses, Psalmanfänge, ein Name: *Frater Johannes Prior*). Schriftraum 25–25,5×16–16,5; zweispaltig (94^{vb-vc} dreispaltig); 37 Zeilen.

Textualis, Haupttext von einer Hand; 92ra–94va Minuskelschriften des 14.Jh., mindestens 7 Hände; Rubriken; Randvermerke in Kursiven, 2 Hände, des 14.Jh. Abwechselnd rote und blaue 2- bis 3-zeilige Lombarden. 1ra rot-blau ornamental gespaltene 4-zeilige Fleuronné-Initiale Q; Binnenfeld mit Filigranranken gefüllt, Kontur besetzt mit Knospenreihen und Spiralfäden; auf der Randspalte in der Verlängerung der Cauda Fleuronnéstab bis zum Fuß.

Schweinsledereinband des Spätmittelalters; Langschließe und die Buckel auf der Rückseite entfernt (Vorderseite ganz ohne Buckel oder Beschläge); Loch von der Kettenbefestigung im Rückdeckel oben. Im Vorderdeckel Fragment eines zweispaltig (Spaltenbreite 13cm, Höhe mindestens 30cm) in Textualis des frühen 14.Jh. geschriebenen PSALMENKOMMENTARS (hier Ps 67); rechte Spalte fast vollständig herausgeschnitten.

Auf dem Vorderdeckel Abdruck eines Titelstreifens in Textura, 14.Jh.: *Compendium theolog*[ice]. Aus dem Zisterzienserkloster Altzelle; vgl. auf dem Fußsteg von 2va–3rb, 36va–37rb und 90va–91rb den Eintrag: *Liber veteris Celle Sancte Marie*, Wörter abwechselnd in roten und blauen Lombarden, 15. Jh; s.a. SCHMIDT, Altzelle, Nr.*L 40*, S.57 u.84. Auf dem Fragment im Vorderdeckel in Textualis des 15.Jh.: *Compendium Thome archiepiscopi Argentinensis*. Titelschild, 16.Jh. auf dem Vorderdeckel: *43* ·

COMPendium theologiae veritatis · 43. Signatur auf dem Rücken: *670*. FELLER, S. 185, Nr. 36.

1ra–2ra TITULI COMPENDII THEOLOGIAE
›*Compendium veritatis theologice domini Thome Argentinensis archiepiscopi.*‹ ›*Liber primus de natura ·I·*‹ *Quod Deus … – … Numeracio celestium gaudiorum. Expliciunt tituli.* – Nachträglich wurde die im folgenden Text falsche Abfolge der Kapitel des ersten Buchs durch Angabe des Foliums (über die Tituli geschriebene arabische Zahl) registriert und am Fuß von 1ra darauf hingewiesen.

2ra–91vb HUGO ARGENTINENSIS: COMPENDIUM THEOLOGICAE VERITATIS
›*Incipit prologus in compendium theoloyce veritatis.*‹ *Veritatis theologice sublimitas, cum superni sit splendoris radius …* (2va) auf dem Kopfsteg: ›*Primum capitulum huius prime partis cum sequentibus usque ad XV quere in quinto folio.*‹ – Zeile 1: *compilavi* ›*De incomprehensibilitate Dei XVI*‹ *Creator a creatura cognosci non potest …* (7va) auf dem Randsteg: ›*Capitulum XXIX et sequencia quere post quinque folia*‹ 6. Zeile von unten: ›*Quod Deus est capitulum I*‹ *Deum esse multis modis ostenditur …* (12va) auf dem Kopfsteg: ›*Nota capitulum XVI et sequencia usque ad XXIX quere in principio.*‹ weiter unten in der Spalte: ›*De sciencia Dei XXIX*‹ *Scit Deus omnia principaliter … – … que tamen felici fine quisque beatus secundum merita recipiet sine fine. Amen.* – BORGNET 34, S. 1–261. KAEPPELI 2, Nr. 1982, Hs. genannt S. 264; STEGMÜLLER RS, Nr. 368; G. STEER, Hugo Ripelin von Straßburg, Tübingen 1981, S. 90, Nr. 187, Hs. genannt ; VL[2] 4, Sp. 252–258; BLOOMFIELD, Nr. 6399. Dieser Text auch in Ms 455–457, 537, 554, 555, Haenel 3495. – Zweite Hälfte der letzten Spalte Zitate aus den 4 lateinischen Kirchenvätern und Bernhard v. Clairvaux zum Thema des siebten Buches des Compendiums.

92ra–93rb COMPENDIUM DE SACRAMENTIS
›*De baptismate*‹ *In virtute spiritus sancti precipimus, ut honor debitus et reverencia singularis exhibeatur ecclesie sacramentis … – … et ubi est summa veritas, nulla prorsus simulacio esse debet. Explicit compendium de sacramentis.* – Notat ›*Item de confirmacione*‹ – Weitere Zitate in Fortsetzung von 91vb.

93va–94rb CONRADUS DE SAXONIA: SERMO DE CORPORE CHRISTI
›*Sermo de corpore Christi*‹ *Hoc facite …* (Lc 22,19) *Corporis et sanguinis mi-*

steria ... – ... quoad diebus et quoad noctibus. – Schneyer 1, S. 754, Nr. 103; Sbaralea 1, S. 213f.

94va Versus memoriales de necessitate laboris in studio
Sepe rogare, rogata tenere, retenta docere ... – ... Vitam consumunt hec tria fine brevi. – 69 Hexameter, Walther 17044. K. Lehmann in NA 16/1891, S. 391, 6 Verse, von denen nur der 3. u. 4. den ersten beiden in der Hs. entsprechen; gleiches Incipit in Paris BN, lat.3238, 93^{r} u. 3343, 100^{v}. – 94^{vb-vc} leer.

Ms 554

Hugo Argentinensis

Pergament 184 Bll. 30×22,5 14. Jh. Mitte

23 IV^{184}; Kustoden, deren Zählung in der 10. Lage noch einmal neu einsetzt; Foliierung des 15. Jh.: *1–149* (= 5–153), moderne Foliierung: *1–6, 153–184*. Schriftraum 23–23,5×16,5–17; zweispaltig; 28 Zeilen.

Textura, eine Hand; Rubriken; auf den Rändern einige Ergänzungen vom Schreiber selbst und Vermerke von einer anderen Hand des 14. Jh. Abwechselnd rote und blaue 2-zeilige Lombarden, gelegentlich mit Filigran gefüllt; 5ra, 73ra, 94rb, 114rb, 135ra, 167va 3-zeilige Initialen zu den Buchanfängen, rot-blau ornamental gespalten, Binnenfelder meist gefüllt mit Filigran.

Schweinsledereinband des Spätmittelalters; Buckel und 2 Schließen entfernt; im Rückdeckel oben Eisenstift als Rest der Kettenbefestigung. Spiegel im Vorderdeckel Blatt einer liturgischen Handschrift, 30×21, 14 Zeilen, Textura des 14. Jh., deutsche Choralnotation im Vierliniensystem, hier Antiphonen zu Advent oder Weihnachten: *Qui reformabit corpus humilitatis nostre ...*; in Kursive des 15. Jh.: *Magister d*[istinccione] *VIII in 4° de sacramento Hugo in compendio libro VI de distinccione sacr*[amentorum]; im Rückdeckel kleiner Rest eines Fragments aus der gleichen Hs. und in Kursive des 15. Jh.: *Pater noster qui es in celis sanctifi* || bricht ab.

Aus dem Benediktinerkloster Pegau; vgl. 1^{r}, Kopfsteg, Kursive des 15. Jh.: *Liber sancti Iacobi apostoli Pegaviensis* und 183^{v}, Kopfsteg, Bastarda des 15. Jh.: *Hic liber pertinet monasterio Pegaviensi.* Titelschild, Papier, 16. Jh., auf dem Vorderdeckel: *39 · COMPendium theologicae veritatis · 39*; dazu von einer Hand des 17./18. Jh.: *Thomae de Argentina.* Auf dem Rücken Signatur: *671.* Feller, S. 185, Nr. 37.

1ra–2va De Sacramento eucharistiae (aus einem Sentenzenkommentar, L.IV, d.VIII)
Queritur qualiter de factibus circa sacramentum contingentibus possit subvenire. Dicendum dupliciter ... – ... et teneri in sacrario recondito, sicut de rasura tabule dictum est.

2va–5ra Tituli Compendii theologiae
Quod Deus est ... – ... Numeracio celestium gaudiorum.

5ra–184ra Hugo Argentinensis: Compendium theologicae veritatis
Veritatis theologice sublimitas,, cum superni sit splendoris radius ... (70vb, Ende des 2. Buches) *conculcacio principii temptacioni utile exercitium.* – Von anderer Hand: ›*Registrum libri totaliter. Liber primus*‹ (mit römischer Titelzählung innerhalb der einzelnen Bücher) ... (73ra, Beginn des 3. Buches) ›*De malo in genere*‹ *Malum triplex est ... – ... quisque secundum merita recipiet sine fine.* ›*Amen*‹ *Principio finis correspondere videtur. Explicit compendium theolyce* (sic) *veritatis.* – Borgnet 34, S. 1–261. Kaeppeli 2, Nr. 1982, Hs. genannt S. 264; Stegmüller RS, Nr. 368; G. Steer, Hugo Ripelin von Straßburg, Tübingen 1981, S. 47, Anm. 1, Hs. genannt; VL² 4, Sp. 252–258; Bloomfield, Nr. 6399. – 184^{rb-vb} leer.

Ms 555

Thomas Cisterciensis. Conradus de Saxonia. Hugo Argentinensis. Canonistica.

Pergament 200 Bll. 25–26×18–19 13. Jh. Ende

25 IV^{200}; je zwei Vorsatz- und Nachsatzblätter; Kustodenzählung beginnt erst ab der 9. Lage mit *I* (72^{v}), danach jeweils auf dem ersten Blatt. Foliierung modern; Blattweiser. Schriftraum 20–20,5×14,5–15,5; zweispaltig; 32–42 Zeilen.

Gotische Minuskel, 4 Hände: a: 1ra–24vb; b: 25ra–61ra; c: 61ra–69vb; d: 69vb–200rb; Rubriken. Rote 2- bis 5-zeilige Lombarden, manchmal zu Beginn eines neuen Textes und an einigen anderen Stellen mit Profilblattmotiven verziert.

Bibliothekseinband des 19. Jh. Feller, S. 185, Nr. 38.

1ra–21va THOMAS CISTERCIENSIS: COMMENTARII IN CANTICUM CANTICORUM (aus L.VI, VII, VIII)
PL 206, Sp. 251–427 u. 527–560, mit vielen großen Lücken. STEGMÜLLER RB 5, Nr. 8195, Hs. genannt.

21va–26rb DE COMPARATIONIBUS BMV
Beata virgo comparatur celo ... (23va) *Beata virgo comparatur nubi* ... (24rb) *›Arche comparatur‹* ... – ... *Ut ornati perveniamus ad eum, qui pro nobis ad terras descendere dignatus est, quod ipse prestare* ... *Amen.* – Bis 23va unten Übereinstimmung mit Ms 508, 226va (Lücken in Ms 508). – STEGMÜLLER RB 6, Nr. 8879.

26rb–56ra CONRADUS DE SAXONIA: SPECULUM BEATAE VIRGINIS
Quoniam ut ait beatus Jeronimus: Nulli dubium quin totum ad laudem et gloriam Dei pertineat ... – ... *ut sine fine concedat dulcedine sua frui communicator sui, benedictus fructus ventris tui. Amen.* – Derselbe Text in Ms 487, 59^{r}. CONRADUS DE SAXONIA, Speculum beatae Virginis, ed. L. Schmitz, Quaracchi 1904 (Bibliotheca franciscana ascetica Medii aevi 2), S. 1–277, Hs. S. XXII genannt. STEGMÜLLER RB 2, Nr. 2017, RB 3, Nr. 3207; DISTELBRINK, Nr. 214; MOHAN S. 373; MADRE, S. 311; HOHMANN, Nr. 187.

56rb–61ra TRACTATUS DE INTERDICTO
Vorangestellt ein Register: *I Quid sit interdictum* ... *XXII Questiones et soluciones.* (56va) *Interdictum est censura ecclesiastica* ... – ... *vel loci populo donec relaxetur.* – Das Stück bei HELSSIG, Juristische Handschriften, S. 332 beschrieben. Gleiches Incipit in Leiden UB, BPL 166, 88^{r}; in dieser Hs. zusätzlich ein Prolog.

61ra–69vb SUMMA IURIS DE IRREGULARITATIBUS
›Summa iuris de irregularitatibus‹ Summa VI casuum. Rubrica de irregularitatibus. VI casus tantum, quos debet sacerdos mittere ad episcopum ... – ... *Item nota quod sponsalia modo fiunt generaliter per verba de presenti.* – Das Stück bei HELSSIG, Juristische Handschriften, S. 332 beschrieben. SCHULTE, GQ 2, S. 534; MICHAUD-QUANTIN, Sommes de casuistique, S. 53 schlägt Clarius von Florenz als Autor vor. Derselbe Text auch in Frankfurt StUB, Ms. Barth. 88, 273ra.

69vb–200rb HUGO ARGENTINENSIS: COMPENDIUM THEOLOGICAE VERITATIS
Quod Deus est ... (70ra) *De misericordia Dei* (Register zum ersten Buch). –

Veritatis theologice sublimitas, cum sit superni splendoris radius ... – ... secundum merita recipiet sine fine. Amen. Finivi librum totum sine manibus istum. – BORGNET 34, S. 1–261. KAEPPELI 2, Nr. 1982, Hs. genannt S. 264; STEGMÜLLER RS, Nr. 368; G. STEER, Hugo Ripelin von Straßburg, Tübingen 1981, S. 47, Anm. 1, Hs. genannt; VL^2 4, Sp. 252–258; BLOOMFIELD, Nr. 6399. – 200^{va-vb} leer.

Ms 556

Johannes de Erfordia

Pergament 321 Bll. 26–26,5×19,5 14. Jh. 1. Viertel

$(II-2)^2$ + 7 VI^{86} + $(VII-1)^{99}$ + $(VI-2)^{108}$ + 8 VI^{204} + $(IV-2)^{210}$ + 4 VI^{258} + IV^{266} + 4 VI^{314} + $(IV-1)^{321}$; Kustoden; Rubriken; modern foliiert, zunächst nur jeweils das erste Blatt einer Lage, ab f. 87 durchgehend. 3ra–108rb: Schriftraum 18–18,5×12,5–13; 34–35 Zeilen; 109ra–210rb: 22–23×14–15; 42 Zeilen; 211ra–321^{rc}: 19,5–20×13,5–14; 45 Zeilen. Zweispaltig, 319va–321^{rc} dreispaltig. Distinktionenzählung mit Bleistift auf dem Kopfsteg im ersten Buch (3ra–108rb), sonst rot, im zweiten Buch (109ra–210rb) aber weitgehend abgeschnitten.

Gotische Minuskel, 3 Hände, a: 1ra–2va; b:3ra–108rb; c: 205ra–207va; Textualis, 2 Hände, a: 109ra–204vb; b: 208ra–210rb; gotische Kursive: 211ra–321^{rc}; Bastarda 2. Hälfte 15. Jh.: 210^{va-vb}. Im ersten Buch (3ra–108rb) einige Randvermerke mit Bleistift und von anderer Hand des 14. Jh. mit Tinte; im zweiten Buch (109ra–207va) zu Beginn 2 weitere Hände des 14. Jh. auf den Rändern; wieder 3 andere Hände im dritten Buch (211ra–321^{rc}). Abwechselnd (nicht konsequent) rote und blaue 2-zeilige Lombarden. 109ra 3-zeilige blaue Initiale Q, Binnenfeld mit zwei sich gegenüberstehenden, rot gezeichneten Profilblättern gefüllt, ausgezogene Cauda und Kontur mit Profilblättern besetzt.

Schweinsledereinband des Spätmittelalters mit Einzelstempeln aus der Leipziger Werkstatt Wetterhahn, Motive: Schriftband Wetherhan, Pelikan, Adler; s. LOH, Buchbinder, S. 65–67, Anl. 2, Bl. 5 f. u. Anl. 3, Bl. 2 (Werkstatt 9); Buckel entfernt, die beiden Schließen erhalten; Loch von der Kettenbefestigung im Rückdeckel oben. Ausgelöste Spiegel Papier (18,5×20) enthalten auf der Leimseite Baccalariat-Meldelisten vom WS 1468/69, darunter die des Nicolaus Judicis von Weissenburg, imm. SS 1467 (ERLER I, S. 264). Von den gleichen Listen weitere Fragmente aus Ms 170 u. Ms 1155 gelöst. FELLER, S. 184, Nr. 30.

1ra–321^{rc} JOHANNES DE ERFORDIA: COMMENTARII IN LIBROS I–III SENTENTIARUM

1ra–2va Register zu Buch 1. – 2vb leer. – (3ra) ›*Primus liber*‹ *Primo queritur utrum theologia sit sciencia, videtur quod non. Nulla sciencia est* ... (108rb) *id est non amore iusticie. Deo gracias. Finis adest operis mercedem posco laboris.* – 108^{va-vb} leer. – (109ra) ›*Liber secundus D I*‹ *Queritur utrum sint plura prima principia, sicut Manichey dicunt* (ohne Prolog) ... (207va) *et non sunt contraria anime sue et regule nostre.* – 207vb leer. – 208ra–210rb Register zu Buch 2. – 210^{va-vb}: *O mater misericordie, iuva nos pusillanimes. Quis timor laus esse poterit, quos vere* [...] *protegit a dura fallentis demonis* [...]. *Vellus rore madet dum virgo concipiebat, sed rubus igne caset* (r. ignescit) *quando vir* [...] · *Posiciones magistri nostri audivimus, posiciones Hussitarum obmittimus. Quid nobis de hiis, qui foris sunt.* Einige weitere Federproben. – (211ra) ›*Tercius liber D I*‹ [C]*um venit igitur etc. Queritur utrum divina natura et humana potest* (sic) *uniri* ... (266ra) *non ita faciliter crederent eum esse equalem patri. Laus tibi sit Christe quoniam liber explicit iste. Qui me scrapposit* (sic) *etcetera require supra*‖ bricht ab in Distinctio XXII, Quaestio 10. – 266^{rb-vb} leer. – (267ra) setzt unter leichtem Textverlust in der gleichen Quaestio ein ‖*ut dicit glosa super Johannem: Item quantum ad dileccionem* ... – ... (319rb) *et eam sua maiestate adimplevit. Laus tibi sit sit* (sic) *Christe quoniam finis advenit iste.* – 319va–321^{rc} Register zu Buch 3. – 321^{v} leer. – STEGMÜLLER RS, Nr. 444, Hs. genannt; DOUCET, Supplement Stegmüller, S. 135, Nr. 444; MEIER, Die Barfüsserschule, S. 42; Ders. in: Antonianum 5/1930, S. 186, Hs. genannt; SBARALEA 2, S. 70, Hs. nach Feller genannt; F. DOELLE in: ZKG 31/1910, S. 214–248; V. HEYNCK in: Franz. Studien 40/1958, S. 329–360; VL^2 4, Sp. 586 f.; MOHAN, S. 297.

Ms 557

Commentarius in quartum Sententiarum

Pergament 124 Bll. 30×22 14. Jh. Anfang

$(V-5)^5 + (IV-3)^{10} + 9\ VI^{118} + (IV-2)^{124}$; Reklamanten; Foliierung modern. Schriftraum 1^v–10^r: 23,5–26×18–18,5; dreispaltig; 11^r–124^v: 20–21×15; zweispaltig; 50–51 Zeilen. Auf dem Kopfsteg römische Distinctiones-Zählung in abwechselnd roten und blauen Zeichen.

Textura, 3 Hände: a: 1va–5^{rc}, b: 6va–10^{rc}, c: 11ra–124vb; Rubriken; zahlreiche Notate und einige Nachträge auf den Rändern von zwei Händen des 14. Jh. Abwechselnd rote und blaue Lombarden, 2-zeilig, Fleuronné-Ausläufer und Füllungen in der jeweiligen Gegenfarbe.

Spätmittelalterlicher Schweinsledereinband mit Streicheisenlinien; Buckel und zwei Langschließen entfernt; zwei Löcher der Kettenbefestigung im Rückdeckel oben. Spiegel in beiden Deckeln je ein Blatt, Papier, 30×20,5, einspaltig in einer Bastarda 2./3. Viertel des 15. Jh. aus einem Tractatus de trinitate, mit lateinischen Interlinear- u. Marginalglossen. Auf 1^r in einer Bastarda des 15. Jh. Verse unter der Überschrift *Nota bene: Pagina divina bis binos fertur habere / sensus, quos poteris hiis versibus retinere / tunc est hystoria, cum res tibi gesta narratur / allegoria datur, cum res aliena notatur / ad moras* (sic) *referas, sic fiat tropologia / et si de supernis exponis, est anagogia.* Ganz unten: *presentavi* [...] *unum et* [...] *centenarium* [...].

Eintrag auf 1^r in einer Kursive des 15. Jh.: *VII Fl*[oreni]; andere Hand: *Iste liber est Fratrum minorum ad usum in Lypcz sine obligacione quacumque, quem michi communicaverunt ad tempore* (sic) *simpliciter propter dominum.* Kopfsteg von 1^v, Kursive 14. Jh.: *Liber conventus* [...] *VII florenis argenti et ponderis Erphordensis*; 11^r, Kopfsteg, gleiche Hand: *Liber* [....] *emptus pro VII* [..... Erphor]*densis.* Titelschild, Papier, 16. Jh., auf dem Vorderdeckel: *11 · ERFORden*[sis] *in quartum sententiarum · 11 · Gg.* Signatur 17./18. Jh.: *663.* Feller, S. 184, Nr. 29.

1va–5ra Registrum alphabeticum commentarii in quartum Sententiarum

Absolucio require ... – ... natura iudicabit XLVIII.

5^{ra-rc} Fragmentum Prologi commentarii in primum Sententiarum

Ad evidenciam huius doctrine tria queruntur ... – ... primum radicale sit punctus potest dici subiectum|| bricht ab. – Stegmüller RS, Nr. 1075 (diese Hs.). – 5^v leer außer einem Eintrag in Kursive des 14. Jh.: *Utrum homo possit satisfacere eciam questio XV.* – 6^r leer.

6va–9ra Index commentarii in quartum Sententiarum
Samaritanus quidam ... – ... utrum beati et dampnati tunc mutuo se cognoscunt.

9^{ra-va} Prologus commentarii in quartum Sententiarum
Haurietis aquas in gaudio ... (Is 12,3) ... – ... *per gloriosam resurreccionem sicut infra videbimur forte.* – Stegmüller RS, Nr. 1076, Hs. genannt; Nr. 1308 (St.Florian, Ms XI.52).

9^{va-vb} Prologus commentarii in quartum Sententiarum
Lavare septies in Iordane ... (IV Rg 5,10) ... – ... *de dispensacione sacramentorum dicit Samaritanus.* – Stegmüller RS, Nr. 1078, nur diese Hs.

9^{vb-vc} Prologus commentarii in quartum Sententiarum
Altissimus de terra creavit medicinam ... (Sir 38,4) *Verba ista scripta sunt Eccl XXVII. In verbis istis spiritualiter intellectis tangitur ... – ... medicina sacramentorum, de quibus agitur in hoc quarto libro.* – Stegmüller RS, Nr. 1077, nur diese Hs. – 9^{vc}–10^{rc} wie oben 5^{ra-rc}, etwas größeres Fragment mit starken Abweichungen. – 10^{v} außer einigen kleineren Notaten leer.

11ra–124vb Commentarius in quartum Sententiarum
Hic queruntur XI (Verzeichnis der Quaestionen in Dist.I) ... Textbeginn: *Primo queritur quid sit sacramentum et diffinitur pluribus modis ... – ... Dico ergo, quod anima separata intelligit per species abstractas a rebus licet* ‖ bricht ab in der ersten Zusatzquaestio der 50. Distinctio. – Derselbe Text in Ms 451,1^{ra}, mit allen 6 Zusatzquaestionen (s. 9ra), dort Alexander von Hales zugeschrieben. Stegmüller RS, Nr. 1079, nur diese Hs.; Meier, Die Barfüsserschule, S. 42, schreibt den Text Johannes de Erfordia zu; dagegen V. Heynck in: Franz. Studien 40/1958, S. 337–342, 349–360; vgl. auch N. Brieskorn, Die Summa Confessorum des Johannes von Erfurt, Teil 1, S. 12f.

Ms 558

Johannes de Erfordia

Pergament 93 Bll. 28×21 14.Jh. 2./3. Viertel

Erstes Blatt der ersten Lage auf 6cm Breite beschnitten und unfoliiert; $(II-1)^3 + 7\ VI^{87} + (V-4)^{93}$; Foliierung modern. Auf dem Kopfsteg römische Distinctiones-Zählung in abwechselnd roten und blauen Zeichen. Schriftraum 3^r-93^r: 18,5–19×13,5–14; zweispaltig (außer 89^v); 93^v einspaltig; 42–44 Zeilen; 1^r-2^v: 20,5×18; dreispaltig; 51 Zeilen.

Gotische Minuskel, 2 Hände: a: $1^{ra}-2^{rc}$; b:$4^{ra}-93^{rb}$; Textualis: 3^{ra-vb}; 93^v Buchkursive des 15.Jh.; Rubriken; zahlreiche Notate und Schemata auf den Rändern von zwei Händen des 14.Jh. Abwechselnd rote und blaue Lombarden, 2-zeilig, Fleuronné-Ausläufer und Füllungen in der jeweiligen Gegenfarbe; 4ra 5-zeilige Initiale *Q*, rot-blau ornamental gespalten, Fleuronné-Ausläufer und -Besatz, Binnenfeld gefüllt mit symmetrischem Profilblatt-Ornament.

Dunkler Kalbsledereinband des Spätmittelalters; auf dem Rückdeckel 5, auf dem Vorderdeckel 1 Buckel erhalten; Spuren einer Langschließe und der Kettenbefestigung. Zwei aus den Deckeln gelöste Doppelblätter (Leimabdrücke), Pergament, Textualis Mitteldeutschland um 1300, stammen aus einem lateinischen LEGENDAR mit Auszügen aus der LEGENDA AUREA und zusätzlichen eigenen Versionen, hier: 11000 virgines, Lucas, Martin, Elisabeth und Caecilia, Omnes sancti und Commemoratio animarum. Das beschnittene erste Blatt enthält das Fragment einer QUAESTIO DE ANGELIS.

Fußsteg von 89^v und 93^r: mehrere fast vollständig ausradierte Besitzeinträge eines Frater Johannes in einer Notula des 14.Jh.: *Iste liber est fratris Johannis* [...]. Titelschild, Papier, 16.Jh., auf dem Vorderdeckel: *11 · IO · ERfordensis super secundum sententiarum · 11 · Gg*; weitere alte Signaturen: *14 · 662*. FELLER, S. 184, Nr. 28.

$1^{ra}-2^{rc}$ REGISTRUM IN SECUNDUM SENTENTIARUM

Auf dem Kopfsteg: *Johannes Erphordensis super secundum sentenciarum.* – Register: *Utrum sint plura principia ... – ... Utrum religiosi teneantur obedire prelatis suis et in quibus.* ›*Expliciunt distinctiones.*‹ – Auf dem Fußsteg von 1^v ein Schema, das die 4 Jahreszeiten, die 4 Temperamente, die 4 Lebensalter und die 4 Elemente jeweils einer Mischung aus den 4 Säften zuordnet; 2^r ein Gitterschema, das die Entstehung der Farben ebenfalls auf die 4 Säfte bezieht. – 2^{va-vc} leer.

$3^{ra}-88^{va}$ JOHANNES DE ERFORDIA: IN SECUNDUM SENTENTIARUM

Homo cum in honore ... (Ps 48,13) *Describit psalmus in verbo isto triplicem*

statum (Prolog) ... (4ra) *Queritur utrum sint plura prima principia ...* – ... *et non sunt contraria anime et regule nostre.* – *In hiis opinionibus magister non tenetur in libro primo ...* (es folgen je 2 Stellenangaben aus jedem Buch, vgl. PL 192, Sp. 961–964). ›*Explicit II^us^ liber sentenciarum. Amen. Care puer Petre regnabis semper in etherne* (sic). – STEGMÜLLER RS, Nr. 444, Hs. genannt; SBARALEA 2, S. 70, Hs. nach Feller genannt; MOHAN, S. 297; MEIER, Die Barfüsserschule, S. 42; N. BRIESKORN, Die Summa Confessorum des Johannes von Erfurt, Teil 1, S. 12f.; VL^2 4, S. 586f.

88vb–89ra QUAESTIO DE MERITIS IUSTORUM
Queritur utrum iustus possit mereri peccatori primam graciam ... – ... *Pietas autem ad omnia utilis est promissionem habens vite, que nunc est, et future.* – 89rb leer. – 89^{v} (einspaltig) Konzept einer QUAESTIO DE MERITIS IN OPERIBUS.

90va–93rb JOHANNES DE ERFORDIA: IN PRIMUM SENTENTIARUM, DIST. I
Primo queritur utrum theologia sit sciencia; videtur quod non. Nulla sciencia est ... – ... *quia cognoscitur illa species sive similitudo transitive non collative.* – STEGMÜLLER RS, Nr. 444; vgl. Ms 556,3^{ra}–6vb.

93^{v} SERMO DE SAPIENTIA DEI
Quam magnificata sunt ... (Ps 91,6) *Quoniam ut ait philosophus sicut se habet oculus ...* – ... *Immo ex ipso et per ipsum et in ipso sunt omnia ipsi in secula seculorum. Amen.*

Ms 559 u. 560

s. F. PENSEL–I. STAHL, Verzeichnis der deutschen mittelalterlichen Handschriften in der Universitätsbibliothek Leipzig. Deutsche Texte des Mittelalters LXX/3, Berlin (im Druck).

Ms 561

Birgitta Suecica

Papier 461 + I Bll. 31×21,5–22 1465

2 VI^{24} + VIII^{40} + 5 VI^{100} + VII^{114} + 29 VI^{461} + Nachsatzblatt (Pergament); Reklamanten; Foliierung modern, nach 432 mit großen Lücken. Schriftraum 22,5–23×14–14,5; zweispaltig; 41–48 Zeilen.

Bastarda, mehrere nicht klar unterscheidbare Hände; (Rubriken). Rote Lombarden, teils mit Schaftverdoppelung, 4- bis 7-zeilig, ab f. 221va nur noch 2- bis 3-zeilig, in den Registern 3- bis 4-zeilig.

Dunkler Kalbsledereinband des Spätmittelalters mit Streicheisenlinien; Buckel entfernt; Eckbeschläge und zwei Schließen (ein Schließblech fehlt) erhalten; Loch von der Kettenbefestigung im Rückdeckel oben.

Geschrieben 1465 (s. 456va). Auf dem Vorderdeckel Titelstreifen aus dem 15. Jh.: *20 · Revelationes Brigitte · 20.* Auf dem Spiegel des Vorderdeckels Eintrag in Kursive des 15. Jh.: *Pro filiis fratris mei* (durchgestrichen: *Johannis*) *Pauli Huter.* Ein Paulus Huter de Konigshoffen ist im WS 1457 in Leipzig immatrikuliert; s. Erler I, S. 209. Feller, S. 158, Nr. 32.

1ra–102vb Birgitta Suecica: Revelationes I–II
Ad honorem summi patris eiusdem quoque filii matris incipit liber celestium revelacionum et secretorum Dei melliflui amoris ... Es folgt ein Register zum ersten Buch .... (3rb) *Stupor et mirabilia sunt audita in terra nostra* (Prolog) ... (6ra) *Ego sum creator celi et terre* ... (60ra) *Et sic est finis primi libri celestium revelacionum sancte Brigitte. Incipit secundus liber eiusdem continens in se XXX capitula* ... (60rb–61vb) Register zu Buch 2 ... (62ra) *Jhesus loquebatur ad sponsam* ... (102vb) *Explicit liber secundus* ... *Incipit liber eiusdem sibi revelatus ad reges. Prologus.* – GW 4390–4392; Sancta Birgitta, Revelaciones, L. I, ed. C.-G. Undhagen, Stockholm 1977, S. 229–441, Hs. teilweise beschrieben S. 59f. VL^{2} 1, Sp. 867–869.

103ra–179va Birgitta Suecica: Liber caelestis imperatoris ad reges
[S]*erenissimi reges et utinam veri reges domini* ... (104vb) *Dicunt sancti patres et doctores ecclesie* (Prolog des Alfons von Siena) ... (119va) *Quia rex est regum et dominus dominancium in secula seculorum. Amen. Incipit liber celestis imperatoris ad reges revelatus divinitus sancte Brigitte de regno Swecie* ...

[V]*idi pallacium grande incomprehensibile magnitudine* … (179va) *et videbitis in consciencia vestra, quod ego sum suavis et mitis.* Am Ende fehlen die Kapitel 59–61. – GW 4390–4392. VL^2 1, Sp. 867–869.

179va–307va Birgitta Suecica: Revelationes III–IV
Zunächst ein Register: *Incipit tercius liber continens in se XXXIIII capitula* … (182ra, Textbeginn) *Incipit tercius liber celestium revelacionum* … *Jhesus Cristus Deus et homo, qui venit ad terram* … (213vb) *ut verba Dei per illud diffundantur. Explicit liber tercius celestium revelacionum. Incipit registrum quarti libri* … (221va) *Incipit quartus liber* … (221vb) [A]*pparuit sponse quedam persona hominis, cuius crines videbantur circumcisi* … (307va) *et non sedebit cum iudicantibus orbem. Explicit quartus liber* … – GW 4390–4392. VL^2 1, Sp. 867–869.

307va–318ra Birgitta Suecica: Revelatio in monte Gargano
Incipiunt revelaciones, que vise seu facte sunt in monte Gargano de excellencia angelorum. (307vb) *Vidit domina Brigitta multitudinem angelorum psallencium in monte Gargano* … (311rb–312rb) zwischen cap. 135 u. 137 gegenüber dem Druck GW 4392 Zusätze und starke Abweichungen … – … *et visioni maiestatis Dei omnipotentis. Expliciunt visiones in monte Gargano.* – GW 4390–4392. VL^2 1, Sp. 867–869.

318ra–336vb Birgitta Suecica: Sermo angelicus
Cum beata Brigitta principissa regni Suecie per plures annos habitaret in Roma … – … *precibus idem Ihesus Cristus suus filius vobis prestare dignetur, qui cum patre* … *Amen.* – GW 4390–4392; Sancta Birgitta, Opera minora II: Sermo angelicus, ed. S. Eklund, Uppsala 1972, S. 75–137, Hs. teilweise beschrieben S. 34f. VL^2 1, Sp. 867–869.

336vb–456va Birgitta Suecica: Revelationes V–VII
Liber questionum iste dividitur per interrogaciones (Register zu Buch 5) … (339vb) *Incipit quintus liber celestium revelacionum Cristi* (Prolog) … (340rb) *Vidi thronum in celo, in quo sedebat* … (362va) *Itaque cum veniens ad ista loca dudum tibi plura; sequitur registrum.* (362vb–369ra) Register zu Buch 6 … (369ra) [M]*ater Dei loquebatur ad sponsam: Ego sum regina celi* … (401rb) cap. 45 bricht im Abschnitt B des Drucks GW 4392 ab, cap. 46 fehlt … (429vb, cap. 109) *in heremo vel in religione stare sine Dei caritate.* – cap. 110–122 fehlen. – *Incipiunt rubrice ultimi libri celestium revelacionum domine Brigitte ducisse Swecie* (Register zu Buch 7) … (432ra) [I]*ste liber celestium revelacio-*

num est ultimus et has revelaciones huius libri habuit domina Brigitta in Roma (Prolog) ... (432rb) *Cum esset in Roma domina Brigitta et quadam vice oracioni vacaret* ... (enthält nicht die Additiones der Edition von Bergh, aber die Additio nach cap. 16 in GW 4392) ... – ... (456va) *cum maxima devocione et reverencia inter manus dictarum personarum emisit spiritum. Amen. Explicit liber celestium revelacionum beate domine Brigitte sponse Cristi etc. Anno domini millesimo quadragintesimo (sic) sexagesimo quinto in vigilia Donati etc.* – GW 4390–4392; Sancta Birgitta, Revelaciones, L.V, ed. B.Bergh, Uppsala 1971, S. 97–175; L.VII, ed. B.Bergh, Uppsala 1967, S. 113–215; Hs. teilweise beschrieben S. 24. VL^2 1, Sp. 867–869. – 456vb–461vb leer.

Ms 562

Birgitta Suecica

Pergament 213 Bll. 30,5×23 Böhmen (?) 1406

5 VI^{60} + (VII–2)^{71} + 10 VI^{191} + V^{201} + (VI–1)^{212}; Kustoden; moderne Foliierung sehr lückenhaft, ein Blatt zwischen 60 u. 70 nicht mitgezählt; Blattweiser. Durchgängig auf dem Kopfsteg Titel bzw. Zählung des jeweiligen Buchs. Schriftraum 22×16; zweispaltig; 38–41 Zeilen.

Bastarda, eine Hand; 135ra Verse in Textura und Bastarda von anderer Hand; Rubriken. Abwechselnd rote und blaue 2-zeilige Lombarden. 1ra 6-zeilige Initiale *A*, Buchstabenkörper blaugrün mit weiß eingezeichnetem Blattwerk, Querstab mit Mäander; Binnenfeld orangefarben, blau damasziert; Rahmenfeld Blattgold, Rahmen rot. Auf der Randspalte ausgehend vom Initialrahmen in Rot, Blau, Grün und Gold Bordürenstäbe mit Akanthusblättern, Flechtbandknoten, Vergißmeinnicht-Blüte und anderen nicht identifizierbaren Blütenformen. 5vb 14-zeiliges Autorenbild, ganze Spaltenbreite: Birgitta sitzt auf einer mit grünem Tuch überzogenen Bank vor einem ockerfarbenen Kastenpult; in den Händen hält sie Schreibrohr und Radiermesser, um in das aufgeschlagene, bereits liniierte Buch zu schreiben. Links hinter ihr die Attribute Pilgerstab mit Pilgertasche und Pilgerhut; den rosafarbenen Rahmen mit dunkelgrünem Kontur ziert ein Rautenmuster, während der Hintergrund undifferenziert grau-schwarz bleibt; Nimbus und Gürtel Birgittas sind aus Blattgold, das Kleid grün, der Mantel rot, der Schleier fleischfarben wie auch das Buch. In dem Unverständnis für Sitzposition und Proportionen zeigt sich das mäßige Niveau dieser Malerei. Unten links direkt an die Miniatur angehängt die 5-zeilige Initiale *E* in quadratischem

Feld, gestaltet nach den gleichen Prinzipien wie die Initiale *A* auf 1ra. Die Außenspalte von f. 49 mit dem Beginn des zweiten Buches und sicher einer Miniatur ist vollständig weggeschnitten. 77ra ist die Eingangsminiatur des LIBER AD REGES ausgeschnitten; 77rb 6-zeilige Initiale *S*, Buchstabenkörper rosa, mit Blattwerk gefüllt, vor grünem Grund in blauem Rahmen; einige Goldpollen auf Rahmen und Grund verteilt; vom unteren Ende der Initiale durchstößt eine stark verlängerte Serife den Rahmen, zieht sich 10 Zeilen an der Kolumne entlang nach unten und endet in einem Goldpollen. 136vb am Beginn des dritten Buches ist ebenfalls die Eingangsminiatur ausgeschnitten; von der als breite Leiste mit Blattwerkfüllung gebildeten Initiale I ist der größte Teil erhalten; angehängt im Interkolumnium eine Akanthusranke in Rosa, Blau und Gold. 168ra Eingangsminiatur zum vierten Buch: Birgitta sitzt auf einem Stufensessel aus Holz oder Stein vor einem Schreibpult und schreibt die Vision des ersten Kapitels auf. Es handelt sich um die Erscheinung einer nackten menschlichen Figur, die am rechten Bildrand als bleiches Phantom in verwischter Malweise dargestellt ist. Der rosa Hintergrund ist damasziert; Rahmen grün, links unten überschnitten von dem Sitzmöbel. Die Faltenschwünge im blauen Mantel Birgittas zeigen eine manierierte Ausprägung des "weichen Stils". Unten angehängt 6-zeilige Initiale *A*, ganz ähnlich 1ra, daran Akanthus-Ranke in Blau, Rot, Grün und Gold. Der Gewandstil in den Miniaturen und die Akanthusranken lassen böhmischen Einfluß erkennen.

Heller Schweinsledereinband des Spätmittelalters; Buckel und zwei Langschließen entfernt; Löcher von der Kettenbefestigung im Rückdeckel oben. Auf dem Spiegel des Vorderdeckels in Kursive des 15. Jh.: *Libro primo capitulo X Item Libro primo capitulo XXXV.* Beiliegend als Lesezeichen ein aus der LEGENDA AUREA DEUTSCH, HAIN–COPINGER 6504, gerissenes Stück Papier mit dem Beginn der Maccabäus-Legende und einer Ecke des – kolorierten – Holzschnitts.

Geschrieben 1406, s. Kolophon auf 212rb, die Miniaturen lassen eine Entstehung in Böhmen vermuten. Aus dem Zisterzienserkloster Altzelle; Einträge auf den Fußstegen von 3^v–4^r, 91^v–92^r, 206^v–207^r in Lombarden des 15. Jh., die Worte abwechselnd in Rot und Blau: *Liber veteris celle sancte Marie*. Im Katalog von 1514 unter der Signatur *I 18*: *Prima pars revelacionum s Brigide libri V* (SCHMIDT, Altzelle, S. 52 u. 83). Titelschild, Papier, 16. Jh., auf dem Vorderdeckel: *24 · REVElationes Brigittae · 24 · Rr*(?). Auf dem Rücken Signatur: *482*. FELLER, S. 157, Nr. 31.

1ra–77ra BIRGITTA SUECICA: REVELATIONES I–II

Registrum libri primi (auf dem Kopfsteg) ›*Hic est titulus huius libri qui celestium revelacionum Christi ad sponsam intitulatur.*‹ *Ad honorem summi patris eiusdem filii matris incipit liber celestium revelacionum et secretorum Dei melliflui amoris* ... Es folgt ein Register zum ersten Buch ... (3rb) › ... *Qui prologus fuit editus per venerabilem virum magistrum Mathiam de Swecia et habentur hec verba Jeremie quinto capitulo. Sequitur ergo prologus in librum celestium revelacionum.*‹ *Stupor et mirabilia audita sunt in terra nostra* ...

(5va) ›*Incipit primus liber celestium revelacionum beate domine Brigitte de Swecia. Rubrica istius primi capituli habetur ante. Qui liber habet LX capitula etc.*‹ (5vb) *Ego sum creator celi et terre ... – ... sed cum tempus fuerit loquendi etc.* – GW 4390–4392; L. I, ed. C.-G. Undhagen, Stockholm 1977, S. 229–441, Hs. teilweise beschrieben S. 73–75. VL² 1, Sp. 867–869.

77rb–134vb Birgitta Suecica: Liber caelestis imperatoris ad reges
[S]*erenissimi reges et utinam veri reges in Christo ...* (78va) *Dicunt sancti patres et doctores ecclesie* (Prolog des Alfons von Siena) ... (88vb) [V]*idi pallacium grande incomprehensibile magnitudine ...* (134vb) *et videbitis in consciencia vestra, quod ego sum suavis et mitis etc.* ›*Explicit liber ad Reges.*‹ Am Ende fehlen die Kapitel 59–61 (wie in Ms 561). – GW 4390–4392. VL² 1, Sp. 867–869.

135ra–212rb Birgitta Suecica: Revelationes III–IV
›*Registrum libri tercii*‹ *Monicio et informacio ad episcopum ...* (136va) *debeat mundari et non interfici.* › ... *Incipit tertius liber ... Brigitte ducisse Swecie electe mis* (sic) *Nicolai perdilecte.*‹ (136vb) [Jesus Christus Deus et homo qui venit ad terram assu]*mere humanitatem ... – ... quoniam te ipsum personaliter tuo proprio iudicio regere etc.* – ›*Finis adest scripti precium volt* (sic) *scriptor habere, denos florenos adminus seu duodenos.*‹ – Verse: ›*Anno milleno bisbino cento quoque sexto / Sancte Brigitte quoniam liber explicit iste. / Laus tibi sit Criste per quam peccata remitte / Hec dilecta Dei sistat electa mei.*‹ Zuletzt die Verse ›*Me bene tractantes committo Deo vel amantes / Ast detractorum dominus iudex sit eorum.*‹ Am Ende des vierten Buches fehlen die Kapitel 81–144. Die Verse in Revelaciones I, S. 74, teilweise auch bei Feller, S. 445. – GW 4390–4392. VL² 1, Sp. 867–869. – 212$^{va–vb}$ leer.

Ms 563

Birgitta Suecica. Magnus Petri

Papier I + 276 Bll. 30×21 Leipzig 1437

Vorsatzblatt + 22 VI[264] + (II–1)[265] + (VI–1)[276]; Reklamanten, die Kustoden meistens abgeschnitten; moderne Foliierung, durchgehend erst ab f. 40. Schriftraum 23,5×15,5; zweispaltig; 37–54 Zeilen.

Buchkursive, eine Hand bis 270vb; 271ra–275vb Bastarda, 16. Jh., eine Hand; 276[v] Bastarda 15. Jh.; Rubriken; zahlreiche Randbemerkungem, Korrekturen, Nachträge und Gliederungsvermerke, auch in den Interkolumnien. Rote 2-zeilige Lombarden; die Initialen der einzelnen Bücher nicht ausgeführt, ausgespart ist jeweils ein spaltenbreiter Platz von 7–10 cm Höhe.

Dunkler Kalbsledereinband des Spätmittelalters mit Streicheisenlinien; 2 Langschliessen entfernt; je ein Loch der Kettenbefestigung im Rückdeckel oben und unten. Im Rückdeckel auf der Schriftseite eingeklebtes, einseitig beschriebenes Doppelblatt 20×16, Kursive 15. Jh., Merkverse für die Hauptfeste jedes Monats (lesbar: Juli bis Oktober). Auf dem Spiegel des Vorderdeckels in Kursive, 15. Jh. die Verse: *De Swecia natam sponsam Christo sociatam / Cernite Brigittam miracula multa facit nam.* Darunter gleiche Hand: *Contradicentibus libris sancte Brigitte bene et competenter potest obici illud beati Jeronimi in prologo super Ysaiam: Legant prius et postea despiciant ne videantur non ex judicio sed ex odii presumpcione ignoratam dampnare. Item: Antequam scruteris non reprehendas. Intellige prius et increpa tunc. Antequam audias non reprehendas. xi q in eorum sapiencie xi c* (Sir 11). Falze aus einer Musikhandschrift des 14. Jh. mit Hufnagelnoten im 5-Liniensystem. Beiliegend als Lesezeichen ein aus einer Papierhandschrift (Mitte des 15. Jh.) gerissener Streifen mit Psalmentext.

Geschrieben 1437 von Konrad von Amöneburg, s. Kolophon 270vb; im SS 1436 ist ein *Conradus Schik von Amelburg* in Leipzig immatrikuliert, s. Erler 1, S. 119. Auf dem Rücken Papierschildchen, 16./17. Jh.: *Revelationes Brigittae · 1085*. Gehörte der Philosophischen Fakultät. Kat. 1560, Nr. 454, Döring, S. 79 u. 110. Feller, S. 338, Nr. 6.

1ra–65vb Birgitta Suecica: Revelationes I–II. – 65vb–107vb Liber ad reges (68[va–vb] leer, ohne Textverlust). – 108ra–109ra Rubriken zu Liber 3. – 109ra–177rb Revelationes III-IV. – 177va–183ra Revelatio in monte Gargano. – 183ra–194rb Sermo angelicus. – 194[rb]–270[vb] Revelationes V–VII ... – ... *emisit spiritum etc. etc. Dus ra con de Ameneburg converte, sic fit tibi nomen apperte etc. sic est finis istius libri. Explicit liber celestium revelacionum beate domine Brigitte sponse Christi. Sub anno domini millesimo CCCC XXXVII in vigilia sancti Jacobi apostoli per manus et non per pedes.* – Reihenfolge wie in Ms 561, gleiche Abweichungen und Fehlstellen wie in derselben Hs., 179va, 311rb–312rb, 429vb; Lit. s.d. Hs. teilweise beschrieben in: Revelaciones I, S. 57f., genannt in: Sermo angelicus, S. 10 u.: Revelaciones VII, S. 11.

271ra–274ra EXCERPTA EX LIBRIS REVELATIONUM BIRGITTAE – 271rb leer.

274va–275va MAGNUS PETRI: EPISTOLA CONTRA CALUMNIANTES BEATAE BIRGITTAE
[A]*d laudem gloriam et honorem omnipotentis Dei domini nostri Iesu Christi et sue gloriose matris, benedicte virginis Marie, necnon ad utilitatem legencium et audiencium. Celestes revelaciones sancte memorie domine Brigitte de regno Swecie ... Ego Magnus Petri professor ordinis sancte Marie in Watczsteno ...* – ... *repleta pre* (sic) *nostris foribus superexuberant et redundant. Gracia domini nostri Iesu Christi sit cum omnibus nobis. Amen.* – Derselbe Text in Ms 580, 175ra. – 275vb–276^{r} leer. – 276^{v} Dicta aus klassischen Autoren und der Bibel (Vergil, Sokrates, Isaias, Tobias etc.).

Ms 564

Sermones. Textus de confessione

Papier 415 Bll. 30,5×21 Zwickau 1462–63; 15.Jh. 3. Viertel

Vorsatzblatt + 6 VI^{71} + VII^{85} + 6 VI^{157} + V^{167} + VII^{181} + V^{191} + $(VII–1)^{204}$ + 15 VI^{384} + $(VI–1)^{395}$ + VI^{407} + $(VI–5)^{414}$, erstes Blatt nicht gezählt; Reklamanten oft abgeschnitten; moderne Foliierung. Schriftraum 21,5–22,5×14–15 u. 23×14; zweispaltig, nur die Register und 296^{v}–297^{v} einspaltig; 41–47 Zeilen.

Buchkursiven, 7 Hände, a (Jacobus Hefeler): 1ra–128vb; 158ra–179va (oben); 205ra–227rb; 301ra–336vb; b: 135^{r}- 153^{r}; 227va–296^{r}; c: 179va (oben)–204vb; d: 296^{v}–297^{v}; e: 337ra–391vb; f: $396^{ra–vb}$; g: 397ra–414vb; Rubriken; auf den Rändern Gliederungszeichen und Korrekturen vom jeweiligen Schreiber. Rote 2- bis 3-zeilige Lombarden, aber häufig nicht ausgeführt, ab 338ra überhaupt nicht mehr. Verse im Rückdeckel von der Hand des Johannes Hollenhagen (s.u.): *Pono novos inter veteres: Veteresque novosque / misceo. Sed certum signo cuique locum / Certa vetustatis laus est. Non scripta vetustas / Vina sequens veluti tempus petrumque probat.*

Dunkelroter Kalbsledereinband des Spätmittelalters vom Leipziger Schriftstempelmeister (LOH, Buchbinder, S. 62–64 u. Anl. 3, Bl. 2.; SCHUNKE, S. 13, Nr. 319, S. 287,

Nr. 254); Buckel entfernt, Kantenbeschläge erhalten, 2 Schließen erneuert. Lagenschoner der ersten Lage Streifen aus einem einspaltig in Textura des 14. Jh. geschriebenen grammatischen Traktat. Falze in den Lagen aus einem SAKRAMENTAR-GRADUALE, geschrieben in karolingischer Minuskel des 11. Jh. Beigelegt 3 Pergamentstreifen ca. 5×9 cm (ehemals Hinterklebungen des Buchblockrückens), 2 davon beschrieben in Textura, 1. Hälfte 14. Jh.: aus den Psalmen XXX–XXXII; dritter Streifen mit Teilen der Verse 158–164 des DOCTRINALE von ALEXANDER DE VILLA DEI (REICHLING, S. 15) in einer Kursive ca. Mitte 15. Jh..

Der größte Teil 1462/63 in Zwickau von dem Kaplan Jacobus Hefeler geschrieben, s. die Kolophone 127vb u. 336vb. 1649 dem Theologen Johannes Hülsemann (1602–1661, zuerst in Wittenberg, seit 1646 in Leipzig, s. NDB 9, S. 734) geschenkt von dem Pfarrer Johannes Hollenhagen (studierte SS 1626-WS 1629 in Leipzig; WS 1632 in Wittenberg immatrikuliert, als Hülsemann dort Prorektor war, s. ERLER, Die jüngeren Matrikel, S. 196 u. B. WEISSENBORN, Album Academiae Vitebergensis, Jüngere Reihe, Teil 1: 1602–1660, Magdeburg 1934, S. 367, Nr. 295); Eintrag im Rückdeckel: *Bibliothecae reverendissimi et famigerabilis theologi domini Johannis Hulßemanni, professoris in Alma Lipsiensis, patroni sui magni hunc librum destinat magister Johannes Hollenhagen Hervordii Westphalus, pastor Gairanus 1649 mense septembri.* 1662 mit der Bibliothek Hülsemanns in den Besitz der UB Leipzig übergegangen; vgl. DEBES, Leipziger Zimelien, S. 17. Auf dem Rücken Titelschild, Papier, 17./18. Jh.: *Fr. Simonis De Cremonia Sermones · 128* (durchgestrichen) · *466*. FELLER, S. 154, Nr. 17.

1ra–128vb SERMONES SUPER EPISTOLAS DOMINICALES PER TOTUM ANNUM

Vorsatzblatt leer. ›*Super Epistolas dominicales per circulum anni dicta fratris Symonis de Cremonia* (sic) *ordinis fratrum heremitarum sancti Augustini dominica prima in adventu.*‹ *Augustinus ostendit qualiter Christo salvatori nostro sit occurrendum* ... (3va) *Hora est* ... (Rm 13,11) *Nota quod sompnus significat hic peccatum multiplici de causa* ... (4va) *Quecumque scripta sunt* ... (Rm 15,4) *scilicet de Christo in divinis libris ad nostram doctrinam scripta sunt. Nota quod virtus paciencie invenitur in tribulacionibus* ... (6vb) *Sic nos existimet* ... (I Cor 4,1) *Quia cuiusque hominis est de homine bona sentire* ... (120va) [Q]*ui fuerunt Macedones, hii postquam fidem ab apostolo acceperunt, firmiter in ea steterunt* ... (122rb) [I]*mitatores mei* ... (Phil 3,17) *Eciam si me non habetis presentem* ... (125ra) [N]*on cessamus* ... (Col 1,9) *Horis opportunis, sed non continue pro vobis orantes* ... (127vb) *qui eciam transtulit nos in regnum suum qui* ... *Amen. Finite sunt hec epistole in Zwickaw anno domini M^{o}CCCC^{o}LXII in vigilia Thome per me Jacobum Hefeler.* (128ra) *Principium maledictorum fuit Lucifer* ... – ... *que ubicumque fuerit trahet ad se omnia, hec Augustinus.* – Keine Übereinstimmung mit der in ZUMKELLER,

Nr. 787 und SCHNEYER, Wegweiser, S. 3 unter Simon de Cremona aufgeführten Predigtreihe. – 129ra–134vb leer. – 135^{r}–153^{r} [A]*bba pater quid significat 35a* ... – ... *Christi sangwis habet quatuor effectus 19k* (alphabetisches Register zu der vorangehenden Reihe). – 153^{v}–157^{v} leer.

158ra–292rb JOHANNES HEROLT: QUADRAGESIMALE
[C]*onvertemini ad me* ... (Ioel 2,12) *Johel 2 originaliter et in epistola hodierna transsumptive et leccionaliter* ... (159rb) [C]*onvertemini ad me* ... (Ioel 2,12) *Johannes de sancto Geminiano: Videmus enim quod, cum animal brutum sentit se vulneratum* ... – ... *Si ad quintum apparebo ei in morte et rapiam eum* (rot) *ad meipsum in vitam eternam. Finis et laus Deo.* – HAIN 8514–15. KAEPPELI 2, Nr. 2392 u. 2395; SCHNEYER, Wegweiser, S. 87. – 292^{v}–295^{v} *Adam peccavit* ... – ... *Christiani faciunt sibi diversos deos sicut olim pagani fecerunt 30R* (alphabetisches Register zum Quadragesimale). – 296^{r} Erklärungen zu den Adressaten der Paulusbriefe.

296^{v}–297^{v} JOHANNES HEROLT: EXEMPLA DE CONFESSIONE E PROMPTUARIO
›*Exempla promptuarii Discipuli*‹ Aus dem Abschnitt C folgende Exempla (Nummer jeweils auf der Randspalte angegeben): 16, 17, 27, 22, 21, 20, 28, 23 (nur Titulus und Incipit), 25; aus Abschnitt P: 114 (hier falsche Angabe: 123); aus Abschnitt M: 28, mit leichten Abweichungen. – HAIN 8473–8508; HAIN-COPINGER 2931–2932. KAEPPELI 2, Nr. 2389; WELTER, S. 399–402. – 298^{r}–300^{v} leer.

301ra–336vb JOHANNES DE DEO: LIBELLUS PAENITENTIARIUS
›*Incipit libellus poenitentialis a magistro Johanne de Deo Hispano editus, doctore decretorum.*‹ [V]*enerabili patri ac domino ac divina providencia nostro domino episcopo et venerabilibus viris decano archidiacono* ... *Hec est regula veritatis a patribus approbata* ... – ... *sed in amplitudine caritatis requiritur regnum Dei.* ›*Explicit liber septimus ad honorem summe trinitatis et individue unitatis. In nomine* ... *Amen. A magistro Johanne de Deo compilatus. Deo gracias.*‹ Es folgen die Verse: ›*En ego quem genuit pia patria Portuguensis diva cathedravit urbis scola Bononiensis. Hoc opus aptavi Deum* (sic) *non absque labore. Sed labor est facilis Christi superatus amore.*‹ Kolophon: ›*Per me Jacobum Hefeler, tunc temporis capellanus in Zwickaw anno domini M^{o}CCCC^{o}LXIII in octava Epiphanie.*‹ – Das Stück bei HELSSIG, Juristische Handschriften, S. 332 beschrieben. SCHULTE, GQ 2, S. 102; BLOOMFIELD, Nr. 6358; DIAZ Y DIAZ, Nr. 1275–76, S. 272; SCHMITZ, Bussbücher, S. 724 f.; MICHAUD-QUANTIN, Sommes de casuistique, S. 26 f.

337ra–391vb ANDREAS DE ESCOBAR: LUMEN CONFESSORUM
›*Lumen confessorum intitulatur iste tractatus.*‹ *Lumen confessorum vocatur hec doctrina omnibus penitencionariis et confessoribus* ... – ... *Sic me Deus adiuvet et hec sancta ewangelia. Amen.* – SCHULTE, GQ 2, S.439f.; BLOOMFIELD, Nr.2987; SCHMITZ, Bussbücher, S.722f.; MICHAUD-QUANTIN, Sommes de casuistique, S.71f.; R.STAPPER in: Röm. Quartalsschrift 11/1897, S.271–285. – 392ra–395vb leer.

396ra–396va SERMONES IN NATIVITATE DOMINI
[E]*wangeliso vobis* ... (Lc 2,10) *Gaudium dicitur propter tria, quia dicere magnum et quia perpetuum* ... [P]*arvulus natus est* ... (Is 9,6) *Sed quare immensus parvulus eternus voluit esse temporalis* ... – ... *longe ab ecclesia exterminavit, ne fidelibus nocere valeant sicut autem etc.*

396va–397rb CONRADUS DE BRUNDELSHEIM: SERMO IN NATIVITATE DOMINI
SCHNEYER 1, S.719, Nr.40.

397rb–398va PS.-THOMAS DE AQUINO: SERMONES IN TEMPORE PASCHALI
SCHNEYER 5, S.587, Nr.99, 100, 106.

398^{va-vb} SERMO IN DOMINICA SEXTA POST PASCHA
SCHNEYER 8, S.131, Nr.76.

398vb–400vb PS.-THOMAS DE AQUINO: SERMONES IN DOMINICIS DIVERSIS POST PENTECOSTEN
SCHNEYER 5, S.589–591, Nr.124, 136, 135, 141, 152.

400vb–401ra SERMO IN QUINQUAGESIMA
[E]*cce defunctus efferebatur* ... (Lc 7,12) *Defunctus iste, sicut exponunt sancti, significat peccatorem* ... – ... *Exsurge quare obdormis, exsurge amor.*

401ra–401rb JOHANNES DE OPRENO: SERMO IN FERIA QUARTA POST QUINQUAGESIMA
SCHNEYER 3, S.652, Nr.525; KAEPPELI 2, Nr.2558.

401rb–402ra SERMO IN QUINQUAGESIMA
SCHNEYER 6, S.567, Nr.9.

402ra–402rb JOHANNES DE OPRENO: SERMO IN FERIA QUINTA IN QUINQUAGESIMA
SCHNEYER 3, S.652, Nr.527 (auch 6, S.567, Nr.10; 8, S.593, Nr.2); KAEPPELI 2, Nr.2558.

402rb–402vb Sermones quadragesimales
[Q]*uare ieiunamus* … (Is 58,3) *Quomodo est malorum querencium, quare ieiunium eorum* … (402va) Schneyer 6, S. 568, Nr. 12.

402vb–403vb Ps.-Thomas de Aquino: Sermones quadragesimales
Schneyer 5, S. 622, Nr. 586 (auch 3, S. 652, Nr. 531; 6, S. 568, Nr. 17), Nr. 587 (6, S. 568, Nr. 18), Nr. 588 (3, S. 652, Nr. 533; 6, S. 568, Nr. 19), Nr. 589.

403vb–404ra Sermo in Quadragesima
Schneyer 6, S. 568, Nr. 21.

404ra–405ra Johannes de Opreno: Sermones in Quadragesima
Schneyer 3, S. 653, Nr. 537, 542, 543; Kaeppeli 2, Nr. 2558.

405ra–405va Ps.-Thomas de Aquino: Sermones quadragesimales
Schneyer 5, S. 623, Nr. 604, 605.

405va–405vb Johannes de Opreno: Sermo in dominica I in passione domini
Schneyer 3, S. 655, Nr. 582.

405vb–406vb Ps.-Thomas de Aquino: Sermones quadragesimales
Schneyer 5, S. 623, Nr. 608, 610, 612.

406vb–407ra Johannes de Opreno: Sermo in dominica III in Quadragesima
Schneyer 3, S. 653, Nr. 550; Kaeppeli 2, Nr. 2558.

407ra–408rb Ps.-Thomas de Aquino: Sermones quadragesimales
Schneyer 5, S. 624 f., Nr. 615, 616, 635 (auch Schneyer 3, S. 653, Nr. 551, 552 u. S. 654, Nr. 566), Nr. 622.

408rb Sermo de luxuria
[I]*tem colliguntur quatuor, que aministrant excecacionem luxurie. Primum est mulieris pulchritudo* … – … *Solus cum sola absque teste et arbitro non sedeas etc.*

408va–409ra Ps.-Thomas de Aquino: Sermones quadragesimales
Schneyer 5, S. 624 f., Nr. 631, 632 (auch Schneyer 3, S. 654, Nr. 562, 563).

409ra–409rb Johannes de Opreno: Sermo in feria quarta post dominica quarta in Quadragesima
Schneyer 3, S. 654, Nr. 564; Kaeppeli 2, Nr. 2558.

409rb–413rb Ps.-Thomas de Aquino: Sermones in Quadragesima et in Passione usque ad Pascham
Schneyer 5, S. 625–627, Nr. 638, 639, 640, 641, 644, 645 (auch Schneyer 3, S. 654f., Nr. 569, 570, 571, 572, 575, 576), Nr. 649, 653, 646, 654 (auch Schneyer 3, S. 655, Nr. 584, 577, 585), Nr. 658, 659, 661, 662 (auch Schneyer 3, S. 655, Nr. 589, 592), Nr. 665 (auch Schneyer 8, S. 489, Nr. 68), Nr. 667 (auch Schneyer 3, S. 656, Nr. 596).

413rb–414rb Sermones de BMV
[N]*ovum facit dominus* ... (Ier 31,22) *Nota beata virgo Maria dicitur terra* ... (413vb) [A]*bscisus est lapis* ... (Dn 2,34) *In verbis istis tria tanguntur. Primum excellencia virginis Marie* ... – ... *Ecce ego nova facio omnia* (Apc 21,5). – Schneyer 7, S. 571, Nr. 69.

414rb–414vb Aldobrandinus de Cavalcantibus: Sermones in nativitate BMV
Schneyer 1, S. 187, Nr. 506, 505; Kaeppeli 1, Nr. 126.

Ms 565

Petrus Dominici. Alvarus Pelagius

Papier 384 Bll. 40×28,5 1468

32 VI^{370}, Blatt 19 doppelt gezählt, zwischen 179 und 180 ein Blatt nicht, 244 u. 255 zweimal gezählt, nach 346 nochmals mit 337 einsetzend; Reklamanten; moderne Foliierung. Schriftraum 30×19–19,5; zweispaltig; 59–61 Zeilen.

Bastarda, eine Hand; 14va und 132ra (Buchanfänge) die Eingangszeilen in Textura; Rubriken; ab 19rb Kapitelzählung jeweils recto oben rechts, ab 49^{r} zusätzlich die Kapitelüberschrift; in den Randspalten Gliederungszeichen *a*, *b*, *c* ... ; dazu Stichworte vom Schreiber selbst und einer kursiven Hand des 15./16. Jh. Rote 3-zeilige Lombarden, am Beginn der Tabulae 6- bis 7-zeilig. 1va Initiale *S* als 5-zeilige Cadelle. 14va und 132ra nicht ausgeführte Initialen *O* (8 cm hoch) und *I* (12 cm hoch).

Rindsledereinband des Spätmittelalters mit Einzelstempeln aus der Werkstatt Hans Wetterhahn d. J. in Leipzig (Loh, Buchbinder, S. 65–67 u. Anl. 3, Bl. 2; Schunke, S. 7, Nr. 162; S. 28, Nr. 21; S. 178, Nr. 290; S. 182, Nr. 405; S. 210, Nr. 2); Beschläge und beide Schließen entfernt; Löcher der Kettenbefestigung im Rückdeckel oben. Als Lesezeichen beiliegend ein Streifen Papier, 16,5×2,5, beschrieben in Kursive des 15.Jh., vermutlich aus einer Abrechnung; häufig die Ausdrücke *parentes eius*, *uxor eius*, Zahlen.

Geschrieben 1468 (s. 368vb). Auf dem Einband ganz oben Signatur *9* in schwarzer Tinte; darunter aufgenagelt Titelschild, Pergament, mit rotem Lederrahmen, Textura 15.Jh.: *Alvarus de planctu ecclesie*; in Kursive 16./17.Jh.: *Petrus Dominici de Planctu Ecclesiae* und Signaturen: *9 · 403*, diese auch oben auf dem Rücken. FELLER, S.142, Nr.28.

1^{ra-rb} leer. 1va–7vb PETRUS DOMINICI DE APPANIIS: REGISTRUM ALPHABETICUM AD LIBRUM DE PLANCTU ECCLESIAE
Subscriptio compilantis. Opus prescriptum manu propria una vice correxi et apostillavi ... Sanctissimo ac beatissimo patri et domino domino Gregorio, divina providencia pape XI ... (2ra) *Abbas. Notantur multa de auctoritate abbatum ... – ... Zelus quid est et quot modis dicitur parte II articulo LXXI. Explicit tabula planctus ecclesie per alphabetum compilata per fratrem Petrum Dominici de Appaniis, sacre pagine professorem humilem, ordinis fratrum heremitarum sancti Augustini. Sequitur alia tabula ad idem.* – HAIN 891–892; derselbe Text in Ms 540,1^{ra} u. 349ra und Ms 541, 442rb. ZUMKELLER, Nr.754.

8ra–14rb REGISTRUM AD LIBRUM DE PLANCTU ECCLESIAE PER ORDINEM ARTICULORUM
Principium operis continet prohemium libri ... – ... et eorum, que ipse dominus papa sentit et tenet et docet cum sacro suo collegio, commentatoris fidelis professio. Explicit tabula.

14va–368vb ALVARUS PELAGIUS: DE PLANCTU ECCLESIAE
[O]*ptimis moribus et virtutibus adornato ...* (131vb) *in iudicium magni Dei vinculis eternis sub caligine reservati. Iude primo capittulo* (sic) *etc. Explicit prima pars. Sequitur secunda.* (132ra) [I]*am nunc restat de secunda parte istius operis, que est de planctu ecclesie. Prima enim pars Dei beneficio expedita est ... – ... in penitentiarie officio regnante domino nostro Iesu Christo cum patre ... Amen. Inceptum est hoc opus in die divisionis apostolorum anno domini M°CCCC°LXVII° et finitum tercia feria carnisprivii anno domini M°CCCC°LXVIII°.* – HAIN 891–892; derselbe Text in Ms 540, 11^{r} (nur Teil I) und Ms 541, 1ra. BLOOMFIELD, Nr.3699; MOHAN S.269; DIAZ Y DIAZ, Nr.2108, S.406. – 369ra–370vb leer.

Ms 566

Sermones. Marcus de Summa Ripa. Jacobus de Villaco (?).

Papier 331 + II Bll. 31–31,5×21–21,5 Ostdeutschland 15. Jh. 3. Viertel

WZ Dreiberg, Briquet 11799 (1460–1482, u.a. Leipzig). Vorsatzblatt + 12 VI^{144} + VIII^{160} + 6 VI^{232} + VIII^{248} + 6 VI^{320} + $(VI-1)^{331}$ + Nachsatzblatt; nur am Ende der ersten Lage ein Reklamant; einige Blattweiser erhalten; moderne Foliierung. Schriftraum 24×14; zweispaltig; 50 Zeilen.

Buchminuskel, eine Hand; Rubriken; wenige Gliederungsvermerke auf den Rändern. Rote 3- bis 4-zeilige Lombarden. 1ra, 90ra, 249ra 7-bis 8-zeilige, verschiedenfarbige Deckfarbeninitialen *E*, *A*, *M*: im rechteckig gerahmten Feld vor silbernem Hintergrund der Buchstabenkörper als deutlich konturiertes Band mit stark verbreiterten, gebogten, nach innen dunkler schattierten Teilen, in den Bogenzwickeln je 3 weiße Pünktchen; die andersfarbigen Binnenfelder sind silbern damasziert. Auf dem Bund- und teils auch auf dem Kopfsteg eine Ranke mit Profilblättern, spitzen Trifolien, Lanzettblättern, fünfblättrigen Blüten, Fruchtkolben und Staubfäden. 161ra 7-zeilige blaue Deckfarbeninitiale *D* mit roter Vorzeichnung für den Rechteckrahmen und die Damaszierung des Binnenfeldes.

Roter spätmittelalterlicher Kalbsledereinband; Beschläge entfernt; Metallteile der beiden Schließen erhalten; Loch von der Kettenbefestigung im Rückdeckel oben. Falze schmale Streifen, beschrieben in einer Kursive des 14. Jh., vermutlich aus einem scholastischen Text.

90vb einige Worte in ostmitteldeutscher Schreibsprache, s.d. Titelschild, Papier, 16. Jh.: *51* (durchgestrichen) *29 · SERMOnes de Tempore et Sanctis · 29*. Auf dem Rükken Signatur: *464*. Die Identifikation mit Feller, S. 124, Nr. 2. scheint zweifelhaft.

1ra–87vb Sermones de tempore
Ecce rex tuus ... (Mt 21,5) *Sanctus Ambrosius in quadam* (sic) *sermone de adventu domini dicit: Ecce si aliquis vestrum suum servitorem in domum suam suscipere debuisset* ... (2rb) *Tunc videbunt* ... (Lc 21,27) *Gregorius VIII Moralium super illo Iob VII: Terrebis me per somnia* ... (3va) *Quid existis* ... (Mt 11,7) *Gregorius XIIII° Moralium super illo Iob XVIII: Numquid propter te* (3vb) *derelinquetur* ... (85rb) *Reddite que sunt* ... (Mt 22,21) *Gregorius 23 Moralia in principio super illo Iob 33: Omiserunt autem tres viri isti ostendere*

… (86va) *Reddite que sunt* … (Mt 22,21) *Apostolus ad Romanos 13: Reddite omnibus debita. Cui tributum tributum* … (87va) *Confide fili* … (Mt 9,2) *Pro introductione nota Anselm* (sic; 87vb) *libro De similitudinibus dicit: Tempore temtacionis* (sic) … – … *Confide fili, quasi dicit: Ne desperes, quia remittuntur tibi peccata tua etc.*(‖) wahrscheinlich Abbruch. – Schneyer, Wegweiser, S. 200 (Klosterneuburg, cod. 544). – 88ra–89vb leer.

90ra–160vb Sermones super epistolas dominicales

Abiciamus opera … (Rm 13,12) *Gregorius XIII Moralia super illo Iob XVI: Utrum peccatores reducendi sunt benignitate* … (90rb) *Primum est miserabilis condicio peccatoris dorftikeit des statisz adir weszens* … (91vb) *Suscipite invicem* … (Rm 15,7) *Gregorius XXI Moralium super illo Iob XXXI: Si ambulavi in vanitate* … (93ra) *Nolite ante tempus* … (I Cor 4,5) *Gregorius XI Moralium super illo Iob 29: Causam quam nesciebam* … (156vb) *Videte quomodo* … (Eph 5,15) *Pro adduccione magister Petrus in 2° sentenciarum di. 9 c. 6: Volens declarare iam autoritatem* … (157vb) *Induite armaturam* … (Eph 6,11) *Pro adduccione epistole beatus Gregorius in suo passionali li 1 ca XI* … (159rb) *Nostra conversatio* … (Phil 3,20) *Nota doctor Wilhelmi* (sic) *in suo Rationali libro seu parte VI^{a} ca I* (159va) *26, ubi ponit rationem divinorum officiorum* … *Ideo optabat beatus Paulus ad Philippos 1: Cupio dissolvi et esse cum Christo.*

161ra–247ra Marcus de Summa Ripa: Sermones quadragesimales pro Bona principissa de Savoia

›*Sermones tempore quadragesimali*‹ *Cum ieiunatis* … (Mt 6,16) *Alpha et O principium et finis universe creature* … (Schneyer, Nachlaß Nr. 3); (163va) *Cum intrasset* … (Mt 8,5) *Esse oportet in Christo figura peramanda* … (Nr. 4); (166ra) *Audistis quia dictum* … (Mt 5,21) *Elevata erat filia Christi bona, tui et tocius humani generis* … (Nr. 5); Nr. 6–38 (Teilstück von Nr. 33 in italienischer Sprache); (238va) *Rogabat Iesum* … (Lc 7,36) *Peto domine, ut de vinculo imperii huius absolvas me et reminiscaris delicta mea* … (Nr. 39); (240rb) *Collegerunt pontifices* … (Io 11,47) *Vidisti domine, ne sileas domine, ne discedas a me* … (Nr. 40); (241vb) *Cogitaverunt principes* … (Io 12,10) *Servite domino in timore et exultate ei cum tremore* … *Nam revera filia in Christo Bona ipsi domino Deo* … (Nr. 41); (244ra) *Cum appropinquaret* … (Mt 21,1) *Millesimo quadringentessimo* (sic) *nono die 23 novembris id est* (?) *complevit, quod fuerat per me inceptum eodem anno die 8^{a} marcii feria quarta 4^{or} temporum post primam dominicam quadragesimale, in laudem et gloriam summi opificis Dei vivum* (sic) (244rb) *alpha et o principium* … *in sanctorum confessorum*

Francisci, Anthonii, Ludwico (sic), *Clare virginis, Katherine et Silvestri totiusque curie fraternitatis exulta satis* ... (246vb) *Et in hoc dilecta ymo magnifica Bona, illustris et generosissima Achaie principissa, finitur et terminatur hoc quartum dubium tuum finale* ... – ... *seraphici Francisci ac eciam gloriosissimi principalis Michaeli archangeli, Christianorum omnium defensoris totiusque curie triumphantis. Amen.* – SBARALEA 2, S. 210 (die dort aufgeführten Parallelüberlieferungen enthalten alle die Jahresangabe 1419); MOHAN, S. 23 unter dem Incipit: Ambulavit in fortitudine. Der Autor (OFM) gehörte dem Konvent von Alba an und wirkte als Professor in Turin, s. a. JÖCHER, Allgemeines Gelehrtenlexikon 3, Sp. 155. Die Adressatin dieses Quadragesimales (auch: Bonum quaternarium) war Bonne (1388–1432), Tochter Amadeus' VII., seit 1403 verheiratet mit Ludwig von Savoyen (1364–1418), Tit.-Fürst von Achaia seit 1404 oder etwas früher; vgl. Europäische Stammtafeln NF, Bd. II, Marburg 1984, Tf. 191 u. 192. – 247rb–248vb leer.

249ra–327rb JACOBUS DE VILLACO (?): SERMONES DE SANCTIS ET DE OCCASIONIBUS

Der größte Teil der Sermones ist in SCHNEYER 3, S. 172–178 unter dem Namen Jacobus de Villaco aufgeführt, der andere Teil in SCHNEYER 7, S. 291–301 nach clm 3552, einer franziskanischen Predigtsammlung; s. a. SCHNEYER, Wegweiser, S. 369, die zahlreichen Parallelen zwischen beiden Reihen werden dort nicht erwähnt. Bestand nach SCHNEYER 3, Nr. 80; SCHNEYER 7, Nr. 3; 3, Nr. 81–84; 7, Nr. 17; 3, Nr. 87–88; 7, Nr. 22, 27; 3, Nr. 96–99; 7, Nr. 38; 3, Nr. 100; (266vb) *Tu es sacerdos* ... (Ps 109,4) *Et potest beatus Gregorius in his verbis commendari de tribus, scilicet officii dignitate* ...; 7, Nr. 43; 3, Nr. 103; 7, Nr. 48, 49; 3, Nr. 104; 7, Nr. 55; 3, Nr. 108, 110, 111, 113; 7, Nr. 68, 73, 75; 3, Nr. 117; 7, Nr. 78; 3, Nr. 120–122, 127, 128, 132, 134, 136, 138–141, 144; 7, Nr. 112; 3, Nr. 145 (2 Sermones in der Hs.), 146–149; 7, Nr. 121, 124; 3, Nr. 151; 7, Nr. 127; 3, Nr. 152; 7, Nr. 130; 3, Nr. 154; 7, Nr. 132; 3, Nr. 155, 156; 7, Nr. 136; 3, Nr. 158–161; 7, Nr. 143, 150; 3, Nr. 162; 7, Nr. 146; (324ra) *Probet autem se ipsum* ... (I Cor 11,28) *Ut hodiernam solemnitatem venerabilissimi sacramenti congruis laudibus extollamus* ... –... *Cum tali devocione et exultacione receperat ille, de quo hinc XIX dicitur: Et excepit illum gaudens in domum suam* (Lc 19,6). *Rogemus dominum.* – 327va–331vb leer.

Ms 567

Johannes Merkelin. Johannes Kannemann

Papier 247 Bll. 31,5×22 1468

13 VI^{156} + 2 VII^{184} + VI^{196} + VII^{210} + 3 VI^{246} + $(VI–11)^{247}$; Reklamanten nur zum Teil erhalten; moderne Foliierung.

2 Teile:

I: 1–144. Schriftraum 22,5–24×14–14,5; 49 Zeilen; 133ra–141ra zweispaltig; 46 Zeilen. Buchkursive, eine Hand; Rubriken. Rote 4-zeilige Lombarden. Auf den Rändern römische Zählung der Sermones; Registerbuchstaben *a, b* ... etc. Wenige Randbemerkungen von anderen Händen; 48^r, Fußsteg: *vicissitudinis obumbracio eyn vordempunge in der zeijt der unwissenheijt.*

II: 145–247. Schriftraum 22–22,5×13,5–14; zweispaltig; 46–47 Zeilen. Buchkursive, ab 203ra zweite Hand; Rubriken. Rote 4-zeilige Lombarden.

Rotgefärbter Kalbsledereinband des Spätmittelalters mit Streicheisenlinien und Einzelstempeln, unter denen nur die Rosette (Schunke, Nr. 28a, S. 251; Bamberg, Meister der 36-zeiligen Bibel) identifiziert werden konnte; Beschläge (Art der Leipziger Dominikaner) entfernt, Reste von 2 Schließen; Loch von der Kettenbefestigung im Rückdeckel oben. Falze, ca. 6–8mm breit, beschriftet in Minuskel und Kursive des 14. Jh.

1468 geschrieben, s. 131^v, 240vb sowie den Vermerk dieser Jahreszahl auf dem Fußsteg von 1^r. Befand sich im Besitz des sonst unbekannten Bruders Johannes Starkenberg (im Vorderdeckel oben Eintrag aus dem 15. Jh.: *Fratris Johannis Stargkenbergk*). Titelschild, Papier, 16. Jh., auf dem Vorderdeckel: *EXPOSItio epistolarum dominicalium manu scripta* durchgestrichen: *34 · Petri Lombardi* (von späterer Hand: *Joh. Merckhelini*) · *34 · Hh.* Auf dem Rücken Signatur: *495.* Feller, S. 152, Nr. 6.

1^r–131^v Johannes Merkelin: Expositio super epistolas dominicales
In Christo reverendissimo patri ac domino domino Heynrico, divina et apostolice sedis digna providencia Warmiensis ecclesie episcopo frater Johannes Merckelin, lectorum minimus ordinis heremitarum sancti Augustini, conventus Vredeburgis Caminensis dyocesis ... Cum nuper ad mentem meam reduxerim ... (Prolog) ... (2^r) *Fratres scientes* ... (Rm 13,11) *Gloriosus doctor beatissimus Augustinus in epistola prima ad Jeronimum et ponitur in decretis* ... (125^r) *Non cessamus* ... (Col 1,9) *Quamvis apostolus Paulus propria in persona non predicavit Collocensibus* (sic) ... – ... *graciam in presenti et gloriam*

in futuro. Quam gloriam nobis donare dignetur ipse rex glorie, qui in eternum vivit et regnat. Amen. N.P. (Non plus?) ›*1468*‹ Von anderer Hand: *Legitur in vita sancti Pelagii pape, quod anno domini M°CXXXVIII° regnavit Conradus. Eo tempore Hugo de sancto Victore, doctor excellentissimus, in omni sciencia summus et religione devotus, obiit. Sed anno domini M°CLIII° Fridericus nepos Conradi imperavit. Eo tempore floruit magister Petrus Lombardi, episcopus Parisiensis, qui libros sentenciarum, glosas Psalterii et epistolarum Pauli utiliter compilavit.* – 132^{r-v} leer. – 133ra–141ra REGISTRUM ALPHABETICUM ... – ... ›*1468*‹ – ZUMKELLER, Nr. 544, Hs. unter der Fellerschen Nummer genannt; SCHNEYER, Wegweiser S. 300; vgl. auch Berlin SB, Theol. lat.fol.660, 106^{r}. – 141rb–144^{v} leer.

145ra–240vb JOHANNES KANNEMANN: DE DECEM PRAECEPTIS
Inter omnia hominum agnicioni necessaria non est salubrius caritati aut necessitudini nil expediencius mandatorum altissimi nostri Dei perfecta cognicio ... – ... In hac et per hanc hec preceptorum exposicio fuit inchoata et nunc terminata ad laudem omnipotentis Dei patris et filii et spiritus sancti. Deo graciarum actio pro bono fine. ›*Consummatum est hoc opus anno domini millesimo quadringentesimo sexagesimo octavo.*‹ – L. OLIGER in: Franz. Studien 5/1918, S. 64; MEIER, Die Barfüsserschule, S. 23, 53f., Hs. genannt; E. KLEINEIDAM, Univ. Stud. Erfordensis, Bd. 1, 1964, S. 287, Nr. 56; BLOOMFIELD, Nr. 2790, Hs. genannt. – 241ra–247vb leer.

Ms 568

Marsilius de Ingen

Papier   I + 372 Bll.   31×21,5   Leipzig (?) 1468 o. früher

Vorsatzblatt + 31 VI^{370}, nach 195 und 270 je ein Blatt nicht gezählt; Reklamanten; moderne Foliierung. Durchgehende Zählung der behandelten Distinctiones rechts oben auf den Recto-Seiten. Schriftraum 24–25,5×14,5–15,5; 35–39 Zeilen.

Buchkursiven, 3 Hände a: 1^{r}–111^{v}, b: 111^{v}–123^{r}, c: 123^{v}–364^{v}; Rubriken, zahlreiche Gliederungsvermerke, Ergänzungen und laufende Titel auf den Rändern. Rote 3- bis 4-zeilige Lombarden mit auffälligen, manchmal kugelförmigen Verdickungen; 1^{r}

wohl für eine Initiale ausgesparter 9-zeiliger Platz am Textbeginn, etwa halbe Breite des Schriftspiegels.

Kalbsledereinband des Spätmittelalters mit Streicheisenlinien und Einzelstempeln von Johannes Cruse in Leipzig, Eintrag im Rückdeckel: *Johannes Cruße ligavit anno 68° in Lipzk pro 22 gr.* (Schunke, Nr. 78a, S. 73; Loh, Buchbinder, S. 55 u. Anl. 3, Bl. 1); Buckel entfernt, Kantenbeschläge und Teile der beiden Schließen erhalten; Loch von der Kettenbefestigung im Rückdeckel oben. Falze aus einer zweispaltig in Bastarda des 15. Jh. geschriebenen deutschen juristischen Hs., lesbar u.a.: *nach sechssischem rechten ands nicht · gencket wie man daz tuet · orteilen tretaget ... · Sage neyn wenn der richter sal nicht · behalden sie sunderlich ... · De exhibemdis* (sic) *et introducendis.*

Auf dem Kopfschnitt wahrscheinlich von der Hand des Schreibers a oder c: *Questiones Marcilii de Yngen super primum sentenciarum.* 1468 von Johannes Cruse in Leipzig gebunden (s.o.). 1488 gekauft für die Philosophische Fakultät der Universität Leipzig; vgl. den Eintrag im Vorderdeckel: *Iste liber comparatus est sub Decanatu magistri Melchioris Lodwici de Freynstadt anno salutis nostre LXXXVIII*; Melchior Ludwig war seit 1487 Mitglied im Collegium beatae virginis, Dekan der Artistenfakultät im WS 1487, Rektor im WS 1490; vgl. Erler I, S. 247; II, S. 12, 14, 206, 266, 289; Zarncke, Die urkundlichen Quellen, S. 592, 776, 808. Auf dem Vorderdeckel ein Titelstreifen aus Pergament, darauf in Bastarda, 15. Jh.: *Questiones certe cum notatis super primum sentenciarum Marsilii.* Auf dem Rücken ein Papierschild 16./17. Jh.: *17 · Marsilii de Ing*[hen] *Quaestiones super 1. Sententi*[arum] · *1177.* Aus den Beständen der Philosophischen Fakultät. Kat. 1560, Nr. 433, Döring, S. 78 u. 108. Feller, S. 357, Nr. 40.

1^{r}–363^{r} : Marsilius de Ingen: Quaestiones super primum Sententiarum
›*Marsilius Heydelbergensis universitatis*‹ *Primis itaque duobus, videlicet divini nominis invocacione et brevi sacre scripture commendacione, de Dei misericordia expeditis ... Utrum ex diversitate ydearum existencium in regno increato sumatur diversitas perfeccionum productorum encium in regno creato ...* (310^{r}) Ende von Quaestio 41, 2 Drittel dieser Seite und 310^{v} bleiben frei. In dem Straßburger Druck wird an dieser Stelle bemerkt, daß Marsilius hier fast ein ganzes Blatt gestrichen habe und einen neuen Text nachliefern wollte, sein Tod dies aber verhindert habe. – (311^{r}, Qu. 42) *Consequenter queritur circa distinccionem 42^{am} et 43^{am}, utrum Deus possit sua potencia producere aliquod infinitum ...* (324^{v}) Ende von Quaestio 42. Im Druck an dieser Stelle: *Marsilius noster itidem efflagitat expurgacionem.* – 325^{r}–326^{v} leer. – (327^{r}, Qu. 43) *Sequitur distinccio quadragesima quarta et 45^{a}, utrum Deus universum et quamlibet partem eius possit facere meliorem ... – ... alie due*

raciones arguunt pro dictis in septima conclusione. Hec de questione etc. – Druck von Martin Flach 1501 in Straßburg (Nachdruck Frankfurt 1966), f. 1ra–200va. STEGMÜLLER RS, Nr. 521, Hs. genannt. M. MARKOWSKI in: Studia Mediewistyczne 25,2/1988, S. 41–132; hier S. 111 u. 119f., Hs. genannt; M.J.F.M. HOENEN in: RTAM 56/1989, S. 139–141; Ders. in: Theol. Quartalschrift 171/1991, S. 114–129.

363^{v}–364^{v} ›TABULA PRIMI LIBRI SENTENTIARUM‹ – in 3 Spalten zuerst Angabe der behandelten Distinctio, der Nummer der Quaestio und der Quaestio selbst. – 365^{r}–370^{v} leer.

Ms 569

Johannes de Hisdinio. Jacobus de Teramo. Alfonsus Bonihominis. Theobaldus de Sexannia (?). Alcherus Claraevallensis

Papier 399 Bll. 31×21–22 1414–16

Vorsatzblatt[1] + 14 VI[169] + (VI–1)[180] + 9 VI[388] + (VI–1)[399]; Reklamanten, bis f. 180 auch Kustoden; moderne Foliierung; Blattweiser. Schriftraum 22×14,5; zweispaltig; 43–48 Zeilen.

Buchkursiven, ein Hauptschreiber, Register 176ra–179vb von anderer Hand; Rubriken; Kolumnentitel auf den Fußstegen (bis 175rb) und Gliederungsvermerke vom Schreiber, wenige Randbemerkungen und Ergänzungen von einer anderen Hand des 15. Jh. Rote 2- bis 3-zeilige Lombarden; 2ra rote 13-zeilige Initiale *I*, im Schaft 3 ausgesparte Sternblüten.

Heller Schweinsledereinband des Spätmittelalters mit Streicheisenlinien; Buckel und 2 Langschließen entfernt. Auf einem Pergamentstreifen vor dem Vorsatzblatt in Kursive des 15. Jh.: *Sed nimis alienis viciis immoramus* (sic). *Reddeamus ad propria. Omnes fere mortales sumus, uno morbo laboramus, extremis contrariis iactamur.* Auf dem Vorsatzblatt, andere Hand: *Thesaurus in agro, scriptura in libro, obsessus in castro, avicula in nido, piscis in rivo, quelibet res in esse suo, propria stella in firmamento, cera in sigillo, gemma in auro, mel in favo.*

Erster Text 1414 geschrieben (vgl. 175^{va-vb}), die anderen bis 1416 (vgl. 351va) oder nicht lange danach. Stammt aus dem Thomaskloster in Leipzig, vgl. 180^{r}. Auf dem

Vorderdeckel Titelschild, Papier, 16.Jh.: *RABI Samuelis de adventu · Augustinus de s*[piritu]; spätere Hand: *Joh. de Hisdinio super epistolam ad Titum · Jacobi de Theramo Belial · Pharetra Judaeorum · 27.* Auf dem Rücken Signatur: *684*. FELLER, S. 188, Nr. 1.

2ra–175vb JOHANNES DE HISDINIO: LECTURA SUPER EPISTOLAM AD TITUM
Illustrissimo ac reverendissimo in Christo patri ac domino domino Philippo de Alenconio, divina providencia Rothomagensi archiepiscopo dignissimo frater Johannes de Hisdinio sancte domus hospitalis sancti Johannis Iherosolomitani ordine (sic) *professus ... Quia sicud dicit philosophus primo rethorice capitulo XXII: Ad laudandum aliquem sumenda est dignitas progenitorum ...* – ... (175va) *Et ipsa ducente pervenient fideles ad gloriam iuxta illud psalmum: Graciam et gloriam dabit dominus* (Ps 83,12)*; ad quam gloriam nos perducere dignetur dominus ... Amen.* ›*Finitur lectura fratris Johannis de Hisdinio ... Et fuit completa anno domini M°CCCC°XIIII° quinta feria ante festum nativitatis* (175vb) *Marie mensis Septembris.*‹ – STEGMÜLLER RB 3, Nr. 4556, Hs. genannt; KRISTELLER III, S. 415.

176ra–179vb REGISTRUM ALPHABETICUM AD LECTURAM JOHANNIS DE HISDINIO
Abhominalibus (r. abominabilis) *redditur homo sex modis ...* – ... *mundavit immundiciam nostram multipliciter etc. Da Deus eterne scriptori gaudia vite etc.* – (180^{r}) *Frater mi, in acquirendo hunc librum ego laboravi pro te, tu ora pro me. Liber sancti Thome apostoli in Liptzgk.* Monogramm: *RH*. – 180^{va-vb} leer.

181ra–351va JACOBUS DE TERAMO: BELIAL SIVE PECCATORIS CONSOLATIO
Oben rechts in Schrift des 17.Jh.: *Jacobi de Theramo Belial seu Peccatorum Consolatio.* – Textbeginn: *Universis Christi fidelibus atque orthodoxe sancte matris ecclesie fidei cultoribus hoc breve compendium inspecturis presbiter Jacobus de Theramo archidiaconus Aversanus ...* – ... *multiplicasti magnificenciam tuam et conversus consolatus es me ad vitam perhennem. Amen. Deo gracias.* ›*Explicit liber qui intitulatur Belial alias Peccatoris consolacio, finitus anno domini XVI°.*‹ – Das Stück bei HELSSIG, Juristische Handschriften, S. 332 genannt. HAIN–COPINGER 5785–5793. SCHULTE, GQ II, S. 377f.; R. STINTZING, Geschichte der populären Literatur des römisch-kanonischen Rechts in Deutschland am Ende des fünfzehnten und im Anfang des sechzehnten Jahrhunderts, Leipzig 1867 (Nachdruck Aalen 1959), S. 271–275; VL² 4, Sp. 442; M. BERNARDS in: RTAM 19/1952, S. 331; VL² 4, Sp. 442–447;

Bloomfield, Nr. 3997; N.H. Ott, Rechtspraxis und Heilsgeschichte, München 1983 (Münchener Texte und Untersuchungen zur deutschen Literatur des Mittelalters 80), Hs. S. 166 genannt, die Angabe zum mitüberlieferten Text allerdings falsch.

351va–364rb Alfonsus Bonihominis: Epistola rabbi Samuelis de adventu Messiae

PL 149, Sp. 335–368; M. Marsmann, Die Epistel des Rabbi Samuel an Rabbi Isaak, Diss. München, Siegen 1971, Ed. S. 202–438, zur Verfasserfrage S. 18–23; Redaktion B nach Meersseman, Antonio Azaro, S. 86–89. Kaeppeli 1, Nr. 146, Hs. genannt; ebd. Bd. 4 (Nachtrag), S. 22; Stegmüller RB Suppl., Nr. 1183,1; VL^2 1, Sp. 236 f.; Diaz y Diaz, Nr. 2098, S. 404 f.; M. Steinschneider, Die arabische Literatur der Juden, 1902, S. 189. – 364$^{va–vb}$ leer.

365ra–381ra Theobaldus de Sexannia (?): Pharetra Iudaeorum (Pars II)
Thalmut et doctrina eius dividitur in quatuor libros, quorum quilibet appellatur cezer in genere ... – ... Iuxta dignitatem, contra quem et patet, debet satisfaccio recompensari etcetera. – Stimmt mit den Inkunabeln Hain 15229–15234, nur in den Anfangszeilen überein (mit Hain 8589, 12910–16 keine Übereinstimmung); bis 366va passagenweise Übereinstimmung mit I.C.-Wolf, Bibliotheca Hebraea IV, 1733, S. 556–567, danach ein völlig anderer Text. Kaeppeli 4, Nr. 3672, Hs. genannt (Folioangabe zum Textende falsch); Lambert, Bibliographia Hieronymiana, III B, Nr. 509; zu den verschiedenen Texten, die unter diesem Titel geführt werden, und den möglichen Verfassern s. G. Langer in: Bijdragen 38/1977, S. 431–444.

381ra–387rb De articulis fidei
Quidquid est causa cause, est causa causati. Sit enim causatum a cuius causa b ... – ... qui secundum ultimam secundi libri in infinitum puniendi sunt magna pena etc. ›*Expliciunt articuli fidei etc.*‹

387rb–398ra Alcherus Claraevallensis (Ps.-Augustinus): De spiritu et anima
›*Augustinus de spiritu et anima*‹ – Derselbe Text in Ms 595, 95^{r}. – PL 40, Sp. 779–803; bis Kapitel 33; 5 u. 6 sind gegenüber der Edition verkürzt, 7 fehlt; PL Suppl. 2, Sp. 1364 f. Bloomfield, Nr. 4935; A. Wilmart in: RAM 8/1927, S. 251–266; Dictionnaire de Spiritualité 1, 294 f.

398ra–399rb De ortu et tempore Antichristi

›*De Antichristo*‹ *Volentibus scire de Antichristo primo notandum est, quod sic vocetur* (sic), *quia in cunctis Christo erit contrarius* ... – ... (399ra) *quando hominem creavit, secundum quosdam terminabitur mundus.* (399rb) ›*Explicit expliceat ludere scriptor eat etcetera. Explicit Pharetra Judeorum.*‹ – Kurzfassung des Traktats von Adso von Montier-en-Der, die in der Ausgabe Adso Dervensis, De ortu et tempore Antichristi necnon et tractatus qui ab eo dependunt, CC Cont. Med. 45, 1976, nicht berücksichtigt ist. – 399^{va-vb} leer.

Ms 570

Breviarium

Pergament   304 + I Bll.   23,5×17,5   Meissen 1438

(IV–1)^{7} + 22 V^{227} + (V–3)^{234} + (III–2)^{238} + 6 V^{298} + III^{304} + Nachsatzblatt, von f. 238 steht nur noch oben ein 6 cm hoher Streifen (Textverlust), moderne Foliierung. Schriftraum 15,5–16×11; 18 Zeilen, 1. Lage 17 u. 28 Zeilen.

Textura, eine Hand; Rubriken; wenige Nachträge auf den Rändern. Abwechselnd rote und blaue 2-zeilige Lombarden, manchmal ornamental blau-rot gespalten und 3-zeilig; 8^{r} 5-zeilige Initiale *B*, ornamental blau-rot gespalten; 234^{v} unten 3 1/2 Zeilen und 235^{r} obere Hälfte radiert.

Einband mit Einzelstempeln Rautengerank und Blattwerk (Schunke, S. 239, Nr. 115; S. 53, Nr. 455; Pegau Meister des Lößer); Beschläge und Schließen entfernt.

1438 für den Abt des Chemnitzer Benediktinerklosters, Johannes von Slinitz, von dem Meissener Kapitelsangehörigen Thomas Frommold aus Torgau geschrieben, vgl. 305^{r}. Zu Johannes von Slinitz s. Repertorium Germanicum 4.2, Sp. 2372f. (nur bis 1429). Auf dem Spiegel des Vorderdeckels alte Signatur: *141.* Feller, S. 80f., Nr. 18.

1^{v}–7^{r} Kalendarium, Tafel des cyclus solaris, Aderlasstafel

Kalendarium von Dezember bis April mit Goldener Zahl, Sonntagsbuchstaben, römischer Tagesbezeichnung, Tierkreiszeichen, Tag- u. Nachtstunden und Lunarbuchstaben. 6^{v} Tafel des Cyclus solaris; 7^{r} Aderlaßtafel. Besonderheiten des Kalendars: 13.Dez.: *Otylie virginis*; 4.März: *Translacio S. Wenczeslai*; 23.April: *Adalberti episcopi et martiris.* – 1^{r} u. 7^{v} leer.

8^r–305^r Liber viaticus cum psalterio

(8^r–26^r) Ad primam feriarum II usque ad sabbatum – ›*Incipit viaticus venerabilis domini domini Iohannis abbatis de Kempnicz necnon progenitoris de Slynicz. Feria secunda ad primam antiphona*‹ *Servite Deo. Beatus vir* ... – (26^r–155^r) Ad nocturnos feriarum II usque ad sabbatum ›*Dominicis diebus invitatorium*‹ *Regem magnum* ... ›*Psalmus*‹ *Venite exultemus* ›*Hyemali tempore hympnus ad nocturnum*‹ *Primo dierum* ... – (155^r–161^r) Ad vesperas dominicae et feriae II ›*Dominica die ad vesperas*‹ *Dixit dominus domino meo* ... – (161^r–163^r) ›*Versiculus*‹ ... ›*Preces*‹ ... ›*Collecta*‹ ... ›*Psalmus*‹ *Confitemini domino* ... – (163^r–184^v) Ad primas usque ad nonas dominicae et feriarum II et III ›*Ad primam ympnus*‹ *Iam lucis orto sydere* ... – (184^v–204^v) Ad vesperas feriarum II usque ad sabbatum ›*Feria secunda IIII* (?) *psalmus ad vesperas*‹ *Sepe expugnaverunt* ... – (204^v–208^r) Cantica ›*Canticum trium puerorum*‹ *Benedicite omnia opera* ... – (208^r–219^r) Cantica in Commune temporum et sanctorum ›*In adventu domini canticum*‹ *Ecce dominus in fortitudine veniet* ... – (219^r–234^v) Capitula et collectae de tempore ›*Capitula ista dicta sunt ad omnes horas in adventu domini*‹ *Venite ascendamus* ... – (235^r–238^v) Capitula et collectae in festis sanctorum ›*Incipit de sanctis · primo de sancto Silvestro · capitulum*‹ *Da quesumus omnipotens* ... ›*Basilidis et Udilis oracio*‹ ... – (239^r–304^v) Officia in Commune sanctorum ›*Incipit commune sanctorum · De apostolis capitula*‹ *Ibant apostoli gaudentes* ... Darunter auch 240^r–246^v: In festo XII lectionum (De apostolis). – (305^r) ›*Explicit liber viatici de tempore et de sanctis cum psalterio, quem comparavit venerabilis dominus Iohannes de Slinicz, pro tunc abbas necnon archidyaconus Kempniczensis 1438, feria quinta in die sancti Augustini episcopi. Scriptor istius libri supradicti fuit Thomas Frommold de Torgow, kathedralis in civitate Misna. Pro quo sit benedictus unigenitus Dei filius hic ipsum complere iuvabat, qui semper vivit et eternaliter regnat. Orate pro scriptore.*‹ – 305^v leer.

Ms 571

Hugo de Schlettstadt

Pergament   I + 145 Bll.   39,5×29   14.Jh. Mitte

Vorsatzblatt^{1} + (VI–1)^{12} + 13 V^{141} + II^{145}; Reklamanten teilweise erhalten; moderne Foliierung (f. 84 doppelt gezählt); alte Foliierung ab f. 13 jeweils über dem Interkolumnium: bis f. 51 zunächst arabisch (*1–39*; *9* zweimal), dann römisch *LX–CXXXV*. Auf den Kopfstegen auch Zählung der Distinctionen jeweils zu Beginn.

2 Teile:

I: 2–12. Schriftraum 36×25,5; zweispaltig; 48–49 Zeilen. Textualis (Notat auf 1^{va-vb} von anderer Hand); Buchkursive des 15.Jh.: 1^{va-vb} u. 12^{vc-vd}; Rubriken. Abwechselnd blaue und rote 2-zeilige Lombarden. Die Außenspalte von f. 12 ist bis auf 3 Zeilen abgeschnitten; diese ganze Lage an den Rändern stark beschnitten.

II: 13–145. Schriftraum 29–30×18; zweispaltig; 34 Zeilen. Textualis; Rubriken; auf den Randspalten vom Schreiber selbst Gliederungszeichen, Textnachträge und Themata der Quaestionen, wenige Randbemerkungen von etwas späterer Hand. Abwechselnd blaue und rote 2-zeilige Lombarden; 13ra Initiale *A*, Fleuronné als Füllung des Binnenfeldes und Konturbesatz.

Heller Schweinsledereinband des Spätmittelalters mit Streicheisenlinien; Buckel und die 2 Schließen entfernt; Loch von der Kettenbefestigung im Rückdeckel oben, innen verstärkt durch ein Fragment (Pergament, 5,5×4,5, 15 Zeilen) eines zweispaltig in gotischer Minuskel des 13.Jh. geschriebenen, vermutlich kanonistischen Textes.

Aus dem Zisterzienserkloster Altzelle; Eintrag auf den Fußstegen von 14va–15rb in abwechselnd roten und braunen Lombarden: *LIBER CELLE SANCTE MARIE*; 70va–71rb u. 143va–144rb in kleinerem Format abwechselnd rot und blau: *LIBER VETERIS CELLE SANCTE MARIE*; im Katalog von 1514 unter der Signatur *K 2,3. Hugo Schleczstatensis super primum – secundum sentenciarum* (Schmidt, Altzelle, S. 54 u. 83). Auf dem Vorderdeckel in Textura des 14.Jh.: *Super primum sentenciarum*. Darunter Titelschild, Papier, 16.Jh.: *1 · HUGO Schletstadensis super primum sententiarum · 13 · Gg*. Auf dem Rücken Signatur: *618*. Feller, S. 179, Nr. 21.

1^{va-vb} u. 12^{vc-d} Registrum in compilationem Hugonis

Distinctio XXX. Utrum aliquid dicatur de Deo ex tempore ... – ... Distinctio XLVIII. Utrum teneamur conformare voluntatem nostram voluntati divine involito (sic) *F*[olio] *CXXXV. Explicit registrum super primum librum sentenciarum Bonaventure. Principium registri quere post primum sexternum*

verte X folia. – (12^{vc}) *De causis. Quid sit subiectum divine scripture …* – … *Distinctio XXIX. Utrum possunt dici idem principium spiritus sancti F*[olio] *LXXXIIII.* – 1^{va-vb} Mitte, Notat zum Text in 2ra–12rb. – 1^{r} leer.

2ra–12rb HUGO DE SCHLETTSTADT: PROOEMIUM IN LIBRUM I SENTENTIARUM *Fluvius egrediebatur …* (Gn 2,10) *Secundum quod ait glossa super epistolas Pauli in principio, principia rerum requirenda sunt …* – … *Septimo docet, quod conveniencia passionis Christi et martirum est, quod utrimque Deus per malam hominum voluntatem suam bonam voluntatem inplevit.*

13ra–145vb HUGO DE SCHLETTSTADT: COMPILATIO SUPER PRIMUM SENTENTIARUM

Ad intelligenciam eorum, que primo tacta sunt, quatuor possunt inquiri iuxta quatuor predicta … – … *quia est dominus universalis, cui totaliter debemus esse subiecti. A quo est omne principium, medium et finis, quo eciam mediante ad finem liber iste perductus est. Ideo sit ei omnis honor et gloria in secula seculorum. Amen. ›Explicit compilatio super primum sentenciarum, quam compilavit frater Hugo dictus de Sletzstat, Parisius tunc studens de diversis scripturis et lecturis magistrorum. Quicumque usum eius habueris ora pro eo.‹* – STEGMÜLLER RS, Nr. 377, nur diese Hs. genannt; SBARALEA 1, S. 384, gibt ca. 1460 als Entstehungszeit an, Hs. nach Feller genannt; NDB 10, S. 22f. (danach lebte Hugo im 13. Jh.); Ch. MICHLER in: VL^2 4, Sp. 266f. gibt 15. Jh. an nach MEIER in: Studi Francescani, Ser. III, Bd. 2, 1930, die Hs. erlaubt die Spätdatierungen nicht; MOHAN, S. 155.

Ms 572

Hugo de Schlettstadt. Landulfus Caracciolus

Pergament 125 Bll. 42,5×31 14. Jh. Mitte

IV^{8} + (1 + VI)^{21} + 7 VI^{105} + 2 V^{125}; Reklamanten; moderne Foliierung, anfangs lükkenhaft; f. 9 nur halbe Breite und nachträglich eingeklebt; arabische Foliierung des 15. Jh. ab f. 10 jeweils über dem Interkolumnium: *1–115* (10–125). Zählung der Distinctionen zunächst jeweils zu Beginn auf den Randspalten, ab f. 20 durchlaufend oben rechts. Schriftraum 38×27,5–28 (nur 2ra–8vb) u. 34,5–35×18,5; zweispaltig; 45–48 (2ra–8vb) u. 40 Zeilen.

Textualis, eine Hand außer 8^{ra-vb} (gleiche Hand wie Ms 571,2^{ra}–12rb), 1^{ra-rb} (gotische Kursive 14. Jh.) und 9^{r} (Buchkursive 15. Jh.); 124vb kurze Texte in gotischer Minuskel und Textura; Rubriken; auf den Randspalten vom Schreiber selbst Gliederungszeichen, Textnachträge und Themata der Quaestionen, wenige Randbemerkungen von einer anderen Hand des 14. Jh. Rote 2- bis 3-zeilige Lombarden; 10ra rote ornamental gespaltene 5-zeilige Initiale *N*.

Heller Schweinsledereinband des Spätmittelalters mit Streicheisenlinien; Buckel und die 2 Schließen entfernt; Loch von der Kettenbefestigung im Rückdeckel oben, innen verstärkt durch ein Fragment (Pergament, 5,5×4,5, 18 Zeilen) aus der gleichen Hs. wie das Fragment in Ms 571.

Aus dem Zisterzienserkloster Altzelle; Eintrag auf den Fußstegen von 11va–12rb in abwechselnd roten und braunen Lombarden: *LIBER CELLE SANCTE MARIE*; 54va–55rb u. 122va–123rb in kleinerem Format abwechselnd rot und blau: *LIBER VETERIS CELLE SANCTE MARIE*. Auf dem Vorderdeckel in Textura des 14. Jh.: *Super secundum sentenciarum*. Darunter Titelschild, Papier, 16. Jh.: *2 · HUGO Schletstadensis super secundum sententiarum · 12*. Auf dem Rücken Signatur: *619*. FELLER, S. 179, Nr. 22.

1^{ra-rb} LANDULFUS CARACCIOLUS: PROOEMIUM IN SECUNDUM SENTENTIARUM
Fundamentum primum jaspis … (Apc 21,19) *Celiber* (sic) *doctor Bernardus mundialis fabrice constitucionem admirans* … – … *degustare incipiamus circa principia creacionis. Amen dico vobis: Nescio vos.* – STEGMÜLLER RS, Nr. 514,II; MOHAN, S. 161 f.; SBARALEA 2, S. 164, dort Florenz S.Croce, cod. scam. 32, num.368 erwähnt, wo der Kommentar des Landulfus auf den eines Hugo folgen soll. – 1^{v} leer.

2ra–8vb HUGO DE SCHLETTSTADT: PROOEMIUM IN SECUNDUM SENTENTIARUM
Dist^{o} I^{a}. Creacionem rerum scriptura insinuans etc. Liber iste secundus dividitur in duas partes propria sui divisione … – … *Infelix ego homo, quis me liberabit de corpore mortis huius et sequitur: Gracia Dei per Iesum* … *Amen.*

9ra REGISTRUM IN COMPILATIONEM HUGONIS
Utrum sit unum principium productivum omnium 2 … – … *An de luce ista factus sit sol 40*. Das Register reicht nur bis zur 13. von 42 Distinctionen. – 9^{rb-vb} leer.

10ra–124vb HUGO DE SCHLETTSTADT: COMPILATIO SUPER SECUNDUM SENTENTIARUM
Nomen secundi fluvii Gyon. Introitus ad secundum librum sententiarum aperitur figuraliter in hiis verbis … – … *quando factus est prelatus licet huic profi-*

tenti non promittat iterum in particulari. Et sic patent omnia quesita. – Es folgt ein kurzer Anhang, der noch vom Autor zu stammen scheint: *Multa dicimus et in verbis deficimus ... – ... labor iste a principio fuit assumptus. Ipsi ergo, de quo factus est sermo, domino nostro ... Amen.* – darauf ein Notat: *Officium autem vel debitum ... – ... non supra dico ergo quod comparando aliquam in*‖ bricht ab. – 125^{ra-vb} leer. – Lit. wie Ms 571, 13ra.

Ms 573

Hugo de Sancto Caro

Pergament II + 303 Bll. 26,5×18,5 Paris 13.Jh. 2. Hälfte

Vorsatzblatt[1] + 31 II^{125} + $(II–2)^{126}$ + 20 II^{206} + I^{208} + 24 II^{304} + Nachsatzblatt; Reklamanten; die Hs. ist ein Exemplar: Pecienzählung oben auf dem ersten Blatt jedes Binios (ab f. 209 einige abgeschnitten), 118^r: *liber secundus XII pe*[cia], 207^r: *liber IIIus · XXI · unicum folium et dimidium · explicit*; Liber I, Pecia IX herausgeschnitten, Textverlust; moderne Foliierung; Blattweiser. Schriftraum 17–18,5×11–11,5; zweispaltig; 41–45 Zeilen.

Gotische Minuskel, 2 Hände, a: 2ra–208va; b: 209ra–304vb; Reklamanten; auf den Rändern Gliederungsvermerke, Textnachträge, Themata der Quaestionen und Schemata, meist von Schreiberhand, wenige von anderen Händen des 13.Jh. 2ra und 3rb 3-zeilige Fleuronné-Initialen *I* und *S*, 2vb 3-zeilige Lombarde *N*, alle rot; die anderen Initialen nicht ausgeführt.

Heller Schweinsledereinband des Spätmittelalters mit Streicheisenlinien und nicht mehr identifizierbaren Einzelstempeln; Beschläge des Vorderdeckels (in der für das Predigerkloster typischen Form) und Buckel des Rückdeckels entfernt, ebenso 2 Schließen; 2 Löcher der Kettenbefestigung im Rückdeckel oben. 208^{va-vb}, untere Hälfte, Leimabdruck eines deutschen Textes (14./15.Jh.), Bruchstücke lesbar: *unde mergned nit ... guden wercken.* Ein Papierfragment aus einem Antiphonar oder einem Graduale im Rückdeckel enthält in Kursive des 15.Jh. fast vollständig die Sequenz AH 42, Nr. 331, S. 300f., Chevalier 40552, auf den Hl. Vincentius und den Schluß eines anderen Hymnus mit Quadratnoten im 4-Linien-System; ein Teil des Doppelblattes ist ausgeschnitten, darunter erscheint im Leimabdruck weiterer Text mit Noten. Beiliegend als Lesezeichen ein Papierstreifen (2×9,5), beschrieben in Kursive 2. Hälfte 15.Jh.: *Die hauben gehort dem wirdigen vatter Jacob von Prixen von schwester Margaretha Jopplin*; auf einem weiteren Papierstreifen (1×12) in Textualis des 15.Jh. u.a. das Wort *Brixina.* Zwei aus den Deckeln gelöste Doppelblätter (ca.

21×30; Abdruck auf dem Spiegel des Vorderdeckels), Papier, Kursive des späten 15. Jh., enthalten Fragmente einer SUMMULA LOGICAE aus den Traktaten: De praedicabilibus, De ampliationibus (vgl. z. B. PETRUS HISPANUS: SUMMULAE LOGICALES, ed. L. M. De Rijk, Assen 1972); großer Zeilenabstand mit lateinischen Interlineargiossen; weitere Teile der gleichen Handschrift in dem Leipziger Exemplar des Drucks HAIN 11654 (Straßburg).

Exemplar des Leipziger Dominikanerkonvents; vgl. die Einträge jeweils auf dem Fußsteg von 2^{r}, 128^{r} und 209^{r}: *Liber fratrum predicatorum in Lipzk* (Eintrag im Sequestrationsverzeichnis unter Pulp.L, Lat. 1, Nr. 14). 80^{r} oben: *Hoc exemplar est falsissimum* und 300^{r}, Randsteg: *falsum exemplar.* Titelschild, Papier, 16. Jh., auf dem Vorderdeckel: *HUGO* [....] *sententiarum · 18.* Auf dem Rücken Signatur: *658.* FELLER, S. 183, Nr. 24. G. POWITZ in: Codices Manuscripti 17/1997, S. 2–11.

2ra–303ra HUGO DE SANCTO CARO: COMMENTARIUS IN I–IV SENTENTIARUM
Iuxta sanctorum tradicionem quedam, que unum sunt, tria esse dicuntur ... – zwischen f. 33 u. 34 fehlen Dist. 20–24 und ein Teil von Dist. 25 (aus L. I mit der Pecia IX herausgeschnitten). – 73vb leer. – Spalten 165rb u. 165va nochmals geteilt, in den Außenspalten ein langes, eingerahmtes Notat. – 208vb leer – 250^{r} unten rechts: *Guntherus h* oder *li* – ... – ... *quia ad iudicium et gloriam bonorum et penam malorum. Explicit opus sentenciarum.* – Nach Brommers Bemerkungen auf dem Benutzerzettel enthält Basel UB, B II 20 noch etwa eineinhalb Spalten mehr. KAEPPELI 2, Nr. 1983; STEGMÜLLER RS, Nr. 372, Hs. jeweils genannt; Ders. in: Classica et Mediaevalia 9/1948, S. 246–265; M. GRABMANN, Geschichte der scholastischen Methode 2, S. 394f., Hs. genannt; W.H. PRINCIPE in: Medieval Studies 25/1963, S. 372–376; J. GRÜNDEL in: Scholastik 39/1964, S. 391–401. – Vorsatzblatt leer.

303ra–304vb HUGO DE SANCTO CARO: QUAESTIO DE DOTIBUS RESURGENTIUM
[Q]*uoniam dictum est supra de resurreccione, queri etiam debet de dotibus resurgencium ... – ... ergo dileccio non est dos. Solucio.* – Diese, nicht vollständige, Quaestio auch in einigen anderen Hss. angehängt, vgl. KAEPPELI 2, Nr. 1983; G. POWITZ, wie oben, S. 2f.. – Nachsatzblatt leer.

Ms 574

Matthias de Liegnitz. Johannes de Sancto Geminiano

Papier 271 Bll. 29,5–30×21–21,5 15.Jh. Anfang; 1402

Sehr lücken- u. fehlerhafte moderne Foliierung, 210–219 sowie 245 u. 246 je zweimal gezählt; fehlerhafte spätmittelalterliche arabische (100=C) Foliierung ab 3; nach 209: *300–309*, *400–409*, *500–509*, *600–609*, *700* (255).

2 Teile:

I: 1–190. I^{2} + VI^{14} + 7 VI^{98} + V^{108} + VI^{120} + V^{130} + 5 VI^{190}. Schriftraum 22–23×15,5–16; zweispaltig; 41–57 Zeilen (1^{r}: 15). Buchminuskel 1^{r}; Buchkursiven, 3 Hände, a: 1va–2ra; b: 3ra–121rb, 122ra–167rb, 179ra–183vb, 186ra–187rb; c: 121^{va-vb}, 167va–178vb, 184ra–185vb; Rubriken; wenige Verbesserungen auf dem Rand vom Schreiber und einer anderen Hand des 15.Jh. 3- bis 4-zeilige Lombarden, abwechselnd rot und grün (nicht konsequent) mit begleitendem Kontur in gleicher Farbe – manche rot-grün ornamental gespalten – besetzt und gefüllt mit Fleuronné-Motiven.

II: 191–259. VIII^{206} + VI^{218} + (VI + Schaltblatt von halber Breite)^{231} + 2 VI^{253} + (VI–6)^{259}; nach 206 Zettel (9,5×9,5) mit Resttext zu 206vb (gleicher Schreiber) eingeheftet; Kustoden und gerahmte Reklamanten teilweise erhalten. Schriftraum 21–22×15,5–16; zweispaltig; 42–46 Zeilen. Buchkursive, geschrieben von Rudolf Pottenstainer; von einer zweiten Hand sind 193ra–206vb, 212ra–231vb; Rubriken; zahlreiche Gliederungsvermerke und einige Korrekturen auf dem Rand von Schreiberhand. 193ra rote 3-zeilige Lombarde *C*, weitere Initialen nicht ausgeführt; 256ra am lang ausgezogenen Schaft von *TH*(omas) Federzeichnung eines Kopfes im Profil nach links.

Heller Schweinsledereinband des Spätmittelalters; Buckel und zwei Schließen entfernt. Pergamentfalze aus einem in Textura des 14.Jh. geschriebenen scholastischen Text. Auf dem Fußschnitt in Textura, 15.Jh.: *Sermones dominicales.* Im Rückdeckel Fragment eines zweispaltig in gotischer Minuskel des 14.Jh. beschriebenen Doppelblattes mit QUAESTIONES DE QUANTITATE DEI; im Vorderdeckel in Kursive des frühen 15.Jh. einspaltig beschriebenes Doppelblatt aus einem logischen Traktat, Incipit eines Kapitels: *Terminus communis. 3ª clausula in qua describit terminum communem ...*, möglicherweise PAULUS VENETUS: SUMMULAE LOGICAE (ZUMKELLER, Nr. 738; MOHAN, Incipits of logical Writings, S. 471) oder PETRUS DE ALLIACO: CONCEPTUS ET INSOLUBILIA (MOHAN, Incipits of logical Writings, S. 471).

Zweiter Teil 1402 geschrieben von Rudolf Pottenstainer, vgl. 259ra. 1^{r} Besitzvermerk, erste Hälfte 15.Jh.: *Iste liber est magistri Burkardi doctoris*; von gleicher Hand: *Mynem fruntlichen grus.* Aus der Bibliothek des Collegium Principum maius. Auf dem Vorderdeckel oben in Kursive des 15.Jh.: *Sermones collecte* (sic) *pro* [...]. Auf dem

Rücken kleiner Papierzettel mit Signaturen, 16./17.Jh.: *664 · 1248.* Feller, S.377, Nr.664.

1^{r} Ex psalmis XIX et XX.

1va–2ra Themata sermonum sequentium

Que abicere debemus I ... – ... De quibus homo debet expectare liberacionem 140. – 1^{r}, 15 Zeilen, enthält Ps 19,7–20,12. – 2$^{rb–vb}$ leer, oben auf 2^{v}: *Collecta magistri Mathie de Legnicz.*

3ra–187rb Matthias de Liegnitz: Sermones dominicales de epistolis per totum annum

Videte quoniam non mihi ... (Sir 24,47) *Hanc proposicionem scribit sapiens Iesus filius Syrach Ecclesiastici XVIIII°. Quamquam dilectissimi duplex sit labor bonus ...* (5ra) *Scientes quia hora ...* (Rm 13,11) *Hic commendat caritatem, eo quod per ipsam est opportunitas ...* (10ra) *Quecumque enim scripta ...* (Rm 15,4) *Hic ostendit, quod auctoritas pertinet ad instruccionem ... – ...* (187ra) *Cui laus et potestas et claritas et graciarum accio, qui afuit* (r. affuit) *principio misericorditer medio et fine liberaliter in secula seculorum. Amen. Explicit postilla collecto* (Korrektur: *a*) *per reverendissimum magistrum Mathiam de Legnijcz, doctorem sacre theologie, super epistolas dominicales per circulum anni ad honorem benedicte et individue trinitatis et gloriose virginis Maria* (Korrektur: *e*), *tocius celestis curie etc.* – Matthias von Liegnitz war um 1400 Theologieprofessor in Prag und Krakau. Schneyer Nachlaß, Nr.1–6, 8–59, Hs. genannt; Schneyer Wegweiser, S.531, 517, 301 (auch Petrus de Liegnitz zugeschrieben). Gleiche Reihe in Berlin SB, Theol.lat.fol.628,1^{r} (dort ausführlichere Incipit-Angaben) und in Brünn UB, cod.365, 13^{r} (im Katalog von V.Dokoupil Literaturangaben). Tříška, S.364; A.Franz in: Der Katholik 1898, S.2–9, Hs. genannt; Ders., Der Magister Nikolaus Magni de Jawor, Freiburg 1898, S.40f.; C.v.Miaskowski in: Jahrbuch für Philosophie und spekulative Theologie 13/1899, S.491. – 187va–192vb leer.

193ra–255vb Johannes de Sancto Geminiano: Quadragesimale de epistolis

Bestand nach Schneyer 3, S.734–741, Nr.155, 159, 161, 169, 165, 167, 171, 173, 175, 177, 179, 181, 183, 185, 187, 189, 191, 193, 195, 197, 199, 201, 203, 205, 207, 209, 211, 213, 215, 217, 219, 221, 223, 225, 227, 229, 231, 233, 235, 237, 239, 241, 243, Hs. genannt; Kaeppeli, Nr.2637, Hs. genannt.

256ra–259ra Expositio super 'Pater noster'
Pater noster. Thomas de Aquino: Per hoc quod dicit Pater noster, quia amari appetit ... – ... Hec oracio potissime ex intellectu et affectu dicenda est. Amen. Explicit exposicio sancti Thome super oracione dominica per manus ihplodur (Rudolphi) *reniatsnetop* (Potenstainer) *sub anno domini M^{o} quadragentesimo II° in vigilia sancti Clementis quasi hora I^{a} finita est hec oracio dominicalis. In diluculo etc. suhplodur reniatsnetop. Penna fuit vilis et scriptor nimis puerilis.* – B. Adam, Katechetische Vaterunserauslegungen. Texte und Untersuchungen zu deutschsprachigen Auslegungen des 14. und 15. Jahrhunderts (Münchener Texte und Untersuchungen zur Deutschen Literatur des Mittelalters 55), München 1976, S. 182–198 (Ed.), s. a. S. 139–150. Bloomfield, Nr. 9201, Hs. genannt; der Schreibervers auch von Feller, S. 443 zitiert; vgl. Wattenbach, Schriftwesen, S. 507, Anm. 8. – 259^{rb-vb} leer.

Ms 575

Matthias de Liegnitz

Pergament 175 Bll. 22,5×18–19 15. Jh. 1. Hälfte

6 V^{60} + V^{79} + (V–1)^{78} – diese Lage nach f. 69 nachträglich eingeheftet, 79 ist letztes Blatt der 7. Lage – + 9 V^{169} + (IV–2)^{175}; Kustoden; moderne Foliierung nur auf dem jeweils ersten Blatt der Lage. Schriftraum 16,5–17×13–13,5; zweispaltig; 36–41 Zeilen.

Buchkursive, eine Hand außer 70ra–78vb; Rubriken; wenige Randvermerke vom Schreiber selbst. Rote 2- bis 3-zeilige Lombarden; 1ra rote 6-zeilige Initiale *S*.

Vom Ledereinband ist nur noch eine dünne Schicht erhalten mit Abdruck der Streicheisenlinien und Einzelstempel; Buckel und 2 Schließen entfernt, 3 Eckbeschläge des Vorder- und 2 Eckbeschläge des zur Hälfte abgebrochenen Rückdeckels erhalten. Auf dem Spiegel des Vorderdeckels in Kursive des 17./18. Jh.: *Postilla Matthei Hylbrandi de Legnitz super Epistulas dominicales*. Feller, S. 170, Nr. 47.

1ra–175va Matthias de Liegnitz: Sermones dominicales de epistolis per totum annum
Bestand nach Schneyer 6, S. 546–555 (Basel UB, VIII.19), Nr. 2,4, 6,8, 13, 15,

17, 19, 21, 23, 25, 27, 29, 31, 33, 35, 37, 39, 41, 43, 45 (wird 69vb unterbrochen und 79ra fortgesetzt und beendet) auf dem Fußsteg von 69vb: *Sequitur primus sexternus libri. Dominica prima post octavam Pasche.* – (70ra) Nr. 47, 49, 51 (endet 78vb). – (79ra) Nr. 53, 55, 57, 59, 61, 63, 65, 67, 69, 71, 73, 75, 77, 79, 81, 83, 85, 87, 89, 91, 93, 95, 97, 99, 118, 101, 103, 105, 107, 109, 111, 113. – *Expliciunt postille super epistolas dominicales per annum collecte per magistrum Mathiam Hylbrandi de Legenitz.* – Die Lemmata stimmen fast vollständig überein mit SCHNEYER, Nachlaß 2–59, Incipits und Explicits nur teilweise. Literatur wie zu Ms 574, 3ra. – 175vb leer.

Ms 576

Ps.-Albertus Magnus

Pergament 174 Bll. 26×18 15. Jh. Anfang

4 V^{40} + $(VI–2)^{50}$ + 4 V^{90} + 4 $(VI–2)^{130}$ + 4 V^{170} + $(III–1)^{174}$, letztes Blatt als Spiegel in den Rückdeckel geklebt und nicht gezählt; Kustoden zu Lagenbeginn; alte – korrekte – Foliierung *1–165* über dem Interkolumnium, moderne Foliierung nur sporadisch; durchgehende Kapitelzählung auf dem Kopfsteg der Recto-Seiten. Schriftraum 19,5–20,5×13,5; zweispaltig; 31–36 Zeilen.

Bastarda, eine Hand; Randvermerke, an wenigen Stellen auch ausführliche Notate, Ergänzungen und Seitenangaben im Register (165va–173va) in einer etwa gleichzeitigen Buchkursive; Rubriken. Rote 2- bis 3-zeilige Lombarden, manche mit parallelen Fadenausläufern, die durch kurze dicke Querstriche verbunden sind. 1ra Initiale *B* mit Kleeblatt an den beiden Schaftenden und im Zentrum, kleines Fleuronné-Motiv parallel zum Schaft.

Rot gefärbter Kalbsledereinband des Spätmittelalters; Buckel und zwei Langschliessen entfernt; im Rückdeckel oben zwei Löcher als Rest der Kettenbefestigung. Innen als Verstärkung an dieser Stelle ein Papierfragment, 4×5, mit Quadratnoten (14./15. Jh.). Auf dem Spiegel des Vorderdeckels in Kursive des 15. Jh.: *Gorra super cantica.*

Vermutlich aus Altzelle; vgl. den Katalog von 1514, unter der Signatur *D 28*: *Nicholaus de Gorraw super Cantica* (SCHMIDT, Altzelle, S. 40 u. 82). Titelschild, Papier, 16. Jh., auf dem Vorderdeckel: *15 · NICOL*[....] *in Cantica Can. · 15 · Ii.* Auf dem Rücken Signatur: *131* oder *151*. FELLER, S. 79, Nr. 8.

1ra–173va Ps.-Albertus Magnus : Expositio in Canticum canticorum *Benedicciones dabit legislator* ... (Ps 83,8) *Beatus Dyonisius in libro de celesti iera[r]chia dicit, quod omnis res beatificabilis et perfectibilis* ... – ... (165rb) *Dicit ergo fuge; istud de verbo ad verbum expositum est in fine secundi capituli. Unde illa exposicio hic non est mutanda sed Christo* (165va) *gloria danda, qui est benedictus in secula seculorum. Amen.* – Stegmüller RB 2, Nr. 1028 (auch unter Ps.-Nicolaus de Gorra, Nr. 5757), ohne Nennung der Hs.; die Abbruchstelle des gleichen Textes in der bei Stegmüller genannnten Leipziger Handschrift Ms 285,1^{r} findet sich hier auf 160rb; vgl. den Katalog von Helssig. Auch in Basel UB, B IX 5, 120ra, s. G. Meyer u. M. Burckhardt, Die mittelalterlichen Handschriften der Universität Basel, 1966, S. 133f. mit ausführlichen Literaturhinweisen zur Verfasserfrage. – 165va–173va Registrum alphabeticum: *Abstinencie utilitas* ... – ... *7 Xristus non habuit fidem nec spem*. Nachträge von anderer Hand: ... *173 Cristi incarnacionis motiva.*

Ms 577

Guilelmus de Melitona (?)

Pergament 188 Bll. 35×24–24,5 Frankreich 14. Jh. Anfang

6 VI^{72} + V^{82} + 6 VI^{153} + $(VI-1)^{165}$ (Textverlust) + V^{175} + $(VI-1)^{186}$ + $(III-4)^{188}$; gerahmte Reklamanten; jede 10. Seite modern foliiert, zwischen 130 und 140 ein Blatt zu wenig, zwischen 150 und 160 ein Blatt zuviel gezählt. Schriftraum 25–26,5×17–17,5; zweispaltig; 57–61 Zeilen.

Textualis, 6 Hände, a: 1ra–103ra; b: 103ra–153vb; c: 154ra–165vb; d: 166ra–175va; e: 176ra–186va; f: 187ra–188vb; Rubriken; auf den Rändern sehr wenige Verbesserungen von den Schreibern selbst oder Randvermerke (nur bis 16rb) von 2 anderen Händen des 14. u. 15. Jh., letztere mit Stift. 3-zeilige Lombarden, abwechselnd rot und blau, mit Fleuronné-Ausläufern und Fleuronné-Füllung in der Gegenfarbe; 1ra 7-zeilige Initiale *S*, in Blau und Blattgold ornamental geteilt, Füllung und Besatz in roten und blauen Fleuronné-Motiven, Fleuronné-Ausläufer an der linken Kolumne entlang bis zum Fußsteg und oben über die ganze Breite des Blattes. Die Kopfzeilen enthalten in abwechselnd roten und blauen Buchstaben auf den Verso-Seiten durchgehend den Kurztitel, auf den Recto-Seiten die Kapitelzählung; im laufenden Text hat diese die gleiche Form.

Halbledereinband, vom Rücken nur Fragmente an Kopf und Fuß erhalten; 2 Schliessen entfernt, später durch eine Langschließe ersetzt, die bei der letzten Restaurierung erneuert wurde; 2 zusätzliche Langschließen an Kopf und Fuß ebenfalls entfernt; Loch von der Kettenbefestigung im Rückdeckel oben.

Auf dem Rückdeckel oben Rest eines schmalen Pergamentstreifens, Textualis des 14.Jh.: *ecclesiasticum*; unten auf dem Holz: *Postilla super ecclesiasticum.* Oben auf dem Vorderdeckel in Textualis des 15.Jh.: *Nicolaus de Gorra* [...]; darunter Titelschild, Papier, 16.Jh.: *28 · POSTILL*[...]*orra Glossa in* [...]; von einer Hand des 17./18.Jh.: *Nicolaus de Gorra Glossa in librum Ecclesiasticum.* Auf dem oberen Rükkenfragment Signatur: *77.* FELLER, S.71, S.46.

1ra–186va GUILELMUS DE MELITONA (?): POSTILLA SUPER LIBRUM JESUS SIRACH

Sapiencia edificavit ... (Prv 9,1) *Sicut eternus artifex sua potencia spiritum racionalem de nichilo produxit in esse* ... (156^{va-b}) in beiden Spalten unten freier Platz und Anweisungen auf dem Fußsteg: *Hic decet poni figura de altitudine firmamenti · Hic decet poni figura de aureo numero* ... – durch fehlendes Blatt zwischen 165 u. 166 Textverlust von Sir 44,10–15 –... (169vb u. 172rb) einige Leerzeilen, (175^{va-b}) eineinhalb Leerspalten ohne Textverlust ... – ... *alia ancilla est Ysaias, quem post istum librum iuvante domino proponimus nos lecturos.* ›*Expliciunt postille fratris Nicholai de Gorrani ordinis predicatorum super Ecclesiasticum. Deo gracias.*‹ – STEGMÜLLER RB 2, Nr.2939, Hs. genannt; in mehreren Hss. Nicolaus de Gorra als Autor genannt, u.a. Klosterneuburg, cod.14,1^{r}; vgl. auch MADRE, S.300. – 186vb leer.

187ra–188vb EXPOSITIO SUPER LIBRUM JESUS SIRACH (cap.34 u. 35)

Setzt ein ‖*raptorem dirigens, cuius vocem exaudiet dominus. Certum est, quod vocem* (sic) *pauperis spoliati ergo oracio raptoris Deo non placet* ... (187rb) ›*c.XXXV*‹ *Qui consumat verbum superius, actum est de obsequiis Deo non acceptis* ... – ... *Octavo propter messis inpeditionem Ecclesiastes XI: Qui considerat*‖ bricht ab.

Ms 578

Nicolaus Parisiensis. Haimo Altissiodorensis. Sententiae. Sermones

Pergament 73 Bll. 22,5×17 Oberitalien (?) 13.Jh. 3. Viertel

3 IV^{24} + $(III+1)^{31}$ + $(V-1)^{40}$ + IV^{48} + $(V-1)^{57}$ + 2 IV^{73}; moderne Foliierung.

3 Teile:

I: 1–57. Schriftraum 17–19,5×12–14; zweispaltig bis 31^v (Zwei-Spalten-Grundform nach G.Powitz, Textus cum commento, in: Codices Manuscripti 5/1979, S. 81–83; Textspalte hier nur 3cm breit), danach einspaltig; 36–44 (zunehmend), im einspaltigen Abschnitt 36–37 Zeilen. Gotische Minuskel, je eine Hand pro Abschnitt; Rubriken. Rote 2- bis 3-zeilige Lombarden, gelegentlich durch kunstlose Schnörkel verziert; 1vb schwarze, gespaltene 6-zeilige Initiale *A*, Kontur umzeichnet von roten Profilblättern mit Binnenschattierung durch Schraffur.

II: 58–65. Schriftraum 17,5×12–12,5; zweispaltig; 44 Zeilen. Gotische Minuskel, eine Hand; Rubriken. Rote 2- bis 3-zeilige Lombarden; 58ra rote 6-zeilige Initiale *B*, senkrechte Teile dick ausgezogen, begleitet von einem schmalen Perlstab, waagrechte Teile als Haarstriche.

III: 66–73. Schriftraum 17–18×11–13; zweispaltig; 46–53 Zeilen. Gotische Minuskel, eine Hand; Rubriken. Rote 2- bis 3-zeilige Lombarden, gelegentlich mit Schnörkeln, einige davon lang ausgezogen und in Tierköpfe auslaufend; 67^r im Interkolumnium intermittierende Profilblattranke.

Heller Schweinsledereinband des Spätmittelalters; Beschläge nach Art des Leipziger Predigerkonvents, Buckel und 2 Langschließen entfernt; 4 Löcher der Kettenbefestigung im Rückdeckel oben. Spiegel im Rückdeckel Teil eines Doppelblatts, Papier, Bastarda 15.Jh.: Alexander de Villa Dei: Doctrinale, mit lateinischen Interlinearglossen, Vers 2125–2132 (Zeilenanfänge abgeschnitten), 1977–1984; im Vorderdeckel: 2144–2150 (Zeilenanfänge abgeschnitten) + 1 Vers, der nicht bei Reichling steht: [...] *dat ut Sindonis et Babilonis*; 1956–1960, überklebt: 1961–1965, Reichling, S. 142f., 130, 144, 128f.; aus der gleichen Handschrift wie das Fragment in Ms 522.

Nach dem Einband vermutlich aus dem Leipziger Predigerkonvent (Eintrag im Sequestrationsverzeichnis unter Pulp.D, Lat. 2, Nr. 17). Reste eines Titelschilds des 14.Jh. aus Pergament ganz oben auf dem Vorderdeckel, lesbar nur noch: [Nicol?]*ai*; darunter Titelschild des 16.Jh. aus Papier: *M.NICOlaus* [...] · *31* · *Hh*. Auf dem Rükken Signatur: *140*. Feller, S. 80, Nr. 17.

1ra–31vb NICOLAUS PARISIENSIS: LIBRI I–V APOCALYPSIS CUM GLOSSA
Textspalte: *Beatus Iohannes apostolus a Domitiano apud Pathmos insulam exilio relegatur* ... Glossenspalte: ›*Incipit glosa Apokalipsis magistri Nicolai Parisiensis prologus.*‹ *Iohannes. Ut hortetur eam et ammonet ad hoc, ut libenter et voluntarie patiatur tribulationes, cum fuerit necesse* ... (1va) ›*Glosa ipsius libri*‹ *Merito legendus est iste liber, quia est Apokalipsis id est revelatio ad vestram salutem data* ... – ... *viam ad veram vitam, quam mox ingredientur ab ortu solis id est in die quando verus sol Christus apparebit omnibus.* – STEGMÜLLER RB 4, Nr. 6007,7, nur diese Hs. genannt.

32r–57r HAIMO ALTISSIODORENSIS: LIBRI V–VII GLOSSAE IN APOCALYPSIN
›*Incipit glosa Haimonis ad completionem libri*‹ ... – ... ›*Explicit iste liber, scriptor sit crimine liber. Amen. In ewangelio.*‹ – PL 117, Sp. 1132–1220. STEGMÜLLER RB 3, Nr. 3122 u. RB 4, Nr. 6007,7.

57r–57v DICTA PATRUM ET PROPHETARUM
›*Augustinus*‹ *Si diligis unitatem ecclesie, quisquis in ea aliquid habet, tibi habet* (Tract. 32 in Ev. Joh., PL 35, Sp. 1646; CC 36, S. 304) ... – ... ›*Salomon*‹ *O homo, considera novissima tua et in eternum non peccabis* (Sir 7,40). Dicta u.a. von Leo d.Gr., Beda, Ambrosius, Hieronymus, Paulus, Isaias, Jeremias, Bernhard v. Clairvaux.

58ra–65vb SENTENTIAE PATRUM DE DIVINITATE
›*Incipit liber sententiarum divinitatis. Ysidorus in VII libro ethimoloiarum de nominibus domini*‹ *Beatissimus Hieronimus, vir eruditissimus et multarum linguarum peritus, Hebreorum nominatim interpretacionem primus in Latinam linguam convertit* ... – ... *aliud quid nobis aut alicui existentium cognitum neque quid non existentium neque quid existentium est neque existentia* || bricht ab. Exzerpte u.a. aus Augustinus, Hieronymus, Gregor d.Gr., Ps.-Dionysius Areopagita. 61v eine schmale Spalte in das Interkolumnium eingeschoben.

66ra–73vb SERMONES DE VIRTUTIBUS SACERDOTUM
Domini karissimi, nisi quia sic se habet consuetudo ecclesie, superfluvia immo nimis presumptuosum mihi videretur ... *De illis qui bene predicant et male vivunt. Habetis in Ysaia: Populus iste* ... *Item dominus: Ve vobis scribe et pharyseis* (sic) ... – ... *dum bene possitis differatis ad bonum converti.*

Ms 579

Nicolaus Eymericus. Benedictus Papa, XII. Gregorius Papa, XI.

Pergament 145 Bll. 29,5–30×21 1426

8 V^{80} + $(V–3)^{87}$ + $(V–2)^{95}$ + 5 V^{145}; Reklamanten; bis f. 35 Foliierung des 15. Jh. in arabischen Ziffern, weitere Foliierung aus dem 18./19. Jh. Schriftraum 22,5–23×15–16; zweispaltig; 48–54 Zeilen.

Bastarda, eine Hand; auf den Rändern einige Korrekturen und Nachträge, meist vom Schreiber selbst, wenige von anderer Hand des 15. Jh.; Rubriken. Rote 2- bis 4-zeilige Lombarden.

Heller Schweinsledereinband des Spätmittelalters; Beschläge nach Art des Leipziger Predigerkonvents entfernt, ebenso die Buckel; Reste von 2 Langschließen und Kantenbeschläge des Rückdeckels erhalten; 2 Löcher der Kettenbefestigung im Rückdeckel oben.

1426 von einem Stephanus geschrieben, vgl. 87rb. Aus der Bibliothek des Leipziger Predigerkonvents; Eintrag im Vorderdeckel: *Liber fratrum predicatorum in Liptzk ad sanctum Paulum* (Eintrag im Sequestrationsverzeichnis unter Pulp.K, sub Pulp., Nr. 10). Auf dem Vorderdeckel Reste eines Titelschilds aus Pergament, 14. Jh.: *Lib*[ri officii inquisitio]*nis*; darunter Titelschild, Papier, 16. Jh.: *LIBRI*, dazu Aufschrift des 17./18. Jh.: *Nicolai Eymerici Directorium Inquisitionum · N3 · Inquisitionis haereticae pravitatis*. Etwa in Rückenmitte Signatur: *33*; oben: *668*. Feller, S. 184, Nr. 34. Die Hs. auch kurz in Helssig, Juristische Handschriften, S. 254, beschrieben.

1ra–144vb Nicolaus Eymericus: Directorium officii inquisitorum
Frater Nicolaus Eymerici ordinis fratrum predicatorum, sacre theologie magister indignus, sanctissimi domini nostri pape cappellanus ac inquisitor heretice pravitatis ... (1va) *et sic est finis huius epistole. Firmiter credimus et semper confitemur, quod unus solus est verus Deus* ... (17va) *et ecclesiam suam sectam contra quam dicere non intendit. ›Sequitur secunda pars huius directorii.‹* (17vb) *Secunda pars huius directorii officii inquisicionis est de hereticis* ... (87rb) *quod seculari iudicio sine ulla audienda est trahendus, sed loquitur indistincte, unde puto papam in hiis consulendum. ›Explicit secunda pars libri inquisicionis heretice pravitatis finitum* (sic) *per me Stephanum anno domini M°CCCC°XXVI°.‹* – 87va–88rb leer. – (88va) *Tercia pars huius directorii officii inquisicionis est de practica huius officii* ... (133va) 9 Leerzeilen, Quaestio

36 fehlt ... – ... *de quibus corde contriti ac ore confessi fuerint, plenam veniam indulgemus.* ›*Explicit 3ª pars inquisicionis.*‹ – Kaeppeli 3, Nr. 3062, Hs. genannt; Schulte, GQ II, S. 400; H. Denifle in: ALKG 1/1885, S. 144, kurze Beschreibung der Hs.

145ra–vb Epistolae papales de statu Beginarum

›*Papa Johannes XXII declarat inter statum Beginarum abolitum et permissum ita dicendo:*‹ *Racio recta non patitur, ut innocentes ad paria cum nocentibus iudicentur ... non ultra inficiant sanas oves. Nulli ergo hominum etc.* – Friedberg, Bd. 2, Sp. 1279f. Gleiche Constitutio in Klosterneuburg, cod. 204, 319r, hier allerdings mit dem Datum 6. Mai 1336 Benedikt XII. als Autor genannt. Vgl. A. Patschovsky in DA 30/1974, S. 65f., Nr. 30. – (145rb) *Gregorius episcopus servus servorum Dei venerabilibus fratribus Coloniensi, Treverensi, Maguntinensi archiepiscopis eorumque suffraganeis aliisque archiepiscopis et episcopis universis per Almaniam, Brabantiam et Flandriam constitutis ... Ex iniuncto nobis ex alto pastorali officio agimur et tenemur nostrarum animarum saluti* – Lettres de Grégoire XI (ed. C. Tihon), Nr. 2559 in: Analecta Vaticano-Belgica, Bd. 20/1962, S. 520 (6. Apr. 1374). Vgl. Patschovsky, w.o., S. 190–195, Nr. 21. – (145va) *Gregorius episcopus servus servorum Dei venerabilibus fratribus Coloniensi, Treverensi, Maguntinensi aliisque archiepiscopis et tam eorum suffraganeis quam aliis episcopis universis per Almaniam, Brabantiam et Flandriam constitutis ... Ad audienciam nostram pervenit, quod in vestris civitatibus et dyocesis* (sic) *sunt nonnulli pauperes utriusque sexus ...* – ... *non facientes plenam et expressam ac de verbo ad verbum huiusmodi indulto mencionem. Datum Rome apud sanctum Petrum quarto nonas Decembris pontificatus nostri anno septimo.* – Lettres de Grégoire XI (ed. C. Tihon), Nr. 3992 in: Analecta Vaticano-Belgica, Bd. 25, S. 500f. (2. Dez. 1377).

Ms 580

Heymericus de Campo. Birgitta Suecica. Magnus Petri. Ps.-Methodius Olympius. Johannes Guallensis

Papier I + 243 Bll. 21×14,5 15. Jh. Mitte; 1442

Vorsatzblatt + 12 VI^{144} + VII^{158} + 2 VI^{182} + VII^{196} + 3 VI^{232} + $(VI–1)^{243}$; im ersten Teil arabische Kustoden, in den anderen Teilen manchmal Reklamanten; moderne Foliierung mit kleinen Lücken.

5 Teile:

I: 1–158. Schriftraum 14–15,5×8–9,5; 23–33 Zeilen. Buchminuskel, eine Hand; Rubriken. Rote 2- bis 3-zeilige Lombarden; 1^r u. 21^r 5- bzw. 4-zeilig, ornamental gespalten.

II: 159–182. Schriftraum 16×10,5–11; zweispaltig; 29–30, ab 175ra 36–39 Zeilen. Bastarda 159ra–174vb; Buchkursive 175ra–177rb; Rubriken. Rote 2- bis 3-zeilige Lombarden.

III: 183–196. Schriftraum 16,5–17×11,5; zweispaltig; 35–38 Zeilen. Buchkursive, eine Hand; Rubriken. Rote 2- bis 3-zeilige Lombarden; 184^r Initialen *M* u. *S*, Buchstabenkörper teilweise mit Stufenband verziert.

IV: 197–208. Schriftraum 16–16,5×10–10,5; 24–26 Zeilen. Buchkursive, eine Hand; Rubriken.

V: 209–243. Schriftraum 15,5–16×9–9,5; 24–29 Zeilen. Buchkursive, eine Hand; Rubriken; wenige Korrekturen und Nachträge auf den Rändern. Rote 2-zeilige Lombarden, gegen Ende nicht mehr ausgeführt.

Rot gefärbter Kalbsledereinband des Spätmittelalters; Buckel entfernt; Schließe erhalten; Loch von der Kettenbefestigung im Rückdeckel oben und unten. In Teil I einige schmale Falze mit gotischer Minuskel des 13./14. Jh.; in den übrigen Teilen mit Textura des 14. Jh. und Choralnotation auf einer Seite, die andere Seite mit Buchkursive des 15. Jh.

Teil IV im Jahr 1442 von Frater Bartholomäus Graben (Gruben?) geschrieben; vgl. 203^v. Im Altzeller Katalog von 1514 unter der Signatur *I 35* (Schmidt, Altzelle, S. 53 u. 83). Titelschild, Papier, 16. Jh., auf dem Vorderdeckel: *33 · COMMUnicationes Hemm*[erici] *super* [certis articulis ex libro] *Revelationum Brigittae* [extrac]*tis · 33*. Auf dem Rücken Signatur: *176*. Feller, S. 89, Nr. 53.

1r–20v HEYMERICUS DE CAMPO: DE CERTIS ARTICULIS EX LIBRO REVELATIONUM SANCTAE BIRGITTAE

›*Communiciones* (sic) *Hemmerici sacre theologie professoris super certis articulis ex libro revelacionum sancte Birgitte extractis*‹ *Responsurus ad quosdam articulos in dicto libro contentos, qui subduntur mihi pro ypothesi certa* ... (2v) *probabiliter ab evidenti heresi excusare.* ›*Articulus primus*‹ *Hiis visis venio ad articulos, quorum primus est, quomodo Christus docet fundare altare et ipsum redditibus perpetuis dotare* ... – ... *nollet huiusmodi indulgencias auctoritate apostolica confirmare.* – KRISTELLER III, S. 415; VL² 3, Sp. 1210–1213, dieses und die folgenden Stücke nicht aufgeführt; auch nicht bei: J.B. KOROLEC in: Studia Mediewistyczne 8/1967, S. 33–44 (Werkkatalog des Heymericus); Z. KALUZA in RTAM 36/1969, S. 213–221 (der von Kaluza angeführte Text entspricht keinem der in dieser Hs. überlieferten). Zum Autor: NDB 9, S. 92.

21r–54r HEYMERICUS DE CAMPO (?): DE ALIIS ARTICULIS EX LIBRO REVELATIONUM SANCTAE BIRGITTAE

Oblatis meo iudicio in vita spirituali inexperto ... (29v) ›*Articulus primus*‹ *Affirmat beatam Birgittam adhuc in terris militantem allocucionem misticam beati Johannis ewangeliste expertam fuisse* ... – ... *Unde possit iuste oriri heretica reproba aut quolibet dampnabilis huius articuli et aliorum precedencium suspicio.*

54r–57v HEYMERICUS DE CAMPO (?): DEFENSIO LIBRI REVELATIONUM SANCTAE BIRGITTAE

›*Sequuntur resoluciones IX articulorum precipue contra librum revelacionum celestium beate Birgitte obiectorum.*‹ *Ecclesia est firmamentum et columpna veritatis prima Thym 3* ... – ... *anima et corpore, qui nunquam desinebant in persona deitatis subsistere.*

58r–74r HEYMERICUS DE CAMPO (?): DE CONSONANTIA LIBRI REVELATIONUM CUM SACRA SCRIPTURA

Quoniam sicut perfecta sunt Dei opera, ita cum perfectum (sic) *coincidit cum toto principio celi caritas* ... – ... *ne quidem presumo calumpnari, sed suggeror humiliter ammirari.*

74r–30r HEYMERICUS DE CAMPO (?): DE DISCRETIONE SPIRITUUM SECUNDUM SANCTAM BIRGITTAM

›*Sequuntur de discrecione spirituum secundum quandam revelacionum celestium beate Brigitte reprobacionem.*‹ *Probate spiritus si ex Deo sunt* (I Io 4,1)

Probate "quidem" non ex ingenio humano a sensu ad intellectum ... – ... He propter hoc reputetur prefata discussio insufficiens et nuper facta, propone tu articulos sicut extracti sunt et non recusabo ipsos determinare per ea que dicta sunt.

130^{r}–144^{v} Heymericus de Campo (?): Recapitulatio articulorum contra librum Caelestium revelationum sanctae Birgittae obiectorum
›*Recapitolacio* (sic) *articulorum contra librum celestium revelacionum sancte Birgitte obiectorum cum summaria et brevissima revisione ad eosdem.‹ In primo capitulo primi libri dictarum revelacionum dicitur Christum dixisse, quod tanta esset caritas eius ad animam beate Birgitte ... – ... Et converto finaliter ad sanctam Birgittam per hec metra Hemmericus: Felix rengnicola* (sic) *paradisi sancta Brigitta / ... / Qua valeam cum te vivere perpetue. Amen.*

145^{r}–158^{v} Heymericus de Campo (?): De quinto libro revelationum sanctae Birgittae
Dicit beata Birgitta in quinto libro id est quarto suarum revelacionum celestium, quod ideo beatam virginem Christus omnibus creaturis pretulit ... – ... ut sic homines habeant eos tortores in penis, quos habuerunt intentores in culpa. Darunter Rasur.

159ra–174vb Birgitta Suecica: Regula sancti salvatoris
›*Incipit regula sancti salvatoris data divinitus ab ore suo sanctissimo sponse sue devotissime sancte Birgitte, vidue principisse Neircie* (sic) *de regno Swecie, et ponitur primo narracio cum quibusdam revelacionibus loco prohemii.‹ In dominio regis Norwegie, qui est ad septentrionem regum omnium ultimus ...* (160vb, Beginn der Regel) ›*De humilitate, castitate et paupertate. Capitulum primum.‹ Principium itaque huius religionis et salutis est vera humilitas ...* (172rb) *ut videntes hoc memoriam mortis in mente habeant et cogitent in cordibus suis, quod terra sint et in terram revertentur* (Ende der Regel). – (172va, Fortsetzung der Rahmenerzählung) *Per illas unicas dissipatas, de quibus modo dixi ... – ... labora igitur tu et cooperare quantum poteris, ego autem perficiam quando mihi placuerit.* – Ed. S. Eklund, Stockholm 1975, S. 175–218. Vgl. Berlin Theol.lat.qu.219,1^{r}.

175ra–177rb Magnus Petri: Epistola contra calumniantes sanctae Birgittae
›*Incipit epistola venerabilis viri fratris Magni Petri, generalis confessoris monasterii Watzstenensis, contra calumpniantes sanctissimas revelaciones beate*

Birgitte de regno Swecie olim divinitus inspiratas‹ Ad laudem et honorem et gloriam omnipotentis Dei, domini nostri Iesu Christi et sue gloriose matris, benedicte virginis Marie, necnon ad utilitatem legencium ... – ... pro nostris foribus superexuberant et redundant. Gracia domini nostri Iesu Christi sit cum omnibus nobis. Amen – Derselbe Text in Ms 563, 274va. KRISTELLER III, S. 415. – 177va–183vb leer.

184ra–193vb PS.-METHODIUS OLYMPIUS: APOCALYPSIS (in der Übersetzung des Petrus Monachus)
›Prologus in librum Methodii‹ Methodius olim Pilicie (r. Cilicie) *et postea Tyri episcopus nitidi compositique Symonis adversus Porphirium confecit libros ... ›Incipit liber Methodii‹ Sciendum est quod exeuntibus* (sic) *Adam et Eva virgines fuerunt ... – ...* (193va) *Impii autem proicientur in infernum, ex quo eripiamur per graciam et humanitatem domini Dei et salvatoris nostri Iesu Christi, cum quo* (193vb) *et pater unus cum spiritu sancto ... Amen. ›Explicit liber Methodosii* (sic) *martiris et episcopi translatus de Greco a Petro.‹* – HAIN 11119–22. FREDE, Kirchenschriftsteller, Aktualisierungsheft 1984, S. 75; CPG Nr. 1830; E. SACKUR, Sibyllinische Texte und Forschungen, Halle 1898, S. 60–96; STEGMÜLLER RB 3, Nr. 5585; KRISTELLER III, S. 415. – Anschliessend: *Excerpta de epistola Gamaleonis viri Dei, quam scripsit idem ad Bonifacium papam ... – ... qui Germanos sacrosancto privabit imperio. Nam* || bricht nach 22 Zeilen ab. – Gleiches Incipit in Augsburg StuSB, 4°cod.10, 74^r^. – 194ra–196vb leer.

197^r^–203^v^ PS.-METHODIUS OLYMPIUS: APOCALYPSIS (anonyme Übersetzung)
›Cronica sancti Methodii episcopi‹ Cronica Methodii episcopi, quam de Ebreo et Greco in Latinum transtulit. Sciendum est vobis fratres carissimi, quo modo in principio creavit Deus celum et terram ... – ... Impii sine fine tormenta patientur. Unde nos eripere dignetur dominus noster ... Amen. ›Explicit cronica sancti Methodii de principio et fine seculorum. Finita in vigilia Inventionis sancte crucis M°CCCCXLII° per me fratrem Bartholomeum Graben (Gruben?) *Deo inutilem monachum.‹* – FREDE, Kirchenschriftsteller, Aktualisierungsheft 1984, S. 75; CPG Nr. 1830; STEGMÜLLER RB 3, Nr. 5586.

204^r^–207^r^ DE OPERATIONE SEX PRIMORDIALIUM DIERUM
›De operacione sex primordialium dierum‹ Sex diebus operatus est Deus opera omnia sua ... – ... et viriliter resistendo murum pro domo domini quasi mu-

rum inexpugnabilem locare. – Anschließend ›*Versus de Sacramento*‹ 10 Verse WALTHER 9993, dort 24 Hexameter angegeben, u.a. Ms 256, 150^{vc}. – 207^{v}–208^{v} leer.

209^{r}–243^{r} JOHANNES GUALLENSIS: BREVILOQUIUM DE VIRTUTIBUS ANTIQUORUM

›*Incipit tractatus de virtutibus antiquorum editus a fratre Johanne Gallensi ordinis minorum.*‹ *Quoniam misericordia et veritas* ... (Prv 20,28) *Ymmo quatuor virtutes cardinales, prudencia scilicet, temperancia* ... – ... *quo vis ire ego sum via, que vis scire ego sum veritas, vis permanere ego sum vita. Ad quam nos perducat ipse, id est qui dicit: Ego sum via* ... *Amen.* – Derselbe Text in Ms 457, 210^{v}. BLOOMFIELD, Nr. 4971; MOHAN, S. 364; KRISTELLER III, S. 415. – 243^{v} leer.

Ms 581

Johannes Gerson. Jacobus de Paradiso. Ps.-Augustinus. Thomas de Aquino. Ps.-Thomas de Aquino

Papier 385 Bll. 31,5×21,5 15. Jh. 3. Viertel; Leipzig 1459

2 Teile:

I: 1–240. 20 VI^{240}; Reklamanten; Foliierung aus der Entstehungszeit; Blattweiser. Schriftraum 24×14,5; zweispaltig außer 48^{r}–49^{r}; 47 Zeilen. Buchkursive, eine Hand; Rubriken. Rote 2- bis 3-zeilige Lombarden. 1ra 8-zeilige Deckfarbeninitiale *R* auf quadratischem, mit Blattgold belegtem Grund, Buchstabenkörper blau mit Akanthus in weißer Zeichnung gefüllt, Binnenfeld rosa, golden damasziert; 2 Akanthusranken gehen von den Schaftenden aus und umgreifen einen grauen, den ganzen Randsteg heruntergeführten Stab, der mit 2 Goldpollen besetzt ist; über die ganze Breite des Fußstegs eine Akanthusranke in Grün, Rot und Rosa mit blauer Blüte und Goldpollen. Andere größere Initialen nicht ausgeführt. Initialstil (Blattranken) eng verwandt Ms 1 (s. HELSSIG, Theologische Handschriften, , S. 1–3; Abb. bei DEBES, Leipziger Zimelien, S. 123) und Ms 548, 549; vermutlich gleiche Werkstatt.

II: 241–385. 6 VI^{312} + V^{322} + 5 VI^{382} + (VI–9)^{385}; Reklamanten; Foliierung modern; Blattweiser. Schriftraum 22–24×14–15; zweispaltig außer 385^{r}; 47 und (ab 359ra) 44

Zeilen. Buchkursiven, 3 Hände, a: 241ra–356va, b: 359ra–384vb, c: 385^{r}; Rubriken. Rote 3- bis 5-zeilige Lombarden; 257ra rote 9-zeilige Initiale *A*, im Buchstabenkörper ornamentale Aussparungen.

Schweinsledereinband des Spätmittelalters mit Streicheisenlinien und Einzelstempeln Blattwerk (Schunke, S. 43, Nr. 239) und Lilie (nicht bei Schunke); Buckel entfernt, 2 Schließen erhalten; Loch von der Kettenbefestigung im Rückdeckel oben. Auf dem Spiegel des Vorderdeckels ein Inhaltsverzeichnis, von einer Hand des 15. Jh. Auf dem Fußschnitt in Textura: *Gersano*. Falze Fragmente aus dem Graecismus des Eberhardus Bethuniensis mit Marginalglossen, ed. J. Wrobel, Breslau 1887 (Corp. gramm. medii aevi 1), in Textura des 14. Jh.

Teil II 1459 in Leipzig geschrieben, vgl. 343vb, 356va, 384vb. Auf dem Vorderdeckel Titelstreifen aus Pergament, 15. Jh.: *Johannes de Gersona in 30 tractatibus · Soliloquium beati Augustini · beatus Thomas de natura angelica et accidentis* [...]; darunter alte Signatur: *3*. Auf dem Rücken Signatur: *1089*; ferner ein Papierschild des 17. Jh. mit kurzer Inhaltsangabe. Aus den Beständen der Philosophischen Fakultät. Kat. 1560, Nr. 391, Döring, S. 77 u. 104. Feller, S. 340, Nr. 10.

1ra–33vb Johannes Gerson: De vita spirituali animae
›*Incipit liber de vita spirituali anime compositus a reverendo patre et domino Johanne Gersanno, cancellario ecclesie Parisiensis, in sacra pagina professori* (sic) *eximio.*‹ *Reverendo in Cristo patri et sacre theologie professori, eximio domino Petro, episcopo Cameracensi ... Postulare dignata est benevolencia tua* (Dedikation in: Jean Gerson 2, Nr. 14, S. 63 f.) ... (1va) ›*Prima lectio de vita spirituali*‹ *Ego vos baptizavi aqua ...* (Mc 1,8) *Antiqua iam atque notissima patrum tradicione ... – ... Ita finem huius operis dedicamus* (die Lektionen sind in Capitula unterteilt). – Jean Gerson 3, Nr. 97, S. 113–202.

33vb–48rb Johannes Gerson: De potestate ecclesiastica
›*Tabula tractatus sequentis*‹ *Prohemium quod expedit inquirere circa ecclesiasticam potestatem ... et sit epilogus premissorum* ›*Prohemium*‹ (34ra) [P]*otestas ecclesiastica debet ab ecclesiasticis quid, qualis et quanta sit agnosci ... – ... Ratus vero dupliciter vel de jure vel de facto et sic est finis.* – Jean Gerson 6, Nr. 282, S. 210–250.

47^{va-vb} Johannes Gerson: De plenitudine potestatis ecclesiasticae
Concordia quod plenitudo potestatis ecclesiastice sit in summo pontifice ... – ... supple quia nec ita velle debet. – Jean Gerson 6, Nr. 283, S. 250 f.

48^{r}–49^{r} Johannes Gerson: Arbor de origine iuris et legum
Schema zu den beiden vorausgehenden Texten in Arborform; der in der Edi-

tion letzte Teil ist hier an den Anfang gestellt. – JEAN GERSON 9, Nr. 447, S. 175–177.

49va-58va JOHANNES GERSON: DE SOLLICITUDINE ECCLESIASTICORUM
›*Tractatus responsivus cancellarii Parisiensis de sollicitudine ecclesiasticorum ad fratres Celestinenses ... Particula prima*‹ [N]*olite solliciti esse* ... (Mt 6,25; Lc 12,22) *Iubet hoc supremus abbas noster* ... – ... (58ra) *custodiat corda vestra et intelligencias vestras in Cristu* (sic) *Iesu domino nostro. Amen.* Es folgt die Tabula Quaestionum, die in der Edition dem Text vorangestellt ist. – JEAN GERSON 9, Nr. 455, S. 434–458.

58va–59ra JOHANNES GERSON: DE DELECTATIONE QUAERENDA IN DIVINO OFFICIO
Dubitabat nuper aliquis ... – ... *et Marie Magdalene cum ceteris similibus inhabitaret.* – JEAN GERSON 8, Nr. 417, S. 161 f.

59ra–59va JOHANNES GERSON: DE MODO CONFESSIONIS SACRAMENTALIS
Sequitur multiplex consideracio de modo confessionis ... Confessio sacramentalis fundatur ... – ... *que sacramentaliter et expresse sunt confessa.* – JEAN GERSON 9, Nr. 470, S. 646–648.

59vb–62va JOHANNES GERSON: TRACTATUS DE PROBATIONE SPIRITUUM
[P]*robate spiritus* ... (I Io 4,1) *discipulus ille, quem diligebat Iesus* ... – ... *datum est experiri et practicare omnia, que dicta sunt.* – JEAN GERSON 9, Nr. 448, S. 177–185.

62va–70rb JOHANNES GERSON: DE DISTINCTIONE VERARUM REVELATIONUM A FALSIS
[N]*uper unam ex leccionibus meis ... et utilia fiant; hec autem lectio sic* (Dedikationsbrief; JEAN GERSON 2, Nr. 11, S. 49). *Quit* (r. Fuit) *Johannes* ... (Mc 1,4) *In hac particula commendacio Johannis* ... – ... *ab omni nos errore custodiat ipsa veritas Cristus Iesus, qui est Deus benedictus in secula. Amen.* – JEAN GERSON 3, Nr. 90, S. 36–56.

70rb–74rb JOHANNES GERSON: EPISTOLA DE PERFECTIONE ET MODERAMINE RELIGIONIS
›*Epistola de perfectione et moderamine religionis missa cuidam Karthusiensi a domino cancellario Parisiensi.*‹ [G]*raciam* (sic) *vobis et pax in Christo Iesu. Utique dicetis mihi per similitudinem* ... – ... *Bene vale pater, domine, frater,*

medice carissime et oremus pro michi (r. invicem) *ut salvemur* (letzter Absatz fehlt). – Jean Gerson 2, Nr. 49, S. 232–245.

74rb–77rb Johannes Gerson: Epistola de modo absolvendi
[G]*racia tibi et pax frater carissime. Petis primo, si apud aliquem doctorem reperiatur forma autentica* ... (76vb) *quas non inveneris remanda et satisfacere curabimus.* ›*Explicit epistola* ...‹ *Ex predictis apparet, quod forma sufficiens et secura absolvendi* ... – ... *qui in eterna sanctitudine cum sanctis omnibus consulemur. Amen.* – Jean Gerson 2, Nr. 31, S. 133–142.

77rb–79rb Johannes Gerson: Tractatus contra sectam flagellantium
[L]*ex Cristi dicitur lex amoris* ... – ... *magistro Vincencio de ordine fratrum predicatorum, doctori sacre theologie, contra dictam sectam se flagellancium predicanti pro tunc.* – Jean Gerson 10, Nr. 497, S. 46–51.

79rb–82vb Johannes Gerson: Epistola de susceptione humanitatis
›*Cancellarii Parisiensis de suscepcione Christi humanitatis et tropoloica.*‹ [R]*everendo patri domino provinciali Celestinorum, frater* (sic) *Johanni Bassandi, filius Johannes cancellarius Parisiensis* ... *Cecinit Maria: Suscepit Israel puerum suum* ... – ... *dum me in capella visitavit benignitas tua mihi iure colenda. Bene vale.* ›*Explicit epistola cancellarii Parisiensis ad provincialem Celestinorum expositivarum* (r. expositiva) *clausule cantici Marie: Suscepit Israel puerum suum.*‹ – Jean Gerson 2, Nr. 56, S. 263–274.

82vb–84rb Johannes Gerson: Epistola de modo orandi
[O]*portet semper orare* ... (Lc 18,1) *Scripsit Tulius* (sic) *accuratissime commentarium* ... – ... *ut contemplacio suaviter delectans, nutriens et divinitus afficiens subsequatur.* – Jean Gerson 2, Nr. 37, S. 169–174.

84rb–89vb Johannes Gerson: Epistola de valore orandi
›*De valore orandi. Multum enim valet deprecacio iusti assidua. Quarta consideracio.*‹ [D]*e peticione non Romani consulatus ut Cicero, sed celestis incolatus scripsi nuper epistolam* ... – ... (87ra, S. 183 der Ed.) *sit allocucionis divine dulcedo dignitasque precipuum motivum oracionis tue.* ›*Explicit de valore oracionis. Sequitur de attentione orationis consideracio 14.*‹ *Descendamus consequenter ad particulares casus* ... – ... *Similiter quod a passionibus sit alienus, qui de moribus iudicat.* ›*Explicit tractatus de modo orandi.*‹ – Jean Gerson 2, Nr. 38, S. 175–191.

89vb–94ra Johannes Gerson: Tractatus de laude scriptorum
[S]*crutamini scripturas, exhortabatur olim Iudeos Christus* ... – ... (93vb) *Iesus Christus, liber vite speciosissimus, Deus benedictus in secula. Amen.* (94ra) ›*Explicit tractatus ad laudem scriptorum magistri Johannis Gerson cancellarii Parisiensis ad fratres Celestinos et Carthusienses ymmo ad totius ecclesie utilitatem ordinatus.*‹ – Jean Gerson 9, Nr. 454, S. 423–434.

94ra–100va Johannes Gerson: Dialogus pro caelibatu
[D]*yalogus apolegiticus* (sic) *pro castitate presertim ecclesiasticorum* ... – ... *maneamus sororio nexu iuncte, natura cum sophia.* ›*Natura*‹ *Fiat pretor ita.* – Jean Gerson 10, Nr. 510, S. 145–163.

100va–114va Johannes Gerson: Tractatus de theologia mystica
[S]*trinxit me promissio novissima* (Prol.) ... (101vb) ›*Incipit libri consideracio prima.*‹ [A]*liqua est theologia mistica* ... – ... *mistice in sequentibus lectionibus prosequamur.* – Jean Gerson 3, Nr. 100, S. 250–292.

114vb–124rb Johannes Gerson: Tractatus de mystica theologia practica
Tractantes in lectionibus iam a multo quamvis interrupto tempore ... – ... *Subinde dic gratulabundus: Dilectus meus michi et ego illi etc.* ›*Explicit tractatus de contemplacione speculative et practice theologie* ... ‹ – Jean Gerson 8, Nr. 402, S. 18–47. – 124va–132vb leer.

133ra–133rb Johannes Gerson: Distinctio de modo excommunicationum et irregularitatum
[S]*equitur distinccio magistralis de modo excommunicacionis* ... – ... *confessio, ad quam obligat divinum ius* (gegenüber Ed. verkürzt). – Jean Gerson 9, Nr. 433, S. 92–93, Z. 17.

133rb–133va Johannes Gerson: Distinctio de modo confessionis in religionibus
Nota idem avisamentum per modum confessionis de religionibus non lapsis audiendi hec sequencia: Sicut expediens esse swasi pro patribus ... – ... *et toties experta fragilitatis humane condicie* (r. condicionis). – Jean Gerson 9, Nr. 461, S. 603.

133va–146va Johannes Gerson: Tractatus de contractibus
Qui volunt divites fieri ... – ... *quam novimus tam divino quam humano*

[iure] *dampnatam vel depravatam.* – Das Stück bei Helssig, Juristische Handschriften, S. 333 genannt. Jean Gerson 9, Nr. 452, S. 385–421.

146va–149va Johannes Gerson: Tractatus de necessaria communione laicorum sub utraque specie
[O]*blaturus iuxta seniorum huius sacri concilii Constanciensis* ... – ... *et regis Romanorum prudencia provideat, predisponit.* – Jean Gerson 10, Nr. 498, S. 55–64, leichte Abweichungen in der Gliederung; Mansi 28, Sp. 424–432. – 149vb–150va Autoritäten zu diesem Thema: Alexander v. Hales, Nicolaus v. Lyra, Thomas v. Aquin ›*Sequuntur auctoritates doctorum facientes ad predicta.*‹ *Alexandri de Halis* (sic) *in 4°* ... – ... *sub utraque specie, ubi totus Cristus continetur.* ›*Explicit tractatus cancellarii Parisiensis contra heresim communicancium sub utraque specie, editus in concilio Constanciensi anno domini M^{o}CCCC^{o}XVII° 20^{a} die Augusti.*‹.

150va–155va Johannes Gerson: Tractatus de praeparatione ad missam
[D]*ubitatum est apud me frequenter* ... – ... *quod in te est non obmittens, hoc est omnis homo. Amen.* – Jean Gerson 9, Nr. 425, S. 35–50.

155vb–160rb Johannes Gerson: Tractatus de cognitione castitatis
Scripsi pridem aliqua super preparacionem ad missam ... – ... *quoniam fundamentum et ianua et est utilis multum.* – Jean Gerson 9, Nr. 426, S. 50–64.

160rb–170ra Johannes Gerson: Opus tripartitum
›*Incipit tractatus eiusdem de articulis fidei et de decalogo et constitutione. Sequitur epistola.*‹ [C]*ristianitati sumus* (r. suus) ... *Salubre duxi* (Jean Gerson 2, Nr. 18, S. 74 f.) ... (160va, Prol.) *Gloria sit altissimo Deo, in cuius nomine presens aggrediar opus* ... (cap. 1) *Firmiter credendum est* ... – ... (166rb) *et personaliter trinus, qui est benedictus in secula seculorum. Amen.* ›*Explicit tractatus de articulis fidei et de decem praeceptis.*‹ – Du Pin I, Sp. 427–442. Bloomfield, Nr. 734; Michaud-Quantin, Sommes de casuistique, S. 81 f.; Schulte, GQ II, S. 383; Stegmüller RB 3, Nr. 4491; Madre, S. 334. – (166va) ›*Sequitur alius de confessione, qui est secunda pars ad precedentem.*‹ [Q]*uisquis a morte peccati* ... (168vb) *Addiciones quedam condicionales aut involute tucius admittuntur.* ›*Explicit* ... *Sequitur tractatus de sciencia mortis seu de modo bene moriendi qui modus potest dici ars arcium sciencia scienciarum.*‹ [S]*i veraces fidelesque amici* ... – ... *sicut in domo Dei Parisiis laudabiliter observatur.* ›*Explicit opus tripartitum cancellarii Parisiensis de modo bene*

vivendi (darunter: *moriendi*) *multum utile.*‹ – Du Pin I, Sp. 442–450. Madre, S. 334.

170ra–184vb Johannes Gerson: Regulae mandatorum
[A]*gamus nunc interim* ... (170rb) *liceat postmodum in alveolo libri unius decoro artificioso speciosus ordinare.* – Nicht in der Edition enthalten: *Lex prima est beneplacitum: Sancta voluntas* ... (171rb) *ut alterius eciam inviti.* – ›*Expliciunt doctrine difficilime. Incipiunt alie secundum alium modum de preceptis.*‹ (171va) *Ea que tibi precepit* ... – ... *vel libertatibus penitus spoliare contenderet.* ›*Explicit tractatus cancellarii Parisiensis non immerito de quolibet appellandus, eo quod quasi materia recta comprehendit puncta huic inde intellectum bono carere valencia.*‹ – Jean Gerson 9, Nr. 434, S. 94–132.

184vb–220ra Jacobus de Paradiso (?): De confessione audienda
›*Sequitur de tribus personis.*‹ [C]*onatus sum et utinam non frustra* ... – ... *et premium pro labore eternum dignanter operetur prestante Deo, qui caritas est* ... *Amen.* ›*Explicit tractatus de confessione audienda utilis multum cuilibet sacerdoti.*‹ – Derselbe Text in Ms 537, 146rb. Meier, S. 20, Nr. 12; Mertens, S. 277, Nr. 12 u. S. 42f., Anm. 156, danach ist die Autorschaft zweifelhaft; Porębski, S. 53, Nr. 32, ohne Nennung der Hs.; Bloomfield, Nr. 872.

220ra–226ra Johannes Gerson: Collecta super sacramentum eucharistiae
›*Collecta super incitacionem cuiuspiam ad digne sumendum corpus dominicum.*‹ [C]*upiens ad digne accedendum ad corporis dominici sacramentum* ... – ... *per augmentum gracie in vita presenti et glorie in futuro. Quod nobis concedat* ... *Amen.* ›*Explicit collecta pro aliquali instruccione accedere volencium ad venerabile sacramentum corporis Christi.*‹ – Du Pin III, Sp. 310–323.

226rb–232ra Johannes Gerson: Tractatus de perfectione cordis
›[T]*heologus*‹ *loquitur ad animam Cristianam: Diliges dominum Deum tuum ex toto corde* ... – ... *ut diligere Deum ex toto corde perfectoque cognoscaris.* – Jean Gerson 8, Nr. 413, S. 116–133.

232ra–238va Jacobus de Paradiso: Quaestio de missis votivis pro defunctis
[Q]*ueritur utrum sacerdos obligatus ad dicendum missam pro uno* ... – ... *Et ita virtute eius specialius Deum placat et bonum impetrat quantum et meritum convenire.* – Meier, S. 34, Nr. 34; Mertens, S. 76f. – 238vb–240vb leer.

241ra–256va Ps.-Augustinus: Oratio miseri hominis
›*Incipit soliloquium sancti Augustini.*‹ – PL 40, Sp. 863–898. CPPs II B, Nr. 3071; R. Kurz, Die handschriftliche Überlieferung der Werke des hl. Augustinus V,1, Wien 1976, S. 217–220; Shooner, Nr. 1413. – 256vb leer.

257ra–343vb Thomas de Aquino: Expositio super Dyonisii 'De divinis nominibus'
Ad intellectum librorum Dyonisii considerandum est, quod ea que in sacris scripturis dicuntur ... – ... qui est trinus et unus Deus vivens et regnans ... Amen. ›*Explicit exposicio beati Thome super Dionisium De divinis nominibus anno domini 1459 in alma universitate Lipczensi.*‹ – S. Thomae Aquinatis Opera omnia, Bd. 15, Parma 1864, S. 259–405. Shooner, Nr. 1413.

344ra–356va Thomas de Aquino: Tractatus contra Averroistas de unitate intellectus
›*Beatus Thomas contra Averroistas*‹ *Sicut philosophus dicit quod omnes homines naturaliter scire desiderant veritatem ... – ... per quos eius errori resistetur vel ignorancie consuletur.* ›*Amen. Explicit tractatus beati Thome de Aquino scriptus contra Averroistas anno 1459 in Lipczk.*‹ – Thomas de Aquino, Opera omnia, Bd. 43, Rom 1976, S. 291–314. Shooner, Nr. 1413. – 356vb–358vb leer.

359ra–381rb Thomas de Aquino: Tractatus de natura angelica (De substantiis separatis)
Quia sacris angelorum interesse solempniis non possumus ... – ... in participacione divine tradicionis sunt facti et copiosiores ad Deum. – S. Thomae Aquinatis Opera omnia, Bd. 16, Parma 1865, S. 183–207. Shooner, Nr. 1413.

381va–383ra Ps.-Thomas de Aquino: Tractatus de principio individuationis
›*Incipit tractatus beati Thome de principio individuacionis. Capitulum primum de modo cognicionis sensitive.*‹ *Cum due sunt potencie cognoscitive in homine ... – ... et forme substanciales per materiam primam, que est earum subiectum.* – S. Thomae Aquinatis Opera omnia, Bd. 16, Parma 1865, S. 328f. Shooner, Nr. 1413.

383ra–384vb Ps.-Thomas de Aquino: Tractatus de natura accidentis
Quoniam omnis humana cognicio a sensu incipit ... – ... et de homine species predicatur. Et hec de natura accidentis ad presens dicta sufficiant. ›*Explicit tractatus beati Thome de natura accidentis anno 1459.*‹ – S. Thomae Aquina-

TIS Opera omnia, Bd. 17, Parma 1864, S. 5–7. Bei KAEPPELI 3, Nr. 3644 ähnliches Incipit (Stephanus de Reate); s. SHOONER, Nr. 1413.

385r INITIA SERMONUM
26 biblische Lemmata, jeweils gefolgt von einem oder mehreren deutschen Sprichwörtern als Prothema. *Beati qui vident que vos videtis* (Lc 10,23) *Wo dy lieb iß do iß auch daß auge / Homo quidam descendit* (Lc 10,30) *Wen dem eßel wol ist so geet her auff daß eiß tantzen / … – … / Egressus servus ille* (Mt 18,28) *Gutte radde vinden eyne gutte stadt / Reddite que sunt Cesaris* (Mt 22,21) *Vor sey me teuschen wil der geb ym daß seyne.* – 385v leer.

Ms 582

Johannes Gerson

Pergament 148 Bll. 38,5×28 15. Jh. 4. Viertel

VI^{12} + 9 V^{102} + 3 VI^{138} + V^{148}; Reklamanten; Doppelblattzählung; Blattweiser. Schriftraum 28×20; zweispaltig außer 48v–49v; 39–43 Zeilen.

Bastarda 1ra–94rb, Gotico-Antiqua 94rb–148vb; Rubriken; wenige Gliederungsvermerke oder Bemerkungen von Benutzern auf den Rändern; bemerkenswert 11v, von einer Hand des 16. Jh.: *maior primitive ecclesie auctoritas quam pape et concilii*; 21v, andere Hand des 16. Jh.: *contra monachos*. Rote 2- bis 4-zeilige Lombarden.

Schweinsleder-Halbband des Spätmittelalters mit Streicheisenlinien und Einzelstempeln; Motive: Rosette, Rautengerank (SCHUNKE S. 256, Nr. 188 u. S. 234, Nr. 68; Altzelle Hauptwerkstatt, vgl. Ms 588), Blattwerk (nicht identifiziert); breite Mittelschließe entfernt; keinerlei Beschläge; Loch von der Kettenbefestigung im Rückdeckel oben. Spuren eines früheren Titelstreifens auf dem Vorderdeckel. Vorderer Spiegel Papier mit WZ Ochsenkopf PICCARD XVI 459 (1487).

Titelschild, Papier, 16. Jh., auf dem Vorderdeckel: *53 · 4 · IOANnis Gersonis de vita spirituali · de ecclesiastica potestate · de solicitudine ecclesiasticorum et de aliis · 4 · Cc.* FELLER, S. 140, Nr. 16.

1ra–34vb JOHANNES GERSON: DE VITA SPIRITUALI ANIMAE
›Incipit liber de vita spirituali anime compositus a reverendo patre et domino domino Johanne de Gersonno, cancellario ecclesie Parisiensis, in sacra pagina

professore eximio.‹ Reverendo in Christo patri et sacre theologie professori, eximio domino Petro episcopo Cameracensi ... Postulare dignata est benevolencia tua (Dedikation in: JEAN GERSON 2, Nr. 14, S. 63 f.) ... (1va) *›Incipit prima pars huius opusculi.‹ Ego vos baptisavi ...* (Mc 1,8) *Antiqua iam atque notissima patrum tradicione ... – ... ita finem huius operis dedicamus* (Unterteilung der Lektionen in Kapitel, wie in Ms 581,1^{ra}). – JEAN GERSON 3, Nr. 97, S. 113–202.

34vb–47vb JOHANNES GERSON: DE POTESTATE ECCLESIASTICA
›Sequitur tabula tractatus sequentis.‹ Prohemium quod expedit inquirere circa ecclesiasticam potestatem ... (35ra) *et sit epylogus premissorum. ›Incipit tractatus ... ‹ Potestas ecclesiastica debet ab ecclesiasticis ... – ... Ratus vero dupliciter vel de jure vel de facto et sic est finis.* – JEAN GERSON 6, Nr. 282, S. 210–250.

47vb–48rb JOHANNES GERSON: DE PLENITUDINE POTESTATIS ECCLESIASTICAE
Ohne Absatz an den vorhergehenden Text angefügt: *Concordia quod plenitudo potestatis ecclesiastice sit in summo pontifice ... – ... supple quia nec ita velle debet.* – JEAN GERSON 6, Nr. 283, S. 250 f.

48^{v}–49^{v} JOHANNES GERSON: ARBOR DE ORIGINE IURIS ET LEGUM
Schema zu den beiden vorausgehenden Texten in Arborform; der in der Edition letzte Teil ist hier an den Anfang gestellt. – JEAN GERSON 9, Nr. 447, S. 175–177.

50ra–58va JOHANNES GERSON: DE SOLLICITUDINE ECCLESIASTICORUM
›Tractatus responsivus cancellarii Parisiensis de sollicitudine ecclesiasticorum continens LXVIII particulas scriptus ad fratres Celestinos .... Particula prima.‹ Nolite solliciti esse ... (Mt 6,25; Lc 12,22) *Iubet hoc supremus abbas noster ... – ...* (58ra) *custodiat verba vestra et intelligencias vestras in Iesu Christo domino nostro. Amen.* Es folgt die Tabula Quaestionum, die in der Edition dem Text vorangestellt ist. – JEAN GERSON 9, Nr. 455, S. 434–458.

58va–59ra JOHANNES GERSON: DE DELECTATIONE QUAERENDA IN DIVINO OFFICIO
Dubitabat aliquis nuper ... – ... et Marie Magdalene cum similibus ceteris, solitarius inhabitet. – JEAN GERSON 8, Nr. 417, S. 161 f.

59ra–59va JOHANNES GERSON: DE MODO CONFESSIONIS SACRAMENTALIS
›Sequitur multiplex consideracio de modo confessionis ... ‹ Confessio sacra-

mentalis fundatur ... – ... que sacramentaliter et expresse sunt confessa. – Jean Gerson 9, Nr. 470, S. 646–648.

59va–60ra Johannes Gerson: Distinctio de modo excommunicationum et irregularitatum
›*Sequitur distinccio magistralis de modo excommunicacionis ...* ‹ *Excommunicacionum tot sunt genera ... – ... confessio ad quam obligat ius divinum.* – Jean Gerson 9, Nr. 433, S. 92 f.; das letzte Drittel fehlt.

60ra Johannes Gerson: Distinctio de modo confessionis in religionibus
Nota idem avisamentum per modum confessionis in religionibus non lapsis ... – ... et tocius (sic) *experta fragilitatis humane condicionis.* – Jean Gerson 9, Nr. 461, S. 603.

60rb–72va Johannes Gerson: Tractatus de contractibus
Qui volunt divites fieri ... – ... quam novimus tam divino quam humano iure dedampnatam. – Das Stück bei Helssig, Juristische Handschriften, S. 333 genannt. Jean Gerson 9, Nr. 452, S. 385–421.

72va–75rb Johannes Gerson: Tractatus de probatione spirituum
Probare (sic) *spiritus ...* (I Io 4,1) *Iubet discipulus ille quem diligebat Iesus ... – ... datum est experiri et practicare omnia que dicta sunt.* – Jean Gerson 9, Nr. 448, S. 177–185.

75rb–82va Johannes Gerson: De distinctione verarum revelationum a falsis
Nuper unam ex leccionibus meis ... (75va) *et utilia fiant. Hec autem lectio sic est* (Dedikationsbrief; Jean Gerson 2, Nr. 11, S. 49) Textbeginn: *Fuit Johannes baptisans in deserto ...* (Mc 1,4) *In hac particula commendacio Johannis ... – ... ab omni nos errore custodiat ipsa veritas Christus Iesus, qui est benedictus in secula. Amen.* – Jean Gerson 3, Nr. 90, S. 36–56.

82va–86rb Johannes Gerson: Epistola de perfectione et moderamine religionis
›*Epistola de perfectione et moderamine religionis, missa cuidam Carthusiensi a domino cancellario Parisiensi, magistro Johanne de Jersonii.*‹ *Gracia vobis et pax in Christo Iesu. Utique dicetis michi per similitudinem ... – ... Bene vale pater, domine, frater, medice carissime et oremus pro invicem ut salvemur* (letzter Absatz fehlt). – Jean Gerson 2, Nr. 49, S. 232–245.

86rb–101ra Johannes Gerson: Tractatus de theologia mystica
Penitemini et credite ... (Mc 1,14) *Asstrinxit* (sic) *me promissio novissima* (Prol.) ... (87ra) *Aliqua est theologia mistica* ... – ... *theologie mistice in sequentibus prosequamur.* – Jean Gerson 3, Nr. 100, S. 250–292.

101ra–111rb Johannes Gerson: Tractatus de mystica theologia practica
Tractantes in lectionibus nostris iam a multo quamvis interrupto tempore ... – ... *gratulabunda et amo*(111ra)*rosa devotione: Dilectus meus michi et ego illi etc.* ›*Expliciunt considerationes* ... *Anno domini M°CCCC°VII° et recensite ab eo sive relecte et probate.*‹ – Jean Gerson 8, Nr. 402, S. 18–47.

111va–148vb Johannes Gerson: Collectorium super 'Magnificat'
Collectorium super Magnificat particulas habet expositas ... (112rb) *solitudinis, non solitarie dilectores* (Ende des Prooemiums). – Hier sind Verse eingefügt: *Se Lugdune* ... (Mutua allocutio duorum fratrum – Jean Gerson 4, Nr. 187, S. 161 f.) ... – ... *qualiter est in viatoribus plurimis invenire.* ‖ bricht ab im 6. Traktat. – Jean Gerson 8, Nr. 418, S. 163–268.

Ms 583

Theologische Sammelhandschrift

Papier 326 Bll. 21×16 15. Jh. 3. Viertel/Köln 1466–67

VII^{13} + 7 VI^{97} + V^{107} + 11 VI^{240} + VII^{254} + 6 VI^{329}; Vor- u. Nachsatzblatt Pergament in halber Breite; teilweise Reklamanten; Foliierung des 15. Jh. (erstes Blatt nicht gezählt, die Zählungen 188 und 264–266 ausgelassen). Schriftraum 15–16×10; 33–34, ab 307^r 28–29 Zeilen.

Bastarda, 2 Hände, a: 1^r–85^r; b: 307^r–327^r; Buchminuskel, 2 Hände, a: 86^r–143^v u. 193^v–254^v; b: 255^r–305^v; Buchkursive: 144^r–193^r. Kleinere Texte in 4 verschiedenen Kursiven: I^r u. 85^v; 193^v oben u. 327^v–328^r; 305^v; 306^r. Auf den Rändern Verbesserungen und Gliederungszeichen von den Schreibern selbst, wenige Einträge von anderen Händen; Rubriken; fast ganz durchgehend Seitentitel. Einfache rote 2- bis 3-zeilige Lombarden; rote 3- bis 5-zeilige Lombarden, abwechselnd oder in Kombination ausgestattet mit Konturbegleitern, knollen- oder nasenförmigen Schaftverdickungen und Ausläufern in Ilexblattform.

Heller Schweinsledereinband des Spätmittelalters mit Streicheisenlinien, Einzelstempel nicht mehr identifizierbar; Beschläge nach Art des Leipziger Dominikanerkonvents, Buckel und zwei Schließen entfernt; Loch von der Kettenbefestigung im Rückdeckel oben, einige Kantenbeschläge erhalten; Schwesterhandschrift zu Ms 584. Im Vorderdeckel Inhaltsverzeichnis aus der Entstehungszeit, die Stücke von Johannes Gerson mit laufenden Nummern versehen, von anderer zeitgenössischer Hand nachgetragene Folio-Angaben. Schmale Falze teils in Textura, teils in Kursive des 14.Jh. beschrieben.

255^{r}–305^{v} geschrieben 1466/67 in Köln, s. 292^{v} u. 294^{v}. Gehörte wahrscheinlich zur Bibliothek des Dominikanerkonvents in Leipzig (Eintrag im Sequestrationsverzeichnis unter Pulp.H., Lat. 2, Nr. 7). Titelschild, Papier, 16.Jh., auf dem Vorderdeckel: *ISIDO*[....] *summo bono · 34*. Gleiche Signatur auf dem Rücken; oben: *371*. Auf dem Vorsatz wohl von der Hand Fellers: *Rep.theol.Ser. IV n. 45 Codex fol. 326. Nota in numeratione foliorum scriba quater aberravit.* Feller, S. 132, Nr. 45.

I^{r} Decretum concilii Constantiensis

Sancta sinodus Constanciensis. Ex quovis salvo conductu per imperatorem, reges et alios seculi principes hereticis ... – ... Statutum, ordinacio sive decretum concilii prefati, quomodo salvus conductus concessus hereticis observari possit de rigore (vgl. 85^{v}). – I^{v} leer.

1^{r}–83^{r} Isidorus Hispalensis: De summo bono

PL 83, Sp. 537–738; Zusatz am Schluß: *Hec est enim christiane miseracionis affectus, ut proximo quoque mortuo sacrificium Dei offeratur. Inde est quod scriptum est: Et mortuo ne fraudes misericordiam.* – Gegenüber dem Druck in wenigen Fällen abweichende Einteilung und Reihenfolge der Kapitel; Zusatztext an einigen Stellen (cap. V,7; XIII,1). – 83^{r}–85^{r} Verzeichnis der Tituli: *1 Quod Deus summus et incommutabilis sit ... – ... 66 De metu mortis.*

85^{v} Quaestio de salvo conductu pro haereticis

Utrum alicui liceat dare heretico salvum conductum ... – ... unde merito debeat detineri. Pro maiori certitudine et intellectu ipsorum conclusionum vide decisionem sacri concilii Constanciensis in capite et principio huius libri (vgl. I^{r}).

86^{r}–91^{r} Johannes Gerson: Tractatus de protestatione circa materiam fidei

›Incipit tractatus de protestacionibus et revocacionibus fiendis circa materiam fidei magistri Iohannis, cancellarii Parysiensis.‹ Protestacio seu revocacio generalis aut condicionalis ... – ... Has interim consideraciones duodecim po-

suisse in transcursu suffecerit, 29na mensis octobris anni 1415 Constanciensi civitate, ubi sacrum agebatur concilium generale, prestante eo qui est Deus benedictus in secula. Amen. – Jean Gerson 6, Nr. 274, S. 155–165.

91^r^–92^r^ Johannes Gerson: Duodecim Considerationes de pertinacia
›*Incipiunt 12 consideraciones, quibus solet aliquis notari de pertinacia. Alius tractatus Gersonis.*‹ *Sequuntur duodecim consideraciones secundum totidem signa ... Pertinacie propria racio ... – ... potest applicacio particularis fieri ad materiam que tractatur.* – Jean Gerson 6, Nr. 274, S. 165–167.

92^r^–100^r^ Johannes Gerson: Centilogium de conceptibus
Conceptum de virgine magnificantes et implorantes ... – ... que preparavit Deus diligentibus se. Ipsi gloria et imperium in eternum et ultra. – Jean Gerson 9, Nr. 458, S. 500–517.

100^v^–108^r^ Johannes Gerson: Centilogium de impulsibus
Deposuit potentes ... (Lc 1,52) *Centilogium de inpulsibus, quibus potentes nostri deponuntur ... – ... fit quoque graciarum accio per canticum: Magnificat anima mea dominum.* – Jean Gerson 8, Nr. 414, S. 134–149.

108^r^–119^v^ Johannes Gerson: Anagogicum de verbo et hymno Gloriae
Gloria in excelsis Deo, patri et filio et spiritui sancto. Nichil aptius potest preferri ... – ... cum qua semper magnificat (r. magnificet) *anima mea dominum. Amen.* – Jean Gerson 8, Nr. 421, S. 540–565.

120^r^–123^v^ Johannes Gerson: De elucidatione scholastica mysticae theologiae
›*Opusculum magistri Johannis Gerson ad elucidacionem scolasticam theologie mistice sub consideracionibus duodecim editis anno etc. 1424.*‹ *Vobis datum est nosse ...* (Mt 13,11) *dicebat Iesus discipulis suis ... – ... theologie mistice consistentis in amore.* Zusatz: *Hic desunt proposiciones numero octoginta octo pro complemento centilogii huius, sed haberi possunt ex anagogico de verbo et ympno glorie. Laus Deo.* – Jean Gerson 8, Nr. 416, S. 154–161.

123^v^–125^v^ Johannes Gerson: Tractatus de oculo
Gavisi sunt discipuli ... (Io 20,20) *quibus antea dixerat iam: Beati oculi ... – ... ubi visio erit, merces tota et gaudium plenum.* – Jean Gerson 8, Nr. 415, S. 149–154.

125^v^–128^v^ Johannes Gerson: Epistola de 'Una pretiosa margarita'
Simile est regnum celorum ... (Mt 13,4) *Una preciosa margarita, cui compara-*

tur ... – ... utputa confessor, cuius rutilas preciosam. Bene vale. – JEAN GERSON 2, Nr. 54, S. 252–259.

128ᵛ–143ᵛ PAULUS WLADIMIRI: TRACTATUS DE POTESTATE PAPAE ET IMPERATORIS RESPECTU INFIDELIUM
Thema: Sevientibus olim Prutenis tunc infidelibus et aliis contra Polonos Christianos ... (129ᵛ) *temporum vicibus iteratis* (MANSI 28, Sp. 47f., nur bis hierher). *Verum cessante in saltu ... ad faciendum milites Christianos in sua milicia cauciores.* – Beginn des Traktats: *Ego magister Paulus Wladimiri, custos et canonicus ecclesie Cracoviensis, inter decretorum doctores minimus, tria tractanda subicio correccioni, ad quos pertinet semper salva huc* (sic) *in concilio Constanciensi. Primo de potestate pape respectu infidelium. Secundo de potestate imperatoris ... Quantum ad primum tractatum primo queritur, utrum principes sine peccato possunt expellere Sarracenos et Iudeos de regno suo ...* (130ᵛ) *Ad primam questionem est dicendum, quod postquam infideles inter Christianos volunt vivere ...* (133ᵛ) *›Circa tractatum secundum‹ Restat iam videre de potestate imperatoris ... – ... si adest facultas ut supra dixi tractatu primo circa solucionem questionis VII et tantum de isto.* – Das Stück bei HELSSIG, Juristische Handschriften, S. 333 genannt. S.F. BEŁCH, Paulus Vladimiri and his doctrine concerning international law and politics, Bd. 2, Den Haag 1965, Nr. 1, S. 792–844 (Ed.) und Bd. 1, S. 161f. TŘÍŠKA, S. 440; H. BOOCKMANN, Johannes Falkenberg, der Deutsche Orden und die polnische Politik (Veröffentl. d. Max-Planck-Inst. f. Gesch. 45), Göttingen 1975, S. 225–234.

144ʳ–157ᵛ JOHANNES GERSON: SERMO DE OFFICIO PASTORIS
Bonus pastor ... (Io 10,11) *Originaliter Johannis X° et recitative in ewangelio ... – ... qui est pastor bonus et Deus benedictus ... Amen.* – JEAN GERSON 5, Nr. 215, S. 123–144.

158ʳ–163ᵛ JOHANNES GERSON: DE VISITATIONE PRAELATORUM
Ad laudem Dei et edificacionem populi Christiani ... – ... et contra honorem matrimonialis sacramenti (bis hierher die Edition) *composite et cantate. Et ita de plurimis, que Deus ministravit convenientibus in unum secundum locorum et temporum et morum qualitates; hec iterum plus in modum cuiusdam memorialis quam doctrine subtilis notata sunt, det in exequendo spiritus sui robur, Deus qui est benedictus ... Amen.* – JEAN GERSON 8, Nr. 403, S. 47–55.

163^{v}–166^{v} HENRICUS DE LANGENSTEIN (?): QUAESTIONES DE CONTRACTIBUS
›*Ex tractatu de contractibus Heinrici de Hassia.*‹ *Utrum secularis potestas possit aliquo statuto redditus cleri ante iuste habitos mobiles facere per redempcionem vel alias diminuere ... – ... Ad 33^{am}: Respondendum videtur quod sic; cum tollerentur et sepe tollerate sint male consuetudines et male leges sew hominum constituciones, ne ex subita mutacione talium peyora fierent. Et sic est finis.* – Das Stück bei HELSSIG, Juristische Handschriften, S. 333 genannt; nicht bei HOHMANN.

167^{r}–176^{r} PETRUS DAMIANI: SUPER 'DOMINUS VOBISCUM'
PL 145, Sp. 231–252, cap. 19 fehlt.

176^{v}–193^{r} JOHANNES GERSON: DE PASSIONIBUS ANIMAE
Passionum fervorem, effectum et originem ... – ... Super excelsa mea deducet me victor in psalmis canentem. – JEAN GERSON 9, Nr. 423, S. 1–25.

193^{v}–209^{r} TRACTATUS DE EUCHARISTIA
Circa divinissimum sacramentum eucaristie notanda sunt septem, que provocant homines ad digne se preparandos ad eius saluberrimam percepcionem ... – ... Alie autem raciones, que adduci possent et brevitatis gracia et quia minus a simplicibus perceptibiles sunt, pertranseo etc. Et tantum de ista materia.

209^{v}–254^{v} BERNARDINUS SENENSIS: COMPILATIO DE PASSIONE DOMINI
›*Sanctus Bernardinus. Feria sexta in parascevem de sanctissima passione.*‹ *Afflictus sum ...* (Ps 37,9f.) *Ad contemplandum fructum dominice passionis ... – ... sed nunc triumphator mortis cum patre et spiritu sancto gloriosus super omnia vivit ... Amen.* – BERNARDINUS SENENSIS, Opera omnia 5, Quaracchi 1956, S. 68–166 (Sermo 56 des Quadragesimale de evangelio aeterno). STEGMÜLLER RB 8, Nr. 1714,2; VL^{2} 1, Sp. 790f.; KRISTELLER III, S. 415.

255^{r}–267^{r} PS.-THOMAS DE AQUINO: DE DIVINIS MORIBUS
Perfecti estote ... (Mt 5,48) *In sacra scriptura nichil nobis imposibile* (sic) *consulitur ... – ... ipse solus scit numerum electorum. Amen.* – GLORIEUX, Répertoire 1, Nr. 14ey, S. 102; M. GRABMANN, Die Werke des hl. Thomas von Aquin, ^{3}1949, S. 398.

267^{r}–276^{r} JOHANNES DE TURRECREMATA: TRACTATUS DE AQUA BENEDICTA
Iniunxit mihi nuper reverendissima paternitas vestra, pater colendissime, propleuma (sic) *reverendo magistro Johanni de Ragusio primo Bohemorum articulo respondenti per magistrum Petrum Anglicum ... – ...* (275^{v}) *Hec sunt re-*

verendissime pater et domine, que ego, vester (276^r^) *humilis capellanus Johannes de Turre cremata, ad propleuma per magistrum Petrum Anglicum propositum vestre dominacionis iussu celeriter annotavi, que vestre reverendissime paternitatis lime et correccioni cum omni reverencia presento.* – HAIN 15737–44. KAEPPELI 3, Nr. 2715, Hs. genannt; KRISTELLER III, S. 415.

276r–292v JOHANNES DE CAPESTRANO: DE PESTILENTIA ET MEDICIS
Queritur an tempore pestis licet curatis plebem deserere aeris intemperiem fugiendo ... – ... Plura iures et leges adduci possent, que brevitatis causa resecavi, quia non multum tangit medicos. Et tantum de ista materia in Colonia 1466. – L. LUSZCKI in: Studia Antoniana 16/1961, S. 3–183; VL[2] 4, Sp. 562f.; MOHAN S. 310; KRISTELLER III, S. 415.

292v–294v THOMAS VERCELLENSIS: TRACTATUS DE SEPTEM GRADIBUS CONTEMPLATIONIS
›*Bonaventura de septem gradibus contemplationis.*‹ *Contemplativorum adquilinos obtutus acui et ipsorum spiritualem* (sic) *palacium perfundi ... – ... castissime amplexu amplexata est dominum nostrum Iesum Christum qui est benedictus ... Amen. Colonie 67.* – GW 4644, 4646–48, 4650. DISTELBRINK, NR. 107, S. 123f.; GLORIEUX, Répertoire 1, S. 278; MOHAN S. 66; BONAVENTURA, Opera omnia 8, S. CXIV.

294v–297r PETRUS DAMIANI: LAUS EREMITICAE VITAE (Opusc. 11, cap. 19)
›*Basilius de vita solitaria*‹ – PL 145, Sp. 246–251. Vgl. PG 31, 1703f. KRISTELLER III, S. 415.

297v–305v JOHANNES DE PALOMAR: DE ESU CARNIUM MONACHORUM
›*Incipit tractatulus de esu carnium monachorum reverendi magistri Johannis de Polomar, decretorum doctoris ac sacri apostolici palacii causarum auditoris, viri excellentissimi, tempore Basiliensis concilii sacrosancti.*‹ *Amantissimo patri domino Johanni, abbati monasterii sancte Marie ordinis sancti Benedicti Wienne Scotorum wlgariter nuncupati, Johannes de Polomar ... Cum primum vestre paternitatis accepi noticiam, adeo me vestra religiositas sui* (?) *ad amorem et reverenciam traxit ... – ... Hec dicta sunt sub correccione non solum sancte matris ecclesie et omnium, ad quos de iure talium correccio pertinet, sed eciam cuiuslibet melius sencientis.* – Derselbe Text in Wien Schottenkloster, cod. 152, 117r und Augsburg StuSB, Ms. 403, vgl. L. ROTTER in: Hispania sacra 18/1965, S. 431. KRISTELLER III, S. 415. – Anschließend Dicta aus AUGUSTINUS, De civitate Dei, cap. 9.

306^r^ EXPOSITIO SUPER CANTICUM CANTICORUM 3,2
Ambivi et non reperi, quem quesivi, filie Jerusalem … (angelehnt an Ct 3,2) *Verba sunt anime desponsate Christo per amorem* … – … *in sermone*: *Si quis diligit me sermonem meum servabit, quem habes in libro supersticionum 104.* – Der Schluß bezieht sich wahrscheinlich auf eine Pfingstpredigt des Nikolaus Magni de Jawor; vgl. A. FRANZ, Der Magister Nikolaus Magni de Jawor, Freiburg 1898, S. 254. – 306^v^ leer.

307^r^–327^r^ JOHANNES CHRYSOSTOMUS: DE EO QUOD NEMO LAEDITUR AB ALIO NISI A SEMETIPSO FUERIT LAESUS
›Incipit liber beati Iohannis Crisostomi de eo, quod nemo leditur ab alio nisi a semetipso fuerit lesus, quem in exilio constitutus confidenter scripsit. Capitulum primum.‹ Scio quod crassioribus quibusque et presentis vite illecebris inhiantibus … – … *ad ledendum nocere nequaquam poterunt et qui a semetipso non leditur. Deo gracias. Amen.* – HAIN 5052; HAIN–COPINGER 1605; ed. A.-M. MALINGREY in: Sacris Erudiri 16/1965, S. 327–54 (Kapiteleinteilung stark abweichend). PG 52, 459–480 (offensichtlich eine andere Übersetzung). Derselbe Text in Ms 216,1^r^. CPG 4400; KRISTELLER III, S. 415.

327^v^–328^r^ QUAESTIONES DE CELEBRATIONE MISSARUM
Utrum licitum sit hora diei prima sive in prima parte diei pura in aurora apparente luce prima usque ad horam nonam missam celebrare tam religiosis quam secularibus … – … *Quod fratres minores et predicatores possunt ubique celebrare divina, patet in capitulo: In hiis de privilegis* (sic) ‖ Rest der Seite leer. – 328^v^ NOTATUM DE CANTU ECCLESIASTICO.

Ms 584

Johannes Gerson. Ps.-Johannes Gerson. Hugo de sancto Caro. Ps.-Thomas de Aquino. Henricus de Frimaria. Hermannus de Schildis. Ps.-Bonaventura

Papier 319 Bll. 21,5–22×16 Franken (?) 15. Jh. 3. Viertel/1462

26 VI^{312} + (VI–5)^{319}; Reklamanten; Foliierung des 15. Jh.; Blattweiser. Schriftraum 15–16,5×9,5–10,5; 28–34 Zeilen.

Bastarda, eine Haupthand: 1r–151r u. 169r–236r, weitere 4 Hände: 152r–161v; 236v–239v; 301v–309v; 310r–319r. Buchkursiven, 3 Hände: 161v u. 166v–167v; 162r–166r; 268r–301v. Buchminuskel 241r–268r. Rubriken; auf den Rändern gelegentlich Argumenta von einer Hand des 15.Jh. und Gliederungsvermerke bei einigen Texten; durchgehend Seitentitel. Rote 3- bis 5-zeilige Lombarden mit knollen- oder nasenförmigen Schaftverdickungen und am Ende manchmal geknoteten Ausläufern.

Spätmittelalterlicher Schweinsledereinband mit Streicheisenlinien; Beschläge nach Art des Leipziger Dominikanerkonvents, Buckel und zwei Schließen entfernt; einige Kantenbeschläge erhalten; 2 Löcher von der Kettenbefestigung im Rückdeckel oben; Schwesterhandschrift zu Ms 583. Freigestellter Spiegel Fragment einer deutschen Urkunde (Testament?) auf Pergament, ausgestellt in Bamberg, 1. Hälfte 15.Jh.; es geht u.a. um eine Stiftung an die Armenküche und eine Meßstiftung bei den Franziskanern in Bamberg wohl von den Einnahmen eines Hauses und einer Hofreite *unter den Gremen* (?); außerdem wird ein Ort neben der Mühle *gen den fleischtischen und dem vischmarkt* erwähnt; Namen: *Engelhart Kuchenmeister, Heintz Gundhus* (?), *Bertholt Geyling, Heintz Sambach, Conrad Usiner, Ulrich Kuchenmeister, Hanns Zallner*; der verlorene Spiegel des Rückdeckels (Leimabdruck) war Teil der gleichen Urkunde; noch im 15.Jh. wurde in den Vorderdeckel ein neuer Spiegel aus Papier eingeklebt. Falze aus einer liturgischen Handschrift des 11.Jh. Beiliegend ein Blatt mit dem Inhaltsverzeichnis (Buchkursive 15.Jh.), auf der Rückseite Klebespuren.

2 Texte von Johannes Schirr aus Eichstätt (?) geschrieben (vgl. 254r u. 268r). Dies und das Urkundenfragment weisen nach Franken. Ein Text ist 1462 datiert (vgl. 55v). Gehörte wahrscheinlich zur Bibliothek des Dominikanerkonvents in Leipzig (möglicherweise der Eintrag im Sequestrationsverzeichnis unter Pulp.H, Lat. 2, Nr. 2). Titelschild, Papier, 16.Jh., auf dem Vorderdeckel: *33 · IO,GER*[...] *· 33*. Gleiche Signatur auf dem Rücken; oben: *372*. Feller, S. 134, Nr. 46.

1r–15v Johannes Gerson: De non esu carnium apud Carthusienses
›*Incipit tractatus De non esu carnium apud Carthusienses magistri Johannis Gerson cancellarii Parisiensis.*‹ *Grandis et mira* ... (Mc 1,6) *Sed horrere solent de facili abstinenciam* ... – ... *qui iussit ne graverentur corda nostra in crapula et ebrietate, dominum Iesum* ... *Amen.* – Jean Gerson 3, Nr. 93, S. 77–95.

16r–28v Johannes Gerson: De examinatione doctrinarum
›*De examinatione doctrinarum*‹ *Attendite a falsis prophetis, clamat Christus supremus doctor noster* ... – ... *sed ad presens ista cursim dicta sufficiant.* – Jean Gerson 9, Nr. 456, S. 458–473; der Anhang in der Edition (Supererat ex quattuor modis ...) fehlt hier.

28ᵛ–30ʳ JOHANNES GERSON: EPISTOLA SUPER DOCTRINAM HUMBERTINI DE CASALE

›*Admonitio brevis et necessaria, quomodo caute legendi sunt quorundam libri propter errores occultos, venerabilis magistri Johannis Gerson cancellarii Parisiensis.*‹ *Quia unum est necessarium, optimum et eternum, sufficere debet* ... – ... (29ᵛ) *quorum plura dampnanda articuli Parisienses notaverunt. Opusculum de examinatione doctrinarum vene*(30ʳ)*rabilis magistri Johannis Gerson cancellarii Parisiensis.* – JEAN GERSON 2, Nr. 55, S. 259–261; der weitere Text der Edition (Addatur praemissis ...) fehlt.

30ʳ–41ʳ JOHANNES GERSON: TRACTATUS DE REMEDIIS CONTRA PUSILLANIMITATEM

Qui pusillanimus (sic) *est et pavidus, cavere sibi debet a nimio timore* ... – ... *quia complacuit patri vestro celesti dare vobis regnum in secula seculorum. Amen.* – JEAN GERSON 10, Nr. 537, S. 374–385.

41ʳ–55ᵛ JOHANNES GERSON: TRACTATUS DE PARVULIS AD CHRISTUM TRAHENDIS

Sinite parvulos venire ... (Mt 19,14) *Supremus legislator noster et doctor Christus* ... – ... *inspirans et dicens: Sinite parvulos* ... *Amen.* ›*Explicit tractatus magistri Johannis de Gerson, eximii sacre theologie professoris, cancellarii Parisiensis de confessione parvulorum conscriptus anno domini 1462.*‹ – JEAN GERSON 9, Nr. 477, S. 669–686.

55ᵛ–65ᵛ JOHANNES GERSON: TRACTATUS DE SIMONIA

Symoniaca labes contra ius divinum ... – ... (62ᵛ) *cum ipsa plenitudine potestatis sacri consilii* (JEAN GERSON 6, Nr. 276, S. 167–174). – Ohne Übergang anschließend: AD REFORMATIONEM CONTRA SIMONIAM – *Ad rationabilem contra simoniacam* ... – (64ʳ) nach propositio XII (S. 180) zusätzlich propositio XIII: *Inter omnes modos iam dictos* [melior] *esset, ut tamen digni ad ecclesiastica beneficia promoventur* ... (64ᵛ) *nisi moribus expellatur, non erit spes sanitatis eius. – Ponitur ad declarationem premissorum* ... (65ʳ) *ipsi tamquam tales iudicantes evocari XI consideratio* (JEAN GERSON 6, Nr. 279, S. 179–181). – Anschließend ein zusätzlicher Abschnitt: *Addamus pro altera consideratione, quod periculosum est* ... – ... *Collectum ex tractatu de oratione magistri Johannis Gerson cancellarii Parysiensis.* – Das Stück bei HELSSIG, Juristische Handschriften, S. 333 genannt.

66ʳ–68ʳ Johannes Gerson: Contra superstitionem sculpturae leonis ›*Contra inscripciones caractorum* (sic) ‹ *Tractatus Gerson adversus doctrinam cuiusdam phisici … – … qui a morte liberare nos venerat dominus noster … Amen.* – Jean Gerson 10, Nr. 506, S. 131–134.

68ᵛ–86ʳ Johannes Gerson: Tractatus de temptationibus et impulsibus ›*Incipit tractatus de temptationibus et impulsibus a magistro Johanne de Gersona in Gallico wlgari editus et per alium in Latinum translatus.*‹ *Ad nos sub Dei manu humiliandos … – … Hanc nobis graciam meritis et intercessionibus beatissime semper virginis Marie omniumque sanctorum largire dignetur pater et filius … Amen.* – Französische Originalfassung in: Jean Gerson 7, Nr. 324, S. 343–360; zur lateinischen Übersetzung vgl. ebd. S. XVI.

86ʳ–101ʳ Johannes Gerson: Trilogium astrologiae theologizatae ›*Incipit tractatus in trigilogio astrologie theologizate eiusdem doctoris de Gersona ad Delphinum.*‹ *Sapienciam est* (sic) *que a domino Deo est* … (96ᵛ, Zeile 4) *scrutantes scrutinia* (30. Propositio, Ed. S. 103, Zeile 25) – auf dem Rand ein Zeichen; Textstörung: *Alioquin negligencia sciencium* … (Ed. S. 106, Zeile 9) … (98ᵛ, Zeile 6) *qui solent quasi iocando dicere* (Ed. S. 108, Zeile 9 von unten) – auf dem Rand das gleiche Zeichen wie oben, dazu die Anmerkung: *verte duo folia et invenis materiam sequentem, que sic incipit: Qualis mihi cura est*; Anschluß an den 96ᵛ, Zeile 4 unterbrochenen Text: *Et superaddit de miraculis* … (100ᵛ, Zeile 10) *publicis et domesticis* (Ed. S. 106, Zeile 9) – Anmerkung auf dem Rand: *reverte 4 folia et* […] *hoc signum, invenies finem et conclusionem illarum regularum, que incipit: Alioquin etc.* – Anschluß an 98ᵛ, Zeile 6: *Qualis mihi cura est* … (101ʳ, Mitte) *propitius sit michi Deus semper benedictus.* – Ende des Textes in der Ed., es folgen noch einige Sätze: *Neque habendum erit commercium … – … qui semper est bonus, laudabilis et gloriosus in secula seculorum. Amen.* – Jean Gerson 10, Nr. 501, S. 90–109.

101ᵛ–105ʳ Johannes Gerson: Contra superstitiosam dierum observantiam
Culpa ait (r. culpat) *apostolus eos, qui dies observabant … – … per quam ostenditur omnino stultum et inane. A quo liberare nos dignetur … Amen.* – Jean Gerson 10, Nr. 503, S. 116–121.

105^{r}–107^{r} Johannes Gerson: De observatione dierum quantum ad opera
Omne opus Dei altissimi ... – ... quam Deus omnipotens nobis tribuat de omnibus inimicis nostris. Amen. – Jean Gerson 10, Nr. 505, S. 128–130.

107^{v}–110^{v} Johannes Gerson: Appellatio peccatoris ad divinam misericordiam
›Sequitur tractatulus eiusdem de appelatione (sic) *cuiusdam peccatoris ...‹* (107^{r}) *In tua regina celi et mundi ...* (110^{r}) *et vitam merear sempiternam. Amen. ›Sequitur datio apostolorum‹ Quia iusticiam meam ... – ... sed tamen non peribis.* – Jean Gerson 8, Nr. 420, S. 536–539.

110^{v}–114^{r} Ps.-Johannes Gerson: De temporibus praeteritis sub schismatibus currentibus
›Sequitur quidem alius tractatulus, qualis fuit status ecclesie in veteri ac novo testamento ...‹ (111^{r}) *Postquam superior status et effectus presentis scismatis ... – ... que patent omnibus volentibus eas audire.* – Ed. Du Pin III, S. 154–156. Derselbe Text in Frankfurt StUB, Ms. Praed.122, 104^{r}.

114^{r}–120^{r} Johannes Gerson: Quae veritates sint de necessitate salutis credendae
Declaracio conpendiosa, que veritates de necessitate salutis credende sunt ... – ... quamvis non sit de fide. – Jean Gerson 6, Nr. 280, S. 181–189.

120^{v}–124^{r} Johannes Gerson: Tractatus de necessaria communione laicorum sub utraque specie
Oblaturus iuxta seniorum huius sacri concilii ... – ... consecravit et ita de pluribus aliis. – Nur der 1. Denarius. Zusatz von einer anderen Hand: *Ista materia completa est in alio libro tractatuum Johannis Gersonis fo 145·b·* (Ms 581, 146va). – Jean Gerson 10, Nr. 498, S. 55–59.

124^{r}–130^{v} Johannes Gerson: De meditatione cordis
Meditatio cordis mei ... (Ps 18,15) *Felix certe qui in* (sic) *propheta ... – ... et semper alieno magis* [darüber von späterer Hand: *quam*] *proprio credens iudicio.* – Abschnitt 10 (Clamat Aristoteles ...) fehlt. – Jean Gerson 8, Nr. 409, S. 77–83.

131^{r}–142^{r} Johannes Gerson: De simplificatione cordis
In simplicitate cordis querite ... (Sap 1,1) *Hanc sapientes* (sic) *hortacionem ... – ... confitebor tibi in directione cordis.* – Jean Gerson 8, Nr. 411, S. 85–97.

142^{r}–147^{r} JOHANNES GERSON: SUPER DOCTRINAM RAIMUNDI LULLI
Hic quedam doctrina et nova cuiusdam Raymundi Lulli per figuras et caracteres distributa. Quibus omnes se dissolutorem questiones pollicetur magister ... (Incipit der Ed.) *Novi hominem dudum sacre theologie ... – ... et quia se querentibus remunerator est. Amen ... Hoc a Johanne Gerson in civitate Lugdunense anno domini M* (sic) *1423.* – JEAN GERSON 10, Nr. 504, S. 121–128.

147^{v}–151^{r} JOHANNES GERSON: DE MODO SE HABENDI TEMPORE SCHISMATIS
›*Opus domini cancellarii Parisiensis unionis ecclesie circa annum domini 1400.*‹ *Ad tollendam quorundam in scismate presenti pertinaciam ... – ... non se mutuo impediunt, intersecant vel confundunt.* – JEAN GERSON 6, Nr. 256, S. 29–34. – 151^{v} leer.

152^{r}–161^{v}, 166^{v}–167^{r} JOHANNES GERSON: SERMO IN FESTO NATIVITATIS BMV
Jacob genuit Joseph ... (Mt 1,16) *Invocandam* (Ed.: Invocandum) *te iudicamus in primis ...* (161^{v}, Mitte) *quitquid hic natum est* (Ed. S. 359, drittletzte Zeile). ›*Explicit sermo Johannis de Gerson.*‹ Fortsetzung von anderer Hand: *Neque tamen excluditur ...* – auf dem Fußsteg: *quere conplecionem 166b* – (166^{v}) *cognoscendum et degustandum* (Ed. S. 360, Z. 19) ... – ... *Iesus, qui vocatur Christus. Amen.* – JEAN GERSON 5, Nr. 232, S. 344–362. – 167^{v}–168^{v} leer.

162^{r}–166^{r} JOHANNES GERSON: IN RECESSU REGIS ROMANORUM
›*Sermo de triplici auctoritate generalium conciliorum.*‹ *Prosperum iter faciet nobis Deus ... – ... Iter eternitatis ad Deum salutarium nostrorum, qui est Deus ... Amen.* – Das Stück bei HELSSIG, Juristische Handschriften, S. 333 genannt. JEAN GERSON 5, Nr. 241, S. 471–480. – 166^{v}–167^{r} s. 152^{r}.

169^{r}–236^{r} JOHANNES GERSON: LIBER DE CONSOLATIONE THEOLOGIAE
›*Incipit liber primus de consolatione theologie magistri Johannis Gerson, cancellarii ecclesie Parisiensis, editus ab eodem post concilium generale sancte et catholice ecclesie celebratum in Constancia Germanie quadriennio ibique scisma horrendum sedatum et in uno summo pontifice stabilitum est anno domini millesimo quadringentesimo decimo septimo et ibidem Martinus quintus electus est.*‹ *Quecumque scripta sunt ...* (Rm 15,4) *ait magnus ille discipulus theologie Paulus ... – ... et consolacionem scripturam* (sic) *spem habeamus. Amen.* – Jedes Prosastück leitet ein das Thema beschreibender Satz ein, vor den Versen ist darüber hinaus das metrische Muster angegeben, meistens sind es die Gedichte aus BOETHIUS: DE CONSOLATIONE PHILOSOPHIAE. Der Einleitung und dem ersten Gedicht sind Erläuterungen in Form von Randglos-

sen beigegeben, dem zweiten Gedicht folgen sie im Textblock in kleinerem Schriftgrad. – JEAN GERSON 9, Nr. 449, S. 185–245.

236^{v}–239^{v} JOHANNES GERSON: DE STATU PAPAE ET MINORUM PRAELATORUM (CURATORUM ET PRIVILEGIATORUM)
Pax quam omnes observare convenit (nur erster Absatz) ... *Status curatorum succedit statui LXXII° discipulorum Christi* (S. 31 der Ed.) ... – ... *et personas christiane religionis si wlt inveniri. Amen.* – JEAN GERSON 9, Nr. 424, S. 25 u. 31–35. – 240^{r-v} leer.

241^{r}–254^{r} HUGO DE SANCTO CARO: SPECULUM ECCLESIAE
Dicit apostolus ad Ephesios VII°: Induite vos armaturam (sic) *Dei* ... – ... *ad discipulos intravit et a custodibus custoditus est. Amen. ›Explicit Speculum ecclesie compositum a domino Hugone finito cardinali et scriptum per manum Johannis Schirr de Eystavia, quorum propter Deum memores existimatis. Deo gracias.‹* – HAIN 8977–92; HAIN–COPINGER 3182–91. KAEPPELI 2, Nr. 1990, Hs. genannt; BLOOMFIELD, Nr. 1589; GLORIEUX, Répertoire 1, 2 aw; FRANZ, Messe, S. 474 f.; SCHNEYER, Wegweiser, S. 342.

254^{v}–268^{r} PS.-THOMAS DE AQUINO: DE OFFICIO SACERDOTIS
Quia sacerdotis officium circa tria principaliter versatur ... – ... *tales faciat sacerdos nostris temporibus quales descripti sunt. Qui cum patre ... Amen. ›Explicit summa de officio sacerdotis. Edita per fratrem Thomam de Aquino ordinis fratrum predicatorum, magistrum in theolia* (sic). *Et scripta per manum Johannis de Eychstavia.‹* – S. THOMAE AQUINATIS Opera omnia, Bd. 17, Parma 1864, S. 322–331. BLOOMFIELD, Nr. 4719; GLORIEUX, Répertoire 1, 14ec.

268^{r}–309^{v} HENRICUS DE FRIMARIA: EXPOSITIO DECRETALIS 'CUM MARTHAE'
›Incipit edicio venerabilis viri magistri Heinrici de Vrimaria super decretali 'Cum Marthe'.‹ Reverendo in Christo patri et domino suo speciali, domino Mathie sancte Maguntine sedis archiepiscopo ... Cupiens vestre sanctitatis mentem ... (268^{v}) *Cum Marthe* (X,III,41,6) *Quia ius institucionis maxime sacrorum canonum a lege divina sumsit exordium* ... – ... (307^{v}) *transferamur ad celeste convivium beatorum. Quod nobis prestare dignetur. Amen.* – Es folgt ein Verzeichnis der Quaestionen: *Ut autem utilitas presentis opusculi promptius occurrat ... Utrum hec verba: Hoc est corpus meum* ... – ... *Quot sint proprietates ipsum actum celebracionis specificantes, si digne debeat exerceri.* – Auch in Ms 525, 74va. ZUMKELLER, Nr. 312, beide Hss. genannt; auch HELSSIG, Juristische Handschriften, S. 331 und 333; ZUMKELLER in: Diction-

naire de Spiritualité 7, Sp. 193; FRANZ, Messe, S. 496f.; VL² 3, S. 730–735 führt das Stück nicht an.

310r–318v HERMANNUS DE SCHILDIS: SPECULUM MANUALE SACERDOTUM
›Speculum de tribus sacramentis‹ Istud est speculum clarum, nobile et preciosum ipsorum sacerdotum, in quo refulgent et representantur aliqua utilia speculanda circa baptismi, ewkaristie et penitencie sacramentum. ›De sacramento baptismi‹ [R]*espice, prima superficies speculi sacerdotum … ›Tenenda circa materiam baptismi‹ Materia baptismi debet esse aqua pura … – … Si alias vere penitet potest eam absolvere etc. Que hic deficiunt, in canone huius speculi requirantur Deo auctore.* – Derselbe Text in Ms 534, 142rb. HAIN 14516–23. ZUMKELLER, Nr. 391 (ohne eine der dort aufgeführten Dedikationen), Zumkellers Angaben (S. 190) zu Leipziger Hss. nicht zutreffend; A. ZUMKELLER, Schrifttum und Lehre des Hermann von Schildesche, Würzburg 1959, S. 40–58; VL² 3, Sp. 1111; BLOOMFIELD, Nr. 3028.

319r PS.-BONAVENTURA: TABULA AD PRAEMEDITANDA DE SACERDOTE ANTE MISSAM
Frater Waltherus Bonaventura dicit, quod ea, que secuntur a quolibet sacerdote antequam missam celebret, sunt observanda atque diligenter attendenda. Intencionis discussio … – … Excellentissime divinitatis. – Derselbe Text in Ms 537, 367ra. DISTELBRINK, Nr. 225; FRANZ, Messe, S. 475. – 319v leer.

Ms 585

Johannes Nider (?). Nicolaus Papa, V.

Papier 32 Bll. 20,5×14,5 1474–75

2 VI24 + IV32; Foliierung modern. Schriftraum 17–17,5×9,5–10,5; 28–35 Zeilen.

Buchkursiven, 5 Hände, a: 1r–16r; b: 16v–27r; c: 27v–30v; d: 31r; e: 32v; Rubriken; auf den Rändern einige Korrekturen von den Schreibern und einer anderen zeitgenössischen Hand. Rote 2- bis 5-zeilige Lombarden; 19r rote Initiale *P*, im Stamm ornamental gespalten; 27v Initiale *P*, schwarz-ocker ornamental gespalten, beide 5-zeilig. Bibliothekseinband des 19. Jh.

Erster und zweiter Text 1474 bzw. 1475 geschrieben, vgl. 27r u. 30v. FELLER, S. 209, Nr. 15.

1r–27r JOHANNES NIDER (?): ALPHABETUM DIVINI AMORIS
›Incipit alphabetum divini amoris de elevacione mentis in Deum.‹ Ad honorem omnipotentis Dei aliquos modos et vias pro elevacione mentis in Deum propono conscribere (Prooemium) ... (2r) *›De via inchoativa. Anshelmi De doctrinis.‹ A timore servili procedit filialis ... – ... ut sit adiutor tuus, protector, director et finis. Amen. ›Explicit alphabetum divini amoris de elevacione mentis in Deum venerabilis magistri Johannis Gersen* (sic) *cancellarii Parisiensis 1474.‹* – GW 1554–1566; DU PIN III, S. 769–800. N. PAULUS in: Archiv für elsäss. Kirchengeschichte 3/1928, S. 29f., Nr. 4; MADRE, S. 297, Anm. 20; VL^2 4, Sp. 1122 u. VL^2 6, Sp. 976; D. MARTIN, Fifteenth-century Carthusian reform. The world of Nicholas Kempf, Leiden 1992, S. 306f., unter Spuria et Dubia; KAEPPELI 2, Nr. 2553.

27v–30v NICOLAUS PAPA, V.: SUPER 'PATER NOSTER'
Partes dominice oracionis quot sunt? Novem. Que? Una salutacio, septem peticiones et una conclusio ... – ... cum omnibus angelis et clericis iocunda presencia circa se. Conclusio. Congrue igitur hoc in fine concluditur. Amen. Anno 1475. – STEGMÜLLER RB 4, Nr. 5665; BLOOMFIELD, Nr. 8729.

31r SCHEMA DE QUINQUE MODIS PECCATORUM
Peccatum est duplex · Confessionis · Obmissionis · Carnis ... – ... Ingratitudo. – 31v–32r leer.

32v TABULA ALPHABETICA QUINDECIM VIARUM MENTIS IN DEUM
Quindecim vie procedentes in amorem Dei. Admirativa Johannes Gersona ... – ... unitiva Dyonisius. Gegenüberstellung von Qualitäten und geistlichen Autoren, Dionysius dreimal genannt, einige Namen auf Rasuren.

Ms 586

Iordanus de Quedlinburgo

Papier 288 Bll. 42,5×28–28,5 1463

24 VI^{288}; Reklamanten; Foliierung modern. Schriftraum 31,5–34,5×18,5–20; zweispaltig; 59–65 Zeilen.

Bastarda, eine Hand; Rubriken; wenige Randvermerke von einer anderen Hand des 15. Jh. Abwechselnd rote und blaue 3- bis 4-zeilige Lombarden, einige mit knollen- oder nasenförmigen Schaftverdickungen wie in Ms 584. 149ra 20-zeilige Initiale *P*, rotblau ornamental gespalten; links vom Schaft zwei rote Dreiblätter.

Dunkler Ledereinband des Spätmittelalters mit Streicheisenlinien; Buckel entfernt, Kantenbeschläge weitgehend erhalten sowie eine von zwei Schließen; 2 Löcher der Kettenbefestigung im Rückdeckel oben.

Geschrieben 1463, vgl. 264ra. Titelschild aus Pergament mit teilweise erhaltenem rotem Lederrahmen, 15. Jh.: *9 · Jordanus Sermones de tempore · 9*; etwas spätere Signatur (17./18. Jh.): *401*. Feller, S. 142, Nr. 26.

1ra–284ra Iordanus de Quedlinburgo: Sermones de tempore

Schneyer 3, S. 802–825, Nr. 1–134, ohne Nennung der Hs. Es fehlen: Nr. 16, Subsermo 2; Nr. 55, Subsermo 1,4 u. 5, vertauscht sind 2 u. 3; Nr. 60; Nr. 106. Nr. 22, Subsermo 5 geht ohne eigenes Incipit und unter Verkürzung in Subsermo 4 auf, ebenso Nr. 27, Subsermo 3 in 2; (283vb) der letzte Subsermo (134,3) ist stark verkürzt und aufgeteilt in 2 mit dem zusätzlichen Incipit: *Et qui in agro* ... (Mt 24,18) *Ubi notatur quartum documentum propositi* ... Abweichungen: (213ra) Nr. 89 setzt erst mit dem zweiten Incipit-Satz ein: *Cum turbe* ... (Lc 5,1) *Iste turbe ex fame verbi Dei* ... (238vb) Nr. 107: *Beati oculi* ... (Lc 10,23) *Et si apostoli erant beati* ... nur das Lemma stimmt mit dem Druck überein; das gleiche gilt für (243ra) Nr. 109, Subsermo 2: *Vade* ... (Lc 17,19) *Tota enim perfeccio christiane vite in sequela Christi consistit* ... Zusätzliche Textstücke: (67vb) nach Nr. 23 ein Subsermo: *Verbum caro factum* ... (Io 1,14) *Cum triplex sit nativitas verbi* ... (94ra) vor Nr. 34, Prolog zu Pars 2: *Expedita prima parte operis de tempore Christi adventus et incarnacionis sequitur secunda pars de tempore nostre conversionis* ... (122rb) vor Nr. 50, ein weiterer Subsermo: *Ductus est Iesus* ... (Mt 4,1) *Premisso de duplici deserto* ... (149ra) vor Nr. 61, Prolog zu Pars 3: *Postquam domino largiente in priori volumine complevi duas partes operis* ... (174va) 10 Zeilen zur Einleitung des folgenden Sermo (Nr. 73, zu jedem Satz des Pater noster ein Subsermo): *Quia in proximo precedenti ewangelio* ... (201vb) vor Nr. 83, Prolog zu Pars 4: *Expeditis cum Dei adiutorio Dei* (sic) *3^{bus} partibus operibus* ... – ... *Explicit postillatura magistri Alberti alias Gordanis. Scripta et finita anno domini M°CCCC°LXIII° in festo presentacionis gloriosissime virginis Marie etc.* Durch ein eigenes Incipit (30va) ist die Expositio der Verse: *Ave rosa sine spinis* ... (Chev. 2084; AH 30, Nr. 126, S. 240) in Nr. 11, Subsermo 1 hervorgehoben. – HAIN 9438, unfoliiert. ZUMKELLER, Nr. 648, die Hs. nur nach dem Katalog von Feller genannt; VL^2 4, Sp. 853–861. – 284rb–288vb leer.

Ms 587

Vincentius Gruner

Pergament 70 Bll. 34–34,5×28 Altzelle (?) 1421

7 V^{73}, in der letzten Lage folgt auf f. 65 f. 69, Text gestört, vermutlich fehlendes Doppelblatt und falsche Zählung; Kustoden, Lagenzählung und Doppelblattzählung teilweise erhalten; Seitentitel; Kolumnenzählung und Foliierung 15. Jh.; Blattweiser. Schriftraum 25–26×19; zweispaltig; 43–45 Zeilen.

Bastarda, eine Hand außer 8^{ra-vb}; Rubriken. Rote 2-zeilige Lombarden. 1ra rote, mit grünem Kontur eingefaßte Initiale *V*, oben geschlossen, aufsteigende Teile des Buchstabenkörpers geteilt mit breiten Zwischenräumen, die rot gefüllt sind mit ausgesparten vegetabilen Mustern, das Binnenfeld ist gefüllt mit roten und grünen Knospenformationen; knapper Besatz durch Knospenreihen und Gesichtsprofile; 38ra rote Initiale *T*, nach dem gleichen Prinzip, das auch in Ms 589 und 590 begegnet, gestaltet, aber ohne Grün und Besatz.

Brauner Kalbsledereinband des Spätmittelalters mit Streicheisenlinien und Einzelstempeln, Motive: Krone, Löwe, Adler, Lilie (SCHUNKE, S. 151, Nr. 21; S. 194, Nr. 218; Adler und Lilie nicht belegt); Werkstatt: Johann Wetterhahn d. Ä. (vgl. LOH, Buchbinder, S. 49–54 u. Anl. 3, Bl. 1); Buckel, Kantenbeschläge und zwei Langschließen entfernt (1 Schließenbeschlag erhalten); im Rückdeckel oben 2 Nägel als Rest der Kettenbefestigung; gleicher Einband bei Ms 589 u. 590. Spiegel in Vorder- und Rückdeckel zweispaltig in gotischer Kursive (2 Hände) des 14. Jh. geschriebene Doppelblätter aus Papier, Fragmente aus einem grammatischen Traktat. Verstärkung im Rückdeckel oben durch das Fragment, 5×5, eines philosophischen oder theologischen Textes mit Rahmenglosse in gotischer Minuskel des 13. Jh., wie in Ms 524, 588, 589 u. 590. Beiliegend als Lesezeichen ein Pergamenträdchen, 15. Jh., beschriftet in Textualis: *Columpna prima … quarta*; ähnliches Instrument bei Ms 545 (dort auch Literaturangaben) und Ms 590.

1421 von Nicolaus Schonaw aus Torgau sehr wahrscheinlich in Altzelle geschrieben, vgl. 73vb; derselbe Schreiber auch in Ms 589 und 590. Aus der Bibliothek von Altzelle; Eintrag: *LIBER · VETERIS · CELLE · SANCTE · MARIE* (die Worte abwechselnd rot und blau) auf den Fußstegen von 1va–2rb, 27va–28rb und 72va–73rb; vgl. SCHMIDT, Altzelle, Signatur *O 4* (S. 61 u. 84). Titelschild, Papier, 16. Jh., auf dem Vorderdeckel:

33 · EXPOsitio misse per Vincentium Gruiner · 33 · Ee; alte Signatur *49* durchgestrichen. Auf dem Rücken Signatur: *632*. Feller, S. 180, Nr. 35.

1ra–73vb Vincentius Gruner: Expositio missae
Venerabiles patres et domini desiderio desiderastis saniusque postulastis narrare vobis a me signorum misticam representacionem, que fiunt in sanctissime misse officio ... (65vb) *Anastasia de cetu viduali, que pavit beatum* ‖ (69ra) ‖ *petere et desiderare, ut Deus honoretur* ... – ... *a laude quoque terminemus, ut in eternum laudemus eum, qui vivit* ... *Amen. Laus et gloria Deo sit in secula. Finito libro saltat scriptor pede leto. Qui scripsit scripta sua dextra sit benedicta. Sub anno domini M°CCCC°XXI° feria quinta proxima post Barnabe apostoli per manus Nicolai Schonaw etc.* ›*Explicit exposicio misse collecta in Cella per reverendum magistrum Vincencium Gruner quondam lectorem ibidem.*‹ – Franz, Messe, S. 530–533; Franz geht von dieser Hs. aus, zitiert Kolophon und Explicit und gibt ausführliche Informationen zum Verfasser; Schmidt, Altzelle, S. 20; Tříška, S. 536. Zum Autor: Erler I, 25, 33; II 89, 91; Zarncke, Die urkundlichen Quellen, S. 583, 749, 798; Jöchers Allgemeines Gelehrten-Lexikon, Bd. 2, Leipzig 1750 (Nachdr. 1961), Sp. 1217f.

Ms 588

Matthaeus de Aula Regia

Pergament 154 Bll. 40,5×29,5–30 15. Jh. 2. Drittel

15 V^{150} + $(IV–4)^{154}$; Lagenzählung teilweise erhalten; jedes 10. Blatt modern foliiert. Schriftraum 27–28,5×19–19,5; zweispaltig; 38–43 Zeilen.

Bastarda, eine Hand; biblische Lemmata in 3- bis 4-zeiliger Textualis; Rubriken. Als Initialen der Lectiones abwechselnd rote und blaue 5-zeilige Lombarden, die Initialen zu den Unterabschnitten nur 2-zeilig; 1ra freies spaltenbreites 13-zeiliges Feld für die nicht ausgeführte Initiale *D*.

Schweinsleder-Halbband des Spätmittelalters mit Einzelstempeln; Motive: Rosette, Rautengerank (Schunke S. 264, Nr. 410 u. S. 234, Nr. 68; Altzelle Hauptwerkstatt, vgl. Ms 582), Blattwerk (nicht identifiziert); Mittelschließe entfernt; 2 Nägel als Rest der Kettenbefestigung im Rückdeckel oben. Verstärkung im Rückdeckel oben durch das Fragment, 6×5, eines philosophischen oder theologischen Textes mit Rahmenglosse in gotischer Minuskel des 13.Jh., wie in Ms 524, 587, 589 u. 590. Am Ende im Rücken ein Falz mit scholastischem Text, einspaltig in gotischer Minuskel des 14.Jh.

Aus der Bibliothek von Altzelle, Signatur *M 10*, SCHMIDT, Altzelle, S. 58 u. 84. Auf dem Vorderdeckel oben mit Bleistift: *29*; Titelschild, Papier, 16.Jh.: *28 · MATTHEus* [...] *III* [...] · *28*; auf dem Rücken Signatur: *629*. FELLER, S. 180, Nr. 32.

1ra–154rb MATTHAEUS DE AULA REGIA: LECTURA SUPER PSALMOS CI–CXVII [D]*omine exaudi* ... (Ps 101,1) *Hic incipit tercia pars Psalterii, que vocatur tercia quinquagena* ... – ... *quia semper subvenit devote eum requirentibus.* Lectiones zu längeren Psalmen sind manchmal weiter unterteilt. – STEGMÜLLER RB 3, Nr. 5521; K. v. LAUTERER in Cistercienser Chronik 71/1964, S. 106, Hs. genannt; VL^2 6, S. 171; SCHMIDT, Altzelle, S. 21 f.

Ms 589

Matthaeus de Aula Regia

Pergament 280 Bll. 34,5–35×25–26 Altzelle(?) 1423(?)

V^{10} + $(V+1)^{21}$ + 2 V^{41} + $(V-1)^{50}$ + 23 V^{280}; Lagenzählung; moderne Foliierung *1–12*, ab 20 jedes 10. Blatt; Blattweiser. Schriftraum 25×16; zweispaltig; 42–50 Zeilen.

Bastarda, eine Hand; Lemmata in 2-zeiliger Textualis; Rubriken; auf den Rändern nur wenige Ergänzungen von anderer Hand. Rote und blaue 4-zeilige Lombarden, aufsteigende Teile des Buchstabenkörpers jeweils geteilt mit breiten Zwischenräumen, die rot, blau, grün oder braun gefüllt sind mit ausgesparten vegetabilen Mustern; Binnenfelder gefüllt mit Knospenformationen in den genannten Farben; knapper Besatz durch Knospenreihen und Gesichtsprofile; 1ra 8-zeilige Initiale *R*, besonders reich nach diesem Muster gestaltet, das auch in Ms 587 und abgeschwächt in Ms 590 begegnet; daneben einfache rote und blaue 2-zeilige Lombarden.

Brauner Kalbsledereinband des Spätmittelalters mit Streicheisenlinien und Einzelstempeln, wie Ms. 587 (s. dort) u. 590; Buckel, Kantenbeschläge und zwei Langschliessen entfernt (2 Schließenbeschläge mit der Prägung *M* erhalten); im Rückdeckel oben 2 Nägel als Rest der Kettenbefestigung. Verstärkung im Rückdeckel oben durch das Fragment, 5×5, eines philosophischen oder theologischen Textes mit Rahmenglosse in Minuskel des 13.Jh., wie in Ms 524, 587, 588 u. 590.

Von Nicolaus Schonaw aus Torgau, dem Schreiber von Ms 587 und 590, sehr wahrscheinlich 1423 in Altzelle geschrieben. Aus der Bibliothek von Altzelle; Eintrag: *LIBER · VETERIS · CELLE · SANCTE · MARIE* (die Worte abwechselnd rot und blau) auf den Fußstegen von 1va–2rb, 121va–122rb u. 279va–280rb; vgl. SCHMIDT, Altzelle, Signatur *M 6* (S. 57 u. 84). Titelschild, Papier, 16. Jh., auf dem Vorderdeckel: *29 · MATHEus* [...] · *29*; in Kursive des 17./18. Jh.: *Matthaeus de Aula Regia. Commentarius in hymnos.* Auf dem Rücken Signatur: *630*. FELLER, S. 180, Nr. 33.

1ra–280rb MATTHAEUS DE AULA REGIA: EXPOSITIO HYMNORUM DE TEMPORE *Reverendo in Cristo patri ac domino domino Vincencio, abbati monasterii Veteris Celle ... Frater Matheus de Aula Regia eiusdem ordinis monachus humilis, arcium liberalium magister sacreque theologie professorum novissimus. Cum ympnidicis celestium virtutum concentibus ...* (7rb) *Te decet ympnus ...* (Ps 64,2) *Si te gloriosissime domine Iesu Christe, qui maior es omni laude ...* – *... que clamant et quasi loquuntur et tamen non intelligunt propriam vocem vel sonum. Et sic de Dei misericordia finita est prima pars huius libri ympnorum videlicet ympnorum de tempore. Sequuntur ympni de sanctis etc.* – K. v. LAUTERER in Cistercienser Chronik 71/1964, S. 104 f., Hs. genannt; 73/1966, S. 33–43 (35–37 Hs. ausführlich zitiert), 71–75 u. 74/1967, S. 175–179; VL^2 6, S. 171; SCHMIDT, Altzelle, S. 21 f.

280^{va-vb} MATTHAEUS DE AULA REGIA: EXPOSITIO HYMNORUM DE SANCTIS ›*Sequitur secunda pars huius operis, que continet ympnos de sanctis.*‹ *Stephani primi martiris cantemus ...* – *... Iste enim Saulus erat* || bricht ab und beginnt neu in Ms 590,1^{ra}, s. dort.

Ms 590

Matthaeus de Aula Regia. Bernardus Claraevallensis. Vita sancti Edmundi

Pergament 191 Bll. 34,5×25–25,5 Altzelle(?) 1423(?)

$(V+1)^{11}$ + 18 V^{191}; Lagenzählung beginnt mit *XXIX* (Fortsetzung nach Ms 589); Doppelblattzählung; Foliierung modern. Schriftraum 24,5–25,5×16–17; zweispaltig; 38–46 Zeilen.

Bastarda, eine Hand; Lemmata in 2-zeiliger Textualis; Rubriken; auf den Rändern nur wenige Ergänzungen von anderer Hand. Rote und blaue 4-zeilige Lombarden, Binnenfelder gefüllt mit Knospenformationen in Rot, Blau oder Grün; knapper Besatz durch Knospenreihen und Gesichtsprofile. 1va blaue 5-zeilige Initiale *S* in annähernd quadratischem grünen Feld, Mittelstück des Buchstabenkörpers geteilt, Zwischenraum grün, mit ausgesparten vegetabilen Mustern, Binnenfelder mit roten Knospenformationen gefüllt; 152ra rote 5-zeilige Initiale *S* in blauem Feld, mit grünen Füllungen, gleicher Aufbau wie 1va; 153ra blaue Initiale *M*, aufsteigende Teile des Buchstabenkörpers geteilt mit breiten Zwischenräumen, grün gefüllt mit ausgesparten vegetabilen Mustern; grüne Knospenformationen als Füllung der Binnenfelder und spärlicher äußerer Besatz (vgl. Ms 587 u. 589); daneben auch einfache rote und blaue 2-zeilige Lombarden.

Brauner Kalbsledereinband des Spätmittelalters mit Streicheisenlinien und Einzelstempeln, wie Ms. 587 (s. dort) u. 589; Buckel, Kantenbeschläge und zwei Langschliessen entfernt (2 Schließenbeschläge mit der Prägung *M* erhalten); im Rückdeckel oben 2 Nägel als Rest der Kettenbefestigung. Verstärkung im Rückdeckel oben durch das Fragment, 5×5, eines philosophischen oder theologischen Textes mit Rahmenglosse in Minuskel des 13.Jh., wie in Ms 524, 587, 588 u. 589. Beiliegend als Lesezeichen ein Pergamenträdchen, 15.Jh., beschriftet in Textualis: *Folium · primum · secundum*; ähnliches Instrument bei Ms 545 (dort auch Literaturangaben) und Ms 587.

Von Nicolaus Schonaw aus Torgau (s. 151vb), dem Schreiber von Ms 587 und 589, sehr wahrscheinlich 1423 in Altzelle geschrieben. Aus der Bibliothek von Altzelle; Eintrag: *LIBER · VETERIS · CELLE · SANCTE · MARIE* (die Worte abwechselnd rot und blau) auf den Fußstegen von 1va–2rb, 96va–97rb u. 189va–190rb; vgl. Schmidt, Altzelle, Signatur *M 7* (S. 57 u. 84). Titelschild, Papier, 16.Jh., auf dem Vorderdeckel: *30 · MATHEus Cysterci in hymn*[os de] *Sanctis · Malachi vita* [a S. Bern]*hardo aedita · Ethmundi vita · 30*; spätere Signatur: *631*; gleiche Signatur oben auf dem Rücken. Feller, S. 180, Nr. 34.

1va–151vb Matthaeus de Aula Regia: Expositio hymnorum de sanctis
›Sequitur secunda pars huius operis, que continet ympnos de sanctis.‹ Stephani primi martiris cantemus ... (1^{va-rb} entspricht genau 280^{va-vb} in Ms 589) ... – ... (151va) *errata, si qua* (151vb) *repererit lima fraterne correccionis, non rabie detractacionis, corrigat et emendet. ›Explicit exposicio ympnorum ordinis Cisterciensis edita et lecta per fratrem Matheum de Aularegia, monachum prefati ordinis, sacre theologie professorem, arciumque magistrum licet indignum ad honorem Dei omnipotentis et sancti ordinis Cisterciensis utilitatem. Finita autem et completa est hec compilacio per eundem anno domini M° quadringentesimo vicesimo tercio in festo sancti Thome de Aquino, doctoris eximii, quod videlicet festum tunc accidit in dominica, qua in ecclesia Dei cantabatur:* Oculi

mei, scilicet nonas Martii. Deo laus et gloria. Amen. ›Laus et gloria Deo sit in secula. Explicit liber iste per manus Nicolai Schonaw de Torgaw. Finito libro sit laus et gloria Christo. Finito libro saltat scriptor pede leto.‹ Zu den Versen vgl. auch Ms 587, 73vb. – K. v. Lauterer in Cistercienser Chronik 71/1964, S. 104f., Hs. genannt; 73/1966, S. 33–43 (37f. Hs. ausführlich zitiert), 71–75 u. 74/1967, S. 175–179; VL^2 6, S. 171; Schmidt, Altzelle, S. 21 f. – 1^{ra-rb} leer.

152ra–177rb Bernardus Claraevallensis: Vita et hymnus sancti Malachiae
PL 182, Sp. 1073–1118; Leclercq-Rochais 3, S. 307–378 u. 525f.

177rb–190vb Vita sancti Edmundi Rich archiepiscopi
›Incipit prologus in vitam sancti Ethmundi.‹ Excellentis ingenii et fecunde facundie oratores ... – ... (190va) *Quod fieri voluisti ad laudem nominis tui et glorie tue cumulum.* (190vb) *Qui cum patre ... Amen. ›Explicit vita sancti Ethmundi Canthuarensis archiepiscopi etc.‹* – Stark gekürzte Fassung gegenüber dem Druck in: E. Martène u. U. Durand, Thesaurus novus anecdotorum 3, Paris 1717, S. 1775–1826. BHL u. BHL Nov. Suppl. Nr. 2404. – 191^{ra-vb} leer.

Ms 591

Henningus Boltenhagen

Papier 187 Bll. 30,5×21,5–22 Leipzig 1416/1454

WZ Hirsch (f. 142), Piccard XV,1, III,414 (1414). (IV–1)^{7} + (VI–1)^{18} + 8 VI^{114} + 2 VII^{141} + VIII^{157} + VI^{169} + IX^{187}, 1. u. letzte Lage lose; Kustoden *p^{us} ... 5us* (erste Lage ohne Kustos), danach Lagenzählung; moderne Foliierung 1–10, danach jedes 10. Blatt, zwischen 110 u. 120 ein Blatt nicht gezählt; arabische Foliierung des 16. Jh. ab 9: *2–180*, mit einigen Fehlern. Schriftraum 23–24×14,5–15; zweispaltig; 40–47 (2ra–4ra: 48–54) Zeilen.

Buchkursiven, mindestens 5 Hände; a: 4^{rb-vb}; b: 5ra–6va; c: 8ra–141rb u. 158ra–187va; d: 142ra–157vb; e: 187vb; Bastarda 2ra–4ra; Rubriken in 2-zeiliger Textura; Gliederungsvermerke und Ergänzungen von Schreiberhand, wenige Randbemerkungen von anderer Hand des 15. Jh.; auf dem Kopfsteg teilweise Buchzählung und Kolumnentitel. 8ra, 72va, 4-zeilige blaue Lombarden, 142ra mit rotem Konturbegleiter, im Binnenfeld rote Staude, sonst gleich; 107rb rot-schwarz ornamental gespaltene 6-zeilige Initiale *U* mit roten Fadenausläufern.

Grauer Ledereinband des späten Mittelalters; 2 Langschließen entfernt; Loch von der Kettenbefestigung im Rückdeckel oben. Spiegel in Vorder- und Rückdeckel je ein Doppelblatt, Papier, 1. Viertel 15.Jh.: Verzeichnis von Ereignissen des AT mit Angabe der Bibelstelle; auf dem vorderen Spiegel zusätzlich: *Cuius doctrinam quisque sequatur huius et filius nuccupatur* (sic) *Ys de Sinboli* (sic) *in c xvii* (ISIDOR, Sententiae XVI,16; PL 83, Sp. 574) · *Questiones super 4^or^ libros sentenciarum domini doctoris Poltenhagen.*

1416 als Geschenk des Autors Henning Boltenhagen für seinen Kollegen Johannes Zach geschrieben; vgl. 187va und das Titelschild (Pergament, 1. Viertel 15.Jh.) auf dem Vorderdeckel: *Questiones super quatuor libros sentenciarum · donum doctoris Poltenhagen.* Henning Boltenhagen von Hildesheim war seit dem WS 1409 Theologieprofessor an der neugegründeten Universität Leipzig und Mitglied im Collegium maius, im WS 1412 Rektor (ERLER I, S. 25, 40; II, S. 89; ZARNCKE, Die urkundlichen Quellen, S. 583, 749). Zach wird genannt im WS 1409, 1412 als Dekan der Artes-Fakultät, 1415 und 1429 als Rektor, zwischen 1410 und 1423 mehrfach als Prüfer, letzte Erwähnung 1440; (ERLER I, S. 26, 47, 99, ERLER II, S. 5, 89, 92, 94, 96, 98 u. 101). Das Notariatsinstrument 5ra–6va 1454 auf noch freie Blätter der nachträglich beigelegten ersten Lage geschrieben; vgl 5ra. Auf dem vorderen Spiegel Eintrag des 15.Jh.: *Pro II fl*[orenis]. Auf dem Rücken ein Bibliotheksschildchen, Papier, 16.Jh.: *36*, darunter: *II 9 q* (o. II 99?). Aus der Bibliothek der philosophischen Fakultät. Kat. von 1560, Nr. 432, DÖRING, S. 78 u. 107f. FELLER, S. 359, Nr. 57; danach sollte die Hs. zusätzlich *Rhythmi de Pragensi et Lipsiensi Academia* enthalten.

2ra–4ra REGISTRUM QUAESTIONUM IN LIBROS SENTENTIARUM – 1^{ra-vb} leer.

4rb–4vb ARS COLLIGENDI COLLATIONES

›*De modo colligendi sermonem vel collacionem ad clerum vel populum.*‹ *Quantum ad artem faciendi collacionem … – … debent sua ingenia exercere.* – Gleiches Incipit in Berlin SB, theol.lat.qu.164,5^{r}.

5ra–6va VIDIMUS CUM PRIVILEGIO PAPALI INSERTO

Vidimus, ausgestellt vom Notar Conrad Dalhusen in Leipzig am 17. Oktober 1454. Inseriert ist die Bulle Alexanders V. (5rb) *Dum attente consideracioni indagine perscrutamur …* vom 19. Dezember 1409, in der die Privilegien der Universität Leipzig bestätigt werden; 6rb Signet des Notars; die Bulle ist im Copiale magnum der Universität Leipzig, Bl. 12 (in: ZARNCKE, Die urkundlichen Quellen, S. 541, Nr. 6 und in Indice 323, f. 170^{r}, der Vatikanischen Bibliothek verzeichnet, vgl. Repertorium Germanicum 3, Sp. 21). Conrad Dalhusen von Lüneburg wird in den Leipziger Matrikeln im SS 1445 und im SS 1447 genannt (ERLER I, S. 156; II, S. 142). – 6vb–7vb leer.

8ra–187va HENNINGUS BOLTENHAGEN: QUAESTIONES IN LIBROS SENTENTIARUM
›*Circa inicium primi libri sentenciarum queritur primo:*‹ *Utrum sacre sciencie theologie convenienter assignentur 4^{or} generum causarum cause* ... (72va, L. II) ›*Utrum Deus potuit producere aliquam creaturam*‹ ... (107rb, L. III) ›*Utrum incarnari Deum fuerat decens et congruum*‹ ... – 141^{va-vb} leer – (142ra, L. IV) ›*Utrum sacramenta divina pro quolibet statu fuerunt*‹. *Utrum sacramenta divina pro quolibet statu fuerunt homini ad salutem neccessaria* ... – ... *quod Augustinus loquitur de voluntate absoluta, nam de voluntate condicionata aliquis vult non esse. Et sic est finis* ... *Expliciunt questiones super* 4^{or} *libros sentenciarum honorabilis domini doctoris Pultenhagyn. Anno domini millesimo quadringentesimo decimo sexto secunda feria post festum sancti Jacobi apostoli hora septima de mane. In comodo magistri Johannis Zach in collegio maiori studii Lipczensis. Alterius nuptam nec eartham cupias alienam.* – STEGMÜLLER RS, Nr. 703, nur diese Hs.; vgl. auch STEGMÜLLER RS, Nr. 1073 (Ms 418).

187vb IN QUIBUS AUCTOR NON SEQUITUR MAGISTRUM
Nota hec sunt, in quibus magister sentenciarum non tenetur. In primo libro non tenetur illud, quod dicit magister in distinccione XVII: Quam (r. Quod) *karitas sit spiritus sanctus* ... – ... *si cogatur ab ecclesia, que ignorat primam.* – Vgl. PL 192, Sp. 961–964.

Ms 592

Paulus Burgensis

Papier 198 Bll. 31,5×21,5 1444

$(III-2)^{III} + VI^{12} + V^{22} + 3\ VI^{58} + III^{64} + 10\ VI^{181} + (VI-1)^{193}$; 101, 141 und 161 doppelt, 188 nicht gezählt; Reklamanten; römische Foliierung des 15. Jh., erste Lage unfoliiert; ein Blattweiser. Schriftraum 23–24×14–15; 40–41 Zeilen; II^r–III^v ca. 27×18; 47 Zeilen.

Bastarda, 4 Hände, a: 1^r–19^v; b: 20^r–22^v; c: 23^r–62^v; d: 62^v–193^v; II^r–III^v Buchkursive; Randvermerke von den Schreibern selbst, wenige andere von einer Hand des 15. Jh.

Teilweise rote 2- bis 3-zeilige Lombarden mit nasenförmigen Verdickungen, meist nur cadellenartige, vergrößerte Initialbuchstaben.

Heller Schweinsledereinband des Spätmittelalters; eine Schließe entfernt; Loch von der Kettenbefestigung im Rückdeckel oben. Eintrag auf dem Spiegel des Vorderdeckels: *Registrum. Item dialogus scrutinium scripturarum domini Paulini* (sic) *episcopi Purgensis in principio libri.* Falze aus einem theologisch-philosophischen Traktat, möglicherweise einem Sentenzenkommentar, in gotischer Minuskel des 13. Jh. Beiliegend als Lesezeichen ein Papierstreifen, beschrieben in Textualis des 15. Jh.: *Pater guardianus li*[brorum?].

1444 geschrieben, vgl. 193^{v}. Titelschild, Papier, 16. Jh., auf dem Vorderdeckel: *3 · PAULI Burgensis scrutinium scripturarum · 3*; auf dem Rücken Signatur: *690*. FELLER, S. 190, Nr. 7.

II^{r}–III^{v} TABULA CAPITULORUM SCRUTINII SCRIPTURARUM
Distincio prima. De hiis qui salvandi erant … – … Quid de Judeis inter primum adventum et secundum fol cxcii. – I^{r-v} leer.

1^{r}–193^{v} PAULUS BURGENSIS: SCRUTINIUM SCRIPTURARUM
›*Incipit dyalogus, qui vocatur Scrutinium scripturarum, compositus per reverendum patrem dominum Paulum de sancta Maria, magistrum in theologia, episcopum Burgensem, archicancellarium serenissimi principis Johannis regis Castellie et Legionis, quem composuit post addiciones per eum compositas ad postillas Nicolai de Lira anno domini M^{o}CCCC^{o}XXXIIII^{to} anno vero etatis sue LXXXI^{mo}.*‹ *Scrutamini scripturas …* (Io 5,39) *Christus volens Judeos instruere circa ipsius cognicionem … – … veritas est sine fallacio, bonitas sine malicia et felicitas sine miseria. Cui honor … Amen. Et finitus anno domini 1444 in vigilia sancti Michaelis.* – HAIN 10762–66. STEGMÜLLER RB 4, Nr. 6328; KRISTELLER III, S. 415.

Ms 593

Henricus de Langenstein

Papier 179 Bll. 30×21 15. Jh. 1. Hälfte

WZ Briquet 7625 (1423–1438). 6 VI^{72} + $(VI–1)^{83}$ + 8 VI^{179}; Reklamanten; jedes 10. Blatt modern foliiert; Lagenzählung oben rechts: *primus sexternus* ... etc. Schriftraum 23–24×14–15; 25ra–177ra zweispaltig; 37–47 Zeilen.

Buchkursive, eine Hand; zweite Hand nur 179^{v}; auf den Rändern wenige Textnachträge von Schreiberhand.

Dunkler Ledereinband mit Streicheisenlinien und Einzelstempeln aus der Werkstatt 2 (Meister der 60er Jahre nach Loh, Buchbinder, S. 48 f. u. Anl. 3, Bl. 1; Schunke, S. 43, Nr. 240; S. 44, Nr. 262; S. 151, Nr. 12a; S. 12, Nr. 305; dazu Granatapfel, offen, 6mm hoch und 8-teilige Rosette, Durchmesser 5mm); Buckel entfernt; 2 Schließen erhalten; Loch von der Kettenbefestigung im Rückdeckel oben. Auf dem Spiegel im Rückdeckel: *Christoferus · 18 gr. pro ligatura et pergameno.*

Auf dem Vorderdeckel ein Titelstreifen, Pergament, 15. Jh.: *Questiones magistri Hinrici de Hassia super primum librum sententiarum.* Auf dem Rücken Bibliotheksschildchen mit gleichem Text unter der Zahl *18*; darunter: *1168* (1166?). Aus den Beständen der philosophischen Fakultät; Kat. 1560, Nr. 434, Döring, S. 78 u. 108. Feller, S. 358, Nr. 51.

1^{r}–177ra Henricus de Langenstein: Quaestiones super primum Sententiarum

›*Questiones super primo sententiarum magistri Hinrici de Hassia.*‹ [C]*irca inicium libri sententiarum queritur primo, utrum veritas theologice sciencie contrariatur veritatibus principiorum naturalis luminis et sensualis experiencie* ... – ... *ergo est bicubitum vel tricubitum vel alterius determinate quantitatis.* – Stegmüller RS, Nr. 331, Hs. genannt, abweichender Schluß; Hohmann, Nr. 257; Hartwig, S. 40, Anm. 2, Hs. genannt. – 177rb–179rb leer. – 179^{v} Verzeichnis der Quaestionen. – Darunter: 2 Rezepte *contra infrigidatum.*

Ms 594

Theologische Sammelhandschrift

Papier/Perg. 345 Bll. 29–30×21,5–22,5 15. Jh. 2. Viertel

Die Hs. hat acht Teile:

I: 1–36. WZ Ochsenkopf Piccard VII,557 (1431–42). 3 VI; Reklamanten. Schriftraum 21–23×13–15; zweispaltig außer 1^{r-v}; 40–47 (1^{r-v} 36 u. 39) Zeilen. Bastarda, 2 Hände: 1^{r-v}, 2ra–31ra; Buchkursive: 31va–36vb; Rubriken. Rote 2- bis 3-zeilige Lombarden.

II: 37–120. WZ wie in Teil I. 7 VI^{120}; teilweise Lagenzählung. Schriftraum 23–23,5×16–17; 37^{r}–48^{v} und 119^{r}–120^{r} 41–42, sonst 35–37 Zeilen. Bastarda 37^{r}–48^{v} und 119^{r}–120^{r}; Buchkursive 49^{r}–118^{v}; Rubriken; Gliederungszeichen und Korrekturen auf den Rändern. Rote 2-zeilige Lombarden.

III: 121–144. WZ wie in Teil I. 2 VI^{144}; Doppelblattzählung, Reklamant. Schriftraum 21×15,5; zweispaltig; 36–39 Zeilen. Bastarda 121ra–140rb; Buchkursive 140va–144rb; Rubriken. Rote 2-zeilige Lombarden.

IV: 145–205. $(VII–1)^{157}$ + 4 VI^{205}; äußere Doppelblätter Pergament. Schriftraum 21,5–22,5×15–15,5; zweispaltig; Zeilenzahl nimmt von 45 auf 37 stetig ab. Buchkursive, eine Hand; Rubriken. Rote 2-bis 3-zeilige Lombarden.

V: 206–265. 5 VI^{265}; Reklamanten. Schriftraum 22–22,5×15; zweispaltig; 37–40 Zeilen. Bastarda, eine Hand; Rubriken. Rote 2-bis 4-zeilige Lombarden.

VI: 266–321. IV^{273} + 4 VI^{321}. Schriftraum 22–24×16–17; zweispaltig; Zeilenzahl von 37 auf 48 steigend. Bastarda, eine Hand; Rubriken. Rote 2-bis 3-zeilige Lombarden.

VII: 322–333. VI^{333}. Schriftraum 23×17,5; zweispaltig; 38–41 Zeilen. Bastarda, eine Hand (Rubrik auf 331va in Textura); Rubriken. Eine rote 2-zeilige Lombarde.

VIII: 334–345. VI^{345}. Schriftraum 23–23,5×16; 38–41 Zeilen (345^{r}: 49). Bastarda, 2 Hände: 334^{r}–338^{v}, 339^{r}–340^{v}; Buchkursive 345^{r-v}; Rubriken; auf den Rändern Gliederungszeichen und Korrekturen. Rote 3-zeilige Lombarden.

Dunkler Kalbsledereinband des Spätmittelalters mit Streicheisenlinien; Buckel entfernt, Reste zweier Langschließen; Loch von der Kettenbefestigung im Rückdeckel oben. Im Vorder- u. Rückdeckel sowie als Falze Pergamentstreifen aus einem Alphabetum in einer gotischen Minuskel des 14. Jh.

Titelschild, Pergament 15. Jh., auf dem Vorderdeckel: *Heinricus de Hassia de vita religiosa · Humbertus de tribus substantialibus religiosorum · Idem super regulam beati Augustini · Item themata de tempore et de sanctis · Item varii tractatus alii in theologia.* Auf dem Rücken Bibliothekszettel des 16. Jh. gleichen Inhalts, dazu die Signaturen *21* und *67* (?). Aus den Beständen der Philosophischen Fakultät. Kat. 1560, Nr. 398, DÖRING, S. 77 u. 105. FELLER, S. 339, Nr. 8.

1^{r-v} EUSEBIUS CAESARIENSIS: HISTORIA ECCLESIASTIA INTERPRETE RUFINO (Fragment)
[P]*eritorum dicunt* [esse] *medicorum, ubi imminere urbibus vel regionibus* ... (Prolog des Rufinus) – PL 21, Sp. 461–464; CC 20, S. 265–268 – (1^{v}) [S]*uccessiones sanctorum apostolorum et tempora a salvatore nostro* ... – ... *velut in obscuro possitis* (sic) *eminus accenduntur et tamquam e sublimi specula, qua nos gressum* ‖ bricht ab. – Die griechischen Schriftsteller der ersten drei Jahrhunderte, ed. E. SCHWARTZ u. TH. MOMMSEN, Bd. 9,1, Leipzig 1903, S. 7–9, Z. 8; Bd. 9,2, S. 951 f. der Prolog.

2ra–10ra HENRICUS DE LANGENSTEIN: SERMO DE PROPRIETATE
Ecce nos reliquimus ... (Mt 19,27) *Novistis fratres dilectissimi in domino Iesu regulariter congregati, quorum sint verba hec iugiter vobis meditanda* ... – ... *si ab illis iudicer aut arguar inpericie, scriptor dummodo aliquis proficiet sapiens bonusve auditor.* ›*Finitus hic est magistri Hynrici tractatus de Hassia de vita religiosa ad Regulares canonicos et Benedictinos.*‹- HOHMANN, Nr. 54; BLOOMFIELD, Nr. 1863; VL^{2} 3, Sp. 767 f.

10ra–20rb HUMBERTUS DE ROMANIS: EPISTOLA DE TRIBUS VOTIS SUBSTANTIALIBUS RELIGIOSORUM
›*Epistola fratris Huberti magistri ordinis predicatorum de tribus substancialibus religionis et quibusdam virtutibus.*‹ (10rb) *Filiis gracie et coheredibus glorie, fratribus carissimis ordinis predicatorum universis vitam ducere Deo gratam* ... – ... *dominacio sine fine. Hec nobis prestare dignetur, qui est principium sine principio et finis omnium sine fine. Amen.* – B. Humberti de Romanis Opera de vita regulari, ed. J. J. BERTHIER, Bd. 1, Rom 1988, S. 1–41. KAEPPELI, Nr. 2021, Hs. genannt; VL^{2} 4, Sp. 298–301.

20va–23va HUMBERTUS DE ROMANIS: EXPOSITIO REGULAE SANCTI AUGUSTINI (cap. 19)
›*Sequitur eiusdem de exposicione super regulam beati Augustini de vicio.*‹ *Quia vero in congregacione religiosa non solum animorum unitas sed eciam rerum comunitas inveniri debet* ... – ... *Necessitas enim ministrata nec superfluitatem habet nec indigenciam.* – B. Humberti de Romanis Opera de vita regulari, ed. J. J. BERTHIER, Bd. 1, Rom 1988, S. 78–86. R. CREYTENS in: AFP 33/

1963, S. 121–157; Kaeppeli, Nr. 2016, Hs. im Nachtrag, Bd. 4, S. 129 genannt; VL² 4, Sp. 298–301; Kristeller III, S. 415.

23va–31ra Theodoricus de Monasterio: De vitio proprietatis
Devotissimis in Christo sororibus venerabilis conventus sancti Egidii Monasterii diocesis, ordinis beati Benedicti, humilis earumdem adopcione frater Theodericus de Monasterio, sacre theologie professor ... Dilectissime in Christo virgines, dum alias eram in vestro conventu ... – ... in quo primiciarum vero caritatis erga Deum et homines olim ferventis vix festigia (sic) *apparent noviter oportunum.* – A. Sanderus, Bibliotheca Belgica manuscripta 1/1641, S. 135; VL² 4, Sp. 1129–1132. – 31rb leer.

31va–36vb Tractatus de superfluitate
Circa superfluitatem proprie notandum, quod licet omni Christiano sit cavenda ... – ... Et dixit ei: Ubi dormebas (sic). *At ille respondit: in agro. Et senex: Quomodo vivebas. At ille: manducabam* || bricht ab.

37^{r}–42^{v} Tractatus de Romanae ecclesiae principatu
Romana ecclesia est caput omnium ecclesiarum universaliter in toto orbe terrarum ... – ... non est Christi corpus, quod scismaticus confitetur. Si veritate duce diriguntur 24 questio I.

43^{r}–48^{v} Varia
De cura ecclesiae pro fidelibus. *Non pro locis res sed pro rebus loca sunt amanda. Ex singulis ergo quibusquam ecclesiis ...* De peccata in carnis commixtione. *Mulier si eadem hora, qua peperit ...* (43^{v}) Dialogus inter Gregorium papam et regem Anglorum. *Gregorius ad regem Anglorum: Quomodo eum Deus omnipotens audire poterit ...* Exemplum. *Religiosa persona quedam et claustralis horas beate Marie ...* (44^{r}) Exemplum. *Magister quidam theologus ad laudem beate Marie virginis decantavit sequenciam: Salve mater salvatoris ...* Quaestiones. *Queritur utrum Christus meruerit post concepcionem ...* (möglicherweise gleiche Quaestio in Paris BN, lat. 3143, 86^{v}) ... *Queritur quot modis Deus hominem flagellat ...* (44^{v}) Tractatus de missa. *Missa dicitur ut dicit Augustinus ex eo, quod celestis missus ad consecrandum corpus domini a patre mittitur ...* (möglicherweise derselbe Text in clm 27417, 143^{v}) ... (46^{v}) ›*De septem legalibus sacrificiis*‹ *Septem sacrificia ab antiquis secundum legem offerebantur ...* (ähnliches Incipit in Uppsala UB, cod. C 375, 329^{v} innerhalb einer Predigt zum Fest des hl. Barnabas) ... (47^{v}) Auszug aus cap. 39 der Alcuin-Kompilation: Liber de divinis officiis, PL

101, Sp. 1242f. …. (48r) HUGO ARGENTINENSIS: COMPENDIUM THEOLOGICAE VERITATIS, L. IV, cap. 8: Rubrica de unione et natura assumpta (BORGNET 34, S. 130f.)

49r–78v PAULUS WLADIMIRI: SPECULUM AUREUM DE TITULIS BENEFICIORUM ECCLESIASTICORUM
Reverendissimis in Christo patribus et dominis, dominis sacrosancte Romane ac universalis ecclesie cardinalibus necnon aliarum ecclesiarum patriarchis … planctum pro affectu et dolorem. Heu corde anxius, qua voce intonare ipse debeam … – … Anno currente nativitatis eiusdem domini M°CCCC°IIII° et eodem domino tunc dirigente sic complevit consulens toto desiderio ad obviandum malis universis pro ecclesie concilio generali etc. – Ed. Ch.W.F. WALCH, Monimenta medii aevi, Göttingen 1761, S. 69–216 (Nachdr. Ridgewood 1966, S. 339–376). Derselbe Text auch in Ms 606, 200ra. S.F. BEŁCH, Paulus Vladimiri and his doctrine …, Den Haag 1965, hält Paulus Wladimiri nicht für den Autor, s. ebd. S. 161. Zur Verfasserfrage und zum Titel s. H. HEIMPEL, Studien zur Kirchen- und Reichsreform des 15. Jahrhunderts (Sitzungsber. d. Heidelberger Akad. d. Wissensch., Phil.-hist. Kl. 1974,1), S. 31–39; TŘÍŠKA, S. 440.

79r–118v HENRICUS DE FRIMARIA: DE DECEM PRAECEPTIS
›*Secuntur dicta decem preceptorum edita a magistro Henrico de Firmaria* (sic), *magistro theologie ordinis heremitarum.*‹ *Audi Israel …* (Dt 6,3) *In verbis propositis spiritus sanctus tria circa divina precepta tangit … – … Quod vinum nobis meritis gloriose virginis prestare dignetur eius filius benedictus, qui vivit … Amen.* – HAIN 10400–10407; Text verglichen mit HAIN 10406. STEGMÜLLER RB 3, Nr. 3172; BLOOMFIELD, Nr. 526; ZUMKELLER, Nr. 325; VL² 3, Sp. 733.

119r–120r MIRACULA BMV
›*Rubrica de partu beate virginis.*‹ *Ad honorem partus beatissime Marie virginis miracula hec vera in cronicis scripta referimus … – … cum in animo suo sibi successorem futuri, quod et postmodum rei exitus comprobavit.* – Derselbe Text in Berlin SB, Theol.lat.qu. 292, 25r. – 120v leer.

121ra–140rb ALPHABETUM TRINITATIS, VIRTUTUM, DEI ET ANIMAE
›*Utilitates alphabeti principales*‹ [A]*lphabetum trinitatis, virtutum, Dei et anime, licet principaliter intituletur presens meditacio. Nichilominus et potest appellari tot nominibus quot sunt virtutes … – … Similiter omnia ipse facit,*

que previdet et predicit per Johannem ewangelistam et per omnes sanctos universi. Amen. ›Explicit Alphabetum trinitatis, virtutum, Dei et anime cum duodecim utilitatibus compilatum anno domini 1408 prope festum omnium sanctorum Bononie. Deo gracias.‹ – Derselbe Text in Frankfurt StUB, Ms. Praed.70, 205ra.

140va–144rb BONAVENTURA: DE TRIPLICI VIA (CAP. I–II)
Ecce descripsi ... (Prv 22,20) *Cum omnis sciencia gerat trinitatis insingne* (sic) ... (144ra) *ad Titum interponit misericordiam, que est utriusque principium.* – Es folgt der erste Abschnitt von Additamentum II: *Cogitandum est de missa* ... – ... *Quod se ipsum ibi offert precium redempcionis nostre absque tedio nec tamen liberamur omnino.* – BONAVENTURA, Opera omnia 8, S. 3–11 u. 18f.; einige Abschnitte als Schema oder Tabelle wiedergegeben, Text sehr verdorben. STEGMÜLLER RB 7, Nr. 10717; DISTELBRINK, Nr. 18. – 144va–vb^ leer.

145ra–154va FRANCISCUS DE ABBATIBUS: MATERIAE SERMONUM QUADRAGESIMALIUM
Bestand nach SCHNEYER 2, S. 59–63, Nr. 49–52, 55–60, 62–64, 67, 69–71, 73, 74, 76–81, 83–88, 90–95; MOHAN, S. 78f.; fast gleicher Bestand in Giessen UB, Hs. 724, 304ra.

154va–205va MATERIAE SERMONUM DE TEMPORE ET DE SANCTIS
Ohne Übergang das Vorherige fortführend. *›In festo sancti Andree apostoli‹ In curiis bene ordinatis, ubi comedit gencium multitudo* ... (154vb) *›In die concepcionis Marie‹ Signum magne libertatis et nobilitatis alicuius civitatis est aliis civitatibus tributum solventibus si illa nichil solvit* ... (204va) *›Katherine virginis thema‹ Ericius, dum sub petra est, protegitur stans supra se recollectus* ... (204vb) *sic fecit felix et inclita virgo Katherina.* – Es folgt die Wiederholung der ersten beiden Sermones ... – ... *oculi non dormiant, cum in humano genere homo invenitur* (r. inveniri) *non possit sine sordibus, creator* ‖ bricht ab. – Entspricht genau dem Bestand in Giessen UB, Hs. 724, 312ra (ohne die Wiederholung). – 205vb–206vb leer.

207ra–265vb BERTRANDUS DE TURRE: COLLATIONES AD DIVERSOS STATUS
›Hic incipit tabula continens rubricas relacionum seu proposicionum ad diversos status editarum a fratre Petro Petri Burgensis ordinis fratrum minorum ...*‹ Quoniam fructus prophetie est secure et intrepide fabulari* ... (208vb) *›Incipit collacio prima.‹ Ecce sedes posita* ... (Apc 4,2) *Johanni apostolo ostendit angelus filium Dei sedere in gloria maiestatis* ... – ... *Quibus ait propheta in*

psalmo: Ut quid diligitis vanitatem et queritis mendacium etc.›Expliciunt 85 collaciones ad diversos status per manus.‹. – Bestand nach Schneyer 1, S. 571–577, Nr. 924-1007, mit manchmal abweichender Reihenfolge, bzw. Schneyer 9, S. 820–824, Nr. 2–81 in dieser Folge; in beiden Reihen bei Schneyer fehlen 2 bzw. 4 Stücke, sind aber in der jeweils anderen Reihe nachgewiesen. Mohan, S. 127 gibt als Autor Petrus Burgensis (nach Wien ÖNB, cod.5513, 32^{v}) an.

266ra–291vb Vocabularius S-Z
Mit zahlreichen (ostmd.) Interpretamenten. Lemmata nicht abgesetzt. *Saba sicud gloria Ysaii XLIIII°* (Is 43,3) *B*[ernhardus?]: *Civitas est in finibus sita. Secundum Papiam Saba est Arabia* (sic) *regio, in qua nunc Sabei habitant* ... – ... *Zelus dicitur stetikeyt adder strengekeyt vor dy gerechtikit* (sic), *Zelator eyn rechtvortyer etc. Et sic est finis huius operis.* – Eingearbeitet sind Glossen des Abstractum-Glossars, vgl. VL^2 1, Sp. 20–22.

292ra–319va Aldobrandinus de Tuscanella: Scala fidei
Funiculus triplex difficile rumpitur (Ecl 4,12). *Funiculus iste, quo a terra ad celum levamur est fides, spes et caritas* ... – ... *Emitte manum tuam de alto et eripe me. Et sic patet primum seu disposicio arbitrii. Sequitur modo secundum.* – Kaeppeli 1, Nr. 133; Stegmüller RB 2, Nr. 1105. – 319vb–321vb leer.

322ra–330rb Tractatus super 'Symbolum apostolorum'
Credo communionem sanctorum. Scribitur in symbolo apostolorum, quia spiritus sanctus habitat in sanctis ... – ... (330ra) *que preparavit dominus diligentibus se. Prima Cor II.* – Anschließend ein Verzeichnis von Abkürzungen, die im folgenden Text vorkommen: *Ab id est abbas* ... – ... *Uber id est Ubertus. Finis.*

330va–331va Divisio Corporis iuris
Corpus iuris dividitur in ius canonicum et ius civile ... – ... *Et unam quartus sed dat quintus XL.* – Bei Helssig, Juristische Handschriften, S. 333 aufgeführt.

331va–333vb Johannes Hus: Quaestio de sanguine Christi
Utrum Christus omnem sangwinem, qui de corpore suo effluxit, in eodem corpore hora resurreccionis glorificavit ... – ... *non omnes partes sui corporis tam animatas quam inanimatas merebitur simul componi secundum optimam* || bricht ab. – Magistri Johannis Hus Opera omnia I,3, ed. W. Flajšhans, Prag

1903 (Nachdruck Osnabrück 1966), S. 3–6, Z. 3. Tříška, S. 258; E. Kleineidam, Univ. Stud. Erfordensis, Bd. 1, 1964, S. 280.

334r–v De poena pro periuris et falsis testimoniis
Quid dicit scriptura de periuris et falsis testimoniis ... – ... igne sulphureo qui fetet punitum est. Hec de vinculo luxurie dicta sufficiant.

335r Alcuinus: De psalmorum usu (Auszug aus der Praefatio)
PL 101, Sp. 466–468. Stegmüller RB 7, Nr. 11173.

335v–338v Littera Gregorii XI. et Litterae nuntiorum in Germania et Polonia ad protectionem suffraganeorum Rigae
U.-D. Oppitz, Deutsche Rechtsbücher des Mittelalters, Bd. 1, Köln 1990, S. 28f. Der Ermländer Bischof Heinrich Soerboom schickt im Monat Juli, vermutlich 1376, aus Heilsberg an die Pfarreien seiner Diözese ein Transsumpt vom 10. September 1375 mit der inserierten Bulle *Salvator humani generis* Gregors XI. vom 8. April 1374, das er vom Rigaer Erzbischof Johannes IV. von Sitten empfangen hat: *Nos Dei et apostolice sedis gracia Warmiensis episcopus Heinricus universis et singulis ecclesiarum parochialium rectoribus et eorum loca tenentibus per diocesem nostram Warmiensem constitutis salutem in domino ... nos recepisse litteras reverendi in Christo patris archiepiscopi sanas et integras et suo sigillo sigillatas, quarum tenor sequitur in hec verba: Johannes miseracione divina archiepiscopus Rigensis ... litteras sanctissimi in Christo patris ac domini domini Gregorii providencia divina pape undecimi ... tenor bulle: Gregorius episcopus servus servorum Dei venerandis fratribus archiepiscopo Rigensi ac eius suffraganeis salutem et apostolicam benediccionem. Ad reverenciam Dei extirpacionem erroris et exaltacionem katholice fidei ... Salvator humani generis ...* (337r) *Datum Avinioni sexto ydus Aprilis pontificatus nostri anno quarto.* (Bulla de reprobatione quattuordecim articulorum Speculi Saxonum) ... (337v) *Datum et actum Rigense sub anno domini M°CCC^{mo}LXXV° indiccione XIII mense Septembris ... Johanne Lodwici, Arnoldo Capmani clericis Raseburgensis et Rigensis diocesis ... et Conrado Schonhals, clericis Coloniensis diocesis, testibus ...* (bis hierher auch in Ms 180, 122v–124v). Anschließend die Abschrift eines Ablaßbriefes des Kardinals und päpstlichen Legaten für Deutschland, Pileus de Prata (s. Eubel I, S. 45 u. 415; J. Drabina in: Archiv für schlesische Kirchengeschichte 50/1992, S. 209f.), an den Bischof von Ermland zugunsten der Unterstützung seiner Diözese (Prag, 27. Dezember 1380): *Pileus miseracione divina tituli sancte Praxedis*

presbiteri cardinalis … Quoniam ut ait apostolus: Omnes stabimus ante tribunal Christi … Reverendi patris Heinrici episcopi Warmiensis nobis oblata peticio … (338r) *Datum Prage VI kalendis Januarii pontificatus … Urbani … pape VI anno tercio.* – Es folgt ein Privileg des Kardinals an alle 3 Suffragane des Erzbistums Riga vom gleichen Tag: *Pileus … Si cum sacrosancte Romane ecclesie …* Zuletzt ein Privileg des Bischofs von Massa Marittima, Johannes von Pontremulo, Nuntius in Polen, Preußen und im Baltikum (s. EUBEL I, S. 329) vom 20. Mai 1393: *Johannes Dei et apostolice sedis gracia episcopus Massanensis … Si cum sacrosancte Romane ecclesie et sanctissimi in Christo patris …* (338v) *Bonifacii … pape VIIII … – … Datum in Emhoron Culmensis diocesis anno nativitatis domini M°CCC° nonagesimo III° … Bonifacii … pape VIIII anno quarto.*

339r–340v LECTIONES NOVEM IN OCTAVA FESTI CORPORIS CHRISTI
›*In octava Corpore* (sic) *Christi leccio prima.*‹ *Gaudete o sacerdotes Dei vivi, gaudete … – … ut ita digne mereamur filium Dei recipere in hoc mundo, quatinus ipsum mereamur consequi in celo. Amen. Tu autem domine miserere nobis.* – 341r–344v leer.

345r–v EPISTOLA IESU DE DIE DOMINICA (Himmelsbrief)
Mandatum sancte dominice diei, quod de celo venit in Ierusalem super altare, quod est in Golgata de sancto Symeone … (Z. 36) *devorabunt vos ut bestie herbas.* – Stimmt weitgehend überein mit dem Druck bei R. RÖHRICHT in: Zeitschrift für Kirchengeschichte 11/1890, S. 438–440; zusätzlich (ab Z. 37): *Juro per genitricem meam et per seraphin … – … quia ego dominus omni*[bus] *horis in ira requisitus sum.* – P. DELEHAYE in: Bulletin de la classe des lettres de l'Académie de Belgique 1899, S. 171–213, bes. 173; VL² 4, Sp. 28–31; vgl. DACL 3, Sp. 1534–1541.

Ms 595

Theologische Sammelhandschrift

Papier 268 Bll. 21×14,5–15 Wien (?) 15.Jh. Mitte

WZ u.a.: Rad Briquet 13246 (1441–42); Kreuz Piccard III 851–855 (1440–42); Anker Piccard I 137 (1454); Einhorn Piccard, Fabeltiere III 1316 (1445). VIII^{15} + $(VI–1)^{28}$ + $(VI–2)^{38}$ + VI^{52} + IX^{70} + 7 VI^{153} + $(VIII–1)^{169}$ + 4 VI^{218} + VII^{232} + $(VI–1)^{244}$ + VI^{256} + VI^{268}; arabische Foliierung des 15.Jh., 1. Blatt nicht gezählt, übergangen wurden die Zählungen 25 u. 188, nachträglich herausgeschnitten 27, 29, 39, 40, 155 u. 243, doppelt gezählt 138; Reklamanten. Schriftraum 15–18×9,5–11; 25–33 Zeilen.

Hauptsächlich Buchkursiven, mindestens 9 Hände, u.a. 127^v–128^v von Schreiber c in Ms 597; dazu Bastarda: 170^r–198^v; Buchminuskel, 2 Hände a: 220^r–224^v, 226^v–231^v; b: 246^r–256^v. Rubriken; auf den Rändern nur Gliederungsvermerke oder Korrekturen vom jeweiligen Schreiber, 156^r–167^v Rubrikenvorgabe von anderer Hand. In den ersten beiden Lagen rote 3- bis 4-zeilige Lombarden mit den charakteristischen Verdikkungen; 30^r–122^v Initialwörter in 2 Zeilen hoher Textualis. 131^r 4-zeilige Initiale *S*, Füllung und Besatz durch Blatt- und Knospenmuster in roter und grüner Federzeichnung; 156^r–199^r rote 2- bis 3-zeilige Lombarden, einige ornamental gespalten; 220^r Initialen *A* und *E* im gleichen Stil wie 131^r, Kapitelinitialen bis 231^v ebenso, aber kleiner und einfacher.

Dunkler Ledereinband des Spätmittelalters mit Streicheisenlinien; Buckel entfernt; Reste von 2 Schließen erhalten. Im Rückdeckel Doppelblatt eines Fragments in Minuskel des 14.Jh. aus einem Legendar oder einer Reihe von Sermones de sanctis, hier über Nicolaus und Paulus; im Vorderdeckel fragmentarischer Leimabdruck eines nicht mehr identifizierbaren Textes in Textualis des 13.Jh.

Einer der vielen Schreiber auch in Ms 597 (s.o.), deshalb möglicherweise in Wien geschrieben, vgl. dazu Ms 597. Besitzeintrag auf 231^v: *Pertinet Thome de Cornucervino*; dazu ein senkrecht geteilter Wappenschild, in jeder Hälfte eine 5-endige Geweihstange, sehr ähnlich dem Wappen Siebmacher II, 67 (Hirschhörner aus Bayern). Auf dem Rücken Bibliotheksschildchen mit den Signaturen *67* und *1337*. Aus der Bibliothek des Collegium Principum minus; Feller, S. 417, Nr. 67.

I^r Inhaltsverzeichnis – I^v leer.

1^r–17^r Henricus de Langenstein: De discretione spirituum
›Incipit liber magistri Heynrici de Hassia de discrecione spirituum. Capitulum primum distinguens 6 spiritus, quibus homo movetur.‹ Sicut in philosophia motus et operaciones referri consueverunt ad formas ... – ... et devio erroris

sui, non nisi solo impossibilitatis freno posse retineri. – TH. HOHMANN, Heinrichs von Langenstein 'Unterscheidung der Geister'. Lateinisch und deutsch (Münchener Texte und Untersuchungen zur deutschen Literatur des Mittelalters 63), München 1977, S. 52–122, S. 20 Hs. genannt. HOHMANN, Nr. 219; VL² 3, Sp. 768; THORNDIKE-KIBRE, Sp. 1493.

17ʳ–20ᵛ PS.-HUGO DE SANCTO VICTORE: DE ANIMA, L. 4., cap. 13–15
›*Incipit epistola beati Anselmi archiepiscopi de custodia interioris hominis.*‹ – PL 177, Sp. 185–188, mit gelegentlichen sprachlichen Abweichungen. R. GOY, Die Überlieferung der Werke Hugos von St. Viktor, Stuttgart 1976, S. 494; E. BERTOLA in: Rivista di filosofia neo-scolastica 51/1959, S. 436–455.

20ᵛ–22ʳ ISIDORUS HISPALENSIS: DE SUMMO BONO, L. 3, cap. 11–13
PL 83, Sp. 682–688, mit dem Sp. 686 angeführten Zusatz am Ende von cap. 12.

22ʳ–23ʳ TRIA EXEMPLA
Exemplum de hoc Parisius accidit, quod quidam discipulus post mortem magistro suo apparuit ... – enthält 22ᵛ die Verse: *Linguo coax ranis, cras* (r. crax) *c*[o]*rvis vanaque vanis. Ad logicam pergo, que mortis non timet ergo* und ist möglicherweise identisch mit Uppsala UB, cod. C 335, 212ʳ. – *Quidam rusticus, de cuius manu securis cecidit in aquam ... – Ex libro, qui intytulatur ortus deliciarum. Quidam abbas semel conferebat cum beato Anselmo dicens ... – ... nisi depressis superciliis, oculo ne obliquo valeant intueri.* – Das letzte Exemplum ist das erste in ARNOLDUS LEODIENSIS: ALPHABETUM EXEMPLORUM (= F. C. TUBACH, Index exemplorum, Helsinki 1969, Nr. 261).

23ʳ–26ᵛ HENRICUS DE LANGENSTEIN (?): DECLARATIO SUPER PROPHETIA DE ULTIMIS TEMPORIBUS
›*Incipit declaracio quaedam eximii et devotissimi doctoris, domini magistri Hinrici de Hassia Parisiensis super quadam prophetia, ut patebit inferius.*‹ *XI c Zacharie prophete de ultimis temporibus ... Aperi Libane ...* (Za 11,1) ... weitere Bibelzitate: Lc 24,25; Mc 16,14. – *Quia igitur prophetias antiquas devotissimarum personarum Deum semper benedictum pre omnibus diligencium ... – ... quod de ecclesia loquitur, cuius finis est: Sacerdotes poluerunt* (sic) *sanctum et egerunt contra legem* (So 3,4). *Utique certe et contra.* – 28ʳ⁻ᵛ leer.

30ʳ–38ʳ BERNARDUS CLARAEVALLENSIS: PARABOLA II
Inter Babilonem et Iherusalem nulla pax est, sed guerra continua habet ... (34ʳ) *a dextris caritatis decem milia.* – Bis hierher Übereinstimmung mit PL

183, Sp. 761–765 und Leclercq-Rochais 6,2, S. 267–273. – Fortsetzung: *Misericordia et veritas …* (Ps 84,11) *Iste quatuor sorores … – … Hanc igitur bonam voluntatem habere studeat, quisquis pacem habere desiderat, prestante domino Iesu Christo, cui honor et gloria in secula seculorum. Amen.* – 38^{v} leer.

41^{r}–48^{v} Ps.-Augustinus: De obitu Hieronymi
PL 33, Sp. 1120–1126. CPL Nr. 367; CPPs II A, Nr. 145 (18). Auch in Ms 525, 15va.

48^{v}–52^{v} Ps.-Cyrillus Alexandrinus: De obitu Hieronymi (Excerpta)
PL 33, Sp. 1126–1153. CPL Nr. 367.

53^{r}–69^{v} Eusebius Caesariensis: De morte Hieronymi (Excerpta)
PL 22, Sp. 239–281. – 70^{r-v} leer.

71^{r}–91^{v} Hugo de Sancto Victore: De arra animae
Ohne Prolog. PL 176, Sp. 951–970; Hugo von St. Viktor, Soliloquium de arrha animae und De vanitate mundi, ed. K. Müller, Bonn 1913, S. 3–25. R. Goy, Die Überlieferung der Werke Hugos von St. Viktor, Stuttgart 1976, S. 273–329.

91^{v}–93^{v} Arnulfus de Boeriis: Speculum monachorum
›*Incipit speculum beati Bernardi abbatis.*‹ – PL 184, Sp. 1175–1178; letzter Absatz fehlt, drittletzter Absatz an den Schluß gestellt. Auch in Ms 347, 66^{r} u. Ms 439, 121^{r}. Janauschek, S. IX, Nr. 96; Bloomfield, Nr. 5582; H. Walter in: Studien und Mitteilungen OSB 22/1901, S. 32–48. – 94^{r-v} leer.

95^{r}–122^{v} Alcherus Claraevallensis (Ps.-Augustinus): Liber de spiritu et anima, cap. 1–33.
PL 40, Sp. 779–803. – Derselbe Text in Ms 569, 387rb. Bloomfield, Nr. 4935.

123^{r}–127^{r} Poggio Bracciolini: Epistola de combustione Hieronymi de Praga
›*Incipit epistola de gestis et factis Jeronimi in Constansiensi* (sic) *consilio, ab ecclesie sacerdotibus et prelatis tamquam hereticus condempnati et tandem combusti quondam consocii et sequacis Johannis Husz de Praga similiter in Constancia velut hereticus igne consumpti.*‹ *Pogius suo Leonardo Aretino pro salute. Cum pluribus diebus ad balnia fuissem … – … Constancie tercio calendas Iunii, quo die Jeronimus penas luit.* – Poggio Bracciolini, Lettere, ed. H. Harth, Bd. II, Florenz 1984, Nr. IV,6, S. 157–163. Kristeller III, S. 415b;

L. GUALDO ROSA (Ed.), Censimento dei codici dell'epistolario di Leonardo Bruni. I: Manoscritti delle Biblioteche non Italiane, Rom 1993, S. 131, Hs. genannt. Derselbe Text in Ms 179, 110ʳ.

127ᵛ–128ᵛ CONCLUSIONES PARISIENSIUM IN CONCILIO CONSTANTIENSI
›*Sequuntur conclusiones famosissimi studii Parisiensis in consilio Constantie probate.*‹ *Universalis ecclesia militans, quam sacrum consilium representat* ... – ... *fuerit iudicio non pape sed iudicio generalium consiliorum.* – MANSI 28, Sp. 22–24. – 129ʳ–130ʳ leer. – 130ᵛ s. folgenden Titel.

131ʳ–149ᵛ HENRICUS DE FRIMARIA: DE QUATTUOR INSTINCTIBUS
Semen cecidit ... (Lc 8,8) *Licet verbum propositum exponatur per Christum* ... – ... *gaudiose et victorialiter triumphando. Quam coronam nobis in presenti per suam graciam mereri concedat hic, qui sine fine vivit et regnat. Amen.* Schreibervers: *Qui clepit hunc librum, cleps est et cleps morietur.* ›*Explicit libellus de 4ᵒʳ instinctibus magistri Henrici de Vrimaria* ... *Amen.*‹ 136ᵛ ist ein Abschnitt einzuschieben, der auf 130ᵛ nachgetragen wurde. – Derselbe Text in Ms 525, 28ᵛᵇ. HAIN-COPINGER 5125; R.G. WARNOCK-A. ZUMKELLER, Der Traktat Heinrichs von Friemar über die Unterscheidung der Geister, Würzburg 1977, S. 152–234. VL² 3, Sp. 731 f.; ZUMKELLER, Nr. 307, Hs. nach Feller genannt; BLOOMFIELD, Nr. 5400.

149ᵛ–152ʳ LIBELLUS REPUDII AD MORES SAECULARES
›*Incipit libellus repudii ad mores seculares pauperis anime religiose* ...‹ [V]*olenti mores suos ad extra et vitam ad intra secundum Deum regere* ... – ... *reponetur nobis corona glorie, quam nobis concedat qui* ... *Amen.* – In Lüneburg RB, Theol.lat.qu.64, 199ʳ, angehängt an JOHANNES DE CASTELLO: DE ADHAERENDO DEO.

152ᵛ–153ᵛ DE CONSOLATIONE IN OMNI TRIBULATIONE
Conamur eciam in omnibus ei gracias agere, nam hoc in virtutibus nobilissimum est ... – ... *quia tranquillus ipse tranquillat omnia.* – Enthält einige Dicta aus Predigten Bernhards v. Clairvaux. – 154ʳ⁻ᵛ leer.

156ʳ–167ᵛ ANSELMUS CANTUARENSIS: PROSLOGION
›*Incipit Anselmus de contemplacione.*‹ – Prooemium fehlt, etwas abweichende Kapiteleinteilung. – Opera Anselmi 1, S. 97–122; PL 158, Sp. 225–242. – 168ʳ–169ᵛ leer.

170r–199r Matthaeus de Cracovia: Dialogus conscientiae et rationis
›*Incipit tractatus magistri Mathei de Cracovia, episcopi Wormaciensi, tractans de altercatione rationis et consciencie super celebrationem missarum sive etiam sacre communionis.‹ Multorum tam clericorum quam laicorum querela est non modica ... – ... pro viatico datum est nobis corpus domini nostri Iesu Christi, qui cum patre ... Amen.* – Derselbe Text in Ms 487,2r. Hain 5803–5808. Bloomfield, Nr. 3136, Hs. genannt; VL^2 6, S. 177 f.; Tříška, S. 358 f.; W. Seńko/A. L. Szafrański, Mateusz z Krakowa, Opuscula theologica, Warschau 1974, S. 356–362.

199v Flores psalmorum
›*Flores psalmorum, quos beatus Hylarius episcopus extraxit ex psalmorum libro ad rogandum Deum pro spiritualibus rebus et negociis.‹ Ut Deus sit ter benignus ... – ... Qui supra modum tribulatur, dicat quemadmodum: Quam dilecta Deus Deus meus ad te.*

200r Quattuor modi expositionis sacrae scripturae
›*4or expositiones sacre scripture‹ Sacra scriptura IIIIor modis exponitur: alegorice, tropolayce, historioce* (sic) *et anaghoyce ... – ... locucio vel enarracio vit* (sic) *Huitio.*

200r–v De octo tonis
Notandum quod primus tonus dicitur mobilis ... – ... Octavus est suavis et morosus et modus discretorum. – Kristeller III, S. 415

201r–216v Robertus Grosseteste: Templum Dei (Distinctiones de articulis fidei)
›*Incipit tractatus, qui templum Dei merito nuncupatur, super vita hominum et maxime clericorum et ornamentis ecclesiasticis et ceteris neccesariis* (sic) *a magistro Raymundo* (sic), *episcopo Lingoniensi, compositus.‹ Templum Dei ...* (I Cor 3,16) *Sermo iste quamvis omnes tangat, quos spiritus Dei ... – ... magis vvlt liberari a sua servitute.* – Stegmüller RB 5, Nr. 7404,4; S. H. Thomson, The Writings of Robert Grosseteste, Cambridge 1940, Nr. 103, S. 138–140, Hs. jeweils genannt.

217r Versus de quinque sensibus
Sensus moralis precep (sic) *opus et sacra dona fides be* (r. ve) *... – ... Nec femina supra virum iaceat et nec sit quoque peccant.* · *32* (Anzahl der Verse). – Gleiche Verse in Danzig Marienbibl., Ms.Mar.151, 29v; vgl. Walther 17521.

217v–218r De quinque virtutibus intellectus
Sub intellectu sunt sinderesis, racio, consciencia, voluntas, liberum arbitrium ... – ... et stimulans ad bonum ac abhorrens malum. – 218v–219v leer.

220r–231v Henricus de Langenstein: De anima
›Prologus speculi anime, editi a magistro Henrico de Hassia incipit.‹ Anima mea novi, quod curiosa sis rimando, que foris sunt ... – ... intelligis rerum originem, ordinem et te media earum mirificam in finem ultimum reductionem. Amen. ›Explicit hoc anime speculum, quo te videt in se / Qui facis, ut per te sistat, requiescat et in te.‹ – Hain 8389, 8401. Hohmann, Nr. 12; VL² 3, Sp. 767; Thorndike-Kibre, Sp. 97.

232r–v De modo loquendi BMV
Legitur, quod beata virgo Maria, domina nostra, nunquam loquebatur, quin prius premeditabatur tria ... – ... quin reputaret sibi in contemptum etc.

233r–242r Johannes Gerson: Regulae mandatorum
[A]*gamus nunc interim ... – ... et fine bono. Detraccio que est dimi*|| bricht ab zu Beginn von Abschnitt 49. – Jean Gerson 9, Nr. 434, S. 94–107. – 242v–245v leer.

246r–256v Bonaventura: Itinerarium mentis in Deum
›Incipit prologus in itinerarium mentis in Deum a fratre Bonaventura compositum de ordine fratrum minorum.‹ In principio primum principium, a quo cuncte illuminaciones descendunt ... – ... Benedictus dominus in eternum et dicet omnis populus fiat fiat. Amen. Schreiberverse: *Qui scripsit scribat semper cum domino vivat / Finito libello sit laus et gloria Christo / Non me scriptoris sed te neglexeris ipse / Hoc faciunt stulti etc.* – S.Bonaventurae opera omnia 5, S. 293–313. Stegmüller RS, Nr. 119; Distelbrink, Nr. 19.

257r–261r Bartholomaeus Anglicus: De proprietatibus rerum, L. I
[D]*e proprietatibus itaque et naturis rerum tam spiritualium quam corporalium ... – ... quod cunctis gentibus salvator est transmissus propter quod et ipse Messias Ebrayce dicitur*|| bricht im letzten Abschnitt ab. – GW 3402–3414. Ed. Frankfurt 1601 (Faksimile 1964), S. 4–16. Thorndike-Kibre, Sp. 387; Weijers, S. 76. – 261v–267v leer.

Ms 596

Nicolaus de Dinkelspuhel

Papier 513 Bll. 30,5×21,5 15.Jh. 3. Viertel

6 VI^{72} + V^{82} + 12 VI^{225} + V^{236} + 10 VI^{365} + V^{375} + 6 VI^{447} + V^{457} + VI^{469} + VII^{483} + 2 VI^{507} + VII^{521} + 1; Reklamanten großteils abgeschnitten; römische Foliierung des 15.Jh., Zählung *cxxi* doppelt, *ccxxxiiii* ausgelassen, *cclxxxii* doppelt, *ccxc-ccxcix* ausgelassen. Schriftraum 22,5–23×14,5–15; zweispaltig; 37–43 (520vb–522rb bis zu 58) Zeilen.

Bastarda, eine Hand; 520vb–522rb Buchkursive; Rubriken; auf den Rändern gelegentliche Notate in sehr kleiner Kursive. Rote Lombarden mit nasen- und punktförmigen Schaftverdickungen, einige ornamental gespalten. 1ra rote Initiale *I* wie die Lombarden, zusätzlich mit grünem Fleuronné-Ausläufer und Fleuronné-Besatz.

Roter Ledereinband des Spätmittelalters mit Streicheisenlinien, Rücken neu unter Verwendung erhaltener originaler Teile; Buckel entfernt, 2 neue Schließen; Loch von der Kettenbefestigung im Rückdeckel oben. Falze aus einer Minuskel-Hs. des 14.Jh., Text nicht bestimmbar; zwischen f.507 und 508 kleines Pergamentstück als Lagenschoner mit Text in frühgotischer Minuskel und Neumen des 12.Jh.: *sicut vidistis eam caritate et* und: [..]*tentum effusum nomen tuum*. Zwei ausgelöste Doppelblätter, heute Ms 1612, f.9–12, Pergament (13×17,5 u. 24×17,5) Ende 13.Jh. aus einem Brevier (hier 23., 24. u. 26. Juni), Responsorien mit Neumen.

Aus dem Besitz des Magisters Gruners (nicht nachweisbar) an den Doctor Kungißberg gekommen, der es der Bibliothek des Collegium maius vermachte; s. den Eintrag im Vorderdeckel: *Iste liber post mortem doctoris Kungißberg debet reponi ad librariam Colleii* (sic) *maioris in Liptzk, qui fuit magistri Gruners et mihi ad vitam legatus.* Johannes Kungißberg war vermutlich auch Besitzer der Jenaer Handschriften Ms.El. f.36 (dort der Name Johannes), 42 u. 43; im WS 1455 immatrikulierte sich in Leipzig ein Johannes Herrolt de Konigsberg/Franken (s. Erler I, S.199), Mitglied des Collegium maius seit 1458, Rektor im SS 1466, Dekan der Artistenfakultät im WS 1466 (s. Zarncke, Die urkundlichen Quellen, S.598, 750, 805). Auf dem Rücken Signatur: *539* (?). Im Handkatalog von Hermann Leyser wird eine Miniatur auf dem verlorenen Vorsatzblatt beschrieben: *In primo folio est imago Mariae sive reginae* [...] *turris sive ecclesiae tenentis.* Feller, S.376, Nr.558.

1ra–520va Nicolaus de Dinkelspuhel: Commentarius in quartum Sententiarum (Lectura Mellicensis)
›*Incipit Tinckelspůl super quartum Sententiarum.*‹ *In nomine patris et filii et spiritus sancti. Cum desiderarem vestris caritatibus in aliquo deservire* ... (1rb)

In prima distinccione magister tractat de sacramentis in generali, propter quod sit questio prima, utrum in quolibet hominum statu fuerint aliqua sacramenta ... – ... benediccio et claritas et sapiencia et graciarum accio, honor et virtus et fortitudo per infinita secula seculorum. Amen. Laudetur Deus et pia mater eius. – Stegmüller RS, Nr. 569, Hs. genannt; Madre, S. 99–121, S. 117 Hs. genannt; VL^2 6, Sp. 1048–1059, zu diesem Text 1051 f. – 520vb–522rb Verzeichnis der Distinctionen und Quaestionen. – 522^{v} leer.

Ms 597

Nicolaus de Dinkelspuhel. Johannes Geuß. Thomas Ebendorfer (?). Gerardus de Huessen (?). Sermones. Quaestiones

Papier I + 482 Bll. 31×21–21,5 Wien (?) 15. Jh. Mitte

WZ Dreiberg mit Kreuz (f. 121) Briquet 11787 (1447/48), Dreiberg mit Kreuz (f. 454) Briquet 11786 (1444). Vorsatzblatt + 9 VI^{108} + VII^{122} + 19 VI^{348} + $(VI\text{–}1)^{359}$ + 9 VI^{468} + VII^{482}; Reklamanten; arabische Foliierung des 15. Jh., Zählung 127 u. 433 ausgelassen, 265, 345 u. 346 doppelt. Schriftraum 23–25×14–16; zweispaltig (482^{r} 3-spaltig); 41–46 Zeilen (112ra–114ra: 27–28,5×17–18; 56–64 Zeilen).

Bastarda 1ra–111vb; Buchkursiven, 8 Hände: a: 112ra–114ra; b: 136ra–196vb; c: 205rb–207va (auch Ms 595, 127^{v}); d: 208ra–278vb; e: 279ra–314vb; f: 481va; g: 481vb; h: 482^{ra-vb}; Buchminuskel: 197ra–205rb, 315ra–359vb, 360ra–481va (alle 3 Abschnitte möglicherweise von einer Hand); Rubriken; auf den Rändern Korrekturen und Gliederungsvermerke von den jeweiligen Schreibern, wenige Randvermerke von einer anderen Hand des 15. Jh., etwas dichter zwischen 358 und 371 (auch einige größere Notate). Rote 3- bis 4-zeilige Lombarden, ab 316vb nur noch selten ausgeführt; 1ra blaue 7-zeilige Initiale *H*, linker Kontur des Schaftes von rotem Fleuronné begleitet, die Serifen enden in blauen Palmetten; ähnlich 1rb 4-zeilige rote Initiale *N*; 136ra rote Kontur- und Binnenzeichnung der 11-zeiligen Initiale *P*, im Schaft ein eckiges Seilband.

Grün angestrichener Ledereinband des späten Mittelalters mit Streicheisenlinien; Einzelstempel wegen des dicken Farbauftrags nicht genau identifizierbar; Motive: Krone, Adler, Lilie. Deckelbeschläge entfernt, Kantenbeschläge erhalten, Reste zweier Schließen. Falze z. T. aus einem liturgischen Buch des 13. Jh.; im Rückdeckel 1 1/2 Doppelblätter, Pergament, ca. 15×12, mit philosophischem Text in Minuskel des 14. Jh.

Die Eintragungen f. 176rb und 403va, die Autorennamen und die Stücke f. 442ra u. 443rb lassen auf eine engere Verbindung (Vorlage, Schreiber) zu Wien schließen; vgl. auch Ms 595. Auf dem Rücken kleines Signaturschild aus Papier, 16./17. Jh.: *31*. Die Hs. bei Feller nicht genannt. Da sie auch kein Kettenband ist, scheint sie erst nach der Fellerschen Umorganisation in die Universitätsbibliothek gekommen zu sein.

1ra–107ra SERMONES DE TEMPORE PER TOTUM ANNUM

Bestand nach SCHNEYER 7, S. 21–37, Nr. 1–147; (55ra) *Sit autem omnis homo* ... (Iac 1,19) *Istud verbum duo continet scilicet generalem persuasionem* ...; Nr. 148–234; (84vb) *Admirabantur omnes dicentes* ... (Mc 7,37) *Duo hic nobis insinuantur: Primo de Christo facta admiracio* ...; Nr. 235–242; (87ra) *Ite ostendite vos* ... (Lc 17,14) *Salvator penitentibus duo necessaria hic innuit* ...; Nr. 243–247; (89ra) *Fructus spiritus sunt* ... (Gal 5,22) *Triplex fructus anime hic tangitur* ...; Nr. 248–250; (89va) *Si spiritu vivimus* ... (Gal 5,25) *Duo hic exprimuntur, que que* (sic) *debet homo fidelis habere* ...; Nr. 251, 253, 252, 254–308. – 107ra–111vb Alphabetisches Themenregister: *Abstinere debemus in Quadragesima* ... – ... *Christus temptatus est multipliciter ibidem sermo VII*.

112ra–113va SERMO IN CONCILIO BASILIENSI

›*Hic sequens sermo factus est in sacro concilio Basiliensi.*‹ *Fides tua te salvum* ... (Lc 18,42) *In ewangelio hodierno. Reverendissimi patres ceterique fratres et domini. Sicut homo per lapsum perditus et post lapsum innumeris miseriis implicatus* ... – ... *et ipsum magnificet laudesque eius semper extollat, quod nobis dominus ipse concedat* ... *Amen.* ›*Explicit sermo de fide factus in pleno concilio Basiliensi.*‹

113va–114ra ARBOR VITIORUM

Arbor viciorum hec. Radix huius arboris est superbia, que est radix omnium viciorum ... – ... *Sequitur 2us ramus dextre partis gule et habet VI folia et dicit: Hec mihi sunt epule, quia scio grata gule. Primum multiloquium.* – 114rb–135vb leer.

136ra–176rb NICOLAUS DE DINKELSPUHEL: DE DECEM PRAECEPTIS

›*Incipit tractatus magistri Nicolay Dinkelspuel de X verbis decalogi, que dominus per modum preceptorum X dedit hominibus, ut in eis non solum instruerentur sed et ad ea obligarentur.*‹ *Preter precepta legis nature communia, ut sunt illa* ... – ... *mandatorum observantia sit Deo accepta et digna premio glorie sempiterne. Ad quam nos* ... *Amen.* – MADRE, S. 169–175, Hs. genannt; VL^{2} 6, Sp. 1053; STEGMÜLLER RB 3, Nr. 5723, nur Explicit übereinstimmend.

176rb–181vb Johannes Geuss: Sermo de potestate vini, cui intinguitur lignum sanctae crucis

›*Sermo de potacione* (sic) *vini, cui inmergitur aut intingitur lignum sancte crucis, factus Wyenne ad sanctum Stephanum.‹ Ex quo in populo huius civitatis Wyennensis ex predicacionibus contrariis cuius* (sic) *fratris minoris et cuiusdam octonarii* (zu diesem Ausdruck auf dem Fußsteg die Erklärung: *Octonarius est unus de octo cappellanis constitutis in ecclesia sancti Stephani Wyenne a preposito eiusdem ecclesie ad dispensanda sacramenta et predicandum*) ... – ... *Et hec pro nunc sufficiant de illo 3°sub correctione et emendacione melius dicencium. Amen.* – Schneyer, Nachlaß Nr. 12; VL[2] 3, Sp. 41.

182ra–205rb Nicolaus de Dinkelspuhel: Expositio orationis dominicae

›*Incipit prologus in exposicionem dominice oracionis egregii domini doctoris magistri Nicolay Dinkelspuel.‹ Si quid petieritis* ... (Io 16,23) *Sanctus Crisostomus super illo verbo Mt 7°: Petite et dabitur vobis, dicit: Petite et dabitur vobis ut, quod ex hominibus consummari non potest, per graciam Dei impleatur* ... (188vb) *Pater noster* ... *Oracio qua dominus et salvator noster voluit per discipulos et alios fideles suos Deum rogare* (sic) ... – ... *qui hanc oracionem dictavit et nos eam docuit et orare monuit. Qui cum patre* ... *Amen.* – R. Damerau (ed.), Der Herrengebetskommentar des Nikolaus von Dinkelsbühl (Studien zu den Grundlagen der Reformation 10), Gießen 1971, S. 1–125, die 4 letzten Abschnitte fehlen. Bloomfield, Nr. 9138; Madre, S. 175–179, S. 178 Hs. genannt; VL[2] 6, Sp. 1053 f.

205rb–207va Nicolaus de Dinkelspuhel: Sermo in dominica XL

[D]*uctus est Iesus* ... (Mt 4,1) *Solent pungnaturis* (sic) *famosorum exempla proponi victorum* ... – ... *tunc iterum debet pocius tacere quam maius malum suscitare, ut patet ex dictis eciam potissime verbis Augustini.* – Madre, S. 138; VL[2] 6, Sp. 1052. – 207vb leer.

208ra–230va Nicolaus de Dinkelspuhel: Sermones de dilectione Dei et proximi

›*Incipiunt sermones in maioribus festivitatibus de tempore et de sanctis egregii domini doctoris magistri Nicolai.‹ Scribitur Mt XXII°, quod cum quidam legis doctor interrogasset dominum* ... – ... *Cuius beate et intuitive visionis et beatifice fruicionis nos partifices efficiat Iesus Christus dominus noster.* – Schneyer, Nachlaß, Nr. 221; Madre, S. 162–169, Nr. 7,9 u. 12 fehlen; VL[2] 6, Sp. 1053 f.

230va–250rb Nicolaus de Dinkelspuhel: Sermones in dominica I adventus et in vigilia nativitatis Christi
›*Sequitur sermo de dominica prima adventus continens octo questiones rectas et bonas.*‹ *Benedictus qui venit* ... (Ps 117,26) *Verba ista lecta sunt in ewangelio hodierno secundum breviarium aliquorum secularum* ... (247vb) *Et ita intelligatur in proposito de textu Ysaie. Cum esset desponsata* ... (Mt 1,18) *Maria virgo fuit desponsata Joseph non per sola verba de futuro* ... – ... *Quod pictoribus atque poetis quodlibet audiendi semper fuit equa pietas etc. Et hec de materia adventus Christi in carnem sufficiunt.* – Schneyer, Nachlaß, Nr. 1 u. 5; Madre, S. 130–133; VL^2 6, Sp. 1052.

250rb–296vb Nicolaus de Dinkelspuhel: Sermones de tempore et de sanctis
›*Incipiunt sermones de sanctis, et primo de sancto sanctorum, domino nostro Iesu Cristo, notanter de ipsius nativitate. Sermo primus de ipsius nativitate.*‹ (250va) *Venite et videte* ... (Ps 45,9) *Leo papa in quodam sermone* ... (Madre, S. 207, Nr. 2). – (255rb) *Venite et videte* ... (Ps 45,9) *Beatus Bernhardus in quodam sermone de presenti festivitate* ... (Madre, S. 205, Nr. 1). – (260ra) *Venite et videte* ... (Ps 45,9) *Potencia, sapiencia et bonitas* ... (Madre, S. 208, Nr. 3a; 263rb unten ohne Initiale Beginn von Nr. 3b: *Si hec tibi parva videntur*). – ($265(2)^{ra}$) *Conversus Petrus* ... (Io 21,20) *Licet fideles in omnibus suis neccessitatibus* ... (Madre, S. 243). – (271vb) *Postquam consummati* ... (Lc 2,21) *Notandum quod omnes parvuli* ... (273va auf dem Rand: *Sermo 2us de eodem*) *Vocatum est nomen* ... (Lc 2,21) *Beatus Bernhardus 15 sermone super Cantica: Valde commendat et multipliciter extollit* ... *qui hodie primo pro nobis sangwinem suum fudit et qui cum patre* ... *Amen.* (Madre, S. 136, Nr. 8, Incipit u. Nr. 9, Explicit). – (276vb) *Missus est* ... (Lc 1,26) *Deo placuit eodem ordine et eodem modo hominem reconsiliare* ... (Madre, S. 217 f., Nr. 1). – (280va) *Post verba in priori sermone exposita, quibus nobis describitur angeli ad virginem legacio* ... (Madre, S. 218 f., Nr. 2). – (285ra) *Convertisti planctum* ... (Ps 29,12) *Super illo verbo psalmi: Nisi dominus edificaverit domum* ... (Madre, S. 212 f.). – (289ra) *Recumbentibus duodecim* ... (Mc 16,14) *Dominus noster resurgens per 4 dies in terra est moratus* ... (Madre, S. 145, Nr. 48). – (292vb) *Spiritus domini ornavit* ... (Iob 26,13) *Paraclitus autem spiritus sanctus etc. Dicit recte: Spiritus sanctus dicitur docere omnia* ... – ... *ceteraque sua dona, que et suis participibus contulit Iesus Christus* ... *Amen.* (Madre, S. 213 f.). – VL^2 6, Sp. 1052.

296vb–299rb NICOLAUS DE DINKELSPUHEL: SERMO DE SANCTO JACOBO MAIORE
›*Sermo de sancto Jacobo*‹ *Accessit ad Iesum* ... (Mt 20,20) *Judei Messiam per prophetas promissum* ... – ... *Talibus enim paratum est a patre meo etc.* – MADRE, S. 241 f., Nr. 1; VL^2 6, Sp. 1052.

299rb–312ra NICOLAUS DE DINKELSPUHEL: SERMONES DE ASSUMPTIONE ET NATIVITATE BMV
›*De beata virgine*‹ *Assumpta est Maria in celum, gaudent angeli. Ita canit ecclesia. Sicut beatus Augustinus commemorat* ... (303rb) *Videamus assistere unigenito tuo filio, domino nostro Iesu Christo, cui est honor* ... *Amen. Maria optimam partem* ... (Lc 10,42) *Beata Dei genitrix et semper virgo Maria tantam perfeccionem* ... (306vb) *cum laude invocantibus gracie sue munera largiatur Iesus Christus* ... *Qui vivit etc.* – Zusatz über die zur Assumptio BMV eigentlich zu lesende Perikope: Intravit Iesus (Lc 10,38). – ›*Alius sermo de nativitate Marie*‹ *Maria optimam partem* ... (Lc 10,42) *Omnipotens dominus in multis excellenciis* (307ra) *prerogativis virginem Mariam pre ceteris sanctis honoravit* ... – ... *in virtutibus et in operibus bonis, quibus mereamur vitam eternam. Amen.* – MADRE, S. 222–227, Nr. 2, 3 u. 1; VL^2 6, Sp. 1052.

312ra–321ra NICOLAUS DE DINKELSPUHEL: SERMONES DE SANCTO MICHAELE
›*De angelis*‹ *Angeli eorum* ... (Mt 18,10) *Quamvis non videamus apparicionem angelorum, abscondita enim est ab oculis nostris* ... (316vb) *regnum solidum et permanens in secula seculorum.* [R]*ecesserunt ad Iesum* ... (Mt 18,10) *Hoc ewangelium habet tres partes, in quarum prima dominus loquitur de humilitate* ... – ... *habet ab ortu nativitatis ad custodiam sui angelum deputatum. Vide lacius in alio sermone supraposito. Hic non plus in rem de isto sermone.* – MADRE, S. 235–237, Nr. 1 u. 2; VL^2 6, Sp. 1052.

321rb–327vb NICOLAUS DE DINKELSPUHEL: SERMONES DE OMNIBUS SANCTIS
[V]*idens Iesus turbas* ... (Mt 5,1) *Dicit beatus Ambrosius tractatu super primo psalmo: Is qui agonis aliquam sollempnitatem perceperit exhibendam* ... (324vb) *et tota virtute tendere et feliciter pervenire faciat Iesus Christus dominus et redemptor noster, qui etc.* (MADRE, S. 230 f., Nr. 1). – [G]*audete et exultate* ... (Mt 5,12) *Quod sancta mater ecclesia diversorum sanctorum festa instituit* ... – ... *ut wlt Bernhardus in quadam epistola. Pro illo gaudio rogemus Deum* (MADRE, S. 234 f., Nr. 3). *Explicit liber de sanctis egregii doctoris, magistri universitatis Wyennensis, magistri scilicet Nycolai Dynkelspuel, ab eodem*

conscriptus et predicatus Wyenne civitate Austrie anno domini 1435.‹ – VL² 6, Sp. 1052.

327vb–332va THOMAS EBENDORFER (?): SERMO DE IUDICIO
›Sermo de adventu domini ... ‹ [H]odie sancta mater ecclesia incipit sollempniter celebrare adventum domini ... – ... si de hora sue mortis essent certi et certi essent, quod forent diu victuri etc. – A. LHOTSKY, Thomas Ebendorfer (Schriften der MGH 15), Stuttgart 1957, S. 75, Nr. 38; SCHNEYER, Nachlaß Nr. 135; MADRE, S. 316, abweichender Schluß.

332va–336vb NICOLAUS DE DINKELSPUHEL: SERMONES DE PASSIONE DOMINI
[Q]*uamvis devocionis christiane principalis causa sit omnipotens Deus ...* (332vb) [L]*ocuturus igitur de Christi passione cogitavi de tribus dicere ...* (333vb) *magni*(334ra)*tudine passionis et acerbitatis Christi et hoc sit.* – [O] *vos omnes ...* (Lam 1,12) *Quia omni viatori saluberrimum est sepe recolere Christi passionem ... – ... in infinita gloria sua, qua in celis regnat in eternum cum patre ... Amen.* – MADRE, S. 141 f., Nr. 32 u. 34; SCHNEYER, Nachlaß Nr. 145 u. 147; VL² 6, Sp. 1052.

336vb–339ra SERMO DE PASSIONE DOMINI
[P]*roprio filio ...* (Rm 8,32) *Non pepercit Deus etc. Videndum est nunc communiter de 2°, quod erat benignitas Dei maxima ... – ... ad graciarum acciones reddendos Deo et redemptori Iesu Christo, qui cum patre et spiritu sancto etc.*

339ra–342rb NICOLAUS DE DINKELSPUHEL: SERMO DE PASSIONE DOMINI
[Ch]*ristus factus* (r. passus) *est ...* (I Pt 2,21) *Augustinus in De kathezizando* (sic) *rudibus dicit ... – ... quos sua passione et morte nobis contulit Iesus Christus ... Amen.* – MADRE, S. 142, Nr. 33; SCHNEYER, Nachlaß Nr. 33; VL² 6, Sp. 1052.

342rb–345vb SERMO DE PASSIONE DOMINI
[C]*epit Iesus facere ...* (Act 1,1) *Dominus et salvator noster, quod aliis precipere voluit, ipse prius in se opere ostendit ... – ... ad instruccionem et salutem fidelium facta fuisse et gesta per Iesum Christum ... Qui etc.* – Explicit wie MADRE, S. 142, Nr. 35 u. 38d.

345vb–351va NICOLAUS DE DINKELSPUHEL: SERMONES DE PASSIONE DOMINI
[C]*um autem dominus egressus esset ad montem Oliveti ...* (347va) *eum, in quo omnino nullum fuerat peccatum, Iesum Christum dominum nostrum, qui*

est benedictus etc. [I]*mpiorum Iudeorum crudelitas non fuit saciata iniuriis ... – ... ut fieri possemus socii angelorum, pro quo sit sibi cum patre et spiritu sancto graciarum accio etc. Amen.* – MADRE, S. 142f., Nr. 36 u. 37; SCHNEYER, Nachlaß Nr. 36 u. 37; VL² 6, Sp. 1052.

351va–355vb GERARDUS DE HUESSEN (?): SERMO DE PASSIONE DOMINI
[C]*um penderet mediator in ara crucis ... – ... pro nobis miseris peccatoribus mortuus est temporaliter, qui cum patre ... Amen.* – MADRE, S. 158, mit anderem Schluß und unter dem Namen Gerhardus de Huessen (clm 5004, 395^v).

355vb–357rb SERMO DE TRIPLICI GAUDIO
[N]*ota super illo verbo Iohannis 16: Petite ut gaudium ...* (Io 16,24). *Notant doctores quod triplex est gaudium ... – ... aut ad promocionem alicuius boni, quod alias negligeremus etc.*

357va–359vb NICOLAUS DE DINKELSPUHEL (?): SERMO DE SACRAMENTO EUCHARISTIAE
[H]*oc facite ...* (Lc 22,19) *Circa hoc sacramentum queritur, cur dominus tunc primo, id est passionis tempore, instituerit hoc sacramentum ... – ... et non secundum racionem operis operati etc. Hic sermo est magistri Nicolay Dynkelspuel doctoris Wyennensis ibidem predicatus.*

360ra–361ra SERMO DE REMEDIIS CONTRA ACEDIAM
›*De remediis contra accidiam, que accidit devotis in operibus bonis spiritualibus, de quibus eciam infra sermone 2º.*‹ *Nunc autem quedam plura remedia, quibus homo potest resistere ... – ... ut, dum omnem consequitur, nullam integre consequatur. Hoc ille. Cetera requiritur folio 4to, quinto et sexto infra immediate sequenti.*

361ra–363ra SERMO IN NATIVITATE JOHANNIS BAPTISTAE
Quis putas puer ... (Lc 1,66) *Verba ista fuerunt vicinorum et cognatorum Zacharie et Elizabeth ... – ... debilis est ingenii, qui utitur inventis et non inveniendis.* – 363ra–364ra ›*Nota de Johanne Baptista*‹ [Q]*ueritur quare dominus conversatus fuerit cum hominibus in civitatibus et villis ... – ... que insistente cultore iocundissimos ex se fructus facere potuisset.*

364ra–365rb QUAESTIO DE ACEDIA BONA OPERANTIUM
[Q]*uare servi Dei et ancille, eciam in caritate existentes et in gracia gratum faciente*[s] *et Deo devote ac sincere servire cupientes, sepe ferventur spiritualibus et internis consolacionibus et fiant tamen accidiosi et torpentes ... – ... quo-*

niam diu homo non avertitur a Deo per culpam et per prevaricacionem mandatorum eius.

365^{rb-vb} De dulcedine in devotionibus
[E]*t est notandum, quod a devotis solet aliquando in devocionibus suis sentiri quedam dulcedo* ... – ... *eque meritoria illa displicencia et equaliter peccatorum deletiva.*

366^{ra-rb} De causa devotionis ex contemplatione
[E]*iceret aliquis, ex quo devocio causatur in nobis ex contemplacione* ... – ... *et in practica quasi omni die in divinis laudibus audimus.*

366rb–367va De non tacenda veritate
[V]*eritatem tacere non debent servi Christi, ne penas culpabilis taciturnitatis incurrant* ... – ... *et non contradicendum parata huic predicacioni et e contrario multi adversarii conantes impedire.*

367va–370vb Sermo de verecundia
[V]*idi civitatem* ... (Apc 21,2) *Notandum quod ille beatus sensetur* (sic), *qui habet uxorem benignam* ... – ... *de malis studeat erubescere et ea emendare et per verecundiam opera bona conservare.*

370vb–372va Sermo in nativitate BMV
›*Sermo de beate virginis nativitate*‹. (371ra) [F]*ecit propiciatorium* ... (Ex 37,6) *Sicud scribitur Proverbiis 21: Misericordia et veritas custodiunt regnum* ... – ... *ut per concordanciam dicamus a domino: Factum est istud etc.*

372va–381va Johannes Geuss: Sermones diversi
›*Sermo in Septuagesima, in quo habetur de nupciis et iocis coreis et ludis fieri solitis tempore carnis priviali.*‹ [T]*empus nunc instans communi nomine appellatur Septuaginta, in quo sancta mater ecclesia duo commemorat* ... (376ra) *postea nunc descendendo ad spirituales ludo dicendus est. – 2° de ludo corde et instrumentarum musicalium.* [S]*umpsit Maria prophetissa* ... (Ex 15,20) ... (376rb) *Ex istis verbis accipi potest, quod Maria prophetissa, que fuit soror Moysi* ... – ... (381rb) *et si spiritus iumentorum est cor*(382va)*ruptilis et hominum. Hec ille etc.* – Schneyer, Nachlaß Nr. 13 u. 3; VL[2] 3, Sp. 40.

381va–389ra Nicolaus de Dinkelspuhel: Sermones in dominica I in Quadragesima
›*Sequitur sermo dominice prime ieiunii*‹ *Ductus est Iesus* ... (Mt 4,1) [I]*n exposito ewangelio agitur specialiter de duobus, scilicet de temptacione domini et*

eius ieiunio ... (383rb) *si mundum universum lucretur, anime vero sue de*[trimentum] *paciatur etc. Applica ad propositis plura.* – [U]*t sciamus totalius et perfectius resistere temptativis motibus et gloriosius triumphare hostibus* ... (386rb) *dampnacionis eterne, qua indubie incurrit, qui in mortale peccato decedit.* – [S]*ecundo in ewangelio premisso agitur de ieiunio* ... – ... *quia non ieiunando impedit finem, quam intendit ecclesia constituendo ieiunium.* – MADRE, S. 139, Nr. 21, 22 u. 20; SCHNEYER, Nachlaß Nr. 21, 22 u. 20, Schluß jeweils abweichend; VL^{2} 6, Sp. 1052.

389ra–394va DE IEIUNIO SERVANDO
[E]*x omnibus de ieiunio predictis possunt multa colligi, propter quod homo debet diligenter ieiunare* ... (390rb) *Et hoc merito diligenter perpendere deberent diviteo* (r. divites?) *ociosi.* [I]*n prevocatis dicendum est communiter: Quomodo homo rite debeat servare ieiunium* ... – ... *per totam XL^{am} natura ipsorum destrueretur vel eis notabiliter vita eorum allemaretur* (r. allevaretur).

394^{va-vb} QUAESTIO DE COMESTIONE TEMPORE IEIUNII
›*Circa differenciam 3^{ii} nota de ieiunio et est Durandus.*‹ [Q]*ueritur utrum comedens tempore ieiunii plus quam semel qualibet vice peccet mortaliter* ... – ... *de viciis commestionum* (sic) *debet iste confitens instrui, nisi per seipsum talia confiteatur et si cecus fiat, non bene fit etc.*

394vb–396rb NICOLAUS DE DINKELSPUHEL: SERMO DE OBLATIONIBUS
›*Anno domini 1430 erat Wyenne quidam combustus, qui fatebatur non esse offerendum, ubi pauperes haberi possent, ut patet in sermone sequenti collecto et facto a magistro Nycolao Dynkelspuel.*‹ [R]*acione relapsi nuper combusti possent aliqui simplices errare et credere numquam offerendum esse* ... – ... *seculari iudicio sunt relinquendi, et sic actum est cum predicto combusto, qui erat relapsus ergo etc.* – MADRE, S. 250f.; SCHNEYER, Nachlaß Nr. 122.

396ra–397ra NOTATA
›*Notabile bonum*‹ *Nota quod longe ante Christi adventum Deus per prophetas et scripturas prenunciavit tempus* ... (396va) *Nota quod secundum Crisostomum, peccatorum, que committuntur in Deum, sicud blasphemia* ... (396vb) *Solet dubitari quare mali prosperabantur* ... – ... *quare comuniter bonis fit male de* (r. et) *malis bene in presenti vita, dicit Gregorius libro 5to morum* (sic) *capitulo primo: Videas si placet etc.*

397ra–399ra SERMO DE ASSUMPTIONE BMV
›*De assumpcione Marie virginis*‹ [D]*ucta est Hester* ... – ... (Est 2,16) *Sicud dicit beatus Bernhardus in sermone de assumpcione beate virginis: Non est, inquid, quod magis delectet* ... – ... *sanctissimum sacramentum eukaristie in cena instituit etc. Applica, ut scis, alias causas diversas.*

399ra–403rb THOMAS EBENDORFER: SERMO DE DEDICATIONE ECCLESIAE
›*Sermo magistri Thome Haselbach de dedicacione*‹ [I]*ngressus Ihesus* ... (Lc 19,1) *Legimus in 3° regnorum libro de gaudio et sollempnitate populi Iudaici in dedicacione templi Salomonis* ... – ... *et ipso cum populo egrediente statim cum grandi strepitu et ululatu ecclesiam istam subvertit etc.* – A. LHOTSKY, Thomas Ebendorfer (Schriften der MGH 15), Stuttgart 1957, S. 78, Nr. 56. – 403^{rb-va} eine Notiz zum Autor: *Nota bene inter alia, que magister Thomas de Haselbach collector huius sermonis* ... – ... *Et nota quod istum modum predicandi tenent omnes predicatores Wyenne tam religiosi quam seculares et precipue doctores universitatum ibidem, ut patet in sermonibus precedentibus magistri Nycolai Dynkelspuel et magistri Johannis Grewz et magistri Thome de Haselbach, quos omnes novi et ideo michi multum placuerunt in eorum sermonibus ad plebem.*

403va–406va NICOLAUS DE DINKELSPUHEL: NOTATUM DE AUREOLA ET SERMO DE VIRGINITATE
Nota quid sit aureola. Aureola est primum debitum virginitati perpetuo servate ... (403vb) *et sic esset purior mente et corpore* (nach MADRE, S. 194f., Nr. 16 und SCHNEYER, Nachlaß Nr. 298 ist dies das Explicit des folgenden Sermo). [D]*icendum est aliquid de virginitate pro quo notandum primo, quod secundum communem modum loquendi hominum triplex est gradus virginitatis* ... – ... *Est enim gaudium de propriis operibus et non omnibus, sed de hiis que sunt excellentis victorie.*

406va–410ra SERMO DE QUALIBET DOMINICA AUT ALIA DIE
›*Sermo communis de qualibet dominica aut alia die.*‹ [D]*ixit Iesus discipulis suis. Ex quo quasi in omnibus ewangelii*[s] *proponitur verbum propositum non immerito* ... – ... *perswasionibus dyaboli, que possis applicare secundum placitum tuum ad propositum.*

410ra–411va SERMO DE APOSTOLIS IN COMMUNI
›*De apostolis in communi*‹ [T]*ollite iugum meum* ... (Mt 11,29) ... (410rb) *In verbo proposito videtur ewangelium duo innuere* ... – ... *Quarum adhuc tri-*

ginta ponit Albertus magnus de Padua, quibus dampnati dampnantur in inferno.

411va–414rb Sermo in dominica IV post Pascha
›*Sermo dominice 4^{e} post Pascha. Et potest predicari de martiribus sive de uno martire ad populum.*‹ [T]*risticia implevit* ... (Io 16,6) *Christus dominus noster videns corda suorum discipulorum* ... – ... *ut intrarem in gloriam meam. Sic vos non nisi per tribulaciones poteritis introire.*

414rb–415vb Sermo de compassione BMV
›*Sermo de compassione beate virginis. Nota de peticionibus beate virginis feria 4ta maioris ebdomade et possunt predicari in ebdomada sancta quacumque die, specialiter tamen feria quarta.*‹ [H]*odie tenemur plus solito ad compassionem beate virginis, quia ipsa hodierna die plenaria informata fuit de instancia passionis filii sui* ... – ... *Dereliquid* (sic) *me virtus mea et lumen oculorum non est mecum, quia sagitte domini sunt in me etc.*

415vb–419rb Sermo de annuntiatione BMV
›*Sermo de anunctiacione* (sic) *beate virginis*‹ [H]*ec dies quam fecit* ... (Ps 117,24) *Hec dies inter cetera potest dici gaudiosa propter tria* ... – ... *Ut eciam tangit Beda in omelia: Cum appropinquasset Iesus Iherosolimis.*

419rb–419va Sermo de die sabbato
›*De Marie compassione, fide et ieiunio in sabbato tempore passionis Christi.*‹ *Solet queri, utrum et quare specialiter dies sabbati sit laudibus beate virginis dedicata* ... – ... *quod fiat singulariter die sabbati specialiter et fervencius aliis diebus.*

419va–420ra Quaestio de peccato in die dominico
[Q]*ueritur utrum sit maius peccatum die dominico a cultu divino vacare quam opera mechanica vel corporalia exercere* ... – ... *Applica, que in summis Ray*[mundi] *et Piczani, ubi de sabbato.*

420ra–420va Quaestio de ornatu vestium
›*De ornatu vestium et aliis ornamentis*‹ *Queritur utrum mulieres et viri per exteriorem vestium apparatum et aliorum ornamentorum semper peccent mortaliter* ... – ... *require in Summa viciorum, de chorea et aliis, ubi de superfluo ornatu.*

420va–422vb Sermo de conversione peccatoris
›*Peccatoris conversio*‹ [G]*audium erit in celo* ... (Lc 15,7) *Quoniam sicud dicit*

Augustinus in libro de mirabilibus sacre scripture: Qui per penitenciam peccatum diluit ... – ... de sponsa diu dilata, quam cum maiori gaudio accipit sponsus quam si non fuisset dilata. Rogemus Deum.

422vb–424ra De conversione apostolorum
›*De conversione sanctorum Mathei, Petri et Pauli indifferenter et sic de aliis.*‹ [C]*onversio quelibet talis est laudabilis, primo quia festinanter et cito ad unius visionem et vocem surrexit ... – ... Sic de consilio loquitur Augustinus in sermone de martiribus: Nos inquid volumus gaudere cum sanctis etc. Applica.*

424ra–427ra Sermo de una virgine communis
›*Sermo de una virgine communis*‹ [T]*u gloria Iherusalem* ... (Idt 15,10) *Prosequere hystoriam postea dicas: Karissimi audistis hystoriam litteralem ... – ... unde legitur de ea, quod licet esset filia etc. Prosequere de quacumque virgine vel predicare.*

427ra–427rb Nicolaus de Dinkelspuhel (?): Notata
›*De temptacione*‹ *Augustinus super psalmo 72 super illo versu: Exsurge domine, iudica causam meam. Inter alia sic inquid: Sufficit prima decepcio ...* ›*De divitibus et pauperibus*‹ *Augustinus in tytulo psalmi 83^{mi} scilicet: Quam di*(427rb)*lecta etc. Inter alia sic inquid: Quid enim tam incertum ... – ... iste retro respexit, hec Augustinus ubi supra: Respexit humilitatem etc. Nycolaus Dynkelspuel.*

427va–430ra Sermo de humilitate
[T]*riplex est humilitas. Prima est, quando homo ex veraci et certa cognicione sui et eorum, que ipsius sunt propicia ... – ... et in celis inter choros angelorum adipiscamur eternam gloriam. Quod nobis prestare dignetur etc.*

430ra–431rb De adventu Christi in mentem
›*Sequitur de adventu Christi ymmo et tocius trinitatis in mentem.*‹ [D]*icendum est de adventu Christi, ymmo et tocius divine nature in mentem ... – ... ideo non possunt capere spiritum sanctum, qui est spiritus veritatis et 3^{a} persona in trinitate, cui cum patre ... Amen.* – 431^{rb-va} folgen 2 Notate: De inspectione mulierum. *Nota fingere oculos in mulierem possumus* ... und ›*De gratia sive caritate et peccato mortali et veniali.*‹. *Notandum quod gracia et peccatum mortale ita repugnant ...*

431va–434va Nicolaus de Dinkelspuhel: Sermo de epiphania domini
›*Sermo magistri Nycolay Dynkelspuel de epyphania domini.*‹ [C]*um natus es-*

set ... (Mt 2,1) *Circa illud ewangelium est notandum, quod Christi nativitas est manifestata primo Judeis* ... – ... *et qui non audierunt, intelligent. Residuum quere in lectura super Matheum.* – MADRE, S. 136, Nr. 10 mit abweichendem Schluß, ebenso SCHNEYER, Nachlaß Nr. 10.

434va–436va NICOLAUS DE DINKELSPUHEL (?): DE BAPTISMO
›*De baptismo, ex quo in octava epiphanie fit mencio de eodem sermone Nycolai Dynkelspuel.*‹ [N]*otandum sunt aliqua de baptismo propter hoc, ut mulieres que aliquando baptizant* ... – ... *tunc salvatur sicud precedens in fide per dileccionem operantem.*

436va–437va SERMO DE PURIFICATIONE BMV
›*Sermo de purificacione Marie*‹ [P]*ostquam completi sunt* ... (Lc 2,22) *Est primo notandum, quod in lege veteri traditum fuit unum preceptum de muliere pariente* ... – ... *in subeundo legis observancias, quibus tamen non fuit obnoxia.*

437va–442ra QUAESTIONES DE CONFESSIONE
›*Sequitur de confessione, cui facienda sit.*‹ [Q]*ueritur utrum sacerdoti tantum et nulli alteri penitens sive reus mortalis criminis teneatur confiteri* ... (441ra) *tenetur confiteri sacerdoti et sic patet, quid dicendum est de presenti dubio.* [C]*irca XVII^{oem}* (sic) *distinccionem 4^{i} sentenciarum querit Durandus, utrum sit neccessarium confiteri proprio sacerdoti* ... – ... *Et forte glosator ille non viderat interpretaciones summorum pontificum et secutus est pro tunc suam propriam opinionem.* Zusatz von anderer Hand: *Sed hoc est factum.*

442ra–443ra DECLARATIO CONCILII BASILIENSIS
›*Declaratio in causa differentiarum inter 4^{or} ordines fratrum mendicantium Wyennensis et magistrum chori ecclesiae sancti Stephani, exorta per duas facultates superiores facta.*‹ *Primo declaramus et dicimus, quod non quilibet frater ordinum mendicancium predictorum auctoritatem habet audiendi confessionem* ... – ... *Datum Basilee ydus Februarii 1434.*

443$^{rb–va}$ PROMULGATIO PRIVILEGIORUM ORDINUM MENDICANTIUM IN VIENNA
Nota provulgacionem seu intimacionem privilegiorum 4^{or} ordinum mendicancium factam in Wyenna sub anno domini 1441 dominica Reminiscere ... – ... *et consilia revoluimus discernenda, quemadmodum littere prenominatorum facultatum sonant.*

443va–444rb JOHANNES GEUSS: QUAESTIO DE CREBRITATE CONFESSIONIS
[Q]*ueritur iterum ab eodem scilicet magistro Iohanni de Yeuz, utrum statim habita opportunitate quilibet confiteri post perpetratum delictum sive crimen mortale* ... – ... *et sic obligatur ad talia peccator in anno semel, secundum quod precepit ecclesia: Omnis utriusque sexus.*

444rb–446vb DE ANTICHRISTO
[D]*icendo aliquid de Antichristo sic erit procidendum* (sic). *Primo dicendum est de ipsius nativitate* ... – ... *ut iudicentur omnes scilicet iudicio condempnacionis, qui non credunt veritati sed ewangelice etc.*

446vb–448ra NOTAE DE VITA RELIGIOSA
Nota valde bene, quod dicit frater Symon de Cassia in epistolis suis. Specialiter loquitur in una dicens: Heu michi karissimi et cuicumque simili ... *Nota idem frater Symon cuidem fratri Iohanni videlicet petenti oraciones a fratre Symone, quia temptabatur a dyabolo, Symon respondit* ... (447ra) *Bernhardus in libro De vita solitaria: Secundum formam propositi nostri habitantes in celis pocius quam in cellis* ... *Nota super illo verbo Luce 16: Rogo te pater Abraham etc.* (Lc 16,27) *sequitur: Si quis ex mortuis resurgeret* ... [C]*irca quod notandum, quod inveniuntur mali et carnales homines* ... – ... *bona superna et inferni tormenta, super omnia hec plus est Christus, cum pre omnibus adhibenda est fides.*

448ra–451rb SERMO DE SANCTA TRINITATE
›*Sermo de sancta trinitate et de sex similitudinibus spiritus racionalis ad Deum.*‹ [F]*aciamus hominem* ... (Gn 1,26) *Sicud accipi potest ex dictis doctoris in 3° sentenciarum d.25: Aliqui sunt articuli fidei* ... – ... *quo nos toto corde tendere et feliciter pervenire faciat ipsa sancta trinitas et indivisa unitas, cui est honor* ... *Amen.*

451rb–455va JOHANNES GEUSS: SERMO AD PRAEDICATORES ET AUDITORES VERBI DEI
›*Sermo de audiendo et implendo verbo Dei factus coram duce et* (sic) *Austrie a sollempni doctore.*‹ [E]*stote factores* ... (Iac 1,22) *In hiis verbis beatus Iacobus hortatur unumquemque hominem usum racionis habentem* ... – ... *Qui autem perspexerit in lege perfecte libertatis et permanserit in ea, hic beatus in facto suo erit. Rogemus Deum.* – SCHNEYER, Nachlaß Nr. 10; VL^2 3, Sp. 40.

455va–458ra De iudicio hominum intra se

›*Nota aliqua de iudicio hominum intra se.*‹ [N]*olite iudicare* ... (Lc 6,37) *Ubi notandum, quod iudicium uno modo est actus, qui pertinet ad iudicem ecclesiasticum* ... – ... *sordet in conspectu iudicis, qui in oculis fulget operantis etc. Plura de illa sermone quere de correctione fraterna etc.*

458ra–459ra Quaestio de infimitate bonorum temporalium

[Q]*ueritur, cum bona exteriora et temporalia sint inter bona humana infima et periculosissima* ... *Cur est, quod homines communiter ea tam ferventer diligunt* ... – ... *de quo dampno videtur dominus locutus fuisse, cum dixit: Quid prodest homini si etc.*

459ra–465va Notae de eleemosynis dandis

›*Nota de elemosina. Accidat sub precepto.*‹ *Diceret aliquis, utrum homo sub precepto teneatur elemosinam dare de temporalibus suis* ... (459va) *quos sic dare movet, ut egestatem non paciantur.*›*Nota responsionem, quomodo mortaliter peccat.*‹ *Quot autem, ut dictum est scilicet: Quod cum aliquis habet superflua, teneatur distribuere sub precepto* ... (462rb) *Ymmo valde minores causas merito timere habent de peccato gravi et de eterna dampnacione.* ›*Penes quid debeat cognosci superfluitas in divitibus quoad omnem statum nota.*‹ [I]*n prioribus sepe dictum est et probatum, quod superflua diviciarum tenetur homo distribuere pauperibus* ... – ... *argentum, quod possides quo circa tot iniuriarum quod* (r. quot) *sustentare valeres.*

465va–468rb Nicolaus de Dinkelspuhel: Sermo de resurrectione domini

Maria Magdalena ... (Mc 16,1) *Pro materia festi resurrectionis sunt aliqua dicenda. Pro quo notandum primo, quod sicud anima est vita corporis sic caritas est vita anime* ... – ... *Det nobis emendacionem vite Iesus Christus, qui hodie vere surrexit. Amen.* – Madre, S. 144, Nr. 40; Schneyer, Nachlaß Nr. 43.

468rb–472va Nicolaus de Dinkelspuhel (?): Sermo in dominica I post Pascha

[C]*um esset sero* ... (Io 20,19) *Notandum secundum magistrum in hystoriis, quod tres sunt cause, propter quas dominus reservavit in corpore suo tibi cycatrices* ... (469^{ra-vb} leer, ohne Textverlust) ... – ... *Quos defectus ab electorum corporibus gloria excludet resurrectionis.* – Madre, S. 144, Nr. 42 mit abweichendem Beginn.

472vb–475rb De communione sub utraque specie
›*Nota quare layci non communicant sub utraque specie sicud presbiteri.*‹ [S]*ciendum quod multe sunt raciones, propter quas modum communicandi laycos* (sic) *sub utraque specie in unam Romana mutavit ecclesia* ... – ... *Sic Christus noluit sedere super azinam nudam sed vestimentis coopertam.*

475rb–477ra Nota de indigna sumptione eucharistiae
[T]*ria sunt genera hominum indigne sumencium eukaristie sacramentum. Primi sunt malivoli* ... – ... *Cessat autem vindicta divina, cum confessio et correctio precedit humana.*

477^{ra-rb} Quaestio de elevatione hostiae
›*De elevacione hostie in misse officio.*‹ *Queritur quare sacerdos elevando hostiam ostendat corpus Christi populo* ... – ... *Ideo quia tempore passionis Christi sangwinis* (sic) *fuit visibilis et visibiliter in cruce effundebatur.*

477rb–481va Nota de digna sumptione eucharistiae
[V]*idendum est de condicionibus, quas debet habere cupiens digne communicare* ... – ... *canit sancta ecclesia: O sacrum convivium etc. Cuius perpetue glorie nos participes faciet rex eterne glorie. Amen.*

481^{va-vb} Notae de martyribus et de cognitione Dei
Victoriosas sanctorum martirum passiones stilo devocionis prosequi nostre nimirum credimus ... (481vb) *Nota quod in Dei cognicionem multis modis pervenitur* ... – ... *quia nemo principium huius seculi novit.* – 482^{ra-vb} Alphabetisches Sachregister mit arabischer Folioangabe zu f. 208–472.

Ms 598

Bernardinus Senensis. Franciscus de Platea. Antoninus Florentinus

Papier   162 Bll.   21×15   Oberitalien 15. Jh. Mitte

$(IV+2)^{9(2)}$ + 18 IV^{152} + V^{162}; die Zählung 9 zweimal, zwischen 140 u. 141 ein Blatt nicht gezählt; Reklamanten; Lagen-u. Doppelblattzählung *a1*, *a2* ... *q3*, *q4*, f. 130 wieder mit *a1* einsetzend; Blattweiser; Foliierung des 15./16.Jh. Schriftraum 13,5–14,5×8–8,5, ab 130ʳ 12–13×7,5–8; 24–30, ab 130ʳ 19–26 Zeilen.

Gotica fere humanistica, 2 Hände a: 3ʳ–128ʳ, b: 130ʳ–161ʳ; Buchkursiven, 3 Hände: a: 1ʳ oben u. Gliederungsvermerke, b: 1ʳ unten von der Hand des Priors Johannes Quirre, beide nach 1472; c: 162ᵛ; Rubriken; wenige Randnotate von einer Hand des 15.Jh. Rote 2- bis 3-zeilige Lombarden, ab 53ʳ nicht mehr ausgeführt. Bibliothekseinband des 19.Jh.

Ursprünglich im Besitz von Heinrich Leubing, der sich ca. 1444 im Auftrag der Stadt Nürnberg in Rom aufgehalten hatte, Propst von St. Marien in Erfurt, seit 1465 Canonicus in Meißen, 1472 gestorben (Jöcher/Adelung, Erg.Bd.3, Sp.1701; K. Bosl, Bayerische Biographie, Regensburg 1983, S.476; E. Kleineidam, Univ. Stud. Erfordensis, Bd.2, 1969, S.3). Von Frater Johannes Quirre, seinerzeit Prior der Kartause bei Erfurt, übernommen, vor 1514 an Altzelle gegeben; vgl. die Einträge auf 1ʳ oben: *Liber fratrum Carthusiensium prope Erffordium, qui pervenit eis ex parte domini doctoris Leubing*; und unten: *Advertendum, quod ego frater Johannes Quirre, tempore prioratus huius domus comodati, accepi presentem libellum a Hinrico Leubing, decano Misnensi, prothonotario apostolico. Cuius obitu superveniente simul et absolucioni mea taliter remansit hic diucius et est restituendus domino abbati Cellensi, eius testamentario, ut michi personaliter retulit idem dominus abbas aut de consensu ipsius retinendus licet michi denegavit*, sowie im Altzeller Katalog von 1514 unter der Signatur *N 31* (Schmidt, Altzelle, S.60 u. 84). Feller, S.174, Nr.34.

1ʳ Inhaltsverzeichnis – 1ᵛ–2ᵛ leer.

3ʳ–128ʳ Bernardinus Senensis: Octo sermones de restitutione alienorum (De Christiana religione, Sermones 33–40)
›*Dominica quarta in XL*ᵃ. *Ordo dicendorum per septimanam sequentem in libro de Christiana religione a reverendissimo ac sanctissimo fratre Bernardino de Senis ordinis fratrum minorum de observancia editus* (korrigiert: edito) *feliciter.*‹ *Sequebatur eum multitudo* … (Io 6,2) *Io VI*ᵒ *c*ᵒ *et in ewangelio hodierno. Inter cetera, que ad religionem Christianam neccessaria dignoscuntur* … – … *Qui demum omnium bonorum premium donat benedictus dominus Jesus* … *Amen. Deo gracias.* – Bernardinus Senensis, Opera omnia I, Quaracchi 1950, S.400–532. Dizionario biografico degli Italiani 9, S.225; Mohan, S.409; Kristeller III, S.415. – 128ᵛ–129ᵛ leer.

130ʳ–150ᵛ Franciscus de Platea: Tractatus de debito coniugali
›*Fratris Francisci de Platea ordinis sancti Francisci de observancia* … ‹ [U]*trum coitus coniugalis possit fieri sine peccato et quando non* … – … *21. quando aliqua nesciens pro certo virum mortuum et cum alio contrahit du-*

rante tali incertitudine infra sermo 33. – SBARALEA 1, S. 295f., Hs. nach Feller genannt; MOHAN, S. 450; SCHULTE, GQ II, S. 446, Nr. 39.

151ʳ–161ʳ ANTONINUS FLORENTINUS: TRACTATUS DE ORNATU MULIERUM ›*Reverendissimi in Christo patris et domini, domini magistri Antonini ordinis sancti Dominici de observantia, archiepiscopi Florentini dignissimi ac sacre theologie doctissimi professoris, de ornatu mulierum tractatus feliciter incipit.*‹ [Q]*ueritur primo, utrum ornatus mulierum secundum morem patrie, qui videtur vanus et superfluus* ... – ... *Sed admovendi quantum pauciores possunt, superfluitates et vanitates faciant et vendant.* – GW 2102. KAEPPELI 1, Nr. 249, Hs. genannt; Dizionario biografico degli Italiani 3, S. 524–532, bes. 531; KRISTELLER III, S. 415. – 161ᵛ–162ʳ leer. – 162ᵛ 2 Anmerkungen zu juristischen Fragen im Text des Bernardinus Senensis (3ʳ–128ʳ).

Ms 599

Johannes Nider. Sermones. Jacobus de Paradiso.

Papier 391 Bll. 21,5×15,5 15. Jh. 2. Hälfte

VI^{12} + 4 V^{52} + VI^{64} + V^{74} + VI^{86} + V^{96} + VI^{108} + V^{118} + 10 VI^{238} + $(V–3)^{245}$ + VII^{259} + 11 VI^{392}; Reklamanten; ab 261 Doppelblattzählung, teilweise abgeschnitten; moderne Foliierung unten rechts, Zählung 260 übergangen. Schriftraum 15–15,5×9,5; 28–32 Zeilen. Textverluste durch Feuchtigkeitsschäden, besonders im letzten Drittel, restauriert. Auf dem Kopfsteg arabische Zählung der Capitula bzw. Sermones von einer Hand des 15. Jh., häufig nicht mehr lesbar; zu den ersten beiden Stücken Registerbuchstaben.

Bastarda 1ʳ–246ᵛ; Buchminuskel, 2 Hände, a: 247ʳ–259ᵛ, 372ʳ–383ᵛ; b: 384ʳ–392ᵛ; Buchkursive 261ʳ–371ᵛ; Rubriken. Rote 2- bis 6-zeilige Lombarden, ornamentale Aussparungen im Buchstabenkörper, in den Binnenfeldern manchmal Pünktelung; Ausläufer, gelegentlich als eckiges Seilband, enden häufig in Form eines &.

Neuer brauner Ledereinband unter Verwendung alter Teile; Streicheisenlinien; Einzelstempel Adler und Laubstab (SCHUNKE, S. 5, Nr. 123 und 165, Nr. 192, Augsburg). Titelschild, Papier, 16. Jh., auf dem Vorderdeckel: *TRAC*[...]. FELLER, S. 89, Nr. 52.

1r–130v Johannes Nider: Tractatus de reformatione status coenobitici

›*Incipit tractatus venerabilis patris, fratris Johannis Nyders, sacre theologie professoris, ordinis predicatorum conventus Nornbergensis, de reformacione status cenabitici* (sic).‹ *Rogatus sum a te pater mi, qui reformacionis officio in tuo collapso ordine insistis ... – ... sicuti Christus promisit, vite eterne dabitur possessio. Ad quam nos ... Amen.* – Wie Ms 600,1ra–109vb; 41r beginnt Teil 2, 89v Teil 3; cap. 9 des 2. Teils (Beginn 82v) nicht durch eigene Initiale gekennzeichnet und nicht gezählt, kein Textverlust. Kaeppeli 2, Nr. 2541, Hs. genannt; VL2 6, Sp. 974.

131r–259v Sermones ad clerum

Zu Beginn jeweils ein kurzer prologartiger Text, darauf Wiederholung des Lemmas, und mit neuem Initium beginnt der eigentliche Sermo. *Pascite qui in vobis ...* (I Pt 5,2) *In opere spiritualis irrigacionis, que fit per verbum ... Pascite qui in vobis ... Summus apostolorum, Petrus apostolus et pastor pastorum ...* (134v) *Pascite qui in vobis ... Assumpto alias eodem themate et per assistenciam divine gracie ...* (135r) *Pascite qui in vobis ... Sicut iuxta philosophorum doctrinam operacio arguit formam ...* (247r, Kopfsteg) ›*Sermones domini magistri* [...] *facti in universitate* [...]‹ *Nonne anima ...* (Mt 6,25) *et in ewangelio hodierno. Duplicem esse escam humane anime trahitur ex ewangelio eiusdem ... Nonne anima ... Reverendi patres et domini. In hoc themate* [...] *hec notanda, antequam ad eius divisionem accedamus ...* (253r) *Dilectus quemadmodum filius ...* (Ps 28,6) *Et ad propositum hodierne festivitatis hoc idem longe ante predixerat Balaam ... – ... ut secum sint, qui un*[i]*us spiritus per caritatem cum eo sunt et animant ne*‖ bricht ab in Sermo 27.

261r–355r Jacobus de Paradiso: Speculum restitutionis male acquisitorum

›*Speculum de restitucionibus doctoris Jacobi Carthusiensis.*‹ *Attollens mentis oculos in altissimum alveum tocius orbis contemplor ... – ... in hiis sicut et in aliis scriptis meis non prescribens in hiis sanius sentienti. Currente anno domini M°CCCC° quinquagesimo apicem summi apostolatus gubernante Nycolao papa quinto.* – Gleiches Stück in Ms 606, 231ra. Meier, S. 18, Nr. 9, Hs. genannt; Mertens, S. 38; Porębski, S. 125f., Nr. 138, Hs. genannt; VL2 4, Sp. 483. – 355v–356v leer.

357^{r}–371^{v} JACOBUS DE PARADISO: ADDITIONES DE RELIGIOSIS ET ALIIS MENDICANTIBUS
›Additiones de religiosis et aliis mendicantibus‹ Post premissa de rapina tamquam in patulo suam turpitudinem … – … salutaria et imitacione digna, ut resipiscant et ad viam proficiant salutis. Amen. ›Et sic est finis huius operis, pro quo sit benedictus Iesus Christus cum matre sua, illibata virgine in secula seculorum. Amen.‹ – Nach MEIER, S. 19 Teil des Vorhergehenden.

372^{r}–392^{v} TABULAE
(372^{r}–383^{v}) SUPER TRACTATUM DE REFORMATIONE STATUS COENOBITICI.
(384^{r}–392^{v}) SUPER SERMONES AD CLERUM.

Ms 600

Johannes Nider. Martinus abbas Buchensis

Papier 130 Bll. 28×20 Buch (?) 15. Jh. 3. Viertel

10 VI^{120} + V^{130}; Seitentitel; Foliierung modern. Schriftraum 19–21×13–14; zweispaltig; 33–38 Zeilen.

Bastarda, eine Hand; Rubriken; einige Randvermerke zum ersten Text von einer Hand des 15. Jh., ebenso zum zweiten Text von einer anderen Hand des 15. Jh. Abwechselnd rote und blaue 2- bis 3-zeilige Lombarden mit Schwellungen und tropfenförmigen Verdickungen des Buchstabenkörpers; gleicher Form die 5-zeiligen Initialen 2ra: *P* (rot) u. 5ra: *N* (blau), mit gesägtem Begleitkontur und Füllung des Binnenfeldes durch Knospenmuster in der Gegenfarbe. Bibliothekseinband des 19. Jh.

Wie der zweite, sonst nicht belegte Text vermuten läßt, wahrscheinlich aus dem Zisterzienserkloster Buch. FELLER, S. 209, Nr. 13.

1^{r} von zwei Händen des 15. Jh. (eine weitere Version fast ganz abgeschnitten) jeweils die fast gleichen Verse: *O formose puer nimium ne crede colori* (Var. *non credas calore*) / *alba ligustra cadunt factivia* (r. vaccinia) *nigra leguntur*, 2. Vers WALTHER 730. – 1^{v} leer.

2ra–109vb JOHANNES NIDER: TRACTATUS DE REFORMATIONE STATUS COENOBITICI

›*Incipit prologus in tractatum tripartitum egregii domini fratris Johannis Nyder ordinis predicatorum, sacre theologie professoris, de reformatione cenobitici status.*‹ *Rogatus sum a te pater mi, qui reformationis officio in tuo collapso ordine insistis* ... – ... *sicuti Christus promisit, vite eterne dabitur possessio. Ad quam nos* ... *Amen.* Wie Ms 599,1^{r}; 36ra beginnt Teil 2, 76va Teil 3. – KAEPPELI 2, Nr. 2541, Hs. genannt; VL^{2} 6, Sp. 974.

110ra–130ra MARTINUS ABBAS BUCHENSIS (1460–1466): TRACTATUS CONTRA INTEMPERANTIAS RELIGIOSORUM

Vovete et reddite ... (Ps 75,12) *Ita regius propheta, psaltes domini, electus secundum cor Dei, spiritu sancto illustratus, quondam gratulabundus cecinit* ... – ... *regalem dominacionem sine fine valeamus pertingere. Ipso prestante, qui est principium sine principio et omnium finis sine fine Iesu Christo* ... *Amen.* ›*Explicit tractatus reverendi patris domini Martini abbatis Buchensis contra intemperancias religiosorum, maxime nigrorum monachorum.*‹ – SCHMIDT, Beiträge, S. 9 f., Hs. genannt. – 130^{rb-vb} leer.

Ms 601

Johannes de Ratisbona. Notata. Thomas de Aquino

Papier II + 326 Bll. 31×21 Leipzig 1452/15. Jh. Mitte

Vorsatzblatt + 9 VI^{108} + $(VI+2)^{119}$ + 10 VI^{239} + 7 VI^{323} + Nachsatzblatt; nicht gezählte Schaltblätter nach 2, 11 u. 245; Zählung 114 u. 115 zweimal, zwischen 116 u. 117 ein Blatt nicht gezählt; Reklamanten; arabische Kustoden, neu einsetzende Zählung ab f. 131; arabische Foliierung des 15. Jh.; Blattweiser. Schriftraum 23–24×14–15; ab f. 117 zweispaltig; 58–74 (ab f. 120 49–50) Zeilen.

Buchkursiven, 2 Haupthände, a: 1^{v}–101^{v}; b: 117^{r}–323^{v}; 111^{v} u. 112^{v}–$116(2)^{v}$ mehrere nicht genau unterscheidbare Hände; die 3 Schaltblätter (sie enthalten Quaestionen und Notate) von einer Hand; Rubriken; auf den Rändern Gliederungsvermerke von den Schreibern, einige Notate von anderen Händen des 15. Jh. sowie beim ersten Text (1^{v}–101^{v}) Quaestionen und Querverweise auf die SUMMA CONTRA GENTILES (117ra–323vb) und die SUMMA THEOLOGIAE des Thomas v. Aquin. Rote 2- bis 3-zeilige Lombarden, zu Beginn der einzelnen Bücher in der SUMMA CONTRA GENTILES 6-zeilig.

Heller Schweinsledereinband des Spätmittelalters mit Streicheisenlinien, die im Binnenfeld ein geflochtenes Rautengitter bilden; Buckel entfernt, Teile der 2 Schließen erhalten; Loch von der Kettenbefestigung im Rückdeckel oben. Falze aus einem zweispaltig auf Pergament in Minuskel des 15.Jh. geschriebenen philosophischen Text. Auf dem Fußschnitt in Textualis: *Summa beati Thome contra gentiles cum lectura epistole ad Hebreos.* Auf dem Spiegel des Vorderdeckels unter der Rubrik ›*Augustinus in epistola ad comitem*‹ ein Exzerpt aus Paulinus Aquileiensis: Liber exhortationis, cap. 16 (PL 40, Sp. 1052 u. PL 99, Sp. 209).

Die Niederschrift des ersten Textes am 30. April 1452 beendet, s. 101v. Das Streicheisenmuster des Einbands und die Form der Schließenbleche weisen auf eine ganze Gruppe Leipziger Hss. aus dem 3. Viertel des 15.Jh. (nicht bei Loh), u.a. Frankfurt StUB, Ms. Praed.36. Provenienzvermerk auf dem Vorsatzblatt: *Liber olim domini doctoris theologie Joannis de Ratisbona, huius collegii maioris college ad s. Paulum sepulti. Per dominum Nicolaum Horn de Wendelstein, baccalaureum, canonicum anno 1522 collegio presentatus et librarie ipsius collegii traditus etc. atque per dominum Hieronimum Dungersheym de Ochsenfurth tunc collegii prepositum huic positus.* Johannes Murmann von Regensburg gehörte dem Collegium maius 1447–1476 an, war im SS 1450 Rektor und im SS 1474 Vizerektor (Zarncke, Die urkundlichen Quellen, S. 750, Nr. 39 u. S. 639–641; Erler I, S. 87, 169; II, S. 134; VL^2 4, Sp. 715–718). Hieronymus Dungersheim aus Ochsenfurt gehörte dem Collegium maius 1506–1540 an und war 1506 Rektor (Zarncke, S. 751, Nr. 76; Erler, II, S. 18); Nicolaus Horn konnte nicht identifiziert werden. Auf dem Rücken ein Papierstreifen des 16.Jh. mit der Aufschrift: *Liber manuscriptus Joannis de Ratisbona.* Darunter ein kleineres Papierschild mit Signaturen: *86* (?) und *1247*. Feller, S. 377, Nr. 663.

1v–101v Johannes de Ratisbona: Lectura super epistolam ad Hebraeos
Multifariam multisque modis ... (Hbr 1,1) *Paulus gentium doctor ministerium suum volens honorificare* ... – ... *indigenti peccatori, non quia peccator est, sed quia homo est; non peccatorem, sed iustum mittit glorie.* (nur bis Hbr 13,16) ›*Finitum anno 1452 in vigilia Philippi et Iacobi.*‹ – VL^2 4, Sp. 717, Hs. genannt; Stegmüller RB 7, Nr. 10903, Hs. genannt; auch Stegmüller RB 3, Nr. 4876, dort unter der Feller'schen Angabe aufgeführt. – 102r–111r leer.

111v Notatum de haereticis
›*Spes uno modo cura ut est passio appetitus irascibilis.*‹ Text zu dieser Rubrik erst f. 116(2)r. ›*De hereticis*‹ *Clementina: Ad nostrum de hereticis dicit* ... *Leo papa in sermone: Scrutetur quisque istoriam suam* ... – ... *pervigil ille temptator a cruribus pulset.* – 112r leer.

112v–117v Notata
›*Utrum episcopatus sit ordo.*‹ *Videtur quod sic, quia dicit Dyonisius hos ordi-*

nes ecclesiastice hierarchie ... ›De simulacione et ypocrisi‹ Notandum quod ad virtutem veritatis pertinet, ut aliquis talem se exhibeat ... (113^r) *Notandum quod infidelitas sive incredulitas dupliciter accipi potest ... ›Nota de XII fructibus, quos enumerat apostolus Gal V.‹ Distinccio fructuum attendenda est secundum diversum processum spiritus sancti in nobis ...* (113^v) *›Utrum Deo sit in omnibus obediendum.‹ Dicitur Ex° 24: Omnia, que locutus est dominus, faciemus ...* (114^r) *›An in veteri lege dari debuerunt precepta credendi.‹ Notandum quod apostolus ad Ro 3 legem veterem nominat legem factorum ... Notandum quod post legem naturalem et legem humanam neccessarium fuit, ad directionem humane vite habere legem divinam ...* (114^v) *Utrum Christus habuit fidem ...* ($114(2)^r$) *›Sancti et devoti pueris comparantur propter septem puerorum condiciones, que in his versibus continentur.‹ Sunt pueri puri parvi modico saturati ...* ($114(2)^v$) *Notandum quod abundancia gracie sanctificantis animam Christi derivatur ex ipsa verbi unione ...* (115^r) *›De concepcione beate virginis. Bernhardus in sermone de nativitate virginis.‹ Nobis, qui Christiano nomine censemur, Christum de carne nostra natum gloriamur ... ›De misericordia‹ Augustinus IX de civitate dicit: Misericordia est aliene miserie in nostro corpore compassio ...* (115^v) *›Secundus philosophus Atheniensis‹ Quid est homo. Mens incarnata ...* W. SOUCHIER in: Illinois studies in language and literature 24/1939, No. 2, S. 95–168; B. BISCHOFF, Mittelalterliche Abhandlungen 5, S. 361. *›De gracia‹ Gracia tamen accipitur uno modo pro dileccione alicuius ... ›De Moyse an fuit excellentissimus prophetarum.‹ Notandum quod quantum ad aliud aliquis alius prophetarum fuit maior Moyse ...* ($115(2)^r$) DE VIRTUTE OBSERVANTIAE. *Observancia secundum Tullium est, per quam homines aliqua dignitate antecedentes quodam cultu et honore dignantur ...* ($115(2)^v$) *›De misericordia. An malum sit motivum ad misericordiam.‹* Derselbe Text wie oben 115^r, etwas erweitert. (116^r) DE AMORE. *Amor secundum philosophum 8° Ethicorum passio est ... ›S. Thome p 2 q 30 ar 6‹ Apostolus dicit Gal 4: Factus sum vobis inimicus verum dicens ... ›22 q 34 I‹ Odium est quidam motus ... ›Prima 2 10 2‹ Voluntas movetur dupliciter ...* (116^v) *›Quare aliquid ens sit simpliciter ... ‹ Simpliciter primum scilicet unam racionem premittentis ...* ($116(2)^r$) *›De spe‹ Spes cura dupliciter, uno modo, ut est passio ...* (s. o. 111^v). – ($116(2)^v$) *›Nota de temptacione‹ Temptare proprie est experimentum sumere de eo, qui temptatur ... – ... beneficia, que eis dominus conferret.*

117ra–323vb THOMAS DE AQUINO: SUMMA CONTRA GENTILES
›*Tituli capitulorum* ...‹ – 119vb leer. – (120ra) ›*Incipit liber de virtute katholice fidei contra errores infidelium, editus a fratre Thoma de Aquino ordinis fratrum predicatorum. Capitulum primum Quid sit officium sapientis.*‹ *Veritatem meditabitur* ... (Prv 8,7) *Multitudinis usus, quem in rebus nominandis sequendum philosophus censet* ... – ... *sed gaudebitis et exultabitis usque in sempiternum. Amen.* – THOMAS DE AQUINO, Opera omnia, Bd. 13–15, Rom 1918–1930. SHOONER, Nr. 1414; STEGMÜLLER RS, Nr. 848, Hs. genannt.

Ms 602

Theologische Sammelhandschrift

Papier 335 Bll. 30×21 1421; 1431; 15. Jh. 1. Hälfte

WZ f. 1 Ochsenkopf mit Blüte PICCARD XII,172 (1421); f. 279 Ochsenkopf mit Blüte PICCARD XIII,70 (1432/33). I^2 + 12 VI^{146} + V^{156} + 6 VI^{228} + VII^{242} + VI^{254} + V^{264} + 4 VI^{312} + $(VI-1)^{323}$ + $(VI-1)^{334}$ + $(I-1)^{335}$; nur ein Reklamant (50^{v}) erhalten; durchgehende arabische Lagenzählung auf dem Kopfsteg des jeweils ersten Blattes und Foliierung des 15. Jh., die nach dem 5. Senio von 62 auf 75 springt und im ganzen sehr fehlerhaft ist; 296ra–300vb Kolumnenzählung *a-d*; ab 168^{v} Kustoden: *primus · secundus · iii^{us} · v^{us}* (216^{v}); außerdem moderne Foliierung. Schriftraum 21–25×14,5–17; zweispaltig außer 1^{r}–3^{v} u. 62^{v}; Zeilenzahl stark schwankend 36–63.

Buchkursiven, 8 Hände; Buchminuskel mit Neigung zur Kursive und Bastarda jeweils 2 Hände; bis 50vb 2-zeilige Textura als Auszeichnungsschrift; Rubriken; auf den Rändern Gliederungsvermerke der Schreiber und Notate von anderen Händen des 15. Jh. Rote 5-zeilige Lombarden 2^{r}–3^{v}, 63ra u. 289ra; 46rb–50vb schwarze 2-zeilige Cadellen.

Kalbsledereinband des Spätmittelalters mit Streicheisenlinien und Einzelstempeln Adler (SCHUNKE, Tf. 14, Nr. 341, Leipzig Pauliner Meister) u. Lilie, stark restauriert; Beschläge in der Art des Leipziger Dominikanerkonvents und Buckel entfernt, 2 alte Kantenbeschläge erhalten, die anderen ebenso wie die Schließen neu; Spuren der Kettenbefestigung im Rückdeckel oben. Falze aus einer liturgischen Handschrift des 13. Jh. mit Choralnotation im Vierliniensystem, lesbar: Bruchstücke aus 2 Hymnen auf Petrus martyr (AH 52, Nr. 325 und 327).

289ra–335vb 1421 von Johannes Budaczsch geschrieben, vgl. Kolophon 335vb; 3^{r}–43rb 1431 geschr., vgl. 43rb; 63ra–115vb 1421 geschr., vgl. 115vb. Gehörte wahrscheinlich zur Bibliothek des Dominikanerkonvents in Leipzig (vielleicht der Eintrag im Sequestrationsverzeichnis unter Pulp.K., sub Pulp., Nr. 12). Titelschild, Papier, 16. Jh., auf dem Vorderdeckel: *56 · BENED*[.....] · *Ee*. FELLER, S. 200, Nr. 21.

1^{r} Inhaltsverzeichnis mit Folioangaben. – 1^{v}–2^{v} leer.

3^{r}–36ra BENEDICTUS DE ALIGNANO: TRACTATUS PRO HONORE ECCLESIAE (Exzerpt)
Kapitelverzeichnis – (3^{v}) *Hec sunt collecta et excerpta ex summa Benedicti abbatis Marsilie super capitulo 'Firmiter credimus' ... Una est fidelium universalis ecclesia, que vivit in unitate fidei ... – ... deposito errore cecitatis recipiendi sunt et amplectendi visceribus caritatis. ›Explicit tractatulus excerptus ex libro fidei edito super capitulo 'Firmiter credimus' de summa trinitate contra errores inpugnancium fidem rectam.‹* – Derselbe Text in Krakau Bibl. Jag., cod. 421, 210^{v}; von dieser Schrift kurze Auszüge auch in Leipzig UB, Ms 499, 382^{v}; M. GRABMANN in: Kirchengeschichtliche Studien. P. Michael Bihl O.F.M. als Ehrengabe dargeboten (Hrsg. I.-M. Freudenbach) Colmar 1941, S. 59–61, Hs. genannt. MOHAN, S. 441; FABRICIUS 1, S. 191 f., die Hs. nach Feller genannt. Zum Autor s. LThK^{3} 2, Sp. 200.

36rb–43rb BENEDICTUS DE ALIGNANO: TRACTATUS DE OBIECTIONIBUS HAERETICORUM
Extractus (GRABMANN, S. 61: Ex tractatus) *prescripti materia. Tamquam ex quodam fundamento posito faciliter solvi possunt obiecciones hereticorum ... – ... patet auxiliante omnium scienciarum artiffice* (sic) *spiritu sancto Dei et domini nostri Iesu, qui in trinitate perfecta vivit ... Amen. ›1431 scriptum‹ ›Expliciunt tractatus utiles et boni pro honore ecclesie et defensione. Editi per venerabilem doctorem Benedictum, abbatem Marsilie. Deo gracias‹*. GRABMANN, w. o., S. 61 f. – 43^{va-vb} leer.

44ra–48rb JOHANNES GERSON: PROPOSITIO FACTA CORAM ANGLICIS
Congratulatur vestre devocioni, vestro zelo ferventi, vestre laboriose sed laudabilissime legacioni ... – ... doceat viam prudencie, ipse qui est via, veritas et vita et Deus benedictus in secula. Amen. – JEAN GERSON 6, Nr. 271, S. 125–135.

48rb–55rb JOHANNES GERSON: DE AUFERIBILITATE SPONSI AB ECCLESIA
[V]*eniet autem dies ...* (Mc 2,20) *Circa quem textum per materiam nunc currente* (sic) *queritur, si aufferibilis* (sic) *sit sponsus ecclesie ... – ... nobis insti-*

tuat ad gloriam nominis sui et nostram omnium salutem prestante eodem, qui est benedictus in secula. Amen. – JEAN GERSON 3, Nr. 102, S. 294–313. – 55va–62^{r} leer.

63ra–102va STEPHANUS PALECZ: TRACTATUS DE AUCTORITATE ECCLESIAE
Voraus geht 62^{v} ein Notat zum Thema des Traktats von der Hand des Lesers, der auch das Randnotat 75va geschrieben hat: *Dominus sapiencia* ... (Prv 3,19) *Mistice dominus pater indivisus fundavit* ... (63ra) Textbeginn: ›*De auctoritate ecclesie Stephani contra Bohemos*‹ *Quia teste beato Augustino in una epistola ad beatum Jeronimum: Incomparabiliter pulchrior est fides Christianorum quam Helena Grecorum* ... (63rb) *Tu es Petrus* ... (Mt 16,18) *Explorans Christus fidem apostolorum per interrogacionem* ... (75va) das Randnotat unterstreicht den an dieser Stelle im Text behaupteten Vorrang des Konzils gegenüber dem Papst ... – ... *qui illas claves in ara crucis fabricavit in secula benedictus. Amen.* – TŘÍŠKA, S. 491 f.; SPUNAR, Nr. 923.1, Hs. genannt.

102vb–115vb STEPHANUS PALECZ: TRACTATUS CONTRA QUATTUOR ARTICULOS HUSSITARUM
[P]*orte inferi* ... (Mt 16,18) *Auctoritas ecclesie tanta est, quod artat omnes fideles suo decreto* ... – ... *Christus destructor erroris et heresim* (sic) *in secula benedictus. Amen.* ›*Explicit tractatus de 4^{or} portis inferi, id est 4^{or} articulis Bohemorum, magistri Sthephani* (sic) *Palacz, quos usque ad mortem inclusive defendere voluerunt cum eorum sufficienti redargucione. Anno domini M^{o}CCCC^{o}XXI°.*‹ – Das gleiche Stück in Krakau Bibl. Jag., cod. 770, 224^{r}. Ed. K. HÖFLER in: Geschichtsschreiber der hussitischen Bewegung in Böhmen 2, Wien 1856, S. 479 ff. (Fragm.). TŘÍŠKA, S. 491 f.; SPUNAR, Nr. 923.3, Hs. genannt, mit falschen Folio-Angaben; C. v. MIASKOWSKI in: Jahrbuch für Philosophie und spekulative Theologie 13/1899, S. 491 f. – 116$^{ra–rb}$ leer.

Die folgenden 4 Stücke auch in Ms 499, 342^{r}; sie wurden von Nicolaus von Turgau selbst zu seiner Verteidigung in dieser Zusammenstellung herausgegeben; vgl. O. GÜNTHER, Die Handschriften der Kirchenbibliothek von St.Marien in Danzig, Danzig 1921, S. 577 f. und LÖHR, Dominikaner, S. 25–33, bes. 29 f., Hs. genannt; KAEPPELI 3, Nr. 3359, Hs. genannt.

– 116va–120rb PETRUS WICHMANN: QUAESTIO DE ADORATIONE NOMINIS IESU
[U]*trum quidam Christianus verus tenetur adorare nomen Iesus* ... – ... *et*

quam pluribus aliis locis. Per fratrem Petrum Wichmari (sic), *sacre theologie professorem ordinis predicatorum.*

- 120rb–127ra Nicolaus de Torgovia: De adoratione nominis Iesu. Responsio ad Petrum Wichmann
  [I]*hesu Christe dulcissime aspice in me et miserere mei secundum iudicium* ... (121rb) *Utrum quidam Christianus verus tenetur adorare nomen Iesus et arguitur pro et contra* ... – ... *annuncians in omni loco Iesum et hunc crucifixum.*
- 127ra–139va Petrus Wichmann: Tractatus de nomine Iesu. Replicatio ad Nicolaum de Torgovia
  [I]*n nomine patris et filii et spiritus sancti. Amen. Anno domini millesimo CCCCXXVII feria quinta infra octavas visitacionis virginis gloriose quandam oblatam michi accepi posicionem adversarii* ... – ... *Que offero humiliter reverendo in Christo patri et domino nostro dyocesano Wratislavie, eiusdem venerabilibus dominis commissariis totique eius, si necesse fuerit, honorabili capitulo paterne corrigenda.*
- 139va–150va Nicolaus de Torgovia: Responsio ad replicationem Petri Wichmann
  [I]*esu Christi saluberrimi nominis intrepidus constansque inpugnatur* (r. impugnator), *quia in prima sua posicione virus conceptus* (sic) *invidie* ... – ... *bonum dicunt et predicant ipse cum suis. Audi hereticum dicere et pessimum asseverare. In fine autem applaudens nominis Iesu Christi*‖ bricht kurz vor dem Ende ab. – Mohan, S. 220. – 150vb–156vb leer.

157ra–243rb Johannes Hoffmann: Tractatus de communione sub utraque specie
[D]*ebemus invicem diligere. Ita scribitur prima* (sc. epistola) *Johannis 4° originaliter et legitur transsumptive in currentis dominice missali officio exemplariter* ... – ... *ad quam vitam et dileccionem nos increata vita et dileccio perducat, que sine fine vivit et regnat. Amen.* – Derselbe Text in Würzburg UB, M.ch.f. 174, 257^{r} u. M.ch.f. 200, 112^{r}; in der Rubrik jeweils auch Nennung des Autors. Druck Venedig 1571. R. Becker, Johannes Hoffmann, der nachmalige Bischof von Meißen. Seine Wirksamkeit an den Universitäten Prag und Leipzig, Diss. Leipzig 1891, S. 45–54; NDB 9, S. 427; Tříška, S. 255.

243va–256ra Conclusiones de sacramento altaris
Primus. Prima questio. Christus post cenam instituit et ministravit sub utraque specie panis et vini sanctissimi corporis et sanguinis sui sacramentum

... – ... concedat, qui suos ministros assecurat dicens: Ubi ego sum illic et minister meus erit. Amen.

256rb–257rb Albertus de Gnesna: Epistola de officio diei Parasceue
Albertus Dei gracia sancte Gneznensis ecclesie archiepiscopus et primas reverendo in Christo patre (sic) *ac domino, domino Conrado eadem gracia episcopo Wratislavensi et ipsius in spiritualibus vicario salutem ... In partem sollicitudinis ...* (256vb) *iniungere penitenciam salutarem. Datum Lancicie die dominica Oculi anno domini millesimo CCCCXXX° nostro sub sigillo.* (257ra) *Incipit declaracio rubrice peragendi officium in die Parasceves, quam misit reverendissimus pater et dominus, dominus Albertus Gneznensis archiepiscopus reverendo in Christo patre* (sic) *ac domino, domino Conrado Wratislavensi episcopo anno domini M°CCCC°XXX° ... – ... et sic facit nos moveri tamquam videamus dominum p*[rese]*ntem in cruce. Hoc ille. Hinc est quod in* ‖ bricht ab. – Gleiches Stück in Prag UB, VI.B.23, 4^{v}. Albert Jastrzembiec, so der volle Name, war zunächst Bischof von Krakau und 1423–1436 Erzbischof von Gnesen. – 257va–264vb leer.

265ra–283ra Stanislaus de Znoima: Compendium de reprobatione 45 articulorum Wycleffi
›*Compendium de reprobacione articulorum hereticalium Bohemorum.*‹ [Q]*uia sancta mater ecclesia ex textibus et sentenciis ewangelicis et apostolicis determinavit clare et expresse in capitulo 'Firmiter credimus' ... – ... Sed secundum huiusmodi protestacionem hec hic dicta sub direccione et correccione eiusdem beate sedis et sacrosancte prelibate ecclesie Romane ad presens sufficiant.* – Mansi 28, Sp. 83–157. Tříška, S. 488; Spunar, Nr. 787, Hs. genannt, mit falscher Folio-Angabe; zum Autor vgl. W. Brandmüller, Papst und Konzil im großen Schisma (1378–1431). Studien und Quellen, Paderborn 1990, S. 287 u. 294; S. 287, Anm. 42 die Rubrik aus der Hs. zitiert; Ders., Das Konzil von Konstanz 1414–1418, Bd. I, 1991, S. 326. – 283rb–288vb leer.

289ra–322va Ps.-Petrus de Pilichdorf: Tractatus contra articulos Waldensium
Cum dormirent homines ... (Mt 13,25) *licet dominus et salvator noster dominus Iesus Christus per inimicum hominis bonum semen in agrum seminantis dyabolum ... – ... et specialem utilitatem viderit expedire ...* ›*Expliciunt articuli hereticorum Waldensium et reprobaciones earundem* (sic).‹ – J. Gretser (ed.), Lucae Tudensis episcopi scriptores aliquot succedanei contra sectam

Waldensium, in: Opera omnia 12,2, Regensburg 1738, S. 50–81. Nach freundlicher Auskunft von Prof. A. Patschovsky ist der Autor wahrscheinlich der Inquisitor Petrus Zwicker, vgl. auch A. PATSCHOVSKY, Der Passauer Anonymus. Ein Sammelwerk über Ketzer, Juden, Antichrist aus der Mitte des 13. Jahrhunderts (Schriften der MGH 22), Stuttgart 1968, S. 145.

322va–326va GALVANUS DE BETTINO (?): SUMMULA DE INTERDICTO ECCLESIASTICO
[A]*d honorem Dei et gloriosissime virginis Marie matris sue ut 'Extra pallii' capitulum 'Ad honorem'* (X,I.8.4) *Incipit summula brevis edicionis ostendens, que tempore interdicti prohibentur vel conceduntur ... Queritur ergo primo et principaliter, que prohibentur vel conceduntur tempore interdicti ... – ... cum inter vos concessa Christi ecclesie et Christo, cui laus ... Amen. ›Et sic est finis tractatus de interdicto protinus fine. Sit laus Cristo. Amen.‹* – Vgl. G. POWITZ zu Frankfurt StUB, Ms. Praed.38, 61^{r} (in der Rubrik Calvanus als Autor genannt); bei KAEPPELI 1, S. 263f. unter dem Namen Christian Opitter (nach QUÉTIF-ECHARD 1, S. 810).

326vb–333vb DE DUODECIM FRUCTIBUS CORPORIS CHRISTI
›De XII fructibus corporis Christi‹ [I]*n Apokalipsi legitur capitulo XII* (r. 22)*: Quia quod angelus domini ostendit Johanni flumen aque vive ... Hic est advertendum, quod hec verba sunt Johannis ... – ... ut eo securius hinc extant, ad vitam eternam eo felicius perveniant. Ad quam nos perducat rex celorum. Amen.*

333vb–335vb CONRADUS DE SOLTAU: SERMO IN LAUDEM SACRAE SCRIPTURAE (Prolog zu einer Expositio Psalterii)
[P]*sallam Deo meo ...* (Ps 145,2) *Reverendi patres et domini et magistri, cupientem me immaculate legisse* (r. legis) *et casta domini tractare eloquia ... – ... in regno celorum maximus vocabitur. Hec ille. ›Et finita sunt collecta ista per Johannem Budaczsch anno domini M°CCCCXXI in vigilia ascensionis domini circa horam nonam.‹* – STEGMÜLLER RB 2, Nr. 2018; E. KLEINEIDAM, Univ. Stud. Erfordensis, Bd. 1, 1964, S. 264f., Nr. 3.

Ms 603

Nicolaus Lakmann. Johannes de Fonte

Papier 332 Bll. 31,5×21,5 1467–69; 15.Jh. 3. Viertel

WZ u.a. Ochsenkopf Piccard XII,857 (1457–70). 3 VI^{36} + V^{46} + 22 VI^{310} + V^{320} + VI^{332}; Reklamanten; moderne Foliierung; Seitentitel und arabische Distinktionenzählung auf den Kopfstegen; Blattweiser. Schriftraum 23–23,5×14–14,5, zweispaltig; 45–47 Zeilen.

Buchminuskel, 2 Hände, a: 1ra–142va, b: 143ra–308rb; Buchkursiven, mehrere nicht eindeutig unterscheidbare Hände 313ra–320rb und 321ra–330va; Rubriken; einige Randvermerke von anderer Hand. Rote 3- bis 4-zeilige Lombarden, 187vb–253va öfter blau-rot ornamental gespalten, manchmal auch ornamentale Füllung der Binnenfelder; 143ra rote 5-zeilige Initiale *S*, Konturbegleiter und Binnenfeld blau, darin ausgesparte Kreuzblüten, blau-rote Ausläufer.

Rot gefärbter Kalbsledereinband der Zeit mit Streicheisenlinien; die Form der entfernten Beschläge weist auf den Leipziger Dominikanerkonvent hin; Reste von 2 Schließen; Loch von der Kettenbefestigung im Rückdeckel oben. In Vorder- und Rückdeckel je 1 Blatt (Papier), einspaltig in einer Bastarda des 15.Jh. geschrieben, aus dem Briefbuch eines Verwalters bei einem Vogt von Königsberg in Franken; darin genannte Personen: Heinz von Aufseß, Heinz Schulthuß; Orte: Würzburg, Coburg, Königsberg (Franken), Nürnberg; u.a. ist die Rede von einer Turnierrüstung, die in Nürnberg bestellt wurde und 14 Gulden gekostet hat. Falze, zweispaltig in Minuskel des späten 13.Jh. und aus einem Chorbuch des 13.Jh. mit Quadratnoten im Vierliniensystem.

321ra–330vb 1467 (s. 330vb), 1ra–142va 1469 (s. 142va) geschrieben. Gehörte wahrscheinlich zur Bibliothek des Dominikanerkonvents in Leipzig. Titelschild, Papier, 16.Jh., auf dem Vorderdeckel: *256 · LECTUra … Nicolai Lakmann super … sententiarum · 16 ·* gg. Auf dem Rücken Signatur: *66*[.]. Feller, S. 184, Nr. 27.

1ra–308rb Nicolaus Lakmann: Lectura super tertium et quartum Sententiarum

Cum venit … (Gal 4,4) *Hic incipit liber tercius sentenciarum, qui sic continuatur ad precedentes. Nam in precedentibus egit magister de prelacione Dei …* (142va) ›*Explicit lectura super tercium sentenciarum anno LXIX in vigilia purificacionis Marie.*‹ – 142vb leer. – (143ra) *Samaritanus … Hic incipit quartus liber sentenciarum, qui sic continuatur ad precedentes. Nam postquam magister de prelacione Dei presidentis in libro primo de creacione cuiuslibet entis*

... – ... *possumus ipsum iocunda facie ad faciem contemplari prestante eodem domino ... Amen.* – HAIN 6808–6810. STEGMÜLLER RS, Nr. 587, Hs. genannt; MEIER, Die Barfüsserschule; S. 76–79; Ders. in: Scriptorium 4/1950, S. 39f. (kurze Beschreibung der Hs.) u. 5/1951, S. 26–39, Hs. genannt; Ders. in: Antonianum 5/1930, S. 157–165, S. 189–202 Teiledition L. III, d.3; Ders. in: Franz. Studien 25/1938, S. 162–177, die Hs. mit der Seitenangabe des Feller'schen Katalogs genannt; E. KLEINEIDAM, Univ. Stud. Erfordensis, Bd. 1, 1964, S. 287, Nr. 58; MOHAN, S. 91; VL^2 9, Sp. 352–355, Hs. genannt; FRANZ, Messe, S. 527–536, S. 527, Anm. 3 Hs. genannt; TŘÍŠKA, S. 420f. – 308va–312vb leer.

313ra–320rb REGISTRUM ALPHABETICUM IN LECTURAM SENTENTIARUM I–IV
Absolvere ab aliquo delicto ... (320ra) *Ypocrita est, qui non volet confiteri peccata sua 4 l d 17.* – ›*Opiniones, que non tenentur a doctoribus primi libri.*‹ *Quod caritas, que diligitur, est spiritus sanctus ...* – ... *Cuius contrarium habetur Extra 'De eo qui cogno*[vit] *consa*[nguineam] *discretum*' (X,4,13). – 320^{va-vb} leer.

321ra–330vb JOHANNES DE FONTE: CONCLUSIONES TERTII SENTENTIARUM
Cum venit ... (Gal 4,4) *Distinccio prima 3^{ii} libri continet questiones et prima est, quod filii Dei missio est ipsius incarnacio ...* 327^{va-vb} leer, kein Textverlust ... – ... *finis conclusionum 3^{ii} sententiarum secundum ordinem distinccionum anno domini 1467 in die Leonis pape* (wörtlicher Auszug aus PETRUS LOMBARDUS, SENTENTIAE). – STEGMÜLLER RS, Nr. 446, Hs. genannt; MEIER in: Antonianum 5/1930, S. 183f.; V. HEYNCK in: Franz. Studien 41/1959, S. 210, Anm. 45; MOHAN, S. 17. – 330vb–332vb leer.

Ms 604

Richardus de Sancto Victore. Bindus de Senis. Nicolaus de Gorra (?). Clemens Papa, VI. Sermones

Papier   I + 318 Bll.   31×21   15. Jh. 3. Viertel

Vorsatzblatt + 21 VI^{253} + VII^{267} + 3 VI^{301} + VIII^{317}; fast alle Reklamanten abgeschnitten; 255–278 Folierung des 15. Jh.: *2–24* (22 ausgelassen) und Registerbuchstaben;

moderne Foliierung sehr spärlich und fehlerhaft (zwischen 190 u. 200 eine Zählung ausgelassen, zwischen 280 u. 290, 300 u. 301 ein Blatt nicht gezählt). Schriftraum 22–24,5×14–15; zweispaltig; 46–64 Zeilen.

7 Haupthände: a: 1ra–98vb, Buchminuskel; b: 109ra–200va, Buchminuskel mit Tendenz zur Kursive; die anderen Hände sind Buchkursiven: c: 206ra–236rb; d: 236va–253vb; e: 255ra–279vb; f: 291ra–301ra; g: 304ra–315vb; Rubriken; 255ra–279vb auf den Rändern Registerbuchstaben. Rote 2- bis 3-zeilige Lombarden, einige mit ornamentalen Aussparungen im Buchstabenkörper; 1ra 5-zeilige Initiale *A*, auf dem ockerfarbenen Buchstabenkörper grüne Akanthusblätter, oben kleiner blauer Akanthusausläufer; 109ra 6-zeilige grüne Initiale *T* im bordeauxroten, quadratischen Feld, im Buchstabenkörper und als obere Ausläufer Akanthusblätter, ockerfarbenes Binnenfeld damasziert.

Heller Schweinsledereinband des Spätmittelalters mit Streicheisenlinien und Einzelstempeln aus der Werkstatt des Fritz Forchen in Leipzig, vgl. LOH, Buchbinder, S. 56–62; Anl. 2, Bl. 3 u. Anl. 3, Bl. 1. Beide Schließen erhalten, Blechteile mit gestrichelter Gravur; Buckel entfernt; Loch von der Kettenbefestigung im Rückdeckel oben.

Auf dem Vorderdeckel Signatur des 15./16. Jh.: *C 13*. Auf dem Rücken in Schrift des 15./16. Jh.: *Materia predicabilis varia · I° liber excepcionum similiter novi et veteris testamenti*; von anderer Hand: *Hugonis sermones de tempore*. Im Vorderdeckel in Schrift des 16./17. Jh.: *Bernhardi S. Victoris canonici liber exceptionum*. FELLER, S. 188, Nr. 3.

1ra–98vb RICHARDUS DE SANCTO VICTORE: LIBER EXCEPTIONUM

PL 177, Sp. 191–284. 28rb beginnt Pars II: PL 175, Sp. 633–750 (kleine Lücken in L. 2, cap. 9; in L. 3 erscheint cap. 16 als cap. 18, zum Schluß die Reihenfolge 21, 22, 20; in L. 4 fehlen cap. 2, 11, 12; in L. 5 fehlt cap. 3; in L. 7 Abweichungen in cap. 3). 62ra Pars III: PL 177, Sp. 901–960 (Sermo 1–27). 79va: PL 175, Sp. 751–791 (Allegoriae in novum testamentum, Prolog; L. 1, cap. 1–2; L. 2, cap. 1 u. 16). 84rb: PL 177, Sp. 964 (Sermo 29). 85ra: PL 175, Sp. 757–828 (Allegoriae in novum testamentum, L. 1, cap. 6; L. 4, cap. 26; L. 3, cap. 8; L. 4, cap. 12; L. 2, cap. 26, 15; L. 1, cap. 10; L. 2, cap. 21–25, 18, 17; L. 3, cap. 1; L. 4, cap. 4, 9, 10; L. 2, cap. 34, 35; L. 3, cap. 3; L. 4, cap. 16, 17, 19–22, 30; L. 3, cap. 5; L. 1, cap. 7; L. 3, cap. 6, 7; L. 2, cap. 28; L. 4, cap. 31; L. 2, cap. 19, 27; L. 4, cap. 27, 24; L. 3, cap. 4; L. 2, cap. 33; L. 4, cap. 23, 11; L. 3, cap. 9; L. 4, cap. 25, 13, 1, 18; L. 2, cap. 31; L. 4, cap. 6, 5; L. 1, cap. 11, 4, 8, 5; L. 2, cap. 32, 29; L. 4, cap. 14; L. 1, cap. 3; L. 4, cap. 3. – J. CHATILLON in: Revue du moyen âge latin 4/1948, S. 23–52. – 99ra–108vb leer.

109ra–200va Bindus de Senis: Distinctiones historiales veteris et novi testamenti
Tanta pollet excellencia predicacionis officium ... (109va) [I]*ncipiunt distinc-ciones exemplorum novi et veteris testamenti abrevitate* (sic) *et reducte ad di-versas materias secundum ordinem alphabeti per fratrem B de Senis fratrum heremitarum ordinis sancti Augustini.* Es folgt ein Kapitelverzeichnis. – (110rb) ›*De abstinencia et ieiunio. Capitulum primum.*‹ *Abstinencia est meriti augmentativa* ... (200va) *Zelus indiscretus* ... – ... *Quando accepit epistolas, ut persequeret Cristianos. Actus 13 et 16.* – Hain 6281. Stegmüller RB 2, Nr. 1765; Zumkeller, Nr. 202 u. Nachtrag S. 574, Hs. genannt. – 200vb–205vb leer.

206ra–236rb Sermones de tempore et in dedicatione ecclesiae
Abiciamus opera ... (Rm 13,12) *Hic tanguntur due partes iusticie, videlicet de-clinare a malo et facere bonum* ... (206va) *Deus autem spei* ... (Rm 15,13) *In verbis istis IIII nobis optat apostolus, videlicet cordis exultacionem* ... (206vb) *Levate capita* ... (Lc 21,28) *Solet esse gaudium, quando captivi liberantur* ... (234va) *Ecce dies veniunt* ... (Ier 23,5) *Hec verba sunt Dei patris de sui filii in-carnacione* ... (235ra) *Est puer unus* ... (Io 6,9) *Moyses legislator V panes V li-bri tecti palea tenacissima* (dieser Sermo auch in Windsheim RB, cod. 59, 141va; Schneyer 9, S. 883, Nr. 141, gibt die falsche Signatur 69 an) ... (235vb) *Beati qui habitant* ... (Ps 83,5) *Propheta, cum meditaretur futura gaudia et suspiraret in superna promissa* ... – ... *vocabimus et videbimus et ridebimus et amabimus amabimus* (sic) *et laudabimus et hoc est, quod sequitur in secula se-culorum. Laudetur Deus. Amen.*

236rb–243vb Sermones de passione domini
Ego sum pastor ... (Io 10,11) *Petrus in libro de avibus dicit, quod pellicanus ni-mium diligit pullos suos* ... (240ra) *defendit oves suas a lupo infernali eas secum ad ovile celeste reducendo.* ›*Sequitur sermo de passione domini.*‹ *Obscuratum est aurum* ... (Lam 4,1) *Dicunt naturales, quando sol clare lucet summe lucis sue* ... – ... *ut hic per virtutem sue passionis venire in gracia et ibi in eterna gloria, ad quam* ... *Amen.*

243vb–253vb Sermones de BMV
Benedicta tu ... (Lc 1,42) *Verba ista sunt Elizabeth ad matrem domini Ma-riam* ... (247rb) *impetravit Nabal, id est stulto scilicet peccatori. Ecclesiastes IX: Stultorum infinitus etc.* (Ecl 1,15) *veniam. Fidebit* (r. Videbit) *omnis* ... (Is

52,10 u. Lc 3,6). *Karissimi. Notum est omnibus hominibus quia* (sic) *pauperes et infirmi, quando sciunt convivia vel nupcias* ... (248vb) *Concepcio vel sanctificacio sancte Marie. Nota quod triplex est sanctificacio; quedam est communis* ... – ... *Item quia per effectum concepcionis et quoad triplicem distinccionem concepcionis anima* ‖ bricht ab.

254ra–279vb Nicolaus de Gorra (?): Sermones de tempore
›*Sermones fratris Hugonis de tempore. Prima dominica in adventu.*‹ *Veniet desideratus* ... (Agg 2,8) *Sanctos patres et patriarchas sponsum* (sic) *forma pre filiis hominum contempnari cupientes* ... (Schneyer, Wegweiser, S. 499, Nicolaus de Gorra als Verfasser genannt) ... (254rb) Schneyer 4, S. 255, Nr. 1, 2, 6, Explicits abweichend ... – 260ra–261vb nachträglich eingefügtes Doppelblatt mit einem Register der biblischen Lemmata nach ihrer Reihenfolge und einem alphabetischen Sachregister unter nicht immer korrekter Angabe von Folio und Registerbuchstaben zu den 88 Sermones, in denen häufig *tria* oder *triplex* vorkommt; beide Register zählen 26 Blätter, die Hs. nur 24, sie enthält die 3 letzten Sermones nicht. – (260rb) *Abscondit se Christus tribus generacionibus hominum 15g* ... – ... *voluntas Dei tria wult in nobis 22a.* – (279ra) Schneyer 4, S. 271, Nr. 248 – (279va) [S]*tate siccincti* (sic) ... (Eph 6,14) *Quia proborum et robustorum est infirmos familiariter sustentare* ... (279vb) Schneyer 4, S. 272, Nr. 264 ... – ... *non est veritas, non est materia, non sciencia Dei in terra* ‖ bricht ab. – Nach Schneyer, Wegweiser, S. 499 ist Nicolaus de Gorra der Verfasser, ebenso nach Kaeppeli 3, Nr. 3091; Hinweise zur Diskussion in der Verfasserfrage s. im Katalog Basel B 2, S. 452 f. – 280ra–290vb leer.

291ra–296vb Tractatus de pace
setzt ein ‖ *intento est ad virtutem inducere. Et tunc virtus faciat habentem bonum* ... – ... *Ut se posse putet nec belva teterior* (sic) *ulla et bene de pace.*

296vb–300va Sermones de spiritu sancto
[S]*piritus sanctus eo modo quo Deus tripliciter in creaturis. Est enim in omnibus et singulis* ... (299ra) *Si autem abiero* ... (Io 16,7) [V]*isus est igitur spiritus sanctus apostolis in ligvis* (sic) *igneis* ... – ... *in diabolicam suggestionem, qui* (sic) *auditur in terra. Alium gracie sermonem folio 164* (r. 264).

300va–301vb Sermones in annuntiatione BMV
[A]*damavit eam rex* ... (Est 2,17) *Dilectissimi in Christo. Quam serva mente et in quanto cordis jubilo* ... (301ra) *O Dei proles, genitrix rerum et illa gemma*

terrenis, speculum caducis, lucrifer orbis|| hier wahrscheinlich ein Abbruch; Rest der Spalte leer. – (301rb) Schneyer 8, S. 373, Nr. 84 … – … *et invenies graciam in conspectu omnium hominum. Quartum est*|| bricht ab. – 302ra–303vb leer.

304ra–310vb Sermones in resurrectione domini
Surrexit, non est hic … (Mc 16,6) *Ita scribitur Marci 16 c*[apitulo] *et in huius sanctissime diei dominice resurrectionis solemnitate* … (307ra) *Querite* … (Mt 6,33) *Egregius ille et floribus* (sic) *doctor in II sermone in libro De summo bono* (Isidorus: Sent. III, cap. 36) *describens condiciones veri predicatoris* … (307rb) *Querite* … (Mt 6,33) *Loco et c*[apitulo] *ut supra. Venerabilis gloriosus doctor beatus Augustinus in XI De civitate inducens nos ad diligentem mansionem* … (309ra) *Leprosi mundantur* … (Mt 11,5) *Reverendi patres, liqueat manifeste omnis salus hominis primo habet ortum a gracia* … *Leprosi mundantur* … (Mt 11,5) *Reverendi patres, beatus Bernhardus doctor mellifluus, in quodam sermone sicut ait* … – … *Rogemus igitur hic instantissime ut mundemur hic in presenti a culpa per graciam et illic in futuro ab omni pena per gloriam, quam nobis* … *Amen.*

310vb–315vb Clemens papa, VI.: Sermones de diversis
Schneyer 4, S. 758, Nr. 7; S. 765, Nr. 74 u. 76 … – … *totum corpus expositum ad redimendum. O quanta fuit*|| bricht ab. – Schmitz, Clément VI, Nr. 5, 63 u. 65. – 316^{r}–317^{v} leer.

Ms 605

Andreas Rüdiger de Görlitz

Papier I + 192 Bll. 21×15,5–16 15. Jh. 3. Viertel

Vorsatzblatt + 16 VI^{192}; rechts unten arabische Foliierung des 15./16. Jh. *1–192*. Schriftraum 15–17×10–11; 32–46 Zeilen.

Buchkursiven, 2 wechselnde Hände. Textzitate in vergrößertem Schriftgrad.

Leder-Halbband mit Rautengerank (Schunke S. 234, Nr. 68; Altzelle Hauptwerkstatt); Mittelschließe bis auf geringe Leder- u. Metallreste entfernt; Loch von der Kettenbefestigung im Rückdeckel oben. Im Vorder- u. Rückdeckel je ein ca. 1 cm breiter Pergamentstreifen aus einer liturgischen Hs. in Textualis des 14. Jh.

Aus der Zisterzienserabtei Altzelle, s. Fußsteg 1^{v}–2^{r}: *Liber monasterii Veteriscelle repositus ad Bibliothecam publicam per* [...] ... *dominum Martinum, ibidem abbatem, anno 1514*; im Altzeller Katalog von 1514 unter der Signatur *T 27* (vgl. SCHMIDT, Altzelle, S. 75 u. 85,; zu der Form des Eintrags und zu Abt Martin von Lochau, 1493–1522, ebd. S. 5, Anm. 10 u. S. 27–29). Titelschild, Papier, 16. Jh., auf dem Vorderdeckel: *52 · ANDREas de Görlitz super Esaiam · 52 · Ii.* FELLER, S. 79, Nr. 11.

1^{r}–188^{v} ANDREAS RÜDIGER DE GÖRLITZ: LECTIONES SUPER ISAIAM 1,1 – 11,1 Prolog: [S]*ciendum quod ignorantia et violentia causant involuntarium, unde philosophus, id est ethicorum I ca°, dicit, quod involuntarium est quidem violentia aut ignorantia* ... – ... (4^{v}) *inscientia, quanto magis in hiis que presunt, nec excusatione est digna nec venia et habetur distinctio 38: Si in laycis etc.* – 5^{r-v} leer, Textlücke. – (6^{r}) *Potest eciam et alia causa istius assignari, quare scilicet 70 interpretes non omnia fidei nostre misteria in Hebraica veritate reperta transtulerunt* ... Textbeginn: *Circa principium littere considerandum: Visio corporalis etc. Quando enim homo vigil existens videt visibile* ... (7^{r}) *Sequitur lectio. Quia principium littere in Ysaiam mentionem facit de ipsius prophecia* ... (11^{r}) *Audite celi* ... (Is 1,2) *Ratio autem, quare per celum intelligantur angeli et celestes spiritus* ... – 22^{r} eine halbe Seite leer, kleine Textlücke bei Kommentar zu Is 1,4. – Beginn der einzelnen Kapitel: 2 (80^{v}), 3 (87^{v}), 4 (98^{r}), 5 (108^{v}), 6 (116^{r}), 7 (140^{v}), 8 (151^{v}), 9 (163^{r}), 10 (174^{v}), 11 (182^{v}) ... – ... *Spiritus ergo dans istam cognicionem, scilicet sui* (sic) *puritate et certitudine et admirabili altitudine, spiritus sapiencie est.* – STEGMÜLLER RB 2, Nr. 1291, S. 99, nur diese Hs. Andreas von Görlitz trat 1447 in das Collegium principum minus in Leipzig ein, war im WS 1451 Rektor, im SS 1452 Dekan der Artistenfakultät und wechselte 1465 ins Collegium maius; vgl. ZARNCKE, Die urkundlichen Quellen, S. 764, 588, 751. – 189^{r}–192^{v} leer.

Ms 606

Theologisch-kanonistische Sammelhandschrift

Papier 356 + I Bll. 31,5×20,5 1461; 15. Jh. 3. Viertel

Reklamanten zum größten Teil abgeschnitten; moderne Foliierung; Blattweiser.

3 Teile:

I: 1–230. VII^{14} + 18 VI^{230}. Schriftraum 22,5–23,5×14–15; zweispaltig (außer 1^{r-v} u. 50^{v}); 36–45 Zeilen. Buchkursiven, Haupthand 3ra–229ra (Heinricus Lodovici, s. 161vb), zweite Hand 1^{r-v} u. 50^{v}; Buchminuskel 2^{ra-vb}; Rubriken. Wenige rote 3- bis 5-zeilige Lombarden, einige mit Konturbegleiter und einfachem, dekorativem Beiwerk.

II: 231–302. 6 VI^{302}. Schriftraum 24×14–14,5; zweispaltig; 50–54 Zeilen. Buchkursive, eine Hand; Rubriken. Rote 2- bis 4-zeilige Lombarden; 231ra rote 11-zeilige Initiale *A*, im Buchstabenkörper ornamentale Aussparungen, Konturbesatz aus Profilblättern, Knospenzweig als Ausläufer.

III: 303–356. 4 VI^{350} + $(VI-6)^{356}$ + Nachsatzblatt. Schriftraum 22–23×13–14,5; zweispaltig; 42–44 Zeilen. Buchkursive eine Hand; Rubriken. Rote 2- bis 3-zeilige Lombarden (303ra: 6-zeilig).

Heller Schafsledereinband des späten Mittelalters; Buckel auf dem Rückdeckel entfernt, 2 Schließen erhalten; Spuren der Kettenbefestigung im Rückdeckel oben: 2 Löcher und 1 Metallstift.

Große Partie von Teil I geschrieben von Heinricus Lodovici, Professor in Erfurt (s.o.). Teil II 1461 geschrieben, vgl. 266vb. Titelschild, Papier, 16. Jh., auf dem Vorderdeckel: *29 · IACOBI Cartusiensis* [...] *tractatus · 29 · Dd*; auf dem Rücken: *695*. FELLER, S. 194, Nr. 12.

1^{r-v} Inhaltsverzeichnis zum ersten Teil und Rubrikenverzeichnis zum ersten Text.

2ra–47vb JACOBUS DE PARADISO: TRACTATUS DE OFFICIO ET STATU ECCLESIASTICORUM

Prolog: *Osias sanctus rex Iuda, divine legis ferventissimus emulator* ... (3va) Textbeginn: *Ut autem a causis ad effectus fiat processus* ... – ... *Deum, a quo cuncta bona procedunt, una mecum glorificet, cui laus et gloria sit in secula. Amen. >Iste tractatus est traditus per fratrem Iacobum ordinis Cartusiensium et sacre scripture professorem eximium. Et est confirmatus per facultatem theologicam studii Erdfurdensis et erat subscriptus per dominos doctores Erdfurdensis eiusdem facultatis scilicet per Gotschalcum Mescheden* (E. Kleineidam, Univ. Stud. Erfordensis, Bd. 1, 1964, S. 284f., Nr. 49) *et Fridericum Schone* (ebd. S. 281f., Nr. 40), *Johannem Gudermanne* (ebd. S. 285f., Nr. 51) *et fratrem Heynricum Ludewici* (ebd. S. 286f., Nr. 53). *Sub annis* (sic) *domini M°CCCC°XL nono erat collectus Erdfurdensi etc.*‹ – Meier, S. 37–39, Nr. 39, Hs. genannt; Mertens, S. 38, 69; zu den Unterzeichnern s. ebd. S. 52, Hs. genannt; Porębski, S. 67f., Nr. 61, Hs. genannt; VL² 4, Sp. 482; Repertorium Fontium 6, S. 124; Bloomfield, Nr. 2817. Auch in Ms 621, 397ra.

48ra–vb Johannes Gerson: Epistola super reservationem et moderationem casuum in foro paenitentiae
Pontificiali (sic) *dignitati servus qualiscumque zelator* ... – ... *qui peccavit circa hanc materiam de papatu. Dirigat omnia Deus omnipotens, qui est in secula benedictus. Amen.* – Jean Gerson 2, Nr. 24, S. 90–92; dieses Stück auch bei Helssig, Juristische Handschriften, S. 334. – 49r–50r leer.

50v–109ra Jacobus de Paradiso: Quodlibetum statuum humanorum
Vorangestellt ein Kapitelverzeichnis. – (51ra) *Ezechiel Dei propheta sanctus in sacra Dei visione legitur vidisse librum coram se expansum* ... – ... *et in continua assistencia non creditur defuisse. Cui laus ... Amen.* – Hain 9335. Meier, S. 31f., Nr. 31, Hs. genannt; Mertens, S. 40, 68; Porębski, S. 98f., Nr. 128, Hs. genannt; VL² 4, Sp. 482. Auch in Ms 621, 170ra. – 109ra–rb gleiches Kapitelverzeichnis wie 50v. – 109va–110vb leer.

111ra–125va Jacobus de Paradiso: Tractatus de erroribus et moribus Christianorum
Spiritus sanctus per organum domini prophete Jeremie in utero sanctificati ... – ... *Quod nobis omnibus largiri dignetur medicus summus animarum nostrarum Iesus Christus per secula benedictus. Amen. Anno domini 1452 auctorizante in ecclesia militante monarcha Nicolao papa quinto.* – Hain–Copinger 3335; E. Jacob (Hrsg.), Johannes von Capistrano, Breslau 1905, II 1, S. 282–353. Meier, S. 63f., Nr. 78, Hs. genannt; Mertens, S. 40; Porębski, S. 57f., Nr. 42, Hs. genannt; VL² 4, Sp. 482; Bloomfield, Nr. 5815, Hs. genannt. – 125vb leer.

126ra–127vb JACOBUS DE PARADISO: PLANCTUS SUPER ERRORES CHRISTIANORUM

›*Planctus super errores multorum Christianorum ad precedencia pertinens.*‹ *Manducente nos infallibili* ... – ... *ut oculos cecorum Christianorum aperire dignetur, quod errores suos cognoscant et a perversitate sua se compescant.* – In anderen Hss. als Teil des Vorhergehenden überliefert, so auch in der Edition von JACOB, S. 353–363. MEIER, S. 64, Nr. 78; PORĘBSKI, S. 58f., Nr. 42, ohne Nennung der Hs.; BLOOMFIELD, Nr. 3022.

128^{ra-va} JACOBUS DE PARADISO: PLANCTUS SUPER ERRORES QUORUNDAM RELIGIOSORUM

›*Planctus super errores quorundam religiosorum.*‹ *Quis eciam sufficienter deplangere aut lacrimis scribere* ... – ... *quia celum et terra transibunt. Verba autem mea non transibunt.* – JACOB, S. 363–366. PORĘBSKI, S. 59, Nr. 42, ohne Nennung der Hs.; BLOOMFIELD, Nr. 4844; weitere Angaben wie zum vorhergehenden Stück. – 128vb–134vb leer.

135ra–161vb JACOBUS DE PARADISO: DE POTESTATE DAEMONUM

›*De potestate daemonum, arte magica, supersticionibus et illusionibus earundem* (sic)‹ *Doctrinis variis* ... (Hbr 13,9) *Hec doctrina apostolica et saluberrima hortatur fideles* ... – ... *Ideo commendo factum et in Christo diligo collectorem ipsius.* ›*Ego frater Heynricus Lodowici sacre theologie professor ordinis etc. et immeritus etc.*‹ – MEIER, S. 28f., Nr. 26, Hs. genannt; MERTENS, S. 40, 67; zum Unterzeichner s. ebd. S. 52; PORĘBSKI, S. 71f., Nr. 66, Hs. genannt; VL^2 4, Sp. 483.

162ra–173va JACOBUS DE PARADISO: DE VERITATE DICENDA VEL TACENDA

Auf dem Kopfsteg in Kursive des 16./17. Jh., in Klammern: *Tractatus de passionibus earumque remedio*; darunter: *De veritate dicenda.* – Textbeginn: *Sepenumero pulsatus a meipso et ab aliis incitatus* ... – ... *mercedem michi opto reportare a lectore meis scriptis grato. Amen.* – HAIN 9336. MEIER, S. 60, Nr. 72, Hs. genannt; MERTENS, S. 37, 69; PORĘBSKI, S. 83f., Nr. 93, Hs. genannt; VL^2 4, Sp. 483. – 173vb leer.

174ra–184rb JACOBUS DE PARADISO: TRACTATUS DE DIGNITATE PASTORUM ET CURA PASTORALI

›*Tractatus* ... *doctoris eiusdem*‹ *Aspiciens a longe* (vgl. Hbr 11,13) *sine tamen paralogisacione* ... – ... *Quibus, ut vigilent, concedere dignetur princeps pastorum Christus Iesus in secula benedictus. Amen.* – MEIER, S. 17f., Nr. 8, Hs.

genannt; Mertens, S. 38, 69; Porębski, S. 56, Nr. 39, Hs. genannt. – 184$^{va–vb}$ leer.

185ra–196vb Jacobus de Paradiso: Tractatus de cogitationibus et earum qualitate

Auf dem Kopfsteg: *Item tractatus doctoris Jacobi Cartusiensis de cogitationibus et earum qualita* (sic) *capitulum primum.* – Textbeginn: *Cum quodam tempore tumultibus accionum manualium* ... – ... *qui ei inspiravit, ut vellet, et astitit, ut perficere potuit, Christus Iesus Deus et homo per secula benedictus. Amen.* – Meier, S. 24 f., Nr. 20, Hs. genannt; Mertens, S. 38, 67; Porębski, S. 50 f., Nr. 51, Hs. genannt; VL^{2} 4, Sp. 483.

197ra–199va Johannes Gerson: Tractatus de modo vivendi omnium fidelium Christianorum

[P]*rima regula, que spectat ad nobiles et potentes cuiuscumque status* ... – ... *Qui hanc regulam secuti fuerint, pax super illos et misericordia. Amen.* – Jean Gerson 8, Nr. 399, S. 1–5.

200ra–229ra Paulus Wladimiri: Speculum aureum de titulis beneficiorum ecclesiasticorum

Reverendissimis in Christo patribus et dominis ... *P*[aulus] *minimus et utinam inter veros discipulos Iesu Christi planctum pro affectu et dolorem. Heu corde anxius, qua voce intimare* (Ed.: intonare) *ipse debeam* ... – ... *Anno currente eiusdem nativitatis domini millesimo quadringentesimo quarto; et eodem domino tunc dirigente sic complevit consulens toto desiderio, ad obviandum malis universis, pro ecclesie concilio generali.* ›*Explicit Speculum aureum de titulis beneficiorum ecclesiasticorum.*‹ – Ed. Ch.W.F. Walch, Monimenta medii aevi, Göttingen 1761, Bd. 2, S. 69–216 (Nachdr. Ridgewood 1966, S. 339–376) unter dem Namen Albertus Engelstet. Derselbe Text auch in Ms 594, 49^{r}; dieses Stück auch anonym bei Helssig, Juristische Handschriften, S. 334. S.F. Bełch, Paulus Vladimiri and his doctrine ..., Den Haag 1965, hält Paulus Wladimiri nicht für den Autor, s. ebd. S. 161. Zum Verfasser und zum Titel s. H. Heimpel, Studien zur Kirchen- und Reichsreform des 15. Jahrhunderts (Sitzungsber. d. Heidelberger Akad. d. Wissensch., Phil.-hist. Kl. 1974,1), S. 31–39; Tříška, S. 440. – 229rb–230vb leer.

231ra–266vb Jacobus de Paradiso: Speculum restitutionis male acquisitorum

Attollens mentis oculos in altissimum alveum tocius orbis contemplor ... – ...

sed salutaria et imitacione digna, ut resipiscant et ad viam proficiant salutis. ›Explicit Speculum restitutionis anno domini 1461° in die translacionis sancti Anthonii confessoris.‹ – Gleiches Stück in Ms 599, 261ʳ. MEIER, S. 18, Nr. 9, Hs. genannt; MERTENS, S. 38; PORĘBSKI, S. 125f., Nr. 138, Hs. genannt; VL² 4, Sp. 483; dieses Stück auch bei HELSSIG, Juristische Handschriften, S. 334.

267ʳᵃ–284ᵛᵇ JOHANNES DE MONTE NIGRO: TRACTATUS CONTRA IMPUGNANTES PRIVILEGIA FRATRUM MENDICANTIUM
›Incipit tractatus reverendi patris, fratris Johannis de Monte Nigro provincialis Lombardie, sacre theologie professor (sic) *ordinis predicatorum contra impungnantes* (sic) *privilegia fratrum mendicancium, editus in consilio Basiliensi.‹ Ut sacre deputaciones pleniorem habeant relacionem omnium eorum, que pro iusticia et veritate dominorum mendicancium inter deputatos suos proposita fuerunt ... Primus articulus, qui secundum tenorem bulle erroneus est ... – ... ut omnes suis iuribus sint contenti et alter in alterius iniuriam non prosiliat seu iacturam.* – G. MEERSSEMAN (Ed.), Giovanni di Montenero OP ..., Rom 1938, S. 91–160. Ders. in: AFP 4/1934, S. 83–87; KAEPPELI 2, Nr. 2496, Hs. genannt; dieses Stück auch bei HELSSIG, Juristische Handschriften, S. 334.

285ʳᵃ–292ᵛᵇ TRACTATUS DE EXCOMMUNICATIONE
Morum qualitate decenter adornatis, discretis devotisque viris vicario et cappellanis parrochialis ecclesie sancte Marie in Romalo Tridensis Dyocesis ... exaudienda est ista peticio ... – ... ex supradicto tractatu, qui intitulatur Lumen confessoris et tamen de isto minus principali vel caritatibus promisso. Et sic est finis. Qui dedit alpha et o, sit laus [et] *gloria Christo.* – Dieses Stück auch bei HELSSIG, Juristische Handschriften, S. 334. Romallo liegt bei Cles im Val di Non (Trentino). – 293ʳᵃ–302ᵛ leer.

303ʳᵃ–317ᵛᵇ DE IURE FRATRUM AUDIENDI CONFESSIONES ET SEPELIENDI MORTUOS
Homo primus particeps angelice curie (in der Lüneburger Hs.: nature) *in loco voluptatis, eo quod nudus esset deffensionis* (sic) *et proteccionis pallio caruit ... – ... quod nos communiter in materia indulgenciarum ad interdictum predictum carenam appellamus.* – Derselbe Text, aber umfangreicher, in Lüneburg RB, Theol.lat.fol.49, 37ʳᵃ.

318ʳᵃ–330ʳᵇ JOHANNES KANNEMANN: SCUTUM DEFENSIONIS
Inter humana opera altissimum nuncupatur nexu eternum ipsum in perfectum communis utilitatis ordinatum ... – ... (330ʳᵃ) *totus iste septe*(330ʳᵇ)*narius in*

principio premissus ad simplicium instruccionem etc. pro collectore qui hec colligit anno domini 1447 in Magd[eburgo]. - Ebenfalls in Lüneburg RB, Theol. lat.fol. 49, 72vb. MEIER, Die Barfüsserschule, S. 23, 53f.; E. KLEINEIDAM, Univ. Stud. Erfordensis, Bd. 1, 1964, S. 287, Nr. 56; L. OLIGER in: Franz. Studien 5/1918, S. 65; MOHAN, S. 213; VL^2 4, Sp. 983–986.

330rb–332va TRACTATUS SUPER SEPTEM CASUS EXCOMMUNICATIONIS
Item nota septem sunt casus principales secundum communem doctrinam morum et theologie assignacionem ... – ... et sic patent casus ipsi totaliter expediti.

332^{va-vb} QUAESTIO DE PRIVILEGIIS ORDINUM MENDICANTIUM
Queritur utrum dyocesani in eorum synodis absolucionem particularium delictorum ultra casus expressos in iure sibi specialiter reservare possint ... – ... et nullius prorsus existere firmitatis. Ibidem in Clementinis: Dudum etc. – Dieses Stück auch bei HELSSIG, Juristische Handschriften, S. 334.

333ra–341va EXTRACTA DE CLEMENTINIS 'DE STATU MONACHORUM ET CLERICORUM'
›Extracta de Clementinis constitutionibus‹ Notabile Extra de statu monachiali in Clementinis: Ne in agro dominico, ubi Johan[nes] *An*[dreae] *assumit Hugonis De claustro anime ... – ... est vinculo dignum et antecedens dignum est flagellis etc.* – Vgl. FRIEDBERG, Bd. 2, Sp. 1166ff.; dieses Stück auch bei HELSSIG, Juristische Handschriften, S. 334. Vorwiegend geht es um die Pflichten und Rechte von Angehörigen der Bettelorden und Weltgeistlichen, besonders im gegenseitigen Verhältnis.

341vb–343vb BARTOLUS DE SAXOFERRATO: TRACTATUS SUPER CONSTITUTIONEM 'SUPER CATHEDRAM' DE SEPULTURIS
Pro clariori intellectu constitucionis: Super kathedram de sepulturis ... per magistrum Bartholomeum de Saxoferrato, doctorem in iure civili ... – ... et due alie sequentes pertinent ad materiam legatis. ›Explicit tractatus Bartholomei de Saxoferrato abstractus ex iure canonico.‹ – Dieses Stück auch bei HELSSIG, Juristische Handschriften, S. 334f.

343vb–345ra TRACTATUS DE PORTIONE CANONICA NON DANDA A MENDICANTIBUS
Notiva (r. motiva), *quibus fratres moventur ad porcionem canonicam non danda ... – ... relinquo tamen iudicio saniori et magis perito. Laus Deo. Amen.*

345ra–348vb TRACTATUS DE REDDITIONE QUARTAE PARTIS
Quoniam suppositum reddicionis quarte est libera sepultura ... – ... (348va) *non* (348vb) *tenetur nisi de obvencionibus sicut superius est expressum etc. ›Et sic patet illud.‹*

348vb–354ra JOHANNES DE CAPESTRANO: CONSILIUM DE CANONICA PORTIONE, EPISTOLA AD VENTURELLUM EPISCOPUM OPPIDENSEM (1430–1449, Oppido Marittima, Kalabrien)
[R]*everendo in Christo patri et domino V*[enturello], *Dei et apostolice sedis gracia episcopo Opidensi dignissimo confrater Johannes de Capistrano, ordinis minorum minimus et indignus cum recommendacione scriptum totum quantumlibet pusillum ad obsequia salutaria pro eterna gloria capiscenda. Ex quo vestre placuit reverencie talem de mea pussilitate confidenciam obtinere ... – ... quam dignetur altissimus semper dirigere in vyam veritatis et iusticie ad gloriam sempiternam. Amen.* – Parallelüberlieferung in Neapel Bibl.Naz., I.H.43, 377^{r} u. VII.E.36., 244^{r}; dieses Stück auch bei HELSSIG, Juristische Handschriften, S. 335. MOHAN, S. 387, gibt den Namen des Adressaten mit 'Vincentio' an.

354^{ra-rb} DE IURE ECCLESIASTICAE SEPULTURAE
Non enim consideratur iniuria, vero nulla intervenit iniuria, nisi interveniri (r. inveniri) *potest iniuria ... – ... quando corpus in nostro cimiterio non humatur.*

354rb–355va QUAESTIONES DE PRIVILEGIIS FRATRUM MENDICANTIUM
Queritur quid iuris de relictis ab illis, qui non sepeliuntur apud fratres ... – ... De sen[tentia excommunicationis]: *In plateis communibus in privatis ergo secus.* – 355vb–356^{v} leer.

Ms 607

Jacques Legrand

Papier II + 144 Bll. 30×21,5 15.Jh. 1. Hälfte

2 Vorsatzblätter + 12 VI^{144}; Reklamanten; moderne Foliierung; durchgehend Kolumnentitel. Schriftraum 22–24×14–15,5; zweispaltig; 44–49 Zeilen.

Buchkursive, eine Hand; auf den Rändern Textnachträge und Gliederungsstichworte von Schreiberhand, einige andere Bemerkungen und vermutlich die Nota-Hände und kleine Zeichnungen (z.B. 37^{v}, 122^{v}) von einer anderen Hand des 15.Jh.; Rubriken. Rote 3- bis 4-zeilige, zu Beginn der einzelnen Bücher und Tractatus 7-bis 12-zeilige Lombarden, oft mit tropfenförmigen Verdickungen. 22vb Initiale *V* mit in den Schäften ausgesparten Streifen, 32vb am Fußsteg waagrecht abknickende Initiale *I*, im Schaft ausgesparter Streifen; auf dem Bundsteg von 74ra rot-schwarz gezeichnete Ranke mit zwei 5-blättrigen Blüten, überkreuzt von 2 Schriftbändern mit dem Motto: *Fuge iram.*

Heller Kalbsledereinband des späten Mittelalters; Kantenbeschläge des Vorderdeckels erhalten, Buckel und Kantenbeschläge des Rückdeckels entfernt; Reste von 2 Schließen; im Rückdeckel oben und unten je 1 Loch als Spur der Kettenbefestigung. Falze aus einem Kommentar zu einem antiken Text in einer Minuskel des 14.Jh. (es kommen u.a. vor: Dardanus und Iasius, Alexander, Europa, Jerusalem) und ein Fragment aus einem PSALTER (Bruchstücke aus Ps 30) oder einer BIBEL des 12.Jh.

Auf dem Recto des Vorsatzblatts in Kursive der Zeit ein Kaufvermerk: *Sabbato ante Invocavit dedit Deynhart 14.* Auf den Spiegeln des Vorder- und Rückdeckels sowie 144^{v} Eintragungen zu Angelegenheiten von Bürgern und Geistlichkeit von Freiberg in den Jahren 1440–1445 von einer Hand des 15.Jh. (ed. J. FÖRSTEMANN in: Neues Archiv für sächsische Geschichte 18/1897, S. 150–152). Auf dem Vorderdeckel ein Pergamentstreifen des 15.Jh. mit der Aufschrift: *Sophilogium.* Auf dem Rücken Signatur: *1267*; darunter Signaturschild (von Feller?): *771.* Aus dem großen Fürstenkolleg; FELLER, S. 378, Nr. 771.

1ra–140rb JACQUES LEGRAND: SOPHILOGIUM

›Incipit sophilogium, cuius finis est amare sciencias et virtutes.‹ Illustrissimi principis regis Francorum devotissimo confessori, domino Michaeli, divina providente gracia episcopo Autysiodorensi humilis sui patrocinii capellanus, frater Jacobus Magni ordinis fratrum heremitarum sancti Augustini continuum famulandi affectum. Lecta colligere et ad summulam ordinatim redigere … *›Incipit primus liber sophilogii, cuius primus tractatus est de quibusdam* (1rb) *inducentibus ad amorem sapiencie. Primum capitulum.‹ Dicit Aristotiles X ethicorum, quod homo sapiens maxime felix est* … – 13^{v} (nach I.2.1) ein hebräisches und ein griechisches Alphabet jeweils mit ausgeschriebenen Buchstabennamen, das griechische in Kapitalis und Unziale, dazu ein lateinisches Alphabet … – … *tolle, quod peyus est, et suscipe, quod per se bonum non est scilicet nubere. Et loquitur vidue etc.* – HAIN 10467–10480; HAIN–COPINGER 3746–3753. ZUMKELLER, Nr. 431, Hs. mit der Feller'schen Angabe genannt; BLOOMFIELD, Nr. 1592; A. COMBES in: Augustiniana 7/1957,

S. 327–348 u. 8/1958, S. 129–163, mit Edition der Abschnitte II,2,1; II,2,5; II,2,7. – 140va–141rb Kapitelverzeichnis. – 141^{v}–144^{r} leer.

Ms 608

Gerardus de Monte. Jacobus de Paradiso

Papier 47 Bll. 20×14,5 15. Jh. 4. Viertel

WZ Ochsenkopf, Piccard XI,358 (1485/86). (V+1)^{11} + 3 VI^{47}; Blattweiser; moderne Foliierung. Schriftraum 16–18,5×10,5–12,5; 24^{r}–45^{v} zweispaltig; 40–46, im zweispaltigen Abschnitt 42–51 Zeilen.

Buchkursiven, 2 Hände, a: 1^{r}–23^{v}; b: 24ra–45vb, hier auch Rubriken und rote 4- bis 6-zeilige Lombarden, mit Schwellungen und tropfenförmigen, gelegentlich dornblattartigen Verdickungen des Buchstabenkörpers. Bibliothekseinband des 19. Jh. Feller, S. 211, Nr. 34.

1^{r}–23^{r} Gerardus de Monte: Tractatus super concordiam Thomae de Aquino et Alberti magni
Rubrik von einer Hand des 16. Jh.: ›*Gothardi de Monte tractatus continens concordiam sententiarum in iis locis, in quibus contrariari censentur.*‹ [N]*olite plures magistri fieri fratres mei. Scribitur Iacobi 3°, de quo Augustinus in libro de retractactionum* (sic) *sic inquit: In principio magistros plures fieri* ... f. 11^{r} unten einige Zeilen unbeschrieben: Textlücke ... – ... *sibi invicem non contradicere in materiis prenarratis.* ›*Explicit tractatus ostendens concordiam s*[ancti] *T*[home] *cum v*[enerabili] *A*[lberto] *in multis, in quibus contrarii censentur. Editus a venerabili ac eximio divine sapiencie professore, theologie interpreti* (sic), *Coloniensi magistro Gothardo de Monte.*‹ – Stegmüller RS, Nr. 252; dort und in anderen Hss. lautet der Name Gerhardus.

23^{v} Notata super sophismata
Oporteat loicum (sic) *predicare rem et non terminum* ... – ... *fundamentum unius quam alterius arguitur.*

24ra–25va Quaestiones de sapientia a natura hominibus insita
Queres an prudentia aut sapientia insit omnibus a natura ... (25ra) *Queres an*

prudentia sit consequencie virtus specialis cognoscitiva ... – ... quidquid possumus sentire, illud idem intellegere possumus, sed non e contra.

25vb–29vb Compendium significationis missae
›*Incipit compendium super representacione aut significatione misse optimum.*‹ *Cum pro salute humani generis officium misse sacrosanctum canonice sit institutum ... – ... maledicti in ignem eternum, a quo nos custodiat, qui in eternum vivit ... Amen.* ›*Explicit significationis misse compendium.*‹

30ra–45vb Jacobus de Paradiso: Tractatus de apparitionibus animarum
›*Tractatus peroptimus de animabus exutis a corporibus, editus a fratre Jacobo ordinis Cartusiensis.*‹ *Rogamus vos ...* (II Th 2,1–2) *Verba sunt apostolica ad plebem Tessalonicam missa in quadam epistola. Eadem consolacionem ne terrores* (sic) *concuterentur ... – ... veniam petentes de prolixitate aut superfluitate caritate ad hoc instigante, pro quo Deus sit benedictus. Amen.* – Hain 9345–9353. Meier, S. 58f., Nr. 70, Hs. genannt; Mertens, S. 41, 68, 74; Porębski, S. 39, Nr. 12, Hs. genannt; VL^{2} 4, Sp. 483. – 46^{r}–47^{v} leer.

Ms 609

Jacobus de Asculo. Guilelmus Alaunovicanus. Antonius Andreae. Quaestiones

Pergament 91 Bll. 34×23,5–24 14. Jh. Mitte

(VI–1)^{11} + VI^{23} + III^{29} + 4 VI^{77} + IV^{85} + (IV–2)^{91}; erstes Blatt fehlt, Textverlust; zwischen 58 und 59 ein Pergamentblatt, ca. 21×12, mit Textnachtrag eingeheftet; Doppelblattzählung: *a*, *b* ...; moderne Foliierung (jedes 10. Blatt). Schriftraum 25–26,5×16,5–18; zweispaltig; 56–66 Zeilen.

Textualis, mehrere Hände, Haupthand: 1ra–24vb, 26ra–29vb, 34ra–77vb; Buchminuskel mit kursiven Elementen: 30ra–34ra; Rubriken; zahlreiche Gliederungsvermerke und Textergänzungen auf den Rändern von Schreiberhand und einer anderen Hand des 14. Jh. Rote 2- bis 3-zeilige Lombarden.

Heller Schweinsledereinband des Spätmittelalters; Buckel entfernt; Rest einer Langschließe auf Mitte; Metallstift von der Kettenbefestigung im Rückdeckel oben. Im Vorder- und Rückdeckel je ein Doppelblatt (Papier, 21,5×15,5; Mitte des 15. Jh.) mit philosophischem Text (u.a. Comparativus). Beiliegend als Lesezeichen ein Fragment (ca. 6×5,5) in Kursive des 15. Jh. aus einem scholastischen Text.

Auf dem Vorderdeckel Titelstreifen in Textualis des 15. Jh.: *Quotlibetum magistri Jacobi de Asculo ordinis fratrum minorum.* Im Rückdeckel, ebenfalls 15. Jh., gleichlautender Eintrag. Auf dem Rücken Bibliotheksschildchen des 16./17. Jh. mit der gleichen Angabe und der Signatur *H 76.* Aus den Beständen der Philosophischen Fakultät. Kat. 1560, Nr. 216, DÖRING, S. 71 u. 93. FELLER, S. 357, Nr. 41.

1ra–20rb JACOBUS DE ASCULO: QUODLIBETUM I
Setzt ein in Quaestio I ‖*intencionem esset nolitum ab ipso et igitur, cum deus intelligat privaciones et mala culpe ... – ... quod fraus et dolus nemo debet patrocinari, concedo quia concludit verum. Amen.* – GLORIEUX, Quodl. 2, S. 141 f., Hs. genannt; R. EGENTER in: Aus der Geisteswelt des Mittelalters (FS Grabmann), Münster 1935, S. 1026 f., Hs. genannt. – Es folgt 20rb–23va eine anonyme QUAESTIO DE FIERI SUBSTANTIAE: *Vicesimo 3°* (auf dem Kopfsteg: *questio 27) queritur, utrum fieri substancie spiritualis arguat in ea composicionem realem ... – ... facit tamen, quod essencia inposita sit essencia in actu.* – 23^{va-vb} Verzeichnis der Quaestionen.

24ra–25vb QUAESTIONES DE CREATURIS
Postquam quesitum est de Deo, sequuntur questiones per comparacionem ad creaturas. Querebantur autem quedam universaliter de omnibus creaturis quedam autem de determinatis. Ille autem, que fuerunt de omnibus, fuerunt 3^{es}. Prima fuerit ista, utrum esse sit primum creatum ... (24rb) *Postea querebatur, utrum in uno existenti* (?) *reali possint assignari diversa signa ...* (Auf den Fußstegen von 24ra–25ra Nachtrag des zwischen 24vb u. 25ra fehlenden Textes) ... – ... *quod in mutacione, in qua forma succedit forme, sunt duo contraria similiter in eodem existenti* (?); *falsum supposuit racio, ut ex dictis patet.*

26ra–26vb GUILELMUS ALAUNOVICANUS: QUAESTIO DE SCIENTIA
[U]*trum sciencia possit advenire intellectui absque omni mutacione interius noviter intellectus ... – ... minor probatur si relacio haberet* (auf dem Rand) *aliud inesse aut relacio haberet, esset eadem.* – Gleiche Quaestio in Padua Bibl. Anton., Ms. 291 (Scaff. XIII), 6vb u. Ms. 295 (Scaff. XIII), 44^{r} (Autor jeweils in der Rubrik genannt); vgl. V. DOUCET in: AFH 25/1932, S. 259 f. u. 262; MOHAN, S. 470.

27ra–89rb 48 QUAESTIONES DE DIVERSIS
[U]*trum unum causatum numeri sit extra quantum ...* (27rb) *Utrum cir-*

cumscriptis relacionibus maneant persone distincte ... (gleiche Quaestio in Vat.lat.1012, 112^{v}) ... (27vb) *Utrum ens predicetur in quid de ultimis differenciis* ... (Vat.lat.1012, 117^{v}) ... weitere Parallelen: (41va) *Utrum omnes homines natura scire desiderent* ... (Vat.lat.1012, 102^{r}) ... (42ra) *Utrum intelligencia movens celum sit alicubi, ut in loco* ... (Krakau Bibl. Jag., cod.732, 49^{r}) ... (43rb) *Utrum primum principium puta Deum esse possit efficaciter probari racione naturali* ... (Krakau Bibl. Jag., cod.732, 50^{v}) ... (44vb) *Utrum primum principium esse causam efficientem omnium possit efficaciter causam probari racione naturali* ... (Krakau Bibl. Jag., cod.732, 52^{v}) ... (46rb) *Hic tria inquiram. Primo an Aristoteles se eternitatem mundi demonstrasse* (Nachtrag auf dem Rand: sensuerit) ... (Krakau Bibl. Jag., cod.732, 54^{v}) ... (51va) *Postea querebatur, utrum subiectum alicuius sciencie primum contineat virtualiter omnes passiones* ... (Vat.lat.1012, 103^{v}) ... (52ra) *Queritur utrum ens sit univocum commune Deo et creature* ... (Krakau, Bibl. Jag., cod.732, 70^{r}) ... (55va) *Utrum forma substancialis educta de potencia materie recipiat magis et minus* ... (Krakau Bibl. Jag., cod.732, 84^{v}) ... (57va) *Utrum sit dare aliquod tempus discretum ex instantibus* ... (Krakau Bibl. Jag., cod.732, 16^{v} u. 87^{r}) ... (59rb) *Utrum primum principium possit facere actum infinitum secundum corporalem magnitudinem et secundum numeralem multitudinem sub eadem specie* ... (Krakau Bibl. Jag., cod.732, 15^{r} u. 89^{v}) ... (60vb) *Utrum duo accidencia realia et absoluta solo numero differencia possint simul stare in eodem subiecto* ... (Krakau Bibl. Jag., cod.732, 20^{r} u. 91^{r}; Vat.lat.1012, 123^{v}) ... (62rb) *Utrum tempus fundatum in motu rerum mobilium corporalium sit aliquid reale extra animam* ... (Krakau Bibl. Jag., cod.732, 45^{r}) ... (64ra) *Utrum tempus secundum esse reale, quod habet extra in re, differat realiter a motu* ... (Krakau Bibl. Jag., cod.732, 46^{v}; Vat.lat.1012, 98^{r}) ... (67vb) *Utrum habitus generentur ex actibus productivis* ... (Vat.lat.1012, 120^{v}) ... (85ra) *Queritur utrum noticia actualis creature presupponatur in Deo noticie habituali eiusdem* ... (86va) [U]*trum noticia actualis, quam habet Deus de creatura, posuerit ipsam ab eterno in acto et creato* ... – ... *ideo non potest esse per se terminus productionis.*

89va–91rb ANTONIUS ANDREAE: DE PRINCIPIIS NATURAE
Cum secundum doctrinam Aristotelis in plerisque locis ex noticia principiorum videretur noticia cuiuscumque ... – ... *sed est forte distinccio* || bricht ab. – GW 1667–8. MOHAN, S. 85; s.a. ROSE in: Katalog Berlin 2.3., S. 1236; dieser Text bei LOHR, Aristotle Commentaries in: Traditio 23/1967, S. 363–365 nicht erwähnt. – 91va Verzeichnis der 4 Quaestionen 27ra–29vb. – 91vb leer.

Ms 610

Hilarius de Leitmeritz. Johannes de Rokizana.

Papier 84 Bll. 29×21 15.Jh. 3. Viertel

7 VI^{205}; Lage 4–6 Reklamanten; Foliierung des 15.Jh. beginnend mit *122*. Schriftraum 21×12, ab 158^{r} 22×13; ab 158^{r} zweispaltig; 39–41, ab 158^{r} 52–55 Zeilen.

Bastarda 122^{r}–157^{r}; Buchminuskel mit kursiven Elementen 158ra–205vb; Zusatz auf 204vb in Buchkursive; Rubriken; Gliederungszeichen und Stichworte auf den Rändern im einspaltigen Teil meist vom Schreiber und einer anderen Hand, weitere Stichworte und Notate von einer dritten Hand des 15.Jh.; im zweispaltigen Teil nur anfangs einige Randvermerke. 139^{v}–157^{r} vergrößerte und verstärkte Bastarda als Auszeichnungsschrift. Bibliothekseinband des 19.Jh. Als Lesezeichen ein Papierstreifen (ca. 3×10), 2. Hälfte des 15.Jh., darauf erwähnt eine Exkommunikationsbulle Pius' II., vermutlich zum Thema Laienkelch.

Der Inhalt entspricht den 3 letzten Texten der von Feller, S. 393–399, Nr. 561 aufgeführten Hs. aus dem großen Fürstenkollegium. Die übrigen Texte von Nr. 561 entsprechen aber zusammen mit den ab S. 403, Z. 8 genannten Texten der Fellerschen Nr. 552 (S. 399–409) dem juristischen Codex Ms 1092, beschrieben in: Helssig, Juristische Handschriften, S. 219–234; die Maße dieser Hs. (31×21), deren Einband noch aus dem 15.Jh. stammt, stimmen mit Ms 610 nicht ganz überein.

122^{r}–139^{r} Hilarius de Leitmeritz: Disputatio contra Johannem de Rokizana

›[T]*ractatus declaracionis excessuum magistri Johannis Rukizani coram rege ex parte decani Pragensis.*‹ [A]*nno domini M°CCCC°LXV° in die purificacionis beate Marie virginis facta est magna congregacio dominorum, baronum, militum, clientum et civitatum regni Bohemie per dominum regem …* (124^{r}) Zitat eines tschechischen Spottlieds: *Archibiskip abcda spalil ane weyda*, interlinear die lateinische Übersetzung: *Archiepiscopus Abcdarius combussit libros ingnarus* (sic); gleiche Seite ein Ausspruch des Magisters Stanislaus: *Days to milii bnoch abitakowy bil*, interlinear: *Det hoc pius Deus, ut talis sis …* (132^{v}) *Nebil kaczirzem zech ancz* […] *bitivalesen noth iechto dnoch*, interlinear: *non fuit hereticus Bohemus neque potest inveniri in hiis diebus … – … hec sessio peracta est neque plus regi visum est, ut egressus et auditorium die sequenti fiat, quia velit de hiis plenius deliberare. Et sic est finis huius posicionis contra Rokizanam.* – Bis 129^{v} sind auf den Rändern die jeweiligen Akteure angegeben. – Auch in Ms 177, 230r. Repertorium Fontium 5, S. 480, Hs. genannt, Angabe von Drucken; zum Autor s. ADB 12, S. 393f.

139v–157r Johannes de Rokizana: Tractatus contra sex propositiones apostatarum virorum

[I]*n nomine domini Amen. Quia prima Johannis V° scriptum est* – auf dem Bundsteg: *Si testimonium hominum accipimus, testimonium Dei maius est.* – *et cum plebes fidelium regni Bohemie et marchionatus Moravie sacrosancta communione sub specie duplici acceptavere* ... – ... *qui est auctor illius communionis duplicis speciei Iesus Christus, qui vivit ... Amen. Explicit tractatus contra sex propositiones apostatarum virorum inutilium, editus per reverendum magistrum Johannem* (durchgestrichen: *Archiepiscopum electum Pragensum*, dafür von anderer Hand: *Rockzan hereticum condempnatum*) *in anno domini MCCCC°LXV.* – Auch in Ms 180, 225v. Vgl. A. Voigt (Ed.), Acta litteraria Bohemiae et Moraviae II, pars III, 1777, S. 136ff. u. 164. – F. Bartoš, Litterární činnost M. Jana Rokycany ... Sbírka pramenů k poznání literárního života Československého 3,9/1928, S. 42f. – 157v leer.

158ra–183rb Hilarius de Leitmeritz: Tractatus catholicus triumphalis

›*Tractatulus katholicus triumphalis pro sacratissima et orthodoxa communione unius speciei danda fidelibus populis contra tractatum Rokiczane illam communionem impungnantem* (sic), *editus in ecclesia Pragensi. Feliciter incipit liber primus. Capitulum primum prohemiale.*‹ [S]*piritus sanctus, ecclesie sancte Dei rector et vivificator, qui non sinit collabi quibus datus est, sit auctor huius operis et servator. Amen* ... – ... *Hec breviter posita sunt pro fidei stabilimento et fidelium consolacione. Nunc ad aliam proposicionem transeamus.* ›*Laus Deo. Explicit tractatulus primus pro sacratissima et orthodoxa communione unius speciei.*‹ – Auch in Ms 180, 281r. Hain 8663. J. Nováková in: Listy filologické 66/1939, S. 364–372, Hs. genannt und kurz beschrieben; Repertorium Fontium 5, S. 480f., Hs. genannt (Literaturangaben gelten auch für die folgenden Stücke).

183rb–194rb Hilarius de Leitmeritz: Tractatus de oboedientia

›*Incipit tractatulus secundus de obediencia sancta. Capitulum primum continit* (sic) *proposicionem sextam: Quod quicumque facit contra preceptum pape, peccat mortaliter.*‹ *Omnium superius positorum lumen et regula, ex qua originem et robur, que dicta sunt, recipiunt* ... – ... *Et que maior superbia, quam unus homo tocius congregacionis iudicio iudicium suum preferat, tamquam ipse solus habeat spiritum Dei. Hec ille in forma.* ›*Explicit tractatulus secundus de obediencia sancta.*‹ – Auch in Ms 180, 331^{v}.

194rb–204vb HILARIUS DE LEITMERITZ: TRACTATUS PRO COMMUNIONE UNIUS SPECIEI AD PLEBES FIDELES

›*Incipit tractatulus tercius continens verissimas deducciones pro communione unius speciei ad plebes fideles. Capitulum primum: Quod communio unius speciei habet fundamentum a Christo domino et solvit instancias.*‹ [E]*vacuatis igitur sentinis et spinis de ecclesie ramis amputatis prout dominus concedebat* ... (204ra) *Tractatum hunc ergo sic claudat doctor sanctus per patrem, filium et spiritum sanctum. Amen.* 2 Leerzeilen. [R]*esponsum est tibi pro exiguitate temporis, putamus sufficienter* ... – ... *et vitam eternam. Christus unus unius ecclesie unius auctor fidei, unius spei, unius caritatis. Qui cum* ... *ecclesie sancte unificatore est benedictus in secula. Amen.* ›*Deo gracias. Explicit tractatulus triumphalis pro sacratissima et orthodoxa communione unius speciei danda fidelibus populis contra tractatum Rokiczane illam communionem impugnantem, editus in ecclesia Pragensi feliciter explicit. Laudetur sancta trinitas.*‹ – Auch in Ms 180, 352^{v}. – Bis zum Spaltenende folgt noch das 2. Dekret der 13. Session des Konstanzer Konzils (Verbot des Laienkelchs), s. J. ALBERIGO, Conciliorum oecumenicorum decreta, Bologna 1962, S. 395; auch HEFELE–LECLERCQ, Bd. 7,1, S. 284–285, Z. 6. – 205^{ra-vb} leer.

Ms 611

Johannes de Capestrano

Papier 24 Bll. 20,5×14 um 1500

2 VI^{24}; nicht foliiert. Schriftraum 15,5–16,5×11,5–12; 30–41 Zeilen. Buchkursive, eine Hand. Platz für nicht ausgeführte vergrößerte Initialbuchstaben freigelassen; 1^{r}, 2^{r}, 2^{v} Zwischenüberschriften in größerem Schriftgrad und stärkerem Strich. Bibliothekseinband des 19. Jh. Nicht bei Feller.

1r–20v JOHANNES DE CAPESTRANO: EPISTOLA DE CORRECTIONE JOHANNIS DE ROKIZANA
›*Incipit epistola Johannis Capistrani fratris ordinis minorum de correctione Rockentzosis feliciter.*‹ [E]*leganti viro domino N, Dei semi*[n]*atori verbi in Praga. Hec epistola dedicitur confratri in Cristo dilecto pro salute … Quia quid mundi prosperitas valeret in hac presenti vita, si dampnacio corporis et anime sequeretur in futura vita … – … Subicio me correccioni tue et omnium, quorum interest corrigere et ad viam veritatis reducere et hoc peto a te et ab omnibus ut supra etc.* – F. WALOUCH, Ziwotopis swatého Jana Kapistrána, Brünn 1858, S. 732; SBARALEA 2, S. 49; J. HOFER, Johannes Kapistran. Ein Leben im Kampf um die Reform der Kirche, Bd. 2, Heidelberg 1965, S. 111–115. – 21r–24v leer.

Ms 612

Franciscus de Toledo. Guido de Monte Rocherii. Palladius. Armandus de Bellovisu. Jacobus de Paradiso. Aegidius Romanus

Papier 375 Bll. 31×21,5 1464; Leipzig (?) 15. Jh. 3. Viertel

Durchgehend moderne Foliierung. 2 Teile:

I: 1–12. Senio, lose. Schriftraum 21,5×11–12; 37–39 Zeilen. Buchkursive, eine Hand; auf den Rändern einige Gliederungsstichworte. 1r grüne 10-zeilige Deckfarbeninitiale *F* in rechteckigem rot-weißem Rahmen, Buchstabenkörper gefüllt mit Akanthusdekor, Grund schwarz mit goldener Damaszierung, nach oben grüner Akanthusausläufer; stilistisch eng verwandt Ms 1 (s. HELSSIG, Theologische Handschriften, S. 1–3; Abb. bei DEBES, Leipziger Zimelien, S. 123) und Ms 548, 549, 581; vermutlich gleiche Werkstatt.

II: 13–375. 20 VI^{312} + (VI–1)^{323} + 3 VI^{359} + VIII^{375}; Reklamanten und Doppelblattzählung großenteils durch Beschneiden verloren. Schriftraum 22–24×13–14,5; 13ra–94va zweispaltig, 97ra–149v nur die Kapitelverzeichnisse vor den einzelnen Büchern; 36–45 Zeilen. Buchkursive, 3 Hände, a: 13ra–94va; b: 97ra–321r; c: 343v–375v; Bastarda 324r–343r; Rubriken; auf den Rändern wenige Korrekturen und Gliederungsstichworte, 158r–284v römische Kapitelzählung. Kapitelinitialen als rote 2- bis 4-zeilige Lombarden, häufig nicht ausgeführt; 97v 7-zeilige Initiale *P*, rot-schwarz ornamental gespalten. Bei den übrigen Textanfängen freigelassener Platz für größere, aber nicht ausgeführte Initialen.

Schweinsledereinband des Spätmittelalters mit Streicheisenlinien; Buckel entfernt; Kantenbeschläge erhalten; geringe Reste von 2 Schließen; 2 Löcher der Kettenbefestigung im Rückdeckel oben. Im Vorderdeckel Bruchstück eines SERMO zum Fest Johannis Ev. oder Bapt. Im Vorderdeckel ehemals ein Aushang (Papier 29,5×15,5) mit der Ankündigung einer Quaestio, die der Lizentiat Kilian Pflüger aus Winsheim (Windsheim?) unter dem Magister Seifried Dietrich aus Nürnberg (wahrscheinlich 1460 – im WS 1460 erlangte Pflüger den Magistergrad, s. ERLER II, S. 179) behandeln werde: *Utrum primum rerum principium, quod per essenciam est existens omnino carens compositione, comformiter* (sic) *et inmediate* (sic) *singula sit producens et qualibet expers multiplicationis.*

13ra–94va 1464 geschrieben, s. 94va. Das Akanthusdekor weist nach Leipzig. Titelschild, Papier, 16. Jh., auf dem Vorderdeckel: *35* · *FRAN*[ciscus] · *35*. Auf dem Rücken Signatur: *693*. FELLER, S. 192, Nr. 10.

1^{r}–12^{v} FRANCISCUS DE TOLEDO: DE COMMUNIONE LAICORUM SUB UTRAQUE SPECIE

Franciscus de Toleto Iohanni de Rokiczana salutem. In ipso articulo recessus ab ista civitate nostri, quandoquidem ad Wratislaviam ire debuimus ... – ... istam esse primam nostre disputacionis partem illam vero 2^{am}, de prima ergo satis dicta sint tanta etc.- Derselbe Text in Ms 537, 113ra. F.G. HEYMANN, George of Bohemia, King of Heretics, Princeton 1965, S. 232f; zum Autor s. a. GW 9, Sp. 100; KRISTELLER III, S. 415.

13ra–94va GUIDO DE MONTE ROCHERII: MANIPULUS CURATORUM

›*Incipit manipulus prelatorum curatorum reverendi magistri Gwidonis de monte Rotherii.*‹ [R]*everendo in Christo patri ac domino, domino Raymundo, divina providencia sancte sedis Valencie episcopo suorum devotorum minimus Gwido de monte Rotherii* ... (13rb) ›*Incipit prologus.*‹ *Quoniam sciendum, quod dicit propheta Malachias, ymmo dominus per Malachiam: Labia sacerdotis custodient scienciam* ... (13vb) ›*Incipit liber, qui dicitur manipulus prelatorum curatorum et habet tres partes.*‹ *Dividitur ergo presens opusculum in tres partes, in quarum prima agitur de sacramentis ... – ... que minus bene dicta sunt, mee ignorancie aut inadvertencie ascribens caritate corrigat et pro me peccatore ad Deum preces fundat. Deo gracias* ›*1464.*‹ – GW 11716–11786. STEGMÜLLER RS, Nr. 277; BLOOMFIELD, Nr. 5177, 5019; SCHULTE, GQ 2, S. 429f. – 94vb–96vb leer.

97ra–149^{v} PALLADIUS: DE AGRICULTURA
›*Palladii Rutili Tauri Emiliani viri illustrissimi opus agriculture incipit. Tituli primi libri*‹ ... (97^{v}) ›*Capitulum primum de preceptis rei rustice*‹ *Pars est prima prudencie ipsam cui precepturus es estimare personam* ... – ... *ora undecima pedes XXIX aut XXVIII* – von anderer Hand: *hora VI pedes VIII.* – Ed. R.H.RODGERS, Leipzig 1975, S.1–240. THORNDIKE-KIBRE, Sp.1026. – 150^{r}–157^{v} leer.

158^{r}–284^{v} ARMANDUS DE BELLOVISU: TRACTATUS DE DECLARATIONE DIFFICILIUM DICTORUM ET DICTIONUM IN THEOLOGIA
›*Incipit epistola prohemialis in tractatum de declaracione difficilium dictorum et diccionum in theologya.*‹ [R]*everendissimo in Christo patri ac domino suo specialissimo, domino Iohanni, divina ordinacione episcopo Babenbergensi frater Armandus de Bellovisu in ordine predicatorum* ... (159^{v}) ›*Incipit tractatus* ... ‹ *At ergo circa dicenda ordinacius procedatur ad primum principale huius tractatus procedendum est* ... (254^{v}) cap.314 der Hs. (= GW 2502, cap.246), bricht nach dem ersten Drittel ab, Textanschluß 262^{r}; (255^{r}) Einsatz in cap.332 der Hs. (= GW 2502, cap.264), Abbruch 255^{v} in cap.335 der Hs. (= GW 2502, cap.266), Textanschluß 263^{r}; (256^{r}) Einsatz in cap.316 der Hs. (= GW 2502, cap.249), Abbruch 261^{v} in cap.332 der Hs. (= GW 2502, cap.264), Textanschluß 255^{r}; (262^{r}) Einsatz in cap.314 der Hs. (= GW 2502, cap.246), Abbruch 262^{v} in cap.316 der Hs. (= GW 2502, cap.248), Textanschluß 256^{r}; 263^{r} Einsatz in cap.335 der Hs. (= GW 2502, cap.266) ... – ... *regit ut princeps, medetur ut salus, revelat ut lux. Cui honor et gloria in secula seculorum. Amen.* Es folgen die Verse: *Hic grana grata sunt rara semina sata / multis occulta sapientibus sunt lumini culta / fructibus suffulta ignarum parum indulta / in festo Luce finita domino duce / ho ti ma ra sep* (hora septima) *quam mane hic dies habet.* – Gegenüber der Inkunabel GW 2502 sprachliche Abweichungen; Kapitelzählung abweichend und über alle 3 Tractatus durchgehend; gegenüber der Inkunabel fehlt ein größerer Abschnitt von Kapitel 58 in Tractatus 2; 211$^{r–v}$ leer, keine Textlücke. – GW 2500–2504. KAEPPELI, Nr.316, Hs. genannt. – 285^{r}–291^{r} folgt ein alphabetisches Register der Kapitel.

291^{r}–321^{r} JACOBUS DE PARADISO: DE POTESTATE DAEMONUM
Doctrinis variis ... (Hbr 13,9) *Hec doctrina apostolica et saluberrima hortatur fideles* ... – ... *certus esto, quod te non vult pati non pacietis. Amen solamen Iesus Christus. Amen.* – Gegenüber dem gleichen Stück in Ms 606, 135ra, ver-

kürzte Fassung. MEIER, S. 28f., Nr. 26; MERTENS, S. 40, 67; VL[2] 4, Sp. 483. – 321v–323v leer.

324r–343r JACOBUS DE PARADISO: DE ARTE BENE MORIENDI
›*Incipit tractatus de arte bene moriendi valde bonus et multum utilis.*‹ *Omnes morimur et quasi aque dilabimur in terram … – … vocabimus et videbimus, videbimus et amabimus, amabimus et gaudebimus, gaudebimus et laudebimus. Quod nobis … Amen.* – HAIN 9339–9340. MEIER, S. 47–49, Nr. 53; MERTENS, S. 38, 67; R. RUDOLF, Ars moriendi. Von der Kunst des heilsamen Lebens und Sterbens (Forschungen zur Volkskunde 39), Köln-Graz 1957, S. 100f., ohne Nennung der Hs.; PORĘBSKI, S. 42f., Nr. 15, ohne Nennung der Hs.; VL[2] 4, Sp. 482; BLOOMFIELD, Nr. 3623. Auch in Ms 621, 269vb.

343v–359v AEGIDIUS ROMANUS: SERMONES DE TRIBUS VITIIS MUNDI
Prologus: [R]*everendo patri domino Dilmoniensi frater Egidius Bituricensis archiepiscopus salutem. Subit animum, domine Dulmoniensis, vobis tres sermones mittere* … (344r, Mitte) Prothema zu Sermo 1: *Dicamus ergo incipientes et assumentes pro themate illud Eccl. X: Inicium autem omnis peccati superbia … – … Ideo summo conatu studere debemus, quod possumus hoc vicium detestari, quod nobis concedat … Amen.* – C. LUNA (Ed.), Aegidii Romani opera omnia I,6, Florenz 1990, S. 341–387. ZUMKELLER, Nr. 72, Hs. nach Feller genannt; SCHNEYER 1, S. 57, Nr. 1–4.

359v–375v TRACTATUS DE SEPTENDECIM VITIIS CORRIGENDIS IN CIVITATE IUSTITIAE
›*Tractatus de civi*[tate] *i*[usticie].‹ [Q]*uia secundum Gregorium ad Constanciam reginam Gallie et habetur XII q II c* (C. II,12,8–9) *Cum devotissimam: Summum in rebus bonum est iusticiam colere … – … Caritate enim benevolenciaque* (sic) *sublata omnis est e mundo* (r. e vita) *sublata iocunditas* (sic). (Cic. Lael. 102). – Kommentar zu den Versen WALTHER 12405, die bei ROSE, Berliner Kat. Nr. 943 (cod.lat.qu. 30, Schaltzettel vor f. 193; Parallelüberlieferung 193r–235r), abgedruckt sind.

Ms 613

Nicolaus Stoer. Ps.-Augustinus. Thomas Palmeranus. Ps.-Bonaventura. Jacobus de Cessolis. Johannes Calderinus

Papier/Perg. 236 + I Bll. 31×21,5 Leipzig (?) nach 1424/1419

12 VI^{145} + IV^{153} + 7 VI^{237} + Nachsatzblatt (Perg.); Vorsatzblatt (Perg.) abgeschnitten; ab f. 154 Lagenzählung *I–VII*, teilweise abgeschnitten; moderne Foliierung, Beginn mit 2. Schriftraum 21,5–22×14; zweispaltig; 43–44 Zeilen.

Bastarda, eine Hand; f. 210–213 Löcher durch aufgeklebte Papierstücke ausgebessert, darauf oder auf den Randspalten der Text in Kursive (Mitte 15. Jh.) nachgetragen; Rubriken; auf den Rändern wenige Korrekturen und Nachträge von Schreiberhand, einige Randbemerkungen von einer etwa gleichzeitigen und einer etwas späteren Hand. Rote 2- bis 3-zeilige Lombarden. 2ra, 42vb u. 56vb, rot-schwarz ornamental geteilte 10- bis 11-zeilige Initialen *R* u. *E* in Federzeichnung, in rechteckigem Rahmen, Binnenfelder mit Knospengarben in unterschiedlicher Anordnung gefüllt; 38rb rote 9-zeilige Initiale *D*, gleiche Ausstattung.

Einband neu unter Verwendung von Teilen eines braunen Ledereinbands des Spätmittelalters mit Streicheisenlinien; Buckel entfernt; geringe Reste der 2 Schließen erhalten; im Rückdeckel oben Spuren der Kettenbefestigung.

2ra–148va frühestens 1424 (Todesjahr des Nicolaus Stoer) wohl in Leipzig geschrieben, s. 148va; die restlichen Texte 1419, s. 175ra, 198rb, 227vb, 234va. Auf dem Spiegel des Vorderdeckels in Kursive des 15. Jh.: *Sequitur in exposicione magistri Stor* (sic) *super officium misse*. Titelschild, Papier, 16. Jh., auf dem Vorderdeckel: *40 · EXPOSI*[...] · *40 · Ee*. Feller, S. 189, Nr. 5.

2ra–148va Nicolaus Stoer: Expositio super officium missae
Reverendi patres et domini. Cogitanti michi crebrius ac diligenti indagine diebus multis et noctibus in armario mentis mee revolventi, quid laboris quidve utilitatis pro felici incremento novelle plantacionis illustrium principum dominorum marchionum Misnensis, videlicet alme nostre universitatis studii Lypczensis, facere possem et exhibere cum effectu ... (3rb) ›*Capitulum primum, quot de causis sacra theologia ferventer est studenda.*‹ *Quantum ad primum capitulum dico, quod sacra scriptura, quantum ad presens occurrit, novem de causis ferventer est studenda* ... (147rb) *a laude quoque terminemus, ut in eternum laudemus eum, qui vivit* ... *Amen*. – Es folgt eine Capitulatio ... – ...

›*Expliciunt collecta domini Nicolai Stoer doctoris sacre theologie studii Lypcensis super officio misse, cuius anima requiescat in pace. Compilata anno domini millesimo quadringentesimo XII°.*‹ – HAIN 6808–6810. Nicolaus Stoer gehörte zu den Gründern der Universität Leipzig und war Mitglied im Collegium maius, vgl. ZARNCKE, Die urkundlichen Quellen, S. 749; VL² 9, Sp. 352–355, Hs. genannt; FRANZ, Messe, S. 527–536, S. 527, Anm. 3 Hs. genannt; Ders. in: Der Katholik 1898, S. 16–25, Hs. genannt; TŘÍŠKA, S. 420f. – 148vb–153rb leer.

154ra–175ra PS.-AUGUSTINUS: SOLILOQUIA ANIMAE AD DEUM
Vorangestellt (153^{va-vb}) eine Capitulatio von einer späteren Hand des 15. Jh. – ›*Incipit soliloquium eximii doctoris Augustini.*‹ ... – ... ›*Explicit soliloquium sancti Augustini etc. Sub anno domini millesimo quadringentesimo XIX°.*‹ – PL 40, Sp. 863–898. CPPs II B, Nr. 3071; R. KURZ, Die handschriftliche Überlieferung der Werke des hl. Augustinus V,1, Wien 1976, S. 217–220.

175rb–186va THOMAS PALMERANUS: LIBER DE TRIBUS PUNCTIS CHRISTIANAE RELIGIONIS
›*Incipit sumula de tribus punctis essencialibus.*‹ *Incipit sumula de tribus punctis essencialibus Christiane religionis. Religio munda et immaculata aput Deum hec: Visitare pupillos et viduas in tribulacione eorum* (Iac 1,27) ... – ... *auctor volens inter cillam et caribdim navigare opusculum non nimis obscurum nec nimis prolixum compilare decrevit. Amen.* – HAIN 13854. BLOOMFIELD, Nr. 5134; andere Hss.: Lüneburg RB, Theol.lat.qu. 61, 222^{v}; Theol.lat. fol.77, f. 94^{v}.

186va–189va SUMMA PAENITENTIAE BREVIS
›*Incipit summa penitencie brevis et utilis.*‹ *Sciendum est, quod sacerdos debet aliquem brevem sermonem tamquam prohemium omni venienti ad confessionem* ... – ... *Prima iniungenda publica sit pena si publica noxa* (durchgestrichen: *non aliter et sic est finis*). – BLOOMFIELD, Nr. 5303.

189va–195ra STELLA CLERICORUM
›*Incipit stella clericorum.*‹ (189vb) *Quasi stella matutina* ... (Sir 50,6). *Proprietas* (r. Proprietates) *stelle matutine possunt referri ad quemlibet doctorem fidei* ... – ... *et omnibus sanctis angelis tuis in futuro regno celorum confiteamur nomini tuo sancto in vitam eternam. Amen.* ›*Explicit stella clericorum.*‹ – Große Lücken, einige Abschnitte fehlen ganz, darunter die beiden letzten. –

Hain 15060–15080. Bloomfield, Nr. 4435 (mit Fragezeichen einige mögliche Autorennamen).

195ra–198rb Ps.-Bonaventura: Expositio super ‘Salve regina’
›*Incipit Salve regina.*‹ *Ad salutandum virginem primo debes eius magnitudinem considerare … – … pia in correptis* (r. iam correctis), *dulcis predilectis. O clemens, o pia, o dulcis Maria. Et sic est finis.* ›*Explicit Salve regina. Sub anno domini M°CCCCXIX°.*‹ – Ed. J.M. Canal, Salve regina misericordiae, Rom 1963, S. 255–263; PL 149, Sp. 583–590. Distelbrink, Nr. 162.

198rb–199rb Expositio super ‘Pater noster’
›*Incipit Pater noster sub eodem anno.*‹ *Pater noster. Ista oracio omnium aliarum oracionum dignior, quia a solo Deo edita est … – … Ideo rogemus sic pro nobis, ut regnum celorum accipiamus ad quod nos etc.* ›*Explicit glosa super Pater noster.*‹

199rb–227vb Jacobus de Cessolis: De moribus hominum
›*Incipit ludus scacorum etcetera.*‹ (199va) [E]*go frater Iacobus de Cessalis* (sic) … (199vb) *Inter omnia mala signa in homine unum est precipuum, quando aliquis non timet Deum … – … dicta de tercia persona tamquam dicta sibi attenderet et sic saltem vitam mutaret et mores.* ›*Explicit liber scacorum sub anno domini M°CCCCXIX°.*‹ – Derselbe Text auch Ms 525, 2ra, Lit. s. dort.

228ra–234va Johannes Calderinus: Summa de appellationibus
Sciendum est igitur, quod communiter decretales huius tytuli faciunt ad primam partem huius rubrice, scilicet de appellacione … – … litigacionibus debet facere copiam illico de processu et relacione. Alius non valet et facit ii q. vi: Biduum in fine et sufficit. ›*Explicit summa de appellacionibus Johannis Caldrini, decretorum doctoris Bononiensis. Sub anno domini millesimo quadringentesimo decimo nono. Etcetera.*‹ – Schulte, GQ 2, S. 250, Nr. 6a. – 234vb–237vb leer.

Ms 614

Johannes Grundmann

Papier I + 369 Bll. 31,5–32×21 Leipzig (?) 15.Jh. 3. Viertel

Vorsatzblatt + 24 VI^{289} + VII^{303} + 5 VI^{363} + $(VI–5)^{370}$; die meisten Reklamanten erhalten; ebenso die arabische Lagenzählung unten auf dem Bundsteg; moderne Foliierung, beginnend mit dem Vorsatzblatt. Schriftraum 23–26×14,5–17; zweispaltig; 45–58 Zeilen.

Buchkursiven, 5 Hände, a: 2ra–12va; b: 12va–302rb; c: 304ra–345vb, d: 346ra–365va, e: 365vb–367ra, 368ra–369va; Rubriken; wenige Randvermerke vom jeweiligen Schreiber und einer anderen Hand des 15.Jh. Rote 2- bis 3-zeilige Lombarden zu den Sermonesanfängen, meistens jedoch nicht ausgeführt.

Dunkler Ledereinband des Spätmittelalters mit Streicheisenlinien und Einzelstempeln Adler und Rosette, kombiniert mit Blattwerk, nicht identifizierbar; Buckel entfernt; Kantenbeschläge teilweise erhalten; Loch von der Kettenbefestigung im Rückdeckel oben. Falze, 14.Jh., aus Pergament, einige mit Buchstaben- und Zahlenreihen in unterschiedlicher Anordnung beschrieben.

Wohl im Thomaskloster zu Leipzig geschrieben. Titelschild, Papier, 16.Jh., auf dem Vorderdeckel: *461 · 30 SERMOnes Grundmanni · 30 · Kk*. FELLER, S. 154, Nr. 12. Zur Person des Johannes Grundmann (+ 1470): spätestens seit 1458 Propst von St. Thomas in Leipzig, s. G. BUCHWALD in: Beiträge zur sächsischen Kirchengeschichte 37/1928, S. 1 u. ERLER I, S. 128; II, S. 7,8, 127, 132.

2ra–302rb JOHANNES GRUNDMANN: SERMONES DE TEMPORE
›*Sermo in prima dominica adventus domini*‹ *Exulta satis* ... (Za 9,9) *Pro introductione beatus Augustinus libro III De verbis domini sermone primo sic loquitur ad propositum: Nichil potuit misericordius procurari et donari a Deo, nisi quod illud verbum per quod facta sunt omnia* ... (4vb) *Tunc videbunt* ... (Lc 21,27) *Pro introductione beatus Augustinus in Cantica prodest 23 q ii* (r. Ep. 153; PL 33, Sp. 662): *Plectendo et ignoscendo, inquit, hoc solum bene agitur ut vita hominum corrigatur* ... (9vb) ›*Dominica 3 de adventu domini*‹ *Cum Johannes in vinculis* ... (Mt 11,2) *Pro introductione nota beatus Bernhardus sermone 3 de adventu domini sic loquitur ad propositum: Quis tibi umquam persuadere posset* ... (287rb) [R]*edde quod debes* ... (Mt 26,28) *Pro introduccione venerabilis Seneca ad Lucillium libro 2° epistolarum epistola 3ª in ordine 14: Fateor insitam nobis esse corporis nostri caritatem* ... (292vb) [O]*stendite mihi* ... (Mt 22,19)

Pro introduccione beatus Ambrosius super psalmum 82 tractat illud: Deus quis similis ... (298rb) [D]*omine filia mea* ... (Mt 9,18) *Pro introduccione beatus Augustinus 44to De civitate Dei: Ultra medium, sic inquit* ... – ... *quod vita gracie vivat anima tua. Ad hoc autem totis viribus labora, ut de vita gracie transeamus in vitam glorie.* ›*Expliciunt sermones de tempore magistri Johannis Gruntmanni prepositi Lipczensis doctissimi viri.*‹ – Buchwald, S. 1–34, über diese Hs. Die beiden Osterpredigten f. 104rb–113rb auch in Frankfurt StUB, Ms. Praed. 34, 1^{r} u. 5^{v}; die ganze Reihe in Berlin SB, Theol.lat.fol.691, 1^{r}. Schneyer, Wegweiser S. 272. – 302va- 303vb leer.

304ra–367ra Johannes Grundmann (?): Sermones epistolarum de tempore et de sanctis (ineinandergeschoben)
›*Circumcisionis*‹ *Heres parvulus* ... (Gal 4,1) *Beatus Gregorius in Moralia tractat illud Job IX: Quis resistit ei et pacem habet* ... (304vb) ›*Epiphanie domini*‹ *Surge illuminare* ... (Is 60,1) *Beatus Augustinus libro 3 De verbis domini sermone 34 sic loquitur: Sicut lumina, que in facie habemus* ... (305vb) ›*Dominica post epiphanias*‹ *Obsecro vos* ... (Rm 12,1) *Vincencius in Speculo hystoriali libro 4 capitulo 57, ubi narrat de Socrate* ... (364vb) ›*Nativitatis domini*‹ *Puer natus est* ... (Is 9,6) *Beatus Bernhardus sermone prime* (sic) *hodierne festivitatis: Grandis est hodierne nativitatis festivitas* ... (365vb) ›*Dominica post nativitatis*‹ *Cum venit plenitudo* ... (Gal 4,4) *Doctores sicut dicunt circa hanc epistolam* ... (366va) ›*Sancti Andree sermo*‹ *Ambulans Ihesus* ... (Mt 4,18) *Historia* (sic) *et ordinem eius ponit Hugo super Mathiam* ... – ... *per illud mare transfretare scilicet ponte, navi et vado et exemplificat.* – Buchwald S. 34–48, Zuschreibung an Johannes Grundmann S. 34f. – 367^{rb-vb} leer.

368ra–369va Johannes Grundmann (?): Duo sermones dominicales in tempore Paschae
[Dominica Quasimodo] *Vide manus meas* ... (Io 20,27) *Pro introductione Gregorius in Registro in epistola missa Augustino Angulorum episcopo* ... (368vb) ›*Dominica Misericordia domini*‹ *Cognosco oves meas* ... (Io 10,14) *Pro introductione Augustinus libro 3 De verbis domini sermone* ... – ... *ex voce seu valacione* (sic); *de hoc patebit in die Philippi et Iacobi etc.* – Starke Ähnlichkeiten im Aufbau mit den Sermones de tempore (2ra–302rb), vgl. Buchwald S. 4f. – 369vb–370vb leer.

Ms 615

s. F. PENSEL–I. STAHL, Verzeichnis der deutschen mittelalterlichen Handschriften in der Universitätsbibliothek Leipzig. Deutsche Texte des Mittelalters LXX/3, Berlin (im Druck).

Ms 616

Christianus Borgsleben. Stephanus Hoest

Papier 31 Bll. 21×14–14,5 um 1500

(VI–1)^{11} + (VI–1)^{22} + (V–1)^{31}; letzte Lage mit Doppelblattzählung; Foliierung des 16. Jh.: *1–9, X–XIII, 14–31*. Schriftraum 14,5–15,5×9–9,5; 34, ab 23^r 28–30 Zeilen.

Humanistische Kursive 1^r–17^v, Buchkursive 23^r–31^v; auf den Rändern einige Gliederungsvermerke von den Schreibern. 4^v und 9^v cadellenartige 3-zeilige Initialen *A* und *M*. Moderner grauer Pappeinband. FELLER, S. 333f., Nr. 3.

1^r–4^r CHRISTIANUS BORGSLEBEN: TRACTATUS DE ARTE PRAEDICANDI
›*Ars predicandi doctoris eximii Cristiani Borgsleben Erfordensis.*‹ *Cum in hys temporibus plures sint universitates, in quibus nutriuntur viri inbuti in sacris scripturis experti* … (auf dem Rand: *thema*) – *Quantum ad primum. Carissime frater, si vis facere aliquam collacionem de ewangelio vel exempla, recipias thema* … – … *iuxta hanc minimam et quasi nullam artem colligere addiscite. Pro me etiam Christiano fratre minorum Deum exorate, qui puerilia hec tradidi allicere vos satagens ad maiora per hec parva.* – Edition nach dieser Hs. von G. BUCHWALD in: Franz. Studien 8/1921, S. 68. Textparallele in Colmar Konsistorialbibl., cod. 166, 289^v, s. F. LANDMANN in: Archiv für elsässische Kirchengeschichte 5/1930, S. 37; MEIER, Die Barfüsserschule, S. 30–32, 57 mit Anm. 4, 65, 97; Ders. in: Antonianum 5, S. 343; E. KLEINEIDAM, Univ. Stud. Erfordensis, Bd. 2, 1969, S. 273, Nr. 14; CAPLAN II, Nr. 155a; CHARLAND, S. 33; KRISTELLER III, S. 416; MOHAN, S. 79, Hs. genannt.

4^v–8^r TRACTATUS DE ARTE PRAEDICANDI
›*Excerpta ex tractatu, qui incipit: Conmonitus multorum desiderantibus.*‹ *Ars predicandi est sciencia docens aliquid de aliquo dicere. Subiectum huius artis*

est verbum Dei .... – ... utilis est ad docendum arguendum, erudiendum et ad iusticiam dirigendum, ut perfectus sit homo Dei ad omne opus bonum instructus. – Teile des Textes als Schemata. Nicht identisch mit den zunächst gleich beginnenden, unter dem Namen Heinricus de Hassia in HAIN 8397–99 gedruckten Traktaten. Vgl. CAPLAN I u. II, Nr. 14; CHARLAND, S. 88, Hs. genannt, Rubrik nicht ganz richtig zitiert; KRISTELLER III, S. 416.

8ᵛ–9ʳ STEPHANUS HOEST: MODUS PRAEDICANDI SUBTILIS ET COMPENDIOSUS
›Pro collationibus ad clerum faciendis. Steffanus Höst magister Theologie.‹ Primo in exhortacionibus, si a summa aliqua ordiri placet ... – ... quod si fecerimus tunc demum ad veras divitias, que sine egestate erint, perveniemus. Amen. – Druck Straßburg 1513 (Ed. Wimpheling, s. PANZER, Annales typographici VI, S. 58, Nr. 274). F. BARON, St.H., Reden und Briefe (Humanist. Bibl., Abh. u. Texte, Reihe II, Bd. 3) 1971, S. 180–184. VL² 4, Sp. 79–81; KRISTELLER III, S. 416.

9ᵛ–17ᵛ TRACTATUS DE MORTE
Media vita in morte sumus. Media vita Christus est, ipse enim mediator est Dei et hominum ... – ... dies ille (sic), *in qua peccator subire debet sentenciam damnacionis, eterne est dies ire, quam dominus proiciet supra peccatorem.* – 18ʳ–22ᵛ leer.

23ʳ–31ᵛ TRACTATUS DE VISITATIONE
›De visitacione‹ Quantum visitatur in visitando versari et quid agere debeat et que per eum expedienda sunt ... – ... augmentationem et catholice fidei exaltationem et ad tuam laudem et gloriam sempiternam per dominum ... secula seculorum.

Ms 617

Engelbertus Cultrificis

Papier 96 Bll. 20×13,5 15. Jh. 4. Viertel

8 VI[95]; moderne Foliierung, Zählung *37* doppelt. Schriftraum 14–14,5×9; 24–30 Zeilen. Buchkursive, eine Hand; Rubriken; auf den Rändern Gliederungsvermerke. Rote 2- bis 3-zeilige Lombarden. Bibliothekseinband des 19. Jh.

Nach den Explicits auf 85^{v} und 92^{v} (s.d.) handelt es sich um die handschriftliche Kopie der 1479 in Nijmegen gedruckten Ausgabe GW 7847; 1^{r}, Bundsteg, von einer Hand des 16./17.Jh.: *Copia libri impressi*. FELLER, S. 334., Nr. 12.

1^{r}–85^{v} ENGELBERTUS CULTRIFICIS: EPISTOLA DECLARATORIA IURIUM ET PRIVILEGIORUM FRATRUM ORDINUM MENDICANTIUM
›Epistola declaratoria iurium et privilegiorum fratrum ordinum mendicancium contra quosdam articulos erroneos condempnatos quorumdam magistrorum et curatorum ecclesiarum parrochialium. Prologus.‹ Reverendo in Christo patri, sacre theologie professori, eximio magistro Andree, Comitis per provinciam Saxonie ordinis predicatorum priori provinciali ... frater Engelbertus Cultificis (sic) *eiusdem ordinis ...* (2^{v}) *›Questio‹ Utrum religiosus de ordine mendicancium possit ex concessione Clementine: Dudum, audire confessiones parrochianorum ...* (85^{r}) *Ad honorem actoris pacis, quia in pace factus est locus eius et vivit in eternum benedictus. Amen.* (85^{v}) *Hec sunt, reverende magister noster et pater provincialis, que raptim ... – ... Quia non sufficit allegare iura vel privilegia, nisi ad convincendum adversarios autentice ostendantur. Extra De privilegiis capitulo: Cum persone, libro sexto. ›Explicit epistola declaratoria edita et compilata in conventu Novimagensi ordinis predicatorum per reverendum magistrum Engelbertum Cultificis* (sic) *ordinis eiusdem ac sacre theologie professorem eximium. Anno domini M°CCCC°LXXIX.‹* – GW 7846–7850. KAEPPELI 1, Nr. 1033, Hs. genannt.

86^{r}–92^{v} ENGELBERTUS CULTRIFICIS: EPISTOLA DE SIMONIA VITANDA IN RECEPTIONE NOVITIORUM
›Epistola brevis ac perutilis de symonia vitanda in recepcione noviciorum et noviciarum ad religionem. Prologus‹ Venerabili patri N., priori canonicorum regularium in Noviomagio frater Engelbertus ... ›Conclusio prima papalis‹ Ante cuiuscumque recepcionem pretaxatis diligenter ... – ... iudicio sancte matris ecclesie et cuiuslibet in hac materia experti melius sencientis. Valete in Christo semper. ›Explicit epistola brevis ac perutilis de symonia vitanda in recepcione noviciorum et noviciarum ad religionem, collecta per reverendum magistrum Engel[bertum] *Cultificis* (sic) *sacre theologie professorem ordinis predicatorum. Anno domini M°CCCC°LXXIX mensis Julii die IX in Noviomagio impressa per me Johannem de Westfalia.‹* – GW 7847–7851. KAEPPELI 1, Nr. 1034, Hs. genannt. – 93^{r}–95^{v} leer.

Ms 618

Johannes Contractus. Antonius Azaro. Arnoldus Leodiensis. Conradus de Waldhausen. Jacobus de Voragine.

Papier 257 Bll. 29×21,5 15.Jh. 1. Hälfte

2 Teile:

I: 1–120. $(VI-2)^{10}$ + $(VII-1)^{23}$ + 7 VI^{109} + $(VI-1)^{120}$; jedes zehnte Blatt modern foliiert; zwischen 20 u. 30 eine Zählung ausgelassen, das Schaltblatt nach 57 mitgezählt. Schriftraum 21,5–22×14,5–15; zweispaltig; 30–47, in den kleineren Stücken zu Anfang 54–69 Zeilen. Haupttext in Bastarda; 1ra–10va u. 118va–119rb Buchkursive, mehrere Hände; Rubriken; auf den Rändern Gliederungsvermerke und ergänzende Bemerkungen, auch einige zusätzliche Lemmata zum Haupttext von anderen Händen des 15.Jh. Verse auf den Fußstegen: 66^{ra-b}, Walther 9303; 71va, Walther 8994; 71vb über die sieben, allegorisch auf die Passion bezogenen Sinne (zu den bekannten fünf: *Consensus* und *Libertas arbitrii*) in Form eines Dialogs zwischen Christus und dem Menschen: *Audi clamantes in me michi fata minantes* ..., vgl. Walther 1693; 97^{va-b} Walther 14595. Rote 2- bis 4-zeilige Lombarden, *A* manchmal mit ornamentalen Aussparungen in den Schäften; 11ra 8-zeilige Initiale *T* in rechteckigem Rahmen, der zum größten Teil mit einem Flechtmuster gefüllt ist, in der linken oberen Ecke ein ausgesparter Dreistern, in der Mitte ein Gesicht in roter Zeichnung.

II: 121–257. 2 VI^{144} + VII^{156} + 8 VI^{252} + $(VI-7)^{257}$; Reklamanten; jedes zehnte Blatt modern foliiert. Schriftraum 18,5–20×14–15; zweispaltig; 29–45 Zeilen. 121ra–255ra Bastarda, 3 Hände; 255va–256ra u. 256^{ra-vb} Buchkursive; Rubriken; Gliederungsvermerke von den Schreibern und wenige Randbemerkungen von anderer Hand des 15.Jh. Rote 3- bis 8-zeilige Lombarden, einige mit Knospengarben oder Gittermuster als Binnenzeichnung.

Dunkelbrauner Ledereinband mit Streicheisenlinien; Buckel entfernt; 2 Langschliessen erneuert (kein Kettenband). Beiliegend 3 wohl von den Deckelinnenseiten gelöste Pergamentfragmente (6×4,5; karolingische Minuskel erste Hälfte 9.Jh.) aus einer grammatischen Schrift, hier mit einem Abschnitt *De nominationibus*. Nicht bei Feller. Wohl erst nach 1686 in die Bibliothek gelangt.

1ra–2va Johannes Contractus: Sermones de assumptione BMV
Hain 5676. Schneyer 3, S. 442, Nr. 121, 120. – 2vb leer.

3^{ra-vb} De Quadragesima
[N]*ota quod octo sunt in XL*[a], *que aliis temporibus non consueverunt ad no-*

stram doctrinam ... – ... hoc intelligitur secundum Iohannem Andree swadendo et non neccessario (ähnliches Incipit in Berlin SB, Theol.lat.qu. 236, 42ra).

4ra–6ra DE CONCEPTIONE BMV
›*De concepcione gloriose Marie virginis*‹ *Concepcionis gloriose Dei genitricis ac perpetue genitricis virginis Marie precelsa solemnitas* ... (4rb) EX EVANGELIO PS.-MATTHAEI ›*De textu concepcionis*‹ *Erat enim in Israel vir nomine Joachim de tribu Iuda ... – ... Reliqua domini salvatoris, que nosce* (sic) *desiderant, ficta vel dicta ewangelica expandit historia etc.* – STEGMÜLLER RB 1, Nr. 168. – 6rb–8rb leer.

8va–9rb ARBOR VITIORUM ET VIRTUTUM CUM SUIS RAMIS
[H]*umanum genus propter primorum parentum multipharia incidit peccata racione ...* ›*Arbor viciorum. Superbia*‹ *Jactancia. Extollor verbis mea magna loquendo superbis ... – ... Maceracio. Corpus castigo ne fit mihi labis origo* (nicht vollständig). Abschließend in einem Schema die Tugenden und Hauptsünden paarweise einander gegenübergestellt. – K. LANGOSCH in: Studien zur lateinischen Dichtung des Mittelalters (Ehrengabe für K. Strecker), ed. W. Stach u. H. Walther, Dresden 1931, S. 117–131, Ed. S. 121–127.

9va–10vb ANTONIUS AZARO: SERMO IN TEMPORE PASCHALI
›*Feria secunda post Pascha*‹ *In illo tempore duo ex discipulis* ... (Lc 24,13–35; Perikope ausgeschrieben). *Duo ex discipulis Iesu. Luce ultimo. Dominus Iesus volens in die resurrexionis* (sic) *sue ... – ... Illos pane reficiat et gracia, a quibus in pauperibus pascitur. Unde psalmus*: *pa*[nem] *ce*[li] *de*[dit] *e*[is] (Ps 77,24). – SCHNEYER 1, Nr. 76, S. 295. – 10va eingeschoben ein Notat zum Zehnten: *De decimis nota secundum Ia*[cobum] *de Voragine in sermone*: *Duo homines ascenderunt in templum. Pauci eciam sunt, qui decimas solvunt* ... Keine Parallele bei Jacobus de Voragine.

11ra–117vb ARNOLDUS LEODIENSIS: ALPHABETUM AUCTORITATUM
›*Incipiunt auctoritates theologorum de diversis materiis sub certis tytulis per alphabetum registrate.*‹ Prolog: *Tempore quodam, dum devocionis causa librum quendam inspicerem* ... (11rb–14rb) Kapitelverzeichnis (mit kleinen Lücken): *De affectu generaliter 1 ... De zelo 2.* – 14va leer. – (14vb) ›*Primo de affectu generaliter*‹ *Hugo de sancto Victore in libro de intencione orandi: Affectus proprium hoc habet ... – ... Nullum omnipotenti Deo tale est sacrificium quale est zelus animarum.* ›*Et sic est finis huius opusculi. Deus laude-*

tur.‹ – Kaeppeli 1, Nr. 334; VL^{2} 1, Sp. 477f.; Bloomfield, Nr. 5984; Glorieux, Répertoire 1, Nr. 61. – 118^{ra-rb} leer.

118va–119ra Conradus de Waldhausen: Detestatio choreae (Auszug)
[D]*etestanda est chorea propter eius malam originem et eventus pessimos* ... – ... *propter quod fugienda est.* – Entspricht, mit einigen Abweichungen, einem u.a. in Fritzlar Dombibliothek, Ms.49, 1va, belegten Auszug aus einem Text des Konrad von Waldhausen (Name genannt in München UB, 2°cod.ms.137, 159vb); vgl. VL^{2} 5, Sp. 265f.; Tříška, S. 85; Madre, S. 296, Nr. 4. Anschließend zwei Quaestionen zum gleichen Thema: (119ra) *Nota licet corea sit multum detestanda, tamen queritur, utrum corea sit et huius ludi aliquando sint liciti* ... (119rb) *Queritur utrum inspeccio chorearum et spectaculorum sit peccatum* ... – ... *et aliis circumstanciis illicitis non est illicitum, ut patet ex summa Pysani.* – 119va–120vb leer.

121ra–255ra Antonius Azaro: Postillae super evangelia dominicalia
Bestand nach Schneyer 1, S. 292–312; Nr. 184; (122va) *Notandum est studenti predicare volenti hos sermones infrascriptos, quod semper in fine ewangelii exposicionis cuiuslibet querat illius ewangelii thema de eodem assumptum et ibi inveniet. Quo invento primo dividat membra secundum morem solitum et tunc incipiens veniat ad exposicionem ewangelii. Quo finito dicat sermonem ut sequitur* ....; Schneyer Nr. 185–187 ... (129va) *Apparuit benignitas* ... (Tit 3,4) *Duo sunt karissimi que nobis proponuntur in hac epistola, scilicet benignitas et humanitas Christi* ... (130ra) Schneyer Nr. 188 ... (131vb) *Postquam consumati* ... (Lc 2,21) *Verba proposita, fratres karissimi, sunt verba ewangelii de circumcisione* ... (132vb) Schneyer Nr. 189–192 ... (140ra) *Simile est regnum* ... (Mt 13,24) *In isto ewangelio facit dominus ut prudens dispensator sive paterfamilias* ... (141vb) Schneyer Nr. 194 ... (143rb) *Cum turba plurima* ... (Lc 8,4) *Karissimi. Domino nostro discurrente ad predicandum quadam vice* ... (144vb) Schneyer Nr. 196 ... (146rb) *Filia populi mei* ... (Ier 6,26) *Populus autem Dei est populus Christianus* ... (147rb) Schneyer Nr. 29, 37 ... (151rb) *Erat Iesus eiciens* ... (Lc 11,14) *Dicit enim ewangelium, quod cum quadam vice dominus predicasset* ... (154ra) Schneyer Nr. 52 ... (157ra) *Quis ex vobis* ... (Io 8,46) *Hec dominica ab ecclesia vocatur passionis dominica domini* ... (159rb) Schneyer Nr. 294, 299 ... (164rb) *Maria Magdalena* ... (Mc 16,1 – 164va) *Karissimi mei. Hodie celebramus resurreccionem domini nostri* ... (Dieses Initium auch in Freiburg UB, Hs.795, 69ra in einer Reihe, die überwiegend Predigten Azaros enthält) ... (167ra) Schneyer Nr. 197–201 ...

(175vb) ›*In rogacionibus*‹ *Petite et dabitur* ... (Lc 11,9) *Dies iste dicuntur dies rogacionum, quia sanctos rogamus* ... (177vb) *Exivi a patre* ... (Io 16,28) *Karissimi mei. Celebraturi sumus nostri salvatoris ascensionem* ... (180va) Schneyer Nr. 202 ... (182vb) *Si quis diligit* ... (Io 14,23) *Hodie celebratur sollempnitas spiritus sancti missi* ... (185va) Schneyer Nr. 204 ... (188rb) ›*De sacramento*‹ *Revela oculos* ... (Ps 118,18) *Karissimi mei. Hec sunt verba scripta in prophetia intendens considerare mirabilia* ... (190rb) Schneyer Nr. 205–209 ... (205vb) *Nisi habundaverit* ... (Mt 5,20) *O Christi fideles, scribitur in ewangelio presenti Math V valde dolorosum verbum et gemendum* ... (208ra) Schneyer Nr. 211–213, 110, 112–114, 116, 219–227 ... (252ra) *Loquente Iesu* ... (Mt 9,18) *Dicit enim ewangelista, quod quadam vice domino loquente ad turbas ecce quidam princeps* ... – ... *ad vitam glorie, quam oculus nec vidit nec auris audivit nec in cor hominis ascendit etc., scandere mereamur prestante domino Iesu Christo, qui cum patre* ... *Amen.* ›*Et sic datur finis libro. Sit laus et gloria Christo per infinita seculorum secula. Amen.*‹ Von späterer Hand: *Expliciunt postille Anthonii predicatoris Parisiensis.* – Die bei Schneyer nachgewiesenen Stücke alle unterteilt in Postillatio und Sermo, anfangs noch die vollständige Perikope vorangestellt. – Kaeppeli 1, Nr. 264, Hs. genannt; Meersseman, Antonio Azaro, S. 22–26. – 255rb leer.

255va–256vb Jacobus de Voragine: Legenda aurea (Commemoratio omnium fidelium defunctorum, Exzerpt)
[C]*ommemoracio omnium fidelium defunctorum hac die ab ecclesia sicut instituta est* ... – ... *Quod vero secundum genus suffragiorum scilicet elemosinarum largicio eis prosit.* – Graesse, S. 728–733, mit kleineren Abweichungen und Lücken. – 257^{r-v} leer.

Ms 619

Ubertus Lombardi. Compendium de nomine BMV

Papier 200 + I Bll. 30×21,5–22 15. Jh. 1. Hälfte

16 VI^{179} + (VI–4)^{187} + Nachsatzblatt; erster Senio unfoliiert, danach jedes zehnte Blatt foliiert, zwischen 80 u. 90 ein Blatt nicht gezählt; Kustoden. Schriftraum 22,5–23×15; zweispaltig; 36–42 Zeilen.

Buchkursive, eine Hand; Rubriken; durchgehend Kopfzeile mit Seitentitel. Abwechselnd (nicht konsequent) rote und blaue 2- bis 4-zeilige Lombarden; Initialen der Partes bis 7-zeilig, einige davon einfarbig oder rot-blau ornamental gespalten, 19va und 161vb Binnenfelder der Initialen *N* u. *O* mit Knospengarben gefüllt.

Heller Ledereinband des Spätmittelalters; Buckel und zwei Langschließen entfernt, drei Kantenbeschläge erhalten; Loch von der Kettenbefestigung im Rückdeckel oben. Nachsatzblatt, Textualis zweispaltig auf Pergament, aus einem MISSALE des 13.Jh., hier Feria VI u. Sabatum Quattuor temporum Quadragesimae; Falze Pergamentstreifen, zweispaltig in einer gotischen Minuskel des frühen 13.Jh., aus einem medizinischen Verstraktat (Hexameter).

Auf dem Vorderdeckel Titelschild, Papier, Textualis 15.Jh.: *Tractatus cuiusdam fratris Huberti de nomine et amore Iesu. Item de nomine gloriose virginis Marie*. Im Vorderdeckel Personen- u. Ortsnamen, z.T. durchgestrichen; die Einträge *Myldenau, Schonfelt* weisen auf den Kreis Chemnitz. Auf dem Rücken Signatur: *1272* (?); darunter Papierschildchen mit Signatur: *547*. Nicht bei Feller.

1^{ra-rb} EXEMPLUM DE INERTI SCHOLARE (DE NOMINE IESU)
›*Miraculum pulchrum*‹ *Aput Ravennam fuit quidam scolaris devotus nomine Petrus et valde inertis ingenii* … – … *Sed magister suus, qui ei exprobraverat, ad alciorem gradum non ascendit.* – Gleiches Exemplum in Uppsala UB, cod.C 326, 2^{v}; C 365, 12^{r}; C 400, 8^{r}. – Erster Senio leer.

1va–164ra UBERTUS LOMBARDI: TRACTATUS DE NOMINE ET DE AMORE IESU
Kopfzeile von 1va–2rb: ›*Ecce karissime. Quicumque devote istum librum legerit et lecta peregerit, spero quod in nomine domini Iesu salvus erit* …‹ (1va): ›*Incipit in nomine Ihesu prelibacio operis subsequentis.*‹ *Liber iste duos continens tractatus, unum videlicet de nomine Iesu et alium de amore Iesu* … Anschließend ein Verzeichnis zu den beiden Traktaten nach partes und capitula … (9ra) ›*Incipit prologus fratris Huberti Lombardi in librum de nomine Ihesu: O gloriosum nomen.*‹ *Cum nomen Iesu mellifluum omni nomini* … › … *Incipit tractatus de nomine Iesu pars prima: Quod Iesus ante incarnacionem dicebatur innominabilis. Capitulum primum.*‹ [V]*ocatum est nomen* … (Lc 2,21) *Hec verba scripta sunt in ewangelio hodierno. In quibus quatuor mirabilia designantur* … – … *Dominus autem per suam graciam det nobis ita revereri pium nomen Iesu, ut per ipsum salutem eternam consequi valeamus. Amen.* – (43vb) › … *Incipit tractatus eiusdem de amore Ihesu. Et primo de tribus per verba subiuncta designatis. Capitulum primum.*‹ (44ra) [D]*iliges dominum* … (Dt 6,5) *In hiis verbis, karissimi, tria precipue designantur, videlicet amoris Iesu obligacio* … – … *in eandem ymaginem transformemur a claritate in cla-*

ritatem, prestante ipso domino ... Amen. ›Explicit opus fratris Huberti Lombardi de nomine et amore Iesu. Es folgen Verse (zunächst Versus cruciati): *Codicis est finis, quem Christo libat Hubertus. Quo velud expertus docet, obsequeris pie binis. Hunc ut peccator veneretur eumque honoret. Collaudans oret fervensque suus sit amator. Nam qui salvare se wlt* (sic) *a morte secunda, mente Iesum munda laudando debet amare. Hoc opus peregi nullum festum quoque fregi. Huius pro fine laudetur et sine fine.‹* – Kaeppeli 4, Nr. 3922, Hs. genannt.

164rb–173vb Compendium de nomine BMV
[N]*omen virginis Maria. Luce primo. Non est dubium, quod que in laudibus matris proferimus, ad filium pertinere ... – ... participes effici, tu virgo generosa impetres a tuo filio. Cum quo mater graciosa rengnas* (sic) *sine termino in secula seculorum. Amen. ›Et sic est finis dicti compendii de nomine gloriose virginis Marie, matris misericordie. Huius pro fine laudetur et sine fine.‹* – 174ra–187^{v} leer.

Ms 620

Thomas a Kempis. Henricus de Calcar (?)

Papier II + 166 Bll. 21,5×15 15. Jh. Mitte

Vorsatz (Perg.) + VI^{12} + (XI–1)^{33} + 3 VI^{69} + VII^{83} + 6 VI^{155} + (VI–1)^{166} + Nachsatz (Perg.), zwischen 60 u. 61 ein Schaltblatt (15×15); Reklamanten; modern foliiert 1–30, danach nur noch jedes zehnte Blatt; Blattweiser; 2 aus Hanf geflochtene grüne Leseschnüre. Schriftraum 14,5–15,5×10–10,5; 22–32 Zeilen.

Bastarda, 6 Hände, a: 1^{r}–18^{v}, 28^{r}–83^{r}; b: 19^{r}–26^{r}; c: 84^{r}–99^{r}; d: 100^{r}–107^{v}; e: 108^{r}–110^{r}; f: 110^{v}–164^{r}. Rubriken; auf den Rändern Ergänzungen, Korrekturen und Gliederungsvermerke von den jeweiligen Schreibern und einer anderen Hand des 15. Jh. Rote 2- bis 3-zeilige Lombarden; vor allem zwischen 87^{v} und 114^{v} die Oberlängen der ersten Zeilen zu Cadellen erhöht, einige davon mit figürlicher Ausschmückung (Gesichter).

Heller Ledereinband des Spätmittelalters, zwei Schließenansätze erhalten; Loch von der Kettenbefestigung im Rückdeckel oben. Innenfalz der ersten Lage mit der Rubrik: *Sermo sancti Jeronimi presbyteri*, sowie Vor- und Nachsatz Pergament aus einer liturgischen Handschrift in Textualis des späten 13.Jh.; Vorsatz recto: ›[Lectio] *III*‹ *Aliis finitur odor vite ad vitam aliis odor mortis ad mortem* (II Cor 2,16) ... Nachsatz verso: ›*Responsio* (mit Neumen) ‹ *Attende domine ad me* .... Auf der Rectoseite des Vorsatzblatts, etwa gleichzeitig mit den Händen im Text: *Henricus de Palma dicitur compilasse hunc tractatum qui fuit doctor ordinis Cartusiensium*. Von anderer Hand: *Johannes Abbt et curator Cellensis* (Johannes Hylger ?, 1449–1470, vgl. SCHMIDT, Altzelle, S. 25–27). Auf der Versoseite in Schrift des 16.Jh. unter der Überschrift *Hec Bohetius* das Distichon WALTHER 13282. Im Rückdeckel 3 Zeilen (15.Jh.) zur Geometrie (*Triangulus*). Falze aus einer Versgrammatik mit Marginal- und Interlinearglossen in Textualis des 14.Jh., Beispiele: *Significat neutrum peccatum significabit / Fallo falsifico designat fallo relinquo*, zweiter Vers und einige andere aus dem GRAECISMUS des EBERHARDUS BETHUNIENSIS, ed. J.WROBEL, Breslau 1887 (Corp. gramm. medii aevi 1), erster Vers nicht nachweisbar.

Titelschild, Papier, 16.Jh., auf dem Vorderdeckel: *42* (durchgestrichen) · *55* · *HENRIci de Palma tractatus* · *55* · *Dd.*; auf dem Rücken Signatur: *178*. FELLER, S. 90, Nr. 54.

1ʳ–18ᵛ THOMAS A KEMPIS: DE IMITATIONE CHRISTI, L. I
Kapitelverzeichnis – ›*De imitacione Cristi et contemptu omnium viciorum.*‹ *Qui sequitur me, non ambulat in tenebris, dicit dominus* ... – ... *Tantum proficies quantum tibi ipsi vim intuleris. Tu autem domine miserere nostri.* ›*Explicit tractatus de imitatione Christi et contemptu mundi. Sequitur de compunctione.*‹ – THOMAS A KEMPIS, Opera omnia 2, S. 5–56.

19ʳ–26ʳ HENRICUS DE CALCAR (?): EXERCITATORIUM MONACHALE
›*Incipit tractatus secundus de compunctione.*‹ Kapitelverzeichnis – ›*De exercicio compunctionis, ut quis a Deo purgetur. Capitulum primum.*‹ *Volens purgari a peccatis, graciam impetrare et indulgenciam consequi salutare* ... – ... *Viriliter igitur age et confortaberis, ama Deum et amaberis in eternum. Amen.* ›*Explicit exercitorium* (sic) *hominis religiosi et devoti.*‹ – K.HIRSCHE, Prolegomena zu einer neuen Ausgabe der Imitatio Christi nach dem Autograph des Thomas von Kempen, Berlin 1873, S. 464–520, Ed. S. 482–504. BLOOMFIELD Nr. 6533; zur Verfasserfrage: H.RÜTHING, Der Kartäuser Heinrich Egher von Kalkar. 1328–1408, Göttingen 1967, S. 150–154 und: K.EMERY, Dionysii Cartusiensis Opera selecta, Bd. IB (CC Cont.Med. 121A), Turnhout 1991, S. 588–615. – 26ᵛ–27ᵛ leer.

28ʳ–99ᵛ THOMAS A KEMPIS: DE IMITATIONE CHRISTI, L. II–IV
›*Proficies quantum tibi ipsi vim intuleris. Tu autem domine miserere nostri.* (s. o. 18ᵛ)‹ Kapitelverzeichnis – ›*Incipiunt ammoniciones ad interna trahentes. Capitulum primum.*‹ *Regnum Dei intra vos est, dicit dominus* ... (39ʳ)

›*Incipit pars tercia, que est de interna consolacione.*‹ Kapitelverzeichnis – (40ᵛ) *Audiam quid loquatur in me dominus Deus* ... – Auf dem Schaltblatt nach f. 60 Nachtrag des 28. Kapitels – (84ʳ) ›*Devota cohortacio ad sacram Christi communionem. Vox Christi* (L. IV).‹ *Venite ad me omnes* ... (Mt 11,28) (84ᵛ) *Hec sunt verba tua Christe, veritas eterna* ... – ... *non essent mirabilia nec infallibilia* (r. ineffabilia) *dicenda etc.* ›*Finit Henricus de Palma vel Gerson.*‹. – Opera omnia 2, S. 59–263.

100ʳ–164ʳ THOMAS A KEMPIS: SOLILOQUIUM ANIMAE
›*Incipit soliloquium anime vel prologus.*‹ *Consolacionis gracia aliquas sentencias in unum coacervavi libellum* ... – (100ᵛ) Kapitelverzeichnis – (101ʳ) ›*Incipit soliloquium de desiderio anime querende Deum.*‹ *Michi autem adherere Deo bonum est* ... – ... *una deitas et ante omnia secula et nunc et im* (sic) *perpetuum. Amen.* ›*Explicit soliloquium anime.*‹ – Opera omnia 1, S. 191–346. – 164ᵛ–166ᵛ leer.

Ms 621

Jacobus de Paradiso. Johannes de Indagine. Johannes de Schonhavia

Papier I + 432 Bll. 31×21 Altzelle (?) 15. Jh. 3. Viertel; 1458–59

Die Hs. ist durchgehend modern foliiert (Vorsatzblatt mitgezählt) und hat zwei Teile:

I: I–169. Vorsatzblatt (Perg.) + 14 VI^{169}; Reste von Reklamanten; über dem Interkolumnium arabische Foliierung des 15. Jh.: *1–167*; Blattweiser. Schriftraum 22,5–23×15–15,5; zweispaltig; 45–49 Zeilen. Buchkursive, eine Hand außer 1ᵛ; Rubriken; wenige Gliederungsvermerke auf den Rändern. Rote 2- bis 5-zeilige Lombarden; 3ra und 4ra blaue Initiale *I* bzw. rote Initiale *A*, konturbegleitend und im Binnenfeld gegenfarbiges Fleuronné.

II: 170–432. $(VI-1)^{180}$ + 21 VI^{432}; Reste von Reklamanten und Lagenzählung; über dem Interkolumnium arabische Foliierung des 15. Jh.: *1–251* (420); Blattweiser. Schriftraum 23,5–26×13,5–16; zweispaltig; 39–52 Zeilen. Buchkursiven, 6 Hände, a: 170ra–227rb; b: 229ra–249rb; c: 253ra–284ra; d: 301ra–348va (dazwischen 332ra–333ra eine andere Hand); e: 349ra–384vb; f: 385ra–432vb; Bastarda 289ra–294ra; Rubriken; wenige Gliederungsvermerke auf den Rändern. Rote 2- bis 5-zeilige Lombarden,

170ra–227rb teilweise mit langen Ausläufern, die in Palmetten enden; 229ra–249rb die Rundungen bei *C*, *D*, *O* u. *P* zur Dreiecksform umgebildet. 258ra 4-zeilige rote Initiale *I*, links an den Serifen Palmettenausläufer, Kontur mit bräunlichem Knospenbesatz; 349ra rot ausgefüllte 6-zeilige Initiale *O*, in der Mittelsenkrechten ein weißer Streifen ausgespart, getreppte Aussparungen in den Seitenteilen schwarz ausgefüllt.

Neuer, heller Ledereinband. Falze aus Pergament mit hebräischem Text (möglicherweise aus dem Talmud), aus einem MISSALE in Textura des 13. Jh. und aus einer BIBEL (oder LEKTIONAR) in karolingischer Minuskel des 11. Jh.

301ra–348va 1458/1459 von einem Frater Philipp, vermutlich aus Altzelle, geschrieben (vgl. 308rb, 320rb, 330va, 348va). Auf dem Fußsteg von 301^{r} der Besitzvermerk: *Liber monasterii Veteriscelle sancte Marie ordinis Cisterciensis.* Wurde wohl noch im 15. Jh. mit den übrigen Lagen von f. 170–432 zu einem Band zusammengefügt und foliiert, später, aber noch vor 1514, mit Teil I (f. 1–169) unter der Signatur *M 23* vereint (vgl. SCHMIDT, Altzelle, S. 23, 84). Die Behauptung von MERTENS, S. 29 u. 55, die Kollationen (120ra–169rb) seien 1458/59 von einem Mönch aus Altzelle aus dem Codex O 110 der Erfurter Kartause (s. MBK 2, S. 505) kopiert, läßt sich nicht belegen. FELLER, S. 192–194, Nr. 11.

1^{v} Inhaltsverzeichnis mit ausdrücklichem Hinweis auf die gesonderte Foliierung der zwei Teile. *In hoc volumine continentur subscripti tractatus doctoris Iacobi Carthusiensis. Item primo tractatus, qui dicitur Dyalogus religiosorum ... In die ascensionis domini 164. Presens volumen duplici naturali ordine iniciatur in superioris marginis superficie. Primus ducitur usque 167 et deinceps vero incipitur ab uno usque ad finem.* – 1^{r} leer.

2ra–64ra JACOBUS DE PARADISO: DIALOGUS RELIGIOSORUM
[I]*n nomine domini nostri Iesu Christi Amen. Ad mandatum et beneplacitum venerabilis patris domini abbatis de Claratumba et ad instantem postulacionem quorundam fratrum ... et proprie consciencie satisfaciens*‖ bricht ab. – 2^{va-vb} leer. – (3ra) Text setzt erneut mit dem Initium ein ... – ... *hoc opus cum timore aggredior submittens illud ferule correccionis et lima* (sic) *emendacionis cuiuslibet sanius sapientis quemadmodum et in precedenti opusculo feci.* – Auf den Rändern arabische Quaestionenzählung. MEIER, S. 35, Nr. 36, Hs. genannt; MERTENS, S. 31, Hs. genannt, u. S. 35; VL^2 4, Sp. 482; PORĘBSKI, S. 86, Nr. 102, Hs. genannt; Repertorium Fontium 6, S. 125.

64rb–110vb JACOBUS DE PARADISO: QUAESTIONES DE DIVERSIS MATERIIS
›*Incipiunt questiones mote circa tractatulum precedentem.*‹ *Cum igitur mentis nostre intencio circa materiam de religiosis versatur ...* (66ra) ›*Circa pri-*

mam questionem et primam leccionem movetur hoc dubium de ingressu religionis.‹ Utrum volenti ingredi religionem expedit aut neccesse sit magnam deli(66[rb])*beracionem super hoc cum amicis aut prudentibus habere* ... – (91[va]–106[ra]) De indulgentiis. *Circa questionem tredecimam* ... – ... *precium oracionum devotarum flagito invicem recompensacionis et tantum de isto.* (Ed. C.W.F.Walch, Monimenta Medii Aevi 2/1764, Fasc.2, S.163–270). – *Circa dubium quartum decimum* ... – ... *singuli utantur hiis, que pertinent ad neccessaria vite, sed quod convenerint conservantur. Et tantum de ista questione.* – Nur die ersten 14 Quaestionen. Meier, S. 14, Nr. 3 u. S. 19 (Quaestionenverzeichnis); Mertens, S. 31 u. 35; VL[2] 4, Sp. 482; Repertorium Fontium 6, S. 125.

111[ra]–120[ra] Jacobus de Paradiso: De tribus substantialibus religiosorum
›*Incipit compendium de tribus substancialibus religiosorum.‹ Affectu filiali quo constringor, ne dum ceteros mei et aliarum religionum sodales* ... – ... *ubi fletus erit et stridor dencium, quod a nobis avertat ille, qui est super omnia Deus benedictus in secula. Amen.* – Meier, S. 17, Nr. 7, Hs. genannt; Mertens, S. 31 u.48; Porębski, S. 83, Nr. 90, Hs. genannt.

120[ra]–124[va] Jacobus de Paradiso: Collatio de castitatis virtute
›*Sequitur collacio de castitatis virtute.‹ Considerante me statum et eminenciam personarum religiosarum* ... – ... *et ipse mansionem apud eum semper habeat, quod nobis concedat ipse, qui est super omnia benedictus Deus in secula. Amen.* – Meier, S. 70, Nr. 88, in dieser Hs. von Meier übersehen; Mertens, S. 30; Porębski, S. 32, Nr. 3, Hs. genannt.

124va–129vb Jacobus de Paradiso: Collatio de caritate fratrum
›*Collacio de caritate fratrum et eorum disciplinari vita.‹* (124vb) *In Christi nomine Amen. Venerabilis pater et in Christo dilectissimi fratres. Scimus quia apostolice vocis oraculo* ... (129[va]) *ut semper nostra conversacio in celis sit in presenti per graciam et in futuro per gloriam. Quod ipse prestare* ... – ... *Amen.* – Meier, S. 72, Nr. 88, Hs. genannt; Mertens, S. 30; Porębski, S. 32, Nr. 3, Hs. genannt.

129[vb]–131va Jacobus de Paradiso: Collatio in nativitate domini
In nomine domini nostri Iesu Christi. De quo ad presens nobis sermo licet vigilie sacre per nos habite ... – ... *et circumdatur leticia immortalitatis, quando*

iam videbimus eum sicuti est. Quod nobis prestare ... Amen. – Bei MEIER nicht aufgeführt; PORĘBSKI, S. 33, Nr. 3, Hs. genannt. – 131vb–133vb leer.

134ra–138rb JACOBUS DE PARADISO: COLLATIO I AD FRATRES IN PASCHA
›*Ad fratres nostros in Pascha.*‹ *Coram presenti alma congregacione in hac desiderantissima paschali sollempnitate ... – ... possidete preparatum vobis regnum ab origine mundi. Quod et nobis concedat hodierne mortis victor Christus ... Amen.* – MEIER, S. 70, Nr. 88, Hs. genannt; MERTENS, S. 30; PORĘBSKI, S. 32, Nr. 3, Hs. genannt.

138rb–142va JACOBUS DE PARADISO: COLLATIO II AD FRATRES IN PASCHA
›*Collacio in die Pasche.*‹ *In nomine domini nostri Ihesu Christi. Nedum omnium angelorum agmina ... – ... ubi eis constituit Christus cum suis discipulis feliciter et sine fine valeant videre. Quod nobis ... Amen.* – MEIER, S. 71, Nr. 88, Hs. genannt; MERTENS, S. 30; PORĘBSKI, S. 32, Nr. 3, Hs. genannt.

142va–145vb JACOBUS DE PARADISO: COLLATIO I IN DIE PENTECOSTES
›*Collacio in die Penthecostes.*‹ (142vb) *In nomine patris et filii et spiritus sancti. Amen. De excellentissimo dono ymmo donatore scilicet spiritu sancto ... – ... qua habita supernorum civium beatitudinis consortes esse valeamus. Quod nobis ... Amen.* – MEIER, S. 71, Nr. 88, Hs. genannt; MERTENS, S. 30; PORĘBSKI, S. 33, Nr. 3, Hs. genannt.

145vb–148va JACOBUS DE PARADISO: COLLATIO II IN DIE PENTECOSTES
›*Collacio in die Pentecosthis.*‹ *Locuturo michi de presentis sacratissime diei spiritus sancti sollempnitate ... – ... gloriam meremur per eiusdem spiritus sancti largifluam bonitatem. Quod nobis ... Amen.* – MEIER, S. 71, Nr. 88, Hs. genannt; MERTENS, S. 30; PORĘBSKI, S. 33, Nr. 3, Hs. genannt.

148va–151rb JACOBUS DE PARADISO: COLLATIO IN ASSUMPTIONE BMV
›*Ad honorem et reverenciam assumpcionis sacratissime virginis Marie collacio.*‹ (148vb) *Ne in huius sacratissime celi regine festivitate ... – ... non enim habemus hic manentem civitatem, sed futuram inquirimus. Ad quam nos ... Amen.* – MEIER, S. 72, Nr. 88, Hs. genannt; MERTENS, S. 30; PORĘBSKI, S. 32, Nr. 3, Hs. genannt.

151rb–155vb JACOBUS DE PARADISO: COLLATIO I DE SANCTO BERNARDO
›*De sancto Bernhardo collacio*‹ *In nomine ... Alliciente pie singularissimo devocionis affectu ... – ... quam et nobis misericordiarum pater ex pietatis sue*

visceribus concedere dignetur ... Amen. – MEIER, S. 70, Nr. 88, Hs. genannt; MERTENS, S. 30; PORĘBSKI, S. 32, Nr. 3, Hs. genannt.

155vb–159va JACOBUS DE PARADISO: COLLATIO II DE SANCTO BERNARDO
›*Collacio de sancto Bernhardo*‹ *In nomine ... Instigante me singulari devocionis affectu ... – ... sancto inquam Bernhardo tamquam vernanti flagrantique nardo. Quod et nobis ... Amen.* – MEIER, S. 71, Nr. 88, Hs. genannt; MERTENS, S. 30; PORĘBSKI, S. 33, Nr. 3, Hs. genannt.

159va–162vb JACOBUS DE PARADISO: COLLATIO IN NATIVITATE BMV
›*Collacio in nativitate beate virginis*‹ (159vb) *Ad excitandam qualibuscumque verbis cordium nostrorum devocionem ... – ... gaudia ... Ad que nos quoque tuos minimos et immeritos servulos tuis sanctissimis meritis tuus filius perducat Iesus ... Amen.* – MEIER, S. 70, Nr. 88, Hs. genannt; MERTENS, S. 30; PORĘBSKI, S. 32, Nr. 3, Hs. genannt.

162vb–165va JACOBUS DE PARADISO: COLLATIO IN DIE OMNIUM SANCTORUM
›*Collacio in die omnium sanctorum*‹ (163ra) *In nomine ... In hodierna omnium sanctorum venerandissima sollempnitate ... – ... eam quam nunc spe, tunc in re poterimus adipisci. Quod nobis ... Amen.* – MEIER, S. 71, Nr. 88, Hs. genannt; MERTENS, S. 30; PORĘBSKI, S. 33, Nr. 3, Hs. genannt.

165va–169rb JACOBUS DE PARADISO: COLLATIO IN DIE ASCENSIONIS DOMINI
›*Collacio in die ascensionis domini*‹ *In nomine ... In hac nedum ammirabili sed et ineffabili gloriosa Christi ascensionis sollempnitate ... – ... in iudicium venturus in eadem carne, qua hodie ascendit per secula benedictus. Amen.* Von anderer Hand: *Bernardus: Maledictus homo, qui florem sue iuventutis offert diabolo etc.* – MEIER, S. 71, Nr. 88, Hs. genannt; MERTENS, S. 30; PORĘBSKI, S. 33, Nr. 3, Hs. genannt. – 169^{va-vb} leer.

170ra–227rb JACOBUS DE PARADISO: QUODLIBETUM STATUUM HUMANORUM
Quodlibetum statuum humanorum‹ *Ezechiel sanctus Dei propheta in sacra visione vidisse legitur librum coram se expansum ... – ... in continua assistencia non creditur defuisse. Cui laus ... Amen.* ›*Anno dominice incarnacionis 1452 autorizante sanctissimo domino domino nostro, Nicolao summo pontifice papa quinto. Koccziczywoczes* (?).‹ – Derselbe Text in Ms 606, 51ra; Lit. s. dort. – 227va–228vb leer.

229ra–249rb Jacobus de Paradiso: Tractatus de peccatis mentalibus mortalibus
›*Tractatus de peccatis mentalibus et mortalibus*‹ *David regius propheta licet multorum divinorum* ... (2 Drittel von 234vb leer, kein Textverlust) ... – ... *Quem fructum michi et omnibus optantibus misericorditer inpendere dignetur Christus ... Amen.* – Meier, S. 25f., Nr. 21, Hs. genannt; Mertens, S. 41, 278; Porębski, S. 69f., Nr. 63, Hs. genannt; VL^2 4, Sp. 483. – 249va–252vb leer.

253ra–255va Jacobus de Paradiso: De cottidie aut frequenter celebrantibus
›*De cottidie ac frequenter celebrantibus*‹ *Post predicta non incassum videor michi aliquid ocii surripuisse* ... – ... *translocacio, qua transfert se ab uno loco in alium, non est alius motus quam ipsa ambulacio sua etc.* – Teil aus De cautelis diversorum statuum in ecclesia; Meier, S. 66, Nr. 81, Hs. genannt; Mertens, S. 42, 284; Porębski, S. 60, Nr. 43, Hs. genannt.

255va–257va Jacobus de Paradiso: Tractatus de vitiis et virtutibus
›*Modi resistendi contra temptationes*‹ *Post hec dicemus modos resistenciarum sive repungnacionum* (sic) ... – ... ›*In fine tractatus de viciis et virtutibus*‹ ... *Gustata carne, hec est admissa sive recepta carnali voluptate, desipit omnis spiritus, id est omnis suavitas spiritualis.* – Wahrscheinlich Teil von: De temptatione et consolatione religiosorum; Meier, S. 36f., Nr. 38, Hs. genannt; Mertens, S. 31, 279; Porębski, S. 82, Nr. 89, Hs. genannt; Bloomfield, Nr. 3961; VL^2 4, Sp. 482. – 257vb leer.

258ra–269va Johannes de Indagine: Tractatus de arte bene moriendi
›*De arte bene vivendi et bene moriendi. Collectus in Carthusia Erfortis.*‹ *In hoc libello continetur ars bene moriendi, ad quam nemo pervenire potest nisi per artem bene vivendi* ... (258rb) ›*Incipit tractatus de arte bene moriendi.*‹ *Statutum est hominibus semel mori. Ad Hebreos 9. Statutum hoc factum est a domino in paradiso* ... – ... *ducuntur ad loca que meruerunt, sed nobis donet Deus, ut ad gaudia celestia perveniamus. Per Christum dominum nostrum. Amen.* – Meier, S. 86, Nr. 121 (zweifelhafte und unechte Werke), nur diese Hs. genannt; Mertens, S. 203–217, Hs. genannt; Porębski, S. 127, Nr. 141, Hs. genannt; Dictionnaire de Spiritualité 8, Sp. 546.

269vb–284ra Jacobus de Paradiso: De arte bene moriendi
›*Tractatus de arte moriendi bonus et multum utilis.*‹ *Omnes morimur et quasi aqua dilabimur in terram* ... – ... *Ibi enim secundum eundem in fine De civi-*

tate Dei notabimus et amabimus et gaudebimus. Quod nobis ... Amen. – Derselbe Text (mit etwas abweichendem Schluß) in Ms 612, 324^{r}; in der dort angeführten Lit. (außer MERTENS, VL^2 u. BLOOMFIELD) Hs. genannt. – 284rb–288vb leer.

289ra–294ra JACOBUS DE PARADISO: TRACTATUS DE RECEPTIONE MONIALIUM
›*Incipit tractatus de receptione et proventibus monialium et aliorum religiosorum.*‹ *Omne, quod plurimorum oculis se offert, varium conswevit habere iudicium ... – ... que omnia ex radice cordis elati procedere videntur. Salvo iudicio salvius senciencium.* – MEIER, S. 47, Nr. 52, Hs. genannt; MERTENS, S. 38; PORĘBSKI, S. 74f., Nr. 73, Hs. genannt; VL^2 4, Sp. 482. – 294rb–300vb leer.

301ra–305ra JACOBUS DE PARADISO: DE STATU SECURIORE INCEDENDI IN HAC VITA
Istis nostris infaustis diebus, in quibus habundavit iniquitas ... – ... Hec salva pace et qua putavi veritate vera autem caritate scripsi. Anno domini currente 1450 domino Nicolao papa auctorizante. Doctor Jacobus in Carthusia. – MEIER, S. 40f., Nr. 41, Hs. genannt; MERTENS, S. 39; PORĘBSKI, S. 80f., Nr. 87, Hs. genannt.

305ra–308rb JACOBUS DE PARADISO: DE SANCTIFICATIONE SABBATI PRAECIPUE CIRCA OPERA MOLENDINI
›*Incipit alius tractatus eiusdem de celebracione festivitatum.*‹ *Quoniam circa observanciam divinorum preceptorum omni mente* (r. menti) *humane suprema diligencia incumbit ... – ... in hiis non preiudicans sanius sencienti. Currente anno domini M°CCCCLVIII. Doctor Jacobus Carthusiensis.* – MEIER, S. 55f., Nr. 67, Hs. genannt; MERTENS, S. 37; PORĘBSKI, S. 77, Nr. 81, Hs. genannt.

308rb–310rb JACOBUS DE PARADISO: DE INCHOATIONE FESTORUM ET DE VECTORIBUS
›*Item alius tractatus eiusdem iterum de sanctificacione sabati.*‹ *Cum animadverterem inter quosdam opinionum veritatem ... – ... Remittendo lectorem ad alium tractatum de sanctificatione sabati quoad molendina. Anno domini M°CCCC°LI auctorisante sanctissimo domino nostro Nicolao papa quinto. Doctor Jacobus.* – MEIER, S. 20f., Nr. 14, Hs. genannt; MERTENS, S. 39 mit n. 127, Hs. genannt; PORĘBSKI, S. 60f., Nr. 45, Hs. genannt.

310rb–320rb JACOBUS DE PARADISO: DE CAUSIS DEVIATIONIS RELIGIOSORUM
›*Item tractatus eiusdem multum utilis de causis deviacionis religiosorum ac*

qualitate suscipiendorum ad religionem.‹ Novit ille, quem cordis secreta non latent ... – ... qui dedit intelligere, et det et facere et proficere Iesus Christus per secula benedictus. Amen. 1458 in die sancte Elizabet per fratrem Philippum. – Auch in Ms 540, 331va (mit etwas abweichendem Schluß); Lit. s. dort, bei MEIER und PORĘBSKI Hs. genannt.

320va–330va JOHANNES DE SCHONHAVIA: EXHORTATORIUM SPIRITUALE
[D]*ilectissimo michi in Christo Simoni nepoti meo frater Jacobus ... Magnam michi leticiam tue dileccionis ingessit epistola ...* [S]*icud immensa gloria fideliter Deo in religione servientibus ... – ... Sed da veniam lector, nam non docere presumpsi, sed amico petenti satisfacere volui. Et sic est finis huius tractatus sub anno domini M°CCCCLVIII feria 2ª post festivitatem beate Katerine virginis ac martiris scriptus. Doctor Jacobus hunc edidit* durchgestrichen: *qui mundum contempsit et in Karthusia nunc degit.* – V. BECKER (Ed.) in: De Katholiek 86/1884, S. 204–210, 352–361; 87/1885, S. 12–141. MEIER, S. 27f., Nr. 25; MERTENS, S. 137, Hs. jeweils genannt; E. PERSOONS in: Scriptorium 20/1966, S. 77, Nr. XIV; Repertorium Fontium 6, S. 411. – 330vb leer.

331ra–348va JACOBUS DE PARADISO: TRACTATUS DE APPARITIONIBUS ANIMARUM
Rogamus vos ... (II Th 2,1–2) *Verba sunt apostolica ad plebem Tessalonicam missa in epistola ... – ... veniam petens de prolixitate aut superfluitate caritate ad hoc instigante. Per hoc Deus sit benedictus. Amen. Anno domini MCCCCLIX in previgilia purificacionis in cella hospitum finitus iste tractatus de apparicionibus spirituum, qui compilatus est per doctorem Jacobum Carthusiensem.* – HAIN 9345–9353. MEIER, S. 58f., Nr. 70, Hs. genannt; MERTENS, S. 41, 68, 74; PORĘBSKI, S. 39, Nr. 12, Hs. genannt; VL^2 4, Sp. 483. – 348vb leer.

349ra–397ra JACOBUS DE PARADISO: TRACTATUS DE MALO HUIUS SAECULI
›Incipit tractatus de malo fratris Jacobi de Polonia doctoris.‹ Organo apostolice vocis suo iudicio inter apostolos minimus ad dilectum filium suum Thymotheum divina revelacione scribente ... – ... se pro me devotum exhybeat oratorem, ut in omnibus trinus et unus laudetur Deus per secula benedictus. Amen. – MEIER, S. 50f., Nr. 56, Hs. genannt; MERTENS, S. 37; PORĘBSKI, S. 61f., Nr. 47, Hs. genannt; Repertorium Fontium 6, S. 123; BLOOMFIELD, Nr. 3712.

397ra–432vb Jacobus de Paradiso: Tractatus de officio et statu ecclesiasticorum

Prolog: [I]*osias rex Iuda sanctus divine legis ferventissimus emulator* ... (398ra) Textbeginn: [U]*t autem a causis ad effectus tamquam a priori fiat processus* ... – ... *Super quibus omnibus et singulis articulis expressis lata ingenia desudant theologorum atque iuristarum*‖ bricht ab im Epilog, Conclusio finalis fehlt. – Auch in Ms 606,2^{ra} (mit Abweichungen im Incipit); Lit. s. dort, Hs. bei Meier und Porębski genannt.

Ms 622

Theologische Sammelhandschrift

Papier 191 Bll. 21×15,5 Leipzig um 1500; 1506

Die Hs. besteht aus 8 Teilen. Durchgehend moderne Foliierung; Rand meist stark beschnitten.

I: 1–48. 4 VI^{48}, Reklamanten. Schriftraum 17–18×11–12; 31–38 Zeilen. Buchkursive, eine Hand; Auszeichnungsschrift Textura; Rubriken. Rote 2- bis 3-zeilige Lombarden, mit nasen- und tropfenförmigen, manchmal auch dornblattartigen Verdickungen.

II: 49–75. (VI+1)^{63} + VI^{75}; Schaltblätter nach 52 u. 58 mitgezählt, weitere Schaltblätter nach 51 u. 57. Schriftraum 19–20×11,5–14,5; 40–43 Zeilen. Schriftraum des kommentierten Bibeltextes f. 51^{r}–62^{r} 13×7; 23–26 Zeilen; Kommentar im Marginalglossentyp (vgl. G. Powitz, Textus cum commento, in: Codices Manuscripti 5/1979, S. 86), dazu auch Interlinearglossen. Buchkursiven, 4 Hände, a: 49^{r}–62^{v}, b: 63^{r-v}; c: 64^{r}–73^{v}; d: 74^{r}–75^{v}; Rubriken; auf den Rändern zahlreiche Notate und Gliederungsvermerke vom jeweiligen Schreiber. Rote Lombarden, nur 49^{r} u. 49^{v}, 3- u. 4-zeilig, wie in Teil I.

III: 76–96. VI^{87} + (IV+1)^{96}; Reklamant; Doppelblattzählung *1–6* (76–81) u. *a–d* (88–91). 76^{r}–91^{r}: Schriftraum 14×9–9,5; 21–23 Zeilen. Bastarda, Rubriken, ausführliche Zusätze auf den Rändern von f. 77^{r}–79^{r} durch den Schreiber von f. 91^{v}–96^{v}; rote 2-zeilige Lombarden, wie in Teil I, einige mit einem zusätzlichen Sonnen- oder Augenmotiv. 91^{v}–96^{v}: Schriftraum 18,5–19×10,5–11; 36–42 Zeilen. Buchkursive; Rubriken.

IV: 97–108. VI^{108}. Schriftraum 18,5–19×11,5–13; 45–48 Zeilen.
Buchkursive; Rubriken.

V: 109–120. VI^{120}; untere Hälfte von f. 120 abgeschnitten, ohne Textverlust. Schriftraum 18–18,5×11,5–12; 35–39 Zeilen. Buchkursive; Rubriken. Rote 2- bis 3-zeilige Lombarden, ähnliche Verdickungen wie in den anderen Teilen.

VI: 121–131. (VI–1)^{131}, ursprünglich ein Quaternio, dem 2 Doppelblätter umgebunden wurden. Schriftraum 17,7–19×11–12,5; 33–39 Zeilen. 121^{r}–122^{r} Buchkursive Anfang 16. Jh.; Buchkursive: 123^{r}–126^{v}, zahlreiche Textzusätze auf den Rändern, Durchstreichungen und interlineare Einfügungen besonders auf f. 123^{v}.

VII: 132–157. VI^{143} + VII^{157}; das Doppelblatt 137/138 nachträglich in der Mitte der ersten Lage dazugebunden; Reklamanten; Foliierung des 16. Jh. *348–352* (132–136) u. *353–357* (139–143). Schriftraum 17–18×10,5–11,5; 35–38 Zeilen (137^{r}–138^{v}: 19–20×11,5–13; 43–45 Zeilen). Buchkursiven, mehrere nicht genau unterscheidbare Hände; zahlreiche Randeinträge von verschiedenen Händen des 15./16. Jh.

VIII: 158–192. 3 VI^{192}; Zählung 183 zweimal; auf den Rändern Gliederungsbegriffe. Schriftraum 16,5–17×10,5–11,5; 36–37 Zeilen. Buchkursive; Rubriken; rote Lombarden wie in Teil I.

Heller Halbledereinband mit Einzelstempeln aus der Werkstatt des Valentin Bormann in Leipzig; vgl. SCHUNKE, S. 54, Nr. 477 u. S. 240, Nr. 130; von LOH, Buchbinder übersehen. Zwei Schließen entfernt; Loch von der Kettenbefestigung im Rückdeckel oben. Vor dem Rückdeckel freistehend ein 1–1,5 cm breiter Pergamentstreifen aus einem EVANGELISTAR oder LEKTIONAR um 1200, hier Mt 16 u. Lc 5.

Teil VIII 1506 geschrieben, s. 191^{v}. Die Einträge 97^{r}: *Ad conventum Lipczenszem* und 132^{r}: *Sermones a proposito in Lyptzk collecti anno domini 1460* erlauben nicht die Zuweisung an einen bestimmten der drei Leipziger Konvente (Dominikaner, Franziskaner, Augustiner–Chorherren); die Hs. findet sich weder im Bücherverzeichnis des Thomasklosters von 1541, (ed. E. DEBES, in FS H. Lülfing, Leipzig 1966, 83–95) noch im Sequestrationsverzeichnis der Dominikanerbibliothek. 1524 wurde sie im Zimmer des Priors aufbewahrt, vgl. 192^{v}. Titelschild, Papier, 16. Jh., auf dem Vorderdeckel: *34* (durchgestrichen) · *49* · *ROSA*[...]*orona O de la* [...] *de vanitate et mi*[seria] *humanae vitae* · *49* · *Cc*; auf dem Rücken Signatur: *1079*. FELLER, S. 334, Nr. 17.

1^{r}–17^{r} TRITHEMIUS, JOHANNES: LIBER DE VANITATE ET MISERIA HUMANAE VITAE

›Liber de vanitate et miseria humane vite domini Johannis Tritemii, abbatis Spanhemensis incipit feliciter.‹ Cum nichil sit vita presens superne felicitati comparata ... – ... qui sua clementia vitam nobis concedat eternam. Amen. ›Explicit liber de vanitate et miseria humane vite.‹ – HAIN 15635. F.W.E.-ROTH in: Studien und Mitteilungen OSB 37/1916, S. 295; K. ARNOLD, Johannes Trithemius (1462–1516), Würzburg ²1991 (Quellen und Forschungen zur

Geschichte des Bistums und Hochstifts Würzburg), S. 47 u. 243, Hs. genannt; KRISTELLER III, S. 421.

17^{v}–18^{v} THOMAS A KEMPIS: ALPHABETUM MONACHI IN SCHOLA DEI
›*Incipit alphabetum monachi in scola Dei Iesu Christi studere volentis. Tractatus est sancti Bonaventure. Discipulus*‹ *Vias tuas domine* ... (Ps 24,4) ›*Magister. Lectio prima*‹ *Ama nesciri et pro nihilo reputari* ... – ... *portans quotidie pro Christo crucem suam, ut habeat gloriam magnam et vitam eternam. Amen.* – THOMAS A KEMPIS, Opera omnia 3, S. 317–322. DISTELBRINK Nr. 57.

19^{r}–22^{r} THOMAS A KEMPIS: MANUALE PARVULORUM
›*Incipit liber, qui dicitur Parvulorum manuale Thome de Kempis.*‹ *Sinite parvulos* ... (Mt 19,14) *Hec sunt verba Iesu Christi* ... – ... *ducens parvulos mites et castos ad eterne vite beatitudinem et gloriam sanctorum eternaliter cum Christo perfruendam. Amen.* – Opera omnia 4, S. 163–178.

22^{v}–23^{r} THOMAS A KEMPIS: CONSOLATIO PAUPERUM ET INFIRMORUM
›*Incipit consolatio pauperum et infirmorum et hiis articulis subdividitur: Pauper* ... ‹ *Consolamini, consolamini, popule meus, dicit dominus Deus vester.* ›*Pauper*‹ *Noli pauper tristari, qui dives non es* ... – ... *Dura pungna* (sic), *sed gloriosa et eterna premia reddentur pro victoria consummata.* – Opera omnia 4, S. 137–140.

23^{r}–25^{r} THOMAS A KEMPIS: EPITAPHIUM MONACHORUM
›*Incipit breve epitaphium monachorum de recta via iustorum ad regnum celorum.*‹ *Via iustorum recta facta est et iter sanctorum preparatum est* ... – ... *recipies pro omni modico hic passo premium eternum et gaudium cum angelis sanctis in regno celorum. Amen.* – Opera omnia 4, S. 143–152.

25^{r}–26^{r} THOMAS A KEMPIS: VITA BONI MONACHI
›*Incipit vita boni monachi.*‹ *Audi religiose monache, ausculta devote clerice* ... – ... *Ad quam nos post multa pericula perducat agnus sine macula, cui laus per eterna secula. Amen.* – Opera omnia 4, S. 155–160. WALTHER 11165.

26^{r-v} THOMAS A KEMPIS: DUO CANTICA
›*Rigmus* (sic) *de vita Iesu imitanda*‹ *Vitam Iesu Christi stude imitari* ... *Omni die, omni hora, te resigna sine mora.* – Opera omnia 4, S. 245 f., Nr. 2; AH 48, Nr. 486, S. 507 f. ›*De vocacione nominis Iesu, Marie et sanctorum*‹ *Assuesce Iesum invocare* ... – ... *Secundum merita singulorum reddentur premia beato-*

rum. – Opera omnia 4, S. 250, Nr. 6; AH 48, Nr. 491, S. 512f. (mit Abweichungen).

26^{v}–30^{v} Thomas a Kempis: Doctrinale iuvenum
›*Incipit libellus, qui dicitur Doctrinale iuvenum. De recommendacione sacre scripture.*‹ *Fili, a iuventute tua excipe doctrinam* ... (Sir 6,18) ... – ... *Educ de carcere animam meam, ut confitear nomini tuo et laudem te cum omnibus sanctis tuis per eterna secula seculorum. Amen.* – Opera omnia 4, S. 181–199.

30^{v}–37^{v} Thomas a Kempis: Hospitale pauperum
›*Incipit tractatulus dictus Hospitale pauperum. De contemptu omnium bonorum mundanorum. Capitulum primum.*‹ *Dominus regit me* ... (Ps 22) ... – ... *ubi cum Iesu et omnibus sanctis gaudebit in gloria. Amen.* ›*Tantum de tractatulo hospitalis pauperum Thome de Kempis.*‹ – Opera omnia 4, S. 201–240.

38^{r}–40^{v} Johannes Trithemius: Institutio vitae sacerdotalis, cap. II
›*De mundicia et castitate sacerdotum et in qua pericula incidunt sacerdotes concubinarii, ut se emendent aliis in exemplum. Abbatis Johannis Tritemii viri expertissimi.*‹ *Amaro corde et voce lamentabili moneor ad referendum de sacerdotum mala vita* (zum Incipit vgl. Ps.-Bonaventura: De castitate et mundicia sacerdotum, Distelbrink Nr. 79) ... – ... *si malus in iuventute quis extiterit, raro in senectute bonus erit.* ›*Usque huc abbas Johannes Tritemii, ordinis beati Benedicti monasterii Spanamensis. Alia de hac materia quere in tractatulo beati Bonaventure de castitate et mundicia sacerdotum.*‹ – Hain 15621–23; zusätzlich einige einleitende Sätze, kleine Lücke in der 2. Texthälfte. F.W.E.Roth in: Studien und Mitteilungen OSB 37/1916, S. 293; K.Arnold (w.o. 1^{r}–17^{r}), S. 47f. u. 238f., Hs. genannt; Kristeller III, S. 421. – 41^{r}–48^{v} leer.

49^{r}–62^{v} De concordantia quattuor evangelistarum circa passionem domini
Vadam ad montem ... (Ct 4,6) *Pro introductione horum verborum assumo pro me beati Bernhardi super Cantica, sermo 43, tractans illud Cantica 1: Fasciculus mirre dilectus meus* ... – (49^{v}) eingeschoben: ›*Item de passione domini*‹ *Erat liber scriptus* ... (Ez 2,9) *Ex quo tota vita Christi in terris morum disciplina fuit et exemplar* ... – (50^{r}) Anschluß an 49^{r}: *Quottidie fuit facta representacio* ... ›*Reassumptio thematis. Persecutio et deductio passionis Christi.*‹ *Passio Christi distinguitur per horas noctis et diei* (entsprechend die Gliede-

rung des Kommentars) ... (50^v) ›*Feria 6ta ante Iudica*‹ *Passio domini Iesu Christi principaliter dividitur in septem partes secundum septem horas* (obwohl Uppsala UB, cod. C 350, 202^r sehr ähnlich beginnt, nicht identisch) ... (51^r) Beginn des kommentierten Textes: *Dixit Iesus discipulis suis: Scitis quia post biduum* ... (Mt 26,1 f.) ... – Auf den Bund- und Randstegen Parallelstellen und Glossen, auf den Kopf- und Fußstegen die Lectura, Incipit: *Dixit autem filius hominis, quia secundum formam humanam reatus et crucifixus est* ... – (62^r) Text endet mit Mt 27,66: ... *signantes lapidem cum custodibus scilicet armatis*; Explicit der Lectura: *Signet vos Iesus Christus* ... *ut tandem post hanc vitam merito sue passionis ad resurrectionis gloriam pervenire valeamus. Amen.* ›*Tantum de concordancia 4 ewangelistarum circa passionem domini.*‹ (62^v) ›*De secundo principali huius libri passionis Christi scilicet de lectura.*‹ *Pro introductione historie passionis Iesu Christi sciendum quod secundum, quod est in libro, est lectura* ... – ... *in corpore per flagellationem et castigationem, ut salvatori nostro corde ore et opere gratiam agamus.*

63^r–75^v SERMONES DE TEMPORE ET DE SANCTIS (teils nur Entwurf)
›*De sancta Dorothea virgine*‹ *Dilectus meus* ... (Ct 2,16) *Hic 2 tanguntur: primo salvatoris nostri ad beatam Dorotheam ingens dilectio* ... – weitere Rubriken: *De beato Augustino, De sancto Egidio abbate, Dominica 22 post trinitatis, In divisione apostolorum, Dominica 13 post trinitatis, Dominica 14 post trinitatis, De nativitate beate virginis, De beato Martino, De eukaristia.* – 76^r leer. 76^v: Einige Cadellen als Federproben.

77^r–85^v PS.-AUGUSTINUS: DE CONTRITIONE CORDIS
›*Incipit liber beati Augustini episcopi de contricione cordis valde bonus.*‹ – PL 40, Sp. 943–950. CPPs II B, Nr. 3073; KURZ, Die handschriftliche Überlieferung der Werke des hl. Augustinus, V,1, S. 75 f.; s. a. PL Suppl. 2, Sp. 1366.

86^r–91^r PS.-AUGUSTINUS: SERMO DE VANITATE SAECULI
›*Incipit alius liber beati Augustini de vanitatibus seculi.*‹ – PL 40, Sp. 1183–1186; PL 87, Sp. 542–547; der Zusatz: *Benedicamus igitur* ... in PL 40, Sp. 1213 f. CPPs I A, Nr. 1120; KURZ, S. 244 f.

91^v VINCENTIUS FERRERIUS: SERMO IN DOMINICA XVII POST TRINITATIS (Exzerpt)
Vade recumbe ... (Lc 14,10) *Volo nunc predicare de condicionibus animarum* ... – ... *ut possis quiescere in novissimo loco. Scitis*‖ bricht im letzten Ab-

schnitt ab. – GW 9834–9846. SCHNEYER, Nachlaß, Nr. 180; KAEPPELI 4, Nr. 4027.

92^{r}–96^{v} SERMONES VARII (ohne Rubriken, teils nur Entwurf)
Oves mee ... (Io 10,27) *Omnis Christianus per 5 virtutes* [...] *efficitur* ... *Hoc facite* ... (Lc 22,19) *Nota c* (?) *omnis utriusque sexus: 7 sacramenta sunt* ...(92^{v}) *Exemplum dedi* ... (Io 13,15) *In istis verbis totum ewangelium complectendo 7 exempla devotissima declarabo* ... (94^{r}) *Mulier ecce filius* ... (Io 19,26) *Stabat iuxta crucem* ... (Io 19,25) *Maria fuit in passione filii valde amara, quando ipsius animam gladius pertransivit* ... Ende dieses Sermo 93^{v} unten, durch Asterisk angezeigt. – (94^{v}) *Ecce mater tua* ... (Io 19,26) *Hoc verbum fuit expressivum amoris mire confederacionis, doloris materne desolacionis* ... (95^{r}) *Stabat iuxta crucem* ... (Io 19,25) *Tanta est pietas huius virginis matris non solum erga filium suum* ... (96^{r}) *Infirmitas hec* ... (Io 11,4) *Per tribulaciones, infirmitates et adversitates huius mundi homo depuratur a magnis defectibus* ... – ... *eorum virtus in infirmitate perficitur.*

97^{r}–104^{v} SERMONES DE TEMPORE, PARS HIEMALIS (Skizzen)
›*Ad conventum Lipczenszem*‹ *Abiciamus opera* ... (Rm 13,12) *In hoc verbo tangit apostolus triplex malum, quod incurrat homo per peccatum* ... *Induimini dominum* ... (Rm 13,14) *In verbis istis Christus exhibet se nobis indumentum* ... (97^{v}) *Ecce rex tuus* ... (Mt 21,5) *In verbis istis describitur Christi incarnatio* ... (104^{v}) *Ite in castellum* ... (Mt 21,2) *Mistice dicitur affectum predicacionis quantum ad divinam auctoritatem* ... *Quis ambulat* ... (Is 50,10) *Medicus spiritualis debet primo morbi periculum explorare* ... *Miseracionum domini* ... (Is 63,7) *Sanctus iste propheta, ymo eximius prophetarum Ysaias in verbis propositis similiter aliquid de seipso recitat* ... – ... *et assecurando ut non perierent.* – 105^{r}–108^{v} leer.

109^{r}–117^{v} HENRICUS TOTTING: SERMONES DE TEMPORE ET DE SANCTIS
›*De dominica prima in adventu domini*‹ *Letare filia* ... (Za 2,10) *Beatus ille propheta David, qui de salvatore nostro et domino Jesu Christo eiusque adventu tam expresse cogitavit* (LANG, S. 120, Nr. 28; SCHNEYER, Nachlaß Nr. 29) ... (111^{r}) *Mane videbitis* ... (Ex 16,7) *Reverendi patres et domini, quia caligantibus atque lippientibus oculis* (LANG, S. 120, Nr. 27; SCHNEYER, Nachlaß Nr. 28) ... (114^{r}) *Ecce salvator* ... (Is 62,11) *Pro sancti spiritus impetranda gracia* ... (LANG, S. 115, Nr. 2; SCHNEYER, Nachlaß Nr. 2) ... (116^{r}) *Vidi civitatem* ... (Apc 21,2) *Reverendi patres. Scripturas sacras attente perscrutantibus*

triplex occurrit civitas sancta ... (LANG, S. 119, Nr. 20, abweichender Schluß; SCHNEYER, Nachlaß Nr. 21) ... – ... *magnalia de ipsa dixerit quandoque parabolice quandoque literaliter clare, ut patet transcurrenti libros prophetales.* – NDB 8, S. 426 – 118r–120r leer.

120v PREDIGTSKIZZE
Perdicio tua ... (Os 13,9) *Dicit beatus Thomas libro 2 Contra gentiles capitulo 22: Sicut enim nulla creatura potest creare* ... – ... *est opus creacionis, in quo ex nihilo fit aliquid etc.*

121r–122r SERMO DE MANDATIS DEI SERVANDIS
Volentes a Deo per flagella non visitari studeant mandata sua servantes eum in omnibus honorare ... – ... *percuciat te dominus amencia, cecitate, omnique tempore calumniam pacieris, uxorem accipias et alius dormiat cum ea.* – 122v leer.

123r–126r DE IUBILAEO ET INDULGENTIIS
›*De iubileo ad ewangelisandum pauperibus*‹ *Spiritus domini* ... (Is 61,1) *De primo Jeremias 4: Nolite seminare super spinas* ... (126r) ›*De modo promulgandi jubileum sive indulgencias plenissimas*‹ *Optimum fundamentum atque utilissimum modo promulgandi iubileum* ... – ... *et per communes paucas animas salvari.* – 126v einige Bibelzitate zum gleichen Thema. – 127r–131v leer.

132r–157v SERMONES HABITI IN LIPSIA
SCHNEYER, Wegweiser, S. 272 (Leipzig UB, Ms 867, 214va) ›*Sermones a proposito in Lyptzk collecti anno domini 1460. Dominica prima adventus domini.*‹ *Exulta filia* ... (Za 9,9) *Et sunt verba hodierne festivitatis scripta de ewangelio Mathei XXI. Pro introduccione illorum verborum sciendum: Dicit beatus Augustinus in libro de verbis* ... (133v) ›*A proposito in Lyeptzk. Dominica 2a in adventu domini.*‹ *Tunc videbunt* ... (Lc 21,27) *Hec sunt verba concorditer per ewangelistas conscripta* ... *Sciendum pro introduccione verborum illorum beatus Augustinus in epistolis contra Parmenianum libro 3o: Caritas mansueta et severa* ... (135v) ›*Dominica 3a adventus domini*‹ *Tu es qui venturus* ... (Mt 11,2) *Bernhardus sermone 3o de adventu domini: Quis posset persuadere* (darüber: *significare*), *quanta bonitas est in Deo* ... weitere Predigten De tempore, zu Laurentius, Petrus Martyr, ›*De compassione beate virginis, De animabus*‹, Maria Magdalena, Kirchweihe ... – (143v) nachträglich eingetragenes Notat *De Anima* – (147v) Notata ›*De resurrectione*‹ und ›*De beato Egidio*‹ ... (150r) ›*In festos Philippi et Iacobi apostolorum*‹ *Non turbetur* ... (Io 14,1) *Pro intro-*

ductione horum verborum assumo pro me beatum Augustinum ... (151^v) Anhang: *Ex legenda: Philippus a Philas* ... (154^v) ›*De pace interna*‹ *Pax interna, quam debet habere quilibet in seipsum* ... (155^r) ›*Dominica 12 post trinitatis*‹ *Bene omnia fecit* ... (Mc 7,37) *In verbis propositis commendatur salvatio a duobus* ... (157^r) De purgatione peccatoris – setzt ein ‖*De secundo, ut te vere emundes, sis lapsum cor repetens ad superna dirigens* ... – ... *dilexit nos et lavit nos a peccatis nostris in sanguine suo, qui cum patre* ... *Amen.*

158^r–191^v Aegidius Romanus: Expositio super Canticum canticorum ›*Divi Thome Aquinatis, doctoris angelici, ordinis predicatorum sacre scripture elucidatoris clarissimi. In librum Salomonis, qui Cantica canticorum inscribitur, exposicio profundissima. Prologus.*‹ *Sonet vox* ... (Ct 2,14) *In principio cuiuslibet libri, quantum ad presens spectat, duo sunt notanda, primo quid sit libri titulus* ... – ... *Quod in presenti vita secundum statum viatorum et in futura per apertam visionem comprehensorum dignetur Christus operari in nobis, qui cum patre* ... *Amen.* ›*Finit exposicio angelici doctoris Thome Aquinatis almi ordinis predicatorum in librum Salomonis, qui Cantica canticorum inscribitur. Anno gracie 1506.*‹ – S.Thomae Aquinatis, Opera omnia 14, Parma, 1863, S. 354–426 (ohne Prolog). Stegmüller RB 2, Nr. 911 u. RB 5, Nr. 8031; Zumkeller, Nr. 8. – 192^r leer. – 192^v: *Anno domini 1524 fui in stuba prioris altera die post festum Valentini.*

Ms 623

Gilbertus Tornacensis

Pergament VI + 290 Bll. 20,5–21×13–13,5 14. Jh. 1. Hälfte

3 Vorsatzblätter + 23 IV^{184} + III^{190} + 12 IV^{286} + II^{290} + 3 Nachsatzblätter; gerahmte Reklamanten; Doppelblattzählung; römische Foliierung des 14. Jh. Schriftraum 14–15×9–9,5; zweispaltig; 35–38 Zeilen.

Textualis, eine Hand; Vorsatz u. Nachsatz in gotischer Minuskel; Rubriken; auf den Rändern wenige Korrekturen, Stichworte und Notate von anderen Händen. Blaue 2-zeilige Lombarden, Fleuronné-Besatz und Füllung rot; 1ra 4-zeilige Initiale *E*, blau-rot ornamental gespalten.

Roter Kalbsledereinband des Spätmittelalters; Buckel von beiden Deckeln entfernt; Spuren von zwei Kurzschließen; die Mittelschließe, die sie später ersetzte, ebenfalls entfernt. Beiliegend als Lesezeichen ein Lederbändchen. Eintrag des 15. Jh. im Vorderdeckel: *Sermones Gilberti ad status*. Im Rückdeckel Fragment aus einem zweispaltig geschriebenen MISSALE des 13./14. Jh., hier Dom. tertia in Quadragesima.

Aus der Bibliothek des Zisterzienserklosters Altzelle unter der Signatur *N 35*; 1^r^, Fußsteg, in Textualis des 14. Jh., Wörter abwechselnd in Rot und Schwarz: *Liber celle sancte Marie* (SCHMIDT, Altzelle, S. 61 u. 84). Titelschild, Papier, 16. Jh., auf dem Vorderdeckel: *49 · SERMO*[nes] *Gilberti de Tornaco · 49*. Auf dem Rücken Signatur: *558*. FELLER, S. 171, Nr. 8.

Vorsatz I^{r}–III^{v} THEMATA SERMONUM AD STATUS. Register aller Themata mit Zitierung fast aller Incipits und genauer Folioangabe (Spalten durch *a*, *b*, *c*, *d* bezeichnet).

1ra–290vb GILBERTUS TORNACENSIS: SERMONES AD STATUS
›*Incipiunt sermones ad status fratris Guiberti de Tornacho ordinis fratrum minorum.*‹ *Exequtis* (r. Executis) *inspirante domino sex partibus* (Prolog) ... (1va) Textbeginn, Bestand nach SCHNEYER 2, S. 299–306: Nr. 188–191; 192 geteilt, zweiter Sermo beginnt (20ra): *Mundamini qui fertis* ... (Is 52,11) *In verbis propositis notatur pastorum ecclesiasticorum dignitas* ...; 193–207; (52rb) 208 mit abweichendem Explicit; (53rb) *Vos estis* ... (I Pt 2,9) *Vos eritis* ... (Ex 19,6) *Et quia iusticia secundum Tullium quattuor habet partes* ...; 272; 209–214; 215 (abweichendes Explicit); 216–248 (abweichendes Explicit); (161vb) ›*Ad potentes et milites sermo I^{us}*‹ *Accipe gladium* ... (II Mcc 15,16) *Hic informantur milites Exodo IV, de quibus competit temporaliter dignitas* ... (165vb) ›*Sermo III^{us}*‹ *Estote imitatores* ... (Eph 5,1) (166ra) *In Deo est summa potestas, veritas et bonitas*... (169va) ›*Sermo quartus*‹ *Qui amat* ... (Ecl 5,9) *Ostendit nobis Salomon diviciarum periculum*... (174vb) ›*Ad mercatores sermo I^{us}*‹ *Negociamini* [dum] *venio* (Lc 19,13) *Quod dixit paterfamilias servis suis* ... (177vb) ›*Sermo II^{us} de mercatoribus dyaboli*‹ *Negociamini dum venio* (Lc 19,13) *Quod dicit Christus negociatoribus et mercatoribus suis* ... (181va) ›*Ad agricolas et rurales sermo I^{us}*‹ *Labores manum* (sic) ... (Ps 127,2) *Laborem, penitencia iniuncta Ade et filiis suis* ... *Sicut enim clerici laborant in ecclesiis* ... (184ra) ›*Sermo II^{us}*‹ *Labores manum* (sic) ... (Ps 127,2) *Homo ad laborem* ... (Iob 5,7) *Ne oderitis laboriosa opera et iustificacionem* ... (185rb) *Operamini opus* ... (Sir 51,38) *Proponit nobis dominus per os sapientis operandi facultatem* ... (188vb) *Operamini opus* ... (Sir 51,38) *Prepara foris* ... (Prv 24,27) *Ar-*

tifex, qui vult opus suum bene vendere ... (190vb) ›*Ad coniugatas sermo primus*‹ (191ra) *Monebant parentes* ... (Tb 10,12) *Hec est ammonicio neccesaria coniugatis maxime* ... (193rb) *Monebant parentes* ... (Tb 10,12) *Visoque curialiter se debet habere mulier coniugata ad proximum* ... (195va) Schneyer, Nr. 249–265; 266 u. 267 (jeweils abweichendes Explicit); 268–272; 274–287. ›*Expliciunt sermones fratris Guiberti de Tornaco ordinis fratrum minorum. Deo gracias.*‹ – GW 10924/25. Glorieux, Répertoire 2, 311g, S. 57; Dictionnaire de Spiritualité 6, Sp. 1141 f.; Mohan, S. 131 u. 142f. – 290^{v}, Fußsteg: *Mundus caro demonia diversa movent prelia*, gleicher Vers (mit Autorenangabe: *Hugo de sancto Victore et Augustinus*) in Würzburg UB, M.ch.f. 137, 279^{r}.

Nachsatz:

I^{r} De duodecim fructibus vigilantiae

Auf dem Kopfsteg, durchgestrichen: *Ad novicios. Venite filii, audite me. Timorem* (Ps 33,12). – *Beati sunt servi*... (Lc 12,38) *ministrabit duodecim fercula sive fructus in mensa refeccionis eterne* ... *Primus sanitas sine egritudine* ... (Auf diesen Text auch ein Hinweis auf dem Fußsteg von 182^{v}). ›*Sequitur in Apocalipsin capitulo ultimo descripcio eorum, que pertinent ad reficiendorum gaudium et exaltacionem.*‹ *Sex sunt. Primum est, quando convive se diligunt* ... – ... *diliges dominum Deum tuum ex toto corde tuo.*

I^{v} Sermo de superioribus et inferioribus statibus clericorum

[F]*ecit dominus* ... (Gn 1,16) *Secundum sentenciam sacrorum doctorum, sicut ab omnipotenti Deo omnia producuntur originaliter* ... – ... *Ingeminavit Deus lucem clarissimam, quam solem vo* ‖ bricht mit dem Seitenende ab. – II^{r}–III^{r} leer.

III^{v} Gilbertus Tornacensis: Sermo in synodo ad clerum

Schneyer 2, S. 292, Nr. 119 u. S. 299, Nr. 192; bricht mit dem Seitenende ab.

Ms 624

Henricus Gandavensis

Pergament 162 Bll. 32×21,5–22 13./14. Jh.

I + 3 VI^{36} + II^{40} + 5 VI^{101} + VII^{115} + $(VI–1)^{126}$ + 2 IV^{142} + VI^{154} + $(IV–1)^{161}$; Reklamanten; Kustoden *1-9*, 115^v neu beginnend: *1–5*; arabische Foliierung des 14./15. Jh., erstes Doppelblatt und Zählung 41 ausgelassen. Schriftraum 22–24×16–17,5; zweispaltig, I^v–II^v dreispaltig; 49–54 Zeilen.

Textualis, 3 Hände, a: 1ra–40vb; b: 68ra–103rb; c: 104ra–145ra; gotische Minuskel: 42ra–67vb; Textualis mit Tendenz zur gotischen Minuskel 145ra–161vb; gotische Kursive: I^{ra}–II^{vc}; Rubriken nur bis 40ra; auf den Rändern Stichworte, Korrekturen, Nachträge, Schemata und Notate meist von Schreiberhand, einige auch von anderen zeitgenössischen Händen; auf dem Kopfsteg laufende Nummer des Quodlibets. Initialen nicht ausgeführt.

Neuer Ledereinband unter Verwendung von Resten eines spätmittelalterlichen Einbands. Auf dem Spiegel des Vorderdeckels Eintrag des 15. Jh.: *Quodlibet magistri Henrici de Gandavo*. Von anderen Händen: *Parisius disputate questiones sunt theologice, ut in fine libri videtur*; ein Notat zu den 3 Affekten Ira, Cupiditas und Libido; auf dem Kopf stehend: [w]*ylkom myn libist* [...] *froulin reyn*.

Vermutlich aus dem Leipziger Dominikanerkonvent (Eintrag im Sequestrationsverzeichnis unter Pulp.O, Lat. 2, Nr. 8). Auf dem Vorderdeckel Reste eines Titelstreifens, Papier, 14./15. Jh.: *Q*[uodlibet Henrici de Ganda]*avo*. Darunter Titelschild, Papier, 16. Jh.: *10 · HENRIci de Gandavo Quodlibet · 10 · Ff*. Feller, S. 184, Nr. 26.

Beschreibung der Hs. bei R. Macken, Bibliotheca manuscripta Henrici de Gandavo, Bd. 1, Löwen–Leiden 1979 (= Opera omnia 1), S. 343–349, Datierung: 14. oder 15. Jh.(!).

I^{ra}–II^{vc} Alphabetisches Stichwortregister zu den Quaestionen.

1ra–161vb Henricus Gandavensis: Quodlibeta I–XI (Auswahl)
Über der ersten Kolumne: *Primi quodlibeti questio V^a*. Textbeginn: [P]*rima erat, utrum species sacramenti corporis Christi tangunt verum corpus Christi, quod est in eis* (Quodl. I,5; Glorieux, Quodl. 1, S. 177) ... (1rb) [C]*irca secundum arguebatur, quod Christus oculo corporali videt se in sacramento* (I,6)... – weiterer Bestand nach Glorieux (gleiche Zählung bei Macken, Bd. 2, S. 952–968): I,10; I,27; (5^v Fußsteg, Nachtrag: I,34); I,37–38; I,40–42; (8rb) II,2–5; II,8–9; II,12–13; I,12; II,16; II,18–19; (19vb) III,1–2; III,5–8; III,10–12;

III,20–28; III,13; (40vb) von etwas späterer Hand hinzugefügt: IX,3; (42ra) IV,4–7; IV,10–12; IV,16–19; IV,21–22; IV,25–30; IV,32–37; II,1; (65rb) V,6; V,16–18; V,22–23; V,28; (83^{r} Fußsteg, Nachtrag: V,31); V,32; V,36; IV,13–14; – 103^{va-vb} leer. – (104ra) VI,8; VI,10; VI,14–17; VI,19; VI,22; VI,24–30; VI,33; (118ra) VII,7; VII,9; VII,14; VII,16–20; VII,22; (122rb) VIII,6–7; VIII,12; VIII,15; VIII,18–19; VIII,23; VIII,26; VIII,28–30; VIII,32; VIII,34; VIII,37; (128va) IX,10; IX,13–15; IX,17–18; IX,20; IX,23–26; IX,29; IX,31–32; (137rb) X,12; X,16–17; X,6; VI,1; I,9; (145ra) XI,5–6; (152ra) [S]*ecuntur ultimo quesita duo, unum de horarum observacione. Utrum clericus ordinatur in sacris* ... (152va) [C]*irca secundum arguitur, quod omnes tenentur ad dicendum vel audiendum missam coctidie* (sic) *aut peccant mortaliter* (XI,29)... (152vb) [C]*irca primum arguitur, quod corpus Christi vivum et corpus Petri vivum non sint idem specie* (X,5) ... (160rb) [C]*irca secundum arguitur, quod corpus Christi mortuum aut alterius sancti non sit adorandum* (X,6) ... – ... *non esset adorandum, nisi esset consulta dampnacio et retractanda pocius quam tenenda. Ad argumenta duo alia concedenda sunt, ut patet ex dictis. Expliciunt questiones disputate Parisius a magistro Heynrico de Gandavo.* Durchlaufende arabische Zählung der Quaestionen. – Henricus de Gandavo, Opera omnia, Bd. V: Quodlibet I, Leiden 1979; Bd. VI: Quodlibet II, Löwen 1983; Bd. X: Quodlibet VI, Löwen 1987; Bd. XI: Quodlibet VII, Löwen 1991; Bd. XIII: Quodlibet IX, Leiden 1983; Bd. XIV: Quodlibet X, Leiden 1981, nur hier die Hs. nicht genannt. Die Quodlibeta III, IV, V, VIII und XI in: Henricus de Gandavo, Quodlibeta magistri Henrici Goethals a Gandavo ..., Paris 1518, (Nachdruck in 2 Bden, Leiden 1961).

Ms 625

Georgius de Ingolstadt

Papier 4 Bll. 20×15 Leipzig (?) 1495

Binio; unfoliert. Schriftraum 14–15×11; 33–34 Zeilen. Buchkursive; Lombarden und Buchminuskeln als Versalien. Moderner, grauer Pappeinband.

1495 von Georg Holzner von Ingolstadt geschrieben (s. 3^v), in Leipzig immatrikuliert im SS 1458 (s. ERLER I, S. 211); 1487 im Registrum der Ordensgeneräle genannt, vgl. LÖHR, Dominikaner, S. 56. Ein Eintrag Georgs von 1479 auch in Frankfurt StUB, Ms. Praed. 60, 14rb. Wohl aus der Bibliothek des Leipziger Dominikanerkonvents (möglicherweise handelt es sich um Pulp.I, Lat. 2, Nr. 17 in der Sequestrationsliste: *Flores doctorum sanctorum*), bei Feller jedoch nicht verzeichnet.

1^v–3^v GEORGIUS DE INGOLSTADT: SENTENTIAE DOCTORUM
Prologus in quinquaginta quinque sentencias doctorum. FRAgrans TERraque GErminans ORnatur GIgnens Ubique Segetes; DEus INgerens (r. INGErens) *Lucem STATim* (die Großbuchstaben ergeben den Namen des Schreibers); *fert anima flores honoris et honestatis, quos plantat doctorum sentenciis, que secuntur. Litteras capitales tu vero nota lector.* Beginn der Sentenzen: *Fortunatus in quadam omelia dicit hanc sentenciam: Vis beatus esse abice molem carnis tue. Rabanus in sermone quodam ait: Divinus ignis est in meditacione ... – ... Seneca epistola 24: Hec sit propositi nostri summa: Quod sentimus loquamur, quod loquimur sentiamus; concordet sermo cum vita. Amen. Explicit labor lucis quinquaginta quinque continens ut videtur auctoritates. Nomina comperies litteras per capitales. Anno Christi 1495, anno scriptoris quinquagesimo quinto.* – Zitierte Autoren u.a.: Augustinus, Hieronymus, Gregor I., Terenz, Origenes. Zu beachten ist die Übereinstimmung der Zahl der Sentenzen mit dem Lebensalter des Schreibers. Die Initialen der zitierten Autoren, manchmal auch die zwei ersten Buchstaben, sind als Versalien ausgestellt und ergeben: *Frater Georgius de Ingelstat ordinis predicatorum nobilis Bavarus.* Auf dem Rand Zählung der Sentenzen: *10 · 20 ... 55ª sentencia.* – 1^r leer.

Initienverzeichnis

– A timore servili procedit filialis **Ms 585**, 2^{r}

– Aaron ideo sacerdotem ipse Deus elegit **Ms 546**, 6va

– Abbas. Notantur multa de auctoritate abbatum **Ms 540**, 1ra; **541**, 442vb; **565**, 2ra

– Abiciamus opera ... (Rm 13,12) Gregorius XIII Moralia super illo Iob XVI: Utrum peccatores **Ms 566**, 90ra

– Abiciamus opera ... (Rm 13,12) Hic tanguntur duae partes iustitiae **Ms 604**, 206ra

– Abiciamus opera ... (Rm 13,12) In hoc verbo tangit apostolus triplex malum **Ms 622**, 97^{r}

– Abiciamus vestes sordidas peccatorum **Ms 516**, 1^{r}

– Abominabilis redditur homo sex modis **Ms 569**, 176ra

– Abstinentia est meriti augmentativa **Ms 604**, 110rb

– Abstractio. Quomodo a forma absoluta et incommunicabili **Ms 533**, 109ra

– Accepistis spiritum ... (Rm 8,15) Aliter accipiuntur cibi communes **Ms 531**, 221va

– Accessit ad Iesum ... (Mt 20,20) Iudaei Messiam per prophetas promissum **Ms 597**, 296vb

– Accipe gladium ... (II Mcc 15,16) Hic informantur milites Exodo quarto, de quibus competit **Ms 623**, 161vb

– Accippe Hieronymum non ex doctoribus imum **Ms 537**, 106rb

– Ad audientiam nostram pervenit, quod in vestris civitatibus **Ms 579**, 145va

– Ad evidentiam huius doctrinae tria quaeruntur **Ms 557**, 5ra, 9^{vc}

– Ad excitandam qualibuscumque verbis cordium nostrorum devotionem **Ms 621**, 159va

– Ad fundamentum altaris ... (Sir 50,17) Reverendi patres et domini in Christo celeberrimi. Thesaurum **Ms 502**, 193rb

– Ad honorem Dei et gloriosissimae virginis Mariae, matris suae ut 'Extra pallii' capitulum 'Ad honorem' (X,I.8.4) Incipit summula brevis editionis **Ms 602**, 322va

– Ad honorem omnipotentis Dei aliquos modos et vias **Ms 585**, 1^{r}

- Ad honorem partus beatissimae Mariae virginis miracula **Ms 594,** 119^{r}
- Ad honorem summi patris eiusdem quoque filii matris incipit liber caelestium revelationum **Ms 561,** 1ra; **562,** 1ra
- Ad intellectum librorum Dionysii considerandum est **Ms 581,** 257ra
- Ad intelligentiam eorum, quae primo tacta sunt **Ms 571,** 13ra
- Ad laudem Dei et aedificationem populi Christiani **Ms 583,** 158^{r}
- Ad laudem et honorem et gloriam omnipotentis Dei domini nostri **Ms 580,** 175ra
- Ad laudem, gloriam et honorem ... Caelestes revelationes ... Ego Magnus Petri professor **Ms 563,** 274va
- Ad nos sub Dei manu humiliandos **Ms 584,** 68^{v}
- Ad praedam filii ... (Gn 49,9) Genesi ultimo scribitur verbum istud. Quod quidem verbum est prophetia **Ms 531,** 131vb
- Ad rationabilem contra simoniacam **Ms 584,** 62^{v}
- Ad salutandum virginem primo debes eius magnitudinem considerare **Ms 613,** 195ra
- Ad tollendam in schismate praesenti pertinaciam **Ms 584,** 147^{v}
- Adam unico facto suo multa scilicet superbiae **Ms 534,** 250ra
- Adamavit eam rex ... (Est 2,17) Dilectissimi in Christo. Quam serva mente et in quanto cordis iubilo **Ms 604,** 300va
- Adamavit eam rex ... (Est 2,17) In verbis propositis singularis perfectio beatae Catharinae **Ms 539,** 278rb
- Admirabantur omnes dicentes ... (Mc 7,37) Duo hic nobis sinuantur **Ms 597,** 84vb
- Affectu filiali quo constringor, ne dum ceteros mei **Ms 621,** 111ra
- Afflictus sum ... (Ps 37,9f.) Ad contemplandum fructum dominicae passionis **Ms 583,** 209^{v}
- Agamus nunc interim **Ms 581,** 170ra; **595,** 233^{r}
- Age fili ut oportet, age ut decet **Ms 509,** 428va
- Agnus qui in medio ... (Apc 7,17) Verbum propositum conveniet cum epistola hodierna **Ms 539,** 285va
- Ait prophetarum eximius rex David: Ego autem sicut oliva **Ms 511,** 87^{r}
- Albertus Dei gratia sanctae Gneznensis ecclesiae archiepiscopus et primas **Ms 602,** 256rb
- Aliqua est theologia mystica **Ms 581,** 100va
- Alphabetum trinitatis, virtutum Dei et animae **Ms 594,** 121ra
- Altissimus de terra creavit medicinam **Ms 557,** 9vb

– Amantissimo patri domino Iohanni, abbati monasterii sanctae Mariae **Ms 583**, 297^{v}
– Amaro corde et voce lamentabili moneor ad referendum de sacerdotum mala vita **Ms 622**, 38^{r}
– Ambivi et non reperi ... (angelehnt an Ct 3,2) Verba sunt animae desponsatae **Ms 583**, 306^{r}
– Ambulans Iesus ... (Mt 4,18) Historiam et ordinem eius ponit Hugo super Matthiam **Ms 614**, 366va
– Amicus. Nota quod homo triplicem habet amicum **Ms 516**, 273ra
– Amor secundum philosophum octavo Ethicorum passio est **Ms 601**, 116^{r}
– An in veteri lege dari debuerunt praecepta credendi **Ms 601**, 114^{r}
– Angeli eorum ... (Mt 18,10) Quamvis non videamus apparitionem angelorum **Ms 597**, 312ra
– Angelus domini ... (Mt 2,13) Verba ista possunt nobis servire **Ms 531**, 314vb
– Anima mea novi quod curiosa sis rimando **Ms 595**, 220^{r}
– Anno domini millesimo quadringentesimo sexagesimo quinto in die purificationis beatae Mariae virginis facta est magna congregatio **Ms 610**, 122^{r}
– Ante cuiuscumque receptionem praetaxatis diligenter **Ms 617**, 86^{r}
– Antiquorum patrum exemplo didici nonnullos ad virtutes fuisse inductos **Ms 508**, 81ra
– Aperi Libane ... (Za 11,1) Quia igitur prophetias antiquas devotissimarum personarum **Ms 595**, 23^{r}
– Apparuit benignitas ... (Tit 3,4) Duo sunt carissimi quae nobis proponuntur in hac epistola **Ms 618**, 129va
– Apud Ravennam fuit quidam scholaris devotus nomine Petrus **Ms 619**, 1ra
– Arbor vitiorum haec. Radix huius arboris est superbia **Ms 597**, 113va
– Ars praedicandi est scientia docens aliquid de aliquo dicere **Ms 616**, 4^{v}
– Ascendam in palmam ... (Ct 7,8) Arbor silvestris transplantata in terram bonam **Ms 531**, 237va
– Ascendam super altitudinem ... (Is 14,14) In sensibili mundi machina **Ms 531**, 155ra
– Ascendit super omnes ... (Eph 4,10) Secundum quod habetur et sacra scriptura **Ms 531**, 159rb
– Aspiciens a longe sine tamen paralogisatione **Ms 606**, 174ra
– Assuesce Iesum invocare **Ms 622**, 26^{r}
– Assumpta est Maria in caelum gaudent angeli **Ms 597**, 299rb

- At ergo circa dicenda ordinatius procedatur ad primum principale huius tractatus **Ms 612**, 159^{v}
- Attendite a falsis prophetis, clamat Christus **Ms 584**, 16^{r}
- Attollens mentis oculos in altissimum **Ms 599**, 261^{r}; **606**, 231ra
- Audi Israel ... (Dt 6,3) In his verbis spiritus sanctus circa divina praecepta **Ms 509**, 396ra
- Audi Israel ... (Dt 6,3) In verbis propositis spiritus sanctus tria circa divina **Ms 594**, 79^{r}
- Audi religiose monache, ausculta devote clerice **Ms 622**, 25^{r}
- Audiam quid loquatur in me dominus Deus **Ms 620**, 39^{r}
- Audistis quia dictum ... (Mt 5,21) Elevata erat filia Christi bona **Ms 566**, 166ra
- Audistis reverendissimi patres, illustrissime princeps ... oratores famosi regni Bohemiae **Ms 540**, 225ra
- Augustinus in titulo psalmi octogesimi tertii scilicet: Quam dilecta **Ms 597**, 427ra
- Augustinus nono De civitate dicit: Misericordia est alienae miseriae **Ms 601**, 115^{r}
- Augustinus ostendit qualiter Christo salvatori nostro sit occurrendum **Ms 564**, 1ra
- Augustinus super psalmo 72 super illo versu: Exsurge domine **Ms 597**, 427ra
- Aureus in Iano numerus clavesque novantur **Ms 512**, 73^{v}
- Ave gratia plena ... (Lc 1,28) In quo verbo tangitur promissio angelica **Ms 531**, 312va
- Ave gratia plena ... (Lc 1,28) Lucae primo sunt scripta et in missali officio lecta **Ms 502**, 131va
- Ave rosa sine spinis **Ms 586**, 30va
- Balsamum non mixtum ... (Sir 24,21) Venerandi patres et domini, sacro intonante canone distinctione 43 **Ms 502**, 189vb
- Baptizabit vos ... (Mc 1,8) Doctor mellifluus ac in scientia divinae **Ms 544**, 331va
- Beata virgo comparatur caelo **Ms 508**, 226va; **555**, 21va
- Beati Aurelii Augustini doctoris eximii intelligentiam admirabilem **Ms 549**, 3rb
- Beati oculi ... (Lc 10,23) Et si apostoli erant beati **Ms 586**, 238vb
- Beati qui habitant ... (Ps 83,5) Propheta cum meditaretur futura gaudia **Ms 604**, 235vb

- Beati qui vident quae vos videtis **Ms 581**, 385^{r}
- Beati sunt servi ... (Lc 12,38) ministrabit duodecim fercula sive fructus **Ms 623**, Nachsatz I^{r}
- Beatissimus Hieronymus, vir eruditissimus et multarum linguarum peritus **Ms 578**, 58ra
- Beatus Iohannes apostolus a Domitiano apud Pathmos insulam relegatur **Ms 578**, 1ra
- Bene omnia fecit ... (Mc 7,37) In verbis propositis commendatur salvatio a duobus **Ms 622**, 155^{r}
- Benedicta tu ... (Lc 1,42) Verba ista sunt Elizabeth ad matrem domini **Ms 604**, 243vb
- Benedictiones dabit ... (Ps 83,8) Beatus Dionysius in libro De caelesti hierarchia **Ms 576**, 1ra
- Benedictus episcopus dudum scilicet pontificatus sui anno secundo **Ms 545**, 83^{r}
- Benedictus qui venit ... (Ps 117,26) Verba ista lecta sunt in evangelio hodierno secundum breviarium **Ms 597**, 230va
- Bernardus in libro de vita solitaria: Secundum formam propositi **Ms 597**, 447ra
- Bonus pastor ... (Io 10,11) Originaliter Iohannis decimo et recitative in evangelio **Ms 583**, 144^{r}
- Brevis in volatilibus ... (Sir 11,3) Quia beata Caecilia propter dulcorem **Ms 539**, 255vb
- Caeci vident ... (Mt 11,5) Schola virtutum magisterium vitae **Ms 502**, 170va
- Candor est lucis ... (Sap 7,26) Sapientia septimo est originaliter et assimilatur ad laudem conceptionis **Ms 502**, 203(2)^{ra}
- Canticorum libri figurae sic debent intelligi **Ms 525**, 24ra
- Carissimi nolite ... (I Io 3,13) In ista epistola ostendit circumstantias fructus **Ms 534**, 48rb
- Certa bonum ... (I Tim 6,11) Verba ista convenire possunt beato Petro **Ms 517**, 218va
- Christi generatio (Mt 1,18) Hieronymus in quodam sermone: Sanctitas illibata **Ms 531**, 30vb
- Christi generatio (Mt 1,18) In hodierno evangelio processus in generatione carnali **Ms 531**, 30vb
- Christianitati suus ... Salubre duxi **Ms 581**, 160rb

– Christus passus ... (I Pt 2,21) Augustinus in De kathechizando rudibus **Ms 597**, 339ra
– Christus passus ... (I Pt 2,21) Carissimi nos videmus quod qualitates sensibiles **Ms 531**, 145rb
– Chronica Methodii episcopi, quam de Hebraeo et Graeco in Latinum transtulit **Ms 580**, 197^{r}
– Cibavit illum panem ... (Sir 15,3) In verbis istis de sancto Marco **Ms 517**, 214vb
– Circa considerationem de mensuris durationis entium **Ms 512**, 1^{r}
– Circa divinissimum sacramentum eucharistiae notanda sunt septem **Ms 583**, 193^{v}
– Circa finem seu terminum tam activae potentiae quam passivae **Ms 529**, 161va
– Circa initium libri sententiarum quaeritur primo, utrum veritas theologicae scientiae contrariatur **Ms 593**, 1^{r}
– Circa quaestionem tredecimam **Ms 621**, 91va
– Circa repressalias an sint licitae in foro conscientiae **Ms 543**, 64^{r}
– Circa secundum est sciendum, quod suae mercedis aeterna retributio **Ms 539**, 256vb
– Circa superfluitatem proprie notandum, quod licet omni Christiano sit cavenda **Ms 594**, 31va
– Clementina: Ad nostrum de haereticis dicit ... Leo papa in sermone: Scrutetur quisque historiam **Ms 601**, 111^{v}
– Coepit Iesus ... (Act 1,1) Dominus et salvator noster, quod aliis praecipere voluit **Ms 597**, 342rb
– Cogitaverunt principes ... (Io 12,10) Servite domino in timore et exsultate ei **Ms 566**, 241vb
– Cognosco oves ... (Io 10,14) Pro introductione Augustinus libro tertio De verbis domini sermone **Ms 614**, 368vb
– Collectorium super Magnificat particulas habet expositas **Ms 582**, 111va
– Collegerunt pontifices ... (Io 11,47) Vidisti domine, ne sileas domine ne discedas **Ms 566**, 240rb
– Commemoratio omnium fidelium defunctorum hac die ab ecclesia sicut instituta est **Ms 618**, 255va
– Conamur etiam in omnibus ei gratias agere **Ms 595**, 152^{v}
– Conatus sum et utinam non frustra **Ms 537**, 146rb; **581**, 184vb

- Conceptio vel sanctificatio sanctae Mariae. Nota quod triplex est sanctificatio **Ms 604**, 248vb
- Conceptionis gloriosae Dei genetricis ac perpetuae genetricis virginis Marie praecelsa sollemnitas **Ms 618**, 4ra
- Conceptum de virgine magnificantes et implorantes **Ms 583**, 92^{r}
- Concordia quod plenitudo potestatis ecclesiasticae sit in summo pontifice **Ms 581**, 47va; **582**, 47vb
- Confide fili ... (Mt 9,2) Pro introductione nota Anselmus libro De similitudinibus **Ms 566**, 87va
- Congratulatur vestrae devotioni, vestro zelo ferventi **Ms 602**, 44ra
- Congregati estis fratres carissimi ad audiendum verbum Dei **Ms 544**, 399rb
- Consequenter quia in aliquibus praemissis capitulis **Ms 543**, 196ra
- Considerante me statum et eminentiam personarum religiosarum **Ms 621**, 120ra
- Considerate lilia ... (Mt 6,28) Quam satis rationabile est et utile **Ms 531**, 223ra
- Consolamini consolamini popule meus, dicit dominus Deus vester. Noli pauper tristari **Ms 622**, 22^{v}
- Consolationis gratia aliquas sententias in unum coacervavi libellum **Ms 620**, 100^{r}
- Contemplativorum aquilinos obtutus acui **Ms 583**, 292^{v}
- Conversio quaelibet talis est laudabiblis **Ms 597**, 422vb
- Conversus Petrus ... (Io 21,20) Licet fideles in omnibus suis necessitatibus **Ms 597**, 265ra
- Convertemini ad me ... (Ioel 2,12) Ioel 2 originaliter et in epistola hodierna transsumptive **Ms 564**, 158ra
- Convertisti planctum ... (Ps 29,12) Super illo verbo psalmi: Nisi dominus aedificaverit **Ms 597**, 285ra
- Coram praesenti alma congregatione in hac desiderantissima paschali sollemnitate **Ms 621**, 134ra
- Corpus iuris dividitur in ius canonicum et ius civile **Ms 594**, 330va
- Creatio rerum fuit ita mirabilis **Ms 508**, 1vb
- Creationem rerum scriptura insinuans etc. Liber iste secundus dividitur in duas partes **Ms 572**, 2ra
- Credo communionem sanctorum. Scribitur in symbolo apostolorum **Ms 594**, 322ra
- Culpat apostolus eos, qui dies observabant **Ms 584**, 101^{v}

- Cum adhuc esset ... (II Par 34,3) Secundum philosophum primo ethicorum et secundo physicorum **Ms 531**, 242rb
- Cum animadverterem inter quosdam opinionum veritatem **Ms 621**, 308rb
- Cum appropinquaret ... (Mt 21,1) Millesimo quadringentesimo nono die 23 novembris **Ms 566**, 244ra
- Cum appropinquasset ... (Mt 21,1) Sancta mater ecclesia hodie facit commemorationem **Ms 531**, 108rb
- Cum autem dominus egressus esset ad montem Oliveti **Ms 597**, 345vb
- Cum beata Brigitta principissa regni Sueciae per plures annos habitaret **Ms 561**, 318ra
- Cum desiderarem vestris caritatibus in aliquo deservire **Ms 596**, 1ra
- Cum dormirent ... (Mt 13,25) licet dominus et salvator noster dominus Iesus Christus per inimicum hominis bonum semen in agrum seminantis diabolum **Ms 602**, 289ra
- Cum duae sunt potentiae cognoscitivae in homine **Ms 581**, 381va
- Cum effrenatam numerositatem humanarum passionum **Ms 540**, 324ra
- Cum ergo pauci sunt qui aliquando non incidant **Ms 531**, 92vb
- Cum esset sero ... (Io 20,19) Notandum secundum magistrum in historiis, quod tres sunt causae **Ms 597**, 468rb
- Cum ieiunatis ... (Mt 6,16) Alpha et O principium et finis universae creaturae **Ms 566**, 161ra
- Cum igitur mentis nostrae intentio circa materiam de religiosis versatur **Ms 621**, 64rb
- Cum in his temporibus plures sint universitates **Ms 616**, 1^{r}
- Cum in veteribus historiis, sicut dicit beatus Hieronymus, quosdam lustrasse **Ms 525**, 58ra
- Cum intrasset ... (Mt 8,5) Esse oportet in Christo figura peramanda **Ms 566**, 163va
- Cum Iohannes ... (Mt 11,2) Pro introductione nota beatus Bernardus sermone tertio de adventu domini **Ms 614**, 9^{v}
- Cum Marthae (X,III,41,6) Quia ius institutionis **Ms 584**, 268^{v}
- Cum natus esset ... (Mt 2,1) Circa illud evangelium est notandum, quod Christi nativitas **Ms 597**, 431va
- Cum nihil sit vita praesens supernae felicitati comparata **Ms 622**, 1^{r}
- Cum nomen Iesu mellifluum omni nomini **Ms 619**, 9ra
- Cum nuper ad mentem meam reduxerim **Ms 567**, 1^{r}
- Cum penderet mediator in ara crucis **Ms 597**, 351va

– Cum primum vestrae paternitatis accepi notitiam **Ms 583**, 297^{v}
– Cum pro salute humani generis officium missae **Ms 608**, 25vb
– Cum quietum silentium ...(Sap 18,14–16) Incarnatio nostri salvatoris **Ms 513**, 1ra
– Cum quodam tempore tumultibus actionum manualium **Ms 606**, 185ra
– Cum secundum doctrinam Aristotelis in plerisque locis ex notitia principiorum **Ms 609**, 89va
– Cum turba plurima ... (Lc 8,4) Carissimi. Domino nostro discurrente ad praedicandum **Ms 618**, 143rb
– Cum turbae ... (Lc 5,1) Istae turbae ex fame verbi Dei **Ms 586**, 213ra
– Cum venit ... (Gal 4,4) Distinctio prima tertii libri continet quaestiones **Ms 603**, 321ra
– Cum venit ... (Gal 4,4) Doctores sicut dicunt circa hanc epistolam **Ms 614**, 365vb
– Cum venit ... (Gal 4,4) Hic incipit liber tertius sententiarum **Ms 603**, 1ra
– Cum venit ... (Gal 4,4) In his verbis opus reparationis **Ms 506**, 105va
– Cum videritis abominationem ... (Mt 24,15) Christus volens ostendere finem mundi **Ms 531**, 224vb
– Cupiens ad digne accedendum **Ms 581**, 220ra
– Cupientes aliquid de penuria etc. Huic operi magister praemittit prooemium **Ms 542**, 1ra
– David regius propheta licet multorum divinorum **Ms 621**, 229ra
– De petitione non Romani consulatus ut Cicero **Ms 581**, 84rb
– De proprietatibus itaque et naturis rerum **Ms 595**, 257^{r}
– De Suecia natam sponsam Christo sociatam **Ms 563**, Spiegel
– De tribus articulis de numero difficilium quaestionum **Ms 512**, 6^{v}
– Debemus invicem diligere. Ita scribitur prima Iohannis quarto originaliter et legitur transsumptive **Ms 602**, 157ra
– Declaratio compendiosa, quae veritates de necessitate credendae **Ms 584**, 114^{r}
– Deposuit potentes ... (Lc 1,52) Centilogium de inpulsibus, quibus potentes **Ms 583**, 100^{v}
– Desiderium iustorum ... (Prv 11,23) Quia secundum Boethium tertio De consolatione: Omnis natura **Ms 539**, 183va
– Detestanda est chorea propter eius malam originem et eventus pessimos **Ms 618**, 118va

- Deus autem spei ... (Rm 15,13) In verbis istis quattuor nobis optat apostolus **Ms 604**, 206va
- Deus canticum ... (Ps 143,9) Beatus Augustinus dicit, quod virginis gloriosae canticum **Ms 513**, 294va
- Deus in adiutorium ... (Ps 69,2) Excelsus ille propheta, de quo scriptum est **Ms 540**, 260va
- Devotissimis in Christo sororibus venerabilis conventus sancti Aegidii **Ms 594**, 23va
- Dialogus apologeticus pro castitate praesertim ecclesiasticorum **Ms 581**, 94ra
- Dicamus ergo incipientes et assumentes pro themate **Ms 612**, 344^{r}
- Dicendo aliquid de Antichristo sic erit procedendum **Ms 597**, 444rb
- Dicendum est aliquid de virginitate pro quo notandum primo **Ms 597**, 403vb
- Dicendum est de adventu Christi, immo et totius divinae naturae **Ms 597**, 430ra
- Diceret aliquis, utrum homo sub praecepto teneatur eleemosynam dare **Ms 597**, 459ra
- Dicit apostolus ad Ephesios septimo: Induite vos **Ms 584**, 241^{r}
- Dicit Aristoteles decimo ethicorum, quod homo sapiens maxime felix est **Ms 607**, 1rb
- Dicit beata Birgitta in quinto libro id est quarto suarum revelationum **Ms 580**, 145^{r}
- Dicit mater ... (Io 2,3) Secundum quod dicit Hieronymus in sermone de assumptione **Ms 531**, 85ra
- Dico vobis ... (Lc 12,4) Dominus noster in his verbis **Ms 517**, 253ra
- Dicunt sancti patres et doctores ecclesiae **Ms 561**, 104vb
- Dilectissimae in Christo virgines, dum alias eram in vestro conventu **Ms 594**, 23va
- Dilectissimo mihi in Christo Simoni nepoti meo frater Iacobus **Ms 621**, 320va
- Dilectus meus ... (Ct 2,16) Hic duo tanguntur: Primo salvatoris nostri ad beatam Dorotheam **Ms 622**, 63^{r}
- Dilectus quemadmodum filius ... (Ps 28,6) Et ad propositum hodiernae festivitatis **Ms 599**, 253^{r}
- Diliges dominum ... (Dt 6,5) In his verbis carissimi tria praecipue designantur **Ms 619**, 44ra

– Diligite iustitiam ... (Sap 1,1) Audite hoc omnes gentes auribus **Ms 534**, 3vb
– Distinctio fructuum attendenda est secundum diversum processum **Ms 601**, 112^{v}
– Dividitur ergo praesens opusculum in tres partes, in quarum prima agitur **Ms 612**, 13vb
– Dixit autem filius hominis, quia secundum formam humanam **Ms 622**, 51^{r}
– Dixit Iesus discipulis suis. Ex quo quasi in omnibus evangeliis proponitur **Ms 597**, 406va
– Dixit Iesus discipulis suis: Scitis quia post biduum ... (Mt 26,1 f.) **Ms 622**, 51^{r}
– Doctoris optimi sancti Ambrosii doctrinam descripturus **Ms 546**, 3va
– Doctrinis variis ... (Hbr 13,9) Haec doctrina apostolica et saluberrima hortatur fideles **Ms 606**, 135ra; **612**, 291^{r}
– Domine dilexi ... (Ps 25,8) Propheta in spiritu praevidens beatorum gloriam **Ms 539**, 237ra
– Domine exaudi ... (Ps 101,1) Hic incipit tertia pars Psalterii **Ms 588**, 1ra
– Domine filia mea ... (Mt 9,18) Pro introductione beatus Augustinus quadragesimo quarto De civitate Dei **Ms 614**, 298rb
– Domine probasti ... (Ps 138,1) Quia fruitur mysterium dominicae passionis **Ms 531**, 125ra
– Domini carissimi, nisi quia sic se habet consuetudo ecclesiae **Ms 578**, 66ra
– Dominus regit me ... (Ps 22) **Ms 622**, 30^{v}
– Dominus sapientia ... (Prv 3,19) Mystice dominus pater indivisus fundavit **Ms 602**, 62^{v}
– Domum tuam ... (Ps 92,5) Verba proposita pro nostra aedificatione **Ms 539**, 282ra
– Dormitavit anima ... (Ps 118,28) Intranti mihi hortulum sacrarium religionum **Ms 544**, 335ra
– Dubitabat aliquis nuper **Ms 582**, 58va
– Dubitabat nuper aliquis **Ms 581**, 58va
– Dubitatum est apud me frequenter **Ms 581**, 150va
– Ducta est Esther ... – ... (Est 2,16) Sicut dicit beatus Bernardus in sermone de assumptione **Ms 597**, 397ra
– Ductus est Iesus ... (Mt 4,1) Dic introitum ut habes in alio sermone **Ms 531**, 95vb
– Ductus est Iesus ... (Mt 4,1) In exposito evangelio agitur specialiter de duobus **Ms 597**, 381va

– Ductus est Iesus … (Mt 4,1) Praemisso de duplici deserto **Ms 586**, 122rb
– Ductus est Iesus … (Mt 4,1) Solent pugnaturis famosorum exempla proponi **Ms 597**, 205rb
– Dum attente considerationi indagine perscrutamur **Ms 591**, 5rb
– Duo ubera … (Ct 7,3–4) Verba proposita spiritualiter intellecta possent **Ms 539**, 230vb
– Ecce ascendimus … (Lc 18,31) Verba sunt Lucae passionem salvatoris nostri **Ms 531**, 88va
– Ecce defunctus … (Lc 7,12) Defunctus iste, sicut exponunt sancti, significat peccatorem **Ms 564**, 400vb
– Ecce descripsi … (Prv 22,20) Cum omnis scientia gerat **Ms 594**, 140va
– Ecce descripsi … (Prv 22,20) Quod verbum dicitur sapientiae descriptione **Ms 534**, 37ra
– Ecce dies veniunt … (Ier 23,5) Haec verba sunt Dei patris de sui filii incarnatione **Ms 604**, 234va
– Ecce ego mitto … (Mt 11,10) et in evangelio currentis dominicae. Reverendi patres et fratres licet nostri et intellectualium differentia **Ms 502**, 165ra
– Ecce ego mitto … (Mt 11,10) In quolibet praedicatore evangelico tria requiruntur **Ms 531**, 328vb
– Ecce ego mitto … (Mt 23,34) Quod verbum ad laudem beati Stephani potest assumi **Ms 531**, 55ra
– Ecce mater tua … (Io 19,26) Hoc verbum fuit expressivum amoris mirae confoederationis **Ms 622**, 94^{v}
– Ecce nos reliquimus … (Mt 19,27) Novistis fratres dilectissimi in domino Iesu regulariter congregati **Ms 594**, 2ra
– Ecce odor … (Gn 27,27) Verba proposita spiritualiter intellecta convenienter attollunt translationem **Ms 539**, 202vb
– Ecce rex tuus … (Mt 21,5) In verbis istis describitur Christi incarnatio **Ms 622**, 97^{v}
– Ecce rex tuus … (Mt 21,5) Sanctus Ambrosius in quodam sermone de adventu domini **Ms 566**, 1ra
– Ecce salvator … (Is 62,11) Pro sancti spiritus impetranda gratia **Ms 622**, 114^{r}
– Ecce sedes posita … (Apc 4,2) Iohanni apostolo ostendit angelus filium Dei **Ms 594**, 208vb
– Ecce video … (Act 7,55) Nota hic breviter quod duplex est visio **Ms 531**, 50va

– Ego feci ... (Sir 24,6) Sicut in prima mundi creatione **Ms 531**, 352rb
– Ego magister Paulus Wladimiri, custos et canonicus ecclesiae Cracoviensis **Ms 583**, 129^{v}
– Ego Magnus Petri professor ordinis sanctae Mariae in Watczsteno **Ms 563**, 274va
– Ego sum creator caeli et terrae **Ms 561**, 6ra; **562**, 5vb
– Ego sum pastor ... (Io 10,11) Petrus in libro de avibus dicit, quod pelicanus **Ms 604**, 236rb
– Ego vos baptizavi ... (Mc 1,8) Antiqua iam atque notissima **Ms 581**, 1va; **582**, 1va
– Egredietur virga ... (Is 11,1) Et vigore radicis arboris oritur sapor **Ms 531**, 382va
– Egressus Iesus ... (Io 18,1) Item passio a quattuor evangelistis est scripta **Ms 519**, 108ra
– Eiceret aliquis, ex quo devotio causatur in nobis **Ms 597**, 366ra
– Eleganti viro domino N Dei seminatori verbi in Praga **Ms 611**, 1^{r}
– Elegi domum ... (II Par 7,12) Licet verba proposita ad litteram scribantur de templo **Ms 539**, 279va
– Eligite meliorem ... (IV Rg 10,3) Totius familiae domini status et ordo **Ms 531**, 295vb
– En ego quem genuit pia patria Portuguensis **Ms 564**, 336vb
– Epistola domini nostri Iesu Christi descendens de caelo super altare **Ms 537**, 215ra
– Erat Iesus eiciens ... (Lc 11,14) Dicit enim evangelium, quod cum quadam vice dominus praedicasset **Ms 618**, 151rb
– Erat liber scriptus ... (Ez 2,9) Ex quo tota vita Christi in terris **Ms 622**, 49^{v}
– Erat Rebecca ... (Gn 24,61) Figuratur: Per Rebeccam intelligimus Mariam **Ms 531**, 365vb
– Ericius, dum sub petra est, protegitur **Ms 594**, 204va
– Erunt signa ... (Lc 21, 25) Quia sumus adventum domini expectantes **Ms 537**, 125rb
– Est puer unus ... (Io 6,9) Moyses legislator quinque panes **Ms 604**, 235ra
– Estote factores ... (Iac 1,22) In his verbis beatus Iacobus hortatur **Ms 597**, 451rb
– Estote imitatores ... (Eph 5,1) In Deo est summa potestas, veritas et bonitas **Ms 623**, 165vb

– Estote prudentes ... (Mt 10,16) In quo quidem verbo Christi ipsemet dominus dixit **Ms 536**, 170va
– Et est notandum, quod a devotis solet **Ms 597**, 365rb
– Et factum est ... (Lc 11,1) Habito de doctrina et revelatione facta **Ms 501**, 1ra
– Et filii lucis ... (Eph 5,8) Fiat sermo de filiis vel de ambulare **Ms 523**, 297ra
– Et primo notandum quod Christus illud officium instituit **Ms 534**, 91ra
– Et qui in agro ... (Mt 24,18) Ubi notatur quartum documentum propositi **Ms 586**, 283vb
– Et quia bonus homo ... (Mt 12,35) ideo sequitur tamquam ignis, in quo caritas cordis **Ms 531**, 169rb
– Evacuatis igitur sentinis et spinis de ecclesiae ramis amputatis **Ms 610**, 194rb
– Evangelizo vobis ... (Lc 2,10) Gaudium dicitur propter tria, quia dicere magnum **Ms 564**, 396ra
– Ex legenda: Philippus a Philas **Ms 622**, 151^{v}
– Ex omnibus de ieiunio praedictis possunt multa colligi **Ms 597**, 389ra
– Ex quo in populo huius civitatis Viennensis ex praedicationibus contrariis **Ms 597**, 176rb
– Ex quovis salvo conductu per imperatorem **Ms 583**, I^{r}
– Exaltabo ad populum ... (Is 49,22) Verba proposita convenienter possunt esse prolata **Ms 539**, 272va
– Exaltabo signum ... (Is 49,22) Antequam hostis ponitur in cruce **Ms 531**, 392rb
– Exaltata sum ... (Sir 24,17) Verba haec in praesenti effata **Ms 502**, 182ra
– Exaltavi lignum ... (Ez 17,24) Lingua placabilis ... (Prv 15,4) Verbo vero proposito ostenditur beata virgo **Ms 531**, 394ra
– Excellentis ingenii et fecundae facundiae oratores **Ms 590**, 177vb
– Excommunicationum tot sunt genera **Ms 582**, 59va
– Exemplum de hoc Parisius accidit, quod quidam discipulus **Ms 595**, 22^{r}
– Exemplum dedi ... (Io 13,15) In istis verbis totum evangelium complectendo septem exempla **Ms 622**, 92^{v}
– Exiit edictum ... (Lc 2,1) Secundum leges et canones in factis arduis **Ms 534**, 245ra
– Exivi a patre ... (Io 16,28) Carissimi mei. Celebraturi sumus nostri salvatoris ascensionem **Ms 618**, 177vb
– Exivit ergo Iesus ... (Io 19,5) Exempla vera solent sequi scriptores **Ms 531**, 122ra

– Exodi quinto decimo ubi dicitur sic: Ostendit illi lignum ... (Ex 15,25) Refert historia **Ms 536**, 156va
– Expedit vobis ... (Io 11,50) Quia adversariorum testimonia sunt locupletoria **Ms 531**, 116vb
– Expedita prima parte operis de tempore Christi adventus **Ms 586**, 94ra
– Expeditis cum Dei adiutorio tribus partibus **Ms 586**, 201vb
– Exsecutis inspirante domino sex partibus **Ms 623**, 1ra
– Exsulta filia ... (Za 9,9) Et sunt verba hodiernae festivitatis scripta de evangelio Matthaei XXI. Pro introductione **Ms 622**, 132^{r}
– Exsulta satis ... (Za 9,9) Pro introductione beatus Augustinus libro tertio De verbis domini **Ms 614**, 2ra
– Exsultavit ut gigas ... (Ps 18,6) Quia sunt duo inter Christi mysteria **Ms 531**, 158ra
– Extractus praescripti materia. Tamquam ex quodam fundamento posito faciliter solvi possunt **Ms 602**, 36rb
– Ezechiel Dei propheta sanctus in sacra Dei visione legitur vidisse **Ms 606**, 51ra
– Ezechiel sanctus Dei propheta in sacra visione vidisse legitur **Ms 621**, 170ra
– Faciamus hic tria ... (Mt 17,4) Apostolus Petrus futurus pastor ecclesiae **Ms 531**, 98vb
– Faciamus hominem ... (Gn 1,26) Sicut accipi potest ex dictis doctoris **Ms 597**, 448ra
– Fecit dominus ... (Gn 1,16) Secundum sententiam sacrorum doctorum, sicut ab omnipotenti **Ms 623**, Nachsatz I^{v}
– Fecit Levi ... (Lc 5,29) Quia secundum Tullium in libro De officiis: Boni animi est **Ms 539**, 169rb
– Fecit propitiatorium ... (Ex 37,6) Sicut scribitur Proverbiis 21: Misericordia et veritas **Ms 597**, 371ra
– Fert ea dux cor amat gens **Ms 512**, 45^{r}; **522**, 1vb
– Festivitas Dei genetricis Mariae dormitionis toto orbi venerabilis **Ms 502**, 306rb
– Fidelis sermo ... (I Tim 1,15) Scribitur verbum istud quia titulus **Ms 531**, 170va
– Fides tua ... (Lc 18,42) In evangelio hodierno. Reverendissimi patres ... Sicut homo per lapsum perditus **Ms 597**, 112ra
– Fides tua ... (Mt 9,22) Ubi duo insignia denotantur secundum filii meritum **Ms 531**, 334vb

- Fili a iuventute tua excipe doctrinam … (Sir 6,18) **Ms 622**, 26^{r}
- Filia populi … (Ier 6,26) Populus autem Dei est populus Christianus **Ms 618**, 146rb
- Filiae Sion … (Ioel 2,23) Verba proposita convenienter assumuntur in laudem **Ms 539**, 220ra
- Filiis gratiae et coheredibus gloriae, fratribus carissimis **Ms 594**, 10rb
- Firmiter credimus et semper confitemur, quod unus solus est **Ms 579**, 1va
- Flores beati Augustini libro confessionum sic colliguntur **Ms 534**, 327va
- Flores mei fructus … (Sir 24,23) Sicut dicitur Prv 10: Filius sapiens **Ms 531**, 405rb
- Fluvius egrediebatur … (Gn 2,10) Secundum quod ait glossa super epistolas Pauli **Ms 571**, 2ra
- Fluvius igneus … (Dn 7,10) Scitis carissimi quod civitas bene sita requirit vinum **Ms 531**, 165vb
- Fons ascendebat … (Gn 2,6) Pro introductione assumitur illud beati Thomae parte prima **Ms 502**, 307va
- Fortunatus in quadam homilia dicit hanc sententiam: Vis beatus esse **Ms 625**, 1^{v}
- Fragrans terraque germinans ornatur gignens ubique segetes **Ms 625**, 1^{v}
- Franciscus de Toleto Iohanni de Rokiczana salutem. In ipso articulo recessus ab ista civitate **Ms 537**, 113ra; **612**, 1^{r}
- Frater Gualterus Bonaventura dicit, quod ea quae sequuntur **Ms 584**, 319^{r}
- Frater Nicolaus Eymerici ordinis fratrum praedicatorum **Ms 579**, 1ra
- Fratres scientes … (Rm 13,11) Gloriosus doctor beatissimus Augustinus in epistola **Ms 567**, 2^{r}
- Fructus spiritus … (Gal 5,22) Triplex fructus animae hic tangitur **Ms 597**, 89ra
- Fuit Iohannes … (Mc 1,4) In hac particula commendatio Iohannis **Ms 581**, 62va; **582**, 75rb
- Fundamenta muri … (Apc 21,19) Structura civitatis civium supernorum construitur **Ms 502**, 167va
- Fundamentum primum … (Apc 21,) Celeber doctor Bernardus mundialis fabricae constitutionem **Ms 572**, 1ra
- Funiculus triplex difficile rumpitur **Ms 594**, 292ra
- Gaudete et exsultate … (Mt 5,12) Quod sancta mater ecclesia diversorum sanctorum festa **Ms 597**, 324vb

- Gaudete in domino ... (Phil 4,4) Verba sunt apostoli ad spiritualem laetitiam **Ms 531**, 8ra
- Gaudete o sacerdotes Dei vivi, gaudete **Ms 594**, 339^{r}
- Gaudium erit ... (Lc 15,7) Quoniam sicut dicit Augustinus in libro De mirabilibus sacrae scripturae **Ms 597**, 420ra
- Gavisi sunt discipuli ... (Io 20,20) quibus antea dixerat iam: Beati oculi **Ms 583**, 123^{v}
- Gloria in excelsis Deo patri ... Nihil aptius potest praeferri **Ms 583**, 108^{r}
- Gloria sit altissimo Deo, in cuius nomine praesens aggrediar opus **Ms 581**, 160va
- Grandis et mira ... (Mc 1,6) Sed horrere solent **Ms 584**, 1^{r}
- Gratia et veritas ... (Io 1,17) Quia vero Iohannes interpretatur In quo est gratia **Ms 531**, 61rb
- Gratia tamen accipitur uno modo pro dilectione alicuius **Ms 601**, 115^{v}
- Gratia tibi et pax frater carissime. Petis primo **Ms 581**, 74rb
- Gratia vobis et pax in Christo Iesu. Utique dicetis mihi **Ms 581**, 70rb; **582**, 82va
- Gregorius ad regem Anglorum: Quomodo eum Deus omnipotens audire poterit **Ms 594**, 43^{v}
- Gregorius episcopus servus servorum Dei venerabilibus fratribus Coloniensi Treverensi **Ms 579**, 145rb, 145va
- Haec est dies ... (Ps 117,24) Haec dies inter cetera potest dici gaudiosa **Ms 597**, 415vb
- Haec est dies ... (Ps 117,24) Quia in die mandavit ... (Ps 41,9) Idcirco mysterium dominicae resurrectionis **Ms 531**, 137va
- Haec est via ...(Is 30,21). Magnam misericordiam facit, qui erranti viam ostendit **Ms 508**, 169va
- Haec est victoria ... (I Io 5,4) Quia secundum doctrinam beati Dionysii De divinis nominibus tertio **Ms 531**, 144vb
- Hanc tabulam compilavit frater Bonaventura cardinalis sanctae Romanae ecclesiae **Ms 537**, 367ra
- Haurietis aquas in gaudio ... (Is 12,3) **Ms 507**, 129va; **557**, 9ra
- Heres parvulus ... (Gal 4,1) Beatus Gregorius in Moralia tractat **Ms 614**, 304ra
- Heu corde anxius, qua voce intimare ipse debeam **Ms 594**, 49^{r}; **606**, 200ra
- Hic grana grata sunt rara semina sata **Ms 612**, 284^{v}
- Hic quaedam doctrina et nova cuiusdam Raimundi Lulli **Ms 584**, 142^{r}

– Hic tria inquiram. Primo an Aristoteles se aeternitatem mundi demonstrasse sensuerit **Ms 609**, 46rb
– Hieronymianum hoc opus per Iohannem Andreae urgente devotione compositum **Ms 537**, 2ra
– Hoc facite ... (Lc 22,19) Circa hoc sacramentum quaeritur, cur dominus tunc primo **Ms 597**, 357va
– Hoc facite ... (Lc 22,19) Corporis et sanguinis mysteria **Ms 553**, 93va
– Hoc facite ... (Lc 22,19) Nota c (?) omnis utriusque sexus: Septem sacramenta sunt **Ms 622**, 92^{r}
– Hodie fecit dominus ... (I Sm 11,13) Dicitur convenienter quod bonum negotium **Ms 531**, 123ra
– Hodie sancta mater ecclesia incipit sollemniter celebrare adventum **Ms 597**, 327vb
– Hodie tenemur plus solito ad compassionem beatae virginis **Ms 597**, 414rb
– Homo cum in honore ... (Ps 48,13) Describit psalmus in verbo isto triplicem statum **Ms 558**, 3ra
– Homo cum in honore ... (Ps 48,13) In verbis propositis propheta nobis describit duplicem statum **Ms 539**, 200ra
– Homo cum in honore ... (Ps 48,21) Quia est dominica Septuaginta **Ms 531**, 86vb
– Homo primus particeps angelicae curiae in loco voluptatis **Ms 606**, 303ra
– Homo quidam ... (Lc 14,16) Cum secundum evangelistas eucharistia fuit in cena instituta **Ms 531**, 209ra
– Homo sanctus ... (Sir 27,12) Quia Iacobus secundum doctrinam beati Hieronymi **Ms 531**, 347ra
– Honesto ac reverendo viro domino Gerardo **Ms 514**, 1ra
– Hora est ... (Rm 13,11) In verbis istis circa conversionem peccatoris **Ms 516**, 263ra
– Hora est ... (Rm 13,11) Nota quod somnus significat hic peccatum **Ms 564**, 3va
– Hosanna filio David ... (Mt 21,9) Quia illi qui in veteri testamento **Ms 531**, 107rb
– Hugo de sancto Victore in libro de intentione orandi: Affectus **Ms 618**, 14vb
– Humanum genus propter primorum parentum multifaria incidit **Ms 618**, 8va
– Humiliamini sub potenti ... (I Pt 5,6) In evangelio dominicali praemittatur antecedens **Ms 531**, 216vb

– Iacob genuit Ioseph ... (Mt 1,16) Invocandam te iudicamus **Ms 584**, 152r
– Iam nunc restat de secunda parte istius operis, quae est de planctu ecclesiae **Ms 565**, 132ra
– Ibat Iesus ... (Lc 7,11) Dicit evangelium: Quot cum dominus Deum praedicasset **Ms 519**, 65ra
– Iesu Christe dulcissime aspice in me et miserere mei secundum iudicium **Ms 602**, 120rb
– Iesu Christi saluberrimi nominis intrepidus constansque impugnator **Ms 602**, 139va
– Iesus inclinans se ... (Io 8,6) Verba proposita allegorice intellecta **Ms 531**, 251rb
– Illustri et magnifico principi domino suo domino Rudolfo **Ms 543**, 3ra
– Illustrissimi principis regis Francorum devotissimo confessori domino Michaeli **Ms 607**, 1ra
– Illustrissimo ac reverendissimo in Christo patri ac domino domino Philippo de Alenconio **Ms 569**, 2ra
– Imitatores mei ... (Phil 3,17) Etiam si me non habetis praesentem **Ms 564**, 122rb
– Impiorum Iudaeorum crudelitas non fuit satiata iniuriis **Ms 597**, 347va
– Impleti sunt dies ... (Lc 2,22) Quia mysterium purificationis fuit sacramentum **Ms 531**, 271vb
– Impleti sunt dies ... (Lc 2,22) Videmus sensibiliter, quod dies illi **Ms 531**, 280va
– In Apocalypsi legitur capitulo duodecimo: Quia quod angelus domini ostendit **Ms 602**, 326vb
– In ceteris regulis sophismata multa currunt **Ms 529**, 157va
– In Christi nomine Amen. Incipiunt quaedam propositiones et auctoritates **Ms 545**, 187v
– In Christi nomine Amen. Venerabilis pater et in Christo dilectissimi fratres. Scimus quia apostolicae vocis **Ms 621**, 124vb
– In Christo Iesu patri reverendo domino Iohanni Iohannis Abbati Juncellensi **Ms 545**, 1r
– In Christo reverendissimo patri ac domino domino Heinrico **Ms 567**, 1r
– In curiis bene ordinatis, ubi comedit gentium multitudo **Ms 594**, 154va
– In die illa ... (III Reg 8,63) In dedicatione typici templi **Ms 544**, 412vb
– In dominio regis Norvegiae, qui est ad septentrionem **Ms 580**, 159ra
– In hoc libello continetur ars bene moriendi **Ms 621**, 258ra

- In hoc tractatu secundo intendo perscrutari **Ms 529**, 134va
- In illa die ... (Ioel 3,18) In verbis propositis Ioel propheta divinitus afflatus **Ms 539**, 232rb
- In illo tempore duo ... (Lc 24,13). Duo ex discipulis Iesu. Lucae ultimo **Ms 618**, 9va
- In iracundis sis mitis mollia fando **Ms 540**, 331rb
- In mense autem sexto ... (Lc 1,26) Quia vero instante sanctissimo tempore **Ms 502**, 135ra
- In nocte tria sunt, quae dormire faciunt **Ms 521**, 1ra
- In nomine ... Ad mandatum et beneplacitum venerabilis patris domini abbatis de Claratumba **Ms 621**, 2ra
- In nomine ... Alliciente piae singularissimo devotionis affectu **Ms 621**, 151rb
- In nomine ... Anno domini millesimo CCCCXXVII ... quandam oblatam mihi accepi positionem **Ms 602**, 127ra
- In nomine ... Cum desiderarem vestris caritatibus in aliquo deservire **Ms 596**, 1ra
- In nomine ... De excellentissimo dono immo donatore **Ms 621**, 142va
- In nomine ... De quo ad praesens nobis sermo licet vigiliae **Ms 621**, 129vb
- In nomine ... In hac nedum admirabili sed et ineffabili **Ms 621**, 165va
- In nomine ... In hodierna omnium sanctorum venerandissima sollemnitate **Ms 621**, 162vb
- In nomine ... Instigante me singulari devotionis affectu **Ms 621**, 155vb
- In nomine ... Nedum omnium angelorum agmina **Ms 621**, 138rb
- In nomine ... Quia prima Iohannis quinto scriptum est **Ms 610**, 139^{v}
- In nostra disputatione de quolibet quaedam questiones **Ms 529**, 94va
- In nostra disputatione de quolibet receptae **Ms 529**, 122vb
- In nostro quolibet quaedam quaerebantur de Deo **Ms 529**, 1ra
- In nostro quolibet quaerebitur unum commune Deo et creaturis **Ms 530**, 1ra
- In praeposito ex duabus quasi praecedentibus, quod anima intellectiva **Ms 533**, 99vb
- In praeposito ex priori quaestione, quod anima rationalis sit forma **Ms 533**, 95va
- In prima quaestione quarti sententiarum dixit quaedam, quae aliquibus falsa **Ms 529**, 127ra
- In primo capitulo primi libri dictarum revelationum dicitur Christum dixisse **Ms 580**, 130^{r}

- In principio istius operis. In nomine domini nostri Iesu Christi in quo vivimus **Ms 540**, 71^{r}
- In principio primum principium, a quo cunctae illuminationes descendunt **Ms 595**, 246^{r}
- In simplicitate cordis ... (Sap 1,1) Hanc sapientis hortationem **Ms 584**, 131^{r}
- In sole posuit ... (Ps 18,6) Cum duae sint Christi nativitates **Ms 531**, 42ra
- In solem diemque ... (Est 10,6) Quia de conversione praeclara beati Pauli **Ms 531**, 264va
- In sudore vultus ... (Gn 3,19) In labore gravi et assiduo sudores **Ms 534**, 147rb
- In tua regina caeli et mundi **Ms 584**, 107^{v}
- In ventre matris ... (Sap 7,1) Multifariae multisque ... (Hbr 1,1) Posse ergo Dei filius **Ms 531**, 35ra
- In virtute spiritus sancti praecipimus ut honor debitus **Ms 553**, 92ra
- Incipere dupliciter solet exponi videlicet per positionem de praesenti **Ms 529**, 158vb
- Incipit quintus liber caelestium revelationum Christi **Ms 561**, 336vb
- Incipit quomodo beatus Franciscus petivit a Christo indulgentiam **Ms 521**, 5ra
- Incipit summula de tribus punctis essentialibus Christianae religionis. Religio munda **Ms 613**, 175rb
- Incipit tertius liber caelestium revelationum ... Iesus Christus Deus et homo, qui venit ad terram **Ms 561**, 182ra; **562**, 136va
- Incipit tractatus contra Wiclefitas. Et primo quaeritur utrum sit mortale peccatum **Ms 537**, 382ra
- Incipiunt concordantiae bibliae distinctae per quinque libros **Ms 543**, 116ra
- Incipiunt regulae iuris per ordinem alphabeti **Ms 543**, 211va
- Incipiunt revelationes, quae visae seu factae sunt in monte Gargano **Ms 561**, 307va;
- Induimini dominum ... (Rm 13,14) In verbis istis Christus exhibet se nobis indumentum **Ms 622**, 97^{r}
- Induite armaturam ... (Eph 6,11) Pro adductione epistolae beatus Gregorius in suo passionali **Ms 566**, 157vb
- Infirmitas haec ... (Io 11,4) Per tribulationes, infirmitates et adversitates **Ms 622**, 96^{r}
- Ingressus Iesus ... (Lc 19,1) Legimus in tertio regnorum libro de gaudio **Ms 597**, 399ra

– Inhibitiones eucharistiae etcetera. Primo inhibetur omnibus simoniacis **Ms 543**, 212rb
– Iniunxit mihi nuper reverendissima paternitas vestra **Ms 583**, 267^{r}
– Intentionis discussio **Ms 584**, 319^{r}
– Inter Babylonem et Hierusalem nulla pax est **Ms 595**, 30^{r}
– Inter humana opera altissimum nuncupatur nexu **Ms 606**, 318ra
– Inter natos mulierum ... (Mt 11,11) Quia inter cetera laudis praeconia **Ms 531**, 326va
– Inter omnia hominum agnitioni necessaria non est salubrius **Ms 567**, 145ra
– Inter omnia mala signa in homine unum est praecipuum **Ms 525**, 2rb; **613**, 199vb
– Interdictum est censura ecclesiastica **Ms 555**, 56rb
– Inveni David ... (I Sm 16,18) In verbis propositis beatus Antonius benedicatur **Ms 539**, 101rb
– Inventa una pretiosa ... (Mt 13,46) His praemissis ad expositionem verbi propositi **Ms 536**, 161va
– Iohannes Dei et apostolicae sedis gratia episcopus Massanensis **Ms 594**, 338^{r}
– Iohannes est nomen ... (Lc 1,63) In isto oraculo caelitus revelato humanitus **Ms 531**, 319vb
– Iohannes in summa confessorum quaerit: Quid de illis qui a communitatibus civitatum **Ms 534**, 35rb
– Iohannes. Ut hortetur eam et ammonet ad hoc **Ms 578**, 1ra
– Iosias rex Iuda sanctus divinae legis ferventissimus emulator **Ms 621**, 397ra
– Iosias sanctus rex Iuda divinae legis ferventissimus emulator **Ms 606**, 2ra
– Ipse tamquam sponsus ... (Ps 18,6) Ad praedicatorem evangelicum tria requiruntur **Ms 531**, 32vb
– Ipse tamquam sponsus ... (Ps 18,6) Hodie dilectissimi rex caelorum de virgine nasci **Ms 531**, 33ra
– Iste liber caelestium revelationum est ultimus **Ms 561**, 432ra
– Istis nostris infaustis diebus, in quibus abundavit iniquitas **Ms 621**, 301ra
– Istud est speculum clarum, nobile et pretiosum **Ms 584**, 310^{r}
– Ite in castellum ... (Mt 21,2) Mystice dicitur affectum praedicationis **Ms 622**, 104^{v}
– Ite ostendite vos ... (Lc 17,14) Salvator paenitentibus duo necessaria hic innuit **Ms 597**, 87ra
– Item colliguntur quattuor, quae administrant excaecationem luxuriae **Ms 564**, 408rb

- Item legitur quod quidam gentiles impleverant statuam **Ms 516**, 354ra
- Item nota septem sunt casus principales secundum communem doctrinam **Ms 606**, 330rb
- Iuda te laudabunt ... (Gn 49,8) Iudas qui confidens interpretatur **Ms 517**, 217vb
- Iusti autem ... (Sap 5,16) In verbis propositis vita beata, quam isti gloriosi martyres **Ms 539**, 182ra
- Iustorum animae ... (Sap 3,1) Magna consolatio est sanctis verbis **Ms 517**, 246va
- Iuxta sanctorum traditionem quaedam, quae unum sunt, tria esse **Ms 573**, 2ra
- Labores manuum ... (Ps 127,2) Homo ad laborem ... (Iob 5,7) Ne oderitis laboriosa opera **Ms 623**, 184ra
- Labores manuum ... (Ps 127,2) Laborem, paenitentia iniuncta Adae et filiis suis **Ms 623**, 181va
- Laetare filia ... (Za 2,10) Beatus ille propheta David, qui de salvatore **Ms 622**, 109r
- Lavare septies in Iordane **Ms 557**, 9va
- Legitur quod beata virgo Maria domina nostra numquam loquebatur **Ms 595**, 232^{r}
- Leprosi mundantur ... (Mt 11,5) Reverendi patres beatus Bernardus doctor mellifluus **Ms 604**, 309ra
- Leprosi mundantur ... (Mt 11,5) Reverendi patres liqueat manifeste omnis salus hominis **Ms 604**, 309ra
- Levate capita ... (Lc 21,28) Solet esse gaudium quando captivi liberantur **Ms 604**, 206vb
- Lex Christi dicitur lex amoris **Ms 581**, 77rb
- Liber generationis ... (Mt 1,1) In quo verbo satis evidenter ostenditur **Ms 536**, 173vb
- Licet modo in fine temporum plures haberi constat codices **Ms 512**, 73r
- Linquo coax ranis crax corvis vanaque vanis **Ms 595**, 22^{v}
- Locuturo mihi de praesentis sacratissimae diei spiritus sancti sollemnitate **Ms 621**, 145vb
- Locuturus igitur de Christi passione cogitam de tribus dicere **Ms 597**, 332vb
- Loquente Iesu ... (Mt 9,18) Dicit enim evangelista, quod quadam vice domino loquente **Ms 618**, 252ra

– Lucens in galea Carthaginis horrea gliscit **Ms 512**, 82^{v}
– Lumen confessorum vocatur haec doctrina **Ms 564**, 337ra
– Lux orta est … (Ps 96,11) Verbum istud scribitur quia vero Dei virtus **Ms 531**, 14rb
– Magister quidam theologus ad laudem beatae Mariae virginis decantavit **Ms 594**, 44^{r}
– Magna est gloria … (Sir 23,38) Hic duo auctor innuit videlicet gloriam et sequelam **Ms 516**, 270rb
– Magnificat anima … (Lc 1,46) Tria principaliter intenduntur in subsequentibus versibus **Ms 513**, 295ra
– Mandatum sanctae dominicae diei, quod de caelo venit **Ms 594**, 345^{r}
– Manducente nos infallibili **Ms 606**, 126ra
– Mane videbitis … (Ex 16,7) Reverendi patres et domini, quia caligantibus **Ms 622**, 111^{r}
– Manum suam aperuit … (Prv 31,20) Verba proposita spiritualiter intellecta convenienter intelliguntur de beata Elisabeth **Ms 539**, 250rb
– Maria caelum … Maria mater benedictionis. In principio creavit … (Gn 1,1) Caelum sive empyreum **Ms 502**, 241ra
– Maria Magdalena … (Mc 16,1) Carissimi mei. Hodie celebramus resurrectionem domini **Ms 618**, 164rb
– Maria Magdalena … (Mc 16,1) Pro materia festi resurrectionis sunt aliqua dicenda **Ms 597**, 465va
– Maria optimam … (Lc 10,42) Beata Dei genetrix et semper virgo Maria tantam perfectionem **Ms 597**, 303rb
– Maria optimam … (Lc 10,42) Hic describitur vita contemplativa, ad quam virgo gloriosa **Ms 531**, 368rb
– Maria optimam … (Lc 10,42) Omnipotens dominus in multis excellentiis praerogativis **Ms 597**, 306vb
– Maria optimam … (Lc 10,42) Sicut auctoritas theologica et ratio philosophica **Ms 531**, 366rb
– Mater Dei loquebatur ad sponsam: Ego sum regina caeli **Ms 561**, 369ra
– Materia baptismi debet esse aqua pura **Ms 534**, 142rb
– Medardus fuit episcopus Noviomensis **Ms 525**, 57vb
– Media vita in morte sumus. Media vita Christus est **Ms 616**, 9^{v}
– Meditatio cordis … (Ps 18,15) Felix certe qui cum propheta **Ms 584**, 124^{r}
– Merito legendus est iste liber, quia est Apocalypsis **Ms 578**, 1va
– Methodius olim Ciliciae et postea Tyri episcopus **Ms 580**, 184ra

– Michael unus ... (Dn 10,13) Licet sancta mater ecclesia hodie convenienter celebret **Ms 539**, 192ra
– Mirabilis Deus ... (Ps 67,36) Felices illi sancti **Ms 517**, 246ra
– Miserationum domini ... (Is 63,7) Sanctus iste propheta immo eximius prophetarum Isaias **Ms 622**, 104^{v}
– Misereor super turbam ... (Mc 8,2) Quia secundum doctrinam beati Dionysii De divinis nominibus: Sicut sol **Ms 531**, 217va
– Misericordia et veritas ... (Ps 84,11) Veritas de terra orta est **Ms 531**, 44rb
– Miserunt Barnabam ... (Act 11,22) In his verbis quinque praeconia **Ms 517**, 244rb
– Missa dicitur ut dicit Augustinus ex eo, quod caelestis missus **Ms 594**, 44^{v}
– Missus est ... (Lc 1,26) Deo placuit eodem ordine et eodem modo **Ms 597**, 276vb
– Missus est ... (Lc 1,26) In qualibet namque salutatione **Ms 513**, 252va
– Missus est ... (Lc 1,26) In quibus verbis duo notantur **Ms 502**, 134rb
– Monebant parentes ... (Tb 10,12) Haec est admonitio necessaria **Ms 623**, 191ra
– Monebant parentes ... (Tb 10,12) Visoque curialiter se debet habere mulier **Ms 623**, 193rb
– Morum qualitate decenter adornatis, discretis devotisque viris **Ms 606**, 285ra
– Mos est femineus dum male vexat amor **Ms 545**, 187^{r}
– Motiva quibus fratres moventur ad portionem canonicam non danda **Ms 606**, 343vb
– Mulier amicta ... (Apc 12,1) Ubi beatus Iohannes volens describere virginis benedictionem **Ms 531**, 361ra
– Mulier ecce ... (Io 19,26) Pretiosa virgo duos filios habuit **Ms 531**, 63vb
– Mulier ecce ... (Io 19,26) Quanto aliquis est propinquior regi **Ms 531**, 63vb
– Mulier ecce ... (Io 19,26) Stabat iuxta ... (Io 19,25) Maria fuit in passione filii valde amara **Ms 622**, 94^{r}
– Mulier si eadem hora, qua peperit **Ms 594**, 43^{r}
– Mulier timens ... (Prv 31,30) Verba proposita convenienter assumuntur ad laudem et praeconium beatae Elisabeth **Ms 539**, 253ra
– Multi sunt gemitus ... (Lam 1,22) Si consideremus conditionem domini Dei **Ms 531**, 118rb
– Multi sunt gemitus ... (Lam 1,22) Videmus corporaliter aliquando **Ms 531**, 118va

- Multifariam multisque modis ... (Hbr 1,1) Paulus gentium doctor ministerium suum **Ms 601**, 1^{v}
- Multorum tam clericorum quam laicorum querela **Ms 595**, 170^{r}
- Mundamini qui fertis ... (Is 52,11) In verbis propositis notatur pastorum ecclesiasticorum dignitas **Ms 623**, 20ra
- Mundus caro daemonia diversa movent proelia **Ms 623**, 290^{v}
- Musarum voces sunt novem, quarum prima facit De **Ms 522**, 146ra
- Ne in huius sacratissimae caeli reginae festivitate **Ms 621**, 148va
- Negotiamini dum venio (Lc 19,13) Quod dicit Christus negotiatoribus et mercatoribus **Ms 623**, 177vb
- Negotiamini dum venio (Lc 19,13) Quod dixit paterfamilias servis suis **Ms 623**, 174vb
- Nisi abundaverit ... (Mt 5,20) O Christi fideles, scribitur in evangelio praesenti **Ms 618**, 205vb
- Nobis qui Christiano nomine censemur Christum de carne nostra natum **Ms 601**, 115^{r}
- Nolite ante tempus ... (I Cor 4,5) Gregorius XI Moralium super illo Iob 29: Causam **Ms 566**, 93ra
- Nolite diligere ... (I Io 2,15) In hac auctoritate quae infra plenius explicatur **Ms 526**, 2vb
- Nolite iudicare ... (Lc 6,37) Ubi notandum, quod iudicium uno modo est actus **Ms 597**, 455va
- Nolite plures magistri fieri fratres mei **Ms 608**, 1^{r}
- Nolite solliciti ... (Mt 6,25; Lc 12,22) Iubet hoc supremus abbas noster **Ms 581**, 49va; **582**, 50ra
- Nomen secundi fluvii Geon. Introitus ad secundum librum sententiarum **Ms 572**, 10ra
- Nomen virginis Maria. Lucae primo. Non est dubium, quod quae in laudibus matris proferimus **Ms 619**, 164rb
- Non cessamus ... (Col 1,9) Horis opportunis sed non continue pro vobis orantes **Ms 564**, 125ra
- Non enim consideratur iniuria vero nulla intervenit iniuria, nisi inveniri **Ms 606**, 354ra
- Non est similis ... (Ps 85,8) Patres et domini reverendi. Si plebs fidelis **Ms 544**, 323ra
- Non est talis mulier ... (Idt 11,19) In verbis propositis mystice intellectis inclita virgo Catharina **Ms 539**, 259vb

– Non pro locis res sed pro rebus loca sunt amanda **Ms 594**, 43^{r}
– Non turbetur ... (Io 14,1) Pro introductione horum verborum assumo pro me beatum Augustinum **Ms 622**, 150^{r}
– Nonne anima ... (Mt 6,25) et in evangelio hodierno duplicem esse escam **Ms 599**, 247^{r}
– Nos Dei et apostolicae sedis gratia Warmiensis episcopus Heinricus **Ms 594**, 335^{v}
– Nos existimet homo ... (I Cor 4,1) Ita scribitur primo Cor 4 originaliter ... Beatus Gregorius homilia sexta super Ezechielem **Ms 502**, 187ra
– Nostra conversatio ... (Phil 3,20) Nota doctor Guilelmus in suo Rationali libro **Ms 566**, 159rb
– Nota fingere oculos in mulierem possumus **Ms 597**, 431rb
– Nota idem advisamentum per modum confessionis de religionibus **Ms 581**, 133rb; **582**, 60ra
– Nota idem frater Simon cuidem fratri Iohanni videlicet petenti orationes **Ms 597**, 446vb
– Nota licet chorea sit multum detestanda **Ms 618**, 119ra
– Nota provulgationem seu intimationem privilegiorum **Ms 597**, 443rb
– Nota quid sit aureola. Aureola est primum debitum virginitati **Ms 597**, 403va
– Nota quod in Dei cognitionem multis modis pervenitur **Ms 597**, 481vb
– Nota quod longe ante Christi adventum Deus per prophetas et scripturas **Ms 597**, 396ra
– Nota quod octo sunt in quadragesima, quae aliis temporibus non consueverunt **Ms 618**, 3ra
– Nota super illo verbo Iohannis 16: Petite ut gaudium ... (Io 16,24). Notant doctores quod triplex est gaudium **Ms 597**, 355vb
– Nota super illo verbo Lucae 16: Rogo te pater ... (Lc 16,27) Circa quod notandum, quod inveniuntur mali **Ms 597**, 447ra
– Nota valde bene, quod dicit frater Simon de Cassia **Ms 597**, 446vb
– Notabile Extra de statu monachiali in Clementinis **Ms 606**, 333ra
– Notandum est, quod themata quae sequuntur sunt de sermonibus dominicalibus **Ms 523**, 325vb
– Notandum est studenti praedicare volenti hos sermones infrascriptos **Ms 618**, 121ra
– Notandum quod abundantia gratiae sanctificantis animam Christi derivatur **Ms 601**, $114(2)^{v}$

– Notandum quod ad virtutem veritatis pertinet, ut aliquis talem se exhibeat **Ms 601**, 112^{v}
– Notandum quod duplex est cyclus unus solaris **Ms 512**, 45^{r}
– Notandum quod gratia et peccatum mortale ita repugnant **Ms 597**, 431rb
– Notandum quod infidelitas sive incredulitas dupliciter accipi potest **Ms 601**, 113^{r}
– Notandum quod post legem naturalem et legem humanam necessarium fuit **Ms 601**, 114^{r}
– Notandum quod primus tonus dicitur mobilis **Ms 595**, 200^{r}
– Notandum quod quantum ad aliud aliquis alius prophetarum fuit maior Moyse **Ms 601**, 115^{v}
– Notandum sunt aliqua de baptismo propter hoc, ut mulieres **Ms 597**, 434va
– Novit ille, quem secreta cordis non latent **Ms 540**, 331va; **621**, 310rb
– Novum facit dominus ... (Ier 31,22) Nota beata virgo Maria dicitur terra **Ms 564**, 413rb
– Numquid nosti ... (Iob 38,33) Licet ordo et dispositio divinae sapientiae **Ms 539**, 185ra
– Nunc autem quaedam plura remedia, quibus homo potest resistere **Ms 597**, 360ra
– Nuper unam ex lectionibus meis **Ms 581**, 62va; **582**, 75rb
– Nuptiae factae ... (Io 2,1) In quo verbo sacramentum matrimonii dicitur commendari **Ms 531**, 84ra
– O formose puer nimium ne crede colori **Ms 600**, 1^{r}
– O mater misericordiae, iuva nos pusillanimes **Ms 556**, 210va
– O mors quam amara ... (Sir 41,1) Quia mors est finis terribilium **Ms 539**, 243va
– O quam mira facis princeps fortissime pacis **Ms 526**, 294vb
– O veneranda sacerdotum dignitas, in quorum manibus Dei filius **Ms 545**, 121^{r}
– O vos omnes ... (Lam 1,12) Quia omni viatori saluberrimum est **Ms 597**, 334ra
– Oblatis meo iudicio in vita spirituali inexperto **Ms 580**, 21^{r}
– Oblaturus iuxta seniorum huius sacri concilii **Ms 581**, 146va; **584**, 120^{v}
– Obscuratum est aurum ... (Lam 4,1) Dicunt naturales, quando sol clare lucet **Ms 604**, 240ra
– Obsecro vos ... (Rm 12,1) Vincentius in speculo historiali libro quarto **Ms 614**, 305vb

– Observantia secundum Tullium est, per quam homines aliqua dignitate antecedentes **Ms 601**, 115(2)^{r}
– Odium est quidam motus **Ms 601**, 116^{r}
– Omne opus Dei altissimi **Ms 584**, 105^{r}
– Omne, quod plurimorum oculis se offert **Ms 621**, 289ra
– Omnes morimur et quasi aquae dilabimur in terram **Ms 612**, 324^{r}; **621**, 269vb
– Omnibus moribus et virtutibus adornato **Ms 541**, 8ra; **565**, 14va
– Omnium superius positorum lumen et regula **Ms 610**, 183rb
– Operamini opus ... (Sir 51,38) Praepara foris ... (Prv 24,27) Artifex qui vult opus suum bene vendere **Ms 623**, 188vb
– Operamini opus ... (Sir 51,38) Proponit nobis dominus per os sapientis operandi facultatem **Ms 623**, 185rb
– Oporteat logicum praedicare rem et non terminum **Ms 608**, 23^{v}
– Oportet semper orare ... (Lc 18,1) Scripsit Tullius accuratissime commentarium **Ms 581**, 82vb
– Optimis moribus et virtutibus adornato **Ms 540**, 11^{r}; **565**, 14va
– Orate pro invicem ... (Iac 5,16) Volens ecclesia fideles inducere **Ms 517**, 226va
– Ordo naturae et rationis exigit quod, ubi magna eminent pericula **Ms 537**, 377ra
– Organo apostolicae vocis suo iudicio inter apostolos minimus **Ms 621**, 349ra
– Oriens. Est Euro Volturnus subsolanusque sodales **Ms 525**, 74rb
– Osculetur me ... (Ct 1,1) In nuptiis magnatorum seu nobilium **Ms 531**, 40rb, 303rb
– Ostendite mihi ... (Mt 22,19) Pro introductione beatus Ambrosius super psalmum **Ms 614**, 292vb
– Oves meae ... (Io 10,27) Omnis Christianus per quinque virtutes **Ms 622**, 92^{r}
– Paenitemini et credite ... (Mc 1,14) Astrinxit me promissio novissima **Ms 582**, 86rb
– Paenitentiam agite ... (Mt 4,17) Aqua frigida animae sitienti **Ms 543**, 255rb
– Paenitentiam agite ... (Mt 4,17) Quia beatus Iohannes convocans populum ad baptismum **Ms 531**, 99vb
– Paenitentiam agite ... (Mt 4,17) Scribitur verbum istud ... Sicut iste magnus sol **Ms 531**, 89vb

– Pagina divina bis binos fertur habere **Ms 557**, 1^{r}
– Pars est prima prudentiae ipsam cui praecepturus es **Ms 612**, 97ra
– Partes dominicae orationis quot sunt. Novem **Ms 585**, 27^{v}
– Parvulus natus ... (Is 9,6) Sed quare immensus parvulus aeternus **Ms 564**, 396ra
– Pascite qui in vobis ... (I Pt 5,2) Assumpto alias eodem themate et per assistentiam **Ms 599**, 134^{v}
– Pascite qui in vobis ... (I Pt 5,2) In opere spiritualis irrigationis **Ms 599**, 131^{r}
– Passio domini Iesu Christi principaliter dividitur in septem partes **Ms 622**, 50^{r}
– Passionum fervorem effectum et originem **Ms 583**, 176^{v}
– Pastor bonus talis namque fuit claviger aethereus **Ms 545**, 86^{r}
– Pater noster. Ista oratio omnium aliarum orationum dignior **Ms 613**, 198rb
– Pater noster. Thomas de Aquino: Per hoc quod dicit Pater noster, quia amari appetit **Ms 574**, 256ra
– Pater sanctissime Petre **Ms 502**, 178va; **543**, 274va
– Patres et domini, reverendissimi doctores ... In medio tam magnatorum tamque auditorum doctissimorum **Ms 540**, 277ra
– Pax quam omnes observare convenit **Ms 584**, 236^{v}
– Percussit petram ... (Ps 77,20) Breviter videmus, quod quando arbor securi percutitur **Ms 531**, 335vb
– Perditio tua ... (Os 13,9) Dicit beatus Thomas libro secundo Contra gentiles **Ms 622**, 120^{v}
– Perfecti estote ... (Mt 5,48) In sacra scriptura nihil nobis impossibile consulitur **Ms 583**, 255^{r}
– Peritorum dicunt esse medicorum, ubi imminere urbibus **Ms 594**, 1^{r}
– Pertinaciae propria ratio **Ms 583**, 91^{r}
– Petite et dabitur ... (Lc 11,9) Dies istae dicuntur dies rogationum **Ms 618**, 175vb
– Philaretus in tractatu de naturis morborum **Ms 502**, 289ra
– Pileus ... Quoniam ut ait apostolus: Omnes stabimus **Ms 594**, 337^{v}
– Pileus ... Si cum sacrosanctae Romanae ecclesiae **Ms 594**, 338^{r}
– Plurima turba ... (Mt 21,8) Cum honor sit praemium virtutis **Ms 531**, 109vb
– Poggius suo Leonardo Aretino pro salute. Cum pluribus diebus ad balnea fuissem **Ms 595**, 123^{r}

- Pompeius regnavit dives **Ms 534,** 184rb
- Ponam visitationem … (Is 60,17) … Fac iustitiam et habebis pacem **Ms 515,** 1ra
- Pono novos inter veteres **Ms 564,** Spiegel
- Pontificali dignitati servus qualiscumque zelator **Ms 606,** 48ra
- Portae inferi … (Mt 16,18) Auctoritas ecclesiae tanta est, quod artat omnes fideles **Ms 602,** 102vb
- Post haec dicemus modos resistentiarum sive repugnationum **Ms 621,** 255va
- Post praedicta non incassum videor mihi aliquid otii surripuisse **Ms 621,** 253ra
- Post praemissa de rapina tamquam in patulo **Ms 599,** 357^{r}
- Post verba in priori sermone exposita, quibus nobis describitur angeli **Ms 597,** 280va
- Postea quaerebatur, utrum in uno existenti (?) reali possint assignari **Ms 609,** 24rb
- Postea quaerebatur, utrum subiectum alicuius scientiae primum contineat virtualiter omnes passiones **Ms 609,** 51va
- Postquam completi … (Lc 2,22) Est primo notandum, quod in lege veteri traditum fuit **Ms 597,** 436va
- Postquam consummati … (Lc 2,21) Notandum quod omnes parvuli **Ms 597,** 271vb
- Postquam consummati … (Lc 2,21) Verba proposita fratres carissimi sunt verba evangelii de circumcisione **Ms 618,** 131vb
- Postquam consummati … (Lc 2,21) Verbum istud sumptum de brevi evangelio secundum Lucam **Ms 535,** 39vb
- Postquam domino largiente in priori volumine complevi duas partes **Ms 586,** 149ra
- Postquam quaesitum est de Deo, sequuntur quaestiones per comparationem ad creaturas **Ms 609,** 24ra
- Postquam superior status et effectus praesentis schismatis **Ms 584,** 110^{v}
- Postulare dignata est benevolentia tua **Ms 581,** 1ra; **582,** 1ra
- Potens sit exhortari … (Tit 1,9) Licet autem verbum propositum episcopalis conditionis **Ms 529,** 176vb; **534,** 233va
- Potestas ecclesiastica debet ab ecclesiasticis **Ms 581,** 34ra; **582,** 35ra
- Praeter praecepta legis naturae communia ut sunt illa **Ms 597,** 136ra
- Prima fuerit ista, utrum esse sit primum creatum **Ms 609,** 24ra

- Prima quaestio. Christus post cenam instituit et ministravit **Ms 602**, 243va
- Prima quaestio est, utrum relatio divina originis sit formaliter infinita **Ms 542**, 161va
- Prima quaestio est, utrum scientia theologiae possit communicari puro viatori **Ms 542**, 135ra
- Prima quaestio utrum essentialia. In cuius solutione sic procedit **Ms 533**, 120va
- Prima regula, quae spectat ad nobiles et potentes cuiuscumque status **Ms 606**, 197ra
- Primis itaque duobus, videlicet divini nominis invocatione **Ms 568**, 1^{r}
- Primo declaramus et dicimus, quod non quilibet frater ordinum mendicantium **Ms 597**, 442ra
- Primo in exhortationibus, si a summa aliqua ordiri placet **Ms 616**, 8^{v}
- Primo quaeritur an necesse fuerit **Ms 502**, 2ra; **503**, 3ra
- Primo quaeritur quid sit sacramentum et definitur pluribus modis **Ms 557**, 11ra
- Primo quaeritur utrum theologia sit scientia; videtur quod non. Nulla scientia est **Ms 556**, 3ra; **558**, 90va
- Primo semper debes considerare ad quid veneris **Ms 534**, 136vb
- Primum quod necessarium est cuilibet Christiano, est fides **Ms 534**, 349ra
- Principium itaque huius religionis et salutis est vera humilitas **Ms 580**, 160vb
- Principium maledictorum fuit Lucifer **Ms 564**, 128ra
- Principium operis continet prooemium libri **Ms 541**, 1ra; **565**, 8ra
- Pro clariori intellectu constitutionis: Super cathedram de sepulturis **Ms 606**, 341vb
- Probate spiritus ... (I Io 4,1) Iubet discipulus ille quem diligebat Iesus **Ms 581**, 59vb; **Ms 582**, 72va
- Probate spiritus ... (I Io 4,1) Probate »quidem« non ex ingenio humano **Ms 580**, 74^{r}
- Probet autem se ipsum ... (I Cor 11,28) Ut hodiernam sollemnitatem venerabilissimi sacramenti **Ms 566**, 324ra
- Prooemium quod expedit inquirere circa ecclesiasticam potestatem **Ms 581**, 33vb
- Proprio filio ... (Rm 8,32) Non pepercit Deus etc. Videndum est nunc communiter **Ms 597**, 336va

– Propter iniquitatem ... (Ps 38,12) et quasi a sublimi in profundum dimersit eum **Ms 502**, 311rb
– Prosperum iter faciet nobis Deus **Ms 584**, 162^{r}
– Protestatio seu revocatio generalis aut conditionalis **Ms 583**, 86^{r}
– Psallam Deo ... (Ps 145,2) Reverendi patres et domini et magistri, cupientem me immaculatae legis **Ms 602**, 333vb
– Puella non est mortua ... (Lc 8,52) et dicit ad litteram de quadam puella **Ms 531**, 363ra
– Puer natus ... (Is 9,6) Beatus Bernardus sermone primo hodiernae festivitatis **Ms 614**, 364vb
– Puer natus ... (Is 9,6) Vide quod aliquando unus ramusculus arboris inseritur **Ms 531**, 36vb
– Quae est ista ... (Ct 6,9) Verba ista licet exponantur de ecclesia, possunt tamen adaptari beatae Mariae Magdalenae **Ms 502**, 163ra
– Quae nunc est Hierusalem ... (Gal 4,25) Quia sancta mater ecclesia in praecedentibus dominicis **Ms 531**, 103rb
– Quaecumque enim scripta ... (Rm 15,4) Hic ostendit, quod auctoritas pertinet ad instructionem **Ms 574**, 10ra
– Quaecumque scripta ... (Rm 15,4) ait magnus ille discipulus theologiae Paulus **Ms 584**, 169^{r}
– Quaecumque scripta ... (Rm 15,4) scilicet de Christo in divinis libris ad nostram doctrinam **Ms 564**, 4va
– Quaecumque scripta ... (Rm 15,4) Verba sunt apostoli nos ad spiritualem intelligentiam exhortantis **Ms 531**, 5ra
– Quaeres an prudentia aut sapientia insit omnibus a natura **Ms 608**, 24ra
– Quaeres an prudentia sit consequentiae virtus specialis cognoscitiva **Ms 608**, 25ra
– Quaerit magister Gualterus Burlaei utrum contradictio sit maxima oppositio **Ms 529**, 132rb
– Quaerite ... (Mt 6,33) Egregius ille et floridus doctor in secundo sermone in libro De summo bono **Ms 604**, 307ra
– Quaerite ... (Mt 6,33) Loco et capitulo ut supra. Venerabilis gloriosus doctor beatus Augustinus **Ms 604**, 307rb
– Quaeritur an tempore pestis licet curatis plebem deserere aeris **Ms 583**, 276^{r}
– Quaeritur cum bona exteriora et temporalia sint **Ms 597**, 458ra
– Quaeritur iterum ab eodem scilicet magistro Iohanni de Geuß, utrum statim habita opportunitate **Ms 597**, 443va

– Quaeritur primo, utrum ornatus mulierum secundum morem patriae **Ms 598**, 151^{r}
– Quaeritur qualiter de factibus circa sacramentum contingentibus possit subvenire **Ms 554**, 1ra
– Quaeritur quare dominus conversatus fuerit cum hominibus **Ms 597**, 363ra
– Quaeritur quare sacerdos elevando hostiam ostendat corpus Christi **Ms 597**, 477ra
– Quaeritur quid iuris de relictis ab illis, qui non sepeliuntur apud fratres **Ms 606**, 354rb
– Quaeritur utrum Christus meruerit post conceptionem **Ms 594**, 44^{r}
– Quaeritur utrum comedens tempore ieiunii plusquam semel qualibet vice peccet **Ms 597**, 394va
– Quaeritur utrum creaturae verius esse habeant in Deo **Ms 529**, 74rb
– Quaeritur utrum dioecesani in eorum synodis absolutionem particularium delictorum **Ms 606**, 332va
– Quaeritur utrum ens sit univocum commune Deo et creaturae **Ms 609**, 52ra
– Quaeritur utrum formae contrariae videlicet albedo et nigredo **Ms 529**, 131ra
– Quaeritur utrum haec sit vera: Nihil est nihil **Ms 529**, 74rb
– Quaeritur utrum illi tres calores, quos Plinius distinguit **Ms 529**, 130vb
– Quaeritur utrum inspectio chorearum et spectaculorum sit peccatum **Ms 618**, 119rb
– Quaeritur utrum inter duas species immensas possit fieri media **Ms 529**, 75va
– Quaeritur utrum iustus possit mereri peccatori primam gratiam **Ms 558**, 88vb
– Quaeritur utrum motus caeli sive corpora superiora habeant aliquam causalitatem **Ms 529**, 74ra
– Quaeritur utrum mulieres et viri per exteriorem vestium apparatum **Ms 597**, 420ra
– Quaeritur utrum notitia actualis creaturae praesupponatur in Deo **Ms 609**, 85ra
– Quaeritur utrum per scripturas a Iudaeis receptas possit probari mysterium Christi **Ms 529**, 169ra; **534**, 221ra
– Quaeritur utrum sacerdos obligatus ad dicendum missam **Ms 581**, 232ra
– Quaeritur utrum sacerdoti tantum et nulli alteri paenitens sive reus mortalis criminis teneatur confiteri **Ms 597**, 437va

- Quaeritur utrum sit maius peccatum die dominico a cultu divino vacare **Ms 597**, 419va
- Quaestio est de mensura angelorum **Ms 529**, 75ra
- Quaestio est de scientia Dei et primo quaeritur utrum in Deo sit scientia **Ms 529**, 92ra
- Quaestio est utrum angelus intelligat seipsum **Ms 529**, 43ra
- Quam magnificata sunt ... (Ps 91,6) Quoniam ut ait philosophus sicut se habet oculus **Ms 558**, 93^{v}
- Quamquam descenderet ... (Nm 11,9) Sicut lux meridiana ... (Is 18,4) Dilectissimi dies messis dies est sanctae praedicationis **Ms 531**, 308vb
- Quamvis devotionis christianae principalis causa sit omnipotens Deus **Ms 597**, 332va
- Quantum ad artem faciendi collationem **Ms 591**, 4rb
- Quantum ad primum capitulum dico, quod sacra scriptura, quantum ad praesens occurrit **Ms 613**, 3rb
- Quantum visitatur in visitando versari et quid agere debeat **Ms 616**, 23^{r}
- Quare ieiunamus ... (Is 58,3) Quomodo est malorum quaerentium quare ieiunium eorum **Ms 564**, 402rb
- Quare servi Dei et ancillae etiam in caritate existentes **Ms 597**, 364ra
- Quasi arcus refulgens .... (Sir 50,8) Nativitatem beatae virginis Mariae visus sapiens contemplari **Ms 531**, 390rb
- Quasi flos ... (Iob 14,2) Ecclesiastici undecimo scribitur: Brevis in volatilibus apis **Ms 531**, 111va
- Quasi stella matutina ... (Sir 50,6). Proprietates stellae matutinae possunt referri **Ms 613**, 189va
- Quattuor mihi timorem incutiunt **Ms 513**, 252ra
- Qui amat ... (Ecl 5,9) Ostendit nobis Salomon divitiarum periculum **Ms 623**, 169va
- Qui edunt me ...(Sir 24,29) Huius largifluae sponsionis subnixus **Ms 502**, 1ra; **503**, 1ra
- Qui facit voluntatem ... (Mt 7,21) Sicut in natura partus difficultas **Ms 531**, 219va
- Qui fuerunt Macedones, hi postquam fidem ab apostolo acceperunt **Ms 564**, 120va
- Qui habet sponsam ... (Io 3,29) Carissimi sicut scitis dictante natura **Ms 531**, 262ra
- Qui pusillanimis est et pavidus, cavere **Ms 584**, 30^{r}

- Qui sequitur me non ambulat in tenebris, dicit dominus **Ms 620**, 1^{r}
- Qui vicerit ... (Apc 3,12) Quamvis in templo Dei hoc est in ecclesia **Ms 502**, 172vb
- Qui vivit in aeternum ... (Sir 18,1) In his verbis opus creationis **Ms 505**, 1ra
- Qui volunt divites fieri **Ms 581**, 133va; **582**, 60rb
- Quia humilitas est genetrix virtutum **Ms 544**, 388rb
- Quia nihil est utilius nihil salubrius quam circa passionem dominicam occupari **Ms 525**, 19va
- Quia orationi dominicae communiter secundum ritum ecclesiae **Ms 525**, 38va
- Quia quid mundi prosperitas valeret in hac praesenti vita **Ms 611**, 1^{r}
- Quia sacerdotis officium circa tria principaliter versatur **Ms 584**, 254^{v}
- Quia sacris angelorum interesse sollemniis **Ms 581**, 359ra
- Quia sancta mater ecclesia ex textibus et sententiis evangelicis **Ms 602**, 265ra
- Quia secundum Gregorium ad Constantiam reginam Galliae **Ms 612**, 359^{v}
- Quia sicut dicit philosophus primo rhetoricae capitulo XXII: Ad laudandum aliquem **Ms 569**, 2ra
- Quia teste beato Augustino in una epistola ad beatum Hieronymum: Incomparabiliter pulchrior **Ms 602**, 63ra
- Quia unum est necessarium, optimum et aeternum, sufficere debet **Ms 584**, 28^{v}
- Quia vero in congregatione religiosa non solum animorum unitas **Ms 594**, 20va
- Quid dicit scriptura de periuris et falsis testimoniis **Ms 594**, 334^{r}
- Quid est homo. Mens incarnata **Ms 601**, 115^{v}
- Quid existis ... (Mt 11,7) Gregorius XIIII° Moralium super illo Iob XVIII: Numquid propter **Ms 566**, 3va
- Quidam abbas semel conferebat cum beato Anselmo dicens **Ms 595**, 22^{r}
- Quidam doctores faciunt difficultatem de generatione mixti ex elementis **Ms 529**, 130rb
- Quidam rusticus, de cuius manu securis cecidit in aquam **Ms 595**, 22^{v}
- Quidquid est causa causae est causa causati **Ms 569**, 381ra
- Quindecim viae procedentes in amorem Dei **Ms 585**, 32^{v}
- Quis ambulat ... (Is 50,10) Medicus spiritualis debet primo morbi periculum explorare **Ms 622**, 104^{v}

- Quis est homo ... (Iob 15,14) Secundum Ambrosium super Lucam de eo sive sancto Iohanne **Ms 531**, 321va
- Quis etiam sufficienter deplangere aut lacrimis scribere **Ms 606**, 128ra
- Quis ex vobis ... (Io 8,46) Haec dominica ab ecclesia vocatur passionis dominica **Ms 618**, 157ra
- Quis putas puer ... (Lc 1,66) Verba ista fuerunt vicinorum et cognatorum Zachariae **Ms 597**, 361ra
- Quisquis a morte peccati **Ms 581**, 166va
- Quod verbum domini quadrupliciter factum est ad Mariam **Ms 502**, 109ra
- Quomodo sedet ... (Lam 1,1) Hic incipit lamentatio casus Hierusalem **Ms 540**, 348ra
- Quomodo sedet ... (Lam 1,1) In praecedentibus huius libri Ieremias prophetavit destructionem **Ms 540**, 341ra
- Quoniam circa observantiam divinorum praeceptorum omni menti humanae **Ms 621**, 305ra
- Quoniam dictum est supra de resurrectione, quaeri etiam debet de dotibus **Ms 573**, 303ra
- Quoniam fructus prophetiae est secure et intrepide fabulari **Ms 594**, 207ra
- Quoniam misericordia ... (Prv 20,28) Immo quattuor virtutes cardinales **Ms 580**, 209^{r}
- Quoniam omnis humana cognitio a sensu incipit **Ms 581**, 383ra
- Quoniam sciendum, quod dicit propheta Malachias **Ms 612**, 13rb
- Quoniam sicut perfecta sunt Dei opera **Ms 580**, 58^{r}
- Quoniam suppositum redditionis quartae est libera sepultura **Ms 606**, 345ra
- Quoniam testante beato Augustino octavo De civitate Dei c. octavo Finis **Ms 527**, 6ra
- Quoniam ut ait beatus Hieronymus: Nulli dubium **Ms 555**, 26rb
- Quot autem ut dictum est scilicet: Quod cum aliquis habet superflua **Ms 597**, 459va
- Ratio recta non patitur, ut innocentes ad paria cum nocentibus iudicentur **Ms 579**, 145ra
- Ratione relapsi nuper combusti possent aliqui simplices errare **Ms 597**, 394vb
- Recesserunt ad Iesum ... (Mt 18,10) Hoc evangelium habet tres partes **Ms 597**, 316vb
- Recumbentibus duodecim ... (Mc 16,14) Dominus noster resurgens per quattuor dies **Ms 597**, 289ra

– Redde quod debes ... (Mt 26,28) Pro introductione venerabilis Seneca ad Lucilium **Ms 614**, 287rb
– Reddite quae sunt ... (Mt 22,21) Apostolus ad Romanos 13: Reddite omnibus **Ms 566**, 86va
– Reddite quae sunt ... (Mt 22,21) Gregorius 23 Moralia in principio super illo Iob 33: Omiserunt **Ms 566**, 85rb
– Regnum Dei intra vos est, dicit dominus **Ms 620**, 28^{r}
– Regulas solvendi sophismata non eadem quae apparenti consideratione vallavit **Ms 529**, 152ra
– Religio munda ... (Iac 1,27) Dicens volens religionem aliquam intrare **Ms 531**, 146rb
– Religiosa persona quaedam et claustralis horas beatae Mariae **Ms 594**, 43^{v}
– Responsurus ad quosdam articulos in dicto libro contentos **Ms 580**, 1^{r}
– Revela oculos ... (Ps 118,18) Carissimi mei. Haec sunt verba scripta in prophetia intendens considerare mirabilia **Ms 618**, 188rb
– Reverendi patres et domini. Cogitanti mihi crebrius ac diligenti indagine **Ms 613**, 2ra
– Reverendissimi patres, domini praestantissimi, domini cardinales ... Etsi iuxta sacri canonis veritatem **Ms 540**, 301ra
– Reverendissimi reverendique patres, illustrissime princeps regum ... Cuius exhortationis verba **Ms 540**, 167va
– Reverendissimis in Christo patribus et dominis dominis sacrosanctae Romanae **Ms 594**, 49^{r}
– Reverendissimis in Christo patribus et dominis ... Paulus minimus **Ms 606**, 200ra
– Reverendissimo in Christo et colendissimo patri domino Iohanni de Carvaiali **Ms 537**, 367va
– Reverendissimo in Christo patri ac domino suo Balduino **Ms 543**, 23vb
– Reverendissimo in Christo patri ... Iohanni divina ordinatione episcopo Babenbergensi **Ms 612**, 158^{r}
– Reverendo in Christo patri ac domino domino Erhardo episcopo Wormacensi **Ms 534**, 343va
– Reverendo in Christo patri ac domino domino Raimundo **Ms 612**, 13ra
– Reverendo in Christo patri ac domino domino Sbigneo **Ms 537**, 217ra
– Reverendo in Christo patri ac domino domino Vincentio abbati **Ms 589**, 1ra
– Reverendo in Christo patri et domino suo speciali domino Matthiae **Ms 525**, 74va

– Reverendo in Christo patri et domino Venturello **Ms 606**, 348vb
– Reverendo in Christo patri et sacrae theologiae professori, eximio domino Petro **Ms 581**, 1ra; **582**, 1ra
– Reverendo in Christo patri fratri Haimerico magistro ordinis praedicatorum **Ms 512**, 47ra
– Reverendo in Christo patri, sacrae theologiae professori, eximio magistro Andreae **Ms 617**, 1^{r}
– Reverendo patri domino Dilmoniensi frater Aegidius Bituricensis archiepiscopus **Ms 612**, 343^{v}
– Reverendo patri domino provinciali Coelestinorum, fratri Iohanni Bassandi **Ms 581**, 79rb
– Reversa est anima ... (III Reg 17,22) Videtur naturaliter quod anima recedente de corpore **Ms 531**, 135vb
– Rogabat Iesum ... (Lc 7,36) In isto autem processu remonet evangelista **Ms 531**, 333va
– Rogabat Iesum ... (Lc 7,36) Peto domine, ut de vinculo imperii huius absolvas **Ms 566**, 238va
– Rogamus vos ... (II Th 2,1–2) Verba sunt apostolica ad plebem Thessalonicam missa **Ms 608**, 30ra; **621**, 331ra
– Rogatus sum a te pater mi, qui reformationis officio in tuo collapso ordine **Ms 599**, 1^{r}; **600**, 2ra
– Romana ecclesia est caput omnium ecclesiarum universaliter **Ms 594**, 37^{r}
– Sacra scriptura quattuor modis exponitur allegorice **Ms 595**, 200^{r}
– Sacramenta ab initio constituta sunt **Ms 507**, IV^{rb}
– Saepe rogare, rogata tenere, retenta docere **Ms 553**, 94va
– Saepenumero pulsatus a meipso et ab aliis incitatus **Ms 606**, 162ra
– Saevientibus olim Prutenis tunc infidelibus et aliis contra Polonos Christianos **Ms 583**, 128^{v}
– Samaritanus etc. In ista parte versatur inquisitio de sacramentis **Ms 524**, 1ra
– Samaritanus ... Hic incipit quartus liber sententiarum **Ms 603**, 143ra
– Samaritanus ille piissimus spoliatum videns hominem **Ms 528**, 1ra
– Sanctissimo ac beatissimo patri et domino domino Gregorio **Ms 541**, 442rb
– Sanctissimo patri et domino domino Clementi ... frater Bartholomaeus de Urbino **Ms 546**, 3ra
– Sanctissimo patri patrum et domino domino Clementi ... frater Bartholomaeus de Urbino **Ms 551**, 9ra; **552**, 3^{vc}

- Sanctus Maternus fuit unicus filius matris et a genelogia Christi **Ms 537**, 111va
- Sanguis Christi ... (Hbr 9,14) Scribitur verbum istud, quia vero dominica de passione **Ms 531**, 106rb
- Sapientia aedificavit ... (Prv 9,1) Ista verba ad primum possunt coaptari de beata virgine Maria **Ms 502**, 310rb
- Sapientia aedificavit ... (Prv 9,1) Sicut aeternus artifex sua potentia **Ms 577**, 1ra
- Sapientiam quae a domino Deo est **Ms 584**, 86^{r}
- Sciendum est igitur, quod communiter decretales huius tituli faciunt ad primam partem **Ms 613**, 228ra
- Sciendum est quod exeuntes Adam et Eva virgines **Ms 580**, 184ra
- Sciendum est quod sacerdos debet aliquem brevem sermonem **Ms 613**, 186va
- Sciendum quod haec oratio dominica super omnes orationes factas **Ms 525**, 34vb
- Sciendum quod ignorantia et violentia causant involuntarium **Ms 605**, 1^{r}
- Sciendum quod multa sunt rationes, propter quas modum communicandi **Ms 597**, 472vb
- Sciendum quod virtus primo commendabilis est a dignitate dantis **Ms 525**, 91ra
- Scientes quia hora ... (Rm 13,11) Hic commendat caritatem, eo quod per ipsam est opportunitas **Ms 574**, 5ra
- Scio quod crassioribus quibusque et praesentis vitae illecebris inhiantibus **Ms 583**, 307^{r}
- Scire multis modis capitur, sed sive communiter sumitur **Ms 529**, 154ra
- Scribe beati mortui ... (Apc 14,13) Verba proposita hic dicta beato Iohanni **Ms 539**, 242ra
- Scribitur Matthaeo vicesimo secundo, quod cum quidam legis doctor interrogasset **Ms 597**, 208ra
- Scripsi pridem aliqua super praeparationem **Ms 581**, 155vb
- Scrutamini scripturas ... (Io 5,39) Christus volens Iudaeos instruere **Ms 592**, 1^{r}
- Scrutamini scripturas exhortabatur olim Iudaeos Christus **Ms 581**, 89vb
- Se Lugdune **Ms 582**, 112rb
- Secundo beata Catharina commendatur a privilegiatae dignitatis singulari excellentia **Ms 539**, 275ra

– Secundo beata Catharina commendatur ab intellectuali claritate **Ms 539**, 261rb
– Secundo beata Catharina confortatur filio in lumine perfectae sapientiae **Ms 539**, 273vb
– Secundo beata Catharina fuit prae ceteris virginibus sublimata **Ms 539**, 276va
– Secundo beata Catharina nobis proponitur in exemplum virtuosae perfectionis **Ms 539**, 270rb
– Secundo beatus Antonius commendatur a contemplatione gratiosa **Ms 539**, 103ra
– Secundo beatus Antonius commendatur ab acceptatione gratiosa **Ms 539**, 102rb
– Secundo commendatur a praemiorum subtilitate **Ms 539**, 221va
– Secundo commendatur beata Catharina ab eius mentali pulchritudine **Ms 539**, 263ra
– Secundo commendatur quantum ad otium contemplationis **Ms 539**, 246ra
– Secundo domus ista spiritualis describitur ab eius incomparabili sanctitate **Ms 539**, 280va
– Secundo eadem verba possent exponi de sanctitate templi spiritualis **Ms 539**, 283ra
– Secundo in evangelio praemisso agitur de ieiunio **Ms 597**, 386rb
– Secundo in verbis praemissis ostenditur, qualiter verbum aeternum mentes **Ms 539**, 287ra
– Secundo perfectionis evangelicae sectatores describuntur hic **Ms 539**, 217rb
– Secundo signaculum et conformitas verbi aeterni in ipso apparuit **Ms 539**, 211va
– Secundo videndum est in quo loco animae devotae **Ms 539**, 170va
– Sed nimis alienis vitiis immoramur **Ms 569**, Vorsatz
– Segregate mihi Barnabam ... (Act 13,2) Duo sunt necessaria praedicatori **Ms 517**, 244vb
– Semen cecidit ... (Lc 8,8) Licet verbum propositum exponatur per Christum **Ms 525**, 28vb; **595**, 131^{r}
– Sensus moralis **Ms 595**, 217^{r}
– Separatus est Aaron ... (I Par 23,13) Quattuor status carissimi videntur esse **Ms 531**, 419ra
– Septem sacrificia ab antiquis secundum legem offerebantur **Ms 594**, 46^{v}
– Septem sunt delere modi qui crimina possunt **Ms 545**, 190^{v}

- Septem sunt principalia vitia superbia videlicet invidia, ira **Ms 544**, 422rb
- Sequebatur eum multitudo ... (Io 6,2) Iohanne sexto capitulo et in evangelio hodierno. Inter cetera, quae ad religionem Christianam necessaria **Ms 598**, 3^{r}
- Sequebatur eum multitudo ... (Io 6,2) Scribit verbum istud, ubi primo ostenditur Christus **Ms 531**, 105rb
- Sequere me ... (Mc 9,9) Sciendum quod in serie praesentis evangelii sex documenta **Ms 539**, 172ra
- Sequitur distinctio magistralis de modo excommunicationis **Ms 581**, 133ra
- Sequitur expositio missae et canonis brevissima. Nota quod missa celebratur **Ms 537**, 216rb
- Sequitur multiplex consideratio de modo confessionis ... Confessio sacramentalis fundatur **Ms 581**, 59ra; **582**, 59ra
- Sequitur secundum principale cum subditur: Sicut odor agri pleni **Ms 539**, 204va
- Sequuntur duodecim considerationes secundum totidem signa **Ms 583**, 91^{r}
- Serenissimi reges et utinam veri reges domini **Ms 561**, 103ra; **562**, 77rb
- Servus meus David ... (Ez 34,24) Verba proposita spiritualiter intellecta sunt ipsius spiritus **Ms 539**, 245ra
- Sex diebus operatus est Deus opera omnia sua **Ms 580**, 204^{r}
- Sex prohibet peccant Abel Enoch archa fit intrant ... Sex id est capitulum libri Genesis **Ms 534**, 153vb
- Sex sunt. Primum est quando convive se diligunt **Ms 623**, Nachsatz I^{r}
- Si autem abiero ... (Io 16,7) Visus est igitur spiritus sanctus apostolis **Ms 604**, 299ra
- Si diligis unitatem ecclesiae, quisquis in ea aliquid habet, tibi habet **Ms 578**, 57^{r}
- Si quid petieritis ... (Io 16,23) Sanctus Chrysostomus super illo verbo Matthaei septimo: Petite et dabitur **Ms 597**, 182ra
- Si quis defectus est hic vel labor ineptus **Ms 545**, 83^{r}
- Si quis diligit ... (Io 14,23) Hodie celebratur sollemnitas spiritus sancti missi **Ms 618**, 182vb
- Si quis venit ... (Lc 14,26) ubi sciendum quod inter cetera, quae sunt necessaria **Ms 536**, 176va
- Si spiritu vivimus ... (Gal 5,25) Duo hic exprimuntur, quae debet homo fidelis habere **Ms 597**, 89va
- Si veraces fidelesque amici **Ms 581**, 168vb

– Sic nos existimet ... (I Cor 4,1) Quia cuiusque hominis est de homine bona sentire **Ms 564**, 6vb
– Sicut dicit philosophus tertio De anima: Secantur scientiae quemadmodum et res **Ms 532**, 1ra
– Sicut expediens esse suasi pro patribus **Ms 581**, 133rb
– Sicut habemus a divino Dionysio **Ms 512**, 14^{r}
– Sicut in philosophia motus et operationes referri consueverunt **Ms 595**, 1^{r}
– Sicut philosophus dicit quod omnes homines naturaliter scire desiderant **Ms 581**, 344ra
– Signum magnae libertatis et nobilitatis alicuius civitatis **Ms 594**, 154vb
– Simile est regnum ... (Mt 13,24) In isto evangelio facit dominus ut prudens dispensator **Ms 618**, 140ra
– Simile est regnum ... (Mt 13,4) Una pretiosa margarita, cui comparatur **Ms 583**, 125^{v}
– Similitudo hominis ... (Ez 1,5) Licet verba proposita ad litteram scribantur de sanctorum evangelistarum **Ms 539**, 215va
– Simoniaca labes contra ius divinum **Ms 584**, 55^{v}
– Simpliciter primum scilicet unam rationem praemittentis **Ms 601**, 116^{v}
– Sinite parvulos ... (Mt 19,14) Haec sunt verba Iesu Christi **Ms 622**, 19^{r}
– Sinite parvulos ... (Mt 19,14) Supremus legislator noster et doctor Christus **Ms 584**, 41^{r}
– Sit autem omnis homo ... (Iac 1,19) ... Istud verbum duo continet scilicet generalem persuasionem **Ms 597**, 55ra
– Sit tibi potus aqua **Ms 545**, 190^{v}
– Solet dubitari quare mali prosperabantur **Ms 597**, 396vb
– Solet quaeri, utrum et quare specialiter dies sabbati sit laudibus beatae virginis dedicata **Ms 597**, 419rb
– Sonet vox ... (Ct 2,14) In principio cuiuslibet libri, quantum ad praesens spectat **Ms 622**, 158^{r}
– Spes cura dupliciter, uno modo ut est passio **Ms 601**, $116(2)^{r}$
– Spiritus domini ... (Is 61,1) De primo Ieremias quarto: Nolite seminare super spinas **Ms 622**, 123^{r}
– Spiritus domini ... (Iob 26,13) Paraclitus autem spiritus sanctus etc. Dicit recte: Spiritus sanctus dicitur docere omnia **Ms 597**, 292vb
– Spiritus domini ... (Gn 1,2) Quia vero secundum doctrinam beati Augustini de trinitate duae sunt **Ms 531**, 162vb
– Spiritus sanctus, ecclesiae sanctae Dei rector et vivificator **Ms 610**, 158ra

– Spiritus sanctus eo modo quo Deus tripliciter in creaturis **Ms 604**, 296vb
– Spiritus sanctus per organum domini prophetae Ieremiae **Ms 606**, 111ra
– Stabat iuxta ... (Io 19,25) Tanta est pietas huius virginis matris **Ms 622**, 95^{r}
– State succincti ... (Eph 6,14) Quia proborum et robustorum est infirmos familiariter sustentare **Ms 604**, 279va
– Stephani primi martyris cantemus **Ms 589**, 280va; **590**, 1va
– Sternam per ordinem ... (Is 54,11) In verbis propositis propheta structuram aedificii caelestis **Ms 539**, 233va
– Strinxit me promissio novissima **Ms 581**, 100va
– Stupor et mirabilia sunt audita in terra nostra **Ms 561**, 3rb; **562**, 3rb
– Sub intellectu sunt synderesis, ratio, conscientia **Ms 595**, 217^{v}
– Sufficientium septem donorum spiritus sancti habes supra **Ms 506**, 106ra
– Summa sex casuum. Rubrica de irregularitatibus. Sex casus tantum quos debet sacerdos mittere **Ms 555**, 61ra
– Sumpsit Maria ... (Ex 15,20) Ex istis verbis accipi potest, quod Maria prophetissa **Ms 597**, 376ra
– Sunt pueri puri parvi modico saturati **Ms 601**, $114(2)^{r}$
– Surge ingredere ... (Act 9,7) Boethius De consolatione: Repetunt proprios **Ms 531**, 264ra
– Surrexit non est hic ... (Mc 16,6) Ita scribitur Marci 16 capitulo et in huius sanctissimae diei **Ms 604**, 304ra
– Suscipite invicem ... (Rm 15,7) Gregorius XXI Moralium super illo Iob XXXI: Si ambulavi **Ms 566**, 91vb
– Suscitabo mihi ... (I Sm 2,35) Quia vero de Samuele de sacerdote **Ms 531**, 215va
– Talmud et doctrina eius dividitur in quattuor libros **Ms 569**, 365ra
– Tanta pollet excellentia praedicationis officium **Ms 604**, 109ra
– Templum Dei ... (I Cor 3,16) Sermo iste quamvis omnes tangat quos spiritus Dei **Ms 595**, 201^{r}
– Tempore illo ascendente Paulo Iconium post Antiochiae fugam **Ms 525**, 44rb
– Tempore quodam, dum devotionis causa librum quendam inspicerem **Ms 618**, 11ra
– Temptare proprie est experimentum sumere de eo qui temptatur **Ms 601**, $116(2)^{v}$
– Tempus nunc instans communi nomine appellatur Septuaginta **Ms 597**, 372va

- Terminum posuisti ... (Ps 103,9) Una illa immaculata columba alma mater ecclesia **Ms 525**, 41ra
- Tertio beata Catharina commendatur a suae pietatis maternali affluentia **Ms 539**, 277rb
- Tertio beata Catharina nobis proponitur in solatium nostrae peregrinationis **Ms 539**, 271rb
- Tertio perfectionis evangelicae sectatores describuntur hic **Ms 539**, 218vb
- Testimonium Christi ... (I Cor 1,6) Ista verba sunt apostoli directa ad Corinthios, quae possunt dirigi **Ms 531**, 401rb
- Thales philosophus Asianus, ut ait Laertius Athenis **Ms 545**, 148^{r}
- Thema. Saevientibus olim Prutenis tunc infidelibus **Ms 583**, 128^{v}
- Theologus loquitur ad animam Christianam **Ms 581**, 226rb
- Thesaurus in agro, scriptura in libro **Ms 569**, Vorsatz
- Tollite iugum ... (Mt 11,29) In verbo proposito videtur evangelium duo innuere **Ms 597**, 410ra
- Tota pulchra es ... (Ct 4,7) Reverendi domini, ut verba thematis sollerter declarabo **Ms 502**, 159va
- Tractantes in lectionibus nostris iam a multo quamvis interrupto tempore **Ms 581**, 114vb; **582**, 101ra
- Tractatus Gerson adversus doctrinam cuiusdam physici **Ms 584**, 66^{r}
- Tractatus iste, qui de professione monachorum est habet tres partes **Ms 545**, 93^{r}
- Translati sumus ... (I Io 3,14) Nos videmus ad sensum cum aliqui evaserunt mortem **Ms 517**, 64rb
- Tria sunt genera hominum indigne sumentium eucharistiae sacramentum **Ms 597**, 475rb
- Tria sunt praedicamenta vel genera in quorum quolibet contingit **Ms 529**, 164rb
- Triplex est humilitas. Prima est quando homo ex veraci et certa cognitione **Ms 597**, 427va
- Tristitia implevit ... (Io 16,6) Christus dominus noster videns corda **Ms 597**, 411va
- Tu autem vade ... (Lc 9,60) Verbum propositum si pro themate pertractetur **Ms 531**, 314ra
- Tu es qui venturus ... (Mt 11,2) Bernardus sermone tertio de adventu domini: Quis posset persuadere **Ms 622**, 135^{v}

- Tu es sacerdos ... (Ps 109,4) Et potest beatus Gregorius in his verbis commendari de tribus **Ms 566**, 266vb
- Tu gloria Hierusalem ... (Idt 15,10) Prosequere historiam postea dicas **Ms 597**, 424ra
- Tu signaculum ... (Ez 28,12) In verbis propositis gloriosus pater noster Augustinus **Ms 539**, 210va
- Tu signaculum ... (Ez 28,12) Sicut primus angelus per superbiam **Ms 531**, 317rb
- Tu solus peregrinus ...(Lc 24,18) Quia carissimi Christus postridie suam resurrectionem **Ms 531**, 139ra
- Tunc videbunt ... (Lc 21,27) Gregorius VIII Moralium super illo Iob VII: Terrebis me **Ms 566**, 2rb
- Tunc videbunt ... (Lc 21,27) Haec sunt verba ... Sciendum pro introductione **Ms 622**, 133^{v}
- Tunc videbunt ... (Lc 21,27) Pro introductione beatus Augustinus in Cantica prodest **Ms 614**, 4vb
- Ubi venit ... (Gal 4,4) Liber sententiarum sicut quidam fluvius **Ms 506**, 1ra
- Una est fidelium universalis ecclesia, quae vivit in unitate fidei **Ms 602**, 3^{v}
- Universalis ecclesia militans, quam sacrum consilium repraesentat **Ms 595**, 127^{v}
- Universis Christi fidelibus atque orthodoxae sanctae matris ecclesiae fidei cultoribus **Ms 569**, 181ra
- Unus ex duobus ... (Io 1,40) Iohanne primo scribitur verbum istud, sed dictionibus transpositis **Ms 531**, 234vb
- Ut autem a causis ad effectus fiat processus **Ms 606**, 3va
- Ut autem a causis ad effectus tamquam a priori fiat processus **Ms 621**, 398ra
- Ut Deus sit ter benignus **Ms 595**, 199^{v}
- Ut sacrae deputationes pleniorem habeant relationem **Ms 606**, 267ra
- Ut sciamus totalius et perfectius resistere temptativis motibus **Ms 597**, 383rb
- Ut verbis propheticis te pudicissimam turturem **Ms 544**, 346va
- Utrum ad aliqua non esse formaliter eadem sequitur ista esse formaliter distincta **Ms 533**, 107ra
- Utrum alicui liceat dare haeretico salvum conductum **Ms 583**, 85^{v}
- Utrum assertio mundum fuisse ab aeterno fuerit de intentione Aristotelis **Ms 533**, 87ra
- Utrum Christi ortus origini lucis fuit proprie comparatus **Ms 531**, 23va

– Utrum Christus omnem sanguinem, qui de corpore suo effluxit **Ms 594,** 331va
– Utrum circumscriptis relationibus maneant personae distinctae **Ms 609,** 27rb
– Utrum clericus ordinatur in sacris **Ms 624,** 152ra
– Utrum coitus coniugalis possit fieri sine peccato **Ms 598,** 130^{r}
– Utrum cum summa simplicitate subiecti theologiae possit stare aliqua non identitas **Ms 533,** 1ra
– Utrum Deo sit in omnibus oboediendum. Dicitur Exodo 24: Omnia quae locutus est **Ms 601,** 113^{v}
– Utrum Deus de necessitate produxit mundum **Ms 533,** 68ra
– Utrum Deus habeat certam cognitionem de futuris contingentibus **Ms 533,** 102vb
– Utrum duo accidentia realia et absoluta solo numero differentia **Ms 609,** 60vb
– Utrum ens praedicetur in quid de ultimis differentiis **Ms 609,** 27vb
– Utrum ens simpliciter simplex possit esse subiectum alicuius scientiae **Ms 532,** 2ra
– Utrum episcopatus sit ordo. Videtur quod sic, quia dicit Dionysius hos ordines **Ms 601,** 112^{v}
– Utrum ex scripturis receptis a Iudaeis possit efficaciter probari **Ms 543,** 217ra
– Utrum fides incarnationis Christi assimiletur visioni sensitivae **Ms 531,** 25vb
– Utrum forma substantialis educta de potentia materiae **Ms 609,** 55va
– Utrum habitus generentur ex actibus productivis **Ms 609,** 67vb
– Utrum in maiori quantitate continue sint plures partes **Ms 533,** 72vb
– Utrum intelligentia movens caelum sit alicubi ut in loco **Ms 609,** 42ra
– Utrum licitum sit hora diei prima sive in prima parte diei **Ms 583,** 327^{v}
– Utrum nativitas Christi fuerit naturalis **Ms 531,** 16vb
– Utrum notitia actualis, quam habet Deus de creatura **Ms 609,** 86va
– Utrum omnes homines natura scire desiderent **Ms 609,** 41va
– Utrum possibile fuerit entia permanentia alia a Deo fuisse ab aeterno **Ms 533,** 82va
– Utrum possibile fuerit entia succesiva ut motum et tempus fuisse ab aeterno **Ms 533,** 78ra
– Utrum primum principium esse causam efficientem omnium **Ms 609,** 44vb
– Utrum primum principium possit facere actum infinitum **Ms 609,** 59rb

- Utrum primum principium puta Deum esse possit efficaciter probari ratione naturali **Ms 609**, 43rb
- Utrum primum rerum principium, quod per essentiam est existens **Ms 612**, Spiegel (ausgelöst)
- Utrum quidam Christianus verus tenetur adorare nomen Iesus **Ms 602**, 116va
- Utrum ratione naturali possit evidenter ostendi, quod anima intellectualis **Ms 533**, 90vb
- Utrum religiosus de ordine mendicantium possit ex concessione Clementinae: Dudum audire confessiones **Ms 617**, 2^{v}
- Utrum sacrae scientiae theologiae convenienter assignentur quattuor **Ms 591**, 8ra
- Utrum saecularis potestas possit aliquo statuto redditus cleri **Ms 583**, 163^{v}
- Utrum scientia possit advenire intellectui absque omni mutatione **Ms 609**, 26ra
- Utrum sit dare aliquod tempus discretum ex instantibus **Ms 609**, 57va
- Utrum species sacramenti corporis Christi tangunt verum corpus Christi **Ms 624**, 1ra
- Utrum tempus fundatum in motu rerum mobilium corporalium **Ms 609**, 62rb
- Utrum tempus secundum esse reale, quod habet extra in re **Ms 609**, 64ra
- Utrum tempus sit quantitas discreta aut continua, quod discreta videtur **Ms 533**, 104ra
- Utrum unum causatum numeri sit extra quantum **Ms 609**, 27ra
- Utrum volenti ingredi religionem expedit aut necesse sit magnam deliberationem **Ms 621**, 66ra
- Vadam ad montem ... (Ct 4,6) Pro introductione horum verborum assumo pro me beati Bernardi super Cantica **Ms 622**, 49^{r}
- Vade ... (Lc 17,19) Tota enim perfectio christianae vitae in sequela Christi **Ms 586**, 243ra
- Vade recumbe ... (Lc 14,10) Volo nunc praedicare de conditionibus animarum **Ms 622**, 91^{v}
- Valde notandum quod themata quae sequuntur **Ms 523**, 226ra
- Venerabiles patres et domini desiderio desiderastis saniusque postulastis **Ms 587**, 1ra
- Venerabili patri ac domino ... Haec est regula veritatis a patribus approbata **Ms 564**, 301ra

– Venerabili patri N. priori canonicorum regularium in Noviomagio frater Engelbertus **Ms 617**, 86^{r}
– Veni domine ... (Io 11,34) Reverendi etc. Si mentis oculo aliqualiter sursum relevato **Ms 534**, 1ra
– Veniat dilectus ... (Ct 5,1) Surge aquilo ... (Ct 4,16) Verbum ultimo propositum pro gratia impetranda **Ms 531**, 66ra
– Veniat dilectus ... (Ct 5,1) Verba proposita congruenter exponuntur animae amorosae sponsi **Ms 539**, 301ra
– Veniet autem dies ... (Mc 2,20) Circa quem textum per materiam nunc currentem quaeritur **Ms 602**, 48rb
– Veniet desideratus ... (Agg 2,8) Sanctos patres et patriarchas speciosum forma **Ms 604**, 254ra
– Venite ad me ... (Mt 11,28) Haec sunt verba tua Christe, veritas aeterna **Ms 620**, 84^{r}
– Venite et videte ... (Ps 45,9) Beatus Bernardus in quodam sermone de praesenti festivitate **Ms 597**, 255rb
– Venite et videte ... (Ps 45,9) Leo papa in quodam sermone **Ms 597**, 250va
– Venite et videte ... (Ps 45,9) Potentia, sapientia et bonitas **Ms 597**, 260ra
– Verbum caro ... (Io 1,14) Cum triplex sit nativitas verbi **Ms 586**, 67vb
– Verbum caro ... (Io 1,14) In festo nativitatis ecclesia triplicem ortum Christi retulit **Ms 531**, 32rb
– Veritatem meditabitur ... (Prv 8,7) Multitudinis usus, quem in rebus nominandis sequendum **Ms 601**, 120ra
– Veritatem tacere non debent servi Christi **Ms 597**, 366rb
– Veritatis theologicae sublimitas **Ms 537**, 241ra; **553**, 2ra; **554**, 5ra; **555**, 70ra
– Vias tuas ... (Ps 24,4) Ama nesciri et pro nihilo reputari **Ms 622**, 17^{v}
– Vicesimo tertio quaeritur, utrum fieri substantiae spiritualis arguat in ea compositionem realem **Ms 609**, 20rb
– Victoriosas sanctorum martyrum passiones stilo devotionis prosequi **Ms 597**, 481va
– Vide arcum ... (Sir 43,12) Verba proposita convenienter assumuntur in laudem et praeconium inclitae virginis Catharinae **Ms 539**, 268vb
– Vide manus ... (Io 20,27) Pro introductione Gregorius in Registro in epistola missa Augustino **Ms 614**, 368ra
– Videamus hoc verbum ... (Lc 2,15) Quoniam secundum Augustinum De doctrina christiana **Ms 531**, 38ra

– Videamus si floruit ... (Ct 7,14) Ad hoc quod vinea fructificet naturaliter **Ms 531**, 373ra
– Videbit omnis ... (Is 52,10 u. Lc 3,6). Carissimi. Notum est omnibus hominibus quod pauperes **Ms 604**, 247rb
– Videbunt filium ... (Lc 21,27) Quia secundum doctrinam beati Augustini super Genesin sacra scriptura habet quadruplicem sensum **Ms 531**, 3rb
– Videbunt filium ... (Lc 21,27) Quia secundum doctrinam beati Gregorii ea quae secundum sensum historicum **Ms 531**, 1ra
– Videndum est de conditionibus, quas debet habere cupiens digne communicare **Ms 597**, 477rb
– Videns Iesus ... (Mt 5,1) Ad hoc quod officium praedicatoris utilior fiat **Ms 531**, 409va
– Videns Iesus ... (Mt 5,1) Dicit beatus Ambrosius tractatu super primo psalmo: Is qui agonis **Ms 597**, 321rb
– Video gloriam ... (Act 7,55) In isto sacro tempore sol iustitiae **Ms 531**, 53vb
– Videte manus ... (Lc 24,39) Iudaei signa petunt, Graeci sapientiam quaerunt **Ms 531**, 141ra
– Videte quomodo ... (Eph 5,15) Pro adductione magister Petrus in secundo sententiarum **Ms 566**, 156vb
– Videte quoniam ... (Sir 24,47) Hanc propositionem scribit sapiens Iesus filius Sirach **Ms 574**, 3ra
– Vidi alterum angelum ... (Apc 7,2) Verba proposita convenienter assumuntur in laudem et praeconium beati Francisci **Ms 539**, 195va
– Vidi civitatem ... (Apc 21,2) Notandum quod ille beatus censetur, qui habet uxorem **Ms 597**, 367va
– Vidi civitatem ... (Apc 21,2) Reverendi patres. Scripturas sacras attente perscrutantibus **Ms 622**, 116^{r}
– Vidi gloriam ... (Act 7,55) Dicunt sancti quod Deus non deficit in necessariis **Ms 531**, 53vb
– Vidi palatium grande incomprehensibile magnitudine **Ms 561**, 119va; **562**, 88vb
– Vidi thronum in caelo in quo sedebat **Ms 561**, 340rb
– Vidit domina Birgitta multitudinem angelorum psallentium **Ms 561**, 307va
– Vir fidelis ... (Prv 18,9) Antiqui probati milites ut animentur ad victoriam **Ms 531**, 236ra
– Vir si nudum ... (Ez 18,16–17) Hic ostenditur quanti meriti fuerunt **Ms 531**, 417va

– Virgo cogitat ... (I Cor 7,34) Agnes beatissima advertens ad vitae contemplativae excellentiam **Ms 531**, 263va
– Viso fragrantia sui odoris et de abundantia suae virtuosae plenitudinis **Ms 539**, 206ra
– Viso quae sint proprietates trium ordinum primae hierarchiae **Ms 539**, 186va
– Viso quomodo prima bestia sit prosternenda **Ms 539**, 201rb
– Vitam Iesu Christi stude imitari **Ms 622**, 26^{r}
– Vobis datum ... (Mt 13,11) dicebat Iesus discipulis suis **Ms 583**, 120^{r}
– Vocatum est nomen ... (Lc 2,21) Beatus Bernardus in sermone super Cantica: Valde commendat **Ms 597**, 273va
– Vocatum est nomen ... (Lc 2,21) Haec verba scripta sunt in evangelio hodierno. In quibus quattuor mirabilia **Ms 619**, 9ra
– Volens purgari a peccatis, gratiam impetrare **Ms 620**, 19^{r}
– Volentes a Deo per flagella non visitari studeant mandata sua **Ms 622**, 121^{r}
– Volenti mores suos ad extra et vitam ad intra secundum Deum regere **Ms 595**, 149^{v}
– Volentibus scire de Antichristo primo notandum est, quod sic vocatur, quia in cunctis erit Christo contrarius **Ms 569**, 398ra
– Voluntas Dei ... (I Th 4,3) Ad huius auctoritatis aliqualem notitiam. Sciendum quod non potest bene serviri **Ms 502**, $156(2)^{ra}$
– Voluntas movetur dupliciter **Ms 601**, 116^{r}
– Vos dixi amicos ... (Io 15,15) His praemissis ad expositionem verbi propositi accedamus **Ms 536**, 168ra
– Vos estis ... (I Pt 2,9) Vos eritis ... (Ex 19,6) Et quia iustitia secundum Tullium quattuor habet partes **Ms 623**, 53rb
– Vovete et reddite ... (Ps 75,12) Ita regius propheta psaltes domini electus **Ms 600**, 110ra
– Vox clamantis ... (Lc 3,4) Domine exaudi ... (Ps 101,2) Quia secundum beatum Gregorium non assit interius **Ms 531**, 8vb, 286ra

Verfasser-, Namen- und Sachregister

Abstractum-Glossar **Ms 594**, 266ra
Achardus de Sancto Victore: Sermo in dedicatione ecclesiae **Ms 544**, 400va
Aderlaßtafel **Ms 570**, 7^{r}
Aegidius Carlerii: De punitione peccatorum publicorum **Ms 540**, 225ra
Aegidius Romanus
– Expositio super Canticum canticorum **Ms 622**, 158^{r}
– Quaestiones de cognitione angelorum **Ms 529**, 43ra
– Quaestiones de mensura angelorum **Ms 529**, 75ra
– Sermones de tribus vitiis mundi **Ms 612**, 343^{v}
Aegidius Romanus (?): Super Ecclesiasten **Ms 526**, 2vb
Aegidius, sanctus **Ms 622**, 147^{v}
Aeneas Silvius Piccolomini s. Pius Papa, II.
Alba (Piemont) **Ms 566**, 247ra
Albertus de Gnesna (Jastrzembiec): Epistola de officio diei Parasceue **Ms 602**, 256rb
Albertus Engelstat, s. Paulus Wladimiri
Albertus Magnus
– Super Lucam, cap. XI–XXIV (unvollständig) **Ms 501**, 1ra
– s. auch Gerardus de Monte
Ps.-Albertus Magnus
– Biblia Mariana **Ms 502**, 241ra
– Expositio in Canticum canticorum **Ms 576**, 1ra
– Super 'Missus est' **Ms 502**, 1ra; **503**, 1ra
Alcherus Claraevallensis (Ps.-Augustinus)
– Liber de spiritu et anima **Ms 569**, 387rb; **595**, 95^{r}
Alcuinus, Flaccus
– De psalmorum usu (Auszug aus der Praefatio) **Ms 594**, 335^{r}
– Liber de divinis officiis (Auszug) **Ms 594**, 47^{v}
Aldobrandinus de Cavalcantibus
– Scala fidei **Ms 594**, 292ra
– Sermones in nativitate BMV **Ms 564**, 414rb

Alexander **Ms 607**, Falze
Alexander de Villa Dei
- Doctrinale (Fragmente) **Ms 522**, Spiegel; **564**, Beil.; **578**, Spiegel
- Massa computi **Ms 512**, 73^{r}
- Summarium biblicum **Ms 534**, 153vb

Alexander Halensis: Commentarius in quartum Sententiarum (zugeschr.) **Ms 557**, 11ra
Alexander Papa, V.: Privilegia universitatis Lipsiae **Ms 591**, 5rb
Alexius, Frater, Magister curiae in Lubnicz (S) **Ms 537**
Alfonsus Bonihominis: Epistola Rabbi Samuelis de adventu Messiae **Ms 569**, 351va
Alphabet s. Graeca; Hebraica
Alphabetum
- Fragm. 14. Jh.: **Ms 594**, Falze
- s. auch Arnoldus Leodiensis; Trinitas

Altzelle, Zisterzienserkloster (P II) **Ms 504, 505, 506, 507, 508, 510, 514, 518, 524, 535, 536, 537, 552, 553, 562, 571, 572, 576** (?), **580, 587, 588, 589, 590, 598, 605, 621, 623**
Alvarus Pelagius: De planctu ecclesiae (Pars I) **Ms 540**, 11^{r}; **541**, 1ra; **565**, 14va
Amalarius Metensis: Regula canonicorum **Ms 543**, 234ra
Ambrosius Autpertus (?): Sermo in annuntiatione BMV **Ms 502**, 305va, s. a. Ps.-Augustinus
Andreas, OP Provinzial v. Sachsen **Ms 617**, 1^{r}
Andreas de Escobar: Lumen confessorum **Ms 564**, 337ra
Andreas de F[..]ala, Magister (P II) **Ms 526**
Andreas de Kokorzyna: Speculum sacerdotum (Pars I) **Ms 537**, 217ra
Andreas Rüdiger de Görlitz: Lectiones super Isaiam 1,1–11,1 **Ms 605**, 1^{r}
Angeli
- Quaestio de angelis (Fragm.) **Ms 558**, Spiegel
- s. auch Aegidius Romanus; Thomas de Aquino

Aniane **Ms 545**, 1^{r}
Anselmus Cantuariensis
- Meditationes et orationes **Ms 537**, 106va
- Proslogion **Ms 537**, 110ra (Fragm.); **595**, 156^{r}

Antichristus
- De Antichristo **Ms 597**, 444rb
- De ortu et tempore Antichristi **Ms 569**, 398ra

Antiphonar o. Graduale (Fragm.) 15. Jh.: **Ms 573**, Spiegel
Antoninus Florentinus: Tractatus de ornatu mulierum **Ms 598**, 151^{r}
Antonius Andreae: De principiis naturae **Ms 609**, 89va
Antonius Azaro
– Postillae super evangelia dominicalia **Ms 618**, 121ra
– Sermo in tempore Paschali **Ms 618**, 9va
– Sermones quadragesimales **Ms 519**, 1ra
Ps.-Antonius Patavinus: Concordantiae Bibliae **Ms 543**, 111ra
Apostoli
– De conversione apostolorum **Ms 597**, 422vb
– Sermo de apostolis in communi **Ms 597**, 410ra
Arbores
– Arbor de origine iuris et legum **Ms 581**, 48^{r}; **582**, 48^{v}
– Arbor vitiorum **Ms 597**, 113va
– Arbor vitiorum et virtutum cum suis ramis **Ms 618**, 8va
Armandus de Bellovisu: Tractatus de declaratione difficilium dictorum et dictionum in theologia **Ms 612**, 158^{r}
Arnoldus Capmani **Ms 594**, 337^{v}
Arnoldus Leodiensis
– Alphabetum auctoritatum **Ms 618**, 11ra
– Alphabetum exemplorum **Ms 508**, 81ra; **595**, 23^{r} (1. Ex.)
Arnulfus de Boeriis: Speculum monachorum **Ms 595**, 91^{v}
Ars colligendi collationes **Ms 591**, 4rb
Ars dictaminis (Fragm.) 15. Jh.: **Ms 529**, Spiegel
Ars moriendi s. Jacobus de Paradiso; Johannes de Indagine
Ars praedicandi s. Praedicatio
Articuli fidei: De articulis fidei **Ms 569**, 381ra
Astesanus de Ast: Tabula vocabulorum utriusque iuris **Ms 543**, 196ra
Astronomische Texte
– Astronomisches Notat **Ms 505**, 128va
– Circulus solaris **Ms 512**, 86^{v}; **570**, 6^{v}
– s. auch Theodoricus Teutonicus de Vriberg
Augustinus, Aurelius **Ms 623**, 290^{v}
– Flores ex libris confessionum s. Franciscus de Maironis
Ps.-Augustinus
– Ad fratres in eremo sermo 56 **Ms 544**, 330vb
– De contritione cordis **Ms 622**, 77^{r}

– De dignitate sacerdotum **Ms 545**, 121^{r}
– De obitu Hieronymi **Ms 525**, 15va; **595**, 41^{r}, s. a. Ps.-Cyrillus Alexandrinus
– De vita Christiana (Prooemium) **Ms 544**, 330va, s. a. Pelagius (?)
– Epistola ad comitem s. Paulinus Aquileiensis
– Sermo de vanitate saeculi **Ms 622**, 86^{r}
– Sermo in annuntiatione BMV **Ms 502**, 305va; s. a. Ambrosius Autpertus (?)
– Soliloquia animae ad Deum **Ms 581**, 241ra; **613**, 154ra
– s.a. Alcherus Claraevallensis
Augustinus Triumphus
– Lectura in epistolas canonicas **Ms 514**, 1ra
– Lectura in epistolas Pauli **Ms 515**, 1ra
– Lectura super Matthaeum **Ms 513**, 1ra
– Tractatus super 'Magnificat' **Ms 513**, 294va
– Tractatus super 'Missus est' **Ms 513**, 252ra
– s. auch Bartholomaeus de Urbino
Austria **Ms 597**, 327vb, 451rb
Autograph s. Bocksdorf, Dietrich v.; Hollenhagen, Johannes
Averroistae s. Thomas de Aquino
Avignon **Ms 529**, Falz
Aymericus, Frater OP **Ms 512**, 47ra
Balduin, Erzbischof von Trier **Ms 543**, 23vb
Baltikum **Ms 594**, 338^{r}
Baptismus s. Petrus Lombardus, Sentenzenkommentare
Bartholomaeus Anglicus: De proprietatibus rerum (L.I) **Ms 595**, 257^{r}
Bartholomaeus de Urbino
– Milleloquium sancti Ambrosii **Ms 546**, 3ra u. **547**, 3ra (2 Bde)
– Milleloquium sancti Augustini **Ms 548**, 1ra u. **549**, 3ra (2 Bde); **550**, 11ra u. **551**, 9ra (2 Bde); **552**, 3^{vc} (Teil 1)
Bartolus de Saxoferrato: Tractatus super constitutionem 'Super cathedram' de sepulturis **Ms 606**, 341vb
Basel, Konzil s. Concilium Basiliense
Basilius **Ms 583**, 294^{v}
Beda Venerabilis: Homilia super 'Missus est' **Ms 502**, 133ra; **544**, 376rb
Beginen s. Benedictus Papa, XII.; Gregorius Papa, XI.; Johannes, Papa XXII.

Benedictus de Alignano
- Tractatus de obiectionibus haereticorum **Ms 602**, 36rb
- Tractatus pro honore ecclesiae (Exc.) **Ms 602**, 3^{r}

Benedictus Papa, XII.: Epistola de statu Beginarum (fälschlich zugeschrieben) **Ms 579**, 145ra

Bernardinus Senensis
- Compilatio de passione domini **Ms 583**, 209^{v}
- Octo sermones de restitutione alienorum (De Christiana religione, sermones 33–40) **Ms 598**, 3^{r}

Bernardus Claraevallensis
- Homiliae quattuor in laudibus virginis matris **Ms 502**, 278va; **544**, 359ra
- Parabola II **Ms 595**, 30^{r}
- Sermo I in conversione sancti Pauli **Ms 544**, 416va
- Sermo VI in dedicatione ecclesiae **Ms 544**, 415vb
- Sermo de recto usu donorum Dei **Ms 544**, 424ra
- Sermones tres in annuntiatione BMV **Ms 502**, 286va
- Sermones I–X in Psalmum XC **Ms 544**, 429ra
- Vita et hymnus sancti Malachiae **Ms 590**, 152ra

Ps.-Bernardus Claraevallensis
- De formula vitae et honestatis **Ms 534**, 135vb
- Epistola ad Raymundum militem **Ms 545**, 120^{r}
- Sermo de corpore et sanguine Christi **Ms 543**, 246va
- Sermo de excellentia ss. sacramenti et dignitate sacerdotum **Ms 502**, 178va; **543**, 274va
- Sermo in Pentecoste **Ms 544**, 399rb
- Tractatus de septem donis spiritus sancti **Ms 544**, 424rb
- Tractatus de statu virtutum **Ms 544**, 388rb

Bernardus Lombardi
- Quodlibet I **Ms 529**, 1ra
- Super I–III Sententiarum **Ms 542**, 1ra

Bernardus Toletanus: Sermones quattuor super 'Salve regina' **Ms 544**, 379rb

Bertholt Geyling **Ms 584**, Spiegel

Bertrandus de Turre
- Collationes ad diversos status **Ms 594**, 207ra
- Postillae epistolarum dominicalium **Ms 534**, 48rb
- Sermones de sanctis **Ms 536**, 141ra
- Sermones de tempore **Ms 535**, 1ra; **536**, 1ra

Biblia
– Fragmente 11. Jh.: **Ms 621**, Falze (?); 12. Jh.: **607**, Falze (Psalmenverse); 14. Jh.: **564**, Beil. (Psalmenverse); 15. Jh.: **563**, Lesezeichen (Psalmenverse)
– Bibelerzählung (Fragm.) 15. Jh.: **Ms 591**, Spiegel
– Bibelkommentare
– – De operatione sex primordalium dierum **Ms 580**, 204^{r}
– – Expositio super 'Canticum canticorum' **Ms 525**, 24ra; **583**, 306^{r}
– – Expositio super librum Jesus Sirach (cap. 34 u. 35) **Ms 577**, 187ra
– – Fragmente 14. Jh.: **Ms 553**, Spiegel (Ps 67); 15. Jh.: **Ms 516**, Spiegel (Is 2,22)
– – Prolog zu einer Expositio Psalterii s. Conradus de Soltau
– – Sermo de commendatione sacrae scripturae **Ms 544**, 331va
– Konkordanzen
– – De concordantia quattuor evangelistarum circa passionem domini **Ms 622**, 49^{r}
– – Historia veteris et novi testamenti **Ms 534**, 250ra
– Sensus Sacrae Scripturae
– – Quattuor modi expositionis sacrae scripturae **Ms 595**, 200^{r}
– s. auch: Aegidius Romanus; Albertus Magnus; Ps.-Albertus Magnus; Alcuinus, Flaccus; Alexander de Villa Dei; Andreas Rüdiger de Görlitz; Ps.-Antonius Patavinus; Augustinus Triumphus; Bindus de Senis; Guilelmus de Melitona (?); Haimo Altissiodorensis; Henricus de Frimaria; Henricus de Langenstein (?); Johannes de Hisdinio; Matthaeus de Aula Regia; Ps.-Methodius Olympius; Ps.-Nicolaus de Gorra; Nicolaus de Hanapis; Nicolaus de Lyra; Nicolaus Parisiensis; Paulus Burgensis; Thomas Cisterciensis.

Biblia Pauperum (Fragm.) 15. Jh.: **Ms 528**, Spiegel; **530**, Spiegel; **533**, Spiegel

Bibliothekssignaturen, mittelalterliche **Ms 504**; **510**; **524**; **526** (?); **552**; **604**

Bindus de Senis: Distinctiones historiales veteris et novi testamenti **Ms 604**, 109ra

Birgitta Suecica
– Liber caelestis imperatoris ad reges **Ms 561**, 103ra; **562**, 77rb; **563**, 65vb
– Regula sancti salvatoris **Ms 580**, 159ra
– Revelatio in monte Gargano **Ms 561**, 307va; **563**, 177va
– Revelationes **Ms 561**, 1ra, 179va, 336vb; **562**, 1ra, 135ra; **563**, 1ra, 109ra, 194rb, 271ra (Exc.)

– Sermo angelicus **Ms 561**, 318ra; **563**, 183ra
– s. auch Heymericus de Campo; Ikonographie; Magnus Petri
Bocksdorf, Dietrich v., Bischof v. Naumburg
– Autograph **Ms 550**, 7rb, 312ra; **551**, 4rd
– (P II) **Ms 550; 551**
Boethius, Anicius M.: De consolatione philosophiae (als Muster) **Ms 584**, 169^{r}
Bologna **Ms 613**, 234va
Boltenhagen, Henningus
– Quaestiones in libros Sententiarum **Ms 591**, 8ra
– (P II) **Ms 591**
Bonne, Tit.-Fürstin von Achaia **Ms 566**, 247ra
Bonaventura, Sanctus **Ms 583**, 292^{v}
– De triplici via (cap.I–II) **Ms 594**, 140va
– Itinerarium mentis in Deum **Ms 595**, 246^{r}
Ps.-Bonaventura
– Expositio super 'Salve regina' **Ms 613**, 195ra
– Tabula ad praemeditanda de sacerdote ante missam **Ms 537**, 367ra; **584**, 319^{r}
Bonifatius Papa, VIII. **Ms 594**, 338^{v}
– Regulae iuris 'Libri sexti' **Ms 543**, 211va
Bonum quaternarium s. Marcus de Summa Ripa
Borgsleben, Christianus: Tractatus de arte praedicandi **Ms 616**, 1^{r}
Bourges **Ms 616**, 343^{v}
Brabant s. Beginen
Brandenburg **Ms 526**, Spiegel
Breslau **Ms 526**, Spiegel; **602**, 139va, 256rb
– s. auch Provenienz I
Brevier
– Liber viaticus **Ms 570**;
– Fragment 13. Jh.: **Ms 596**, Spiegel (ausgelöst)
Briefbuch eines Verwalters (Fragm.) 15. Jh.: **Ms 603**, Spiegel
Brixen s. Jacob von Brixen
Brünn **Ms 526**, Spiegel
Bruni, Leonardo (Leonardo Aretino) **Ms 595**, 123^{r}
Buch, Zisterzienserkloster (P II) **Ms 600** (?)
– s. auch Provenienz I

Buchschmuck
– Federzeichnung s. Zeichnung
– Bildliche Darstellungen (Figurae, Imagines) in der Hs. nicht ausgeführt **Ms 577**, 156^{va-b}
– Initialen
– – Cadellen **Ms 543**, Teil I u. II; **565; 602; 616; 620; 622**, 76^{v}
– – Deckfarben-Initialen **Ms 502; 508; 523; 548; 549; 552; 562; 566; 581**, Teil I; **604; 612**, Teil I; **622**, 76^{v}
– – Fleuronnée-Initialen **Ms 501; 503; 505; 506; 509; 510; 516; 517**, Teil II; **518; 521; 522; 523; 527; 529; 530; 531; 532; 537**, 241ra, 241va, 242va, 256ra, 281va, 298va, 313ra, 335va, 352rb; **538; 539; 542; 550; 551; 558; 571; 573; 574**, Teil I; **576; 577; 587; 589; 590; 595; 596; 597; 600; 613; 619; 621**, Teil I u. II; **623**
– – Historisierte Initialen **Ms 542; 548; 549; 552**
– – – verlorene **Ms 548; 549**
– – Lombarden **Ms 515; 517**, Teil I u. II; **526; 531; 543**, Teil V; **544; 554; 556; 572; 580**, Teil I; **591; 599; 618**, Teil II; **621**, Teil II; **622**, Teil III
– – Vegetabile Initialen **Ms 537; 540; 549**
– – sonstige Formen **Ms 545**, Teil I; **569; 578**, Teil I u. II; **580**, Teil III; **618**, Teil I
– – Zierinitialen, einfache **Ms 529; 538; 545**, Teil I; **546; 578**, Teil III; **581**, Teil II; **585; 586; 595; 597; 603; 606**, Teil II; **619; 623**
– Miniaturen
– – 15. Jh. **Ms 562**
– – verlorene **Ms 562; 596**, Vorsatz
– Randillustration **Ms 534**
– Randornamentik **Ms 562; 607**
– Schemata **Ms 506**, 107^{vc}; **543**, 2^{v}; **558**, 1^{v}, 2^{r} u. passim; **573; 581**, 48^{r}; **585**, 31^{r}; **594**, 140va; **616**, 4^{v}; **618**, 9rb; **624**.
– Zeichnung
– – Federzeichnungen **Ms 512**, Teil III; **574**, Teil II
– – Bleistiftzeichnungen **Ms 532**
– Zierstäbe **Ms 548; 578**, Teil III; **581**, Teil I
Buch- und Schriftwesen
– Ausleihvermerk **Ms 596**
– Besitzvermerk **Ms 503** (?); **508; 510; 511; 514; 517; 518; 519** (?); **521; 524; 526; 535; 536; 537; 542; 543; 550–551; 552; 553; 554; 557; 558; 562; 567;**

569; 570; 571; 572; 573; 574; 579; 587; 589; 590; 595; 596; 598; 601; 605; 621; 623
– Bücherfluch **Ms 539**, 292ra; **591**, 187va (?)
– Exemplar **Ms 573**
– Federproben **Ms 543**, 195vb; **556**, 210vb; **622**, 76^{v}
– Kaufvermerk **Ms 526; 543; 550–551; 557; 568; 607**
– Kritik am Schreiber **Ms 573**, 80^{r} u. 300^{r}
– Leimabdruck **Ms 511; 520; 522; 573; 584; 595**
– Lesezeichen **Ms 516; 538; 545; 562; 563; 565; 573; 587; 590; 592; 609; 610; 620; 623**
– Pecienzählung **Ms 573**
– Reklamanten **Ms 542** (gerahmt); **574**, Teil II
– Rückgabevermerk **Ms 605**, 1^{v}
– Schenkungs- und Stiftungsvermerk **Ms 564; 591; 601**
– Schnittitel **Ms 541; 546; 547; 548; 549; 568; 574; 581; 601**
– Seiteneinteilungen, besondere **Ms 517; 578**, Teil I;
– s. auch Autograph; Bibliothekssignaturen; Buchschmuck; Datierung der Handschriften; Drucke; Einband; Fragmente; Deutsche Texte (Glossen); Handschriften, zitierte; Notation; Provenienz I u. II; Schreiber; Schreiberverse; Schriftarten, besondere

Budaczsch, Johannes (S) **Ms 602**, 335vb
Bücherverzeichnis
– Fragment 15. Jh.: **Ms 553**, Blattweiser
Burchardus de Monte Sion: Liber de terra sancta **Ms 525**, 58ra
Burkhard, Magister, Doctor (P II) **Ms 574**
Burlaeus, Gualterus
– De intentione et remissione formarum **Ms 529**, 134va
– De vita et moribus philosophorum (Exc.) **Ms 545**, 148^{r}
– Quaestio de formis contrariis **Ms 529**, 131ra
– Quaestio de oppositis contradictionis **Ms 529**, 132rb
– Quodlibet de speciebus **Ms 529**, 127ra
Chemnitz **Ms 619**, Spiegel
– Benediktinerkloster, (P II) **Ms 570**
Christus
– De adventu Christi in mentem **Ms 597**, 430ra
– De duodecim fructibus corporis Christi **Ms 602**, 326vb
– Lectiones novem in octava festi corporis Christi **Ms 594**, 339^{r}

Chroniken
- Fragment um 1200: **Ms 506**, Spiegel (Ordenschronik ?)

Cicero, Marcus Tullius: De amicitia **Ms 545**, 174^{v}

Cisiojanus **Ms 512**, 83^{r}

Clemens Papa, VI. **Ms 551**, 9ra; **551**, 3^{vc}
- Sermones de diversis **Ms 544**, 1ra; **604**, 310vb
- Sermones de sanctis **Ms 531**, 239ra, 244ra, 296vb

Clerici
- Extracta de Clementinis 'De statu monachorum et clericorum' **Ms 606**, 333ra
- Sermo de statu et dignitate clericorum **Ms 531**, 295vb
- Sermo de superioribus et inferioribus statibus clericorum **Ms 623**, Nachsatz I^{v}
- Sermones ad clerum **Ms 599**, 131^{r}
- Stella clericorum **Ms 613**, 189va

Coburg **Ms 603**, Spiegel

Communio sub utraque specie **Ms 597**, 472vb
- s. auch Concilium Constantiense; Franciscus de Toledo; Gerson, Johannes; Hilarius de Leitmeritz; Hoffmann, Johannes; Johannes de Ragusa

Concilium Basiliense **Ms 540**, 167va; **583**, 297^{v}; **606**, 267ra
- Declaratio Concilii Basiliensis in causa differentiarum inter quattuor ordines fratrum mendicantium Wyennensis et magistrum chori ecclesiae sancti Stephani exorta per duas facultates superiores facta **Ms 597**, 442ra
- Sermo in concilio Basiliensi **Ms 597**, 112ra

Concilium Constantiense **Ms 581**, 146va; **583**, 85^{v}, 86^{r}, 129^{v}; **584**, 169^{r}; **595**, 123^{r}, ; **602**, 265ra
- Conclusiones Parisiensium **Ms 595**, 127^{v}
- Decretum concilii Constantiensis **Ms 583**, I^{r}
- 2. Dekret der 13. Session des Konstanzer Konzils (Verbot des Laienkelchs) **Ms 610**, 205vb

Confessio
- Quaestiones de confessione **Ms 597**, 437va
- s. auch Andreas de Escobar; Gerson, Johannes; Geuß, Johannes; Hermannus de Saxonia; Jacobus de Paradiso (?); Johannes de Friburgo; Johannes Herolt

Conradus (Conrad, Konrad)

Conradus (S) **Ms 539**

Conradus, Bischof v. Breslau **Ms 602**, 256rb
Conrad Dalhusen, Notar **Ms 591**, 5ra
Conradus de Amoeneburg (S) **Ms 563**
Conradus de Brundelsheim: Sermo in nativitate domini **Ms 564**, 396va
Conradus de Saxonia
– Sermo de corpore Christi **Ms 553**, 93va
– Speculum beatae virginis **Ms 555**, 26rb
Conradus de Soltau: Sermo in laudem sacrae scripturae (Prolog zu einer Expositio Psalterii) **Ms 602**, 333vb
Conradus de Waldhausen: Detestatio choreae (Auszug) **Ms 618**, 118va
Konrad III., dt. König **Ms 567**, 131^{v}
Conradus Schonhals **Ms 594**, 337^{v}
Conrad Usiner **Ms 584**, Spiegel
Consensus s. Sinne, sieben
Consolatio: De consolatione in omni tribulatione **Ms 595**, 152^{v}
Creatio hominis (Fragm.) **Ms 516**, Spiegel
Credo
– Tractatus super 'Symbolum apostolorum' **Ms 594**, 322ra
– s. auch Henricus de Langenstein
Cura: De cura ecclesiae pro fidelibus **Ms 594**, 43^{r}
Ps.-Cyrillus Alexandrinus: De obitu Hieronymi **Ms 525**, 15va; **595**, 48^{v}; s. a. Ps.-Augustinus
Dalhusen s. Conrad Dalhusen
Dardanus **Ms 607**, Falze
Datierung der Handschriften
– Datierte Handschriften
– – 1329 **Ms 522**
– – 1353–54 **Ms 525**
– – 1355 **Ms 510**
– – 1402 **Ms 574** (II)
– – 1406 **Ms 562**
– – vor 1409 **Ms 526**
– – 1414–16 **Ms 569**
– – 1416 **Ms 591** (Haupttext)
– – 1417–19 **Ms 534** (250ra–341rb)
– – 1419 **Ms 613** (154ra–234va)
– – 1421 **Ms 587**; **602** (63ra–115vb, 289ra–335vb)

– – 1423(?) **Ms 589; 590**
– – nach 1424 **Ms 613** (2ra–148va)
– – 1426 **Ms 579**
– – 1429 **Ms 560**
– – 1430 **Ms 513**
– – 1431 **Ms 602** (3^{r}–43rb)
– – 1432 **Ms 521** (5ra–7vb, 197va–198vb)
– – 1434 **Ms 517** (I)
– – 1437 **Ms 563**
– – 1438 **Ms 570**
– – 1442 **Ms 580** (IV)
– – 1444 **Ms 592**
– – 1445 **Ms 509** (428va–431rb)
– – 1446 **Ms 516**
– – 1448 **Ms 541**
– – 1452 **Ms 601** (1^{v}–101^{v})
– – 1453–54 **Ms 550/51; 591** (5ra–6va)
– – 1455 **Ms 548/49**
– – 1458–59 **Ms 621** (301ra–331va, 333rb–348va)
– – 1459 **Ms 581** (II)
– – 1460 **Ms 515; 540** (11^{r}–300vb, 331va–339ra)
– – 1461 **Ms 606** (II)
– – 1461–62 **Ms 537** (1ra–216vb, 367va–383va)
– – 1462 **Ms 584** (41^{r}–55^{v})
– – 1462–63 **Ms 564** (1ra–336vb)
– – 1463 **Ms 586**
– – 1464 **Ms 612** (13ra–94va)
– – 1465 **Ms 546/47; 561**
– – 1466–67 **Ms 583** (255^{r}–305^{v})
– – 1467–69 **Ms 603** (1ra–142va, 321ra–330vb)
– – 1468 o. früher **Ms 568**
– – 1468 **Ms 565; 567**
– – 1474–75 **Ms 585**
– – 1495 **Ms 625**
– – 1506 **Ms 622** (VIII)
– Zeiträume
– – 13. Jh. Anfang **Ms 511**

– – 13. Jh. 1. Hälfte **Ms 512** (IV)
– – 13. Jh. 3. Viertel **Ms 578**
– – 13. Jh. 2. Hälfte **Ms 573**
– – 13. Jh. Ende **Ms 503; 504–507; 524; 555**
– – um 1300 **Ms 523**
– – 13./14. Jh. **Ms 524**
– – 14. Jh. **Ms 512**
– – 14. Jh. Anfang **Ms 553; 557; 577**
– – 14. Jh. 1. Viertel **Ms 530; 556**
– – 14. Jh. 1. Drittel **Ms 527; 535; 536; 539**
– – 14. Jh. 1. Hälfte **Ms 501; 518; 519; 521; 529; 533; 542; 623**
– – 14. Jh. Mitte **Ms 532; 554; 571; 572; 609**
– – 14. Jh. 2. Drittel **Ms 538**
– – 14. Jh. 2./3. Viertel **Ms 508; 528; 558**
– – 14./15. Jh. **Ms 522** (6ra–7ra, 146^{ra-rb})
– – 15. Jh. Anfang **Ms 574; 576**
– – 15. Jh. 1. Viertel **Ms 534** (1ra–249vb, 327va–359vb)
– – 15. Jh. 1. Hälfte **Ms 520; 543; 545; 575; 593; 602** (44ra–55rb, 116va–283ra); **607; 618; 619**
– – 15. Jh. Mitte **Ms 509** (1ra–428rb); **517** (II); **544; 580** (I–III, V); **595; 597; 598; 601** (111^{v}–323vb); **620**
– – 15. Jh. 2. Viertel **Ms 552; 594**
– – 15. Jh. 2. Drittel **Ms 588**
– – 15. Jh. 2./3. Viertel **Ms 514**
– – 15. Jh. 3. Viertel **Ms 502; 537** (217ra–366vb); **540** (1ra–10vb, 301ra–331rb, 341ra–348ra); **564** (337ra–414vb); **566; 581** (I); **583** (1^{r}–254^{v}, 306^{r}–328^{v}); **584** (1^{r}–41^{r}, 55^{v}–319^{r}); **596; 600; 603** (143ra–320rb); **604; 605; 606** (I u. III); **610; 612** (1^{r}–12^{v}, 97ra–375^{v}); **614; 621** (2ra–294ra, 349ra–432vb);
– – 15. Jh. 2. Hälfte Ms **531; 599**
– – 15. Jh. 4. Viertel Ms **582; 608; 617**
– – um 1500 Ms **611; 616; 622** (I–VII)
Datierung der Fragmente
– Zeiträume
– – 9. Jh. 1. Hälfte **Ms 618**
– – 11. Jh. **Ms 564; 584; 621**
– – 12. Jh. **Ms 520; 596; 607**
– – um 1200 **Ms 506; 622**

– – 12./13. Jh. **Ms 534**
– – 13. Jh. **Ms 510; 524; 534; 571; 572; 587; 588; 589; 590; 592; 596; 597; 602; 603; 619; 621**
– – 13. Jh. Anfang **Ms 521; 619**
– – 13. Jh. Ende **Ms 508; 619**
– – um 1300 **Ms 558**
– – 13./14. Jh. **Ms 580; 623**
– – 14. Jh. **Ms 524; 529; 538; 554; 564; 566; 567; 574; 580; 581; 583; 587; 588; 594; 595; 596; 597; 605; 607; 614; 620**
– – 14. Jh. Anfang **Ms 512; 519; 553**
– – 14. Jh. 1. Hälfte **Ms 543; 564**
– – 14. Jh. Ende **Ms 506; 563**
– – 14./15. Jh. **Ms 542; 576**
– – 15. Jh. **Ms 513; 522; 523; 524; 528; 529; 530; 533; 563; 568; 569; 573; 578; 580; 601; 603; 609**
– – 15. Jh. Anfang **Ms 574**
– – 15. Jh. 1. Viertel **Ms 591**
– – 15. Jh. 1. Hälfte **Ms 584**
– – 15. Jh. 2./3. Viertel **Ms 557**
– – 15. Jh. Mitte **Ms 564; 609**
– – 15. Jh. Ende **Ms 573**
Dauphin (franz. Thronfolger) **Ms 584,** 86^{r}
David de Augusta: Formula novitiorum **Ms 534,** 136vb
Decem praecepta s. Henricus de Frimaria; Kannemann, Johannes; Nicolaus de Dinkelspuhel
Decimus
– Nota de decimis **Ms 618,** 10va
Deutsche Texte s. Juristische Texte; Sprichwörter; Urkunden
– Fragmente **Ms 580,** Falze
– Kurze Einträge **Ms 521,** 102rb; **566,** 90vb; **574,** 1^{r}
– Glossen **Ms 516; 517,** 91rb; **521,** 8rb, 90^{r}, 94rb; 525, 74rb; **525,** 74rb; **567,** 48^{r}
Devise **Ms 607,** 74ra
Devotio
– De causa devotionis ex contemplatione **Ms 597,** 366ra
– De dulcedine in devotionibus **Ms 597,** 365rb
Deynhart (P II) **Ms 607** (?)

Dialogus inter Gregorium papam et regem Anglorum **Ms 594**, 43^{v}
Dicta
– Dicta patrum et prophetarum **Ms 578**, 57^{r}
– Dicta aus klassischen Autoren und der Bibel **Ms 563**, 276^{v}
Dietrich, Seifrid de Nürnberg, Magister in Leipzig **Ms 612**, Spiegel (ausgelöst)
Dietrich von Bocksdorf s. Bocksdorf, Dietrich v.
Dietrich von Freiberg s. Theodoricus Teutonicus de Vriberg
Ps.-Dionysius Areopagita **Ms 585**, 32^{v}; s. auch Thomas de Aquino
Drucke
– Fragment: Copinger 6504 (Legenda aurea deutsch)
Dungersheim, Hieronymus de Ochsenfurt **Ms 601**, Vorsatz
Duns Scotus, Johannes **Ms 533**, 120va
– In quartum Sententiarum **Ms 528**, 1ra
Durantis, Guilelmus: Rationale divinorum officiorum **Ms 509**, 1ra; **510**, 1va; **534**, 91ra (Exc.)
Ebendorfer, Thomas: Sermo de dedicatione ecclesiae **Ms 597**, 399ra
Ebendorfer, Thomas (?): Sermo de iudicio **Ms 597**, 327vb
Eberhardus Bethuniensis: Graecismus (Fragm.) 14. Jh.: **Ms 581**, Falze; **620**, Falze
Eberhardus Undensdorffensis (?): Amicus animae **Ms 516**, 273ra
Edmundus Rich, sanctus **Ms 590**, 177rb
Einband
– Bindekosten **Ms 568; 593**
– Schließenprägung
– – Maria **Ms 537**
– Schriftstempel
– – Wetherhan **Ms 546; 547; 550; 551; 556**
– Werkstätten
– – Altzelle Hauptwerkstatt **Ms 582; 588; 605**
– – Bamberg, Meister der 36-zeiligen Bibel **Ms 567**
– – Halberstadt Greif **Ms 513**
– – Leipzig Valentin Bormann **Ms 622**
– – Leipzig Johannes Cruse **Ms 548; 549** (?); **568;**
– – Leipzig (unbekannte Werkstatt) **Ms 601**
– – Leipzig Fritz Forchen **Ms 604**
– – Leipzig Pauliner Meister **Ms 602**

– – Leipzig Schriftstempel-Meister **Ms 540; 564**
– – Leipzig Wetterhahn **Ms 546; 547; 556; 565; 587; 589; 590**
– – Leipzig Wetterhahn II (?) **Ms 549**
– – Meister der 60er Jahre (Christophorus) **Ms 593**
– – Nordhausen Huhn **Ms 531**
– – Pegau Meister des Lößer **Ms 570**
Eleemosynae
– Notae de eleemosynis dandis **Ms 597**, 459ra
Elemente, vier **Ms 558**, 1^{v}
Engelbertus Cultrificis
– Epistola de simonia vitanda in receptione novitiorum **Ms 617**, 86^{r}
– Epistola declaratoria iurium et privilegiorum fratrum ordinum mendicantium **Ms 617**, 1^{r}
Engelhart Kuchenmeister **Ms 584**, Spiegel
Erfurt
– Kartause **Ms 598**, 1^{r}; **621**, 258ra
– Universität (Theol. Fak.) **Ms 606**, 47vb
Erhardus, Bischof von Worms **Ms 534**, 343va
Ermland s. Henricus, Bischof v. Ermland
Eucharistia
– Conclusiones de sacramento altaris **Ms 602**, 243va
– De sacramento eucharistiae (aus einem Sentenzenkommentar, L.IV, D.VIII) **Ms 554**, 1ra
– Inhibitiones eucharistiae **Ms 543**, 212rb
– Nota de digna sumptione eucharistiae **Ms 597**, 477rb
– Nota de indigna sumptione eucharistiae **Ms 597**, 475rb
– Quaestio de elevatione hostiae **Ms 597**, 477ra
– Sermo de excellentia ss. sacramenti et dignitate sacerdotum **Ms 502**, 178va; **543**, 274va
– Tractatus de eucharistia **Ms 583**, 193^{v}
– s. auch Ps.-Bernardus Claraevallensis; Communio sub utraque specie; Gerson, Johannes; Nicolaus de Dinkelspuhel (?); Pius Papa, II.
Europa **Ms 607**, Falze
Eusebius Caesariensis
– De morte Hieronymi (Exc.) **Ms 595**, 53^{r}
– Historia ecclesiastia interprete Rufino (Fragm.) **Ms 594**, 1^{r}
Evangelistar (Fragm.) um 1200: **Ms 622**, Spiegel (?)

Excommunicatio
- Tractatus de excommunicatione **Ms 606**, 285ra
- Tractatus super septem casus excommunicationis **Ms 606**, 330rb
- s. auch Gerson, Johannes

Exempla **Ms 594**, 43^{v}, 44^{r}; **595**, 22^{r}
- Exemplum de inerti scholare (de nomine Iesu) **Ms 619**, 1ra
- s. auch Arnoldus Leodiensis; Johannes Herolt; Nicolaus de Hanapis

Exemplar s. Buch- und Schriftwesen

Farben (Entstehung) **Ms 558**, 2^{r}

Flagellantes s. Gerson, Johannes

Fragmente s. Alexander de Villa Dei; Alphabetum; Angeli; Anselmus Cantuariensis; Antiphonar o. Graduale; Ars dictaminis; Biblia (Bibelerzählung, Bibelkommentare); Biblia Pauperum; Brevier; Briefbuch; Bücherverzeichnis; Chroniken; Creatio hominis; Deutsche Texte; Drucke; Eberhardus Bethuniensis; Eusebius Caesariensis; Evangelistar; Geometrischer Text; Gerson, Johannes; Grammatische Texte; Hagiographische Texte; Hebraica; Hus, Jan; Hussitae; Inhalts- oder Bücherverzeichnis; Institutiones; Isidorus Hispalensis; Jacobus de Voragine; Juristische Texte; Klassikerkommentar; Liturgische Texte; Matthaeus de Aula Regia; Medizinische Texte; Musikalische Texte; Pater noster; Paulus Venetus (?); Peccatum; Petrus de Alliaco (?); Petrus Hispanus (?); Petrus Lombardus (Sentenzenkommentare); Philosophische Texte; Psalmi; Quaestiones; Reimofficium; Sakramentar-Graduale; Scholastische Texte; Schriftarten, besondere; Sectio scientiarum; Sermones; Theologischer Text; Thomas de Aquino; Trinitas; Urkunden
- nicht bestimmt
- – Dt.: 14./15. Jh.: **Ms 573**, 208va (Leimabdruck); 15. Jh.: **516**, Spiegel; 2. Hälfte 15. Jh.: **Ms 573**, Papierstreifen
- – Lat.: 12. Jh.: **Ms 596**, Lagenschoner; 13. Jh.: **Ms 603**, Falze; 13./14. Jh.: **Ms 580**, Falze; 14. Jh.: **Ms 533**, Spiegel; **538**, Spiegel; **567**, Falze; **580**, Falze; **583**, Falze; **596**, Falze; Ende 14. Jh.: **506**, Pergamentstreifen; 15. Jh.: **Ms 569**, Vorsatz; **580**, Falze
- – Sonstige: **Ms 614**, Falze

Franciscus (Frater OP ?): Lumen animae minus **Ms 502**, 289ra

Franciscus Bartholi de Assisio: Tractatus de indulgentia **Ms 521**, 5ra

Franciscus de Abbatibus: Materiae sermonum quadragesimalium **Ms 594**, 145ra

Franciscus de Maironis
- Conflatus **Ms 533**, 1ra
- Decem articuli de voluntate Dei **Ms 531**, 219va
- Duodecim articuli de misericordia Dei **Ms 531**, 217va
- Expositio in 'Firmiter credimus' **Ms 531**, 170va
- Flores ex libris confessionum Augustini **Ms 534**, 327va
- Quaestiones de nativitate domini **Ms 531**, 16vb
- Sermo de cathedra sancti Petri **Ms 531**, 288vb
- Sermo de corpore Christi **Ms 531**, 209ra
- Sermo de humilitate **Ms 531**, 229ra
- Sermo de Sacerdote novo **Ms 531**, 213ra
- Sermo super 'Missus est' **Ms 502**, 135ra
- Sermo super 'Pater noster' **Ms 502**, $156(2)^{ra}$
- Sermones de BMV **Ms 531**, 248ra, 301rb, 305ra, 354rb, 359rb, 368rb, 384rb
- Sermones de sanctis **Ms 531**, 51ra, 55ra, 56ra, 233ra, 259vb, 266ra, 317rb, 326va, 332rb, 337vb, 351rb, 377ra, 403ra,
- Sermones de tempore **Ms 531**, 1ra, 3rb, 28ra, 46rb, 86vb, 99va, 106rb, 118va, 125ra, 137va, 155ra, 162vb
- Sermones de tempore et de sanctis **Ms 531**, 68vb

Franciscus de Maironis (?)
- Sermo de sancto Francisco **Ms 531**, 396va
- Sermo de virtutibus **Ms 502**, 170va
- Sermo in dominica XXIV post Pentecosten **Ms 531**, 224vb
- Sermo in tempore Paschali **Ms 531**, 139ra

Franciscus de Marchia: Commentarius in primum et secundum Sententiarum **Ms 532**, 2ra

Franciscus de Platea: Tractatus de debito coniugali **Ms 598**, 130^{r}

Franciscus de Toledo: De communione laicorum sub utraque specie **Ms 537**, 113ra; **612**, 1^{r}

Franken s. Provenienz I

Frankreich s. Provenienz I

Frater Johannes Prior **Ms 553**, Blattweiser

Fratres mendicantes et eorum privilegia
- De iure fratrum audiendi confessiones et sepeliendi mortuos **Ms 606**, 303ra
- Promulgatio privilegiorum ordinum mendicantium in Vienna **Ms 597**, 443rb

– Quaestio de privilegiis ordinum mendicantium **Ms 606**, 332va
– Quaestiones de privilegiis fratrum mendicantium **Ms 606**, 354rb
– Tractatus de portione canonica non danda a mendicantibus **Ms 606**, 343vb
– Tractatus de redditione quartae partis **Ms 606**, 345ra
– s. auch Engelbertus Cultrificis; Johannes de Monte Nigro
Freiberg **Ms 607**, Spiegel u. 144^{v}
– Konvent (?) (P II) **Ms 503** (?)
Freystadt s. Melchior Ludwig
Friedeberg Neumark (Pommern) **Ms 567**, 1^{r}
Friedrich I. (Barbarossa) **Ms 567**, 131^{v}
Fridericus Schone **Ms 606**, 47vb
Frommold, Thomas, aus Torgau (S) **Ms 570**
Galvanus de Bettino (?): Summula de interdicto ecclesiastico **Ms 602**, 322va
Gamaleon (?): Epistola ad Bonifatium papam (Exc.) **Ms 580**, 193vb
Garnerius Lingonensis: Sermo de obitu sancti Bernardi **Ms 544**, 396vb
Gartner, Michael, de Perchingen, Nürnberger Bürger (S) **Ms 541**
Gaufredus **Ms 523**, Spiegel
Geometrischer Text (Fragm.) 15. Jh.: **Ms 620** (Triangulus)
Georgius de Ingolstadt: Sententiae doctorum **Ms 625**, 1^{v}
Georgius Podiebrad, böhmischer König **Ms 537**, 376vb u. 377ra
Gerardus de Huessen (?): Sermo de passione domini **Ms 597**, 351va
Gerardus de Monte: Tractatus super concordiam Thomae de Aquino et Alberti magni **Ms 608**, 1^{r}
Gerson, Johannes **Ms 585**, 27^{r}, 32^{v}; **620**, 99^{v}
– Ad reformationem contra simoniam **Ms 584**, 62^{v}
– Anagogicum de verbo et hymno Gloriae **Ms 583**, 108^{r}
– Appellatio peccatoris ad divinam misericordiam **Ms 584**, 107^{v}
– Arbor de origine iuris et legum **Ms 581**, 48^{r}; **582**, 48^{v}
– Centilogium de conceptibus **Ms 583**, 92^{r}
– Centilogium de impulsibus **Ms 583**, 100^{v}
– Collecta super sacramentum eucharistiae **Ms 581**, 220ra
– Collectorium super ‘Magnificat’ (Fragm.) **Ms 582**, 111va
– Contra superstitionem sculpturae leonis **Ms 584**, 66^{r}
– Contra superstitiosam dierum observantiam **Ms 584**, 101^{v}
– De auferibilitate sponsi ab ecclesia **Ms 602**, 48rb
– De delectatione quaerenda in divino officio **Ms 581**, 58va; **582**, 58va

– De distinctione verarum revelationum a falsis **Ms 581**, 62va; **582**, 75rb
– De elucidatione scholastica mysticae theologiae **Ms 583**, 120^{r}
– De examinatione doctrinarum **Ms 584**, 16^{r}
– De meditatione cordis **Ms 584**, 124^{r}
– De modo confessionis sacramentalis **Ms 581**, 59ra; **582**, 59ra
– De modo se habendi tempore schismatis **Ms 584**, 147^{v}
– De non esu carnium apud Carthusienses **Ms 584**, 1^{r}
– De observatione dierum quantum ad opera **Ms 584**, 105^{r}
– De passionibus animae **Ms 583**, 176^{v}
– De plenitudine potestatis ecclesiasticae **Ms 581**, 47va; **582**, 47vb
– De potestate ecclesiastica **Ms 581**, 33vb; **582**, 34vb
– De simplificatione cordis **Ms 584**, 131^{r}
– De sollicitudine ecclesiasticorum **Ms 581**, 49va; **582**, 50ra
– De statu papae et minorum praelatorum **Ms 584**, 236^{v}
– De visitatione praelatorum **Ms 583**, 158^{r}
– De vita spirituali animae **Ms 581**, 1ra; **582**, 1ra
– Dialogus pro caelibatu **Ms 581**, 94ra
– Distinctio de modo confessionis in religionibus **Ms 581**, 133rb; **582**, 60ra
– Distinctio de modo excommunictionum et irregularitatum **Ms 581**, 133ra; **582**, 59va
– Duodecim considerationes de pertinacia **Ms 583**, 91^{r}
– Epistola de modo absolvendi **Ms 581**, 74rb
– Epistola de modo orandi **Ms 581**, 82vb
– Epistola de perfectione et moderamine religionis **Ms 581**, 70rb; **582**, 82va
– Epistola de susceptione humanitatis **Ms 581**, 79rb
– Epistola de 'Una pretiosa margarita' **Ms 583**, 125^{v}
– Epistola de valore orandi **Ms 581**, 84rb
– Epistola super doctrinam Humbertini de Casale **Ms 584**, 28^{v}
– Epistola super reservationem et moderationem casuum in foro paenitentiae **Ms 606**, 48ra
– In recessu regis Romanorum **Ms 584**, 162^{r}
– Liber de consolatione theologiae **Ms 584**, 169^{r}
– Mutua allocutio duorum fratrum **Ms 582**, 112rb
– Opus tripartitum **Ms 581**, 160rb
– Propositio facta coram Anglicis **Ms 602**, 44ra
– Quae veritates sint de necessitate salutis credendae **Ms 584**, 114^{r}
– Regulae mandatorum **Ms 581**, 170ra; **595**, 233^{r} (Fragm.)

– Sermo de officio pastoris **Ms 583**, 144^{r}
– Sermo in festo nativitatis BMV **Ms 584**, 152^{r}
– Super doctrinam Raymundi Lulli **Ms 584**, 142^{r}
– Tractatus contra sectam Flagellantium **Ms 581**, 77rb
– Tractatus de cognitione castitatis **Ms 581**, 155vb
– Tractatus de contractibus **Ms 581**, 133va; **582**, 60rb
– Tractatus de laude scriptorum **Ms 581**, 89vb
– Tractatus de modo vivendi omnium fidelium Christianorum **Ms 606**, 197ra
– Tractatus de mystica theologia practica **Ms 581**, 114vb; **582**, 101ra
– Tractatus de necessaria communione laicorum sub utraque specie **Ms 581**, 146va; **584**, 120^{v}
– Tractatus de oculo **Ms 583**, 123^{v}
– Tractatus de parvulis ad Christum trahendis **Ms 584**, 41^{r}
– Tractatus de perfectione cordis **Ms 581**, 226rb
– Tractatus de praeparatione ad missam **Ms 581**, 150va
– Tractatus de probatione spirituum **Ms 581**, 59vb; **582**, 72va
– Tractatus de protestatione circa materiam fidei **Ms 583**, 86^{r}
– Tractatus de remediis contra pusillanimitatem **Ms 584**, 30^{r}
– Tractatus de simonia **Ms 584**, 55^{v}
– Tractatus de temptationibus et impulsibus **Ms 584**, 68^{v}
– Tractatus de theologia mystica **Ms 581**, 100va; **582**, 86rb
– Trilogium astrologiae theologizatae **Ms 584**, 86^{r}

Ps.-Gerson, Johannes: De temporibus praeteritis sub schismatibus currentibus **Ms 584**, 110^{v}

Gesta Romanorum **Ms 534**, 184rb

Geuß, Johannes
– Quaestio de crebritate confessionis **Ms 597**, 443va
– Sermo ad praedicatores et auditores verbi Dei **Ms 597**, 451rb
– Sermo de potestate vini **Ms 597**, 176rb
– Sermones diversi **Ms 597**, 372va

Gilbertus Tornacensis
– Sermo in synodo ad clerum (unvollst.) **Ms 623**, Nachsatz III^{v}
– Sermones ad status **Ms 623**, 1ra

Girsick s. Georgius Podiebrad

Glogau s. Melzer, Nicolaus, de Glogau

Glossar
- Abstractum-Glossar **Ms 594**, 266ra
Golias: Versus de dignitate sacerdotum **Ms 545**, 121^{v}
Gotschalcus Mescheden **Ms 606**, 47vb
Graben, Bartholomeus, Frater (S) **Ms 580** (IV)
Graduale s. Antiphonar
Graeca
- Griechisches Alphabet **Ms 607**, 13^{v}
Grammatische Texte
- Fragmente 9. Jh.: **Ms 618**, Spiegel (?); 12. Jh.: **520**, Falz; 14. Jh.: **564**, Lagenschoner; **587**, Spiegel; **620**, Falze
- Kommentarfragmente 14. Jh.: **543**, Spiegel u. Falze; **Ms 620**, Falze (Versgrammatik)
- s. auch Alexander de Villa Dei; Eberhardus Bethuniensis
Gregorius Papa, I. **Ms 594**, 43^{v}
Gregorius Papa, XI. **Ms 565**, 1ra
- Bulla de reprobatione quattuordecim articulorum Speculi Saxonum **Ms 594**, 335^{v}
- Epistola de statu Beginarum **Ms 579**, 145rb, 145va
Grosseteste, Robertus: Templum Dei (Distinctiones de articulis fidei) **Ms 595**, 201^{r}
Gründungsdaten der Mönchsorden 15. Jh.: **Ms 545**, I^{r}
Grundmann, Johannes: Sermones de tempore **Ms 614**, 2ra
Grundmann, Johannes (?)
- Duo sermones dominicales in tempore Paschae **Ms 614**, 368ra
- Sermones epistolarum de tempore et de sanctis **Ms 614**, 304ra
Gruner, Vincentius: Expositio missae **Ms 587**, 1ra
Gruners, Magister (P II) **Ms 596**
Guido de Monte Rocherii: Manipulus curatorum **Ms 612**, 13ra
Guido Ebroicensis
- Sermones de tempore **Ms 523**, 1ra
- Sermones in dedicatione ecclesiae **Ms 523**, 373rb
- Sermones singuli **Ms 523**, 300ra
- Themata sermonum de sanctis **Ms 523**, 226ra
- Themata sermonum dominicalium **Ms 523**, 325vb
Guilelmus Alaunovicanus
- Determinationes **Ms 533**, 68ra–107ra

– Quaestio de scientia **Ms 609**, 26ra
– Quodlibet, qu.1 **Ms 533**, 107ra
Guilelmus de Lancea: Diaeta salutis **Ms 508**, 169va
Guilelmus de Melitona (?): Postilla super librum Jesus Sirach **Ms 577**, 1ra
Guilelmus de Wara: Quaestiones in quattuor libros Sententiarum **Ms 527**, 6ra
Guilelmus Hentisberus
– Regula de scire et dubitare **Ms 529**, 154ra
– Regula de Incipit et Desinit **Ms 529**, 158vb
– Regula de maximo et minimo **Ms 529**, 161va
– Sophismata **Ms 529**, 152ra
– Tractatus trium praedicamentorum (De motu locali) **Ms 529**, 164rb
Guilelmus Peraldus: Sermo in dominica ultima post Trinitatis **Ms 518**, 164ra
Guilelmus Peraldus (?): De professione monachorum **Ms 545**, 93^{r}, s. a. Petrus Boherius (?)
Guntherus **Ms 573**, 250^{r}
Haeretici
– Notatum de haereticis **Ms 601**, 111^{v}
– Quaestio de salvo conductu pro haereticis **Ms 583**, 85^{v}
– s. auch Benedictus de Alignano; Gerson, Johannes; Hussitae; Ps.-Petrus de Pilichdorf; Wyclefitae
Hagiographische Texte
– Fragmente
– – um 1300: **Ms 558**, Spiegel (Legendar); 14. Jh.: **Ms 524**, Spiegel; **595**, Spiegel (?)
– De aliquibus sanctis et festis **Ms 525**, 44rb
– Vita sancti Edmundi Rich archiepiscopi **Ms 590**, 177rb
– Vita sancti Materni **Ms 537**, 111va
– s. auch Bernardus Claraevallensis; Jacobus de Voragine
Haimo Altissiodorensis
– Expositio in Apocalypsin **Ms 526**, 125va
– Libri V–VII glossae in Apocalypsin **Ms 578**, 32^{r}
Halle, Augustiner-Chorherrenstift auf dem Petersberg (P II) **Ms 517**
Handschriften, zitierte
– Assisi Bibl.com., cod.136: **Ms 533**, 109ra; cod.166: **533**, 107ra; cod. 379: **525**, 41ra; cod. 447: **525**, 41ra; cod.490: **531**, 317rb; cod.500: **531**, 99va; cod.513: **531**, 368rb; cod.542: **531**, 406vb; cod.558: **531**, 88va; cod.565: **531**, 317rb; cod.586: **531**, 326va

– Augsburg StuSB, 4°cod.10: **Ms 580**, 184ra; Ms. 403: **583**, 297^{v}
– Basel UB, A.VI.37: **Ms 512**, 45^{r}; B II 20: **573**, 2ra; B IX 5: **576**, 1ra; B X 42: **502**, 306rb
– Berlin SB, cod.lat.qu.30: **Ms 612**, 375^{v}; Theol.lat.fol.628: **574**, 3ra; Theol. lat.fol.660: **567**, 1^{r}; Theol.lat.fol.691: **614**, 2ra; Theol.lat.qu.219: **580**, 159ra; Theol.lat.qu.236: **618**, 3ra; Theol.lat.qu. 292: **594**, 119^{r}
– Bologna Bibl. dell'Archiginnasio, A 95 f. VII: **Ms 502**, 135ra
– Brünn UB, cod.365: **Ms 574**, 3ra
– Colmar Konsistorialbibl., cod.166: **Ms 616**, 1^{r}
– Danzig Marienbibl., Ms.Mar.151: **Ms 595**, 217^{r}
– Erfurt Kartause, cod.O 110: **Ms 621**
– Florenz S. Croce, cod.scam. 32: **Ms 572**, 1ra
– Frankfurt StUB, Ms. Barth.48: **Ms 534**, 35rb; Ms. Barth.88: **555**, 61ra; Ms. Leonh.12: **531**, 224vb; Ms. Praed.34: **614**, 2ra; Ms. Praed.36: **601** (Einband); Ms. Praed.38: **602**, 322va; Ms. Praed.70: **594**, 121ra; Ms. Praed.93: **531**, 125ra, 137va, 219va Ms. Praed. 60: 625
– Freiburg UB, Hs.795: **Ms 618**, 164rb
– Fritzlar Dombibliothek, Ms.49: **Ms 618**, 118va
– Giessen UB, Hs. 724: **Ms 594**, 145ra; 154va
– Graz UB, Ms. 246: **Ms 519**, 108ra
– Jena UB, Ms. EL.f.36: **Ms 596**; Ms. EL.f.42: **596**; Ms. EL.f.43: **596**
– Klosterneuburg, cod.14: **Ms 577**, 1ra; cod.79: **537**, 215ra; cod.204: **579**, 145ra; cod.544: **566**, 1ra
– Krakau Bibl. Jag., cod.421: **Ms 602**, 3^{r}; cod.423: **537**, 377ra; cod.732: **609**, 42ra, 43rb, 44vb, 46rb, 52ra, 55va, 57va, 59rb, 60vb, 64ra, cod.770: **602**, 102vb
– Leiden UB, BPL 166: **Ms 555**, 56rb
– Leipzig UB, Ms 1: **Ms 548, 549, 612**; Ms 77: **543**, 275va; Ms 177: **610**, 122^{r}, Ms 178: **540**, 167va, 225ra, 260va, 277ra, 301ra; Ms 179: **595**, 123^{r}; Ms 180: **610**, 139^{v}, 183rb, 194rb; Ms 216: **583**, 307^{r}; Ms 233: **502**, 175ra; Ms 256: **580**, 204^{r}; Ms 285: **576**, 1ra; Ms 346: **534**, 136vb, **545**, 93^{r}; Ms 347: **595**, 91^{v}; Ms 363: **543**, 3ra, 23vb; Ms 365: **508**, 169va; Ms 376: **544**, 422rb; Ms 378: **544**, 422rb; Ms 399: **516**, 273ra; Ms 439: **534**, 121ra, 135vb, 136vb; **595**, 91^{v}; Ms 451: **557**, 11ra; Ms 457: **580**, 204^{r}; Ms 487: **555**, 26rb; **595**, 170^{r}; Ms 499: **602**, 3^{r}, 116va; Ms 867: **622**, 132^{r}; Ms 1092: **610**; Ms 1612: **612**
– Lüneburg RB, Theol.lat.fol.49: **Ms 606**, 303ra, 318ra; Theol.lat.fol.55: **531**, 16vb, 56ra, 86vb, 106rb, 107rb; Theol.lat.fol.77: **531**, 146rb, **613**, 175rb; Theol.lat.qu.61: **531**, 146rb, **613**, 222^{v}; Theol.lat.qu.64: **595**, 149^{v}

– Madrid Bibl.Nac., cod.533 (A.107): **Ms 534**, 327va
– Mainz StB, Hs I 121: **Ms 531**, 85ra
– Melk, Ms. 149 (C.27): **Ms 545**, 83^{r}, 86^{r}
– München BSB, clm 3552: **Ms 566**, 249ra; clm 5004: **597**, 351va; clm 27417: **594**, 44^{v}
– München UB, 2°cod.ms.137: **Ms 531**, 125ra; **618**, 118va
– Neapel Bibl.Naz., I. H.43: **Ms 606**, 348vb; VII.E.36: **606**, 348vb; VIII.Aa 17: **531**, 168ra
– Nürnberg StB, Cent. I.69: **Ms 544**, 399rb, 419ra; Cent.IV,17: **534**, 184rb
– Padua Bibl. Anton., Ms. 291 (Scaff. XIII): **Ms 609**, 26ra; Ms. 295 (Scaff. XIII): **609**, 26ra
– Paris BN, lat.2459: **Ms 543**, 275va; lat.2593: **543**, 275va; lat.3143: **594**, 44^{r}; lat.3238: **553**, 94va; lat.3286: **517**, 109ra; lat.3287: **517**, 109ra; lat.3343: **553**, 94va
– Prag Metrop.Kap.,F.2: **Ms 531**, 109vb, 335vb, 382va
– Prag UB, VI.B.23: **Ms 602**, 256rb
– Rom Bibl.Ap.Vat., Vat.lat.551: **Ms 502**, 175ra; Vat.lat.1012: **609**, 27ra, 27vb, 41va, 51va, 60vb, 64ra, 67vb, Vat.Pal.lat.1346: **522**, 146ra; Vat.Reg.lat.139: **502**, 175ra; Vat.Urb.lat.88: **534**, 327va
– Rom Bibl.Naz., cod.16: **Ms 525**, 41ra
– St.Florian, Ms XI.52: **Ms 557**, 9ra
– Uppsala UB, cod.C 326: **Ms 619**, 1ra; cod.C 335: **595**, 22^{r}; cod.C 350: **622**, 49^{r}; cod.C 375: **594**, 46^{v}
– Wien ÖNB, cod.5513: **Ms 594**, 207ra
– Wien Schottenkloster, cod.152: **Ms 583**, 297^{v}; cod.282: **516**, 263ra, 273ra
– Windsheim RB, cod.37: **Ms 519**, 108ra; cod.59: **604**, 206ra
– Wolffenbüttel HAB, cod.Guelf.110 Extr.: **Ms 534**, 250ra
– Würzburg UB, M.ch.f.137: **623**, 290^{v}; M.ch.f.174: **602**, 157ra; M.ch.f.200: **602**, 157ra; M.ch.q.127: **Ms 531**, 55ra

Hanns Zallner **Ms 584**, Spiegel
Haselbach s. Ebendorfer, Thomas
Hebraica
– hebräisches Alphabet **Ms 607**, 13^{v}
– Fragment (Talmud ?) **Ms 621**, Falze
Hefeler, Jacobus, Capellanus in Zwickau (S) **Ms 546**, 336vb
Heidelberg, Universität **Ms 568**, 1^{r}
Heilsberg (Ermland) **Ms 594**, 335^{v}

Henricus (Heinricus, Heintz, Heinrich, Heinz)
Heinricus (S) **Ms 522**
Henricus, Bischof v. Ermland (Warmiensis) **Ms 567**, 1^{r}
Henricus de Calcar (?): Exercitatorium monachale **Ms 620**, 19^{r}
Henricus de Frimaria
- De decem praeceptis **Ms 509**, 396ra; **594**, 79^{r}
- De quattuor instinctibus **Ms 525**, 28vb; **595**, 131^{r}
- Explanatio passionis dominicae **Ms 525**, 19va
- Expositio decretalis ‘Cum Marthae’ **Ms 525**, 74va; **584**, 268^{r}
- Expositio orationis dominicae **Ms 525**, 34vb
- Expositio salutationis angelicae **Ms 525**, 38va
- Tractatus de adventu domini **Ms 539**, 301ra
- Tractatus de corpore Christi **Ms 531**, 201ra
- Sermones de sanctis **Ms 538**, 1ra; **539**, 1ra

Henricus de Hassia s. Henricus de Langenstein
Henricus de Langenstein
- De anima **Ms 595**, 220^{r}
- De discretione spirituum **Ms 595**, 1^{r}
- Quaestiones super primum Sententiarum **Ms 593**, 1^{r}
- Sermo de proprietate **Ms 594**, 2ra
- Sermo de summa trinitate **Ms 544**, 323ra
- Super ‘Credo’ **Ms 534**, 349ra
- Super ‘Pater noster’ **Ms 534**, 343va
- Tractatus de communicantibus **Ms 534**, 147rb

Henricus de Langenstein (?)
- Declaratio super prophetia de ultimis temporibus **Ms 595**, 23^{r}
- Quaestiones de contractibus **Ms 583**, 163^{v}

Henricus de Palma **Ms 620**, Vorsatzblatt, 99^{v}
Henricus de Pr [...], Frater OP (P II) **Ms 529**
Heinricus Doleator, dominus **Ms 517** (I)
Henricus Gandavensis: Quodlibeta I–XI (Auswahl) **Ms 624**, 1ra
Heintz Gundhus (?) **Ms 584**, Spiegel
Henricus Kalteisen
- De praedicatione verbi Dei **Ms 540**, 277ra
- Responsio ad Ulricum Hussitam **Ms 540**, 301ra

Heinrich Leubing s. Leubing, Heinrich
Heinricus Lodovici **Ms 606**, 47vb, (S) in Teil I

Heintz Sambach **Ms 584**, Spiegel
Heinz Schultheiß **Ms 603**, Spiegel
Heinrich Soerboom, Bischof von Ermland **Ms 594**, 335^{v}, 337^{v}
Henricus Totting
– Sermones de tempore et de sanctis **Ms 622**, 109^{r}
– Tractatus de contractibus **Ms 534**, 3vb
Heinz von Aufseß **Ms 603**, Spiegel
Hermannus de Saxonia: Confessorium (Summula confessorum) **Ms 525**, 41ra
Hermannus de Schildis: Speculum manuale sacerdotum **Ms 534**, 142rb; **584**, 310^{r}
Herradis Landsbergensis: Hortus deliciarum (genannt) **Ms 595**, 23^{r}
Hervaeus Natalis: Quodlibeta magna **Ms 530**, 1ra
Heymericus de Campo: De certis articulis ex libro Revelationum sanctae Birgittae **Ms 580**, 1^{r}
Heymericus de Campo (?)
– De aliis articulis ex libro Revelationum sanctae Birgittae **Ms 580**, 21^{r}
– De consonantia libri Revelationum cum sacra scriptura **Ms 580**, 58^{r}
– De discretione spirituum secundum sanctam Birgittam **Ms 580**, 74^{r}
– De quinto libro Revelationum sanctae Birgittae **Ms 580**, 145^{r}
– Defensio libri Revelationum sanctae Birgittae **Ms 580**, 54^{r}
– Recapitulatio articulorum contra librum Caelestium revelationum sanctae Birgittae obiectorum **Ms 580**, 130^{r}
Ps.-Hieronymus
– Regula monachorum **Ms 537**, 200rb
– s. auch Paschasius Radbertus
Hieronymus de Praga s. Poggio Bracciolini
Hieronymus Dungersheim s. Dungersheim, Hieronymus
Hilarius de Leitmeritz
– Disputatio contra Johannem de Rokizana **Ms 610**, 122^{r}
– Tractatus catholicus triumphalis **Ms 610**, 158ra
– Tractatus de oboedientia **Ms 610**, 183rb
– Tractatus pro communione unius speciei ad plebes fideles **Ms 610**, 194rb
Hilarius Pictaviensis **Ms 595**, 199^{v}
Himmelsbrief: Epistola Iesu de die dominica **Ms 537**, 215ra; **594**, 345^{r}
Hirschhörner s. Thomas de Cornucervino
Historische Einträge: Annalistische Notizen **Ms 526**, Spiegel; **567**, 131^{v}
Hoest, Stephanus: Modus praedicandi subtilis et compendiosus **Ms 616**, 8^{v}

Hoffmann, Johannes: Tractatus de communione sub utraque specie **Ms 602**, 157ra
Hollenhagen, Johannes, Pfarrer
– Autograph **Ms 564**, Spiegel
– (P II) **Ms 564**
Holzner, Georgius, de Ingolstadt (S) **Ms 625**
– s. auch Georgius de Ingolstadt
Homiliae s. Beda Venerabilis; Bernardus Claraevallensis
Honorius Augustodunensis: Sigillum beatae Mariae **Ms 502**, 122va
Horn, Nicolaus, de Wendelstein (P II) **Ms 601**
Hülsemann, Johannes (P II) **Ms 564**
Hugo Argentinensis: Compendium theologicae veritatis **Ms 537**, 241ra; **553**, 2ra; **554**, 5ra; **555**, 69vb; **594**, 48^{r} (Auszug);
Hugo de Sancto Caro
– Commentarius in I–IV Sententiarum **Ms 573**, 2ra
– Quaestio de dotibus resurgentium **Ms 573**, 303ra
– Speculum ecclesiae **Ms 584**, 241^{r}
Hugo de Sancto Victore **Ms 567**, 131^{v}; **623**, 290^{v}
– De arra animae **Ms 595**, 71^{r}
Ps.-Hugo de Sancto Victore: De anima, L.4., cap.13–15 **Ms 595**, 17r
Hugo de Schlettstadt: Compilatio super primum et secundum Sententiarum **Ms 571**, 2ra; **572**, 2ra
Humbertus de Romanis
– Epistola de tribus votis substantialibus religiosorum **Ms 594**, 10ra
– Expositio regulae sancti Augustini (Exc.) **Ms 594**, 20va
Hus, Jan **Ms 595**, 123^{r}
– Quaestio de sanguine Christi (Fragm.) **Ms 594**, 331va
Hussitae
– Rede gegen die Hussiten (Fragm.) **Ms 523**, Spiegel
– s. auch Communio sub utraque specie; Henricus Kalteisen; Hilarius de Leitmeritz; Johannes de Capestrano; Johannes de Ragusa; Nicolaus Tempelfeld de Brega; Stanislaus de Znoima; Stephanus Palecz
Huter, Paulus de Konigshoffen (?) (P II) **Ms 561**
Hylger (?), Johannes, Abt v. Altzelle **Ms 620**, Vorsatzblatt
Iasius **Ms 607**, Falze
Ieiunium
– De ieiunio servando **Ms 597**, 389ra

– Quaestio de comestione tempore ieiunii **Ms 597**, 394va
Ikonographie
– Augustinus **Ms 548**, 1ra
– Autorenbild
– – Bernardus Lombardi **Ms 542**, 1ra
– – Birgitta Suecica **Ms 562**, 5vb
– Daniel in der Löwengrube **Ms 549**, 166rb
– Kain und Abel (Brudermord) **Ms 552**, 9ra
– Turmbau zu Babel **Ms 549**, 69va
– Vision der Hl. Birgitta **Ms 562**, 168ra
Indulgentia
– De iubilaeo et indulgentiis **Ms 622**, 123^{r}
– s. auch Franciscus Bartholi De Assisio
Inhalts- oder Bücherverzeichnis (Fragm. 16. Jh.) **Ms 543**, Spiegel
Innocentius Papa, III.: De miseria humanae conditionis **Ms 534**, 121ra
Innocentius Papa, V.: In quattuor libros Sententiarum **Ms 504–507**
Institutiones (Fragm.) Ende 13. Jh.: **Ms 508**, Spiegel
Interdictum
– Tractatus de interdicto **Ms 555**, 56rb
– s. auch Galvanus de Bettino (?)
Iordanus de Quedlinburgo
– Sermo de nativitate BMV **Ms 502**, 308va
– Sermones de nativitate domini **Ms 534**, 245ra
– Sermones de tempore **Ms 586**, 1ra
Isidorus Hispalensis: De summo bono **Ms 583**, 1^{r}; **595**, 20^{v} (Fragm.)
Ps.-Isidorus Hispalensis: De modo et norma vivendi **Ms 509**, 428va
Italien s. Provenienz I
Italienisch: **Ms 566**, 166ra
Iudaei s. Alfonsus Bonihominis; Nicolaus de Lyra; Theobaldus de Sexannia (?)
Iudicium: De iudicio hominum intra se **Ms 597**, 455va
Jacob von Brixen **Ms 573**, Lesezeichen
Jacobus de Appamiis: Quodlibet **Ms 529**, 94va
Jacobus de Asculo
– Quodlibetum I **Ms 609**, 1ra
– Tabula super dicta Johannis Scoti **Ms 533**, 109ra
Jacobus de Cessolis: De moribus hominum **Ms 525**, 2ra (I–III); **613**, 199rb

Jacobus de Jüterbog s. Jacobus de Paradiso
Jacobus de Paradiso
- Additiones de religiosis et aliis mendicantibus **Ms 599**, 357^{r}
- Collationes **Ms 621**, 120ra ff.
- De arte bene moriendi **Ms 612**, 324^{r}; **621**, 269vb
- De causis deviationis religiosorum **Ms 540**, 331va; **621**, 310^{v}
- De cottidie aut frequenter celebrantibus **Ms 621**, 253ra
- De inchoatione festorum et de vectoribus **Ms 621**, 308rb
- De potestate daemonum **Ms 606**, 135ra; **612**, 291^{r}
- De sanctificatione sabbati praecipue circa opera molendini **Ms 621**, 305ra
- De statu, fine atque excellentia Carthusiensium **Ms 544**, 346va
- De statu securiore incedendi in hac vita **Ms 621**, 301ra
- De tribus substantialibus religiosorum **Ms 621**, 111ra
- De veritate dicenda vel tacenda **Ms 606**, 162ra
- Dialogus religiosorum **Ms 621**, 2ra
- Igniculus devotionis **Ms 544**, 335ra
- Planctus super errores Christianorum **Ms 606**, 126ra
- Planctus super errores quorundam religiosorum **Ms 606**, 128ra
- Quaestio de missis votivis pro defunctis **Ms 581**, 232ra
- Quaestiones de diversis materiis **Ms 621**, 64rb
- Quodlibetum statuum humanorum **Ms 606**, 50^{v}; **621**, 170ra
- Speculum restutitionis male acquisitorum **Ms 599**, 261^{r}; **606**, 231ra
- Tractatus de apparitionibus animarum **Ms 608**, 30ra; **621**, 331ra
- Tractatus de cogitationibus et earum qualitate **Ms 606**, 185ra
- Tractatus de cognitione causarum morborum (de causis multarum passionum) **Ms 540**, 324ra
- Tractatus de dignitate pastorum et cura pastorali **Ms 606**, 174ra
- Tractatus de erroribus et moribus Christianorum **Ms 606**, 111ra
- Tractatus de malo huius saeculi **Ms 621**, 349ra
- Tractatus de officio et statu ecclesiasticorum **Ms 606**, 2ra; **621**, 397ra
- Tractatus de peccatis mentalibus mortalibus **Ms 621**, 229ra
- Tractatus de receptione monialium **Ms 621**, 289ra
- Tractatus de vitiis et virtutibus **Ms 621**, 255va

Jacobus de Paradiso (?): De confessione audienda **Ms 537**, 146rb; **581**, 184vb
Jacobus de Polonia s. Jacobus de Paradiso
Jacobus de Teramo: Belial sive Peccatoris consolatio **Ms 569**, 181ra

Jacobus de Villaco (?): Sermones de sanctis et de occasionibus **Ms 566**, 249ra
Jacobus de Voragine
– Legenda aurea
– – Fragment um 1300: **Ms 558**, Spiegel (Auszüge)
– – Commemoratio omnium fidelium defunctorum **Ms 618**, 255va
– – s. auch Drucke
– Sermones de tempore **Ms 516**, 24ra; **520**, 1ra (Pars II); **521**, 8ra
– Sermones de sanctis **Ms 517**, 109ra
– Sermones Mariales **Ms 502**, 207ra
– Sermones quadragesimales **Ms 518**, 1ra; 522, 7va
– Lemmata sermonum Jacobi de Voragine **Ms 522**, 1ra
Jacobus Magni s. Legrand, Jacques
Jahreszeiten, vier **Ms 558**, 1^{v}
Jastrzembiec s. Albertus de Gnesna
Jerusalem **Ms 607**, Falze
Jesus s. Christus
Jodocus, Markgraf v. Brandenburg und Mähren, deutscher König (1410–11) **Ms 526**, Spiegel
Johannes, Abt von Joncels **Ms 545**, 1^{r}
Johannes, Abt des Wiener Schottenklosters **Ms 583**, 297^{v}
Johannes, Frater (P II) **Ms 558**
Johannes Andreae: Hieronymianus **Ms 537**, 2ra
Johannes Bassandus (1360–1445), Cölestiner-Provinzial **Ms 581**, 79rb
Johannes, Bischof v. Bamberg **Ms 612**, 158^{r}
Johannes Calderinus: Summa de appellationibus **Ms 613**, 228ra
Johannes Chrysostomus: De eo quod nemo laeditur ab alio nisi a semetipso fuerit laesus **Ms 583**, 307^{r}
Johannes Contractus: Sermones de assumptione BMV **Ms 618**, 1ra
Johannes de Capestrano
– Consilium de canonica portione, Epistola ad Venturellum episcopum Oppidensis **Ms 606**, 348vb
– De pestilentia et medicis **Ms 583**, 276^{r}
– Epistola de correctione Johannis de Rokizana **Ms 611**, 1^{r}
Johannes de Carvaiali **Ms 537**, 367va
Johannes de Castello: De adhaerendo Deo (genannt) **Ms 595**, 149^{v}
Johannes de Deo: Libellus paenitentiarius **Ms 564**, 301ra

Johannes de Erfordia
- Commentarii in libros I–III Sententiarum **Ms 556**, 1ra
- Commentarius in quartum Sententiarum (zugeschr.) **Ms 557**, 11ra
- In primum Sententiarum (Dist.I) **Ms 558**, 90va
- In secundum Sententiarum **Ms 558**, 3ra

Johannes de Fonte: Conclusiones tertii Sententiarum **Ms 603**, 321ra
Johannes de Friburgo: Summa confessorum (Exc.) **Ms 534**, 35rb
Johannes de Hisdinio: Lectura super epistolam ad Titum **Ms 569**, 2ra
Johannes de Indagine: Tractatus de arte bene moriendi **Ms 621**, 258ra
Johannes de Kungißberg (P II) **Ms 596**
Johannes de Lipzk (S) **Ms 510**
Johannes de Monte Nigro: Tractatus contra impugnantes privilegia fratrum mendicantium **Ms 606**, 267ra
Johannes de Neapoli s. Johannes de Regina
Johannes de Opreno: Sermones de tempore **Ms 564**, 401ra, 402ra, 404ra, 405va, 406vb, 409ra
Johannes de Palomar
- De esu carnium monachorum **Ms 583**, 297^{v}
- De possessionibus praelatorum **Ms 540**, 260va

Johannes de Pontremulo, Bischof v. Massa Marittima : Privileg für die Suffragane von Riga **Ms 594**, 338^{r}
Johannes de Ragusa **Ms 583**, 267^{r}
- Oratio de communione eucharistiae sub utraque specie **Ms 540**, 167va

Johannes de Ratisbona
- Lectura super epistolam ad Hebraeos **Ms 601**, 1^{v}
- (P II) **Ms 601**

Johannes de Regina: Quodlibeta VI et VII **Ms 542**, 135ra
Johannes de Rokizana
- Tractatus contra sex propositiones apostatarum virorum **Ms 610**, 139^{v}
- s. auch Franciscus de Toledo; Hilarius de Leitmeritz; Johannes de Capestrano

Johannes de Sancto Gemininiano: Quadragesimale de epistolis **Ms 574**, 193ra
Johannes de Schonhavia: Exhortatorium spirituale **Ms 621**, 320va
Johannes de Slinitz, Abt des Chemnitzer Benediktinerkl. (P II) **Ms 570**
Johannes de Turrecremata: Tractatus de aqua benedicta **Ms 583**, 267^{r}
Johannes de Westfalia **Ms 617**, 92^{v}
Johannes Grundmann s. Grundmann, Johannes

Johannes Guallensis: Breviloquium de virtutibus antiquorum **Ms 580**, 209^{r}
Johannes Gudermann **Ms 606**, 47vb
Johannes Herolt
– Exempla de confessione e Promptuario **Ms 564**, 296^{v}
– Quadragesimale **Ms 564**, 158ra
Johannes Herrolt de Konigsberg s. Johannes de Kungißberg
Johannes Hoffmann s. Hoffmann, Johannes
Johannes Hylger s. Hylger (?), Johannes
Johannes Kannemann s. Kannemann, Johannes
Johannes Kraus iunior **Ms 534**, 250ra
Johannes Laurentii, Sacerdos de Uthenhusen (S) **Ms 525**
Johannes Lodwici **Ms 594**, 337^{v}
Johannes Merkelin: Expositio super epistolas dominicales **Ms 567**, 1^{r}
Johannes Murman s. Johannes de Ratisbona
Johannes Papa, XXII.: Epistola de statu Beginarum **Ms 579**, 145ra
Johannes Quirre s. Quirre, Johannes
Johannes Ricardi: Sermo de sancto Iohanne apostolo **Ms 531**, 67vb
Johannes IV. v. Sitten, Erzbischof von Riga **Ms 594**, 335^{v}
Joncels s. Johannes, Abt von Joncels
Juan II., Kg. von Kastilien u. Leon **Ms 592**, 1^{r}
Juristische Texte
– Fragmente (Lat.) 13. Jh.: **Ms 510**, Spiegel; **534**, Falze (?); **571**, Spiegel; **572**, Spiegel
– Fragmente (Deutsch) 15. Jh.: **Ms 568**, Falze
– Divisio Corporis iuris **Ms 594**, 330va
– Extracta de Clementinis 'De statu monachorum et clericorum' **Ms 606**, 33ra
– Summa Decreti Gratiani (Fragm.) 12./13. Jh.: **Ms 534**, Spiegel
– Summa iuris de irregularitatibus **Ms 555**, 61ra
Kalendar
– Computus manualis **Ms 512**, 45r
– Intervalltafel **Ms 510**, 231rb; **512**, 86^{r} u. Spiegel
– Kalendarium **Ms 512**, 83^{r}; **570**, 1^{v}
– s. auch Alexander de Villa Dei
Kannemann, Johannes
– De decem praeceptis **Ms 567**, 145ra
– Scutum defensionis **Ms 606**, 318ra

Karaz, Thomas, de Lipzk, Frater OP (P II) **Ms 542**
Kempf, Nicolaus (?): Alphabetum divini amoris **Ms 585**, 1^{r}, s.a. Nider, Iohannes (?)
Klassikerkommentar (Fragm.) 14. Jh.: **Ms 607**, Falze
Klosterneuburg **Ms 534**, 288vb u. 327va
Köln **Ms 583**, 292^{v}
– Universität **Ms 540**, 300vb
– s. auch Provenienz I
Königsberg (Franken) **Ms 603**, Spiegel
Konrad III., Deutscher König **Ms 567**, 131^{v}
Konstanz, Konzil s. Concilium Constantiense
Kulm, Diözese **Ms 594**, 338^{v}
Kungißberg, Johannes, Professor in Leipzig (P II) **Ms 596**
Lakmann, Nicolaus: Lectura super tertium et quartum Sententiarum **Ms 603**, 1ra
Landulfus Caracciolus: Prooemium in secundum Sententiarum **Ms 572**, 1ra
Lebensalter, vier **Ms 558**, 1^{v}
Legendarium s. Hagiographische Texte (Fragmente)
Legrand, Jacques: Sophilogium **Ms 607**, 1ra
Leipzig
– Collegium Principum maius **Ms 613**, 2ra
– – (P II) **Ms 526, 541, 574, 596, 601, 607, 610**
– Collegium Principum minus (P II) **Ms 509, 595**
– Dominikanerkonvent (P II) **Ms 501, 511, 513, 522** (?), **529** (?), **542, 550, 551, 567** (?), **573, 578, 579, 583, 584, 602, 603** (?), **624, 625**
– Franziskanerkonvent (P II) **Ms 521, 557**
– Konvent (?) (P II) **Ms 622**
– Philosophische Fakultät (P II) **Ms 516, 534, 563, 568, 581, 591, 593, 594, 609**
– St.Thomas, Augustiner-Chorherrenstift (P II) **Ms 569, 614**
– Universität **Ms 613**, 2ra
– – Ankündigung einer Veranstaltung **Ms 612**, Spiegel (ausgelöst)
– – Baccalariat-Meldelisten **Ms 556**, Spiegel (ausgelöst)
– s. auch Alexander Papa, V.; Provenienz I; Verlorene Texte
Lektionar s. Liturgische Texte
Lentschitz (Lancicia) **Ms 602**, 256vb
Ps.-Leo Papa, I.: Sermo de spiritu sancto **Ms 502**, 175ra

Leonardo Aretino s. Bruni, Leonardo
Leubing, Heinrich, Canonicus in Meißen (P II) **Ms 598**
Libellus repudii ad mores saeculares **Ms 595**, 149v
Liber viaticus s. Brevier
Libertas arbitrii s. Sinne, sieben
Liturgische Texte
- Fragmente 11. Jh.: **Ms 584**, Falze; um 1200: **Ms 622**, Spiegel (Lektionar ?); 13. Jh.: **Ms 597**, Falze; **602**, Falze; **603**, Falze; **612**, Spiegel (ausgelöst, Brevier); **619**, Nachsatz (Missale); **621**, Falze (Missale ?); **620**, Vor- u. Nachsatz, Falz; **Ms 621**, Falze (Lektionar ?); 13./14. Jh.: **Ms 623**, Spiegel (Missale); 14. Jh.: **Ms 554**, Spiegel; **605**, Spiegel

Lubnik s. Provenienz I
Luckau s. Provenienz I
Ludwig von Savoyen, Tit.-Fürst von Achaia **Ms 566**, 247ra
Lupoldus de Bebenburg
- Libellus de zelo Christianae religionis **Ms 543**, 3ra
- Tractatus de iuribus regni et imperii **Ms 543**, 23vb

Lyon **Ms 584**, 147r
Mähren **Ms 526**, Spiegel
Magdeburg **Ms 606**, 330rb
Magnus Petri: Epistola contra calumniantes beatae Birgittae **Ms 563**, 274va; **580**, 175ra
Marcilinus, Capellanus in Wittenberg (S) **Ms 516**, 261vb
Marcus de Summa Ripa: Sermones quadragesimales (Bonum quaternarium) pro Bona Principissa de Savoia **Ms 566**, 161ra
Margaretha Jopplin **Ms 573**, Lesezeichen
Maria
- Compendium de nomine BMV **Ms 619**, 164rb
- De comparationibus BMV **Ms 508**, 226va; **555**, 21va
- De conceptione BMV **Ms 618**, 4ra
- De modo loquendi BMV **Ms 595**, 232r
- Miracula BMV **Ms 594**, 119r
- Sermo in Parasceue cum planctu Mariae **Ms 519**, 108ra
- Tractatus de cognominibus BMV **Ms 502**, 229ra
- Tractatus de virginis Mariae laudibus **Ms 502**, 109ra
- Verzeichnis der Beinamen Mariae **Ms 502**, 278ra
- s. auch Ps.-Bonaventura; Conradus de Saxonia; Honorius Augustodu-

nensis; Paschasius Radbertus; Sermones (Sermones Mariales); Verlorene Texte
Marsilius de Ingen: Quaestiones super primum Sententiarum **Ms 568,** 1^{r}
Martinus abbas Buchensis: Tractatus contra intemperantias religiosorum **Ms 600,** 110ra
Martinus de Lochau, Abt. v. Neuzelle **Ms 605,** 2^{r}
Martinus Papa, V. **Ms 584,** 169^{r}
Massa Marittima s. Johannes de Pontremulo
Matthaeus de Aula Regia
– Expositio hymnorum de sanctis **Ms 589,** 280va (Fragm.); **590,** 1va;
– Expositio hymnorum de tempore **Ms 589,** 1ra
– Lectura super Psalmos CI-CXVII **Ms 588,** 1ra
Matthaeus de Cracovia: Dialogus conscientiae et rationis **Ms 595,** 170^{r}
Matthias (Hilbrandi) de Liegnitz: Sermones dominicales de epistolis per totum annum **Ms 574,** 3ra; **575,** 1ra
Matthias de Suecia **Ms 562,** 3rb
Matthias, Erzbischof von Mainz **Ms 525,** 74va
Medizinische Texte
– Fragmente 13. Jh.: **Ms 619,** Falze (Medizinischer Verstraktat)
Meissen
– Markgrafen von M. **Ms 613,** 2ra
– s. auch Frommold, Thomas; Provenienz I
Melchior Ludwig de Freystadt (N-Schlesien) **Ms 568**
Melzer, Nicolaus, de Glogau (P II) **Ms 543**
Memorialverse **Ms 512,** 45^{r}, 83^{r}; **522,** 1vb; **553,** 94va; **563,** Spiegel
Ps.-Methodius Olympius: Apocalypsis (in der Übersetzung des Petrus Monachus) **Ms 580,** 184ra, 197^{r}
Michael, Bischof v. Auxerre **Ms 607,** 1ra
Michael Horbrant: Sermones de duodecim signis **Ms 537,** 125rb
Mildenau **Ms 619,** Spiegel
Miracula s. Maria
Missa
– Compendium significationis missae **Ms 608,** 25vb
– Expositio missae brevissima **Ms 537,** 216rb
– Quaestiones de celebratione missarum **Ms 583,** 327^{v}
– Tractatus de missa **Ms 594,** 44^{v}

– s. auch Ps.-Bonaventura; Gerson, Johannes; Gruner, Vincentius; Richardus de Wedinghausen; Stoer, Nicolaus
Missale s. Liturgische Texte
Mors
– Tractatus de morte **Ms 616**, 9^{v}
– s. auch Ars moriendi
Motto: Fuge iram **Ms 607**, 74ra
Münster, Diözese
– Benediktinerinnenkonvent St. Aegidius **Ms 594**, 23va
Mulieres
– Notatum de inspectione mulierum **Ms 597**, 431rb
– Versus contra amorem mulierum **Ms 545**, 187^{r}
– s. auch Antoninus Florentinus
Murmann, Johannes s. Johannes de Ratisbona
Musikalische Texte
– Fragment 14. Jh.: **Ms 563**, Falze
– De mensura monochordi **Ms 522**, 146ra
– De octo tonis **Ms 595**, 200^{r}
– Notatum de cantu ecclesiastico **Ms 583**, 328^{v}
Naturwissenschaftliche Texte s. Theodericus Teutonicus de Vriberg
Naumburg s. Bocksdorf, Dietrich v.; Provenienz I
Neuzelle, Zisterzienserkloster (P II) **Ms 537**
Nicolaus de Dinkelspuhel
– Commentarius in quartum Sententiarum (Lectura Mellicensis) **Ms 596**, 1ra
– De decem praeceptis **Ms 597**, 136ra
– Expositio orationis dominicae **Ms 597**, 182ra
– Notatum de aureola **Ms 597**, 403va
– Sermo de oblationibus **Ms 597**, 394vb
– Sermo de virginitate **Ms 597**, 403vb
– Sermones de assumptione et nativitate BMV **Ms 597**, 299rb
– Sermones de dilectione Dei et proximi **Ms 597**, 208ra
– Sermones de passione domini **Ms 597**, 332va, 339ra, 345vb
– Sermones de sanctis **Ms 597**, 296vb, 312ra, 321rb
– Sermones de tempore **Ms 597**, 205rb, 230va, 381va, 431va, 465va,
– Sermones de tempore et de sanctis **Ms 597**, 250rb

Nicolaus de Dinkelspuhel (?)
– De baptismo **Ms 597**, 434va
– Notata **Ms 597**, 427ra
– Sermo de sacramento eucharistiae **Ms 597**, 357va
– Sermo in dominica I post Pascha **Ms 597**, 468rb
Nicolaus de Gorra (?)
– Sermones de tempore **Ms 604**, 254ra
Ps.-Nicolaus de Gorra
– Expositio in Cantica canticorum **Ms 576**, 1ra
Nicolaus de Hanapis
– Liber de exemplis sacrae scripturae **Ms 508**, 1ra
Nicolaus de Lyra **Ms 592**, 1^{r}
– Commentarius in epistolam ad Romanos **Ms 534**, 37ra
– De adventu Christi (Quodlibet I, Quaestio 2) **Ms 543**, 217ra
– Moralia super librum Threnorum **Ms 540**, 348ra
– Postilla super librum Threnorum **Ms 540**, 341ra
– Probatio adventus Christi (Red. II) **Ms 529**, 169ra; **534**, 221ra
– Responsio ad quendam Iudaeum **Ms 529**, 176vb; **534**, 233va
Nicolaus Eymericus: Directorium officii inquisitorum **Ms 579**, 1ra
Nicolaus Horn s. Horn, Nicolaus
Nicolaus Judicis von Weissenburg **Ms 556**, Spiegel (ausgelöst)
Nicolaus Lakmann s. Lakmann, Nicolaus
Nikolaus Magni de Jawor **Ms 583**, 306^{r}
Nicolaus Papa, V. **Ms 606**, 125va; **621**, 227rb, 305ra, 310rb
– Super 'Pater noster' **Ms 585**, 27^{v}
Nicolaus Parisiensis: Libri I–V Apocalypsis cum glossa **Ms 578**, 1ra
Nicolaus Stoer s. Stoer, Nicolaus
Nicolaus Tempelfeld de Brega: Tractatus contra Georgium de Podiebrad **Ms 537**, 377ra
Nider, Iohannes: Tractatus de reformatione status coenobitici **Ms 599**, 1^{r}; **600**, 2ra
Nider, Iohannes (?): Alphabetum divini amoris **Ms 585**, 1^{r}; s. a. Kempf, Nicolaus (?)
Nijmegen **Ms 617**, 85^{v}, 92^{v}
Norwegen **Ms 581**, 159ra
Notae und Notata
– Notae de martyribus et de cognitione Dei **Ms 597**, 481va

– Notata **Ms 597**, 396ra; **601**, 112^{v}
– Notatum de beato Aegidio **Ms 622**, 147^{v}
– Notatum de resurrectione **Ms 622**, 147^{v}
– Notatum de tribus affectibus ira, cupiditas et libido **Ms 624**, Spiegel
– s. auch Astronomische Texte; Decimus; Eleemosynae; Eucharistia; Haeretici; Mulieres; Musikalische Texte; Peccatum; Philosophische Texte; Praedicatio; Religiosi
Notariatssignet **Ms 591**, 6rb
Notation
– Deutsche Choralnotation
– – **Ms 554**, Spiegel; **580**, Teil II–V; **602**, Falze
– Hufnagelnotation
– – **Ms 519**, Spiegel; **563**, Falze
– Neumen
– – **Ms 596**, Lagenschoner u. Spiegel (ausgelöst); **612**, Spiegel (ausgelöst); **620**, Vor- und Nachsatz
– Quadratnotation
– – **Ms 603**, Falze; **576**, Spiegel; **573**, Spiegel
Nürnberg **Ms 603**, Spiegel
– Dominikanerkonvent **Ms 599**, 1^{r}
– s. auch Provenienz I
Ochsenfurt s. Dungersheim, Hieronymus
Octonarius **Ms 597**, 176rb
Odo de Ceritona: Summa de paenitentia **Ms 543**, 255rb
Oppido Marittima, Kalabrien s. Venturellus, Bischof v.
Paenitentia
– Summa paenitentiae brevis **Ms 613**, 186va
– s. auch Gerson, Johannes; Johannes de Deo; Odo de Ceritona
Palladius, Rutilius Taurus Aemilianus: De agricultura **Ms 612**, 97ra
Paschasius Radbertus: Epistola de assumptione virginis (Ps.-Hieronymus) **Ms 502**, 197va
Passio domini
– Sermones de passione domini **Ms 597**, 336vb, 342rb; **604**, 236rb
Pater noster
– Fragment 15. Jh.: **Ms 554**, Spiegel
– Expositio super 'Pater noster' **Ms 574**, 256ra; **613**, 198rb

– Tractatus de septem vitiis principalibus et de ‘Pater noster’ **Ms 544**, 422rb
– s.auch Franciscus de Maironis; Henricus de Frimaria; Henricus de Langenstein; Nicolaus de Dinkelspuhel; Nicolaus Papa, V.
Paulinus Aquileiensis: Liber exhortationis (Exc. 15. Jh.) **Ms 601**, Spiegel
Paulus Burgensis: Scrutinium scripturarum **Ms 592**, 1^r^
Paulus Venetus (?): Summulae logicae (Fragm.) 15. Jh.: **Ms 574**, Spiegel
Paulus Wladimiri
– Speculum aureum de titulis beneficiorum ecclesiasticorum **Ms 594**, 49^r^; **606**, 200ra
– Tractatus de potestate papae et imperatoris respectu infidelium **Ms 583**, 128^v^
Peccatum
– Collectio de remediis peccatorum **Ms 531**, 92vb
– De peccata in carnis commixtione **Ms 594**, 43^r^
– Notatum de gratia sive caritate et peccato mortali et veniali **Ms 597**, 431rb
– Quaestio de peccato in die dominico **Ms 597**, 419va
– Quaestio super peccatum mortale (Fragm.) **Ms 542**, Spiegel
– Schema de quinque modis peccatorum **Ms 585**, 31^r^
– Versus de septem modis delentibus peccatum **Ms 545**, 190^v^
– s. auch Jacobus de Paradiso
Pecienzählung s. Buch- und Schriftwesen
Pegau, Benediktinerkloster (P II) **Ms 554**
Pelagius (?): De vita Christiana (Prooemium) **Ms 544**, 330va, s. a. Ps.-Augustinus
Pelagius Papa, I. o. II. (?) **Ms 567**, 131^v^
Perchingen s. Gartner Michael
Perikopen
– Verzeichnis der Perikopen De tempore und De sanctis **Ms 517**, 1ra, 106vb
Periuria et falsa testimonia: De poena pro periuris et falsis testimoniis **Ms 594**, 334^r^
Petrus I. von Schaumberg, Bischof von Augsburg **Ms 523**, Spiegel
Petrus, Bischof von Cambrai **Ms 581**, 1ra; **582**, 1ra
Petrus Anglicus **Ms 583**, 267^r^

Petrus Aureoli
– Sermo de corpore Christi **Ms 531**, 210va
– Sermo de omnibus sanctis **Ms 531**, 412vb
– Sermones de BMV **Ms 531**, 275vb, 283ra, 356vb, 371ra, 374va, 388rb
– Sermones de tempore **Ms 531**, 11va, 138ra
– s.a. Franciscus de Maironis
Petrus Boherius; Abt v. St. Chinian (sancti Aniani)
– Commentarius in Benedicti XII. bullam 'Dudum pro bono' **Ms 545**, 83^{r}
– Commentarius in Benedicti XII. bullam 'Pastor bonus' **Ms 545**, 86^{r}
– In bullam 'Summi Magistri' apparatus **Ms 545**, 1^{r}
Petrus Boherius (?): De professione monachorum **Ms 545**, 93^{r}, s.a. Guilelmus Peraldus (?)
Petrus Chrysologus: Sermo 26 (Auszug) **Ms 519**, Spiegel
Petrus Damiani
– Laus eremiticae vitae (opusc.11, cap. 19) **Ms 583**, 294^{v}
– Super 'Dominus vobiscum' **Ms 583**, 167^{r}
Petrus de Alliaco (?): Conceptus et insolubilia (Fragm.) 15. Jh.: **Ms 574**, Spiegel
Petrus de Palude: Quodlibet I **Ms 529**, 122vb
Ps.-Petrus de Pilichdorf: Tractatus contra articulos Waldensium **Ms 602**, 289ra
Petrus de Tarantasia s. Innocentius Papa, V.
Petrus de Trabibus (?): Commentarius in quartum Sententiarum **Ms 524**, 1ra
Petrus Dominici de Appaniis: Registrum ad librum de planctu ecclesiae auctore Alvaro Pelagio **Ms 540**, 1ra; **541**, 442rb; **565**, 1va
Petrus Hispanus (?): Summulae logicales, Exc. (Fragm.) 15. Jh.: **Ms 573**, Spiegel (Leimabdruck)
Petrus Lombardus **Ms 567**, 131^{v}
– Sententiae **Ms 511**, 1^{r}, 133^{v} (Exc.); **543**, 74ra (L.III)
– Sentenzenkommentare
– – De aureola in generali **Ms 507**, 130ra
– – De baptismo parvulorum **Ms 511**, 137r
– – Prologi commentarii in quartum Sententiarum (Fragm.) **Ms 557**, 9ra, 9va, 9vb
– – Prologus commentarii in primum Sententiarum **Ms 557**, 5ra
– – Fragment 13. Jh.: **Ms 592**, Falze (?)
– – s. auch Alexander Halensis; Bernardus Lombardi; Boltenhagen, Hen-

ningus; Duns Scotus, Johannes; Franciscus de Marchia; Guilelmus de Wara; Henricus de Langenstein; Hugo de Sancto Caro; Hugo de Schlettstadt; Innocentius Papa, V.; Johannes de Erfordia; Johannes de Fonte; Lakmann, Nicolaus; Landulfus Caracciolus; Marsilius de Ingen; Nicolaus de Dinkelspuhel; Petrus de Trabibus (?); Richardus
Petrus martyr **Ms 602**, Falze
Petrus Monachus s. Ps.-Methodius Olympius
Petrus Wichmann s. Wichmann, Petrus
Pflüger, Kilian de Winsheim: Quaestio de primo rerum principio **Ms 612**, Spiegel (ausgelöst)
Philippe d'Alençon, Bischof v. Rouen **Ms 569**, 2ra
Philippus, Frater, vermutlich Altzelle (S) **Ms 621**, 348va
Philosophische Texte
– Fragmente 13. Jh.: **592**, Falze; 14. Jh.: **512**, Spiegel; **597**, Spiegel; 15. Jh.: **513**, Spiegel; **601**, Falze; **609**, Spiegel
– De motu rerum (Fragm.) **Ms 529**, Spiegel
– Notata super sophismata **Ms 608**, 23^{v}
– s. auch Guilelmus Alaunovicanus; Guilelmus Hentisberus; Sectio scientiarum
Philosophischer oder theologischer Text
– Fragment 13. Jh.: **Ms 524** u. **587–590**, Spiegel
Pileus de Prata
– Ablaßbrief **Ms 594**, 337^{v}
– Privileg an die Suffragane des Erzbistums Riga **Ms 594**, 338^{r}
Pitanzen, Liste von Meßstiftungen (1511) **Ms 506**, beiliegendes Blatt
Pius Papa, II. **Ms 540**, 71^{r}
– Epistola de sacramento eucharistiae **Ms 537**, 367va
Planck, Johannes, de Newburga claustrali (S) **Ms 534**, 327va
Planctus s. Jacobus de Paradiso; Maria; Sermones (Sermones de tempore)
Plinius Secundus, Gaius **Ms 529**, 130vb
Poggio Bracciolini, Gian F.: Epistola de combustione Hieronymi de Praga **Ms 595**, 123^{r}
Polen **Ms 583**, 128^{v}; **594**, 338^{r}
Potenstainer, Rudolphus (S) **Ms 572** (II)
Praedicatio **Ms 597**, 403rb
– Notatum de praedicatoribus **Ms 516**, 354ra
– Predigtskizze **Ms 622**, 120^{v}

– Tractatus de arte praedicandi **Ms 616**, 4^{v}
– s. auch Borgsleben, Christianus; Henricus Kalteisen; Hoest, Stephanus
Prag **Ms 526**, Spiegel; **574**, 3ra; **594**, 338^{r};
– Diözese **Ms 610**, 122^{r}, 157^{r}, 158ra, 194rb
– s. auch Johannes de Rokizana; Poggio Bracciolini, Gian. F.; Provenienz I; verlorene Texte
Preußen **Ms 594**, 338^{r}
Primat des Papstes **Ms 540**, 71^{r}
Propositiones et auctoritates super diversis **Ms 545**, 187^{v}
Provenienz I (Schriftheimat, Entstehungsort)
– Altzelle **Ms 587** (?); **589** (?); **590** (?); **621** (?)
– Böhmen **Ms 526**; **562** (?)
– Breslau **Ms 546**; **547**
– Buch **Ms 600** (?)
– Franken **Ms 584** (?)
– Frankreich **Ms 508** (?); **523**; **538**; **577**
– Italien **Ms 535**; **536**; **542**
– Köln **Ms 583** (Teil)
– Leipzig **Ms 515** (Teil); **540** (Teil); **548**; **549**; **563**; **568** (?); **581** (Teil); **591**; **601**; **612** (?); **613** (?); **614** (?); **622** (Teil); **625** (?)
– Lubnik (Bezirk Hohenstadt oder Senftenberg, Böhmen) **Ms 537**
– Luckau **Ms 513**
– Meissen **Ms 570**
– Naumburg **Ms 515** (Teil)
– Nürnberg **Ms 541**
– Oberitalien **Ms 578** (?); **598**
– Ostdeutschland **Ms 566**
– Paris **Ms 573**
– Prag **Ms 526** (?)
– Westdeutschland **Ms 508** (?)
– Wien **Ms 595** (?); **597** (?)
– Wittenberg **Ms 516**
– Zwickau **Ms 564** (Teil)
Provenienz II (Vorbesitzer) s.
– Altzelle, Zisterzienserkloster
– Andreas de F[..]ala
– Bocksdorf, Dietrich v.

– Boltenhagen, Henningus
– Buch, Zisterzienserkloster
– Burkhard, Magister, Doctor
– Chemnitz, Benediktinerkloster
– Deynhart
– Freiberg, Konvent (?)
– Gruners, Magister
– Halle, Augustiner-Chorherrenstift auf dem Petersberg
– Henricus de Pr [...]
– Hollenhagen, Johannes
– Horn, Nicolaus
– Hülsemann, Johannes
– Huter, Paulus (?)
– Johannes de Ratisbona
– Johannes, Frater
– Johannes v. Slinitz
– Karaz, Thomas, de Lipzk, Frater OP
– Kungißberg, Johannes
– Leipzig
– – Collegium Principum maius
– – Collegium Principum minus
– – Dominikanerkonvent
– – Franziskanerkonvent
– – Philosophische Fakultät
– – St.Thomas, Augustiner-Chorherrenstift
– Leubing, Heinrich
– Melzer, Nicolaus, de Glogau
– Murmann, Johannes
– Neuzelle, Zisterzienserkloster
– Pegau, Benediktinerkloster
– Quirre, Johannes
– Starkenberg, Johannes
– Stephanus de Stankow
– Thomas de Cornucervino
– Zach, Johannes
Prussen **Ms 583**, 128ᵛ

Psalmi
- Fragmente 15. Jh.: Psalmanfänge **Ms 553**, Blattweiser
- Flores Psalmorum **Ms 595**, 199^{v}

Quadragesima: De Quadragesima **Ms 618**, 3ra

Quaestiones
- Fragmente 14. Jh.: Quaestiones de quantitate Dei **Ms 574**, Spiegel; 14./15. Jh.: Quaestio de proportione velocitatum in motibus **Ms 542**, Spiegel; Quaestio super peccatum mortale **Ms 542**, Spiegel
- Decem quaestiones de repressaliis **Ms 553**, 64^{r}
- Quaestio de acedia bona operantium **Ms 597**, 364ra
- Quaestio de angelis (Fragm.) **Ms 558**, Spiegel
- Quaestio de caloribus Plinii **Ms 529**, 130vb
- Quaestio de fieri substantiae **Ms 609**, 20rb
- Quaestio de generatione formarum **Ms 529**, 130rb
- Quaestio de infimitate bonorum temporalium **Ms 597**, 458ra
- Quaestio de meritis iustorum **Ms 558**, 88vb
- Quaestio de omniscientia Dei **Ms 533**, 102vb
- Quaestio de ornatu vestium **Ms 597**, 420ra
- Quaestio de proportione velocitatum in motibus (Fragm.) **Ms 542**, Spiegel
- Quaestiones **Ms 594**, 44^{r}
- Quaestiones de creaturis **Ms 609**, 24ra
- Quaestiones de diversis **Ms 609**, 27ra
- Quaestiones de sapientia a natura hominibus insita **Ms 608**, 24ra
- Quaestiones quattuor **Ms 529**, 74ra

Quirre, Johannes, Prior der Erfurter Kartause (P II) **Ms 598**

Raimundus Beguini: Quaestio de visione beatifica **Ms 529**, 93ra

Raimundus, Bischof v. Valencia **Ms 612**, 13ra

Raimundus Lullus **Ms 584**, 142^{r}

Ravenna **Ms 619**, 1ra

Registrum Gregorii (Zitat) **Ms 502**, 178va

Registrum in sermones ignotos **Ms 522**, 2ra

Reimofficium (Fragm.) 14. Jh.: De sancta Ursula **Ms 519**, Spiegel

Religiosi
- De vita monastica **Ms 545**, 190^{v}
- Notae de vita religiosa **Ms 597**, 446vb
- s. auch Arnulfus de Boeriis; Clerici; David de Augusta; Engelbertus Cul-

trificis; Guilelmus Peraldus (?); Henricus de Calcar (?); Ps.-Hieronymus; Humbertus de Romanis; Johannes de Palomar; Martinus abbas Buchensis; Nider, Iohannes; Petrus Boherius (?); Thomas a Kempis
Rezepte, lat.
- Ad faciendam politionem pro lapidibus **Ms 545**, 191^{r}
- Contra infrigidatum **Ms 593**, 179^{v}
- Liber unguentorum **Ms 545**, 124ra
Rich s. Edmundus Rich, sanctus
Richardus s. Petrus de Trabibus
Richardus de Sancto Victore: Liber exceptionum (Teile) **Ms 604**, 1ra
Richardus de Wedinghausen: Expositio canonis missae **Ms 543**, 249rb
Riga, Erzbistum **Ms 594**, 335^{v}, 338^{r}
Rokizana s. Johannes de Rokizana
Romallo, Diözese Trient **Ms 606**, 285ra
Rouen s. Philippe d'Alençon
Rudolfus dux Saxoniae **Ms 543**, 3ra
Rüstung s. Turnierrüstung
Rufinus, Übersetzer s. Eusebius Caesariensis
Rupertus Tuitensis: De divinis officiis (Exc.) **Ms 511**, 12^{v}, 89^{r}
Sacerdos
- Sermo de sacerdote novo **Ms 531**, 215va
- Sermones de virtutibus sacerdotum **Ms 578**, 66ra
- s. a. Andreas de Kokorzyna; Ps.-Augustinus; Ps.-Bernardus Claraevallensis; Ps.-Bonaventura; Franciscus de Maironis; Golias; Hermannus de Schildis; Ps.-Thomas de Aquino; Trithemius, Johannes
Sachsen s. Rudolfus dux Saxoniae
Sachsenspiegel s. Gregorius Papa, XI.
Sacramenta
- Compendium de sacramentis **Ms 553**, 92ra
- Conclusiones de sacramento altaris **Ms 602**, 243va
- De sacramentis **Ms 507**, IV^{rb}
Säfte, vier **Ms 558**, 1^{v}, 2^{r}
St. Chinian, Dép. Hérault s. Petrus Boherius
Sakramentar-Graduale
- Fragmente 11. Jh.: **Ms 564**, Falze
Samuel, Rabbi s. Alfonsus Bonihominis
Sbigneus Olesnicki, Bischof von Krakau **Ms 537**, 217ra

Schema regnorum Christianitatis **Ms 543**, 2^{v}
Schirr, Johannes, de Eychstavia (Eichstätt?) (S) **Ms 584**, 268^{r}
Scholastische Texte
– Fragmente 14. Jh.: **Ms 566**, Falze; **588**, Falz; 15. Jh.: **609**, Lesezeichen
Schonaw, Nicolaus, aus Torgau (S) **Ms 587, 589, 590**
Schönfeld **Ms 619**, Spiegel
Schreiber s.
– Alexius, Frater, Magister curiae in Lubnicz
– Boltenhagen, Henning
– Budaczsch, Johannes
– Conradus
– Conradus de Amoeneburg
– Frommold, Thomas, aus Torgau
– Gartner, Michael, de Perchingen
– Graben, Bartholomeus, Frater
– Hefeler, Jacobus, Capellanus
– Heinricus
– Heinricus Doleatoris
– Heinricus Lodovici
– Holzner, Georgius, de Ingolstadt
– Johannes de Lipzk
– Johannes Laurencii, Sacerdos de Uthenhusen
– Marcilinus, Cappellanus in Wittenberg
– Philippus, Frater
– Planck, Johannes, de Newburga claustrali
– Potenstainer, Rudolphus
– Schirr, Johannes, de Eychstavia
– Schonaw, Nicolaus, aus Torgau
– Stephanus
– Stephanus de Kempnitz
Schreiberverse
– Alterius nuptam (?) **Ms 591**, 187va
– Anno milleno bisbino **Ms 562**, 212rb
– Codicis est finis **Ms 619**, 164ra
– Converte sic fit **Ms 563**, 270vb
– Da Deus aeterne **Ms 569**, 179vb
– Explicit expliceat **Ms 533**, 66va; **569**, 399rb

– Explicit iste liber **Ms 578**, 57^{r}
– Finis adest scripti **Ms 562**, 212rb
– Finito libello **Ms 595**, 256^{v}
– Finito libro saltat **Ms 587**, 73vb; **590**, 151vb
– Finito libro sit **Ms 539**, 292ra; **590**, 151vb
– Finivi librum totum **Ms 555**, 200rb
– Hoc opus expletum **Ms 525**, 127rb
– Hoc opus peregi **Ms 619**, 164ra
– Laus Deo pax **Ms 541**, 449va
– Libro finito **Ms 527**, 189va
– Me bene tractantes **Ms 562**, 212rb
– Non me scriptoris **Ms 595**, 256^{v}
– Penna fuit vilis **Ms 574**, 259ra
– Pro quo sit benedictus **Ms 570**, 305^{r}
– Qui clepit hunc **Ms 595**, 149^{v}
– Qui dedit alpha et o **Ms 606**, 292vb
– Qui me finivit **Ms 522**, 146ra
– Qui me scribebat **Ms 539**, 292ra
– Qui scripsit scribat **Ms 595**, 256^{v}
– Qui scripsit scripta **Ms 587**, 73vb
– Quolibet scripto **Ms 542**, 189ra
– Sit scriptor sanus **Ms 524**, 210^{rc}

Schreibsprachen
– ostmitteldeutsch **Ms 516**, Spiegel (Glossen); **521**, 102rb; **566**, 90vb; **581**, Spiegel; **594**, 291vb

Schriftarten, besondere
– Karolingische Minuskel 9. Jh. 1. Hälfte: **Ms 618**, Fragm.; 11. Jh.: **Ms 564**, Falze; **621**, Falze
– Gotica fere humanistica **Ms 598**
– Humanistische Kursive **Ms 616**

Sectio scientiarum: Commentarius in praedicamenta Aristotelis: De sectione scientiarum (Fragm.) **Ms 532**, 1ra

"Sensatus": Sermones de tempore **Ms 517**, 6ra

Sententiae patrum de divinitate **Ms 578**, 58ra

Septem dona spiritus sancti
– De septem donis spiritus sancti **Ms 506**, 106ra
– s. auch Ps.-Bernardus Claraevallensis

Sepultura ecclesiastica: De iure ecclesiasticae sepulturae **Ms 606**, 354ra
Sermones
– Sermones de tempore et de sanctis
– – Materiae sermonum de tempore et de sanctis **Ms 594**, 154va
– – Sermones de tempore et de sanctis (teils nur Entwurf) **Ms 622**, 63r
– – Themata de tempore et de sanctis **Ms 516**, 263ra
– Sermones de tempore
– – Sammlungen
– – – Sermones de tempore **Ms 566**, 1ra; **597**, 1ra
– – – Sermones de tempore et in dedicatione ecclesiae **Ms 604**, 206ra
– – – Sermones de tempore, pars hiemalis (Skizzen) **Ms 622**, 97r
– – – Sermones de tempore per totum annum **Ms 597**, 1ra
– – – Sermones in Parasceue **Ms 531**, 116vb, 122ra
– – – Sermones in Pentecoste **Ms 531**, 165vb
– – – Sermones in tempore paschali **Ms 531**, 141ra
– – – Sermones quadragesimales **Ms 531**, 95vb, 103rb; **564**, 402rb, 403vb
– – – Sermones super epistolas dominicales **Ms 564**, 1ra; **566**, 90ra
– – – Lemmata einer unbekannten Predigtreihe De tempore **Ms 522**, 6ra
– – – Tabula thematum in sermonibus de tempore **Ms 521**, 1ra
– – Einzelne
– – – Sermo in ascensione domini **Ms 531**, 159rb
– – – Sermo in dominica quarta post Pascha **Ms 597**, 411va
– – – Sermo in dominica secunda Epiphaniae **Ms 531**, 85ra
– – – Sermo in dominica sexta post Pascha **Ms 564**, 398va
– – – Sermo in dominica tertia in adventu **Ms 502**, 165ra u. 187ra
– – – Sermo in dominica tertia post Pentecosten **Ms 531**, 216vb
– – – Sermo in nativitate domini **Ms 531**, 14rb
– – – Sermones duo in dominica de palmis **Ms 531**, 108rb
– – – Sermones in dominicas VIII et XV post Pentecosten **Ms 531**, 221va
– – – Sermones in exaltatione crucis **Ms 531**, 392rb
– – – Sermones in nativitate domini **Ms 531**, 5ra, 14rb, 30vb; **564**, 396ra
– – – Sermones in Quinquagesima **Ms 531**, 88va; **564**, 400vb, 401rb, 403vb
– – – Sermones in resurrectione domini **Ms 531**, 135va; **604**, 304ra
– Sermones de sanctis
– – Sammlungen: Sermones de diversis sanctis **Ms 531**, 262ra
– – Einzelne
– – – Sermones de sancto Andrea **Ms 531**, 234vb

– – – Sermo de sancta Clara **Ms 531**, 352rb
– – – Sermo de sancto Iacobo **Ms 531**, 347ra
– – – Sermo de sancto Iohanne Evangelista **Ms 531**, 63vb
– – – Sermo de sancto Vincentio **Ms 502**, 172vb
– – – Sermo de una virgine communis **Ms 597**, 424ra
– – – Sermo in nativitate Iohannis Baptistae **Ms 597**, 361ra
– – – Sermo in nativitate sancti Nicolai **Ms 531**, 242rb
– – – Sermones de sancta Maria Magdalena **Ms 531**, 333va
– – – Sermones de sancto Francisco **Ms 531**, 398va
– – – Sermones de sancto Iohanne Baptista **Ms 531**, 319vb, 328vb
– – – Sermones de sancto Martino **Ms 531**, 417va
– – – Sermones de sancto Stephano **Ms 531**, 50va, 53vb
– – – Sermones in festo omnium sanctorum **Ms 531**, 405rb
– – Fragmente 14. Jh.: Sermones de sanctis **Ms 595** (?); Sermo de sancto Iohanne **Ms 612**, Spiegel
– Sermones Mariales
– – Sermo de compassione BMV **Ms 597**, 414rb
– – Sermo in dormitione BMV **Ms 502**, 306rb
– – Sermones de annuntiatione BMV **Ms 502**, 131va; **531**, 111va, 303rb, 308vb; **597**, 415vb; **604**, 300va
– – Sermones de assumptione BMV **Ms 502**, 163ra, 182ra; **531**, 361ra, 373ra; **597**, 397ra
– – Sermones de BMV **Ms 564**, 413rb; **604**, 243vb
– – Sermones de conceptione BMV **Ms 502**, 203(2)^{ra}, 205ra, 307va; **531**, 251rb
– – Sermones de nativitate BMV **Ms 502**, 310rb; **531**, 382va, 385va, 390rb; **597**, 370vb
– – Sermones de purificatione BMV **Ms 531**, 271vb, 280va; **544**, 419ra; **597**, 436va
– Sermones de diversis
– – Sermo ad visitatores pro defensione monasterii **Ms 534**, 1ra
– – Sermo de civitate caelesti **Ms 502**, 167va
– – Sermo de conversione peccatoris **Ms 597**, 420va
– – Sermo de die sabbato **Ms 597**, 419rb
– – Sermo de humilitate **Ms 597**, 427va
– – Sermo de imitatione Christi **Ms 531**, 232ra
– – Sermo de luxuria **Ms 564**, 408rb

– – Sermo de mandatis Dei servandis **Ms 622**, 121^{r}
– – Sermo de qualibet dominica aut alia die **Ms 597**, 406va
– – Sermo de remediis contra acediam **Ms 597**, 360ra
– – Sermo de sapientia Dei **Ms 558**, 93^{v}
– – Sermo de triplici gaudio **Ms 597**, 355vb
– – Sermo de verecundia **Ms 597**, 367va
– – Sermo in consecratione olei **Ms 511**, 87^{r}
– – Sermo in dedicatione ecclesiae **Ms 544**, 412vb
– – Sermo pro desiderio adventus Christi **Ms 502**, 311rb
– – Sermo super Ct 4,7 **Ms 502**, 159va
– – Sermo super 'Missus est' **Ms 502**, 134rb
– – Sermones de spiritu sancto **Ms 604**, 296vb
– – Sermones habiti in Lipsia **Ms 622**, 132^{r}
– – Sermones varii **Ms 622**, 92^{r}
– Fragmente: 15. Jh.: Sermo de confessione **Ms 524**, Spiegel
– s. auch Achardus de Sancto Victore; Aegidius Romanus; Aldobrandinus de Cavalcantibus; Ambrosius Autpertus (?); Antonius Azaro; Apostoli; Ps.-Augustinus; Bernardinus Senensis; Bernardus Claraevallensis; Ps.-Bernardus Claraevallensis; Bernardus Toletanus; Bertrandus de Turre; Clemens Papa, VI.; Clerici; Concilium Basiliense; Conradus de Brundelsheim; Conradus de Saxonia; Conradus de Soltau; Ebendorfer, Thomas; Ebendorfer, Thomas (?); Eucharistia; Franciscus de Maironis; Franciscus de Maironis (?); Garnerius Lingonensis; Gerson, Johannes; Geuß, Johannes; Gilbertus Tornacensis; Grundmann, Johannes; Guido Ebroicensis; Henricus de Frimaria; Henricus de Langenstein; Henricus Totting; Iordanus de Quedlinburgo; Jacobus de Villaco (?); Jacobus de Voragine; Johannes Contractus; Johannes de Opreno; Ps.-Leo Papa, I.; Marcus de Summa Ripa; Maria; Matthias (Hilbrandi) de Liegnitz; Michael Horbrant; Nicolaus de Dinkelspuhel; Nicolaus de Dinkelspuhel (?); Nicolaus de Gorra (?); Passio domini; Petrus Aureoli; Petrus Chrysologus; Sacerdos; Ps.-Thomas de Aquino: Trinitas; Vincentius Ferrerius
Sigismund, deutscher Kaiser **Ms 523**, Spiegel
Simon, Neffe von Jacobus de Paradiso **Ms 621**, 320va
Simon de Cassia s. Simon Fidati
Simon de Cremona **Ms 564**, 1ra
Simon Fidati **Ms 597**, 446vb

Sinne
- Versus de quinque sensibus **Ms 595**, 217^{r}
- sieben: **Ms 618**, 71vb

Slinitz s. Johannes de Slinitz
Speculum Saxonum s. Gregorius Papa, XI.
Sprichwörter, deutsche **Ms 581**, 385^{r}
Stanislaus de Znoima: Compendium de reprobatione 45 articulorum Wycleffi **Ms 602**, 265ra
Starkenberg, Johannes, Frater (P II) **Ms 567**
Stephanus (S) **Ms 579**
Stephanus de Kempnitz OP (S) **Ms 513**
Stephanus de Stankow (P II) **Ms 526**
Stephanus Hoest s. Hoest, Stephanus
Stephanus Palecz
- Tractatus contra quattuor articulos Hussitarum **Ms 602**, 102vb
- Tractatus de auctoritate ecclesiae **Ms 602**, 63ra

Stoer, Nicolaus: Expositio super officium missae **Ms 613**, 2ra
Symbolum apostolorum s. Credo
Taboritae **Ms 537**, 376vb
Tabula alphabetica quindecim viarum mentis in Deum **Ms 585**, 32^{v}
Tabula super Quodlibet Johannis Scoti **Ms 533**, 120va
Talmud **Ms 621**, Falze (?)
- s. auch Theobaldus de Sexannia (?)

Tapilstein s. Hermannus de Saxonia
Temperamente, vier **Ms 558**, 1^{v}
Testament s. Urkunden
Theobaldus de Sexannia (?): Pharetra Iudaeorum (Contra errores Iudaeorum, Pars II) **Ms 569**, 365ra
Theodoricus de Monasterio: De vitio proprietatis **Ms 594**, 23va
Theodoricus de Rudenicz: Tabula alphabetica in sermones Jacobi de Voragine **Ms 516**, 1^{r}
Theodoricus Teutonicus de Vriberg
- De animatione caeli **Ms 512**, 6^{v}
- De iride **Ms 512**, 47ra
- De mensuris **Ms 512**, 1^{r}
- De visione beatifica **Ms 512**, 14^{r}

Theologischer Text
– Fragment 13. Jh.: **Ms 521**, Falz
Thomas a Kempis
– Alphabetum monachi in schola Dei **Ms 622**, 17^{v}
– Consolatio pauperum et infirmorum **Ms 622**, 22^{v}
– De imitatione Christi **Ms 620**, 1^{r}, 28^{r}, 39^{r}, 84^{r}
– Doctrinale iuvenum **Ms 622**, 26^{v}
– Duo cantica **Ms 622**, 26^{r}
– Epitaphium monachorum **Ms 622**, 23^{r}
– Hospitale pauperum **Ms 622**, 30^{v}
– Manuale parvulorum **Ms 622**, 19^{r}
– Soliloquium animae **Ms 620**, 100^{r}
– Vita boni monachi **Ms 622**, 25^{r}
Thomas Cisterciensis: Commentarii in Canticum canticorum **Ms 555**, 1ra
Thomas de Aquino
– De scientia Dei (Fragm.) **Ms 529**, 92ra
– De veritate (Fragm.) **Ms 529**, 91ra
– Expositio super Dyonisii 'De divinis nominibus' **Ms 581**, 257ra
– Summa contra gentiles **Ms 601**, 117ra
– Tractatus contra Averroistas de unitate intellectus **Ms 581**, 344ra
– Tractatus de natura angelica (De substantiis separatis) **Ms 581**, 359ra
– s. auch Gerardus de Monte
Ps.-Thomas de Aquino
– De divinis moribus **Ms 583**, 255^{r}
– De officio sacerdotis **Ms 584**, 254^{v}
– Sermones de tempore **Ms 564**, 397rb, 398vb
– Sermones quadragesimales **Ms 564**, 402vb, 405ra, 405vb, 407ra, 408va, 409rb
– Tractatus de natura accidentis **Ms 581**, 383ra
– Tractatus de principio individuationis **Ms 581**, 381va
Thomas de Argentina s. Hugo Argentinensis
Thomas de Cornucervino (Hirschhörner ?) (P II) **Ms 595**
Thomas Ebendorfer s. Ebendorfer, Thomas
Thomas Frommold s. Frommold, Thomas
Thomas Gallus, s. Thomas Vercellensis
Thomas Hibernicus, s. Thomas Palmeranus

Thomas Palmeranus: Liber de tribus punctis Christianae religionis **Ms 531**, 146rb; **613**, 175rb
Thomas Vercellensis: Tractatus de septem gradibus contemplationis **Ms 583**, 292^{v}
Torgau s. Frommold, Thomas
Tractatus de pace **Ms 604**, 291ra
Tractatus de Romanae ecclesiae principatu **Ms 594**, 37^{r}
Tractatus de superfluitate **Ms 594**, 31va
Tractatus de visitatione **Ms 616**, 23^{r}
Trinitas
- Fragmente 15. Jh.: **Ms 557**, Spiegel
- Alphabetum trinitatis, virtutum, Dei et animae **Ms 594**, 121ra
- Sermo de sancta trinitate **Ms 597**, 448ra
- s. auch Henricus de Langenstein

Trithemius, Johannes
- Institutio vitae sacerdotalis, cap.II **Ms 622**, 38^{r}
- Liber de vanitate et miseria humanae vitae **Ms 622**, 1^{r}

Tschechische Texte **Ms 610**, 124^{r}, 132^{v}
Turin **Ms 566**, 247ra
Turnierrüstung, Kosten **Ms 603**, Spiegel
Ubertus Lombardi
- Tractatus de amore Iesu **Ms 619**, 43vb
- Tractatus de nomine Iesu **Ms 619**, 1va

Ulrich Kuchenmeister **Ms 584**, Spiegel
Urban Papa, VI. **Ms 594**, 338^{r}
Urkunden
- Dt. Urkunden (Fragm.): 15. Jh. **Ms 584**, Spiegel (Testament ?)
- Lat. Urkunden: 1454 (Vidimus) **Ms 591**, 5ra
- Lat. Urkunden (Fragm.): 14. Jh. **Ms 529**, Falz (Papsturkunde)

Vadstena (Birgittenkloster) **Ms 563**, 274va; **580**, 175ra
Venturellus, Bischof v. Oppido Marittima, Kalabrien **Ms 606**, 348vb
Ventus: Versus de quattuor ventis **Ms 525**, 74rb
Veritas: De non tacenda veritate **Ms 597**, 366rb
Verlorene Texte
- Rhythmi de Pragensi et Lipsiensi Academia **Ms 591**
- Rhythmi Latini in laudem Dei genitricis **Ms 544**

Versus cruciati **Ms 619**, 164ra

Vigilantia: De duodecim fructibus vigilantiae **Ms 623**, Nachsatz I^{r}
Vincentius, Abt von Altzelle **Ms 589**, 1ra
Vincentius Ferrerius: Sermo in dominica XVII post Trinitatis (Exc.) **Ms 622**, 91^{v}
Vincentius Gruner s. Gruner, Vincentius
Vincentius, Magister **Ms 581**, 79rb
Vita
– Notae de vita religiosa **Ms 597**, 446vb
– s. auch Ps.-Augustinus; Gerson, Johannes; Pelagius (?); Petrus Damiani; Thomas a Kempis; Trithemius, Johannes
Vitae s. Hagiographische Texte
Vitia et virtutes
– De quinque virtutibus intellectus **Ms 595**, 217^{v}
– Tractatus de septem vitiis principalibus et de 'Pater noster' **Ms 544**, 422rb
– Tractatus de septendecim vitiis corrigendis in civitate iustitiae **Ms 612**, 359^{v}
– Tractatus virtutum **Ms 525**, 90va
– s. auch Aegidius Romanus; Arbores; Ps.-Bernardus Claraevallensis; Franciscus de Maironis (?); Jacobus de Paradiso; Johannes Guallensis; Sermones de diversis; Theodoricus de Monasterio
Vocabularium
– Vocabularius (S–Z) **Ms 594**, 266ra
Waldenses s. Ps.-Petrus de Pilichdorf
Wappen **Ms 595**, 231^{v}
Wendelstein s. Horn, Nicolaus
Wichmann, Petrus
– Quaestio de adoratione nominis Iesu **Ms 602**, 116va
– Tractatus de nomine Iesu. Replicatio ad Nicolaum de Torgovia **Ms 602**, 127ra
Wien **Ms 597**, 394vb
– Universität **Ms 597**, 327vb, 403rb
– Mendikantenorden
– – Declaratio Concilii Basiliensis in causa differentiarum inter quattuor ordines fratrum mendicantium Wyennensis et magistrum chori ecclesiae sancti Stephani exorta per duas facultates superiores facta **Ms 597**, 442ra

– – Promulgatio privilegiorum ordinum mendicantium in Vienna **Ms 597**, 443rb
– St. Stephan **Ms 597**, 176rb
– Schottenkloster **Ms 583**, 297^{v}
– s. auch Provenienz I
Wittenberg s. Marcilinus; Provenienz I
Wratislava s. Breslau
Würzburg **Ms 537**, 23vb u. 62va; **603**, Spiegel
Wyclefitae
– Tractatus contra Wyclefitas **Ms 537**, 382ra
– s. auch Stanislaus de Znoima
Zach, Johannes, Professor in Leipzig (P II) **Ms 591**
Zwickau s. Hefeler, Jacobus; Provenienz I

Index der Walther-Nummern

730 **Ms 600**, 1^{r}
1693 **Ms 618**, 71vb
8930 **Ms 544**, verloren
8994 **Ms 618**, 71va
9303 **Ms 618**, 66ra
9993 **Ms 580**, 207^{r}
11165 **Ms 622**, 25^{r}
12405 **Ms 612**, 375^{v}
13282 **Ms 620**, Vorsatz
14595 **Ms 618**, 97va
14821 **Ms 549**, 3rb
17044 **Ms 553**, 94va
17521 **Ms 595**, 217^{r}
18341 **Ms 545**, 190^{v}
20578 **Ms 545**, 121^{v}

Walther, Proverbia

29869 **Ms 545**, 190^{v}

Index der AH-Nummern

30, Nr. 126 **Ms 586**, 30va
42, Nr. 331 **Ms 573**, Spiegel
48, Nr. 486 **Ms 622**, 26^{r}
48, Nr. 491 **Ms 622**, 26^{r}
52, Nr. 325 **Ms 602**, Falze
52, Nr. 327 **Ms 602**, Falze

Abbildungen

Abb. 1: Ms 549, 69va [Ausschnitt]: Turmbau zu Babel, Leipzig 1455

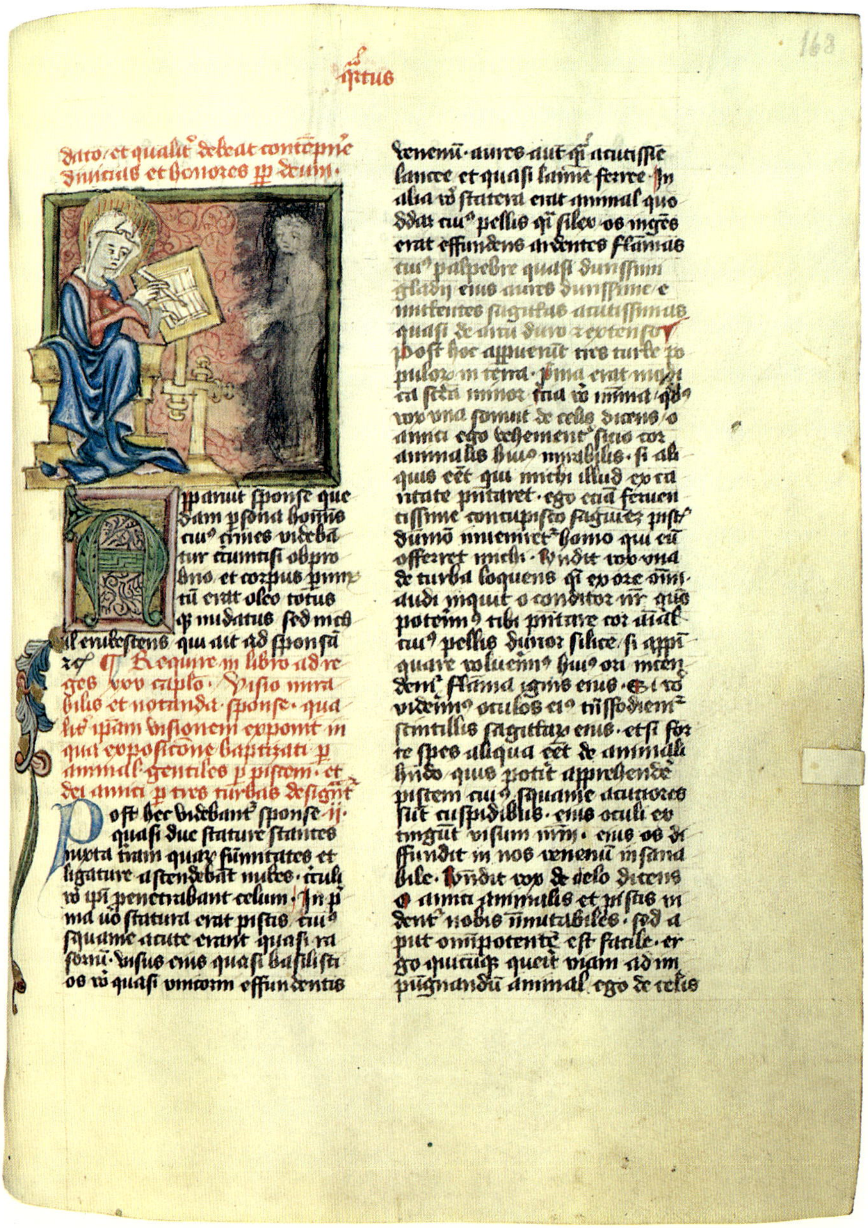

Abb. 2: Ms 562, 168ra: Vision der Birgitta von Schweden, Böhmen (?) 1406

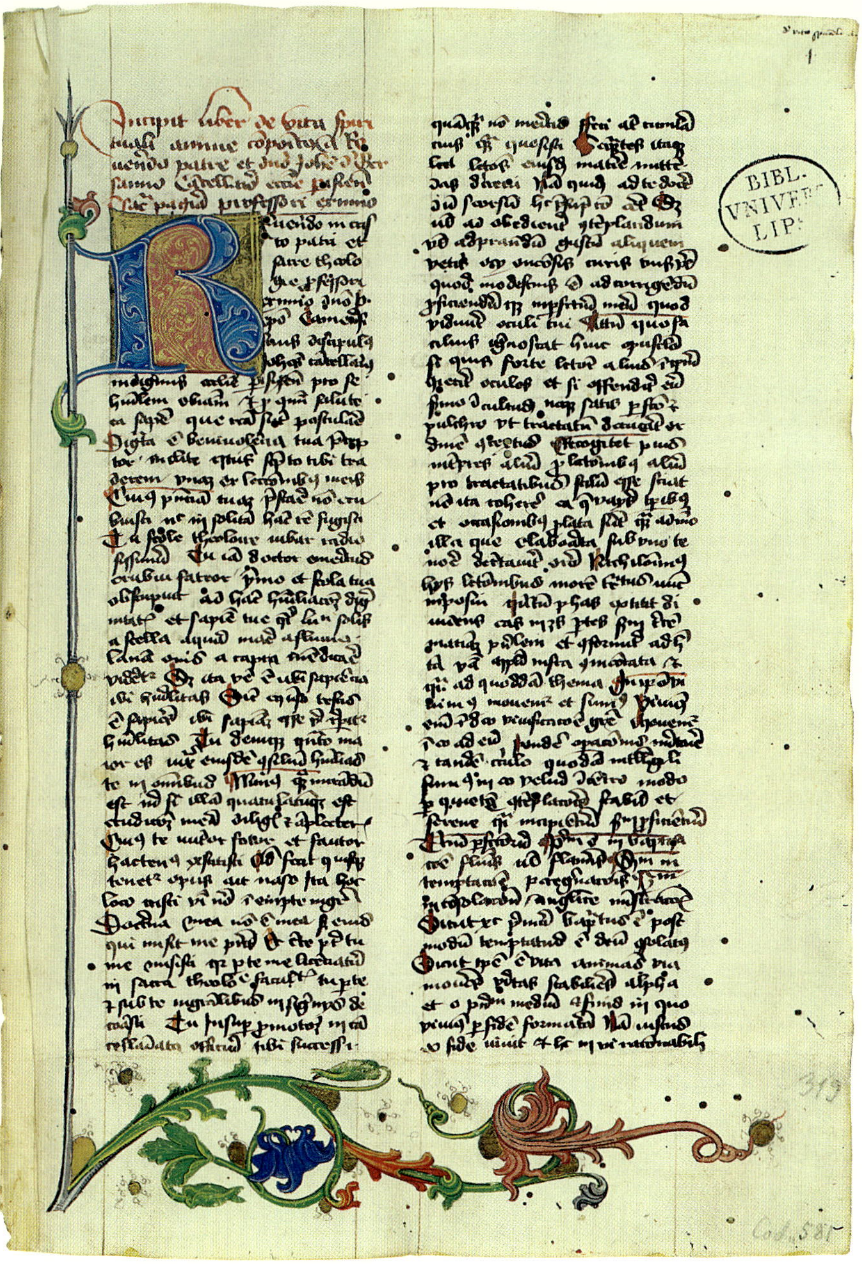

Abb. 3: Ms 581, 1r: Leipzig (?) 15. Jahrhundert, 3. Viertel

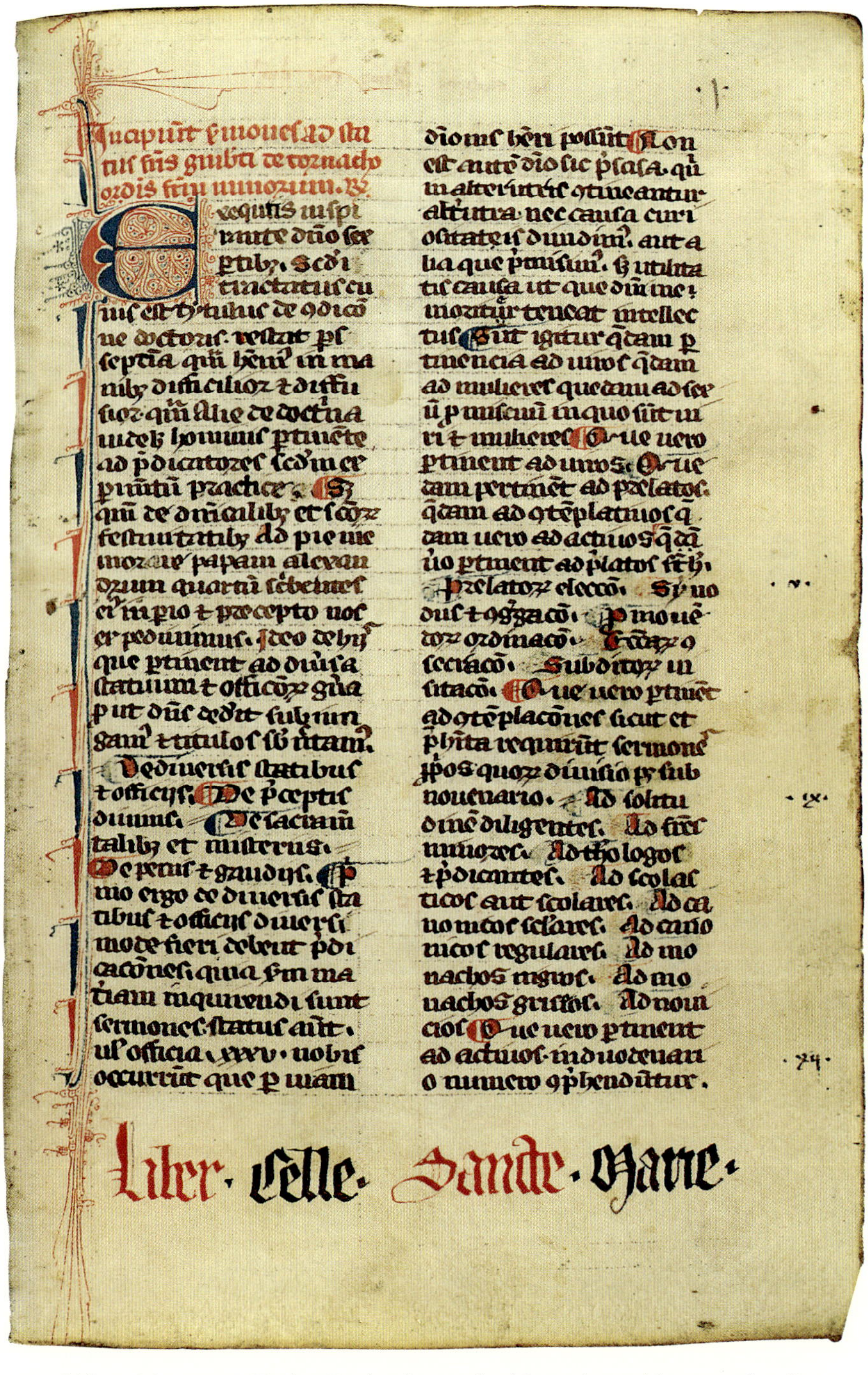

Abb. 4: Ms 623, 1r: Früher Besitzeintrag des Zisterzienserklosters Altzelle, 14. Jahrhundert, 1. Hälfte

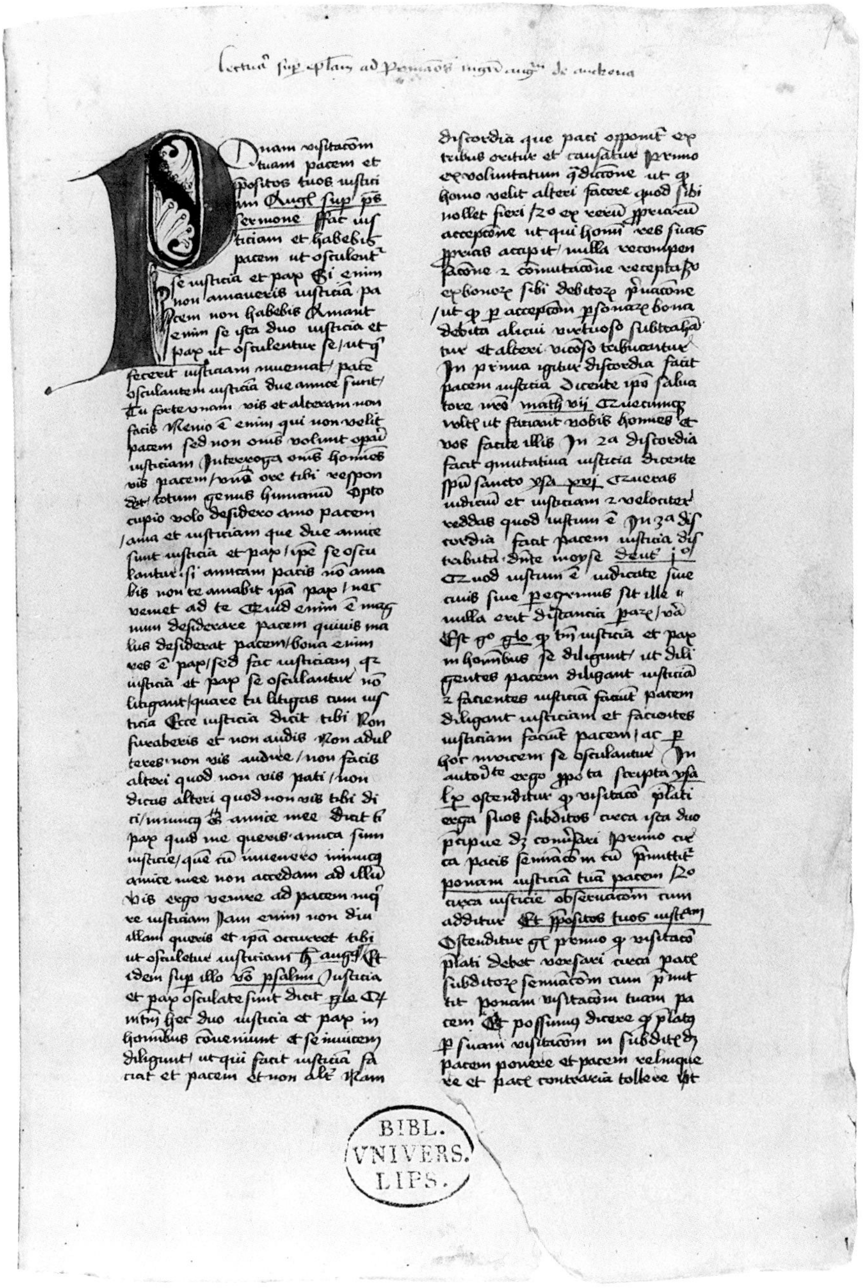

Abb. 5: Ms 515, 1ra: Initiale, Naumburg/Leipzig 1460 (Orig. 31×21 cm)

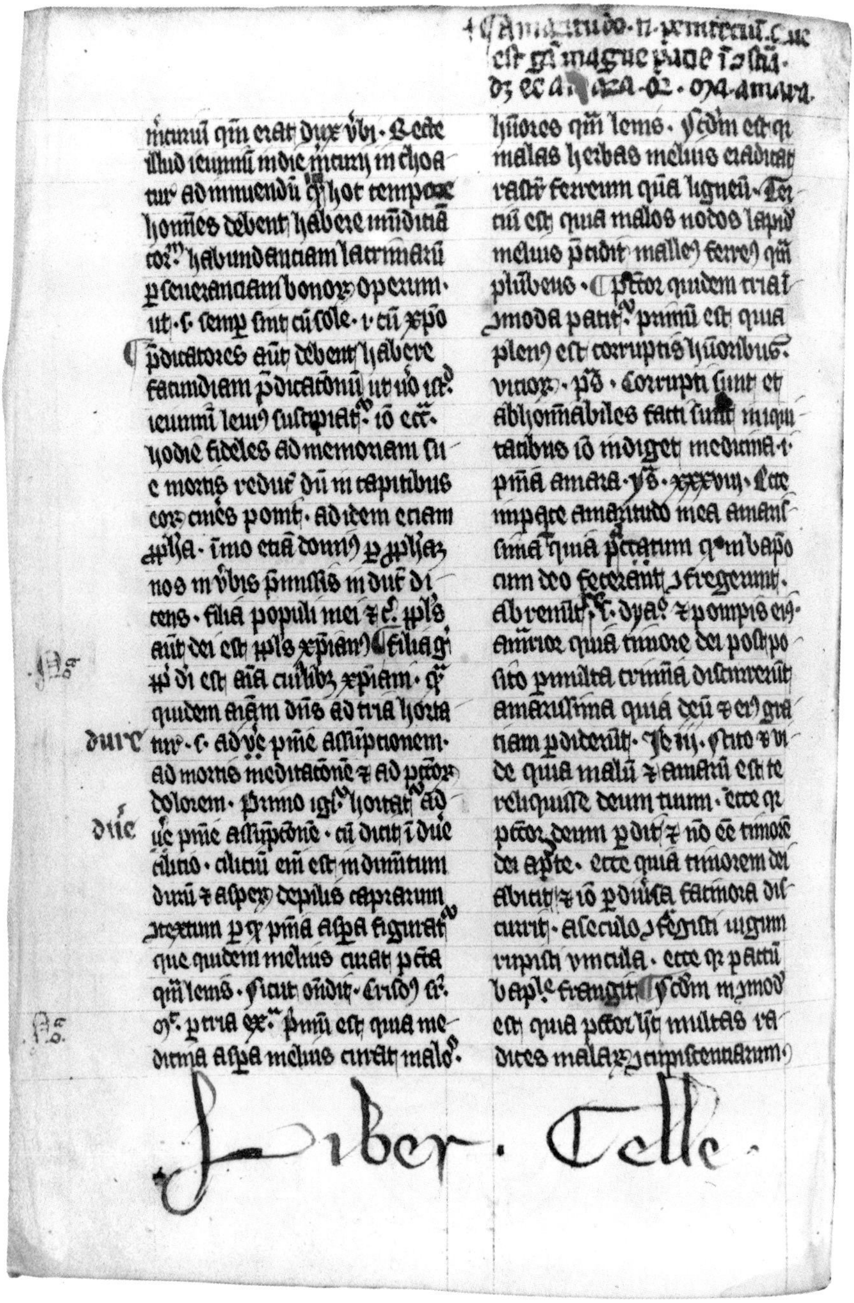

Abb. 6: Ms 518, 1ᵛ: Besitzeintrag des Zisterzienserklosters Altzelle, 14. Jahrhundert

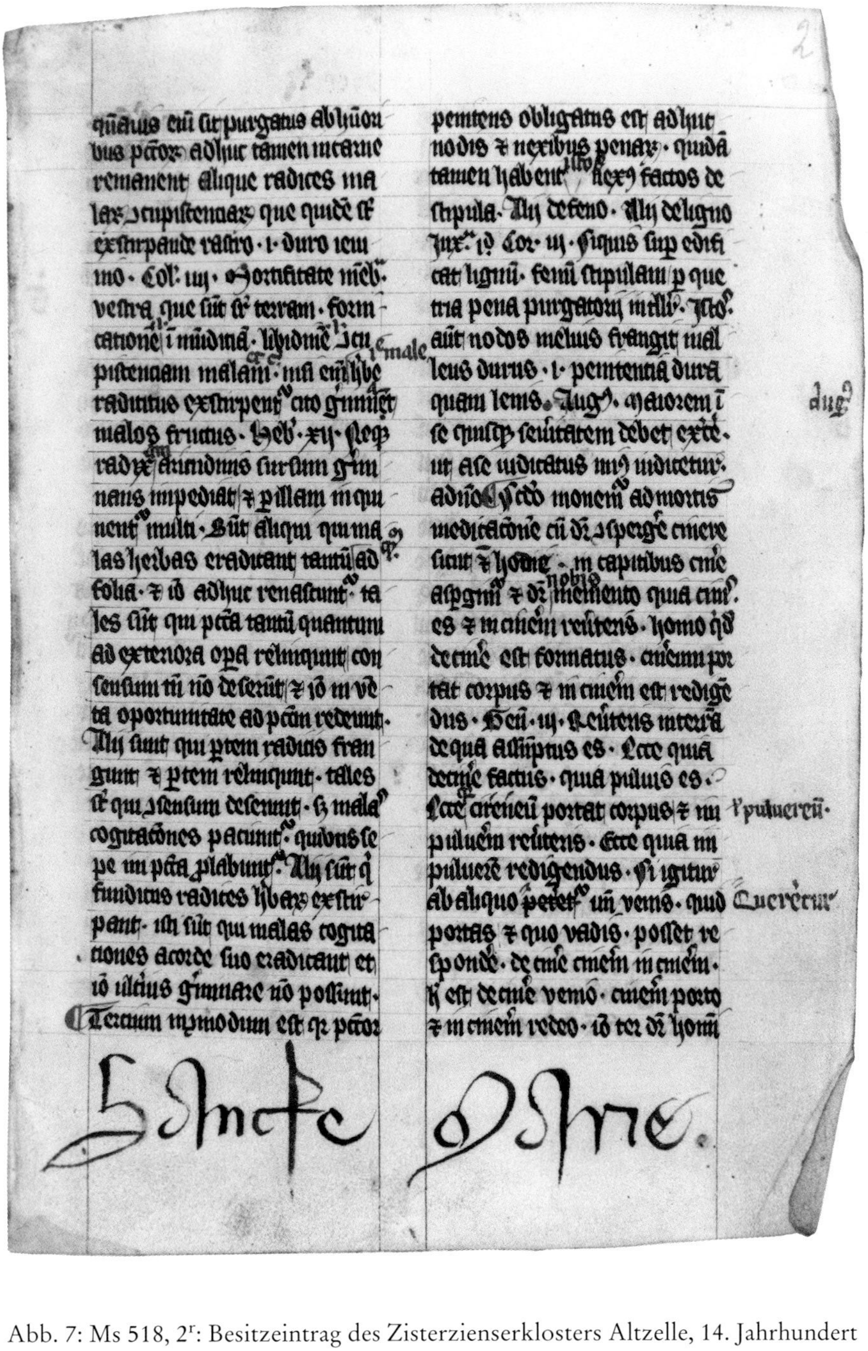
Sancte Marie.

Abb. 7: Ms 518, 2r: Besitzeintrag des Zisterzienserklosters Altzelle, 14. Jahrhundert

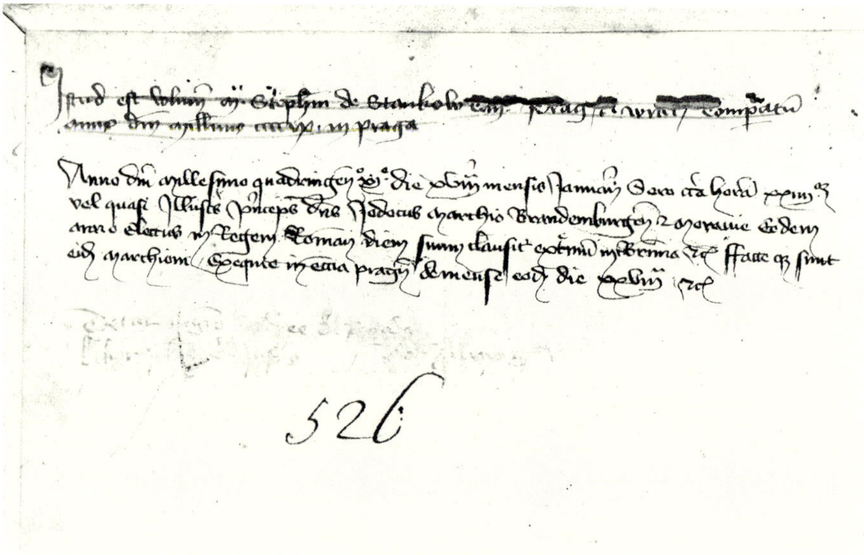

Abb. 8a: Ms 526, Spiegel im Vorderdeckel: Kaufvermerk, Prag 1409, und historische Notiz (Verkl. auf 61 %)

Abb. 8b: Ms 547, Rückdeckel, unten: Schriftband *wetherhan* (S. auch Abb. 9) – (Originalmaß des Einzelstempels 'Wetherhan' beträgt 3,6 cm)

Abb. 9: Ms 547, Vorderdeckel: Einband der Wetterhahn-Werkstatt, Leipzig 15. Jahrhundert, 2. Hälfte

Abb. 10: Ms 548, 1ra: Historisierte Initiale (Augustinus vulneratus), Leipzig 1455

Abb. 11: Ms 550, Vorderdeckel: Titelschild unter Hornplatte mit Besitzeintrag des Dietrich von Bocksdorf, 15. Jahrhundert, 2. Hälfte

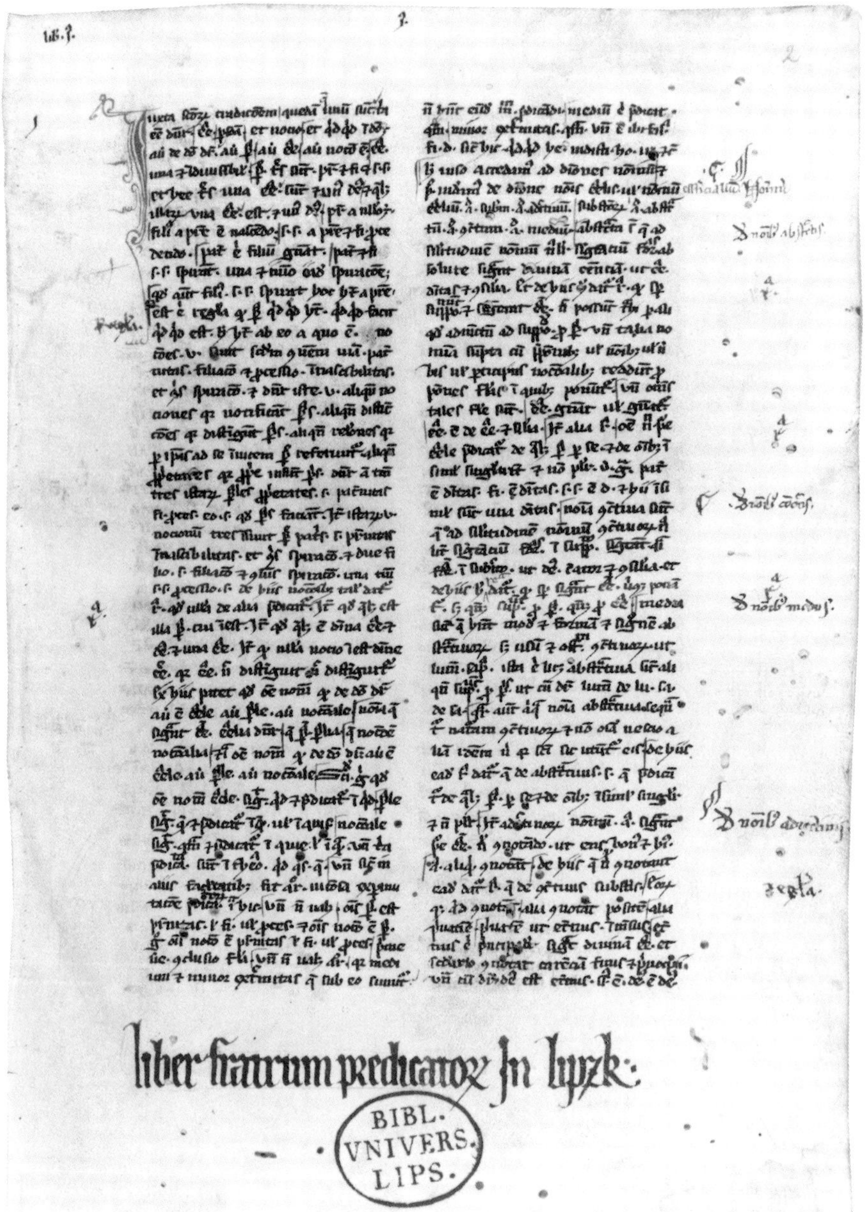

Abb. 12: Ms 573,2^{ra}: Fleuronné-Initiale, 13. Jahrhundert, 4. Viertel und Besitzeintrag des Leipziger Dominikanerkonvents

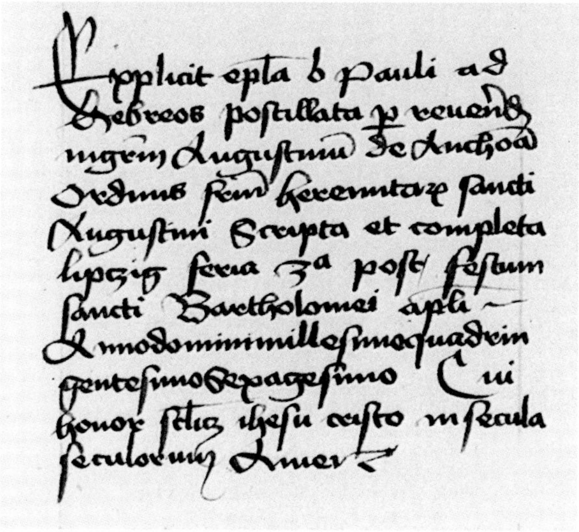

Abb. 13a: Ms 515, 336ra: Kolophon vom 27. Aug. 1460

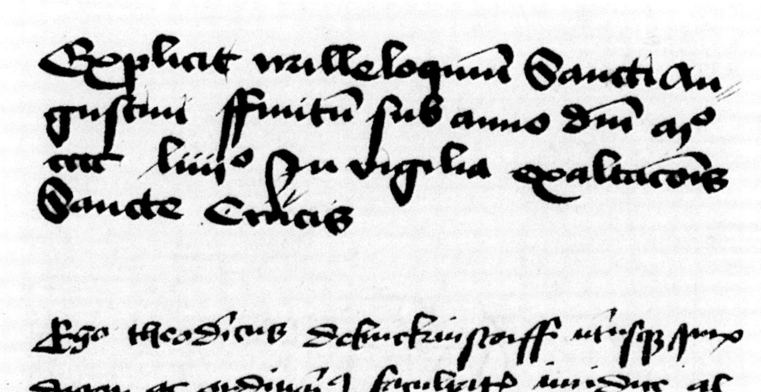

Abb. 13b: Ms 550, 372ra: Kolophon vom 13. Sept. 1454
und eigenhändiger Kaufeintrag Dietrichs von Bocksdorf

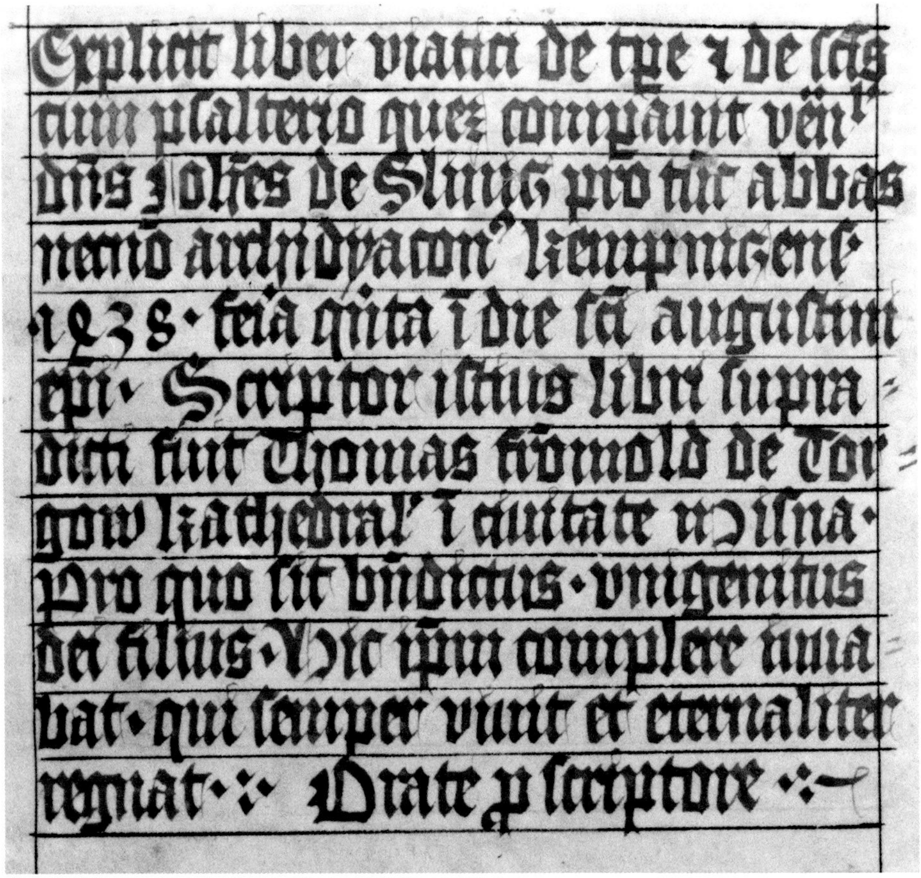

Abb. 14a: Ms 570,305^{r}: Schreiber: Thomas Frommold aus Torgau, 1438

Abb. 14b: Ms 587, 73vb: Schreiber: Nicolaus Schonau, 16. Mai 1421

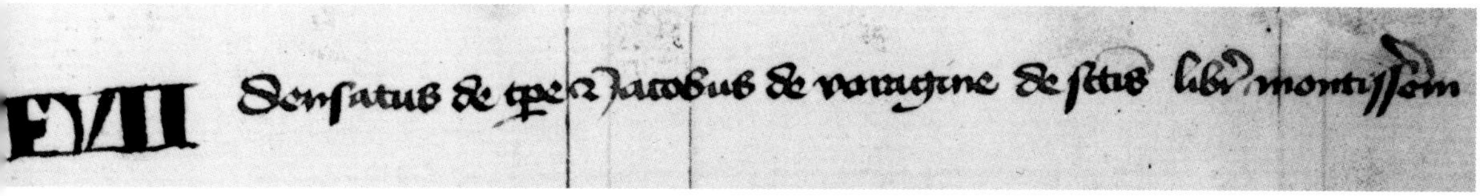

Abb. 15a: Ms 517, 2r: Petersberg bei Halle, Augustinerchorherrenstift, 15. Jahrhundert (nach 1434), mit Signatur, um 10% verkleinert

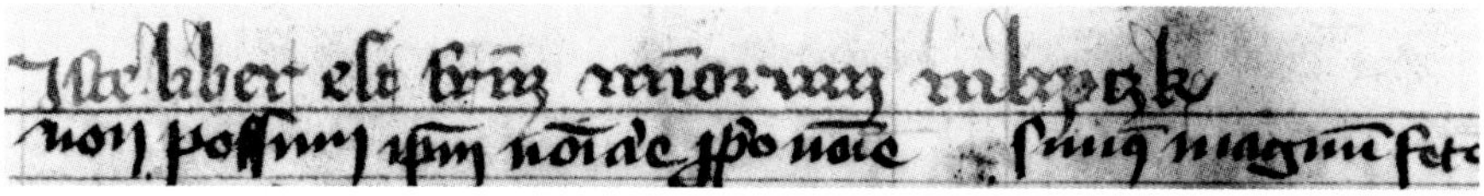

Abb. 15b: Ms 521, 198v: Leipzig, Franziskanerkonvent, 15. Jahrhundert, 1. Hälfte

Abb. 15c: Ms 542, 119vb: Thomas Karaz, Dominikaner in Leipzig, 14. Jahrhundert

Abb. 15d: Ms 554, 1r: Pegau, Benediktinerabtei, 15. Jahrhundert

Abb. 15e: Ms 554, 183v: Pegau, Benediktinerabtei, 15. Jahrhundert

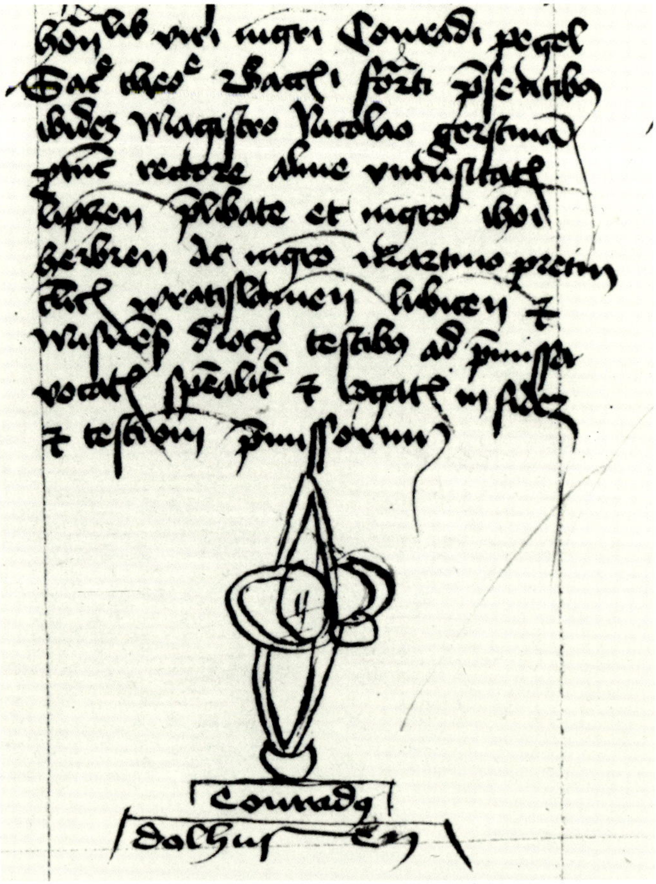

Abb. 16a: Ms 591, 6rb: Signet des Konrad Dalhusen, Notar in Leipzig, 14. Okt. 1454

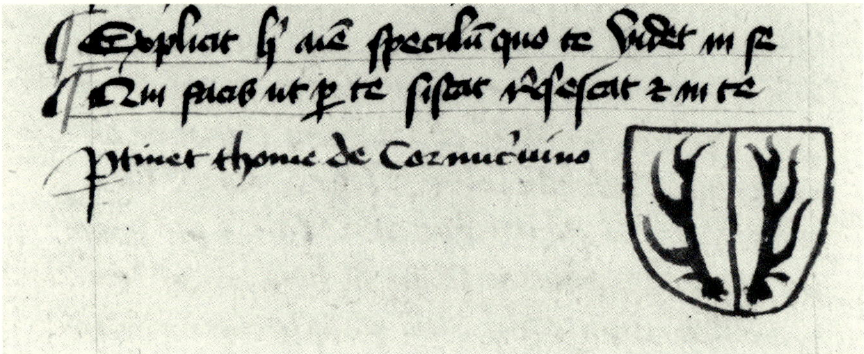

Abb. 16b: Ms 595, 231^v: Wappen des Thomas de Cornucervino